Uhren – Werkzeugmaschinen – Rüstungsgüter

Veröffentlichungen der
Historischen Kommission für Thüringen

Kleine Reihe
Band 52

Jürgen Schreiber

Uhren – Werkzeugmaschinen – Rüstungsgüter

Das Familienunternehmen Gebrüder Thiel aus Ruhla 1862–1972

2017

BÖHLAU VERLAG KÖLN WEIMAR WIEN

Gedruckt mit freundlicher Unterstützung der DECKEL MAHO Seebach GmbH
und der Thüringer Staatskanzlei Erfurt.

Bibliografische Information der Deutschen Nationalbibliothek:
Die Deutsche Nationalbibliothek verzeichnet diese Publikation in der
Deutschen Nationalbibliografie; detaillierte bibliografische Daten sind
im Internet über http://dnb.d-nb.de abrufbar.

Umschlagabbildung:
Werksansicht Gebrüder Thiel Ruhla 1937
(Dr. Paul Wolff & Tritschler, Historisches Bildarchiv, 77654 Offenburg)

Ursulaplatz 1, D-50668 Köln, www.boehlau-verlag.com

Korrektorat: Jörg Eipper-Kaiser, Graz
Druck und Bindung: Books on Demand, Norderstedt
Gedruckt auf chlor- und säurefreiem Papier
Printed in the EU

ISBN 978-3-412-50688-9

Inhalt

Vorwort

Die vorliegende Darstellung zu Gebrüder Thiel liefert eine in Thüringen verwurzelte facettenreiche Familien- und Unternehmensgeschichte. Dass damit eine Firma in den Fokus rückt, welche weit über die regionalen Grenzen hinaus bedeutsam war, kann der interessierte Leser schnell feststellen. Mit verschiedenen Produkten war sie nationaler und internationaler Marktführer. Durch fortwährende Innovationen wurde ein anhaltender wirtschaftlicher Erfolg begründet.

Der Name Gebrüder Thiel ist über die letzten Jahrzehnte in weiten Teilen der Gesellschaft in Vergessenheit geraten. Gleichwohl blieb die Erinnerung an einige bedeutende Leistungen. Diese führten zu einer Anfrage der Neuen Deutschen Biographie bezüglich der beiden Uhrenfabrikanten Christian und Reinhold Thiel. Aus diesem Impuls heraus entstand im Zeitraum 2010 bis 2015 die Dissertation „Gebrüder Thiel. Familie & Unternehmen. Unternehmensbiografie". Ein großer Dank des Autors gilt daher all jenen, die mit vielfältigsten Informationen und Materialien die Entstehung der Arbeit ermöglicht haben.

Die Weichenstellung hin zu einer Veröffentlichung des überarbeiteten Werkes durch die „Historische Kommission für Thüringen" und damit der Zugang für eine breite Leserschaft erfolgte durch Prof. Dr. Hans-Werner Hahn. Er war darüber hinaus zusammen mit Prof. Dr. Rolf Walter Gutachter der Dissertation. Dank ihnen sowie meiner Kollegin Dr. Jeanette Granda, die durch viele aufmunternde Gespräche und unzählige Hinweise in den zurückliegenden Jahren eine wertvolle Hilfe war, konnte das Projekt zu einem vorläufigen Abschluss gebracht werden.

Der Druck dieser Publikation wurde durch die großzügige finanzielle Unterstützung der DECKEL MAHO Seebach GmbH sowie der „Historischen Kommission für Thüringen" ermöglicht. Beiden Institutionen und zugleich den dortigen Fürsprechern, insbesondere Günter Dose und Prof. Dr. Werner Greiling, gebührt mein besonderer Dank. Er gilt ebenso den vielen hier nicht genannten, aber dennoch am Gelingen dieses Werkes direkt und indirekt beteiligten Personen.

Jena, im Oktober 2016 Jürgen Schreiber

I. Einführung

1. Zielsetzung der Arbeit

„Wir wissen so gut wie Sie, dass bedeutend schönere und grosszügigere Projekte möglich sind. Dies ist nur eine Geldfrage. (...) Der Zweck unseres Unternehmens ist aber nicht, recht schöne und grosszügige Fabrikgebäude und Fabrikanlagen zu schaffen, sondern mit den uns gegebenen Mitteln für die Gesellschafter eine Dividende herauszuwirtschaften und dafür zu sorgen, dass das Unternehmen sich günstig weiter entwickelt.“[1]

Dieses Zitat wirft verschiedene Fragen auf, denen sich die folgende Arbeit widmet. Zunächst ist allerdings zu klären, um welches Unternehmen es sich handelt.

Der Name Gebrüder Thiel ist heute aus der Erinnerung weiter Bevölkerungskreise verschwunden. In der Vergangenheit stand er für ein Thüringer Unternehmen mit einem Renommee, das über die Grenzen Deutschlands hinaus reichte. Wird die Firma mit dem Zusatz „Uhren- und Maschinenfabrik aus Ruhla in Thüringen“ versehen, so ist die Verbindung zu Produkten hergestellt, die auch heute in der Fachwelt einen Namen haben und für deutsche Industriegeschichte stehen. Die Unternehmensdarstellung schließt insbesondere auf dem Gebiet der Geschichte der deutschen Uhrenindustrie eine bestehende Lücke. Das Unternehmen stand seit den 1890er Jahren vor allem für die Entwicklung preiswerter Taschen- und später Armbanduhren in Deutschland. Es erschloss sich damit einen Markt, in dem es über Jahrzehnte hinweg eine führende Position einnahm. Darüber hinaus konnte es sich über den Werkzeugmaschinenbau im beginnenden 20. Jahrhundert ein weiteres Standbein schaffen. Dieser Geschäftszweig sollte beim Neuanfang in der Bundesrepublik Deutschland nach der Enteignung in Thüringen eine tragende Rolle spielen. Weiterhin verantwortete Gebrüder Thiel in der ersten Hälfte des 20. Jahrhunderts eine ausgedehnte Rüstungsgüterproduktion. Der unternehmerische Erfolg war in dieser Zeit eng mit der Entwicklung und Fertigung mechanischer Zeitzünder verbunden. Damit stand die Firma ebenso wie in der Uhrenproduktion in direkter Konkurrenz zu einem heute noch erheblich bekannteren Unternehmen der Schwarzwälder Uhrenindustrie: Gebrüder Junghans. Die wirtschaftliche Ausgangslage nach 1945 schuf zwischen den Unternehmen dann eine unerwartete Verbindung, die in den folgenden Jahren beiden Vorteile brachte.

---

1 Erwiderung der Geschäftsführung der Gebr. Thiel GmbH vom 04.07.1927 auf die Anfrage eines Gesellschafters. Vgl. ThHStAW, Gebr. Thiel GmbH Ruhla Nr. 18, Bl. 135 r f.

Der wirtschaftliche Erfolg hatte bei Gebrüder Junghans und Gebrüder Thiel aber ebenso viele Schattenseiten. Das Wissen um die Bedeutung der Rüstungsgüterproduktion, wie hier am Beispiel von Gebrüder Thiel und den Tochterunternehmen, steht neben jenem um das damit erzeugte Leid. Dieses findet sich bei den Opfern der Kriege ebenso wie bei den Fremd- und Zwangsarbeitern der verschiedenen Unternehmen des Thiel-Konzerns. Mit Blick auf dieses Erbe wird die nachstehende Unternehmensbiografie unterschiedlichste Facetten der Entwicklung aufgreifen und mit einer Erfolgsbetrachtung im wirtschaftlichen Sinne vereinen. Dabei ist es nicht Ziel der Arbeit, Erfolg oder Misserfolg aus ethischen Erwägungen heraus zu diskutieren. Dem würde sich schnell die Frage aufdrängen: Kann ein Unternehmen, das von Kriegen und Tod profitiert hat, ein erfolgreiches Unternehmen sein? Würde diese Frage mit „Nein" beantwortet, so müsste sich für viele Unternehmen dieser Zeit eine Unternehmensdarstellung verbieten. Ein solcher Verzicht ginge mit dem Verlust von Identität stiftendem Wissen einher. Für Gebrüder Thiel wäre dies konkret das Wissen um wirtschaftliche Entwicklungen an Standorten wie Apolda, Mühlhausen, Ruhla, Seebach und Waltershausen in Thüringen sowie allgemein die Entwicklung der Uhrenindustrie und des Werkzeugmaschinenbaus Anfang des 20. Jahrhunderts.

Hier wird jedoch ein anderer Weg beschritten und die Geschichte von Gebrüder Thiel nicht ausgeblendet, sondern bewusst in den Fokus gesetzt. Die vorliegende Darstellung soll eine objektive Beurteilung und kritische Auseinandersetzung mit der Unternehmensgeschichte ermöglichen und zugleich vertiefende und detailreiche Einblicke ins Unternehmen und die damit verbundenen Strukturen geben.

Für verschiedene Unternehmen der Taschen- und Armbanduhrenfabrikation in Deutschland, wie zum Beispiel Gebrüder Junghans[2] in Schramberg oder A. Lange & Söhne[3] in Glashütte, existieren Unternehmensdarstellungen, die über die technischen Entwicklungen hinaus auch die unternehmerischen Leistungen der maßgeblichen Akteure thematisieren. Im Gegensatz dazu eröffnet sich für Gebrüder Thiel in dieser Hinsicht ein weitestgehend unbearbeitetes Feld. Primäres Ziel der vorliegenden Unternehmensbiografie ist es, Aspekte der Familie und des Unternehmens zu verbinden. Der Begriff ist bewusst gewählt und unterstreicht die individuelle Komponente, die der Unternehmensentwicklung innewohnt. Die Arbeit befasst sich mit der Darstellung des Familienunternehmens Gebrüder Thiel von der Gründung 1862 in Ruhla bis zur Enteignung 1945 und weiterführend mit der Zeit vom Neuanfang 1948 in Sand bei Kassel bis zum Verkauf 1972. Einen Überblick über die Veränderung der Unternehmesstrukturen im zeitlichen Ablauf gibt Abbildung 21, S. 326.

Die technisch-innovativen Entwicklungen der Produktpalette, insbesondere der Uhren- und Maschinenproduktion, stehen nicht im Fokus der Betrachtung.

2 Simon, 150 Jahre Junghans.
3 Meis, Lange & Söhne.

Dieser Bereich wurde für die Entwicklungen an den Standorten in Thüringen im 2012 erschienenen Werk „Die Geschichte der Technik der Ruhlaer Uhren und Maschinen“[4] umfassend dargestellt.

110 Jahre Unternehmensentwicklung von Gebrüder Thiel fallen in eine Zeitepoche und eine Region, die gekennzeichnet war durch Kriege, Wirtschaftskrisen und mehrfach wechselnde politische Systeme. Vor dem Hintergrund des fortwährenden wirtschaftlichen, gesellschaftlichen und politischen Wandels stellen sich grundlegende Fragen:

Welche Faktoren auf Gesellschafter- und Unternehmensebene wirkten stabilisierend und zugleich stimulierend auf die Unternehmensentwicklung? Wie gestaltete sich das Zusammenwirken von Unternehmen und Gesellschaftern und inwieweit war es gelungen, eine Dividende im Sinne des eingangs genannten Zitates zu erwirtschaften?

Im Ergebnis dieser und einer Reihe weiterer Fragen steht ein umfassendes und kritisches Porträt des Familienunternehmens Gebrüder Thiel.

Während das vorliegende Werk in besonderem Maße die inneren Strukturen von Familie und Unternehmen beleuchtet, liefert es zugleich Ansätze für weitere Forschungen auf verschiedenen Ebenen. Exemplarisch wäre auf regionaler Ebene die Bedeutung von Gebrüder Thiel innerhalb der Thüringer Unternehmenslandschaft zu betrachten. Erste Vergleiche von Beschäftigtenzahlen und Kapitalausstattung zeigen, dass dieses Unternehmen bereits ab Ende des 19. Jahrhunderts zu den größten in den damaligen Thüringer Staaten und im preußischen Regierungsbezirk Erfurt zählte.[5] Insoweit schon zu einer Zeit, in der durch Rüstungsgüterproduktion hervorgerufene Verwerfungen noch nicht eingetreten waren.

---

4 Kamp, Geschichte der Technik.

5 Im Jahr 1895 existierten z. B. in den Thüringer Staaten 99 Unternehmen mit mehr als 200 Beschäftigten (Ø 400). Bei Gebr. Thiel ist zu dieser Zeit von ca. 800 Mitarbeitern auszugehen. Im Regierungsbezirk Erfurt gab es ebenfalls nur 15 Unternehmen mit einer zwischen 200 u. 1.000 liegenden Beschäftigtenzahl. Ein Vergleich der Kapitalausstattung im Jahr 1909 bestätigt die regionale Bedeutung von Gebr. Thiel. Die 226 in den Thüringer Staaten existierenden Gesellschaften mit beschränkter Haftung verfügten zusammen über ein Stammkapital von rund 38,7 Mio. M (Ø ca. 171 TM). Die Gebr. Thiel GmbH hatte im Vergleich dazu allein 3,0 Mio. M Stammkapital. Die ergänzende Berücksichtigung der im Vergleichsgebiet zu dieser Zeit existierenden 156 Aktiengesellschaften mit Ø ca. 1,4 Mio. M Grundkapital liefert eine weitere Bestätigung. Wird ein solcher Vergleich für 1943/44 vorgenommen, verfügten die 120 Industrie-Aktiengesellschaften in Thüringen über ein Grundkapital von 278 Mio. RM (Ø ca. 2,3 Mio RM). Das größte Unternehmen darunter verfügte über Grundkapital von 26 Mio. RM. Insgesamt lagen nur drei Unternehmen über 20 Mio. RM, drei zwischen 10 u. 20 Mio. RM u. weitere sieben zwischen 5 u. 10 Mio. RM Grundkapital. Wie diese Arbeit zeigt, lag das Stammkapital der drei Ruhlaer Thiel-Gesellschaften zu dieser Zeit bei insgesamt 18,6 Mio. RM. Vgl. Mühlfriedel, Industrialisierung in Thüringen, S. 133 f. u. 181 f.

Da sich zudem auf regionaler Ebene im Hinblick auf die Gesamtheit der Thiel-Geschäftsfelder vergleichbare Unternehmen nicht finden, stünde die Frage nach nationalen Wettbewerbern. Auch hier bleibt nach einer ersten Analyse das Bild ein überschaubares. Wird von einer Betrachtung der Taschen- und Armbanduhrenproduktion im unteren und mittleren Preissegment ausgegangen und ergänzend die Erzeugung von Werkzeugmaschinen und mechanischen Zeitzündern hinzugenommen, fokussiert sich das Ganze auf das bereits genannte Unternehmen Gebrüder Junghans. Ein erster vergleichender Blick, wie er mit Vorlage der Unternehmensbiografie von Gebrüder Thiel möglich wird, offenbart neben vielen Unterschieden auch eine Reihe von Parallelen in den beiden Unternehmensentwicklungen. Unverkennbar zeigen sich Berührungspunkte und Schnittmengen, die eine bereits mehrere Jahrzehnte vor 1945 einsetzende wechselseitige Verbindung verdeutlichen. Eine Beziehung, die im Grundsatz nach dem Zweiten Weltkrieg von Konkurrenz in Kooperation umschlug und einen weiteren interessanten Forschungsansatz darstellt.[6]

Würde an dieser Stelle auch die nationale Ebene verlassen, so böte sich hier abschließend die Frage nach der Verortung von Gebrüder Thiel auf den internationalen Märkten. Zeigt diese Arbeit zunächst den hohen Stellenwert des Auslandsgeschäftes bei den verschiedenen Unternehmensprodukten im Zeitablauf, so weckt sie möglicherweise auch Interesse, die hier – abgesehen von den Auslandsfilialen – nicht weiter vertieften internationalen Vertriebsstrukturen zu erforschen.

Insoweit eine Reihe von Fragen und Ansätzen, die dazu ermuntern, mit dieser Arbeit einen grundlegenden Forschungsbeitrag zu Gebrüder Thiel als Familienunternehmen und späteren Familienkonzern zu leisten. Auf welche bestehenden Vorarbeiten und verfügbaren Quellen sich der Autor dabei stützen konnte, soll zunächst kurz aufgezeigt werden.

6 Vgl. u. a. Simon, 150 Jahre Junghans, S. 69 u. AET, Lebenserinnerungen Thiel 1963, S. 117–120.

2. Forschungsstand und Quellen

Wichtig für den Aufbau, die Methoden und das Vorgehen waren der bisherige Forschungsstand zur Thematik und darüber hinaus das tatsächlich verfügbare Quellenmaterial. Beides wird hier in Einheit miteinander verwendet. Dies ist notwendig, da sich bei näherer Analyse der das Thema Gebrüder Thiel berührenden Werke sehr rasch die häufig unreflektierte Übernahme von Angaben und Darstellungen aus vorangegangenen Arbeiten zeigt. Werden verschiedene Übernahmeketten bis zu den Anfängen zurückverfolgt, so entspringen diese im Kern häufig der Festschrift[7], welche anlässlich des 60-jährigen Bestehens des Unternehmens im Jahr 1922 entstanden ist. Dieses Werk geht auf die Initiative der Verantwortlichen des damals aktiven Wirtschaftsunternehmens zurück und vereint die in der wissenschaftlichen Diskussion vielfach benannten Schwachstellen solcher Darstellungen. „(O)bwohl sie interessantes Material enthielten, seien sie einseitig, weil die Verfasser genötigt seien, durch eine rosarote Brille zu sehen. Noch schlimmer: die Unterlagen seien weder mit wissenschaftlichen Methoden gewonnen, noch die Bücher selbst als wissenschaftliche Leistung zu werten."[8] Diese Kritik kann auch auf zwei weitere Festschriften aus den Jahren 1937[9] und 1987[10] übertragen werden.

In der Schrift des Jahres 1937 war das familiengeführte Unternehmen Gebrüder Thiel unter dem Einfluss der nationalsozialistischen Gedankenwelt Darstellungsgegenstand. Der entsprechende Geist prägt das gesamte Buch, erkennt aber, wenn auch in der konkreten Ausgestaltung problematisch, das persönliche Werk der Gründer und ihrer Nachfahren an. Belastbare wirtschaftliche Unternehmensdaten finden sich nicht. Ebensowenig eine eigenständige geschichtliche und strukturelle Analyse. Die Verpflichtung zur Geheimhaltung bei mit Rüstungsaufträgen betrauten Firmen kann als Grund dafür angesehen werden. Der unternehmensgeschichtliche Kontext ist stark an die Darstellung von 1922 angelehnt.

Aus dem Jahr 1987 stammt eine Festschrift, in der abermals der politische Geist, diesmal der des Sozialismus, dominierend auf die Gestaltung einwirkte. Darüber hinaus wurde jedoch insbesondere der familiengeschichtliche Aspekt für die Zeit bis zur Enteignung 1945 in nahezu geschichtsverfälschender Weise ideologisch überformt. Das zeigt sich exemplarisch und anschaulich in der Aussage, dass sich beim Eintreffen der amerikanischen Truppen der Betriebsführer Reinhold Thiel bereits abgesetzt habe.[11] Tatsächlich wurde Reinhold Thiel am

---

7 60 Jahre Gebrüder Thiel.

8 Redlich, Firmengeschichte u. Unternehmerbiographie, S. 13, basierend auf: Stillich, Nationalökonomische Forschungen S. IX.

9 Ehrhardt, 75 Jahre Gebrüder Thiel.

10 Windoffer, 125 Jahre Uhrenwerke Ruhla.

11 Ebd., S. 15.

12.04.1945 an seinem Wohnsitz in Eisenach durch die Amerikaner verhaftet und bis zum 25.09.1947 interniert.[12] Ferner lässt die Materialauswahl bei den in dieser Darstellung verwendeten Zitaten auf fehlende Objektivität und Einseitigkeit schließen.

Beide Darstellungen können zwar aus der praktisch-technischen Blickrichtung anerkannte und zur Weiterbearbeitung verwendbare Materie liefern, für die hier maßgebliche Betrachtung eines Familienunternehmens sind sie jedoch kaum nutzbar.

Die Kritik verhärtet sich vor dem Hintergrund, dass zahlreiche Primärquellen zu den frühen Entwicklungen am vormaligen Unternehmensstandort in Ruhla bis 1989 erhalten geblieben waren, aber dennoch kaum Eingang in die Darstellungen gefunden haben. Insbesondere der umfangreiche Aktenbestand im Thüringischen Hauptstaatsarchiv in Weimar wurde erst im Sommer 1989[13] aus Ruhla dorthin übergeben. Darüber hinaus gelangten weitere Unterlagen, unter anderem aus der Frühphase von Gebrüder Thiel, im Zuge der deutschen Wiedervereinigung in das Eigentum der Treuhandanstalt und in deren Nachfolge in das der Bundesanstalt für vereinigungsbedingte Sonderaufgaben (BvS).[14] Diese Bestände wurden inzwischen archivseitig bewertet und für den Unternehmenszeitraum bis 1946 im Jahr 2014 an das Hauptstaatsarchiv in Weimar übergeben.[15]

Eine weitere Festschrift[16] aus dem Jahr 1962 wurde von der Gebrüder Thiel GmbH in Sand in Auftrag gegeben. Sie skizziert den Werdegang über den Zusammenbruch 1945 hinaus, bleibt aber, von einigen wenigen Punkten abgesehen, in ihrem Informationsgehalt spärlich. Eine kritische quellenbasierte Aufarbeitung der Unternehmens- und Familiengeschichte ist auch hier nicht erfolgt.

In der Literatur lassen sich zu Gebrüder Thiel weitere Darstellungen und Hinweise finden. Zunächst ist eine Betrachtung im Kontext der deutschen Uhrenindustrie bis 1945 vorzunehmen. Anfänglich erfuhren die Thiel-Produkte dort eine sehr geringe Wertschätzung. „Das Kennzeichen der deutschen Taschenuhrenindustrie bilden, wenn man von der billigen Exportware, die neuerdings in Ruhla in Thüringen, im Elsaß und im württembergischen und badischen Schwarzwald gefertigt wird, absieht, die Glashütter Uhren."[17] Insoweit verwundert es kaum, dass das Unternehmen nicht zum Gegenstand eingehender

12 LaNRW, ARl, NW 1000 EÜ/6997, S. 12, Baumhauer, Thiel, S. 42 u. AET, Erinnerungen Thiel 1967, S. 132.

13 Übergabe am 06.07.1989. Angaben ThHStAW, Frau Weiß, Telefonat vom 24.06.2013.

14 Eine Einsicht für diese Arbeit war nach entsprechender Genehmigung der BvS im Jahr 2012 in den Räumen des Archivdienstleisters Rhenus Office Systems GmbH in 14976 Großbeeren möglich.

15 Angaben Rhenus Office Systems GmbH, Frau Straub, Mail vom 11.10.2012 u. ThHStAW, Frau Weiß, Telefonat vom 27.04.2015.

16 Baumhauer, Thiel.

17 Dienstag, Uhrenindustrie, S. 34.

Untersuchungen wurde. Ungeachtet dessen gelang es dem Unternehmen in den folgenden Jahrzehnten ein Renommee zu erwerben, das Widerhall in der einschlägigen Fachliteratur fand. Eine Branchenanalyse von 1930 benannte Gebrüder Thiel als die Wiege der Taschenuhrenentwicklung unterer und mittlerer Preislage in Deutschland und lieferte überdies Zahlenmaterial, das eine größenmäßige Einordnung ermöglichte.[18] Hier wird ersichtlich, dass Gebrüder Junghans in Schramberg und Gebrüder Thiel in Ruhla mit jeweils über 1.000 Arbeitern im Bereich der Taschen- und Armbanduhrenproduktion die dominierenden Unternehmen ihrer Branche waren. Reinhold Thiel, zu dieser Zeit kaufmännischer Geschäftsführer, dürfte mit seinem Engagement für das Unternehmen, aber vor allem auch über die verschiedenen außerbetrieblichen Aktivitäten[19] nicht unwesentlich zur gesteigerten Präsenz in der Literatur beigetragen haben. Gleichwohl erwächst für die Unternehmensdarstellung aus dem Blickwinkel des Familienunternehmens hier kein großer Erkenntnisgewinn. Sofern Angaben zur Entstehung und Entwicklung gemacht wurden, sind diese zumeist knapp auf wenigen Seiten bzw. Zeilen zu finden. Darüber hinaus ist die Herkunft der Informationen aus den vorangegangenen Festschriften nicht zu übersehen. Die 1938 in der Reihe „Deutsche Großbetriebe" veröffentlichte Unternehmensdarstellung[20] unterstreicht diese Einschätzung nochmals deutlich. Sie ist sowohl bildlich als auch textlich in großen Teilen deckungsgleich mit der Festschrift von 1937.

Als erstes Zwischenergebnis sollte festgehalten werden, dass bis Ende des Zweiten Weltkrieges keine belastbaren Forschungsergebnisse zur Entstehung und Entwicklung des Familienunternehmens vorgelegt wurden, die als Anknüpfungspunkte einer weiteren Arbeit dienen könnten. Der unmittelbar auf den Unternehmensbestand einwirkende politische und gesellschaftliche Umbruch schuf eine Situation, die mehr Risiko als Chance bedeutete. „Schließlich sei als wesentlich hervorgehoben, daß Thüringen ein Gebiet ist, in dem heute freie wissenschaftliche Geschichtsforschung und insbesondere unabhängige und sachliche Unternehmerforschung nicht betrieben werden kann und die Gefahr besteht, daß wesentliche Teile der Quellengrundlage für derartige Arbeiten verloren gehen, mindestens aber ideologisch verfälschend ausgewählt, benutzt und ausgewertet werden." Dass die Einschätzung von Wilhelm Treue[21] in seiner 1962 verfassten Einleitung zur Arbeit von Wolfgang Huschke[22] nicht unbegründet war, wurde bereits mit dem Verweis auf die Festschrift von 1987 ge-

18 Ausschuß zur Untersuchung der Erzeugungs- u. Absatzbedingungen der deutschen Wirtschaft, Deutsche Uhrenindustrie, S. 14 f.

19 U. a. Handelskammertätigkeit u. Mitgliedschaft in diversen Verbänden. Vgl. Deutsche Uhrmacher-Zeitung, Jg. 53, Nr. 27, 29.06.29, S. 507 f.

20 Bauer, Gebrüder Thiel.

21 Wirtschafts- u. Sozialhistoriker (18.07.1909–18.10.1992). Zur Person Wilhelm Treue, vgl. Teuteberg, Treue.

22 Huschke, Unternehmerbiographie.

zeigt. Mit seinen „Forschungen über die Herkunft der Thüringischen Unternehmerschicht des 19. Jahrhunderts" lieferte Huschke ein erstes verwertbares Forschungsergebnis zu Gebrüder Thiel. Christian Thiel gehörte aus seiner Sicht zu den Personen, „die als repräsentativ für jene Unternehmerschicht gelten kann"[23]. Die Wurzeln dieser Repräsentanten zu erforschen war Teil seiner Arbeit. Hier knüpft die vorliegende Unternehmensbiografie an. Seine Ergebnisse konnten mittels privater Quellen einiger vormaliger Thiel-Gesellschafter überprüft und ergänzt werden. Damit ist zugleich auf eine der wesentlichsten Grundlagen dieser Arbeit hingewiesen. Die privaten Aktenbestände waren zur Komplettierung der in den öffentlichen Archiven zugänglichen Materialien unerlässlich. Zur Sicherung dieser Unterlagen steht nur noch ein sich immer weiter schließendes Zeitfenster zur Verfügung. Grund ist das zumeist hohe Alter der wenigen noch lebenden Gesellschafter. Infolge von Erbgang kommt es oftmals, sofern der Wert der erhaltenen Dokumente überhaupt erkannt wird, zu einer Zersplitterung. Die Verfügbarkeit solcher privaten Unterlagen ermöglichte es dem Autor überhaupt erst, die Entwicklungen des Familienunternehmens Gebrüder Thiel über das Jahr 1945 hinaus fortzuschreiben.[24]

So erwiesen sich die privaten Archivbestände aus unterschiedlichsten Gesellschafterrichtungen als aufschlussreiche Quellen. Das Material aus den Zweigen der Familie Thiel konnte ebenso verwendet werden wie Unterlagen der Familie Gunkel. Carl Gunkel und seine späteren Erben waren die einzigen relevanten Gesellschafter, die nicht der Familie Thiel angehörten. Überdies standen noch weitere private Unterlagen von nicht am Unternehmen beteiligten Personen und Institutionen zur Verfügung. Exemplarisch zu nennen ist der Ruhlaer Ortschronist Köllner, der in seinen Studien zur „Betriebschronik des VEB Uhren- und Maschinenkombinat Ruhla"[25] zahlreiche Details zur Unternehmensentwicklung bündelte, die eine entsprechende Aktenkenntnis voraussetzten. Jedoch werden die dortigen Darstellungen stark vom damaligen Zeitgeist geprägt. Weiterhin bildeten die Bestände des Ruhlaer Stadtarchivs und der BvS einen ergiebigen Fundus. Unzählige Informationen konnten überdies im Rahmen von Hintergrundgesprächen mit ehemaligen Gesellschaftern und anderen Personen erlangt werden. Die Aufzeichnungen Reinhold Thiels zum Werdegang der Firma, gepaart mit vielen Details zu seiner eigenen Familie, bildeten eine weitere ergiebige Quelle dieser Arbeit. Die Inhalte dieser subjektiven Darstellungen wurden soweit möglich mit dem weiteren Aktenbestand verglichen. Thiels Texte zur Familien- und Unternehmensgeschichte beginnen um das Jahr 1956.[26] Zunächst gedacht für die Gesellschafter im Allgemeinen, erfuhren sie später für

23 Huschke, Unternehmerbiographie, S. 7.

24 Die Detailfülle, die diese Arbeit kennzeichnet, trägt dem Anspruch des Autors Rechnung, möglichst viele der erschlossenen Quellen zu sichern u. damit eine Grundlage für spätere Forschungen zu schaffen.

25 ALK, Beiträge Betriebschronik.

26 APD, Thiel, Rückblick 1956.

seine Kinder eine entsprechende Akzentuierung bzw. Überarbeitung.[27] Für eine tragende Säule dieser Arbeit, das „Gesamtverzeichnis der Gesellschafter" (Anhang ab S. 303), war eine bundesweite Recherche nach Gesellschaftern bzw. deren Nachfahren und sonstigen Verwandten erforderlich. Durch die Einbindung von Standesämtern, Friedhofsverwaltungen und weiteren Institutionen konnte eine geschlossene Darstellung erreicht werden. Einen detaillierten Gesamtüberblick, auch über die hier nicht explizit genannten Gesprächspartner und sonstigen Quellen, gibt das Quellen- und Literaturverzeichnis im Anhang ab S. 361. Bemerkenswerterweise teilte das Historische Archiv Krupp mit, dass dort über die nachweislich vier Jahrzehnte lang bestehende Geschäftsbeziehung zwischen den Firmen Krupp und Gebrüder Thiel nur zwei Vertragsabschriften aus den Jahren 1920 und 1937 ermittelbar sind.[28] Gänzlich erfolglos blieb eine Anfrage bei Junghans über die Zusammenarbeit beider Firmen nach 1945.[29]

Die mit und nach der deutschen Wiedervereinigung eingetretenen Veränderungen eröffneten neue Möglichkeiten für die Forschung. In Anknüpfung an die durch Gebrüder Thiel begründeten Wurzeln finden sich verschiedene Darstellungen in mehreren nach der Jahrtausendwende erschienen Publikationen. Im Jahr 2002 lieferte Tamara Hawich eine Bestandsaufnahme der „Unternehmer und Unternehmen zwischen Gotha und Eisenach"[30] mit Anknüpfung an deren Historie. Dort erfolgte auf etwa fünf Seiten ein strukturierter Abriss zu Gebrüder Thiel mit einigen einschlägigen Quellenangaben. Bereits zwei Jahre zuvor fand ein Tochterunternehmen der Gebrüder Thiel Seebach GmbH, die Gerätebau GmbH mit ihrem Werk in Mühlhausen, auf circa vier Seiten Eingang in Frank Baranowskis Werk „Rüstungsproduktion und Zwangsarbeit in Nordthüringen"[31]. Baranowski legte 2013 in einem weiteren Werk die Ergebnisse seiner über zwei Jahrzehnte reichenden Forschungen vor. Unter dem Titel „Rüstungsproduktion in der Mitte Deutschlands 1929–1945"[32] erfuhr die Thematik eine weitgreifende Aufarbeitung. Die Verflechtungen der Unternehmen der Gebrüder Thiel wurden wiederholt angeschnitten und für die Gerätebau GmbH im Vergleich zur vorherigen Studie weit umfassender analysiert. Die bedeutende rüstungswirtschaftliche Einbindung von Gebrüder Thiel im einsetzenden 20. Jahrhundert und schwerpunktmäßig ab den 1920er Jahren ist überdies aus einer Reihe weiterer, teils deutlich früherer Werke ersichtlich, stellt in diesen

---

27 ADB, Thiel, Lebenserinnerungen 1963; AET, Lebenserinnerungen Thiel 1963 u. Erinnerungen Thiel 1967.

28 HAK, S. v. 23.10.2012.

29 Der Grund dafür ist möglicherweise in den immer wieder veränderten Eigentumsverhältnissen zu sehen. Diese führten dazu, dass vom einstigen Unternehmen Gebr. Junghans heute kaum mehr als der Markenname geblieben ist. Vgl. Simon, 150 Jahre Junghans, u. a. S. 96, 129, 140 u. 146.

30 Hawich, Unternehmer u. Unternehmen.

31 Baranowski, Rüstungsproduktion u. Zwangsarbeit.

32 Baranowski, Rüstungsproduktion.

aber zumeist nur eine Randnotiz dar.[33] Einige der Arbeiten lieferten interessante Aspekte, andere wiederum einen wissenschaftlich fundierten Einstieg in die Aufarbeitung der Konzerngeschichte von Gebrüder Thiel, der zur weiteren Bearbeitung aufforderte.

Aus der technischen Perspektive heraus erkennbare Forschungsdefizite wurden mit Arbeiten aus den Jahren 2009 und 2012 deutlich abgebaut. Während Robert Latzel mit seiner Darstellung der „Entwicklung der Taschenuhr für jedermann in Deutschland"[34] die herausgehobene Stellung der Ruhlaer Pionierarbeit unterstrich, ging das Autorenteam Artur Kamp, Rainer Paust und Klaus Mleinek einen erheblichen Schritt weiter. „Die Geschichte der Technik der Ruhlaer Uhren und Maschinen"[35] in 150 Jahren ist Gegenstand ihrer auf über 600 Seiten mit entsprechendem Bildmaterial dokumentierten Untersuchung. Wenn auch nicht der Hauptuntersuchungsgegenstand, so findet sich dort der bislang umfangreichste Abriss zur Unternehmensgeschichte, der die Zeit und die Entwicklungen vor 1945 und somit die des Familienunternehmens erfasst. Es ist jedoch eine starke Zurückhaltung bei der offenen objektiven Analyse gerade jener Epoche erkennbar. Die berufliche und gesellschaftliche Prägung der Autoren dürfte dafür ausschlaggebend sein. Alle drei waren in den Jahren vor der Wiedervereinigung in leitenden technischen Funktionen im volkseigenen Betrieb Uhrenwerke Ruhla tätig.[36]

In das Jahr des Gründungsjubiläums „150 Jahre Gebrüder Thiel" fallen zwei weitere, abschließend zu nennende Veröffentlichungen. Die bereits genannte Gerätebau GmbH ist Gegenstand des Werkes von Karl-Heinz Cramer. Hinter dem Titel „Rüstungswerk Gerätebau GmbH. Mühlhausen/Thür. 1936–1945"[37] verbirgt sich eine mit einigen Fehlern behaftete[38] und mehrheitlich unreflektierte Ansammlung verschiedener Materialien.

Das nach 2005 in zweiter Auflage erschienene „Lexikon der Deutschen Uhrenindustrie"[39] stellt hingegen mit den verschiedenen Unternehmenseinträgen und Firmenbeschreibungen ein wichtiges Grundlagenwerk dar. Dieses leistete besonders bei der Analyse möglicher Verflechtungsbeziehungen und wechselseitiger Beeinflussung der unterschiedlichen Uhrenunternehmen einen wichtigen Beitrag. Es ist aber auch ein Beispiel dafür, dass bei vielen dort vertretenen Unternehmen, so auch bei Gebrüder Thiel, noch ganz erhebliche Forschungsdefizite bestehen. Das zeigt sich bei rein äußerer Wahrnehmung im stark variierenden Umfang der jeweiligen Darstellungen. Bei Gebrüder Thiel sind das zum

---

33 Vgl. u. a. Hansen, Reichswehr u. Industrie u. Hopmann, Montan.
34 Latzel, Entwicklung der Taschenuhr.
35 Kamp, Geschichte der Technik.
36 Ebd., S. 640.
37 Cramer, Gerätebau GmbH.
38 Ebd., S. 20 i. V. m. Gesamtverzeichnis der Gesellschafter.
39 Schmid, Lexikon der Deutschen Uhrenindustrie.

Beispiel unvollständige Lebensdaten, differierende bzw. falsche Namensangaben und zudem die Verwendung eines falschen Gründungsdatums.[40] Dieses ist bereits in einigen hier aufgeführten Darstellungen zu finden und wird ab S. 26, behandelt.

Wird an dieser Stelle der Blick von den Untersuchungen und Darstellungen mit Unternehmensbezug auf die Thematik Unternehmensdarstellungen im Allgemeinen und Familienunternehmen im Besonderen gelenkt, so eröffnet sich ein unvergleichlich umfangreicheres Bild der Forschung. Es ist nicht Gegenstand dieser Arbeit, alle Standpunkte zur Bedeutsamkeit und Legitimität von unternehmensgeschichtlicher Forschung mit Familienbezug zu diskutieren. Verschiedene Arbeiten wie die von Michael Schäfer oder Christina Lubinski aus der jüngeren Vergangenheit haben das bereits getan und sind zu dem Ergebnis gelangt, dass Familienunternehmen in den Wirtschaftsstrukturen Deutschlands bis in die Gegenwart hinein eine entscheidende Rolle einnehmen. Die starke Verankerung in der Wirtschaft führte über die Jahre zu einer Zunahme des wissenschaftlichen Interesses. „Die neue Wertschätzung des familiengebundenen Unternehmens hat sich jedoch bemerkenswert wenig in der deutschsprachigen Geschichtsforschung niedergeschlagen."[41] Schäfer erkannte zwar einige Ansätze, die in den Folgejahren unverkennbar weiter ausgebaut wurden, dennoch wurde dadurch das konstatierte Defizit an „empirisch fundierte[n] Monographien"[42] nicht beseitigt. Ein später vorgebrachter Kritikpunkt setzte am Untersuchungszeitraum vieler vorliegender Arbeiten an. „Die wenigen Studien, die sich mit der Verschränkung von Familie und Unternehmen beschäftigen, fokussieren zudem auf das 19. und beginnende 20. Jahrhundert. Hingegen gibt es für den Zeitraum nach 1945, der in der allgemeinen Wirtschafts-, Sozial- und Unternehmensgeschichte derzeit größte Aufmerksamkeit erfährt, nur einige wenige Einzelfallstudien."[43] Die Arbeit Schäfers zur „Sozial- und Wirtschaftsgeschichte der sächsischen Unternehmer"[44] umfasst den Zeitraum 1850 bis 1940 und unterstreicht beispielhaft den vorgebrachten Einwand. Lubinski wiederum wählt ihren Einstieg bei den „Familienunternehmen in Westdeutschland (...) seit den 1960er Jahren"[45].

Bei der Gegenüberstellung dieser beiden Arbeiten zeigten sich Lücken, die vor dem Hintergrund der deutschen Teilung grundsätzliche Fragen aufwarfen. Wie entwickelten sich Familienunternehmen über den Zusammenbruch 1945 hinaus? Welche Rolle spielte der Standort innerhalb Deutschlands für den weiteren Entwicklungsverlauf?

40 Schmid, Lexikon der Deutschen Uhrenindustrie. Band 2, S. 110 u. 404 ff.
41 Schäfer, Familienunternehmen u. Unternehmerfamilien, S. 14.
42 Ebd.
43 Lubinski, Familienunternehmen, S. 14.
44 Schäfer, Familienunternehmen u. Unternehmerfamilien.
45 Lubinski, Familienunternehmen.

Die vorliegende Unternehmensbiografie blendet diesen Bruch nicht aus, sondern macht ihn zu einem Schlüsselelement. Gebrüder Thiel als Familienunternehmen bestand von 1862 bis 1972. Das Unternehmen war vor 1945, von Auslandsgesellschaften abgesehen, im thüringisch-sächsischen Wirtschaftsraum beheimatet. Nach der Enteignung in der Sowjetischen Besatzungszone wurde das Unternehmen bis zum Verkauf durch die Eigentümerfamilien in den westlichen Zonen und der späteren Bundesrepublik Deutschland weitergeführt. Abbildung 21, S. 326 zeigt schematisch die Entwicklung der grundlegenden Unternehmensstruktur Gebrüder Thiel über 110 Jahre. Die Bearbeitung und Darstellung der komplexen Thematik aus Familien- und Unternehmensgeschichte unter dem Eindruck der verschiedenen gesellschaftlichen Einflüsse erforderte den Einsatz unterschiedlichster Methoden. Die Symbiose zwischen sich entwickelnden Familienstrukturen und paralleler Unternehmensentfaltung ließen ein grundsätzlich chronologisch-biografisches Vorgehen für die im Folgenden beginnende Gesamtdarstellung sinnvoll erscheinen.

II. Das Unternehmen im 19. Jahrhundert

1. Wurzeln des Unternehmens

1.1. Die Herkunft der Gründer

Gebrüder Thiel erreichte mit den verschiedenen zugehörigen Unternehmen spätestens in den ersten vier Jahrzehnten des 20. Jahrhunderts eine Dimension, die auch heute eine Einordnung als Großunternehmen rechtfertigt. Hierzu können sowohl Beschäftigten- als auch Umsatzzahlen, wie sie in Abschnitt III zu finden sind, als Belege herangezogen werden. Aus dieser Perspektive heraus ergibt sich die Frage nach den Gründen für eine solche Entwicklung, die sich – wie die Arbeit zeigen wird – innerhalb weniger Jahrzehnte vollzog. Interessant erscheint eine Betrachtung in materieller wie auch in personeller Hinsicht. Insoweit ist eine Identifikation der Ahnen der Gründer für diese Unternehmensbiografie in mehrfacher Hinsicht zielführend. Zunächst gibt sie möglicherweise Anhaltspunkte für die familiäre Prägung der Akteure und hilft, getroffene Weichenstellungen aus der persönlichen Perspektive heraus zu erklären. Darüber hinaus liefert die genealogische Untersuchung auch das Grundgerüst der später zu analysierende Gesellschafterstruktur des Familienunternehmens. Soweit die Betätigungsfelder der verschiedenen Personen identifiziert werden konnten, waren Rückschlüsse auf materielle Aspekte möglich.

Tabelle 1, S. 22, vermittelt, ausgehend von den Eltern der Unternehmensgründer Johann Friedrich Siegmund Thiel und Christiane Wilhelmine Herr,[46] einen Überblick über die drei vorangegangenen Generationen. Dabei wurden die persönlichen Lebensdaten um Angaben zur Herkunft und der erwerbsmäßigen Betätigung ergänzt. Die erste Ebene bildet die unmittelbare Schnittstelle zum Unternehmen Gebrüder Thiel. Dieser entstammten insgesamt 14 Kinder[47], von denen 13 namentlich bekannt sind[48] (vgl. Tabelle 2, S. 24). Unter den Ahnen, beginnend beim Vater, finden sich verschiedene handwerkliche und gewerbliche Tätigkeiten, die in der Summe ein heterogenes Bild vermitteln. Ein klarer, über mehrere Generationen verlaufender Entwicklungspfad hin zur Gründung des betrachteten Unternehmens ist nicht erkennbar. Die verschiedenen Ebenen zeigen zwar mehrfach Kontinuitäten bei den Betätigungsfeldern von Vater und Sohn, diese lagen jedoch nicht originär im Bereich von Metallverarbeitung, Feinmechanik oder Kaufmannstätigkeit, somit jenen Gebieten, die

46 AET, Stammbaum J. F. Siegmund Thiel.
47 AET, Stammbaum Siegmund Thiel.
48 APD, Schreiben 1934.

bei der Unternehmensentwicklung von Gebrüder Thiel eine Schlüsselstellung einnahmen.

Tabelle 1: Ahnentafel der Unternehmensgründer

<table>
<tr><td colspan="8">Ebene I: Eltern der Gründer</td></tr>
<tr><td colspan="4">Johann Friedrich Siegmund Thiel
*08.10.1800 (Beuthen a. d. Oder)
∞07.05.1826 (Ruhla)
†25.07.1866 (Ruhla)
Pfeifenbeschläger, Fabrikant – Mitbesitzer einer Beschlägefabrik</td><td colspan="4">Christiane Wilhelmine Herr
*11.03.1806 (Ruhla)
∞07.05.1826 (Ruhla)
†02.07.1871 (Ruhla)</td></tr>
<tr><td colspan="8">Ebene II: Großeltern der Gründer</td></tr>
<tr><td colspan="2">Sigismund Thiel
*08.02.1765 (Reinshain bei Freystadt in Schlesien)
∞04.01.1795 (Weißkirch bei Seligenstadt am Main)
†04.01.1805 (Beuthen a. d. Oder)
Karabinier – Lazarettwärter</td><td colspan="2">Anna Rebecca Henning[49]
*15.07.1774 (Illeben bei Langensalza)[50]
∞04.01.1795 (Weißkirch bei Seligenstadt am Main)
†01.01.1818 (Ruhla)
Tochter eines Gewehrschneidemachers</td><td colspan="2">Johann Georg Herr
*18.05.1767[51] (Ruhla)
∞18.10.1789[52] (Ruhla)
†20.06.1809 (Ruhla)
Kammmacher und Handelsmann</td><td colspan="2">Susanne Margarete Baumbach
*01.09.1770 (Wenigenlupnitz)
∞18.10.1789 (Ruhla)
†02.01.1841 (Ruhla)</td></tr>
<tr><td colspan="8">Ebene III: Urgroßeltern der Gründer</td></tr>
<tr><td>Friedrich Thiel
aus Reinshain
(1743–1821)
Kutschner, Sohn eines Kutschners</td><td>Maria Buchwald[53]
aus Merzdorf
(1746–k. A.)
Tochter eines Dreschgärtners, Miethäuslers</td><td>Jacob Christian Henning
aus Ruhla
(1751–1824)
Tagelöhner, Schmiegenmacher</td><td>Anna Catharina Vier
aus Tambach
(1750–1835)
Bettlerin</td><td>Johann Christoph Herr
aus Ruhla
(1743–1819)
Kammacher, Sohn eines Handwerkers</td><td>Anna Dorothea Wagner
aus Ruhla
(1743–1818)
Tochter eines Schleifermeisters</td><td>Johannes Baumbach
aus Ruhla
(1746–1818)
Tagelöhner, Knecht, Eseltreiber, Sohn eines Fuhrmanns</td><td>Eva Margaretha Zerbst
aus Wengenlupnitz
(1744–1819)
Magd</td></tr>
</table>

Quelle: eigene Darst., basierend auf Huschke, Unternehmerbiographie, S. 25 f. u. im Verzeichnis benannten Quellen.

Ebenso kann der materielle Rückhalt der Familie eher als begrenzt eingeschätzt werden. Die hohe Anzahl von Geschwistern der Gründer macht es überdies

49 Abweichungen in der Schreibweise. AET, Trauregister 1795, dort: Anna Rebecke Hennig; Stammbaum Siegmund Thiel, dort: Anna Rebekka Henning; Taufregister 1774; Trauregister 1795 u. Sterberegister 1818.

50 Abweichung zu AET, Sterberegister 1818, dort Tauf- = Geburtsdatum, 16.07.1774, siehe Taufregister 1774.

51 20.05.1767, angegeben in: Huschke, Unternehmerbiographie, S. 26.

52 18.10.1790, angegeben in: Huschke, Unternehmerbiographie, S. 26.

53 AET, Taufregister 1746 u. Trauregister 1764, dort abweichender Vorname: Marjana.

unwahrscheinlich, dass im Vorgriff auf das elterliche Erbe eine signifikante Vermögenskonzentration eingetreten war.[54] Anhaltspunkte, die dieser Einschätzung entgegenstehen, liegen nicht vor. Die Eltern waren um das Jahr 1830 Eigentümer eines Wohnhauses in Ruhla, das ursprünglich der Großvater der Ehefrau, Johannes Baumbach, 1782 erworben hatte.[55]

Recherchen in den Kirchenbüchern ergaben als Vater von Friedrich Thiel (1743–1821) einen Christian Thiel (1697–1758)[56], ebenfalls von Beruf Kutschner in Reinshain. Für dessen Vater, Heinrich Thiel, getraut 1676 in Christianstadt am Bober, findet sich eine identische Berufsangabe. In der nächsten Generation bricht mit Casper Thiel die belegte Ahnenkette ohne weitere Berufsangabe in Niederherzogwalde im Einzugsgebiet der evangelischen Kirche Christianstadt im heutigen Polen ab.[57]

Weitere Nachforschungen der Familie in der Zeit des Nationalsozialismus zu ihren Wurzeln im Thüringer Raum lieferten verschiedene Anhaltspunkte. Zu erwähnen ist ein Justus Thiel in Eisenach, der um 1713 Messer aus Ruhla nach Riga verhandelte. Bereits in den letzten beiden Jahrzehnten des 17. Jahrhunderts ist unter den Kaufleuten, die mit Messern handelten, ein Justinus Thiel mehrfach erwähnt. Unter Berücksichtigung der sich vielfach wandelnden Schreibweise der Namen kann eventuell davon ausgegangen werden, dass Justus und Justinus identisch sind. Aus fehlenden Hinweisen in den Ruhlaer Kirchenbüchern zum Todestag des Genannten, ebenso zum dort wiederholt vermerkten Quirin Thiel und in Ermangelung weiterer Eintragung, wurde geschlussfolgert, dass die Familie aus Ruhla weggezogen war. Eine verwandtschaftliche Verbindung nach Ruhla wurde auf der Ebene der Urgroßeltern des Friedrich Thiel (1743–1821) vermutet. Der Urgroßvater wäre dementsprechend in den Jahren 1678, 1682 oder 1686 in Ruhla getauft worden. Folglich müsste unter Beachtung der belegten Verwandtschaft Casper Thiel der gesuchte Urgroßvater und damit das Bindeglied nach Ruhla sein. Diese Annahme kann jedoch widerlegt werden, da sein Sohn Heinrich bereits am 22.06.1676[58] getraut wurde und er selbst damit nicht nach dem Jahr 1655 geboren sein dürfte. Somit existiert zunächst kein Nachweis über eine vor der Unternehmensgründung Gebrüder Thiel ansetzende lange historische Verwurzelung der Familie Thiel in Ruhla und dem dort historisch gewachsenen Handwerk der Messerschmiede.[59]

Eine Verankerung des Vaters der Unternehmensgründer in der Ruhlaer Metallwarenfabrikation und ein dahingehender Einfluss seiner Tätigkeit auf die berufliche Entwicklung der Kinder ist jedoch gegeben. J. F. Siegmund Thiel war

54 APD, Thiel, Rückblick 1956, S. 1.
55 AET, Nachforschungen Thiel, S. 3.
56 AET, Geburts- u. Taufregister 1697 u. Sterberegister 1758.
57 AET, Trauregister 1676.
58 Ebd.
59 AET, Nachforschungen Thiel, S. 1 ff.

als Mitinhaber von Zimmermann, Hellmann & Thiel auf dem Gebiet der Pfeifenbeschlägefabrikation, also im Metallwarenbereich, tätig.[60] Die Söhne halfen zunächst in dem als „kleiner Hausindustrie-Betrieb" zu klassifizierenden Unternehmen mit.[61]

Eine entscheidende Weichenstellung hin zur Unternehmensgründung kann aus den bisher gezeigten familiären Wurzeln nicht abgeleitet werden. Die impulsgebenden Faktoren, die zu diesem Schritt geführt haben, sind insoweit direkt bei den Gründern und in deren unmittelbarem Umfeld zu suchen. Tabelle 2 hebt die vier der insgesamt 14 Geschwister hervor, für die eine Teilhaberschaft am Unternehmen Gebrüder Thiel belegt ist. Mit Georg Thiel, dem ältesten der Geschwister, und dem 1832 geborenen Christian Thiel sind dort auch die beiden eigentlichen Gründer benannt.

Tabelle 2: Unternehmensgründer und deren Geschwister

Johann Georg Christian Thiel (1827–1881) verheiratet mit: Karoline Firnau[62]	Johanne Margarete Thiel (1837–1873) ledig
Eva Margarete Thiel (1827–1862) verheiratet mit: Siegmund Stehmann	Ernstine Wilhelmine Thiel (1839–1908) verheiratet mit: Siegmund Stehmann (1.Ehe) verheiratet mit: Wilhelm Papst (2. Ehe)
Elisabeth Christiane Thiel (1828–1890) verheiratet mit: August Firnau	Albert Donat Thiel (1841–1885) verheiratet mit: Emma Faber
Susanne Friederike Thiel (1830–1882) verheiratet mit: Eduard Hertel	Christ. Fried. Karoline Thiel (1843–1845)
Christian Emilius Thiel (1832–1879) verheiratet mit: Caroline Wilhelmine Schmidt[63]	Georg Julius Thiel (1845–1905) verheiratet mit: Name nicht bekannt
Henriette Christiane Thiel (1834–k. A.) verheiratet mit: Bernhard Brehm	*Christian Reinhold Thiel* (1848–1906) verheiratet mit: Anna Albine Grünkorn
Tochter (1835–vor der Taufe verstorben)	*Ernst Eduard Thiel* (1852–1902) verheiratet mit: Amande Carnarius (1. Ehe) verheiratet mit: Emilie Nothnagel (2. Ehe)

Quelle: eigene Darst., basierend auf AET, Stammbaum Siegmund Thiel.

60 60 Jahre Gebrüder Thiel, S. 9.

61 AET, Lebenserinnerungen Thiel 1963, S. 2 u. 11.

62 Über die Familie Firnau bestand möglicherweise frühzeitig eine weitere Verbindung zwischen den Unternehmerfamilien Thiel u. Bardenheuer. Die Ehefrau von Christian Bardenheuer (10.03.1819–17.01.1874), Dorothea Lisette Bardenheuer (19.05.1809–01.06.1874), verwitwete Erk, geb. Firnau, war die Mutter von Otto Julius Bardenheuer (20.07.1851–11.09.1917), dem Vater des späteren Thiel Gesellschafters Walter Bardenheuer (02.09.1880–11.05.1924), vgl. LKAE, Familienregister W. A. Bardenheuer.

63 In verschiedenen Stammbäumen als Caroline Schmidt-Ebeling geführt. Laut Kirchenbucheintrag zur Eheschließung am 25.06.1861 nur Caroline Wilhelmine Schmidt. Ebeling ist dort als Geburtsname der Mutter angegeben. Vgl. EvKW, Eintrag zur Eheschließung 1861.

Georg Thiel war im Metallverarbeitungsgewerbe ausgebildet[64] und seit dem 06.05.1855 mit Karoline Firnau verheiratet. Aus dieser Ehe entstammen die Kinder Friederike Schuchardt sowie Albert und Ernst Thiel.[65] Diese werden sich durch seinen 1867, also bereits nach fünf Jahren erfolgten Ausstieg bei Gebrüder Thiel nicht im Rahmen der Gesellschafterstrukturen der Gebrüder Thiel GmbH wiederfinden.[66]

Das Wirken von Christian Thiel auf die Unternehmensentwicklung ist allein aus der deutlich längeren Verbindung zur Firma und dem damit einhergehenden Einfluss auf die geschäftliche Entwicklung als nachhaltiger einzustufen. In den Jahren vor der Gründung befand sich dieser in Anstellung in Osnabrück. Dort lieferte 1859 ein Lotteriegewinn den Impuls für seine weitere Lebensplanung und möglicherweise zugleich auch für die nachfolgende Unternehmensgründung. Der Gewinn belief sich auf 10.600 Taler[67], davon abweichend werden gelegentlich 30.000 Taler[68] angegeben. Diese Abweichung lässt sich mit einer fehlerhaften Währungsangabe nach einer überschlägigen Umrechnung in Mark erklären.[69] Da die Information mit dem erstgenannten Wert durch die älteste Tochter Christians schriftlich in der Familie weiter übermittelt wurde und sie zudem angibt, diese Zahl mit einer schriftlichen Überlieferung belegen zu können, ist die Quelle als glaubhaft einzustufen. Ausgehend von diesem finanziellen Rückhalt heiratete er am 25.06.1861 Caroline Wilhelmine Schmidt in Borgholzhausen.[70] Die Ehefrau, geboren in Rotterdam, wohnte in Borgholzhausen mit ihrer im Jahr 1798[71] geborenen Mutter.[72] Der Vater, von Beruf Kaufmann, stammte aus Minden und war bereits 1855 im Alter von 69 Jahren verstorben. Über Justus Wilhelm Schmidt und Henriette Philippine Ebeling, die Eltern der Ehefrau, ist weiterhin bekannt, dass diese 1819 in Borgholzhausen geheiratet haben. Zu dieser Zeit wohnte der Bräutigam in Rotterdam.[73] Im Zusammenhang mit seinem Tod 1855 wurden neben der Ehefrau insgesamt sieben, darun-

---

64 60 Jahre Gebrüder Thiel, S. 9.

65 AET, Stammbaum Siegmund Thiel.

66 Sie liefern jedoch die Erklärung für die Änderung des Firmennamens des am 14.11.1867 durch Georg Thiel neu gegründeten Unternehmens. Die Firma Georg Thiel wurde ab 1881 als Offene Handelsgesellschaft geführt u. am 01.01.1913 in Thiel & Schuchardt umbenannt. Die Gesellschafter blieben mit Albert Thiel u. August Schuchardt die vormaligen. Vgl. AG Jena, HRA 46 u. SAR, Nr. 230/100, Bl. 9 r.

67 APD, Schreiben vom 11.10.1934.

68 APD, Thiel, Rückblick 1956, S. 1 u. AET, Lebenserinnerungen Thiel 1963, S. 11.

69 Die im Herzogtum Gotha ebenso wie im Königreich Hannover gültige Währung waren Taler. 1 Taler entsprach 30 Groschen (Neugroschen) bzw. 300 Pfennigen. Nach der Währungsreform im Zuge der Reichseinigung 1871 stellten sich 3 Mark als Gegenwert für 1 Taler, womit sich der Lotteriegewinn auf 31.800 Mark belaufen würde.

70 APD, Schreiben 1934.

71 EvKW, Eintrag zur Eheschließung 1819.

72 Ebd., 1861.

73 Ebd., 1819.

ter drei minderjährige Kinder angegeben.[74] Anhaltspunkte für einen besonderen materiellen Rückhalt sind für die Familie der späteren Ehefrau Christian Thiels nicht zu erkennen. Er selbst wohnte zum Zeitpunkt der Eheschließung in Osnabrück im Kirchenbezirk Sankt Catharinen. Im dortigen Kirchenbuch ist unter der Eintragung zur Eheschließung Ruhla als künftiger Wohnort des Ehepaares angegeben.[75]

Über die Anstellung von Christian Thiel in Osnabrück, insbesondere den möglichen Arbeitgeber, finden sich bislang keine gesicherten Hinweise. In Betracht käme eine Verbindung zur dort ortsansässigen Firma Gebrüder Thorbecke. Diese Gesellschaft ist in der ersten bekannten Inventur der Gebrüder Thiel aus dem Jahr 1862 unter den „Passiva" des Christian Thiel als einziger „Creditor" aufgeführt.[76]

Die Familie Thorbecke gelangte seit dem 18. Jahrhundert als Importeur und Tabakfabrikant zu Wohlstand. Der Überseehandel gehörte mit zu ihrem Geschäft. Insoweit wäre eine thematische Nähe zum Gewerbe von J. F. Siegmund Thiel erkennbar, wodurch eine entsprechende Anstellung des Sohnes in diesem Geschäft in Osnabrück denkbar ist. Adressbucheinträge der Stadt nennen 1855 und 1862 die Tabaks- und Zigarrenfabrik Gebrüder Thorbecke.[77]

Es wird deutlich, dass die entscheidenden Weichenstellungen für den Aufbau der Unternehmung in Ruhla auf die Zeit Christian Thiels in Osnabrück zurückzuführen sind.

1.2. Die Unternehmensgründung

Nach der Eheschließung in Borgholzhausen zogen Christian Thiel und seine Frau Caroline nach Ruhla. Dort gründete Christian zusammen mit seinem Bruder Georg das Unternehmen Gebrüder Thiel. Das genaue Gründungsdatum ist nicht belegt, jedoch lässt es sich auf die Zeit zwischen der Hochzeit Christians am 25.06.1861 und dem Datum der ersten bekannten Inventur am 01.03.1862 eingrenzen. Damit ist das wiederholt auf den 25.09.1862[78] oder in Beiträgen der Ruhlaer Zeitung[79] im September genannten Jahres verortete Gründungsdatum nicht korrekt angegeben. Da sich jedoch die in diesem Zusammenhang erwähnten Vermögenswerte mit den Inventurwerten vom 01.03.1862[80] decken, ist von

74 EvKW, Sterberegister 1855.
75 EvKW, Eintrag zur Eheschließung 1861; LaNRW, AOwL, P 1 B Nr. 64 u. NLA, StAO, Dep 3 b IV Nr. 2438.
76 ThHStAW, Gebr. Thiel, Nr. 714, Teil 1, Bl. 1 r–8 r, hier 8 r.
77 Naujock, Familie Thorbecke, S. 7 f; Adressbuch 1855, S. 130 u. 1862, S. 65.
78 Windoffer, 125 Jahre Uhrenwerke Ruhla, S. 10 u. Kamp, Geschichte der Technik, S. 12.
79 SAR, Nr. 108/15 u. 402/93.
80 ThHStAW, Gebr. Thiel, Nr. 714, Teil 1, Bl. 1 r–8 r.

einer fehlerhaften Fortschreibung auszugehen. Bereits der Zeitungsartikel zum 50-jährigen Bestehen 1912 erschien im September. In einem Beitrag der Ruhlaer Zeitung vom 24.09.1937 wird der 25. als Tag des 75-jährigen Bestehens explizit genannt. Als Ursprung und Erklärung für die differierenden Angaben könnte der Kaufvertrag für das 1873 durch Christian Thiel erworbene neue Firmengelände gesehen werden. Der Vertrag wurde am 22.09.1873 geschlossen. Ein Auszug daraus ist im „Thiel Anker" 1943 als Bildabdruck enthalten.[81]

Amtliche Eintragungen konnten zur Klärung bislang nicht beitragen. Ein erster bekannter Hinweis findet sich im „Register über den Betrieb der Gewerbe zu Ruhla G. A.[82]" vom Juli 1863 unter der laufenden Nummer 125. Die Eintragungen lassen darauf schließen, dass es sich bei dem genannten Register um eine erstmalige systematische Erfassung der Gewerbe am Ort handelte. Neben der Anmeldung der Gebrüder Thiel mit Datum 22.07.1863 finden sich noch eine Reihe weiterer Eintragungen mit gleichem Anmeldedatum. Das Gewerbe selbst wurde mit „Kaufmann und Pfeifenbeschläge Fabrikation" angegeben, somit eine Tätigkeit in unmittelbarer Anlehnung an das väterliche Gewerbe. Eintragungen der Offenen Handelsgesellschaft Gebrüder Thiel ins Handelsregister des Amtsgerichts Eisenach sind aus der Zeit nach Christian Thiels Tod überliefert.[83]

Die Dimension der Unternehmung der beiden Brüder zeigt sich in den Eckwerten der zitierten Inventur (vgl. Tabelle 3, S. 28). Das anfängliche Kapital belief sich auf 2.452 Taler, 18 Groschen und 7 Pfennige, wovon 1.348/3/3 Taler auf Georg und der Rest auf Christian Thiel entfielen. Christians Beteiligung war somit geringer als die des Bruders und blieb deutlich hinter seinen durch den Lotteriegewinn gegebenen Möglichkeiten zurück. Die zugeordneten Positionen der Inventur lassen die Vermutung zu, dass Georg Thiel bereits vor der gemeinsamen Unternehmung in diesem Gewerbe selbstständig tätig war und die Gründung Gebrüder Thiel letztlich nur in der Aufnahme des Mitgesellschafters Christian zu sehen ist. Die Inventur vom 01.03.1862 könnte somit der Feststellung der neuen Beteiligungsverhältnisse gedient haben. Die Einzelpositionen aufseiten der „Activa" waren aufgeschlüsselt in die Kategorien „Waaren", „Handlungs-Mobilien" und „Debitoren". Bei Georg Thiel waren diese Positionen signifikant größerer als bei seinem Bruder. Ein Siegm. Thiel II, möglicherweise der Vater, befand sich unter den Debitoren.[84] Auffällig in den weiteren Positionen ist die im Vergleich zur Gesamtbeteiligung nennenswerte Bareinlage von Christian Thiel, eine adäquate Position ist aufseiten Georgs nicht vorhanden, was für die These des Einstiegs ins Unternehmen des Bruders spricht.

81 SAR, Nr. 108/15; Nr. 402/93 u. APT, Betriebszeitung Nr. 2, 1943, S. 4.
82 Gothaischer Anteil, weitere Erläuterungen vgl. Abschnitt II, Kap. 1.3.
83 SAR, Nr. 230/84 u. AG Jena, HRA 42.
84 ThHStAW, Gebr. Thiel, Nr. 714, Teil 1, Bl. 1 r–8 r.

Tabelle 3: Inventurübersicht vom 01.03.1862

Inventur Position (Werte in Taler)	Georg Thiel	Christian Thiel
„Waaren"	1.900/16/4	716/22/0
„Handlungs-Mobilien"	449/24/6	82/7/6
„Wechsel"	0/0/0	45/12/0
„Cassa baare Einlage"	0/0/0	450/0/0
„Debitoren"	88/11/10	17/27/10
Summe „Activa"	2.438/22/8	1.312/9/4
„Creditoren"	1.090/19/5	207/24/0
Summe „Passiva"	1.090/19/5	207/24/0
„Capitaleinlage"	1.348/3/3	1.104/15/4

Quelle: eigene Darst., basierend auf ThHStAW, Gebr. Thiel, Nr. 714, Teil 1, Bl. 1 r–8 r.

Bereits die folgende Inventur zum 01.05.1863 verzichtete auf eine Zuordnung der einzelnen Gegenstände zu den beiden beteiligten Unternehmern. Das ausgewiesene Vermögen i. H. v. 3.649/20/1 Talern bedeutete gegenüber dem Stand vom 01.03.1862 eine Zunahme um 1.197/1/4 Talern, was einem Zuwachs von annähernd 50 % entsprach. Die Summe der „Activa" war binnen 14 Monaten auf 8.175/29/9 Taler angestiegen, die „Passiva" beliefen sich auf 4.526/9/8 Taler.[85]

Eine positive Entwicklung der zunächst in gemieteten Räumen in Ruhla G. A. gestarteten Unternehmung ist unverkennbar. In den Folgejahren setzte sich diese Entwicklung fort. Das fand seinen Niederschlag in der Erweiterung des Betriebes und dem Anstieg der Beschäftigtenzahlen. Der Erwerb des für Ruhla heimatgeschichtlich bedeutenden ehemals Steinmetz'schen Grundstücks in der Köhlergasse 29[86] als ersten Geschäftssitz und die dortige Errichtung eines weiteren zweigeschossigen Fabrikationsgebäudes dürften nach dem Ausscheiden von Georg Thiel erfolgt sein. Aus den verfügbaren Geschäftsunterlagen bis 1867 wird kein Immobilienbesitz der Firma ersichtlich.[87]

Die beiden Gründer waren formal gesehen Teilhaber zu gleichen Teilen. Das weist die Gewinnverteilung nach der Inventur vom 12./15.08.1864 explizit aus. Zugleich zeigt die dortige Abrechnung eine deutliche Verschiebung der Kräfteverhältnisse im Unternehmen. Die in den „Passiva" i. H. v. 7.315/26/11 Talern enthaltenen Kapitalkonten der beiden Gesellschafter gaben für Georg Thiel einen Wert von 697/19/10 Talern an, während bei Christian 3.071/0/4 Taler vermerkt waren. Unter Berücksichtigung der „Activa" im Betrag von 9.857/5/3 Talern ergab sich für den Abrechnungszeitraum ein paritätisch zu verteilender Gewinn i. H. v. 2.541/8/4 Talern. Damit wuchs das Kapitalkonto Georgs auf 1.968/9/0 Taler. Im Vergleich dazu wurde der Stand nach der vorherigen Abrechnung auf 1.535/0/11 Taler beziffert. Unter Berücksichtigung des Kapital-

85 ThHStAW, Gebr. Thiel, Nr. 714, Teil 1, Bl. 9 r–19 r.
86 Geburtshaus des Ruhlaer Dichters Ludwig Storch.
87 ALK, Beiträge Betriebschronik, S. 1 f u. 60 Jahre Gebrüder Thiel, S. 9.

kontos lagen aufseiten Georgs nennenswerte Mittelentnahmen vor, während solche bei Christian nicht erkennbar waren.[88]

Am 01.05.1867 trat Georg Thiel aus dem gemeinsamen Unternehmen aus. Wenig später gründete er, wie bereits erläutert, ein Unternehmen unter seinem Namen. In einer Inventur vom 01.05. bis zum 24.05.1867 wurden Waren sowie Maschinen und Werkzeuge auf die Brüder verteilt. Wertangaben finden sich in dieser Dokumentation nur vereinzelt. Die wahren Hintergründe, die zu dieser Situation führten, bleiben im Dunkeln.[89] Es kann davon ausgegangen werden, dass persönliche Gründe diese Entwicklung bedingten. „Vermutlich war der schreckliche Jähzorn Johann Georgs die Ursache. Von seinen erstaunlichen Zornausbrüchen erzählte man sich in der Familie noch nach Jahrzehnten."[90]

Gebrüder Thiel stand 1862 für eine Personengesellschaft, die bereits fünf Jahre später erloschen war.[91] Ab 1867 existierten die beiden Einzelunternehmen Christian Thiel und später Georg Thiel. Erst in der zweiten Hälfte der 1870er Jahre lagen erneut die Voraussetzungen vor, die Gebrüder Thiel als Firmenbezeichnung rechtfertigten. Bevor die dahinführenden Entwicklungen aufgegriffen werden, erfolgt eine Analyse des Standortes Ruhla.

1.3. Der Standort Ruhla

Ruhla, im nordwestlichen Teil des Thüringer Waldes gelegen, offenbart aus heutiger Sicht einige Faktoren, die einer prosperierenden wirtschaftlichen Entwicklung widersprechen. Umso interessanter ist es, sich die Situation im 19. und einsetzenden 20. Jahrhundert zu vergegenwärtigen.

Topografisch gesehen liegt Ruhla ca. 350 bis 530 Meter über dem Meeresspiegel. Der obere, südlich gelegene Teil liegt höher als die Wartburg. Die Gemeinde erstreckt sich entlang eines Haupttales mit mehreren einmündenden kleineren Seitentälern. Reliefunterschiede von örtlich über 300 Metern und eine zum Teil enge Talsohle, die mitunter weniger als 50 Meter breit ist, prägen den Ort. Die umliegenden Berge weisen Höhen in einer Spanne von 500 bis 700 Metern auf. Die Hauptverkehrsachse verläuft s-förmig entlang des nach Nordosten geöffneten Haupttals, mit diesem ansteigend, in südliche Richtung. In

88 Werte aus Originalunterlagen von 1864 entnommen. Innerhalb dieser Übertragungs- u. Additionsfehler ersichtlich. Da Auswirkung auf die Groschen- u. Pfennigangaben beschränkt, wurde von Korrekturen abgesehen. (9.857/5/3 statt 9.857/5/4; 1.968/9/0 statt 1.968/9/2 u. a.) u. ThHStAW, Gebr. Thiel, Nr. 714, Teil 1, Bl. 20 r–33 r.

89 SAR, Nr. 230/84; AG Jena, HRA 46 u. ThHStAW, Gebr. Thiel, Nr. 714, Teil 1, Bl. 34 r–48 r.

90 AET, Lebenserinnerungen Thiel 1963, S. 11.

91 SAR, Nr. 230/84.

zeitgenössischer Darstellung zieht sie sich eine Stunde lang hin, folglich über eine Strecke von etwa fünf Kilometern.[92]

Ruhlas politische Struktur war gekennzeichnet durch die Jahrhunderte dauernde Thüringer Kleinstaaterei. Das stellte ein Hemmnis für eine gedeihliche wirtschaftliche Entwicklung dar. Ruhla, das waren im 19. Jahrhundert mehrere selbstständige politische Gemeinden mit eigener Verwaltung, Kirche und Schule. Das Gebiet war seit dem 16. Jahrhundert und auch schon früher wiederholt Gegenstand territorialer Auseinandersetzungen der jeweiligen Landesherren. Vor 1833 bestanden beispielsweise drei durch Ämter und Ländergrenzen voneinander getrennte Gemeinden. Danach verblieben der nunmehr Ruhla Gothaischen Anteils (G. A.) benannte Teil, gelegen im Herzogtum Sachsen-Coburg und Gotha, sowie der Ruhla Weimarischen Anteils (W. A.) bezeichnete Ort als zum Großherzogtum Sachsen-Weimar-Eisenach gehörig. Die Teilung folgte dem im Haupttal fließenden Fluss Ruhla. Dieser wurde infolge der Grenzfunktion im Zuge der Erbteilung im 17. Jahrhundert später Erbstrom genannt. Der westlich gelegene Teil bildete die Gemeinde Ruhla W. A. Der Ortsname Ruhla selbst leitet sich vom alten Flussnamen ab, der soviel bedeutete wie rollendes, stürzendes Wasser.[93]

Die wandelnden territorialen Verhältnisse sorgten über die Jahrhunderte immer wieder für Spannungen zwischen den verschiedenen Seiten. Auf gemeindlichem Gebiet waren das beispielsweise Streitigkeiten über die Finanzierung von Infrastrukturmaßnahmen oder die Aufteilung der Steuereinnahmen bei Betrieben, deren Grundstück sich über die Gemeindegrenzen hinweg erstreckte. Im Zuge der in Ruhla in der zweiten Hälfte des 19. Jahrhunderts einsetzenden Industrialisierung waren derartige Umstände nachteilig für die Entwicklung. Es kam zu wiederholten Vereinigungsbemühungen der beiden Städte. Das Stadtrecht wurde beiden Teilen unabhängig voneinander 1896 erteilt. Bis zur Vereinigung am 01.04.1921 sollte noch ein weiteres Vierteljahrhundert vergehen. Ungeachtet der administrativen Schwierigkeiten entwickelte die örtliche Wirtschaft eine Dynamik, die sich in einem deutlichen Bevölkerungsanstieg (vgl. Tabelle 4, S. 31) widerspiegelte.[94]

92 Ziegler, Ruhla u. Umgebung, S. 5–7; SAR, Nr. 126/27, Gewerbliche Verhältnisse 1895, S. 1 u. Köllner, Ruhlaer Chronik, Bd. 1, S. 10 ff.

93 Ziegler, Ruhla u. Umgebung, S. 12; SAR, Nr. 126/27, Gewerbliche Verhältnisse 1895, S. 1 u. Köllner, Ruhlaer Chronik, Bd. 1, S. 118–123.

94 Köllner, Ruhlaer Chronik, Bd. 1, S. 118–126; SAR, 120/5, Wirtschaftliche Verhältnisse 1912, S. 1 ff; Nr. 126/27, Gewerbliche Verhältnisse 1895, S. 1 u. Nr. 321/148, Niederschrift vom 14.11.1911.

Tabelle 4: Entwicklung Bevölkerung Ruhlas 1850–1910

	1850	1860	1867	1875	1880	1890	1895	1899	1905	1910
Ruhla G. A.	k. A.	[95]k. A.	2.426	2.458	2.539	2.850	3.098	3.500	k. A.	3.965
Ruhla W. A.	k. A.	k. A.	1.920	1.949	1.986	2.212	2.488	3.070	3.472	3.917
Ruhla Gesamt	[96]3.675	3.949	4.346	4.407	4.525	5.062	5.586	6.570	k. A.	7.882

Quelle: eigene Darst., basierend auf, SAR, Nr. 120/5; 120/6; 126/22; 126/27 u. Köllner, Ruhlaer Chronik, Bd. 2, S. 315–321.

Die wirtschaftliche Entwicklung, insbesondere die Zunahme der industriellen Produktion, dürfte Hauptursache für die Verdopplung der Bevölkerung in fünf Jahrzehnten gewesen sein. „In Ruhla kamen in den Jahrzehnten vor dem ersten Weltkrieg zahlreiche industrielle Unternehmen auf, die den Arbeitsmarkt abschöpften. Für die Meerschaumpfeifenindustrie wurden aber Leute gesucht."[97] Die benötigten Qualifikationen machten eine zeitaufwendige Einarbeitung erforderlich. Vielfach wurden daher bereits qualifizierte Arbeiter aus Wien angeworben. Dort war ein Zentrum dieser Industrie. Ähnliche Aktivitäten gab es auch im Metallgewerbe, besonders in der neu entstehenden Uhrenindustrie. „Ohne Spezialisten für die Herstellung spezifischer Uhrenteile ging es nicht; sie wurden aus Frankreich (Doubs) geholt".[98]

Einen weiteren Impuls für den Aufschwung und zur Gewinnung auswärtiger Arbeitskräfte gab die im Jahr 1880 erfolgte direkte Anbindung Ruhlas an das sieben Kilometer entfernt bestehende Bahnnetz. Schon seit Mitte der 1850er Jahre hatte sich der Ort um den Anschluss an die bestehenden Bahnstrecken bemüht.[99] Eine Verbindung von Halle/Saale über Erfurt und Gotha nach Eisenach war bereits in den Jahren 1846 und 1847 eröffnet worden. In den Folgejahren kamen weitere Streckenabschnitte hinzu, wodurch unter anderem Verbindungen nach Leipzig und Kassel geschaffen wurden.[100]

Verschiedene Ruhlaer Protagonisten verfolgten das Projekt Bahnanschluss, insbesondere da mögliche Anknüpfungspunkte an das bestehende Streckennetz über Wutha oder Eisenach in Reichweite lagen. Nach der deutschen Reichseinigung zu Beginn der 1870er Jahre kam spürbar Bewegung in diese Bemühungen. Die Bevölkerung, vor allem die Vertreter der Wirtschaft, drangen auf eine Reali-

95 Für 1858 u. 1861 sind 2.235 bzw. 2.431 Einwohnern angegeben. Vgl. SAR, Nr. 126/22.

96 Die Zahlen Ruhla Gesamt differieren in Abhängigkeit der Quelle. Zum Beispiel 1850: 3.673/3.675 u. 1890: 5.062/5.077. Ursächlich waren verm. abweichende Erhebungsstichtage.

97 APD, Deußing, Das Bild meines Vaters, S. 1.

98 AET, Erinnerungen Thiel 1967, S. 8 u. APD, Deußing, Das Bild meines Vaters, S. 1.

99 Rockstuhl, Eisenbahn, S. 19.

100 August, Atlas, Bl. 41.

sierung. Zu den frühen Verfechtern kamen weitere Ruhlaer Persönlichkeiten hinzu. „Spieluhrenfabrikant Christian Thiel wurde (...) einer der Hauptbetreiber des Bahnprojektes, sein Kompagnon Christian Bardenheuer ein rühriger Förderer."[101] Dennoch vergingen bis zum Bau der Ruhlaer Eisenbahn zwischen Ruhla und Wutha noch weitere Jahre. In Wutha erfolgte die Anbindung an die Thüringische Eisenbahn. Ab dem 10.07.1880 konnte der Personenverkehr, und zwei Monate später am 15.09.1880 der Güterverkehr, aufgenommen werden. Damit war die Einbindung des etwa 15 Kilometer südwestlich von Eisenach gelegenen Ruhlas in das überregionale Bahnnetz erfolgt.[102]

Eine deutliche Verbesserung der infrastrukturellen Erschließung Ruhlas setzte jedoch bereits in der ersten Hälfte des 19. Jahrhunderts und damit lange vor dem Bahnanschluss ein. Neben dem Ausbau des Straßennetzes wurden eine Poststation und eine Postkutschenverbindung nach Eisenach geschaffen. Die Einrichtung einer Zeichen- und Gewerbeschule erfolgte 1832 unter dem Einfluss des zu dieser Zeit den Standort bestimmenden Pfeifengewerbes. Dieser Gewerbezweig verlor in den folgenden Jahrzehnten jedoch langsam gegenüber der aufkommenden Metallwarenindustrie an Bedeutung. Solche Veränderungen waren nicht ungewöhnlich und für Ruhla nicht neu. Zunächst begründeten Eisenerzfunde das Schmiedehandwerk. Das wiederum wandelte sich durch verschiedene Einflüsse von der anfänglichen Waffen- zur Messerschmiedekunst. Dieser Zweig fand nach zwei Jahrhunderten unter anderem durch Abwerbung der Handwerker in andere Orte seinen Niedergang. Mit der Pfeifenherstellung entwickelte sich in der zweiten Hälfte des 18. Jahrhunderts ein neues Gewerbe. Dieses sollte ein Jahrhundert das Wirtschaftsleben bestimmen. Eine Blütezeit lag in den Jahren nach der Gründung des Zollvereins 1833. Die Fertigung kompletter Tabakpfeifen erreichte fast 50 Mio. Stück pro Jahr. Mit dem Aufkommen der Zigarette und dem Aufstieg der Ruhlaer Metallwarenfabrikation setzte ein Rückgang ein. Die anschließenden Jahrzehnte führten so zu weiteren Spezialisierungen. Feinmechanik, Uhrenherstellung, Elektroartikel und Maschinenbau waren dafür beispielhaft.[103]

Der Wandel lässt sich anhand einiger Zahlen verdeutlichen. Für das Jahr 1797 liefert eine Aufstellung über die Beschäftigten Ruhlas[104], die älter als 13 Jahre waren, folgende Angaben:

---

101 Rockstuhl, Eisenbahn, S. 29.

102 Ebd., S. 20–33, 46–51; SAR, Nr. 408/1 u. 60 Jahre Gebrüder Thiel, S. 17.

103 Müller, Industrie, S. 48, 54 f u. Köllner, Geschichte Ruhla, S. 11–18.

104 Lederers Darstellung (SAR, Nr. 126/27, Gewerbliche Verhältnisse 1895, S. 2), basiert verm. auf jener Quelle die auch Köllner (Köllner, Ruhlaer Chronik, Bd. 2, S. 100) verwendet. Der dortige Abdruck ist dem „Journal für Fabrik, Manufaktur, Handlung und Mode" aus dem Jahr 1798 entnommen. Die Erhebung erfolgte im September 1797 u. erfasste die Teile Ruhlas auf Gothaer u. Eisenacher Gebiet. Das Verzeichnis weist 1.757 Personen über 13 Jahre aus. Köllner gibt an, dass die Zahl der 1797 in einem Arbeitsverhältnis stehenden Personen beider Gemeinden 1.754 betrug (Abweichung zu

Neben 500 Messerschmieden[105] werden 25 Feilenmacher, 14 Schlosser, 31 Kammmacher, 255 wirkliche Pfeifenarbeiter, 282 Kopfbeschläger, Versilberer und Deckelstecher sowie 12 Rohrdrechsler und 9 Frachtfuhrleute neben 555 für die Bedürfnisse der Einwohner tätigen Personen angegeben. Die Kammmacher werden noch unterschieden nach Messing- (25) und Elfenbeinkammmachern (6). Unter den wirklichen Pfeifenarbeitern befinden sich 156 für Ruhlaer Meerschaumköpfe, 66 für wirkliche türkische Meerschaum-Pfeifenköpfe und 33[106] für hölzerne und Papier-Maché-Köpfe. Tätigkeiten im Umfeld der Pfeifenproduktion waren am häufigsten vertreten, wenngleich das Handwerk des Messerschmiedens noch einen signifikanten Teil der Bevölkerung band.[107]

Werden zum Vergleich Werte[108] um das Jahr 1895 herangezogen, so bilden nunmehr die Pfeifen- und Metallwarenfabrikation die Hauptwirtschaftszweige. Pfeifen-, Meerschaum- und Bernsteinindustrie weisen 762 erwachsene Arbeiter und Arbeiterinnen auf.[109] Auf die Pfeifenbeschlägerei entfallen weitere 190 Personen. Für die Schlauch-, Etui- und Kartonagefabrikation sowie die Mahlerei werden 86 und für sonstige kleinere Industriezweige nochmals 59 Personen angegeben. Die Metallwarenindustrie beschäftigt 1.237 Personen. Ein weiterer Aspekt in dieser Erhebung ist für die Charakterisierung der gewerblichen Strukturen am Ort interessant. Bei den ausgewiesenen Zahlen wurde eine weitere Differenzierung vorgenommen. Diese betraf die Beschäftigung in Fabrik oder Hausindustrie. Die dahingehenden Verhältnisse verdeutlicht Tabelle 5, S. 34.

1.757 nicht erklärt), bei insgesamt 2.495 Einwohnern. Die Summe der bei Lederer angeführten Beschäftigten beträgt 1.683. Er nutzt Daten nur auszugsweise. Handelsleute die keine Fabriken haben, Künstler, Gelehrte, fürstliche Beamte u. freie Künste treibende Personen würde die Zahl um 72 erhöhen.

105 Die für das Jahr 1800 angegebene Anzahl der Messermacher (115) weicht deutlich ab. Möglicherweise wurden dort nur die Meister bzw. Produktionsstätten erfasst. Köllner verweist auf eine größere Gruppe, die neben Messern bereits Beschläge u. Pfeifenköpfe fertigt. Vgl. Köllner, Ruhlaer Chronik, Bd. 2, S. 100 u. 311.

106 In der von Köllner verwendeten Darstellung insgesamt 35 Personen angegeben.

107 SAR, Nr. 126/27, Gewerbliche Verhältnisse 1895, S. 2.

108 Durch fehlende Fragebogenrückläufe sind die Werte für die Pfeifen- u. Metallwarenindustrie um jeweils geschätzte 50 Personen zu erhöhen. Damit wäre in den genannten Bereichen von einer Beschäftigung von ca. 2.400 bis 2.500 Personen auszugehen. Vgl. SAR, Nr. 126/27, Gewerbliche Verhältnisse 1895, S. 7.

109 Aus der Systematik heraus wäre für die erfassten Personen ein Mindestalter von 21 Jahren anzunehmen.

Tabelle 5: Beschäftigungsstruktur Ruhlas in den Hauptgewerben 1895

Tätigkeitsbereich	Gesamt	Fabrik	Hausindustrie
Pfeifen-, Meerschaum- und Bernsteinindustrie	762	207	555
Pfeifenbeschlägerei	190	105	85
Metallwarenindustrie	1.237	963	274

Quelle: eigene Darst., basierend auf SAR, Nr. 126/27, Gewerbliche Verhältnisse 1895, S. 7.

Damit wird deutlich, dass mit der Zunahme der Metallwarenproduktion in den neu entstandenen Fabriken die zunächst dominierende Beschäftigung in der Hausindustrie zurückging. Den Schritt hin zur Fabrikarbeit hatte in Ruhla 1841 als erstes Christian Bardenheuer „mit der Einrichtung einer ersten Kleinmetallwarenfabrik in einer Pfeifenbeschlagswerkstatt" vollzogen. Bereits im nächsten Jahr folgte eine Filzfabrik, vermutlich jene, die 1873 durch Christian Thiel für die Weiterentwicklung seines Unternehmens erworben wurde.[110]

110 SAR, Nr. 126/27, Gewerbliche Verhältnisse 1895, S. 3 u. 6 f; Köllner, Geschichte Ruhla, S. 17 u. Ruhlaer Chronik, Bd. 2, S. 314.

2. Entwicklung bis zur Umwandlung der OHG 1901

2.1. Das Unternehmen

Nach bisherigem Stand führte Christian Thiel nach der geschäftlichen Trennung von seinem Bruder Georg 1867 bis Ende der 1870er Jahre ein Einzelunternehmen. Gebrüder Thiel als Unternehmensbezeichnung wurde vermutlich auch in dieser Zeit beibehalten. Die erfolgte Aufnahme seiner jüngeren Geschwister Christian Reinhold und Ernst Eduard dürfte einzig auf den Umstand zurückzuführen sein, dass er im Jahr 1878 ernstlich erkrankte.[111] In der Festschrift von 1922 wurde die Teilhaberschaft der Geschwister als Wunsch Christian Thiels, die Verantwortung für die Leitung des gewachsenen Betriebes künftig nicht mehr allein tragen zu wollen, dargestellt. Vor dem Hintergrund seines Geschäftssinns ist diese Darstellung fraglich.[112] Thiel hatte sich bereits 1870 in den damals größten Ruhlaer Metallverarbeitungsbetrieb von Christian Bardenheuer eingekauft und fungierte in diesem bis zu seinem Tod als kaufmännischer Leiter.[113] Dass er dafür die nötigen Mittel zur Verfügung hatte, ist aufgrund der bisher bekannten Bilanzen sowie des schon erwähnten Lotteriegewinns anzunehmen. Eine entsprechende Beteiligung wurde an der neuen Firmierung Thiel und Bardenheuer deutlich. Die verwandtschaftliche Verbindung dieser beiden Familien wird im Verlauf dieser Arbeit mehrfach aufgezeigt. Nach dem Tod Christian Thiels sollte das Verhältnis der Familien zunächst jedoch auf Jahrzehnte belastet sein. Aus Sicht von Christian Thiels Brüdern resultierten die Spannungen daraus, dass die Erben des im Jahr 1874 verstorbenen Christian Bardenheuer[114]die Witwe Thiel aus dem gemeinsamen Unternehmen gedrängt hatten. Bereits Reinhold Thiel bezweifelte das. Diese Zweifel scheinen berechtigt, da Christian Thiels Witwe schon ein halbes Jahr nach ihrem Mann im Juli 1879 verstarb. Mögliche weitere Erklärungen erschließen sich aus den im Folgenden aufgezeigten Entwicklungen. Der Familienkonflikt endete erst mit dem Tod der „streitbaren Senioren“ Anfang des 20. Jahrhunderts.[115]

Das Unternehmen von Christian Thiel entwickelte sich zu seinen Lebzeiten positiv. Sein Engagement bei Bardenheuer führte dazu, dass seine Brüder Christian Reinhold und Ernst Eduard entsprechend ihrer Ausbildung als Mitarbeiter mit technischer bzw. kaufmännischer Verantwortung in den eigenen Betrieb aufgenommen wurden. In diese Phase fiel eine Entwicklung, die zwar nur ein erster kleiner Baustein, aber dennoch ein entscheidender Impuls für die pro-

111 APD, Thiel, Rückblick 1956, S. 1 f.
112 60 Jahre Gebrüder Thiel, S. 16.
113 ALK, Beiträge Betriebschronik, S. 2.
114 LKAE, Familienregister W. A. Bardenheuer.
115 AET, Stammbaum Siegmund Thiel, Stamm Christian Emilius Thiel u. Erinnerungen Thiel 1967, S. 70 f.

dukttechnische Weiterentwicklung sein sollte. Die Bieruhr[116] genannte Erfindung, ein einfaches mechanisches Zählwerk, das durch Knopfdruck um eine Zähleinheit weiter vorrückte, fand zahlreiche Abnehmer, woraus wachsende Beschäftigung und Gewinne resultierten. Die Bieruhr selbst dürfte auf den beauftragten Ruhlaer „Mechaniker und Optikus“ Oskar Schellhas zurückgehen.[117] Schellhas entwickelte und baute in seiner Werkstatt verschiedenste Instrumente, die er unter anderem auf der Gewerbeausstellung in Ruhla 1877 präsentierte.[118] In Anlehnung an diese erste Mechanik folgte die Weiterentwicklung bei Gebrüder Thiel hin zu Kinderspieluhren, die später den Weg zur Taschenuhr bereiteten.[119]

Die Dokumentation Zieglers zur Gewerbeausstellung 1877 liefert ein anschauliches Bild der Produktpalette der Unternehmen Gebrüder Thiel sowie Thiel und Bardenheuer. Zugleich zeigt die Schilderung einige interessante Zusammenhänge. Für Gebrüder Thiel wurden beim Rundgang durch die Ausstellung zunächst die Erzeugnisse des Walzwerkes und der Drahtzieherei aufgeführt. „Daran schlossen sich Musterkarten mit Uebergehäusen für Taschenuhren in allen Größen und Facons, Uhrenbügel in Neusilber und Silber, Kinderuhren in diversen Größen mit Spring- und Schlagwerk, mit beweglichen Bildern als Medaillons (...) Uhrketten, Fensterhaken u. s. w.“ an. Bei der Fortsetzung des Ausstellungsrundgangs fanden sich „neben den Produkten der Firma Gebrüder Thiel die der thätigen Firma Thiel und Bardenheuer aufgestellt (...) [Dies sind] Tischlampen (...), Rund-, Flach- und Freibrenner, sowie Lampenbestandtheile (...), Militäreffectengarnituren (...), Tragriemenhaken, Patronentaschenknöpfe, Säbelscheidenbeschläge, Mündungsdeckel u. s. w. Ferner finden wir aufgestapelt: Messing-Schuhbeschläge, Absatzeisen, Absatz- und Sohlenplatten, Schuhspitzen für Kinderschuhe (...), Musterkarten und Musterhaken mit sog. Bieruhren und Uhrengehäusen, Stoßkappen, Stiefeleisen, Nägel, Spanische Brenner, Damenschnallen, Segeltauösen, Peitschenbeschläge, Messing-Oesen zu Wagendecken, Segeln und Zelten, sowie verschiedene andere einschlägige Artikel.“[120]

Besonders viele der zuletzt aufgeführten Erzeugnisse wurden in späteren Unternehmensdarstellungen dem Fertigungsspektrum von Gebrüder Thiel zugeordnet.[121] Das lässt sich verschiedentlich erklären. Zunächst könnte die Einfachheit der Artikel darauf schließen lassen, dass beide Unternehmen diese unabhängig voneinander, schon vor der Beteiligung durch Christian Thiel, gefertigt

116 Die Bezeichnung resultiert aus dem Einsatz in Gastwirtschaften zum Zählen der durch den Gast bestellten Biere.

117 Heinrich Oskar Schellhas (05.03.1836–13.02.1889), vgl. LKAE, Familienregister G. A. Schellhas. Ziegler, Geschichte des Meerschaums, S. 167, i. V. m. ALK, Beiträge Betriebschronik, S. 3.

118 Ziegler, Geschichte des Meerschaums, S. 143–169.

119 ALK, Beiträge Betriebschronik, S. 2 f.

120 Ziegler, Geschichte des Meerschaums, S. 161 f.

121 Vgl. 60 Jahre Gebrüder Thiel, S. 10; SAR, Nr. 404/31, u. a. S. v. 11.08.1900.

haben. Weiterhin spricht Köllner davon, dass sich Thiel und Bardenheuer auf die Herstellung von Brennern nach der Erledigung der Militäraufträge der Jahre 1870/71 spezialisiert hatte. Dem widerspricht aber die Ausstellung 1877. In Betracht kommt sodann, dass Christian Thiel durch die Beteiligung am vormaligen Betrieb von Christian Bardenheuer einen erheblichen Technologie- und Produkttransfer zu seinem eigenen Unternehmen betrieben hatte. Das würde das Wachstum bei Gebrüder Thiel erklären. Dafür spricht, dass die auf Schellhas zurückgehende Bieruhr bei den Produkten von Thiel und Bardenheuer zu finden war, die Kinderuhren bei Gebrüder Thiel jedoch auf vergleichbarer Mechanik beruhten. Weiterhin expandierte Christian Thiel mit seinem Unternehmen und erwarb das neue Firmengelände wenige Jahre nach dem Einstieg bei Bardenheuer. Der Tod Christian Bardenheuers und seiner Frau im Januar bzw. Juni 1874 dürfte seine geschäftlichen Handlungsspielräume erweitert haben. Die ins Unternehmen nachrückende Generation der Familie Bardenheuer war eventuell nicht schnell genug in der Lage, die Geschäfte Thiels in angemessener Weise zu kontrollieren und gegebenenfalls zu unterbinden. Sie könnte im Wirken Thiels den partiellen Verlust des väterlichen Erbes gesehen haben. Aus dieser Sicht heraus wäre auch die behauptete schnelle Verdrängung von Christian Thiels Witwe aus dem Unternehmen durch Christian Bardenheuers Söhne nachvollziehbar. Diese könnten im Tod Christian Thiels 1879 die Chance gesehen haben, sich einen Teil des verloren geglaubten Erbes zurückzuholen um das Unternehmen für die Familie zu sichern. Hierzu passt der geschilderte Familienkonflikt. Darüber hinaus würde die geschäftliche Trennung der Familien die Fokussierung von Thiel und Bardenheuer auf das Brennergeschäft und den Verzicht auf einen Teil der sonstigen Produktbereiche zugunsten von Gebrüder Thiel erklären.[122]

Ungeachtet der weiteren Hintergründe dieses Konfliktes stieg mit der günstigen Nachfrage nach den Thiel'schen Artikeln die Produktion und führte zur Expansion des Unternehmens. Das anfängliche Domizil in der Ruhlaer Köhlergasse genügte in verschiedener Hinsicht nicht mehr. Begrenzte Platzkapazitäten und die Notwendigkeit einer Kraftquelle für den Antrieb von Maschinen für eine rationelle Massenfertigung erforderten neue Räumlichkeiten. Ein Objekt, das diesen Anforderungen entsprach, fand sich am Ortsrand von Ruhla. Die ehemalige Filzfabrik an der Straße nach Wutha bzw. Eisenach verfügte über etwa zehn Gebäude und wurde vom Erbstrom durchflossen, der über ein Wasserrad zum Antrieb der Maschinen nutzbar war.[123] Christian Thiel erwarb am 22.09.1873 das Anwesen von Angeline Reiße mit Zustimmung ihres Ehemanns Victor zum Kaufpreis von 18.250 Talern.[124] Victor Reiße[125] war bis zu seinem

122 ALK, Beiträge Betriebschronik, S. 3; AET, Erinnerungen Thiel 1967, S. 70 f u. LKAE, Familienregister W. A. Bardenheuer.
123 Kamp, Geschichte der Technik, S. 296.
124 APT, Betriebszeitung Nr. 2, 1943, S. 4.

Tod Mitte der 1870er Jahre einer der maßgeblichen Verfechter der Idee einer Bahnanbindung für Ruhla.[126] Dem Unternehmen Gebrüder Thiel nutzte diese Pionierarbeit schon im folgenden Jahrzehnt. Damit war der Fabrikkauf auch aus Blickrichtung der verkehrstechnischen Erschließung vorteilhaft. Der in großen Mengen erforderliche Materialtransport konnte über eine Bahnanbindung kostengünstiger erfolgen. Nachdem Ruhla 1880 den Bahnanschluss erhielt, befand sich der Bahnhof in unmittelbarer Nähe zum neuen Fabrikgelände. Dieses war nach einigen Umbauarbeiten am 01.12.1873 bezogen worden. Ab dem Jahr 1874 erfolgte dort auf der weimarischen Seite die Errichtung des im Rahmen der Gewerbeausstellung bereits genannten und 1875 in Betrieb genommenen Messingwalzwerkes[127]. Es wurde mit Wasserkraft betrieben und bewirkte den weiteren Anstieg von Transportvolumen und Warenumschlag. Durch die territoriale Zersplitterung des Gebietes befand sich das neue Fabrikanwesen in den Orten Ruhla G. A. sowie Ruhla W. A. und damit in zwei verschiedenen Staaten.[128]

Den stetig zunehmenden unternehmerischen Erfolg förderten weit mehr als die bislang aufgeführten Umstände. Gebrüder Thiel verkaufte seine Waren frühzeitig über die Grenzen Deutschlands hinaus. Um entsprechende Absatzmärkte zu erschließen, entwickelten bereits in den 1870er Jahren verschiedene Mitarbeiter eine rege Reisetätigkeit. Unter ihnen waren neben Ernst Eduard Thiel, Adolf Langhammer und Karl Flick. Flick gehörte zu dieser Zeit, neben seinem Bruder Edmund Flick, zu den wichtigsten kaufmännischen Mitarbeitern. Die Brüder Flick beeinflussten neben den Inhabern maßgeblich die wirtschaftliche Entwicklung des Unternehmens im ausgehenden 19. Jahrhundert. Die Rolle Adolf Langhammers zeigte sich später bei der Thiel'schen Beteiligung am Unternehmen Schenk & Kürschner[129]. Der Wettbewerb am internationalen Markt und das Aufgreifen der dort erkennbaren Bedürfnisse wirkten bei Gebrüder Thiel als Ideengeber und Motor der Entwicklungen. So konnte bei den Kinderspieluhren bereits im Jahr 1878 ein erstes gehendes[130] Modell konstruiert werden. Damit gelang ein entscheidender Schritt, um sich international zu positionieren. Bis dahin waren französische Hersteller, die ein derartiges Modell bereits im Angebot hatten, die führenden Produzenten. Der Geschäftszweig Kinderuh-

---

125 Victor Reiße zwischen 22.09.1873 (Datum Kaufvertrag) u. 28.02.1876 (Rockstuhl, Eisenbahn, S. 31) verstorben.

126 Rockstuhl, Eisenbahn, S. 20–31.

127 Der neue Betriebsteil stellte für das Unternehmen eine Erweiterung der Wertschöpfungskette dar. Durch die gestiegene Produktion war bspw. der Bedarf an Messingblechen gestiegen. Das eigene Walzwerk konnte mit einer monatlichen Höchstleistung von 20.000 kg Drähte bzw. Bleche liefern u. bot zugleich die Möglichkeit in der Produktion anfallende Metallabfälle zu recyceln. Vgl. 60 Jahre Gebrüder Thiel, S. 10, 15 f.

128 60 Jahre Gebrüder Thiel, S. 15.

129 ThHStAW, Gebr. Thiel GmbH Ruhla, Nr. 395, Bl. 63 r.

130 Eine Kinderspieluhr mit mechanischer Bewegung der Zeiger.

ren allgemein war gekennzeichnet durch vergleichsweise geringe Konkurrenz, diese war vorwiegend in Frankreich zu finden. Die Franzosen brachten geringe Mengen im höheren Preissegment auf den Markt. Der in rationeller Massenfertigung bei Gebrüder Thiel erzielbare Preisvorteil führte letztlich zum Durchbruch am Weltmarkt. In kurzer Zeit konnte quasi eine Monopolstellung in den Hauptabsatzgebieten USA, England, Frankreich, Deutschland, Italien und der Schweiz erreicht werden. Der Erfolg ermöglichte es, die Mittel zu erwirtschaften, die für weitere Entwicklungen erforderlich waren. Zu nennen sind Maschinen zur automatisierten Herstellung von Uhrketten, Verbesserung und Weiterentwicklung der Stanztechnik für die rationelle Teilefertigung, die Einrichtung einer eigenen Galvanisierung zum Vernickeln, Versilbern und Vergolden der hergestellten Produkte und einiges mehr.[131]

Die Entwicklungsbemühungen führten zu einer ersten gebrauchsfähigen Taschenuhr, die Gebrüder Thiel 1892 auf den Markt brachte. Für die auf Emil Dürer zurückgehende Konstruktion lieferte ein amerikanischer Abnehmer für Kinderuhren den Anstoß, indem er eine Kinderuhr erbat, die für eine Stunde die Zeit richtig anzeigt. Die Auseinandersetzung mit der gestellten Aufgabe führte zu der Erkenntnis, dass bei der notwendigen Konstruktion und der vorgegebenen Preislage auch ein Produkt geschaffen werden kann, das über eine längere Spanne die Zeit genau anzeigt.[132] „Im Allg. Journal für Uhrmacherkunst wurde im Juli 1892 mitgeteilt, dass die Firma Gebr. Thiel die Fertigung einer ‚Kinder-Taschenuhr‘ mit einer Laufzeit von 10–12 Std. aufgenommen haben. Für die Fertigung wurden in der Schweiz etwa 70 Uhrmacher angeworben und in Ruhla angesiedelt."[133] Mit der vornehmlich im englischsprachigen Raum unter der Bezeichnung Fearless vertriebenen Taschenuhr hatte Gebrüder Thiel einen Markt betreten, in dem das Unternehmen auch für diesen Artikel nahezu zehn Jahre über eine Art Monopol verfügte. Von Anfang an war England Hauptabsatzgebiet. Fearless wurde dort nicht als Spielzeug, sondern als die billigste Taschenuhr ein unerwarteter Verkaufserfolg. England als klassisches Industrieland war damals Freihandelsland ohne Einfuhrbeschränkungen und erhob keine Einfuhrzölle.[134] Für Gebrüder Thiel ein lukrativer Markt, auf dem erst im Jahr 1902 durch das Erscheinen der Schwarzwälder Konkurrenz eine Preisherabsetzung erforderlich wurde.[135] Eine Darstellung aus dem Jahr 1910 charakterisiert, wenn auch in abschätziger Art, die Situation am Markt und unterstreicht, dass „die Produktion ganz billiger Taschenuhren in den Preislagen von 2,25 – 5 M., wie sie neuerdings im Schwarzwalde (...), sodann im Elsaß und in Ruhla rüstig voranschreitet, auch weiterhin ausdehnungsfähig ist (...). Die

131 Kamp, Geschichte der Technik, S. 297 ff; 60 Jahre Gebrüder Thiel, S. 16 ff; APD, Thiel, Rückblick, 1956, S. 2 f.

132 Kamp, Geschichte der Technik, S. 300 f; APD, Thiel, Rückblick, 1956, S. 3 f.

133 Schmid, Lexikon der Deutschen Uhrenindustrie, Bd. 2, S. 405.

134 APD, Thiel, Rückblick 1956, S. 4.

135 ThHStAW, Gebr. Thiel GmbH Ruhla, Nr. 395, Bl. 34 r.

Ware, die hier hergestellt wird, eignet sich sowohl in vorzüglicher Weise für den Export in überseeische Länder, als auch findet sie in Deutschland als Kinderuhren und Uhren der minder bemittelten Bevölkerungsschichten, die früher gar keine Uhr trugen, immer mehr Eingang."[136] Für 2,25 M gab Gebrüder Thiel die Uhren an Händler ab, im Laden kosteten sie später umgerechnet etwa 3 M.[137] „Die Uhr war als Spielzeug gedacht und dafür zu teuer; sie war aber auch viel besser als ein billiges Spielzeug. Sie war ein zwar häßlicher und unförmiger, aber brauchbarer und außerdem unerhört billiger Zeitmesser, eine Taschenuhr zu einem noch nicht dagewesenen billigen Preis."[138] Der Erfolg des Produktes war im Preis begründet. Dieser lag bei der Einführung deutlich unter dem der damals in den USA gefertigten billigsten Taschenuhr, die es für etwa 10 M im Laden zu kaufen gab. Der Vertrieb der Thiel-Uhren erfolgte zunächst nicht über Uhrmacher und den einschlägigen Fachhandel, da diese sich wegen des Preises und der Bauart weigerten. Vertriebskanäle waren daher die Warenhäuser, der Textileinzelhandel und weitere fachfremde Einzelhändler. Die in Deutschland und England angebotene Garantie, Reparatur zum festen Preis von umgerechnet 50 Pf. oder Umtausch zum Preis von 1 M, kompensierte die Weigerung des Fachhandels, derartige Uhren zu reparieren. Die Käufer nutzten diese Möglichkeit dennoch nur in sehr begrenztem Umfang.[139]

Tabelle 6: Umsatzentwicklung 1895 nach Abteilungen

Monat	Kinderuhren	Gehäuse	Oesen & Stiefeleisen	Remontoir- & Damenuhren	Walzwerk	Gesamt
Angaben in M						
1	36.485,67	8.291,38	827,00	50.434,00	10.147,09	106.185,14
2	45.916,24	9.042,65	1.193,66	53.118,03	13.145,53	122.416,11
3	34.746,19	9.429,22	1.179,82	57.734,25	16.135,59	119.225,07
4	50.129,01	7.570,45	1.465,54	46.238,31	12.001,31	117.404,62
5	70.597,56	8.023,40	2.744,86	49.888,92	9.548,73	140.803,47
6	55.490,42	6.674,26	1.125,34	42.130,58	12.966,45	118.387,05
7	69.700,21	8.709,05	1.586,21	48.745,31	11.913,25	140.654,03
8	61.808,34	8.032,81	2.222,31	39.135,57	15.263,44	126.462,47
9	57.503,27	10.029,78	1.718,02	49.655,20	10.180,93	129.087,20
10	58.895,95	10.001,74	1.856,83	62.156,58	17.550,40	150.461,50
11	46.533,53	10.018,66	2.191,01	78.678,41	15.947,28	153.368,89
12	19.671,23	7.693,09	1.348,20	54.436,19	13.749,21	96.897,92
Σ	607.477,62	103.516,49	19.458,80	632.351,35	158.549,21	1.521.353,47

Quelle: eigene Darst., basierend auf AAK, Geheim-Memorial 2. Beilage.

136 Dienstag, Uhrenindustrie, S. 133 f.
137 60 Jahre Gebrüder Thiel, S. 20.
138 APD, Thiel, Rückblick 1956, S. 4.
139 Ebd., S. 4 f.

Neben den Kinder- und Taschenuhren sowie verschiedenen Walzwerkprodukten verfügte das Unternehmen über ein erheblich breiteres Spektrum. Für das Jahr 1895 verdeutlicht Tabelle 6, S. 40, die Umsatzzahlen. Die Dominanz der Produkte aus den Bereichen Kinder- und Taschenuhren wird ersichtlich. Während einer Reihe weiterer, zumeist seit den 1860er Jahren hergestellter Massenartikel, wie zum Beispiel Uhrschutzgehäuse, Bügel für Taschenuhren sowie Absatzeisen und Stoßkappen für Kinderschuhe nur noch eine untergeordnete Rolle beim Umsatz zukam.

Der Gesamtumsatz hatte sich seit der Erweiterung des Unternehmens nach dem Erwerb des Fabrikgrundstücks im Jahr 1873 bis 1895 mehr als verzehnfacht. In den Jahren 1873 bis 1876 bewegte er sich in einer Spanne zwischen 120.000 M und 150.000 M. Dass dieser Wert bis Ende der 1870er Jahre bereits auf etwa eine halbe Mio. M gesteigert werden konnte, wie in der Festschrift von 1922 angegeben, ist bislang nicht durch detaillierte Einzelangaben belegt.[140] Die auf Grundlage von Originaldokumenten rekonstruierte Umsatzentwicklung in Abbildung 1 für den Zeitraum 1882 bis 1900 setzt bei Werten um 0,4 Mio. M ein und erfuhr in den folgenden Jahren mit Ausnahme der Jahre 1889, 1891 und 1898 ein stetiges Wachstum auf ca. 2,6 Mio. M.

Abbildung 1: Umsatzentwicklung Gebr. Thiel OHG 1882–1900

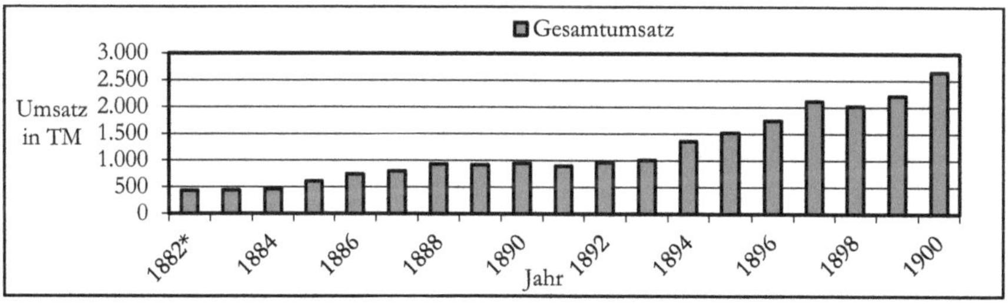

*Angenommener Jahreswert auf Basis der Werte für das 2. Halbjahr 1882.

Quelle: eigene Darst., basierend auf Tabelle 72, S. 327.

Die mit Umsatzrückgang verbundene Schwächephase Anfang der 1880er Jahre könnte sich mit dem Tod des bisherigen Geschäftsinhabers Christian Thiel im Jahr 1879 und der dadurch notwendigen Neuregelung der Geschäftsführung erklären lassen. So würde der höhere Umsatzwert von 0,5 Mio. M Ende der 1870er Jahre verständlich. Die verbleibenden Jahre der Gebrüder Thiel OHG bis zur Umwandlung im Jahr 1901 waren durch ein nochmals deutlich gesteigertes Umsatzwachstum gekennzeichnet. Seit 1895 betrug der Zuwachs etwa 75 % nachdem er von 1890 bis 1895 bereits bei etwa 60 % gelegen und den Wert der Vorperiode schon leicht übertroffen hatte. Damit zeigte sich auch im Vergleich

140 60 Jahre Gebrüder Thiel, S. 17.

zum vorangegangenen Jahrzehnt eine weitere Belebung des Geschäfts. Ausgehend von einem Umsatz von etwa 500.000 M im Jahr 1880 stieg dieser bis 1885 um etwa 20 %, während er danach bis 1890 um etwa 57 % wuchs. Wird von einem ursprünglichen Wert von etwa 400.000 M ausgegangen, so hätte der Zuwachs in der ersten Hälfte der 1880er Jahre bereits bei etwa 50 % gelegen. Hinsichtlich der Wachstumsträger wird erkennbar, dass in der zweiten Hälfte der 1890er Jahre die bis dahin starke Abteilung Kinderuhren deutlich geringere Zuwachsraten als die weiteren Abteilungen bzw. das Gesamtunternehmen aufwies.

Tabelle 7: Umsatzentwicklung der Kinderuhrenabteilung 1895–1900

Monat/Jahr	Umsatz Kinderuhrenabteilung in M					
	1895	1896	1897	1898	1899	1900
1	36.485,67	36.710,75	30.645,69	36.802,75	39.536,16	44.306,50
2	45.916,24	46.176,14	46.328,04	46.294,34	47.203,15	53.225,46
3	34.746,19	37.538,05	44.917,33	45.402,46	52.907,42	60.182,71
4	50.129,01	57.796,18	59.748,37	53.058,66	53.191,21	57.064,58
5	70.597,56	68.707,98	61.697,94	48.366,17	54.934,40	59.048,34
6	55.490,42	55.497,40	54.254,18	55.609,77	61.162,53	63.021,68
7	69.700,21	69.331,86	55.182,08	55.604,46	67.793,80	76.970,11
8	61.808,34	64.375,54	45.324,98	48.043,03	51.107,40	66.857,51
9	57.503,27	60.284,15	54.513,75	57.284,19	65.928,50	70.164,22
10	58.895,95	60.105,28	42.155,98	51.175,18	60.003,20	75.736,00
11	46.533,53	43.000,00	29.445,47	41.073,08	43.444,47	80.777,81
12	19.671,23	14.869,01	17.957,03	18.942,56	46.566,00	57.911,00
Σ	607.477,62	614.392,34	542.170,84	557.656,65	643.778,24	765.265,92

Quelle: eigene Darst., basierend auf AAK, Geheim-Memorial 2. u. Beilage u. ThHStAW, Gebr. Thiel GmbH Ruhla, Nr. 639 u. 660.

Tabelle 7 verdeutlicht die Entwicklungsstufen und zeigt über die betrachtete Periode ein Wachstum von etwa 26 %. Der Gesamtumsatz nahm im gleichen Zeitraum wie angegeben um ca. 75 % zu.[141] Auf die Gründe dafür ist noch zurückzukommen. Mit einem Anstieg um etwa 225 % auf 518.426,34 M lieferte die Walzwerksabteilung eine signifikante Abweichung zu den weiteren Sparten. Diese ist auf das in den Jahren 1899 und 1900 errichtete neue Walzwerk[142] zu-

141 Die der Berechnung zugrunde gelegten Vergleichswerte sind Tabelle 6, S. 40 u. ThHStAW, Gebr. Thiel GmbH Ruhla, Nr. 395, Bl. 57 r–60 r entnommen. Es finden sich vereinzelte Abweichungen zu weiteren Quellen.

142 „Ruhla war kein geeigneter Standort für ein Messing-Walzwerk, daran änderte auch der Ausbau und die Modernisierung nichts. Im Gegenteil, die neuen großzügig gestalteten Betriebsanlagen hatten zunächst Fehlschläge in der Fertigung – Kinderkrankheiten – im Gefolge, so daß die Abteilung in den ersten Jahren mit Verlust arbeitete." APD, Thiel, Rückblick 1956, S. 7.

rückzuführen.[143] Die Abteilung wird im Rahmen der Entwicklung der Gebrüder Thiel GmbH weiterführend betrachtet (vgl. Abschnitt III, Kap. 1.1.1.).

Die ehemaligen Abteilungen Gehäuse sowie Ösen und Stiefeleisen wurden unter der erstgenannten vereint. Der Umsatz stieg von 122.975,29 M auf 205.531,47 M im Jahr 1900 und wuchs damit in fünf Jahren um etwa 67 %. Lag diese Zahl etwas unter dem Unternehmensdurchschnitt, so konnte die Abteilung Taschenuhren mit knapp 84 % einen etwas darüber liegenden Wert erreichen. Nachdem der Umsatz fünf Jahre zuvor dort noch bei 632.351,35 M. lag, verkörperte die Abteilung 1900 mit einem Umsatz von 1.163.492,83 M nunmehr den mit Abstand wichtigsten Produktbereich. Der Anteil am Gesamtumsatz von 2.652.717,68 M betrug etwa 44 %. Das hinter den insgesamt vier Abteilungen stehende und die entsprechenden Umsätze ausmachende breite Produktspektrum verdeutlicht Tabelle 8.

Tabelle 8: Umsätze und Produkte Gebr. Thiel OHG 1900

I. Abteilung	II. Abteilung	III. Abteilung	IV. Abteilung
➢ Taschenuhren ➢ Pendulen ➢ Radfahrer-Uhrenhalter	➢ Kinderspieluhren und Ketten mit diversen Anhängseln ➢ Pendulen und Regulateure für Puppenstuben in Holz-, Zinkguss- und Blechgehäusen ➢ Vogel-, Triller- und Torpedopfeifen ➢ Colliers	➢ Übergehäuse für Taschenuhren aus Messing, Neusilber und Celluloid ➢ Uhrbügel aus Silber, Neusilber und Compositionsmetall ➢ Schuhbeschläge und Segeltuchösen ➢ Haken und Stangen für Schaufensterdekoration ➢ Musterklammern, Plakathalter ➢ Kleine Messingstiftchen und Nieten	➢ Walzwerk und Drahtzieherei in Messing, Neusilber und Tombak
Umsätze nach Abteilungen im Jahr 1900 in M			
1.163.492,83	765.267,04	205.531,47	518.426,34

Quelle: eigene Darst., basierend auf SAR, Nr. 404/31, S. v. 11.08.1900 u. ThHStAW, Gebr. Thiel GmbH Ruhla, Nr. 395, Bl. 57 r–60 r.

Die für Taschenuhren aufgezeigte günstige Entwicklung unterstreicht auch, dass die für diese Phase in der Festschrift von 1922 vermittelte Zahl von täglich 4.000 Uhren[144] zweifelhaft ist. Reinhold Thiel hielt eine durchschnittliche Produktion von 1.500 bis 2.000 Uhren für realistisch. Einen höheren Ausstoß verortete er erst in der Zeit unmittelbar vor dem Ersten Weltkrieg. So sei erstmalig im Jahr 1913 durch Uhren ein Monatsumsatz von über 200.000 M erzielt wor-

143 60 Jahre Gebrüder Thiel, S. 26 u. ThHStAW, Gebr. Thiel GmbH Ruhla, Nr. 395, Bl. 60 r ff.

144 60 Jahre Gebrüder Thiel, S. 26.

den.[145] Diese Darstellung wird durch die Umsatzzahlen[146] unter Berücksichtigung des Abgabepreises an Wiederverkäufer von zunächst 2,25 M[147] gestützt. Besonders in den Anfangsjahren überstieg der Bedarf die Thiel'schen Produktionsmöglichkeiten.[148]

Dass der Bereich Kinderuhren mit der allgemeinen Umsatzentwicklung, insbesondere aber mit jener der Taschenuhrenabteilung nicht schritthalten konnte, ist auf eine neue Wettbewerbssituation zurückzuführen. Bereits am 07.10.1887 entstand in unmittelbarer Nachbarschaft zu Ruhla in Thal-Heiligenstein eine als Offene Handelsgesellschaft gegründete Unternehmung.[149] Diese widmete sich unter anderem der Fabrikation von Kinderuhren und trat damit in unmittelbare Konkurrenz.[150] Dass sich dieses Unternehmen in wenigen Jahren zum ernstzunehmenden Wettbewerber entwickeln und damit die Marktmacht von Gebrüder Thiel brechen konnte, erklärt sich aus der Vita zumindest eines Verantwortlichen aus diesem Unternehmen. Gesellschafter des unter Schenk & Kürschner firmierenden Unternehmens war unter anderem Adolf Kürschner. Dieser zählte mindestens für den Zeitraum November 1881 bis August 1887 zu den wenigen auf Ebene der Geschäftsinhaber erfassten leitenden Angestellten bei Gebrüder Thiel[151] (vgl. Tabelle 9, S. 55). Damit dürfte er sowohl über Produkt- als auch Marktkenntnisse verfügt haben, die beim Aufbau eigener Produktions- und Absatzstrukturen hilfreich waren. Für die rückläufigen bzw. stagnierenden Umsätze der Kinderuhrenabteilung bei Gebrüder Thiel wie sie Tabelle 7, S. 42, für die Jahre vor 1900 aufzeigt, waren demnach vorrangig Preisabschläge aufgrund der neuen Konkurrenzsituation verantwortlich. Da es sich bei Kinderspieluhren um einen Massenartikel handelte, den Gebrüder Thiel Ende der 1880er Jahre in Durchschnittsmengen von jährlich um die 150.000 Gros[152] auf den Markt brachte und bei dem der durchschnittliche Ladenverkaufspreis zwischen 5 und 10 Pf. lag, wird die Wirkung einer Preissenkung unübersehbar.[153] Der recht sprunghafte Anstieg des Umsatzes vom Jahr 1899 auf das Jahr 1900 ist darauf zurückzuführen, dass es zu einer Verständigung zwischen den beiden Wettbewerbern und damit zur Beendigung des Preiskampfes kam. Gebrüder Thiel war es gelungen, eine stille Teilhaberschaft bei Schenk & Kürschner zu erreichen. Dazu trat der zuvor bei Gebrüder Thiel beschäftigte Adolf Langhammer ab Mai

145 APD, Thiel, Rückblick 1956, S. 5.
146 ThHStAW, Gebr. Thiel GmbH Ruhla, Nr. 84, Bl. 1 v; Nr. 90, Bl. 13 r u. Nr. 393, u. a. Bl. 19 r.
147 60 Jahre Gebrüder Thiel, S. 20.
148 AET, Erinnerungen Thiel 1967, S. 8.
149 AG Jena, HRA 1.
150 APD, Thiel, Rückblick 1956, S. 7.
151 ThHStAW, Gebr. Thiel GmbH Ruhla, Nr. 660, S. 1 u. 152.
152 Ein Gros entspricht 144 Stück.
153 APD, Thiel, Rückblick 1956, S. 2 u. AET, Erinnerungen Thiel 1967, S. 6.

1900 als Gesellschafter in das Unternehmen ein.[154] Langhammer gehörte von Mai 1882 bis April 1900 zu den leitenden Angestellten bei Gebrüder Thiel.[155] Die Herren Langhammer und Kürschner kannten sich also aus ihrer vorherigen beruflichen Tätigkeit in den Jahren 1882 bis 1887 persönlich. Die Beteiligung von Gebrüder Thiel bestand zunächst in indirekter Form mit einem Betrag von 53.000 M über das Unternehmen von A. Langhammer. Dieser wiederum war mit 50 % in der Gesellschaft Schenk & Kürschner engagiert. Gebrüder Thiel erhielt als Gegenleistung für das bei Langhammer übernommene Risiko den auf diesen entfallenden Gewinnanteil bei Schenk & Kürschner.[156] Ab 1905 war Gebrüder Thiel direkt als Kommanditist mit einer Stammeinlage von 50.000 M an der nunmehrigen Kommanditgesellschaft Schenk & Kürschner beteiligt und behielt diese Beteiligung bis 1920 bei[157] (vgl. Abschnitt III, Kap. 1.1.1.).

Die Gründung eines eigenen Unternehmens aus der Beschäftigung bei Gebrüder Thiel heraus, das dann dem alten Arbeitgeber unmittelbar Konkurrenz macht, war in dieser Phase auf der Ebene der leitenden Angestellten kein Einzelfall. Der Fall Adolf Kürschner wiederholte sich mit den Brüdern Edmund, Karl und Max Flick in den Folgejahren. Neben den Geschäftsleitern waren die Mitarbeiter sowie deren Ideen und Kreativität das entscheidende Kapital für den langfristigen Erfolg des Unternehmens. Die Weichenstellungen der Brüder Flick zeigten, wie labil der unternehmerische Erfolg von Gebrüder Thiel auf die Zukunft gesehen war. Das folgende Kapitel 2.2, ab S. 47, zeigt unter anderem, wie das Wirken der Geschwister Flick zur Gefahr für das gesamte Unternehmen werden konnte.

Nun noch ein Blick auf den zur Jahrhundertwende erreichten Unternehmensstand: Die einzelnen Geschäftsfelder wurden in Tabelle 8, S. 43, zusammenfassend gegenübergestellt. Das skizzierte Unternehmenswachstum ging mit der Einführung verschiedener technischer Neuerungen einher. Ab 1878 wurde die bisherige Wasserkraft durch eine erste Dampfmaschine als weitere Energiequelle ergänzt. In den Folgejahren wurde diese Art der Energiegewinnung zunehmend ausgebaut, sodass ab dem Jahr 1896 auch die Stromerzeugung und damit die elektrische Beleuchtung möglich wurden. Der gestiegene Platzbedarf, insbesondere für die Fertigung der Kinderuhren und die Montage der Fearless, machte eine Unternehmenserweiterung erforderlich. Dazu wurden am bisherigen Standort einige Neubauten errichtet. Im Jahr 1900 entstand im wenige Kilometer entfernten Seebach auf einem zuvor erworbenen Grundstück ein weiteres Fabrikgebäude.[158] Einen Eindruck über die Ruhlaer Fabrikanlagen und eini-

154 AG Jena, HRA 1.

155 ThHStAW, Gebr. Thiel GmbH Ruhla, Nr. 639, S. 101 u. Nr. 660, S. 5.

156 Ebd., Nr. 395, Bl. 63 r.

157 Ebd., Nr. 82, Bl. 5 v i. V. m. Nr. 93, Bl. 3 v. Der Handelsregistereintrag erfolgte am 30.06.1921, vgl. AG Jena, HRA 1.

158 APD, Thiel, Rückblick 1956, S. 5 u. ThHStAW, Gebr. Thiel GmbH Ruhla, Nr. 395, Bl. 62 r.

ge Hinweise auf die Lebens- und Arbeitsstätten der Eigentümer vermittelt abschließend die mit einer ausführlichen Bildbeschreibung durch Reinhold Thiel versehene Abbildung 2.[159]

Abbildung 2: Fabrikansicht Gebr. Thiel OHG 1893

„Die Fabrik Gebrüder Thiel ca. 1893 nach einem Aquarell, das Vater [Ernst Eduard Thiel der Vater von Reinhold Thiel, Anm. Verf.] auf der Höhe seines Erfolges stehend, fertigen ließ.
Straße und Bach bilden die Grenze zwischen Herzogtum Gotha (links der Straße) und Großherzogtum Weimar-Eisenach (rechts des Baches). Ganz unten rechts ‚unser' altes Elternwohnhaus.
Der Garten – unten, links der Straße war ‚unser' Garten. Hier entstand spätestens (etwa 1900) das neue Messingwalzwerk und noch später (1936) die neue C.W. [Centralwerkstatt, Anm. d. Verf.] – links davon am steilen Berghang.
Rechts der Straße: das große Gebäude nächst dem Wohnhaus enthielt große Teile der Kinderuhren- und Kapselfertigung. Im Mittelgeschoß hat Familie Kommerzienrat Reinhold Thiel eine Zeit lang gewohnt. Unter dem Dach befand sich die ‚Kapsel-Einbindstube'. Dieses Gebäude brannte zu Buschfeld's Zeiten ab, ebenso die ‚Mühle', die ganz oben, links an der Straße angedeutet ist. Das große Wohnhaus etwas weiter rechts ist Onkel Reinhold's neues Wohnhaus, ein für damalige Zeit bemerkenswert modernes Haus – in einem großen Garten gelegen.
An das große Kinderuhrengebäude schließen sich an: das ‚alte Walzwerk' mit Gießerei, das ‚Turmuhrgebäude' und das große ‚Uhrmachersaalgebäude'. Das letztere ist das einzige, im Bild gezeigte Gebäude, das bei dem Neubau der Fabrik (ab 1926, [die Umsetzung des Generalbebauungsplanes startete bereits 1922 mit der Errichtung eines neuen Verwaltungsgebäudes, Anm. Verf.]) nicht abgerissen wurde.
Links der Straße: anschließend an ‚unseren' Garten: Werkswohnungen der Familien Giese (…). [die Mutter von Albine Thiel, Ehefrau von Christian Reinhold Thiel, war eine geborene Giese, Anm. Verf.]. Danach die ‚alte Kaserne', Stallungen. Da wo die Werkswohnungen waren stand später die alte C. W.
Das Tal ist in Wirklichkeit viel enger, Die Berghänge sind viel steiler, als im Bild gezeigt."

Quelle: ADB, Thiel Lebenserinnerungen 1963, S. 16.

159 60 Jahre Gebrüder Thiel, S. 17 ff.

2.2. Die Menschen

2.2.1. Mitarbeiter

Die positive wirtschaftliche Entwicklung bei Gebrüder Thiel im 19. Jahrhundert spiegelte sich in den Beschäftigtenzahlen wider. Trotz erheblicher Lücken im Datenmaterial lässt sich anhand der vorliegenden Daten ein Aufwärtstrend erkennen. Größere Schwierigkeiten bereitet indes die Rekonstruktion der Aufschlüsselung in die verschiedenen Tätigkeitsbereiche. Diese konnte nicht in einer adäquaten Form vorgenommen werden.

Erste konkrete Anhaltspunkte zu den Beschäftigten fanden sich für 1871. Für dieses Jahr wurden etwa 80 Mitarbeiter angegeben.[160] Mit dem Umzug in die neue Fabrik 1873 hatte sich die Zahl bereits erhöht.[161] Die vorherigen Zahlen dürften wegen der begrenzten Platzkapazitäten am Standort Köhlergasse niedriger gewesen sein, auch wenn schon in dieser Zeit mit der Errichtung eines Hinterhauses mehr Raum geschaffen worden war. Die erweiterten Räumlichkeiten boten Platz für über 50 zusätzliche Arbeiter.[162] Der Ausbau der Fabrik am neuen Standort und die Belebung der Kinderuhrenfabrikation ließen die Beschäftigung dann in den dreistelligen Bereich anwachsen. Um 1878 werden ca. 200 Tätige angegeben, wovon etwa die Hälfte dem Bereich Kinderuhren zugerechnet wurde.[163] Diese Zahlen umfassen sowohl die direkt im Betrieb Arbeitenden als auch die in Heimarbeit Beschäftigten, wobei für Letztere bereits von einem Rückgang gesprochen wird.[164] Ein Jahrzehnt später wird von geschätzten 400 Gesamtbeschäftigten ausgegangen.[165] Eine weitere Verdopplung auf 800 folgte bis Mitte der 1890er Jahre.[166] Die Mitgliederzahlen der Betriebskrankenkasse der Firma Gebrüder Thiel (vgl. Abbildung 3, S. 48) liefern eine indirekte Bestätigung dieser Größenordnung. Nach der Gründung der Krankenkasse am 01.12.1884 wuchs die Zahl der Versicherten bis Ende 1886 auf 262,[167] während Köllner für das gleiche Jahr etwa 400 Beschäftigte angibt, deren Zahl bis Ende des Jahrzehnts auf ca. 600 und mit Einführung der Taschenuhren ab 1892 weiter auf über 700 anstieg.[168] Die Differenz zwischen Kassenmitgliedern und Gesamtbeschäftigten lässt sich unter anderem durch Berücksichtigung der in Heimarbeit Tätigen, die in anderen Krankenkassen Versicherten sowie die nicht der Krankenversicherungspflicht unterliegenden Angestellten erklären.

160 ALK, Beiträge Betriebschronik, S. 3.
161 60 Jahre Gebrüder Thiel, S. 17.
162 ALK, Beiträge Betriebschronik, S. 2.
163 60 Jahre Gebrüder Thiel, S. 17.
164 ALK, Beiträge Betriebschronik, S. 4.
165 APD, Thiel, Rückblick 1956, S. 3.
166 SAR, Nr. 126/27, Gewerbliche Verhältnisse 1895, S. 5.
167 SAR, Nr. 404/31.
168 ALK, Beiträge Betriebschronik, S. 7 u. 9.

Die beiden letztgenannten Personenkreise dürften zahlenmäßig einen geringen Anteil ausmachen. Diese Annahme beruht auf dem noch aufzuzeigenden Lohnniveau der leitenden Angestellten sowie darauf, dass angesichts des frühen Gründungsdatums der Thiel'schen Krankenkasse nicht davon auszugehen ist, dass ein größerer Personenkreis bereits in anderen Kassen versichert war. Deshalb bietet der vorgenommene Vergleich die Möglichkeit, den Umfang der in Heimarbeit Beschäftigten abzuschätzen. 1886 dürfte ihr Anteil bei etwa 25 % gelegen haben. Entsprechende Formulierungen in den Paragrafen eins und zwei des Statutes der Fabrikkrankenkasse zeigen, dass nur die direkt in der Fabrik Beschäftigten freiwillig oder zwangsweise Mitglied werden konnten.[169] Da Heimarbeiter diese Voraussetzungen nicht erfüllten, scheint die Schätzung plausibel. Abbildung 3 zeigt die anfängliche Entwicklung der Mitgliederzahlen und ihre Aufschlüsselung in weibliche bzw. männliche Personen jeweils zum Ende des angegebenen Jahres. Weiterhin stellt Abbildung 4, S. 49, grafisch den Entwicklungsverlauf der Gesamtbeschäftigung im 19. Jahrhundert dar.[170]

Abbildung 3: Mitgliederzahlen Betriebskrankenkasse Gebr. Thiel

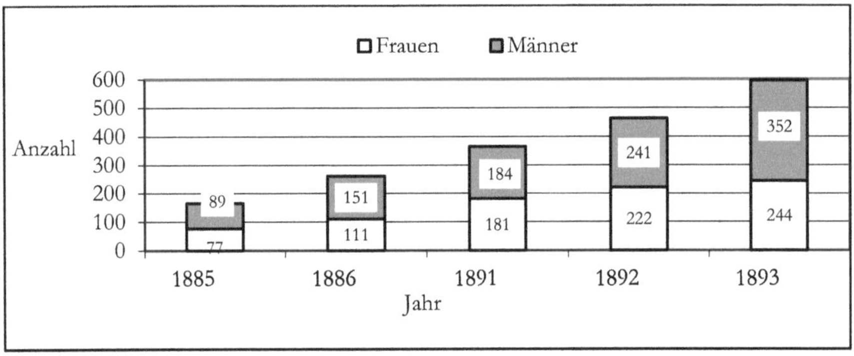

Quelle: eigene Darst., basierend auf SAR, Nr. 404/31.

Gegen Ende des Jahrhunderts waren bei Gebrüder Thiel ca. 1.000 Menschen beschäftigt.[171] Ungeachtet der möglichen Ungenauigkeit einzelner Werte verdeutlicht ein Vergleich mit der Gesamtbevölkerung Ruhlas den Stellenwert des

169 SAR, Nr. 404/31, Statut zur Gründung der Kasse am 01.12.1884.

170 Es ist zu berücksichtigen, dass die Daten zu den Mitgliedern der Krankenkasse ausnahmslos Primärquellen entnommen wurden. Die Beschäftigtenzahlen dagegen entstammen Sekundärquellen u. sind dort zumeist als Schätzungen bzw. gerundete Werte zu finden. Damit besteht die Gefahr einer erheblichen Ungenauigkeit.

171 60 Jahre Gebrüder Thiel, S. 26. Stand 26.02.1902 betrug die Zahl der Arbeiter 1.153, davon waren 868 Fabrikarbeiter (602 m/266 w) u. 285 Heimarbeiter (27 m/258 w). Aufgrund von Absatzproblemen war die Anzahl der Arbeiter im Verlauf des Jahres 1901 um etwa 350 reduziert worden. Vgl. BvS, 620-Wirtschaftsbericht 1902.

Thiel'schen Unternehmens im Ort. Mitte der 1890er Jahre standen den etwa 5.500 Einwohnern Ruhlas ca. 800 für Gebrüder Thiel tätige Personen gegenüber. Ende des Jahrhunderts lag die Relation dann bei etwa 6.500 zu 1.000 (vgl. Tabelle 4, S. 31, i. V. m. Abbildung 4). Somit wird deutlich, dass das Unternehmen innerhalb von vier Jahrzehnten zum bestimmenden Wirtschaftsfaktor für Ruhla und die umliegenden Gemeinden geworden war.

Abbildung 4: Entwicklung Gesamtbeschäftigung Gebr. Thiel OHG

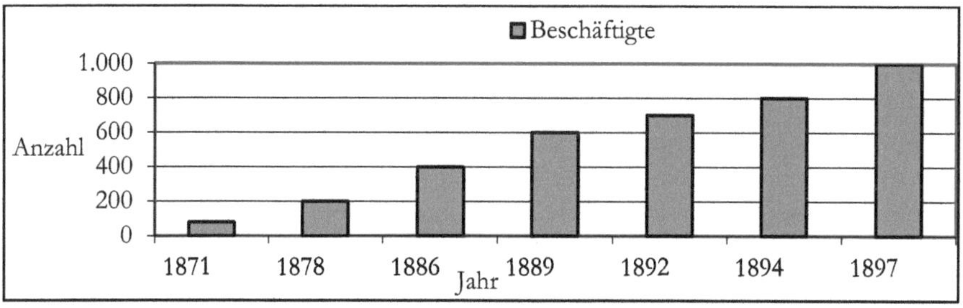

Quelle: eigene Darst., basierend auf im Verzeichnis benannten Quellen.

Der regionale Arbeitsmarkt konnte im Hinblick auf die benötigten Fachkräfte dem über das Thiel'sche Unternehmen hinaus feststellbaren Wachstum der Ruhlaer Metallwarenerzeugung nicht gerecht werden. So entstanden neben dem Unternehmen der Gebrüder Thiel von 1861 bis 1869 weitere zwölf Metallverarbeitungsbetriebe. Für 1891 werden neben 17 Metallwarenfabriken weitere 29 Tabakpfeifen- sowie 16 andere Fabriken angegeben.[172] Nicht zuletzt aus dieser Entwicklung heraus wurde die Notwendigkeit des Anwerbens auswärtiger Arbeitskräfte betont. Darüber hinaus machten die einzelnen entwickelten Produkte bei einer einsetzenden Massenfertigung die Verfügbarkeit zahlreicher Spezialisten erforderlich. So bedurfte der Aufbau der Taschenuhrenfertigung der Hilfe von Spezialkräften, die es in Ruhla nicht gab und die erst unter Einschaltung ausländischer Lehrkräfte nach und nach geschult werden konnten.[173] Für diese Produktlinie wurden daher bereits zu Beginn der Fertigung circa 70 Uhrmacher aus der Schweiz geholt.[174] Für die Fertigung spezifischer Uhrteile, unter anderem der Gehäuse, wurden Beschläger aus dem französischen Doubs herangezogen. Daneben wurde im wachsenden Kinderuhrengeschäft eine erhebliche Zahl neuer Arbeitskräfte benötigt, insbesondere gelernte Uhrmacher als Kolonnenführer für die Montage. Zur Unterbringung der angeworbenen Arbeiter wurden geeignete Unterkünfte benötigt. Für die Spezialisten aus Frankreich wurden beispielsweise in der Kaserne, einem Gebäude, das eigens zu diesem Zweck errich-

172 ALK, Beiträge Betriebschronik, S. 2 u. 12.
173 AET, Lebenserinnerungen Thiel 1963, S. 15.
174 Schmid, Lexikon der Deutschen Uhrenindustrie, Bd. 2, S. 405.

tet worden war, Junggesellenquartiere geschaffen. Später diente das Gebäude der Fertigung, behielt aber seinen Namen. Darüber hinaus entstanden seit etwa Mitte der 1880er Jahre erste Werkswohnungen, deren Bestand in den folgenden Jahrzehnten zunahm und beispielsweise für 1922 mit etwa 40 angegeben wird.[175]

Derartige Maßnahmen allein genügten nicht, um die besonders in der Uhrenfertigung bestehenden Abhängigkeiten zu beenden. Wichtige Teile der Uhren konnten im Betrieb nicht bzw. nicht in den erforderlichen Mengen hergestellt werden. Jahrelang wurden alle Räder, alle Triebe, Schrauben und andere Drehteile von Spezialfabriken in der Schweiz bezogen. In dem Maße, wie die Produktion am Markt zunehmend als Konkurrenz wahrgenommen wurde, erwuchs durch den Bezug großer Mengen der wichtigsten Bestandteile eine erhebliche Gefahr. Diese Erkenntnis führte dazu, dass bereits frühzeitig versucht wurde, Uhrwerksteile selbst zu fertigen und die dafür erforderlichen Maschinen zu konstruieren. In Zusammenarbeit mit dem Inhaber Christian Reinhold Thiel führten Mitarbeiter wie Reinhold Fuchs seit etwa Mitte der 1890er Jahre die dazu notwendigen systematischen Versuche durch.[176] Die in Abbildung 2, S. 46, benannte Mühle war aufgrund ihrer abseitigen Lage und der damit möglichen Geheimhaltung Ort solcher Aktivitäten. Nach erfolgreichem Abschluss der Versuche wurde die Fertigung der verschiedenen Teile schrittweise aufgenommen. Dennoch dauerte es etwa drei Jahrzehnte, bis in den Zwanzigerjahren die völlige Unabhängigkeit von der Schweiz erreicht werden konnte. Die Teilefertigung konzentrierte sich unter der Leitung von Fuchs später in der seit 1917 bzw. 1918 eingerichteten Filiale Apolda.[177]

Dass der Erfolg des Thiel'schen Unternehmens nicht nur auf dem Wirken der Inhaber basierte, sondern ohne kreative Mitarbeiter vermutlich nicht in dem Maße eingetreten wäre, zeigt auch die Biografie einer weiteren Person. Emil Dürer, der Schöpfer der ersten Ruhlaer Taschenuhr, war seit 1881 als Mechaniker bei Gebrüder Thiel tätig. Er kam aus der Nürnberger Spielwarenindustrie in die Kinderuhrenfabrikation. Sein Fachgebiet war der Schnitt- und Stanzenbau. Der Stanzenbau sowie die Konstruktion und Herstellung von Stanzwerkzeugen ermöglichten die Massenfertigung präziser, austauschbarer Einzelteile der Feinmechanik und bildeten damit eine wesentliche Grundlage des Unternehmensaufstieges. Die Kenntnisse der Uhrenproduktion erwarb sich Dürer durch Selbststudium.[178]

---

175 60 Jahre Gebrüder Thiel, S. 18 u. S. 45; APD, Thiel, Rückblick 1956, S. 5 u. AET, Erinnerungen Thiel 1967, S. 8.

176 ALK, Beiträge Betriebschronik, S. 10.

177 AHB, Bilanz und GB 1918; APD, Thiel, Rückblick 1956, S. 5; ALK, Beiträge Betriebschronik, S. 9 f u. 60 Jahre Gebrüder Thiel, S. 19–25.

178 60 Jahre Gebrüder Thiel, S. 19 f; AET, Lebenserinnerungen Thiel 1963, S. 15 u. Erinnerungen Thiel 1967, S. 7.

Die positive Unternehmensentwicklung beruhte auf dem Zusammenspiel von Mitarbeitern und der Geschäftsleitung. Letztere holte beispielsweise aufbauend auf den Ideen und Erfindungen aus den eigenen Reihen weitere ausgebildete Fachleute ins Unternehmen, festigte dadurch den Wissensbestand und begünstigte eine positive Weiterentwicklung. Für die Uhrenentwicklung bei Gebrüder Thiel zeigt sich das sehr anschaulich. So hatte Heinrich Thiel zur Unterstützung Georg Bley[179] im Jahr 1896 aus Glashütte geholt. Auch wenn dieser bereits im April 1899 ausschied, um als Konstrukteur in eine der Großuhrenfabriken des Schwarzwaldes zu gehen, konnte er mit den DUPLEX–Modellen erste weitere Entwicklungen neben den bisherigen Modellen von Dürer liefern. Die Notwendigkeit einer Verteilung der Wissensbasis auf mehrere Personen im Betrieb zeigte die Tuberkulose-Erkrankung Dürers zu dieser Zeit. Diese konnte zwar letztlich geheilt werden, war aber mit einem mehrjährigen Ausfall verbunden. Da mit Gesing, dem Stellvertreter Dürers, rechtzeitig eine fachlich qualifizierte Verstärkung gefunden wurde, bedeutete Dürers Ausfall keine größere Zäsur. Gesing war an der Uhrmacherschule in Glashütte ausgebildet worden und verfügte durch die Zusammenarbeit mit Dürer über die für eine erfolgreiche Konstruktionsarbeit nützlichen Kenntnisse in der Stanztechnik und Massenfertigung. Er war es, der mit dem Modell 1904, das in England unter der Bezeichnung CHAMPION verkauft wurde, die Reihe der Tastversuche zu Beginn des 20. Jahrhunderts abschloss.[180] Die bei Gebrüder Thiel entwickelten Uhrenerzeugnisse finden sich in ausführlicher Darstellung bei Kamp.[181]

Es lässt sich anhand der verschiedenen Entwicklungen erkennen, dass die qualifizierten Mitarbeiter, egal ob von außen angeworben oder im Betrieb selbst angelernt und ausgebildet, das entscheidende Kapital für das Unternehmen darstellten. Ob sich das auch in der Entlohnung niederschlug, wird sich im Folgenden zeigen.

Eine generelle Aussage zum Einkommen der Arbeiter ist aufgrund der Vielzahl von Bestimmungsfaktoren nicht möglich. Für Ruhla wurde für die 1870er Jahre und bei vierzehnstündiger Arbeitszeit der Wochenlohn zwischen 9 und 11 M beziffert.[182] Dabei sind möglicherweise noch bis zu zwei Stunden als Pausenzeiten abzuziehen. Im Bericht über die gewerblichen Verhältnisse von 1895[183] wurden für die Pfeifenarbeiter, bei realer Arbeitszeit von 10 bis 11 Stunden, Wochenlöhne zwischen 12 und 24 M angegeben, wohingegen die der Metallarbeiter bis zu 40 M betrugen. Explizit wurde bei den beiden Betrieben Gebrüder Thiel und Thiel und Bardenheuer von den höchsten Löhnen gesprochen. Insbesondere Christian Bardenheuer hatte eine Bewegung in Gang ge-

179 Gehaltszahlungen von 03/1896 bis 03/1899, vgl. AAK, Geheim-Memorial 2. S. 184–200 u. ThHStAW, Gebr. Thiel GmbH Ruhla, Nr. 639, S. 1–70.

180 APD, Thiel, Rückblick 1956, S. 5–7.

181 Kamp, Geschichte der Technik, S. 31 ff.

182 ALK, Beiträge Betriebschronik, S. 6.

183 SAR, Nr. 126/27, S. 9 f.

setzt, indem er schon Mitte des Jahrhunderts kleine Maschinen für die Fertigung von Pfeifenbeschlägen entwickelt hatte und diese in seinem Betrieb einsetzte. Der erreichte Produktivitätsgewinn ermöglichte es ihm, seinen Arbeitern höhere Löhne zu zahlen und die Arbeitszeiten zu verkürzen.[184] Dieses Vorgehen weckte den Unmut anderer Fabrikanten, führte aber grundsätzlich im Wettbewerb um die benötigten Arbeitskräfte zu einem generellen Anstieg des Lohnniveaus am Ort. Trotz dieser positiven Entwicklung in einzelnen Bereichen ist davon auszugehen, dass viele Familien am Existenzminimum lebten. Besonders die vielen Heimarbeiter waren oft unterbezahlt, weshalb auch Kinder frühzeitig mitarbeiten mussten, um das Überleben der Familie zu sichern. Heimarbeiter für Gebrüder Thiel führten Arbeiten im Bereich der Herstellung von Kinderuhren aus, dazu gehörten Tätigkeiten wie Fertigmachen, Etikettenfädeln und Aufnähen. Aber auch mit der Entwicklung der Taschenuhr wurden Montagearbeiten häufig noch in Heimarbeit ausgeführt. Da derartige Arbeiten später zunehmend in der Fabrik erledigt wurden, verdeutlicht ein Vergleich der genannten Durchschnittslöhne mit den Lohnzahlungen in dieser Abteilung die Diskrepanz. In den beiden vierzehntägigen Lohnperioden im Zeitraum vom 21.02.1901 bis 20.03.1901 lag die Spanne der Gesamtauszahlungen je Mitarbeiter zwischen 26 und 85 M, wobei der überwiegende Teil der erfassten Arbeiter einen Lohn zwischen 40 und 50 M erhalten hatte. Demnach lag der durchschnittliche Wochenlohn bei etwa 10 bis 12 M. Nur wenige Arbeiter erzielten einen Wochenlohn von bis zu etwa 20 M. Damit lagen die Arbeiten in der Uhrenmontage hinsichtlich der Vergütung am unteren Ende der für frühere Jahre genannten Durchschnittssätze des Metallgewerbes. Diese Einschätzung bleibt auch dann bestehen, wenn vor dem Hintergrund saisonaler Schwankungen im Geschäft weitere Lohnperioden einbezogen werden. Für den Zeitraum vom 25.07.1901 bis 24.08.1901 lag die Spanne der Lohnzahlungen bei Berücksichtigung der weitestgehend gleichen Beschäftigten zwischen 31 und 73 M. Löhne zwischen 40 und 50 M waren weiterhin dominierend, sodass der durchschnittliche Wochenlohn beim aufgezeigten Niveau verblieb. Wird davon ausgegangen, dass Heimarbeiter für ihre Tätigkeit in diesem Bereich noch eine deutlich niedrigere Vergütung erhielten, unterstreicht das die soziale Schieflage.[185] Sie führte im einsetzenden 20. Jahrhundert zu erneuten Arbeitskämpfen,[186] die strukturelle Veränderungen bewirkten, wie sie in späteren Kapiteln noch beschrieben werden.[187]

Der Kontrast zwischen den Löhnen der Arbeiter und den Gehältern der leitenden Angestellten bei Gebrüder Thiel wird nach der Betrachtung der Arbeitszeiten herausgestellt. Die Regelungen hierzu finden sich in der Arbeitsordnung des Unternehmens, welche am 01.04.1892 in Kraft trat und die vorherige Fab-

184 Köllner, Ruhlaer Chronik Bd. 2, S. 133 f.
185 ALK, Beiträge Betriebschronik, S. 15.
186 BvS, 608-Streik 1903.
187 AAK, Lohnbuch 1901 u. ALK, Beiträge Betriebschronik, S. 5 ff.

rikordnung ablöste. Die auf sechs Tage verteilte wöchentliche Arbeitszeit betrug einschließlich der zum Putzen der Maschinen vorgesehenen Zeiten bei männlichen erwachsenen Arbeitern etwa 64 Stunden. Diese war regelmäßig zwischen 06.00 Uhr und 12.00 Uhr sowie 13.00 Uhr und 19.00 Uhr zu erbringen. Davon abweichend war der Beginn am Montag eine Stunde später und das Ende am Samstag bereits 17.30 Uhr angesetzt. Vor und nach Feiertagen galten modifizierte Bestimmungen. Neben der einstündigen Mittagspause gab es vormittags und nachmittags jeweils eine halbstündige Pause für Frühstück bzw. Vesper. Für jugendliche Beschäftigte und Frauen galten gesonderte Regelungen. Mit dem Inkrafttreten der Arbeitsordnung von 1911 waren deutliche Verbesserungen hinsichtlich der Arbeitszeit verbunden. Diese betrug nun etwa 48 Stunden pro Arbeitswoche. Montag bis Freitag wurde von 07.00 Uhr bis 11.30 Uhr und 13.00 Uhr bis 17.30 Uhr gearbeitet. Am Samstag endete die Arbeitszeit eine Stunde früher. Für die im Walzwerk Beschäftigten galten abweichende Regelungen. Grundsätzlich hatte sich die tägliche Arbeitszeit seit den 1870er Jahren damit von etwa 12 Stunden auf 8 Stunden im Jahr 1911 reduziert. Reinhold Thiel bezeichnete das Arbeitstempo in den 1890er Jahren ob der reichlichen und gemütlichen Pausen noch als ein sehr geruhsames, sodass „der spätere Übergang zur 54-Stundenwoche und zur 48-Stundenwoche nicht nur keinen Rückgang, sondern die Steigerung der spezifischen Wochenleistung“[188] zur Folge hatte. Die weiteren in den vorliegenden Arbeitsordnungen enthaltenen Regelungen, insbesondere die Strafbestimmungen, unterstreichen aber die starke Abhängigkeit der einfachen Arbeiter vom Wohlwollen der leitenden Angestellten und Fabrikherren, wie sie in den möglichen Geldstrafen und Lohnkürzungen bei Fehlverhalten zum Ausdruck kamen.[189]

Wird das Einkommen der leitenden Angestellten den bisher aufgezeigten Werten der Lohnarbeiter gegenübergestellt, verschiebt sich das Bild. Abbildung 5, S. 54, zeigt als Momentaufnahme vom Januar 1901 die Eingruppierung derjenigen Angestellten, die zusammen mit den Inhabern und Prokuristen erfasst waren. In diese Darstellung wurden mit Heinrich (500 M), Ernst (jun.) (200 M) und Fritz Thiel (50 M) drei Personen als Gehaltsempfänger aufgenommen, die Gesellschafter bzw. Kinder von diesen waren. Nicht berücksichtigt wurden der Prokurist Edmund Flick sowie dessen Bruder Max, da dies aufgrund der tantiemenbasierten Entlohnung eine Verzerrung bewirkt hätte. Wie in Abbildung 5 dargestellt, lag das durchschnittliche Gehalt der dort erfassten 26 Personen bei etwa 190 M monatlich und damit beim Drei- bis Vierfachen eines in dieser Zeit in der Uhrenmontage Beschäftigten. Im Vergleich mit den für die Ruhlaer Metallwarenindustrie für Mitte der 1890er Jahre angegebenen Spannen lag es etwas oberhalb des dort benannten Spitzenwertes von 40 M wöchentlich. Bei Nicht-

188 AET, Lebenserinnerungen Thiel 1963, S. 15.

189 ALK, Beiträge Betriebschronik, S. 6 u. SAR, Nr. 402/108, Arbeitsordnungen 1892 u. 1911.

berücksichtigung der Gehälter der genannten Herren Thiel verschiebt sich der Durchschnittswert etwas nach unten und liegt bei ca. 180 M monatlich. Insbesondere ist zu berücksichtigen, dass Fritz (Friedrich) Thiel überhaupt nur aufgrund seiner Verwandtschaft in der Auflistung Beachtung fand. Seine Rolle war zu jener Zeit vermutlich derjenigen eines Lehrlings gleichzustellen. Er erhielt nur aufgrund seines Status als Sohn des Inhabers Christian Reinhold Thiel ein Gehalt. Bei den Söhnen von Ernst Eduard Thiel wurde ebenso verfahren.

Abbildung 5: Gehaltsverteilung leitende Angestellte im Januar 1901

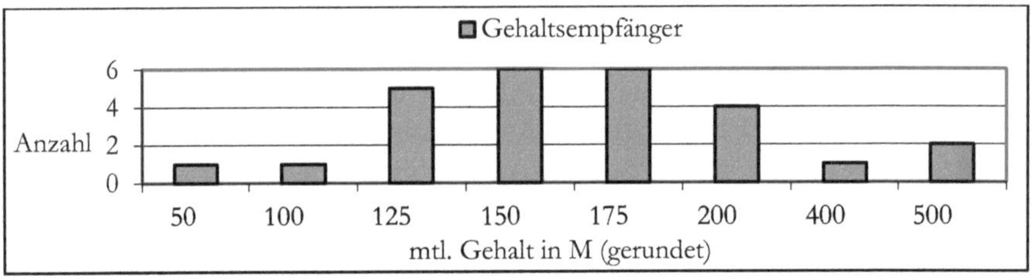

Quelle: eigene Darst., basierend auf ThHStAW, Gebr. Thiel GmbH Ruhla, Nr. 639, S. 126 f.

Ausgehend von dieser Momentaufnahme verdeutlicht Tabelle 9, S. 55, die Gehaltsentwicklung ausgewählter leitender Angestellter über nahezu 20 Jahre. Grundsätzlich erfolgte die Auswahl aus der Personengruppe, deren Gehälter im Zusammenhang mit den Zahlungen an die Gesellschafter und Prokuristen erfasst wurden. Ihre Zusammensetzung und Anzahl schwankte deutlich. In der Spitze wurden etwa 25 Angestellte gleichzeitig erfasst. Anfang 1882 waren es nur drei. Ausgewählt wurden Personen der Frühphase und solche, die im Verlauf der Arbeit Erwähnung finden bzw. im verwandtschaftlichen Bezug zu solchen Personen standen. Die verfügbaren Quellen benennen im Januar 1882 neben den Inhabern zunächst nur Edmund Flick, Carl Eichel und Adolf Kürschner, ab Mai kommen mit Adolf Langhammer und Carl Liebergeld zwei weitere hinzu. Die Brüder Flick werden später gesondert betrachtet, nur Max Flick wird an dieser Stelle zunächst für den Zeitraum ohne Tantiemenzahlungen berücksichtigt. Die bei den ausgewählten Personen jeweils angegebene erstmalige Erfassung im Rahmen der Gehaltszahlung ist nicht zwangsläufig gleichzusetzen mit dem Unternehmenseintritt. Soweit anhand weiterer Quellen eine Differenz beleg- bzw. ableitbar war, ist das angegeben. Bei Gehaltserhöhungen wurde der Monat der erstmaligen Zahlung angegeben. Ohne an dieser Stelle weiter in die Tiefe zu gehen, kann festgestellt werden, dass bei dieser Stichprobe eine über den gesamten Betrachtungszeitraum anhaltende, relativ kontinuierliche, Gehaltssteigerung erfolgte.

Tabelle 9: Gehaltsentwicklung ausgewählter Angestellter 1882–1900

Name, Vorname	Monatliches Gehalt nach Jahren in M (* Werte gerundet)									
	1882	1884	1886	1888	1890	1892	1894	1896	1898	1900
Bley, Georg	0	0	0	0	0	0	0	250 (03/96)	325 (11/98)	0
Dürer, Alex	0	0	0	0	0	160 (06/92)	175 (10/93)	0	200 (12/98)	0
Dürer, Emil	0	0	0	180 (07/88)	180	180	200 (10/93)	333* (09/95)	375 (09/97)	400 (09/99)
Eichel, Adam	0	0	0	100 (11/88)	100	100	120 (04/94)	120	150 (07/97)	150
Eichel, Carl	88* (01/82)	100 (02/83)	113* (08/86)	150 (07/88)	150	0	0	0	0	0
Flick, Max	0	30 (04/84)	50 (04/86)	75 (04/88)	100 (04/90)	125 (04/92)	167* (08/93)	250 (04/95)	Weitere Werte: Tabelle 74, S. 330	
Gieße, Otto	0	0	0	75 (01/87)	75	75	83* (07/93)	83*	88* (01/97)	113* (07/00)
Kürschner, Adolf	100 (03/82)	113* (01/83)	113*	0	0	0	0	0	0	0
Langhammer, Adolf	50 (05/82)	88* (08/84)	88*	100 (01/87)	125 (01/89)	150 (01/91)	175 (01/93)	200 (07/95)	250 (01/97)	275 (07/99)
Liebergeld, Carl	75 (07/82)	81* (07/83)	100 (07/86)	150 (08/88)	150	150	163* (09/94)	163*	167* (09/97)	167*
Vogel, Ernst	0	0	0	0	0	0	150 (11/94)	150	175 (01/98)	175

Ergänzungen zu den genannten Personen:
G. Bley, Entwickler 03/1896–03/1899 erfasst. Erhöhungen ab 03/1897 auf 275 M u. ab 07/1897 auf 300 M. *A. Dürer*, Bruder von E. Dürer. Ab 06/1892 erfasst, verlässt Thiel 08/1895 mit K. Flick. Tritt 08/1898 erneut bei Thiel ein u. geht 05/1899 in den Schwarzwald. Für den Zeitraum 08/1898–10/1898 bezieht er ein Gehalt von 413,33 M u. ab 11/1898 von 175 M. *E. Dürer*, Entwickler der ersten Taschenuhren bei Thiel. Seit 1881 im Unternehmen u. hier ab 07/1888 erfasst. Erste Zahlung zzgl. Hochzeitsgeschenk von 100 M. Für den Zeitraum 10/1894–08/1895 Zulage von mtl. 25 M. Erhöhung ab 02/1901 auf 500 M. *A. Eichel*, verm. Karl Adam Eichel (*16.03.1856 in Weilar–k. A.), Werkführer bei Thiel. Seit 1873 im Unternehmen u. hier ab 11/1888 erfasst. Karl Adam Eichel ist der Bruder von August Eichel (*10.01.1852 in Weilar–04.03.1895 in Ruhla) dem Vater des späteren Geschäftsführers der Gebr. Thiel GmbH Otto Franz Eichel. *C. Eichel*, verm. Heinrich Karl Eichel (*11.10.1861 in Stadtlengsfeld–k. A.). 01/1882–04/1891 erfasst. Am 17.04.1891 ausgeschieden. Erhöhung ab 08/1887 auf 125 M. Keine Verbindung zu Karl Adam Eichel bis auf Ebene der Eltern ermittelbar. *M. Flick*, Bruder von E. Flick. Ab 05/1883 regulär erfasst, Nachzahlung für 03/1883 u. 04/1883. Ab 05/1883 12 M mtl. Erhöhungen ab 09/1883 auf 15 M; ab 04/1885 auf 40 M; ab 04/1887 auf 60 M; ab 09/1889 auf 87,5 M; ab 01/1893 auf 150 M u. ab 01/1895 auf 175 M. Ab 11/1895 zzgl. Tantiemen. *O. Gieße*, Vorstand Fabrikkrankenkasse. Ab 01/1887 erfasst. Erhöhung ab 09/1899 auf 100 M. *A. Kürschner*, Gehalt ab 15.11.1881 belegt. Ab 11.08.1887 ausgeschieden. Später Teilhaber bei S & K. *A. Langhammer*, während Teilhaberschaft von Thiel bei S & K dortiger Vertrauensmann. 05/1882–04/1900 erfasst. Erhöhungen ab 01/1883 auf 62,5 M u. ab 04/1883 auf 75 M. *C. Liebergeld*, Vater von P. Liebergeld. Seit 1882 im Unternehmen u. hier ab 05/1882 mit mtl. 66 M erfasst. Erhöhungen ab 05/1885 auf 87,5 M u. 06/1887 auf 112,5 M. Verlässt 1901 zusammen mit E. Flick u. Sohn Paul das Unternehmen. *E. Vogel*, Prokurist bei Thiel ab 1913 u. Vater von Werner Vogel. Seit 1894 im Unternehmen u. ab Mitte 11/1894 hier erfasst. Erhöhung ab 01/1901 auf 200 M.

Quelle: eigene Darst., basierend auf ThHStAW, Gebr. Thiel GmbH Ruhla, Nr. 639, Nr.: 660 u. AAK, Geheim-Memorial 2. u. im Verzeichnis benannten Quellen.

Soweit die Zuordnung einzelner Personen zu den beiden Abteilungen Kinder- und Taschenuhren möglich war, zeigt sich auch dort, dass deutliche Gehaltszuwächse nicht auf einen der beiden Bereiche beschränkt waren. Eine solche Annahme wäre vor dem Hintergrund der günstigeren Entwicklung der Taschenuhrenabteilung (vgl. Abschnitt II, Kap. 2.1.) plausibel gewesen. Die Betrachtung der Gehaltsentwicklung von Adolf Langhammer und Max Flick, dem späteren Leiter der Kinderuhrenabteilung, genügt jedoch, um eine derartige Annahme zu verwerfen.

Bislang ist unter Ausklammerung der Brüder Flick sichtbar geworden, dass Höhe und Zuwachs der betrachteten Angestelltengehälter die positive Unternehmensentwicklung deutlich stärker reflektieren als die Arbeiterlöhne. Damit trug Gebrüder Thiel dazu bei, dass nicht nur positive Beschäftigungseffekte in der Region Ruhla erzielt werden konnten, sondern dass über die Eigentümer hinaus eine Gruppe der Beschäftigten über ihr Wirken im Unternehmen spürbare Vermögenszuwächse verbuchen konnte. Am Beispiel der Brüder Flick[190] kann das veranschaulicht werden.

Die Brüder Edmund und Karl Flick waren seit ihrer Jugend bei Gebrüder Thiel beschäftigt.[191] Ihre Bestellung zu Prokuristen erfolgte vermutlich noch unter der Leitung Christian Thiels.[192] Edmund Flick behielt diese Position bis zur Umwandlung des Unternehmens 1901,[193] sein Bruder Karl bis zum Unternehmensaustritt 1895.[194] Der Wechsel in der Unternehmensführung ab 1879 hatte offenbar keine Folgen für die Brüder Flick. Vielmehr zeigt sich gerade ab den 1880er Jahren deren besondere Stellung im Unternehmen. Ein entsprechender Sonderstatus ist aus der nachstehenden Formulierung im Vertragsentwurf bezüglich eines im Jahr 1892 beabsichtigten Unternehmensverkaufs ersichtlich. „Die seitherige Leitung des Geschäftes ruhte in den Händen der Herren Chr. Reinhold Thiel & Ernst Ed. Thiel (:Partner:) die Herren Edmund Flick & Karl Flick als Prokuristen & stellt die kaufende Partei die Bedingung, daß die beiden Herren Flick unbedingt der Fabrik als Mitarbeiter erhalten bleiben müssen. Die diesen langjährigen Mitarbeitern zu gewährende Gratifikation hat die Firma Gebrüder Thiel aus der festgesetzten Kaufsumme des Objektes an genannte Herren zu entrichten.“[195] Ausgehend von dem vorgesehenen Kaufpreis von 3 Mio. M[196] und der aus der Tantiemenberechnung für Edmund Flick ableitbaren Ein-Prozent-Regelung hätte sich beim Verkauf eine signifikante Son-

190 Johannes Edmund Flick (09.07.1853–11.01.1924); Johann Georg Karl Bernhard Flick (03.12.1858–k. A.) u. Max Theobald Flick (27.07.1869–02.04.1937). Vgl. LKAE, Familienregister W. A. Flick.

191 60 Jahre Gebrüder Thiel, S. 19.

192 AET, Erinnerungen Thiel 1967, S. 5.

193 AG Jena, HRA 42.

194 AAK, Geheim-Memorial 2., S. 167.

195 BvS, 613-Privat-Copie-Buch, S. 43.

196 Ebd., S. 42.

derzahlung an die Brüder ergeben. Edmund Flick erhielt ab Juli 1882 eine am Umsatz orientierte Vergütung. Im Vormonat war es noch eine Kombination aus Gehalt und umsatzabhängigen Tantiemen. Für die belegten Zahlungsperioden bis Anfang 1882 erfolgte, ausweislich der verwendeten Bezeichnung, eine Gehaltszahlung.[197] Karl Flick bezog im Zeitraum vom 25.09.1882 bis 31.12.1884 ein monatliches Gehalt. Ab Januar 1885 erhielt auch er eine umsatzabhängige Vergütung. Da Karl Flick in den Gehaltsunterlagen für leitenden Angestellte vor September 1882 nicht geführt wurde, ist davon auszugehen, dass er seit seinem mutmaßlichen Unternehmenseintritt um das Jahr 1872 als einfacher kaufmännischer Mitarbeiter tätig war.[198] Damit wäre für seine Person die von Reinhold Thiel angegebene Zeit,[199] in der die Bestellung zum Prokuristen erfolgte, zu verwerfen. Für Edmund Flick ist ein derartiger Zeitpunkt der Prokuraerteilung weiterhin denkbar.[200]

Abbildung 6: Einkommen Brüder Flick aus Tätigkeit bei Gebr. Thiel

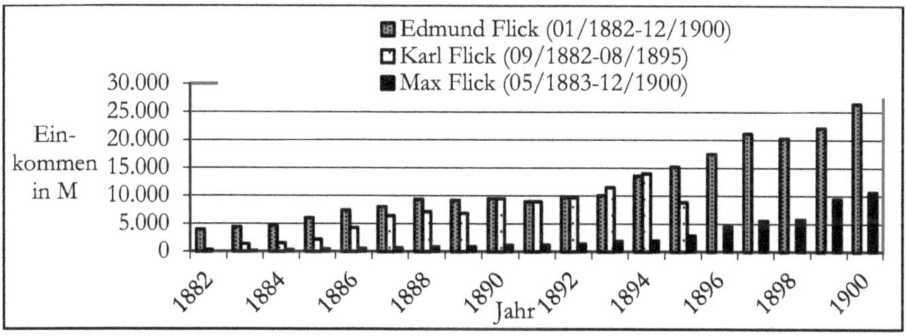

Quelle: eigene Darst., basierend auf Tabelle 9, S. 55 u. Tabelle 73 u.Tabelle 74 ab S. 328.

Ein umsatzorientiertes Entlohnungsmodell war Ende des 19. Jahrhunderts bei Gebrüder Thiel für die leitenden Angestellten weitestgehend unüblich und fand in dieser offenkundigen und anhaltenden Form nur bei den Brüdern Flick statt. So erhielt auch ein weiterer Bruder, Max Flick, ab November 1895 neben einem festen Grundgehalt am Umsatz der Kinderuhrenabteilung orientierte Tantiemen.[201] Die entsprechende Beteiligungsquote stieg in mehreren Schritten von zunächst 0,25 % auf 1,0 %.[202] Aus seiner Funktion als Abteilungsleiter[203] ist die Bezugsgröße erklärbar. Die weiteren Gehaltszahlungen zeigen, dass Max

197 ThHStAW, Gebr. Thiel GmbH Ruhla, Nr. 660, S. 1 ff.
198 Schmid, Lexikon der Deutschen Uhrenindustrie, Bd. 2, S. 110.
199 AET, Erinnerungen Thiel 1967, S. 5.
200 ThHStAW, Gebr. Thiel GmbH Ruhla, Nr. 660, S. 1 ff.
201 AAK, Geheim-Memorial 2., S. 175 ff.
202 Ebd. u. ThHStAW, Gebr. Thiel GmbH Ruhla, Nr. 639, S. 1 ff.
203 APD, Thiel, Rückblick 1956, S. 8.

Flick, Jahrgang 1869,[204] mindestens seit März 1883, insoweit in ungewöhnlich jungen Jahren, als Angestellter für das Unternehmen tätig gewesen sein dürfte.[205]

Abbildung 6, S. 57, verdeutlicht die Entwicklung der Jahreseinkommen der Brüder Edmund, Karl und Max Flick aus ihrer Tätigkeit für Gebrüder Thiel. Aus dem Vergleich der entsprechenden Einzelwerte mit verfügbaren Umsatzzahlen (vgl. Tabelle 6, S. 40) lässt sich die Berechnungsgrundlage der Zahlungen an Edmund und Karl Flick im Jahr 1895 erschließen. Die Vergütung von Edmund Flick betrug demnach 1 % des monatlichen Gesamtumsatzes,[206] jene von Karl Flick 1 % des Gesamtumsatzes abzüglich der Walzwerksumsätze. Aus weiteren Vergleichswerten und der Kontinuität im Verlauf der Tantiemenzahlungen ist für Edmund Flick davon auszugehen, dass die Berechnungsgrundlage über die Jahre unverändert geblieben ist. So steht im Jahr 1900 dem Gesamtumsatz von 2.652.717,68 M[207] eine Tantiemenzahlung i. H. v. 26.527,13 M gegenüber. Für Karl Flick trifft das in der Form nicht zu. Seine Vergütung lag in den Jahren vor 1890 deutlich unter der seines Bruders Edmund jedoch in den Jahren 1890 bis 1894 auf gleicher bzw. etwa gleicher Höhe. Ab 1895 ging sie, wie aufgezeigt, durch die fehlende Berücksichtigung der Walzwerksumsätze zurück. Die letzte Veränderung steht möglicherweise im Zusammenhang mit seinem Austritt aus dem Unternehmen am 15.08.1895.[208]

Karl Flick gründete am 20.08.1895 ein eigenes Unternehmen. Mit der beabsichtigten Fertigung von Taschenuhren betrat er das Geschäftsfeld seines bisherigen Arbeitgebers. Eine unmittelbare Konkurrenzsituation entstand jedoch nicht. Mit den Uhren nach Schweizer Art stand er vielmehr im Wettbewerb mit der Eidgenössischen Uhrenindustrie. Das Unternehmen wurde in Jecha bei Sondershausen aufgebaut und firmierte unter Karl Flick & Co., Sondershausen[209]. Die hergestellten Produkte wurden unter der Bezeichnung Kyffhäuser-Uhren vertrieben, wobei dieser Name den Regionalbezug der Fertigungsstelle widerspiegelt. Hinter der im Namen erkennbaren weiteren Teilhaberschaft standen die Brüder Christian Reinhold und Ernst Eduard Thiel. Damit wird ersichtlich, dass diese die Gefahr einer möglicherweise aufkommenden Konkurrenzsituation nicht ausschließen konnten und sich daher über die Teilhaberschaft als Kommanditisten mit einem Betrag von 30.000 M zwar keine Mitbestimmung, aber wenigstens eine frühzeitige Kontrollbefugnis sichern wollten. Das grund-

---

204 LKAE, Familienregister W. A. Flick.

205 ThHStAW, Gebr. Thiel GmbH Ruhla, Nr. 660, S. 36 ff.

206 Die von Reinhold Thiel benannte Größenordnung von 2 % steht im Widerspruch zu den aufgrund des verfügbaren Zahlenmaterials belegbaren Werten. Vgl. APD, Thiel, Rückblick 1956, S. 7.

207 ThHStAW, Gebr. Thiel GmbH Ruhla, Nr. 395, Bl. 57 r.

208 AAK, Geheim-Memorial 2., S. 167.

209 Angelehnt an die abweichende Schreibweise, Karl bzw. Carl, variierte ebenso die Unternehmensbezeichnung.

sätzliche Interesse an solchen Beteiligungen wurde bereits im Zusammenhang mit der Unternehmensgründung des früheren Mitarbeiters Adolf Kürschner aufgezeigt, wenngleich dort die Gründung und letztlich die Beteiligung durch Gebrüder Thiel zeitlich viel weiter auseinanderfielen.[210]

Karl Flick dürfte auf verschiedenste Weise von seiner bisherigen Tätigkeit profitiert haben. Er war Ernst Eduard Thiels „engster und vertrautester Mitarbeiter im Verkauf"[211]. Beide verband, wie Anrede und Grußformel im brieflichen geschäftlichen Kontakt zeigen, eine besondere gegenseitige Wertschätzung.[212] Flick verfügte über entsprechende Kenntnis der Vertriebskanäle und Absatzmärkte, die er seit Einführung der Taschenuhr bei Gebrüder Thiel mit aufgebaut hatte. Über die geschäftlichen Kontakte nach England hatte er seine Ehefrau kennengelernt. Sie war die Tochter von C. F. Stahlecker, der über seine Firma Stahlecker's Agency in London den Alleinverkauf der Thiel'schen Taschenuhren für „England, Australien & englisches Indien"[213] von etwa 1893 an übernommen hatte.[214] Die englische Patentanmeldung für die Fearless als erste Ruhlaer Taschenuhr erfolgte im Vorjahr und datiert auf den 02.08.1892.[215] Über die Verbindung zu Stahlecker realisierte Gebrüder Thiel bis 1901 den Verkauf des größten Teils seiner Taschenuhrenproduktion. Darüber hinaus besaß die zur Hälfte ebenfalls Stahlecker gehörende Firma C. F. Stahlecker & Co. in London die Vertretung für die Kinderuhrenabteilung von Gebrüder Thiel für das Vereinigte Königreich. Die Tochter von Stahlecker war möglicherweise auch der eigentliche Motor für die Gründung des Unternehmens von Karl Flick. Ihm selbst kam weiterhin zugute, dass er die in Ruhla tätigen und an der Entwicklung bzw. Fertigung der Taschenuhren beteiligten Personen kannte. Da es ihm gelang, aus diesem Personenkreis mindestens einen gut unterrichteten und qualifizierten Mitarbeiter zu gewinnen, ist davon auszugehen, dass er darüber weiteres Wissen über die Konstruktion und Fertigung preiswerter Taschenuhren erlangen konnte. Mit der Abwerbung von Alex Dürer, dem jüngeren Bruder und Mitarbeiter von Emil Dürer, verfügte Flick über den für den Aufbau einer eigenen Fertigung erforderlichen Experten. Alex Dürer schied wie Karl Flick Mitte August 1895[216] bei Gebrüder Thiel aus.[217]

---

210 Schmid, Lexikon der Deutschen Uhrenindustrie, Bd. 2, S. 110 u. AET, Erinnerungen Thiel 1967, S. 9.

211 AET, Erinnerungen Thiel 1967, S. 9.

212 BvS, 613-Privat-Copie-Buch, S. 48 ff.

213 Ebd., S. 61.

214 AET, Lebenserinnerungen Thiel 1963, S. 24.

215 Kamp, Geschichte der Technik, Bildunterschrift, S. 301.

216 AAK, Geheim-Memorial 2., S. 166, 168 u. 172.

217 Schmid, Lexikon der Deutschen Uhrenindustrie, Bd. 2, S. 110; AET, Erinnerungen Thiel 1967, S. 9 u. 15; Lebenserinnerungen Thiel 1963, S. 20–25 u. APD, Thiel, Rückblick 1956, S. 8.

Der Beginn der Fertigung bei Flick wird für 1896 angegeben. Die „einfachen Anker-Taschenuhren“[218] wurden in einer Preisspanne zwischen 8 und 11 M angeboten und lagen damit ungeachtet der Verschiedenheit der Produkte deutlich über der Preislage der Thiel-Uhren. Da jedoch der Preis das entscheidende Verkaufsargument der Uhren war und besonders Gebrüder Thiel seinen Erfolg darauf begründen konnte, werden für Flick möglicherweise bestehende Schwierigkeiten verständlich. Dieser versuchte seine Produkte zu exportieren, was aufgrund der Tätigkeit und Erfahrungen des Schwiegervaters zunächst naheliegend erschien. Dennoch blieb der Erfolg aus, wozu der Preisverfall bei Uhren ebenso beitrug wie die im Vergleich zur Schweizer Fabrikation bestehenden Qualitätsmängel. Flick reagierte und reduzierte bereits 1897 die Preise auf eine Spanne zwischen 6 und 8 M. Dennoch gelang es ihm nicht, auf dem Markt Fuß zu fassen. Mit der vermutlich zum 11.03.1898 erfolgten Kündigung der Thiel'schen Beteiligung war das Ende des Unternehmens besiegelt. Im Geschäftsbericht für 1901 der Gebrüder Thiel GmbH findet sich in einer Reihe von Ausfallpositionen u. a. auch jene die Firma Carl Flick & Co. betreffend, mit folgender Ausführung: „Wir werden noch prüfen, ob Aussicht dafür vorhanden ist, von Herrn Edm. Flick auf dem Wege der Klage für den durch sein ganz unverantwortliches Handeln verursachten grossen Verlust Ersatz zu erlangen.“[219] Möglicherweise bezieht sich diese Formulierung auch auf die Kündigung der genannten Thiel'schen Beteiligung bei Karl Flick und die daraus erwachsenen Folgen. Die eingeleitete Einstellung der Uhrenproduktion bei Flick jedenfalls lässt sich mit dem Weggang Alex Dürers und seinem nachfolgenden Wiedereintritt bei Gebrüder Thiel am 29.08.1898 hinreichend genau eingrenzen.[220] Das Unternehmen in Jecha firmierte nunmehr unter Carl Flick Metallwaren und versuchte mit einer veränderten Produktpalette am Markt zu bestehen.[221] „Der Taschenuhrenfabrik von Karl Flick wurde 1900 eine Porzellanfabrik für elektrisches Zubehör angeschlossen.“[222] Jedoch folgte am 15.06.1901 der neuerliche Konkurs.[223] In dessen Folge musste Gebrüder Thiel die auf dem Beteiligungskonto noch verbliebenen 24.000 M aus der früheren Beteiligung bei Carl Flick & Co abbuchen, wovon 80 % abgeschrieben wurden.[224] Nach dem Ende des Konkursverfahrens übernahm Kurt Lindner[225] die Leitung des Unternehmens.[226]

---

218 Schmid, Lexikon der Deutschen Uhrenindustrie, Bd. 2, S. 110.

219 ThHStAW, Gebr. Thiel GmbH Ruhla, Nr. 395, Bl. 65 r.

220 Ebd., Nr. 639, S. 58.

221 Schmid, Lexikon der Deutschen Uhrenindustrie, Bd. 2, S. 111.

222 May, Lindner, S. 2.

223 Schmid, Lexikon der Deutschen Uhrenindustrie, Bd. 2, S. 111. Abw. Datum 09.12.1901, vgl. May, Lindner, S. 2.

224 ThHStAW, Gebr. Thiel GmbH Ruhla, Nr. 395, Bl. 63 r.

225 Kurt Lindner (10.03.1877–06.04.1966), vgl. May, Lindner, S. 2 u. 4.

226 Lindner war zuvor Prokurist des die ursprüngliche Gründung mitfinanzierenden Bankhauses Goldschmidt in Gotha u. kam in dessen Auftrag nach Jecha. An der neu

Die Unternehmung von Karl Flick hatte für Gebrüder Thiel auch über den Konkurs hinausgehende Folgen, die sich im weiteren Werdegang von Alex Dürer zeigen. Seine Rückkehr zu Gebrüder Thiel war nur eine Zwischenstation, denn bereits im Mai 1899 verließ er das Unternehmen endgültig[227] und ging in den Schwarzwald zur Firma Thomas Haller AG, wo er „erfolgreich die Fertigung preiswerter Taschenuhren“[228] einführte. Die dortige Uhrenindustrie war bis dahin auf die Fertigung von Großuhren fokussiert. Die Konstruktion und Herstellung von Taschenuhren der niederen Preislage war bislang nicht in größerem Maße gelungen. Es ist davon auszugehen, dass bei Thomas Haller jedoch bereits kurz vor dem Eintritt von Alex Dürer erste ernstzunehmende Erfolge auf dem Gebiet der Taschenuhrenfertigung erzielt worden waren.[229] Also zu einem Zeitpunkt, zu dem Dürer noch für Flick bzw. Gebrüder Thiel tätig war. Entsprechend hat Alex Dürer die dortige Fertigung nicht eingeführt, sondern ihr durch sein Wissen und Wirken einen entscheidenden Impuls verliehen und sie damit deutlich vorangebracht.[230]

Die beschriebenen Abläufe zeigen, dass die Einführung der preiswerten Massenfertigung von Taschenuhren bei den Schwarzwälder Uhrenfabriken maßgeblich auf die Konstruktions- und Fertigungserfahrung früherer Thiel-Mitarbeiter zurückzuführen ist. Karl Flick beförderte mit der Gründung seines eigenen, letztlich aber gescheiterten Unternehmens, die Entstehung einer ernstzunehmenden Konkurrenz für preiswerte Taschenuhren aus deutscher Fabrika-

---

gegründeten am 27.03.1902 ins Handelsregister eingetragenen u. am 01.04.1902 eröffneten Offenen Handelsgesellschaft Lindner & Co beteiligte sich Edmund Flick, der sich jedoch bereits am 02.09.1903 wieder zurückzog. Lindner führte als nunmehr alleiniger Eigentümer das auf die Erzeugung verschiedener Artikel der Elektroindustrie, u. a. Schalter, Fassungen u. Sicherungen, umgeschwenkte Unternehmen zum Erfolg. Die Firmenbezeichnung Lindner & Co wurde mit Zustimmung Flicks beibehalten. Die Firma ist in Thüringen bis zur Enteignung 1948 nachgewiesen. Am Standort der 1938 eingerichteten Niederlassung in Eggolsheim bei Bamberg wurde die Firmengeschichte nach der Enteignung in der Sowjetischen Besatzungszone fortgeschrieben. Vgl. May, Lindner, S. 2 ff; Schmid, Lexikon der Deutschen Uhrenindustrie, Bd. 2, S. 110 f; APD, Thiel, Rückblick 1956, S. 4 u. 8; AET, Erinnerungen Thiel 1967, S. 9 u. Lindner, Unternehmenschronik.

227 ThHStAW, Gebr. Thiel GmbH Ruhla, Nr. 639, S. 74.

228 Schmid, Lexikon der Deutschen Uhrenindustrie, Bd. 2, Fn., S. 110.

229 Schmid verweist auf Anzeigen in der Dt. Uhrmacherzeitung, wo 1898 „erfahrene Arbeiter für die Fertigung von Stiftanker-Taschenuhren gesucht wurden.“ Schmid, Lexikon der Deutschen Uhrenindustrie, Bd. 2, Fn., S. 147.

230 Das Interesse von Junghans an Haller wenig später bekräftigt diese Annahme. Die bisherigen, aber weitestgehend erfolglosen Versuche der Firma Gebr. Junghans auf dem Gebiet der preiswerten Taschenuhren führten im Jahr 1900 zur Verständigung über die Fusion der Firmen Gebr. Junghans u. Thomas Haller AG. Damit konnte auf die dortige Fertigungskompetenz zurückgegriffen werden. Vgl. Schmid, Lexikon der Deutschen Uhrenindustrie, Bd. 2, S. 110 f, 147 f u. 212; ThHStAW, Gebr. Thiel GmbH Ruhla, Nr. 639, S. 58–74 u. AET, Lebenserinnerungen Thiel 1963, S. 16.

tion. Gebrüder Thiel verlor durch das verstärkte Erscheinen der Schwarzwälder Taschenuhren nach der Jahrhundertwende seine monopolähnliche Stellung am englischen Markt. Diese bislang ungewohnte Konkurrenzsituation verstärkte die noch durch weitere Faktoren ausgelöste erste ernsthafte Krise des Thiel'schen Unternehmens zu Beginn des 20. Jahrhunderts.[231]

Die Errichtung eines neuen Messingwalzwerkes war ein weiterer dieser Faktoren, der unmittelbar auf das Wirken der Brüder Flick zurückgeführt werden kann. Diese Investition aus den Jahren 1899 und 1900 erweiterte die Kapazitäten und steigerte die Unternehmensumsätze deutlich.[232] Diese Umsätze waren, wie dargestellt, Basis für die Vergütungszahlung an Edmund Flick. Die Investition fiel in einen Zeitraum, in dem durch den krankheitsbedingten Rückzug der bisherigen Eigentümer und Geschäftsleiter dem Prokuristen Edmund Flick weitreichende Entscheidungs- und Verantwortungsspielräume eröffnet wurden. Das auf sein Betreiben „entstandene neue Walzwerk erwies sich als Fehlinvestition. Es war keineswegs modern im Sinne der neuesten technischen Entwicklung. Wiederum zeigte sich wie mißlich es war, daß niemand in der Firmenleitung vom Betrieb eines Messingwalzwerkes etwas verstand."[233] Bilanz und Geschäftsbericht für 1901 sprechen hinsichtlich der kaufmännischen Bewertung der Walzwerksergebnisse zurückgehend auf das Jahr 1900 von einer Vertuschung der tatsächlichen Verhältnisse.[234] Nach einem deutlich negativen Ergebnis für 1901 wurden auch die weiteren Aussichten als wenig positiv eingeschätzt. So trug die durch Edmund Flick zumindest mitverantwortete Entscheidung zur Krise des Unternehmens bei. Dass Flick allein dafür die Verantwortung trug, ist unwahrscheinlich, da mehrere Eigentümer im Unternehmen tätig waren und, ungeachtet der Erkrankung einzelner, in die Entscheidungsprozesse eingebunden gewesen sein dürften. Speziell für Heinrich Thiel ist anzunehmen, dass er die Vorgänge kritisch beobachtete und eventuell auch beeinflusste. Diese Annahme erfolgt vor dem Hintergrund seines Bestrebens, die Führungsrolle in der Firmenleitung nach dem Rückzug von Ernst Eduard Thiel und Christian Reinhold Thiel zu übernehmen. Aus diesem Bestreben erwuchs eine Rivalität zu Edmund Flick. Nachdem erkennbar wurde, dass Flick für die Geschäftsführung der Gebrüder Thiel GmbH ab April 1901 nicht vorgesehen war, schied er aus. Dieser vermutlich im März 1901 erfolgte Schritt bedeutete abermals das Aufkommen einer möglicherweise gefährlichen Konkurrenz für Gebrüder Thiel.[235]

---

231 ThHStAW, Gebr. Thiel GmbH Ruhla, Nr. 395, Bl. 34 r; Schmid, Lexikon der Deutschen Uhrenindustrie, Bd. 2, S. 147; APD, Thiel, Rückblick 1956, S. 5 u. 9 f u. AET, Erinnerungen Thiel 1967, S. 15 f u. 19 f.

232 60 Jahre Gebrüder Thiel, S. 26 i. V. m. ThHStAW, Gebr. Thiel GmbH Ruhla, Nr. 395, Bl. 60 r–62 r.

233 AET, Lebenserinnerungen Thiel 1963, S. 29.

234 ThHStAW, Gebr. Thiel GmbH Ruhla, Nr. 395, Bl. 60 r.

235 APD, Thiel, Rückblick 1956, S. 8 f u. AET, Erinnerungen Thiel 1967, S. 17–20.

Der Austritt von Edmund Flick ging mit neuerlichen Unternehmensgründungen aus den Reihen der Brüder Flick einher. Der Geschäftsbericht der Gebrüder Thiel GmbH für 1901 liefert Anhaltspunkte für ein gemeinsames Unternehmen von Edmund und Max Flick in Wutha, das durch die Aufnahme der Gehäusefertigung als Wettbewerber in Erscheinung trat. Gebrüder Thiel verbuchte einen Absatzrückgang im Bereich der Gehäuse. „Dieser geringere Absatz ist zum Theil die Folge der Auflösung einer zuvor bestandenen Preisconvention, zum anderen in einer in der Firma Lindner & Co. in Wutha und Sondershausen (früher Edm. & M. Flick in Wutha) entstandenen Concurrenz.“[236] Aus den belegten Tantiemenzahlungen an Edmund und Max Flick bis einschließlich Februar 1901 kann abgeleitet werden, dass die Gründung frühestens im März erfolgte. Der Verkauf an Lindner könnte im Zeitraum vom 01.04.1902 (Gründung der Firma Lindner & Co, mit den beiden Beteiligten Kurt Lindner und Edmund Flick)[237] bis 12.06.1902 (Datum des Geschäftsberichtes der Gebr. Thiel GmbH für 1901)[238] erfolgt sein. Es ist anzunehmen, dass der Verkauf im Zusammenhang mit der Beteiligung von Edmund Flick bei Lindner und der 1901 erfolgten Gründung der Firma Ed. & C. Flick Metallwaren in Wutha gesehen werden muss. Dieses weitere Unternehmen trat mit der Fertigung von Kinderuhren in direkte Konkurrenz zu Gebrüder Thiel. Neben Max Flick, dem ehemaligen Leiter der Kinderuhrenabteilung, traten weitere ehemalige Mitarbeiter[239] von Gebrüder Thiel in das neue Unternehmen ein. Der neue Wettbewerber bewirkte nun auch noch im Segment der Kinderuhrenfertigung einen Verfall der Preise, der sich bei Schenk & Kürschner und Gebrüder Thiel bemerkbar machte.[240]

Die Brüder Flick, so wichtig sie für Gebrüder Thiel anfänglich waren, trugen mit ihrem Ausscheiden zur wirtschaftlichen Schwächung ihres ehemaligen Arbeitgebers bei. Im Ergebnis waren sie direkt oder indirekt verantwortlich für die erstarkende Konkurrenz in den Bereichen Taschenuhren, Kinderuhren und Gehäuse. Einzig das Scheitern des Unternehmens der Brüder Flick in Wutha im Jahr 1905 bewirkte eine Besserung der Situation. „Nach dem (…) [Gebrüder Thiel] die Fabrikation von Flick gegen Erwerbung der Werkzeuge für M. 30.000.–, von welcher Summe Schenk & Kürschner M. 7.500.– übernommen haben, aufgekauft haben, sind (…) die Preise erhöht worden.“[241] Die Zahlung des auf Gebrüder Thiel entfallenden Kaufpreises von 22.500 M erfolgt in Raten über fünf Jahre. Der Wettbewerb in Kinderuhren am Markt wurde aufgrund der Verständigung über die Preise mit Schenk & Kürschner, dem einzige verbliebe-

236 ThHStAW, Gebr. Thiel GmbH Ruhla, Nr. 395, Bl. 59 r.

237 May, Lindner, S. 2.

238 ThHStAW, Gebr. Thiel GmbH Ruhla, Nr. 395, Bl. 72 r.

239 Darunter befanden sich Karl u. Paul Liebergeld. Abweichende Schreibweisen Carl bzw. Karl, im Lebenslauf des Sohnes mit Karl angegeben. Vgl. AKH, Lebenslauf 1942.

240 Schmid, Lexikon der Deutschen Uhrenindustrie, Bd. 2, S. 111 u. AET, Erinnerungen Thiel 1967, S. 18 f.

241 AHB, Bilanz und GB 1905, S. 3 f.

nen Mitbewerber, an dem Gebrüder Thiel zudem beteiligt war, stark eingeschränkt. Die Aufbringung der Raten sollte aus den so zu erwartenden zusätzlichen Gewinnen erfolgen.[242]

2.2.2. Eigentümer

Bisher wurden die familiären Strukturen bis zur Ebene der Unternehmensgründer beschrieben. Mit der Erkrankung bzw. dem Tod Christian Thiels traten Veränderungen ein, die einmal die neue Rechtsform des Unternehmens betrafen und darüber hinaus neue Anknüpfungspunkte für eine erweiterte Betrachtung der Familienstrukturen liefern (vgl. Tabelle 10, S. 65). Die von 1879 bis 1901 bestehende Offene Handelsgesellschaft[243] wurde durch die Kinder von Christian Emilius Thiel und seinen Brüdern Christian Reinhold Thiel und Ernst Eduard Thiel getragen.[244]

Die Situation beim Tod von Christian Thiel liefert ebenso den Anknüpfungspunkt für eine kritische Betrachtung der rasch einsetzenden Veränderung der Eigentumsverhältnisse. Das Aufnahmedatum der Brüder als Mitgesellschafter konnte bislang nicht zweifelsfrei ermittelt werden.[245] Es besteht die Annahme, dass das Aufnahmedatum zwischen dem Beginn der ernsthaften Erkrankung von Christian Thiel im Jahr 1878 und seinem Tod im Februar 1879 lag.[246] Die OHG bestand also spätestens ab 1879. Die fünf noch lebenden Kinder Thiels waren zu diesem Zeitpunkt minderjährig und konnten daher nicht selbst auf die geschäftliche Entwicklung einwirken. Dadurch, dass auch Christian Emilius Thiels Frau Caroline im Sommer 1879 verstarb, entstand eine ernsthafte Gefahr für das Erbe der Vollwaisen.

242 AHB, Bilanz und GB 1905; AET, Lebenserinnerungen Thiel 1963, S. 29 u. Erinnerungen Thiel 1967, S. 19.
243 AG Jena, HRA 42.
244 60 Jahre Gebrüder Thiel, S. 18.
245 Köllner datierte die Teilhaberschaft ohne Quellenangabe ins Jahr 1877, vgl. Köllner, Bedeutende Ruhlaer, S. 41.
246 APD, Thiel, Rückblick 1956, S. 1 f.

Tabelle 10: Familien der Eigentümer der Gebr. Thiel OHG

Christian Emilius Thiel ∞25.06.1861∞ Caroline Thiel, geb. Schmidt (05.09.1832–13.07.1879)	
Kinder	Tochter vor der Taufe gestorben (15.05.1862–21.05.1862)
	Martha Johanne Henriette Helene Deußing, geb. Thiel (27.10.1863–09.11.1949) ∞14.10.1885 mit Franz Julius Deußing (01.04.1854–27.01.1921)
	Laura Helene Hoppert, geb. Thiel (03.07.1865–25.05.1931) ∞19.11.1885 mit Carl Friedrich Hoppert (30.10.1859–18.10.1915), gesch. am 27.04.1894
	Justus Heinrich Thiel (25.04.1867–30.06.1932) ∞01.08.1891 mit Anna Margarete Wilhelmine Thiel, geb. Preußer (11.04.1867–21.01.1945)
	Anna Ottilie Frieda Thiel (12.05.1871–25.04.1929), unverheiratet
	Henriette Bertha Brinkmann, geb. Thiel (16.07.1876–07.07.1949) ∞24.11.1897 mit Hugo Brinkmann (11.08.1867–18.06.1948)
Christian Reinhold Thiel ∞01.05.1873∞ Anna Albine Thiel, geb. Grünkorn (24.10.1851–13.04.1917)	
Kinder	Ernst Rudolf Thiel (04.06.1874–21.07.1942) ∞05.09.1901 mit Helene Thiel, geb. Haertel (06.03.1877–12.06.1934)
	Luise Thiel (07.07.1875–04.09.1879)
	Anna Hedwig Deußing, geb. Thiel (27.03.1878–01.02.1899) ∞15.02.1898 mit Paul Wilhelm Deußing (10.08.1869–17.02.1954)
	Emma Elisabeth Thiel (25.08.1879–02.12.1886)
	Johannes Friedrich Thiel (04.05.1881–23.04.1943) ∞19.07.1906 mit Gertrud Thiel, geb. Kloß (24.08.1883–18.11.1953)
	Rosa Reinhardt, geb. Thiel (05.06.1882–04.09.1941) ∞27.05.1902 mit Georg Max Reinhardt (29.10.1877–08.01.1943)
	Hermann Heinrich Thiel (14.04.1885–31.10.1957) ∞12.02.1911 mit Elsbeth Thiel, geb. Ohlert (k. A.), gesch. am 26.09.1919 ∞14.10.1922 mit Annemarie Thiel, geb. Lemmel (k. A.)
	Johanna Margarete Daut, geb. Thiel (29.07.1886–11.09.1940) ∞03.11.1908 mit Karl Daut (13.05.1872–15.10.1950)
Ernst Eduard Thiel (1. Ehe) ∞07.01.1879∞ Amande Thiel, geb. Carnarius (11.03.1861–25.06.1884)	
Kinder	Else Ackenhausen, geb. Thiel (07.10.1879–02.02.1951) ∞02.09.1899 mit Moritz Ackenhausen (24.07.1872–01.11.1960)
	Heinrich Reinhold Bruno Richard Thiel (23.02.1882–24.03.1979) ∞04.04.1910 mit Martha Paula Charlotte Thiel, geb. Georg (24.09.1885–24.06.1932)
	Franz Wilhelm Thiel (18.06.1884–05.08.1925) ∞06.04.1910 mit Martha Thiel, geb. Müller (k. A.), gesch. im November 1924 ∞11.05.1925 mit Emilie Thiel, geb. Wenig (k. A.)
Ernst Eduard Thiel (2. Ehe) ∞24.09.1885∞ Emilie Thiel, geb. Nothnagel (22.06.1853–02.02.1894)	
Kinder	Martha Ackenhausen, geb. Thiel (11.04.1886–23.05.1963) ∞05.10.1907 mit Rudolf Ackenhausen (13.09.1874–31.12.1958)
	Heinrich Georg Thiel (19.11.1887–04.07.1894)
	Johanna Thiel (04.06.1889–20.12.1893)
	Paula Bardenheuer, geb. Thiel (24.07.1890–18.12.1924) ∞23.05.1914 mit Walter Bardenheuer (02.09.1880–11.05.1924)

Anmerkungen:
Eine Verwandtschaft zwischen Franz Julius Deußing u. Paul Wilhelm Deußing auf Geschwisterebene besteht nicht, möglicherweise ist diese auf Ebene der Väter Carl Wilhelm Deußing u. Rudolf Ottomar Deußing zu finden.
Paul Wilhelm Deußing heiratete am 02.12.1900 in zweiter Ehe Ella Ida Bardenheuer (04.09.1878–12.01.1948) die Schwester von Walter Bardenheuer u. zugleich Enkeltochter von Christian Bardenheuer.

Quelle: eigene Darst., basierend auf AET, Stammbaum Siegmund Thiel; AUB, Stammbaum Christian Thiel; Stammbaum Christan Reinhold Thiel; Stammbaum Ernst Eduard Thiel u. im Verzeichnis benannten Quellen.

Nach dem Tod von Christian und Caroline Thiel war offensichtlich kein naher Verwandter bereit, die Sorge für die minderjährigen Waisenkinder zu übernehmen. Mit Michael Postel[247] wurde ein örtlicher Lehrer[248] zum Vormund bestellt. Eine Verwandtschaft zur Familie Thiel ist nicht bekannt.[249] Bezüglich seiner gesellschaftlichen Position bestand kein Zweifel, dass er die Kinder in ihrer Entwicklung fördern und ihnen eine angemessene Ausbildung ermöglichen konnte. Die für den Lebensunterhalt und die Ausbildung erforderlichen finanziellen Mittel wurden über die Entnahme aus den Geschäftsguthaben der Mündel bei der Gebrüder Thiel OHG bestritten. Die dafür in den 1880er Jahren monatlich von Postel in der Summe verfügten Beträge schwankten erheblich und lagen bei durchschnittlich 1.000 M.[250]

Im Vergleich zu den im vorangegangenen Kapitel aufgezeigten monatlichen Gehalts- und Tantiemenzahlungen wird erkennbar, dass die Mittel für den Unterhalt reichlich bemessen gewesen sein dürften. Gleich dieser Großzügigkeit waren die verfügbaren Geschäftsguthaben für einen derartigen Lebenswandel ausreichend. Das weiterhin florierende Geschäft konnte die vereinbarte 5–prozentige Verzinsung der Geschäftsguthaben sicherstellen.[251] So entfiel auf die anfänglichen Geschäftsanteile der Kinder (vgl. Tabelle 75, S. 331) im Jahr 1881 ein Zinsertrag von etwa 10.600 M. Damit wären die benannten Entnahmen weitestgehend über Zinseinnahmen und somit ohne Kapitalverzehr möglich gewesen. Diese Einschätzung wird bei der Berücksichtigung der nach Inventurstichtagen erfolgten Gutschrift von Gewinnanteilen (vgl. Tabelle 76, S. 332) nochmals unterstrichen. Die dortige Darstellung verdeutlicht die rasch einsetzende Verschiebung bei den Geschäftsguthaben der Gesellschafter. Lagen diese im Jahr 1881 noch zu etwa zwei Dritteln in den Händen von Christian Thiels Erben, so halbierte sich dieser Anteil binnen eines Jahrzehnts (vgl. Abbildung 7, S. 67). Formal waren Christian Thiels Erben als Gesamtheit einer der drei OHG-Gesellschafter. Damit entfiel auf diese nur noch ein Drittel der zu verteilenden Gewinne, die übrigen Gewinnanteile standen Christian Reinhold und Ernst Eduard zu.[252] Aus der Perspektive der Erben dürfte die Überführung des Einzelunternehmens Christian Thiel in eine Offene Handelsgesellschaft eine ungünstige Lösung mit erheblichen Vermögensverlusten dargestellt haben. Es wird deutlich, dass die Brüder des Verstorbenen als Mitgesellschafter das eingetretene Vakuum in der Führung des Unternehmens zu ihren Gunsten nutzten. Einer-

247 Johann Michael Postel (29.11.1839–13.02.1910), vgl. LKAE, Familienregister G. A. Postel.

248 Im Ruhlaer Adressbuch von 1909 ist Postel als Schuldirektor a. D. zu finden. Vgl. Adressbuch Ruhla 1909, S. 21.

249 ThHStAW, Gebr. Thiel GmbH Ruhla, Nr. 660, S. 186 u. a. u. AAK, Geheim-Memorial 2.

250 ThHStAW, Gebr. Thiel GmbH Ruhla, Nr. 660 u. AAK, Geheim-Memorial 2.

251 ThHStAW, Gebr. Thiel GmbH Ruhla, Nr. 660, u. a. S. 75.

252 Ebd., S. 32.

seits entwickelten sie unbestritten eigenes unternehmerisches Talent und verhalfen dem Unternehmen zu weiterem wirtschaftlichen Aufschwung. Andererseits war es die vermutlich nicht vorhandene starke Interessenvertretung der Erben, durch die ein wirksames Kontrollorgan für die Entscheidungen der Brüder Christian Reinhold und Ernst Eduard fehlte. Der Vormund Michael Postel war Ende der 1870er Jahre Lehrer und Vorsitzender des örtlichen Gewerbevereins.[253] Ob daraus auf ausreichend unternehmerische Fähigkeiten und Qualifikationen geschlossen werden kann, bleibt fraglich.

Abbildung 7: Verteilung Geschäftsguthaben OHG-Gesellschafter

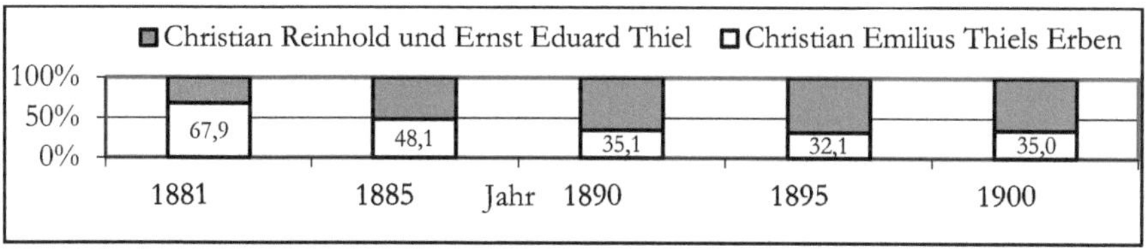

Quelle: eigene Darst., basierend auf Tabelle 75, S. 331.

Hinzu trat, dass die Mündel für die Führung des Geschäfts durch die Mitgesellschafter ab 1883 einen jährlichen Ausgleich (Äquivalent) i. H. v. 6.000 M zu leisten hatten, von denen je 3.000 M auf jeden Begünstigten entfielen. Diese Vereinbarung ging auf das Jahr 1882 zurück. In diesem Jahr wurden die Erben im März mit einem als Äquivalent bezeichneten Betrag von 2.400 M belastet, überdies erhielten Christian Reinhold und Ernst Eduard im Dezember 1882 jeweils eine Zahlung von 3.600 M. Entsprechend der Buchungsvermerke beruhte diese auf einer Übereinkunft, die auf zwei Jahre eine Entschädigung von 1.800 M pro Jahr vorsah. Die direkte Belastung dieser Beträge bei den Erben ist nicht nachweisbar, dennoch dürfte es sich um die Entschädigung für die Geschäftsführung vom März 1879, dem Monat nach Christian Thiels Tod, bis zum Februar 1882 handeln, die ab März 1882 in eine regelmäßige jährliche Äquivalentzahlung überging. Dass diese Zahlungen keineswegs den Interessen aller Beteiligten gleichermaßen entsprachen, zeigte sich im Jahr 1889. Hier kam es zu einer Abänderung der Vereinbarung. Die beiden Brüder Christians erhielten fortan nur noch je 1.200 M jährlich als Äquivalent und mussten an die drei ältesten Erben je 5.134 M, zusammen 15.402 M, zurückerstatten. Es ist anzunehmen, dass die Initiative hierzu von Heinrich Thiel ausging, der mit dem Erreichen der Volljährigkeit und der damit einhergehenden Beendigung der Vormundschaft durch Postel seine wirtschaftlichen Interessen selbst wahrnehmen konnte. Heinrich, der bereits im Vorfeld durch seine Ausbildung im Unternehmen Einblick in die dortigen Abläufe erlangt hatte,[254] leistete die nun reduzierten Äquivalentzah-

253 Ziegler, Geschichte des Meerschaums, S. 143 ff.
254 60 Jahre Gebrüder Thiel, S. 27.

lungen im Gegensatz zu seinen Geschwistern nicht. Das ist zudem vor dem Hintergrund der Aufnahme seiner Tätigkeit als Angestellter der Firma zu sehen. Diese ist ab dem Jahr 1893 belegt[255] und steht wahrscheinlich im Zusammenhang mit der erlangten Vertretungsbefugnis.[256] Solche Vorgänge lassen erkennen, dass zwischen den Beteiligten Spannungen bestanden.[257]

Die Eigentümerstrukturen und Interessenlagen im ausgehenden 19. Jahrhundert waren weniger auf den Erhalt des Familienunternehmens ausgerichtet. Bei einigen Beteiligten stand die kurzfristige persönliche Vermögensmehrung im Vordergrund. Das zeigte sich deutlich Anfang der 1890er Jahre. Dass der beabsichtigte Unternehmensverkauf letztlich scheiterte, weil Christian Thiels Erben dem durch die weiteren Teilhaber ausgehandelten Vertrag nicht zustimmten, bestätigte einmal mehr die bereits betonten Differenzen.[258] Die Verkaufsabsichten von Christian Reinhold und Ernst Eduard Thiel Anfang 1892 fielen in jene Phase, in der Gebrüder Thiel die Entwicklung einer 14 Stunden genau gehenden Uhr gelungen war, ohne dass der langfristige wirtschaftliche Erfolg des neuen Uhrengeschäfts bereits abzusehen war. Die Verfügungsrechte über die Thiel'schen Erfindungen und Entwicklungen rund um die Herstellung einer gehenden Taschenuhr waren unverkennbar preisbestimmende Faktoren. Der mit Eduard Hammer[259] ausgehandelte Vertrag sah einen Kaufpreis von 3 Mio. Reichsmark[260] vor. Die Aufbringung des Kaufpreises sollte über eine hälftige

255 AAK, Geheim-Memorial 2., S. 107.

256 AG Jena, HRA 42.

257 ThHStAW, Gebr. Thiel GmbH Ruhla, Nr. 639; Nr. 660 u. AAK, Geheim-Memorial 2.

258 BvS, 613-Privat-Copie-Buch, S. 42–46.

259 Wie der Kontakt zwischen Eduard Hammer (Georgplatz 15 in Dresden) u. Gebr. Thiel zustande kam, ist offen. Zweierlei wäre denkbar: Einerseits könnte dieser über das Zentrum der Spielwarenindustrie in Sonneberg vermittelt worden sein. Dort traf Gebr. Thiel regelmäßig auf wichtige Abnehmer, so z. B. die Großabnehmer aus den USA in Kinderspieluhren, von wo letztlich auch der Impuls für die Entwicklung einer gehenden Uhr stammte. In die Vertragsverhandlungen zwischen Hammer u. Gebr. Thiel war ein Herr M. Hofmann mit Anschrift Sonneberg als Unterhändler eingebunden. Andererseits könnte bereits zuvor eine Geschäftsbeziehung bestanden haben. Der Kaufmann Eduard Hammer, geb. 1838 in Belk Kreis Rybnik, erhielt 1868 das Dresdner Bürgerrecht u. erwarb mit Frau u. Kindern 1870 die Sächsische Staatsbürgerschaft. In Dresden betrieb er seit mindestens 1880 eine Schuh- u. Stiefelfabrik an wechselnden Standorten. Das Unternehmen beschäftigte entsprechend der Gewerbeakte des Sohnes Richard Samuel Hammer, geb. 1865, welcher 1892 als Mitinhaber der Schuhwarenfabrik am Georgplatz 15 geführt wurde, etwa 115 Mitarbeiter. Gebr. Thiel wäre demnach als Hersteller u. Lieferant von Stoßkappen u. Absatzeisen denkbar. Vgl. APD, Thiel, Rückblick 1956, S. 2 f; BvS, 613-Privat-Copie-Buch, S. 34–39 u. SAD, Gewerbeamt, H.1438, Bl. 4 ff u. H.1467, Bl. 1. Eduard Hammer auch Abraham Hammer genannt, vgl. SAD, S. v. 06.08.2013 Stade-Schreiber.

260 Der Begriff Reichsmark findet mehrfach ausdrücklich Verwendung. Sowohl zeitlicher als auch inhaltlicher Kontext zeigen, dass es sich bei den Werten um Angaben in der im Deutschen Kaiserreich gültigen Mark handelt.

Barzahlung, 1 Mio. M als 5-prozentig verzinste Hypothek auf das Kaufobjekt und der verbleibende Rest in Aktien des neu zu gründenden Unternehmens erfolgen.[261] Ein Vergleich mit den Werten zur Geschäftsentwicklung in Abbildung 8, zeigt, dass dieser Vertrag nur auf kurze Sicht erhebliches Gewinnpotenzial für die Verkäufer bedeutete. Langfristig zeigte die Umsatzentwicklung bei Annahme entsprechender Gewinnmargen die Vorteilhaftigkeit der Weiterführung des Geschäfts im Rahmen der Familie. Zu Hammer bleiben einige Fragen offen. Dazu zählen die hinter der Kaufabsicht stehenden Motive und die Herkunft der dafür erforderlichen Mittel. Diese kann nicht unbedingt auf die benannte gewerbliche Tätigkeit zurückgeführt werden. Eines verdeutlichte der Vorgang anschaulich: Die Verantwortlichen bei Gebrüder Thiel hatten 1892, im Gegensatz zu anderen Marktteilnehmern, das langfristige Potenzial ihrer Entwicklungen noch nicht erkannt. Das Unternehmen wäre dadurch fast der Familie entrissen worden.[262] Dass letztlich alle Gesellschafter von der Ablehnung des Verkaufs profitierten, zeigen die Darstellungen im Abschnitt III.

Abbildung 8: Geschäftsguthaben und Umsatz 1881–1901

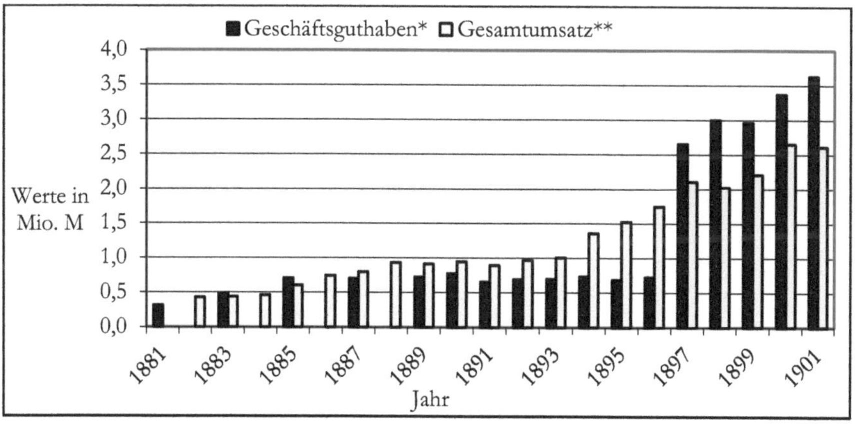

* Geschäftsguthaben der Gesellschafter: Werte zum 01.01. Für die Jahre 1882; 84; 86 u. 88 k. A. Wert für 1901 vom 31.12.1900.

** Gesamtumsatz: k. A. für 1881. Jahreswert 1882 als Hochrechnung auf Basis der Werte für das 2. Halbjahr 1882.

Quelle: eigene Darst., basierend auf Tabelle 72, S. 327; Tabelle 75, S. 331 u. ThHStAW, Gebr. Thiel GmbH Ruhla, Nr. 395, Bl. 57 r.

261 BvS, 613-Privat-Copie-Buch, S. 42–44.

262 Dass sich derartige Aspekte in den bekannten Unternehmensdarstellungen, z. B. aus dem Jahr 1922, nicht finden, zeigt die dort oftmals fehlende Objektivität. Vgl. u. a. 60 Jahre Gebrüder Thiel.

III. Der Aufstieg zum Großbetrieb bis 1945

1. Säulen des Konzerns

1.1. Gebrüder Thiel GmbH

1.1.1. Die Geschäftsfelder

Am Anfang des 20. Jahrhunderts erfolgte bei der Gebrüder Thiel OHG eine grundlegende Veränderung. Mit der Umwandlung in eine GmbH[263] zum 01.04.1901 wurden die Strukturen für die weitere Unternehmensentwicklung in den folgenden Jahrzehnten geschaffen. Ungeachtet wiederholter Diskussionen[264] wurde die 1901 gewählte Rechtsform beibehalten.[265] Die Gebrüder Thiel GmbH[266] wurde zum Ausgangspunkt des bis 1945 geformten Thiel-Konzerns (vgl. Abbildung 21, S. 326). Der Weg dahin war mit der Unternehmensumwandlung jedoch keinesfalls vorgezeichnet. Zunächst galt es aus den bestehenden Strukturen heraus eine wirtschaftlich nachhaltige Perspektive zu entwickeln (vgl. Abschnitt II, Kap. 2.). Der innere Unternehmensaufbau war alles andere als ausgereift.[267] Gebrüder Thiel befand sich Anfang des Jahrhunderts in einer ernsten Krise. Einige der bestehenden Abteilungen, allen voran das Walzwerk, belasteten die Bilanzen, da sich der noch aus Zeiten der offenen Handelsgesellschaft stammende Plan einer Rohrproduktion[268] als unwirtschaft-

---

263 Reinhold Thiel schrieb zu diesem Schritt: „Die offene Handelsgesellschaft war in unserem Falle zweifellos nicht mehr die richtige Rechtsform. Christian Thiel war bereits seit 20 Jahren tot, die beiden anderen Inhaber, Christian Reinhold Thiel und Ernst Eduard Thiel, waren ernstlich krank und aus gesundheitlichen Gründen nicht mehr in der Lage, dem Unternehmen mit der früheren Tatkraft und Umsicht vorzustehen. Nach ihrem Tode würden 15 meist junge Inhaber das Recht haben, in der Führung des Geschäfts mitzureden. Im Hinblick auf die solidarische Haftung aller Inhaber einer Offenen Handelsgesellschaft wäre das ein einfach unerträglicher Zustand geworden. Die Umgründung erfolgte gerade rechtzeitig. Allerdings wurden bei der Gründung schwere kaufmännische Fehler gemacht." APD, Thiel, Rückblick 1956, S. 9.

264 ThHStAW, Gebr. Thiel GmbH Ruhla, Nr. 18, Bl. 67 r; Nr. 74, Bl. 88 r u. Nr. 112, Bl. 73 r f, 85 r f u. 138 r.

265 AG Mühlhausen, HRB 11 u. 27 i. V. m. AG Jena, HRA 42.

266 Als Gesellschaftsbezeichnung verkürzt auch nur „Ruhla" oder „Ruhlaer" genannt.

267 ThHStAW, Gebr. Thiel GmbH Ruhla, Nr. 395, Bl. 18 r f.

268 Für die gefertigten Rohre sollte Berlin als Hauptabsatzgebiet entwickelt werden. Dazu wurde dort ein Lager eingerichtet. Eine Analyse der auftretenden Absatzprobleme zeigte die fehlende Wirtschaftlichkeit. Einerseits konnten Berliner Konkurrenzwerke Messing um einige Mark je 100 kg günstiger einkaufen u. andererseits kamen für die Ruhlaer Produktion Transportkosten für die Strecke Ruhla-Berlin hinzu. Das Lager wurde 1902 aufgelöst. Die erhöhten Kosten für den Messingbezug stehen für den von R.

lich erwies und ein geeigneter fachlich qualifizierter Betriebsleiter fehlte.[269] Zudem waren die Perspektiven für das neue Messingwalzwerk angesichts der allgemein starken Konkurrenz ungewiss.[270]

Darüber hinaus hatte sich in anderen Geschäftsfeldern der Markt geändert. Ein stärker werdender Wettbewerb im Uhrengeschäft beendete die monopolartigen Verhältnisse, von denen das Unternehmen, zumeist im Ausland, über Jahre hinweg profitiert hatte[271] (vgl. Abschnitt II, Kap. 2.1.). Um weiterhin bestehen zu können, waren größere Anstrengungen erforderlich. Fortgesetzte Produktentwicklung und Rationalisierung in der Fertigung brachten langfristig Erfolge und machten zumindest die Taschenuhrenabteilung, trotz aller Schwankungen, zu einer stabilen Komponente des Unternehmens.[272]

Die Suche nach weiteren neuen Produkten, für deren Fertigung die Voraussetzungen im Betrieb gegeben waren und die längerfristig ausreichenden Absatz bei entsprechendem Gewinn versprachen, war schwierig. Entsprechende Ansätze hatten immer wieder Veränderungen in den Abteilungsstrukturen zur Folge.[273] In Tabelle 78 bis Tabelle 80, ab S. 334, sind die Verschiebungen in den ersten zwei Jahrzehnten des 20. Jahrhunderts zu sehen. Vielfach traten Abteilungen nur wenige Jahre eigenständig in Erscheinung, bevor sie in einer anderen aufgingen. Es überrascht, dass es die alten Taschen-, Kinderuhren- und Walzwerkabteilungen waren, die über das Deutsche Kaiserreich hinweg Bestand hatten. Die genannten Verschiebungen lassen erkennen, dass vielfach nur die Hülle, also der Name, erhalten blieb, sich das Produktspektrum aber wandelte. Das Walzwerk wurde 1924[274] geschlossen und die Kinderuhrenfertigung, als die älteste Abteilung[275] des Unternehmens, wurde 1934 aufgegeben.[276] Von einer

---

Thiel betonten Standortnachteil. Vgl. ThHStAW, Gebr. Thiel GmbH Ruhla, Nr. 395, Bl. 44 r u. 61 r u. APD, Thiel, Rückblick 1956, S. 7.

269 ThHStAW, Gebr. Thiel GmbH Ruhla, Nr. 659, Bl. 89 v–92 v.

270 1906 beziffert Gebr. Thiel die in Deutschland konkurrierenden Messingwerke auf über 40. Zudem hatte das Unternehmen im Bereich Walzwerk u. Gießerei mit starker Fluktuation u. Fachkräftemangel zu kämpfen. Vgl. ThHStAW, Gebr. Thiel GmbH Ruhla, Nr. 84, Bl. 1 v u. 2 r u. Nr. 395, Bl. 60 r.

271 ThHStAW, Gebr. Thiel GmbH Ruhla, Nr. 395, Bl. 34 r f.

272 Zu den anfänglichen Taschenuhren kamen ab 1908 Armbanduhren hinzu, vgl. Kamp, Geschichte der Technik, S. 37 ff. u. S. 103 ff. Zur allg. Entwicklung der Uhrenfertigung bei Gebr. Thiel bis 1945, vgl. ebd. S. 295–306 u. 317–326. Gebr. Thiel war „der erste Serienhersteller von Armbanduhren in Deutschland." Schmid, Lexikon der Deutschen Uhrenindustrie, Bd. 2, S. 405.

273 ThHStAW, Gebr. Thiel GmbH Ruhla, u. a. Nr. 84, Bl. 1 v u. Nr. 90, Bl. 5 r u. 11 r.

274 Ebd., Nr. 97, Bl. 3 r f.

275 Einen Abriss über die Geschichte dieser Abteilung gab Gottfried Pabst in einem „Thiel-Anker" 1935. Papst war Sohn einer Schwester des Unternehmensgründers (vgl. Tabelle 2, S. 24) u. seit 1889 im Unternehmen. Nachdem er zur Jahrhundertwende die Leitung der Kapselabteilung innehatte, war er später Leiter der Kinderuhrenabteilung

Stabilisierung des Unternehmens konnte trotz der neuen Rechtsform keine Rede sein.

Bis 1913 kamen wirtschaftliche Rückschläge[277] und Spannungen auf der Gesellschafterebene hinzu, die einen wiederholten Wechsel der Geschäftsführung mit sich brachten (vgl. Abschnitt III, Kap. 3.1.). Ein planvolles Vorgehen zur Unternehmensstabilisierung war im ersten Jahrzehnt nach GmbH-Gründung für das Gesamtunternehmen nicht erkennbar.[278]

Der Erste Weltkrieg beendete diese Phase und setzte neue Akzente. Für das Unternehmen der Metallbranche kam es zu einem kriegsbedingten Aufschwung.[279] Das Festhalten am lange nicht zufriedenstellenden Betrieb des Messingwalzwerkes machte sich in dieser Phase bezahlt.[280] Die Werte in Tabelle 11, S. 74, bis ins Jahr 1919 verdeutlichen die Entwicklung.

Spitzenwerte bei Umsatz und Absatz im Walzwerk konnten in der Hochphase der Zünderfertigung erreicht werden. Das Jahr 1917 stand mit 6,9 Mio. M für den höchsten Umsatz seit Bestehen des Werkes. Die Produktionsmenge von 2,5 Mio. kg bedeutete einen Zuwachs von 700.000 kg gegenüber dem Maximum zu Friedenszeiten. In diesem Jahr verdankte das Unternehmen den nochmals gesteigerten Gesamtüberschuss der „durch die Zünderfertigung reichlich beschäftigte[n] Walzwerkabteilung".[281] Unter Berücksichtigung der bis zur Stilllegung 1924 verbleibenden Jahre zog Reinhold Thiel dennoch ein ebenso klares wie ernüchterndes Fazit: „Nur einmal, im Weltkrieg 1914–1918 und in der anschließenden Inflation erwies sich der Betrieb eines Messingwerkes als vorteilhaft für die Firma. Sonst blieb diese Abteilung ein Sorgenkind – ein Fremdkörper."[282] Nicht zuletzt waren es die im Zuge der Sonderkonjunktur des Krieges

u. wechselte mit deren Verkauf 1934 zu Schenk & Kürschner. Vgl. APM, Betriebszeitung Nr. 6, 1935, S. 2–4 u. AET, Lebenserinnerungen Thiel 1963, S. 17 u. 173.

276 ThHStAW, Gebr. Thiel GmbH Ruhla, Nr. 155, Bl. 2 v.

277 Mit der produkttechnischen Neuorientierung verbunden. R. Thiel betonte für diese Zeit eine bereits eingetretene zu große Zersplitterung des Fertigungsprogrammes, wie sie sich z. B. in der Aufnahme der Fertigung von elektrotechnischen Artikeln u. Handschuhdruckknöpfen gezeigt hatte. Vgl. APD, Thiel, Rückblick 1956, S. 15. Das Beispiel des Druckknopfschalters zeigt 1912 „gänzliches Fehlschlagen verschiedener neu aufgenommener Artikel". ThHStAW, Gebr. Thiel GmbH Ruhla, Nr. 114, Bl. 16 r.

278 Schreiben Daut an Brinkmann 10.08.1912: „Ich habe diese Angelegenheit überdies mit meinem langjährigen (…) Rechtsbeistand (…) besprochen und sind beide zu der Überzeugung gelangt, dass das Geschaeft rueckwaerts schreitet und das Illiquititaet des Geschaefts von Tag zu Tag zunimmt. (…) Es ist etwas mehr Energie, auch etwas mehr Anpassungsvermoegen in der heutigen geschaeftlichen Lage noetig. Es ist auch meines Erachtens ein anderer finanzieller Aufbau noetig, als der, der bis jetzt in dem Etablissement der herrschende war." ThHStAW, Gebr. Thiel GmbH Ruhla, Nr. 74, Bl. 88 r.

279 Vgl. u. a. ThHStAW, Gebr. Thiel GmbH Ruhla, Nr. 79, Bl. 1 r–17 r; Nr. 80, Bl. 1 r–14 v; Nr. 91, Bl. 1 r f u. Nr. 92, Bl. 3 v–26 r.

280 ThHStAW, Gebr. Thiel GmbH Ruhla, Nr. 79, Bl. 1 r f.

281 Ebd., Nr. 92, Bl. 9 r u. 15 r.

282 APD, Thiel, Rückblick 1956, S. 7.

neu entstandenen Werke, die dazu führten, dass Gebrüder Thiel für den Weiterbetrieb des Walzwerkes keine Perspektive mehr sah. Unter normalen wirtschaftlichen Bedingungen wurde eine Überproduktion mit entsprechend negativen Auswirkungen auf den Gewinn erwartet. Hinzu kam, dass im Juli 1923, dem Zeitpunkt der Entscheidung über die Zukunft dieser Abteilung, der Währungsverfall einen Höhepunkt erreicht hatte und die notwendigen Investitionen als unerschwinglich erachtet wurden. Die Bereitschaft zur nochmaligen Modernisierung und Rationalisierung des Werkes bestand unter diesen Umständen nicht.[283]

Tabelle 11: Entwicklung Messingwalzwerk Gebr. Thiel 1901–1919

Jahr	Umsatz in M	Reingewinn in M	Absatzmenge in kg	Quellennachweis
1901	735.051,70	k. A.	546.849	ThHStAW, Gebr. Thiel GmbH Ruhla, Nr. 395, Bl. 37 r.
1902	780.160,54	k. A.	656.813	ThHStAW, Gebr. Thiel GmbH Ruhla, Nr. 395, Bl. 19 r u. 20 r.
1903	970.318,63	k. A.	777.948	AHB, Bilanz und GB 1904.
1904	1.103.329,07	79.408,37	884.811	AHB, Bilanz und GB 1904.
1905	1.759.327,27	100.044,00	1.270.398	AHB, Bilanz und GB 1905.
1906	2.630.522,19	113.950,83	1.624.688	AHB, Bilanz und GB 1907.
1907	2.479.553,71	40.312,36	1.338.317	AHB, Bilanz und GB 1907.
1908	ca. 1.240.000	[284]k. A.	ca. 830.000	AHB, Bilanz und GB 1908.
1909	k. A.	k. A.	k. A.	
1910	k. A.	k. A.	k. A.	
1911	2.129.329,33	12.059,76	1.758.563	ThHStAW, Gebr. Thiel GmbH Ruhla, Nr. 114, Bl. 21 r.
1912	2.561.325,56	39.230,03	1.879.057	AHB, Bilanz und GB 1913.
1913	2.517.713,09	18.940,80	1.801.383	AHB, Bilanz und GB 1913.
1914	2.475.669,61	91.116,96	1.791.217	AHB, Bilanz und GB 1915.
1915	4.833.360,91	412.302,37	2.169.043	AHB, Bilanz und GB 1915.
1916	4.328.998,10	479.465,54	1.863.602	AHB, Bilanz und GB 1916.
1917	6.904.536,36	1.449.977,17	2.516.466	AHB, Bilanz und GB 1917.
1918	4.536.803,05	815.049,50	1.510.648	AHB, Bilanz und GB 1918.
1919	3.704.831,63	k. A.	713.118,1	ThHStAW, Gebr. Thiel GmbH Ruhla, Nr. 82, Bl. 9 v.

Quelle: eigene Darstellung.

Es gab zudem weitere unternehmensinterne Entwicklungen, die für diese Entscheidung ausschlaggebend waren. Neben den älteren Abteilungen kamen kurz vor dem Krieg und auch währenddessen einige der neueren spürbar in Schwung. Das führte über die Kriegsjahre hinaus zu einem Wandel des Unternehmens. Die Centralwerkstatt[285] (auch Zentralwerkstatt), später zur Maschi-

283 ThHStAW, Gebr. Thiel GmbH Ruhla, Nr. 70, Bl. 49 r f.

284 Verbal nicht erheblich niedriger als 1907 bezeichnet. Vgl. AHB, Bilanz und GB 1908.

285 Ausgehend von der ursprünglichen Bezeichnung hat sich das Kürzel CW etabliert u. findet bis 1945 sehr häufig im Zusammenhang mit der Maschinenfabrik Verwendung.

nenfabrik[286] entwickelt, gehörte zu diesen. Sie war 1905 zur Zusammenführung der zunächst bei den einzelnen Betriebsteilen unterhaltenen fünf Schlossereien errichtet worden. Schnell konnte durch den Einsatz von Spezialmaschinen eine rationellere Fertigung der benötigten Werkzeuge und Maschinen erreicht werden.[287] Diese Rationalisierungsmaßnahme „hatte indes nicht den erhofften Erfolg der Unkostensenkung erbracht, weil diese hochmodern eingerichtete, vorzüglich geleitete große ;Schlosserei' mit der Erzeugung und Instandhaltung des Werkzeugparkes für die verschiedenen Fertigungen nicht ausgelastet war und infolgedessen teuer arbeitete. Die logische Folge war, zur Auslastung der Kapazität, Aufträge für fremde Rechnung hereinzunehmen. Zunächst Aufträge für Werkzeuge und – als diese sich als wenig lukrativ erwiesen – für kleine Maschinen, wie sie im eigenen Betriebe der Uhrenindustrie und in vielen Betrieben der feinmechanischen Industrie benötigt wurden. Allmählich wurden auch größere (Gewindeschneid- und (…) [B]ohrmaschinen) hergestellt und vor allem auch Feilmaschinen nach den Gedanken, die Riedel aus [den] USA mitgebracht hatte. Kurzum aus der CW wurde nach und nach, der Not gehorchend, eine Maschinenfabrik."[288] Diese zählte spätestens ab 1912 zu den produktiven Abteilungen des Unternehmens. Verkaufsreisen, Werbung[289] und Ausstellungsbeteiligungen[290] führten zu steigendem Absatz der Maschinen[291] im In- und Ausland.[292] In den Jahren 1912/13 trug diese Abteilung bei deutlich gestiegenen Umsätzen

---

Als Abteilungsbezeichnung findet sich ab 1914 auch Präzisions-Maschinen & Werkzeug-Bau. ThHStAW, Gebr. Thiel GmbH Ruhla, Nr. 79, Bl. 9 r.

286 Einen Abriss zur anfänglichen Entwicklung der Maschinenfabrik, insbesondere auch zum Verkauf der Produkte zeigte ein „Thiel-Anker" im Zusammenhang mit dem Neubau der Maschinenfabrik in Ruhla 1937. Vgl. APM, Betriebszeitung Nr. 4, 1937, S. 1–3.

287 AHB, Bilanz und GB 1905.

288 AET, Lebenserinnerungen Thiel 1963, S. 101.

289 „Wir sind als Fabrikanten von Präzisionsmaschinen noch recht wenig bekannt, weil neu, und haben infolgedessen noch ziemlich erhebliche Kosten durch Reklame und sonstige Propaganda." ThHStAW, Gebr. Thiel GmbH Ruhla, Nr. 114, Bl. 19 r.

290 Spätestens ab den 1920er Jahren stellen die eigenen, weltweit zumeist zusammen mit den verschiedenen Vertretungen durchgeführten sog. Thiel-Wochen ein erfolgreiches Verkaufsinstrument dar. Dabei kamen die Produkte der Maschinenfabrik zur Ausstellung u. praktischen Vorführung. Vgl. u. a. ThHStAW, Gebr. Thiel GmbH Ruhla, Nr. 52, Bl. 19 r–21 r.

291 Produktionsprogramm der CW im Jahr 1913 nach APD, Thiel, Rückblick 1956, S. 13: Feilmaschinen in zwei Größen; Bohr- u. Ausdrehfutter; mehrspindlige Bohrköpfe; Schnellbohrmaschinen; Gewindeschneidmaschinen; Vertikalfräsmaschinen (kleinsten Formates); Blockschnitte; Stanzwerkzeuge u. Werkzeug-Naß-Schleifmaschinen.

292 ThHStAW, Gebr. Thiel GmbH Ruhla, Nr. 90, Bl. 10 r f u. AET, Lebenserinnerungen Thiel 1963, S. 101 f. Zur Entwicklung der Maschinenfabrik bis 1945 vgl. auch Kamp, Geschichte der Technik, S. 307–316.

erstmals nennenswert zum Gewinn bei.[293] Bis in die 1920er Jahre hatte sich die Maschinenfabrik soweit entwickelt, dass mit der Schließung des Walzwerkes zugleich die Chance bestand, den bei der CW bestehenden Platzmangel zu mindern.[294] Die Arbeit und Produkte dieser Abteilung trugen erheblich dazu bei, besonders in der Teilefertigung für die eigene Uhrenerzeugung einen hohen Grad an Unabhängigkeit zu erreichen.[295] Gebrüder Thiel profitierte von der Kompetenz und den Kapazitäten des eigenen Maschinenbau, als es um die Einrichtung einer umfangreichen Zünderfertigung, zunächst in der Muttergesellschaft[296] und später im weiteren Konzern,[297] ging.

Die Wurzeln dieses weiteren Tätigkeitsfeldes lagen indes schon in der Anfangszeit der GmbH. Ein Reisender der Firma war 1903 in Berlin bei der dortigen Uhrmacherfirma Löbner[298] auf ein durch Krupp erworbenes Patent über die Hemmung eines mechanischen Uhrwerkszünders aufmerksam gemacht worden. Löbner suchte seinerseits ein Unternehmen,[299] das die von Krupp in Essen gewünschten Uhrwerke in größerer Stückzahl kostengünstig[300] fertigen

293 ThHStAW, Gebr. Thiel GmbH Ruhla, Nr. 90, Bl. 5 v u. Nr. 114, Bl. 4 r u. 18 r f. Im Jahr 1912 hatte sich gegenüber dem Jahr 1911 der Umsatz von 67.175,00 M u. der Reingewinn von 7.591,44 M etwa verdreifacht.

294 ThHStAW, Gebr. Thiel GmbH Ruhla, Nr. 77, Bl. 62 v i. V. m. Nr. 97, Bl. 3 r f.

295 APD, Thiel, Rückblick 1956, S. 13.

296 Geschäftsbericht 1917, Abt. CW: „Diese Abteilung hat fast ausschliesslich Maschinen hergestellt, welche wir im eigenen Betrieb für die Zünderfabrikation brauchen. (...) [U]nsere ganze Zünderfabrikation ohne die Unterstützung durch unsere Centralwerkstatt undenkbar wäre“. ThHStAW, Gebr. Thiel GmbH Ruhla, Nr. 92, Bl. 19 r.

297 Vgl. u. a. ThHStAW, Gebr. Thiel GmbH Ruhla, Nr. 60, Bl. 48 r; Gebr. Thiel Seebach GmbH, Nr. 480, Bl. 204 r, u. 240 r u. Gerätebau GmbH, Nr. 462, Bl. 182 r.

298 Uhren-Fabrik Franz-Ludwig Löbner, Potsdamer Str. 23 in Berlin. Von der Fa. „Löbner wurden in einer großen Uhrenhandlung Taschen- und Großuhren in allen Qualitäten und von allen bedeutenden Herstellern angeboten, aber auch technische Uhren aller Art (...). Nachweislich wurden auch Uhrwerke anderer Hersteller mit eigenem Herstellerzeichen versehen und verkauft (...). In einer eigenen Konstruktionsabteilung wurden auch wissenschaftliche Messgeräte, Stoppuhren für die Messung 1/1000 Sec. (...) entwickelt, die vor allem beim Militär (Zündzeiten von Munition, Flugzeiten von Geschossen etc.) zum Einsatz kamen. Die Größe des Betriebes ist nicht bekannt; man weiß aber, dass allein in der Uhren-Reparaturwerkstatt mehr als 30 Personen tätig waren.“ Schmid, Lexikon der Deutschen Uhrenindustrie, Bd. 2, S. 272 i. V. m. BvS, 620-S. v. 29.05.1906 Löbner-Thiel.

299 Sollte dies nicht gefunden werden, wollte Krupp ein eigenes Werk zur Fertigung aufbauen. Eine Option, die auch in den Folgejahren im Rahmen von Vertragsverhandlungen Betonung fand u. insoweit von Krupp als Druckmittel verwendet wurde. Vgl. Kamp, Geschichte der Technik, S. 327 u. BvS, 620-S. v. 27.11.1908 Thiel-Krupp, S. 3.

300 Im Vergleich zu den zwischen 2 u. 3 M liegenden Preisen für Taschenuhren bzw. je nach Modell auch höheren Preisen, versprachen Uhrwerke für mechanische Zeitzünder einen deutlich höheren Umsatz. Bei einer ab 1909 angedachten Fertigung von 24.000 Stück belief sich der Stückpreis auf 6 M. Bei vorherigen, mit einem erheblichen Anteil an Handarbeit erledigten Aufträgen lag der Stückpreis deutlich darüber, ebenso

konnte.[301] „Damit begann die langjährige, wechselvolle, aber für (...) [,Gebrüder Thiel'] ungemein bedeutungsvolle und fruchtbare Zusammenarbeit mit Krupp. Das noch ungelöste Problem des ‚mechanischen Zeitzünders' für Artilleriemunition war nicht nur für Krupp, sondern auch für seine große ausländische Konkurrenz ein sehr wichtiges. Die bis dahin ausschließlich gebrauchten ‚Pulverzünder' waren ungenau, und sie versagten unter ungünstigen klimatischen Verhältnissen. Alle Versuche, ‚eine Taschenuhr aus einer Kanone unbeschädigt zu verschießen', waren im In- und Ausland bis dahin missglückt. Die Aufgabe erschien unlösbar. (...) Heinrich [Thiel] griff das Problem mit großem Interesse auf. Die Verhandlungen mit Krupp führte Kühn. In langwierigen Versuchen wurde der Krupp-Thiel-Zünder entwickelt."[302] Die anfängliche Versuchs- und Entwicklungsphase dauerte bis 1908. Ein Schreiben von Thiel an Krupp gibt Einblick in die Verhältnisse sowie Entwicklungen jener Zeit und zeigt, dass beide Seiten überzeugt waren, nach mehrjähriger Entwicklungsarbeit ein einsatzfähiges Produkt geschaffen zu haben (vgl. Abbildung 22 ab S. 342). Der verhandelte, aber in Details zunächst noch strittige Vertrag sollte den neuerlichen Übergang[303] zur Serienfertigung in größerem Umfang besiegeln und bisherige vertragliche Vereinbarungen ablösen. Nach der auf die Einigung folgenden Vertragsunterzeichnung[304] wurden bei Gebrüder Thiel größere Investitionen[305] ausgelöst, die für den raschen Bedeutungszuwachs der Zünderfertigung standen. Jedoch führten ernste Rückschläge bereits 1911 zur fast vollständigen Liquidation dieses Bereiches. Eine durch Krupp vermutlich großzügig gehandhabte Schlussabrechnung[306] sorgte dafür, dass aus dem Fehlschlag für

---

bei den im Ersten Weltkrieg produzierten Zündern. Vgl. BvS, 620-S. v. 16.11.1908 Thiel-Krupp u. 620-S. v. 27.11.1908 Thiel-Krupp; APD, Thiel, Rückblick 1956, S. 4 u. ThHStAW, Gebr. Thiel GmbH Ruhla, Nr. 75, Bl. 252 r–255 r u. 296 r–299 r u. Nr. 115, Bl. 22 r–30 r.

301 Kamp, Geschichte der Technik, S. 327.

302 AET, Lebenserinnerungen Thiel 1963, S. 31 f.

303 Bereits 1905 wurde mit Krupp ein Vertrag über die Lieferung von 20.000 mechanischen Zeitzündern in Form eines Uhrwerkes geschlossen. Nach ersten zur Zufriedenheit ausgefallenen Lieferungen bestand Hoffnung auf eine größere Dimension u. ein lohnendes Geschäft. Hinsichtlich Aussagen zu den weiteren Aussichten in diesem Bereich übte sich die Firma auch in den Folgejahren in auffälliger Zurückhaltung. AHB, Bilanz und GB 1905, S. 3; Bilanz und GB 1907, S. 1 u. ThHStAW, Gebr. Thiel GmbH Ruhla, Nr. 84, Bl. 2 r.

304 BvS, 620-S. v. 20.11.1908 Krupp-Thiel; 620-S. v. 29.12.1908 Krupp-Thiel u. 620-S. v. 22.01.1909 Thiel-Krupp.

305 Errichtung eines Neubaus für diese Abteilung ab 1909, weitere Anschaffungen für Maschinen zur Zünderfertigung 1910. Vgl. ThHStAW, Gebr. Thiel GmbH Ruhla, Nr. 86, Bl. 2 r u. Nr. 87, Bl. 5 r.

306 Abrechnung zum 31.10.1911. „1.) Alle bisherigen Aufträge auf mechanische Zeitzünder, Gehäuse hierzu, Teile oder Aenderungsarbeiten gelten mit dem heutigen Tage als erledigt. 2.) Die Firma Krupp übernimmt den gesamten bei der Firma Thiel lagernden und noch nicht berechneten Bestand an Materialien, Teilen und fertigen Stücken für

Gebrüder Thiel kein Verlust entstand.[307] Das Interesse, sich mit der Sache in Ruhla weiter zu beschäftigen, konnte dadurch gewahrt werden. Die Entwicklung mechanischer Zeitzünder war in das Versuchsstadium zurückgefallen und bedeutete für Gebrüder Thiel nicht mehr als einen unbedeutenden Randbereich.[308] Neuerlich wachsende Bedeutung erlangte die Sache nach Ausbruch des Ersten Weltkrieges.[309] Am 31.07.1915[310] genehmigte der Aufsichtsrat von Ge-

---

mechanische Zünder der verschiedenen Konstruktionen (...). Ferner gewährt die Firma Krupp eine Entschädigung für die der Firma Thiel infolge der Sistierung der Arbeiten an den Zündern entstandenen Schaden. Die Höhe der von Gebr. Thiel (...) gestellten Forderung beläuft sich auf: (...) 634652,09 M hiervon werden 54652,09 M als zu hoch gestellte Forderung abgesetzt. Die Firma Krupp erkennt den verbleibenden Betrag von 580000.-- M zum Ausgleich aller aus dem bisherigen Zündergeschäft entstandenen Forderungen an. (...) Auf den vorgenannten Betrag von 580000 M haben Gebr. Thiel bereits 475000 M erhalten (...). 6.) Das von (...) Krupp übernommene und aus bereits früher abgerechneten Lieferungen stammende, in Ruhla befindliche Material wird von Gebrüder Thiel kostenlos gelagert (...). 7.) Weitere Arbeiten an mechanischen Zeitzündern führen Gebrüder Thiel nur gegen gesonderte Bestellung aus. (...) Wir bitten um Ihre Einverständniserklärung zu Vorstehendem und werden Ihnen dann den Betrag von 105000 M sofort überweisen." BvS, 620-S. v. 02.11.1911 Krupp-Thiel.

307 Gebr. Thiel bestätigt den Inhalt der Vereinbarung. Vgl. BvS, 620-S. v. 04.11.1911 Thiel-Krupp. Die Einordnung der gezahlten Abfindungssumme stellt die Firma im Geschäftsbericht für 1912 wie folgt dar: „Zwar erweist sich, bei Berücksichtigung der aus dem Vorjahre als stille Reserve übernommenen, nun im ausgewiesenen Reingewinn enthaltenen M: 100000,- der diesjährige Reingewinn um M: 130375,34 geringer als der des vorhergehenden Jahres, doch ist dabei zu bedenken, dass im vorherigen Gewinnresultat eine namhafte Summe enthalten war, die einen einmaligen Verdienst aus der Zünderfabrikation darstellte, der nicht als wirklicher Gewinn gelten kann." ThHStAW, Gebr. Thiel GmbH Ruhla, Nr. 114, Bl. 8 r.

308 „Apparatebau: Der für diese kleine Abteilung so erfreuliche Gewinn konnte durch die zum Teil geglückte Liquidierung der schwebenden Geschäfte und einige lohnende Aufträge der Firma Krupp auf Umänderung von Zündern erzielt werden. Die Versuche mit unseren Zeitzündern wurden fortgesetzt, konnten indes bis heute zu einem greifbaren Resultat nicht führen. Mitunter waren die Resultate sehr gute, dann aber auch wieder schlechte. Ob es uns jemals gelingen wird, das Problem des billigen, zuverlässigen, mechanischen Zeitzünders zu lösen, ist heute nicht abzusehen. Wir beschäftigen uns nebenher mit der Sache weiter solange uns dadurch keine verhältnismässig hohen Kosten entstehen, und wir nicht zu sehr von unseren übrigen Aufgaben abgehalten werden." ThHStAW, Gebr. Thiel GmbH Ruhla, Nr. 90, Bl. 11 v. Diese Ausführung ist dem Geschäftsbericht 1913 vom 28.03.1914 entnommen. Dies zeigt, dass eine nennenswerte Zünderfertigung zu dieser Zeit nicht stattgefunden u. ein neuer langfristiger Liefervertrag mit Krupp nicht existiert hat. Die Darstellung zur Zünderfertigung, vgl. Kamp, Geschichte der Technik, S. 327–331, hier S. 327 f, wäre in diesen Punkten zu korrigieren.

309 „Das Interesse für den mechanischen Zeitzünder ist jetzt größer, als je zuvor, nachdem sich ergeben hat, dass bei der grösseren Geschwindigkeit und der jetzigen Form der Geschosse der bisherige Brennzünder nicht zu verwenden ist und man gewissermassen gezwungen ist, zu dem mechanischen Zeitzünder überzugehen. Das Kriegsministerium hat vor einiger Zeit durch die Firma Krupp bei uns [Gebr. Thiel, Anm. Verf.] anfragen

brüder Thiel einen neuen, mit Krupp ausgehandelten Vertrag[311]. Trotz Vertragsschluss am 18.08.1915 blieb aufseiten der Geschäftsführung von Gebrüder Thiel auch ein Jahr danach eine gewisse Zurückhaltung bestehen. Diese lag in verschiedenen Aspekten begründet. Zunächst wurde hinsichtlich der dauerhaften Zuverlässigkeit des entwickelten Produktes von einem weiterhin bestehenden Restrisiko ausgegangen.[312] Das rief Bedenken in Bezug auf eine zu einseitige Ausrichtung der Fertigung hervor.[313] Darüber hinaus wurde gerade in den

---

lassen, welche Höchstquantitäten wir anfertigen können und in welchen Zeiten, was auch als ein Zeichen dafür angesehen werden dürfte, dass man der Sache jetzt ernstlich näher zu treten gewillt ist.“ ThHStAW, Gebr. Thiel GmbH Ruhla, Nr. 80, Bl. 7 r f. Diese Ausführung ist dem Geschäftsbericht 1915 vom 26.05.1916 entnommen. Die Erklärung, ob der Zünder als kriegsbrauchbar eingestuft wurde, stand zu diesem Zeitpunkt noch aus, wurde aber in naher Zukunft erwartet.

310 ThHStAW, Gebr. Thiel GmbH Ruhla, Nr. 107, Bl. 172 r.

311 Der Vertrag beinhaltet u. a.: § 2 Gebr. Thiel („T“) überträgt auf Krupp („K“) eigene Patente etc. die den mechanischen Zeitzünder betreffen u. auf den Ersatz des bisher verwendeten Brennzünders ausgerichtet sind. Die in § 1 genannten Patente etc. stammen aus der Zeit 1911 bis 1915. § 3 „T“ führt „K“ in die Herstellung ein (stellt befristet Leute zum Anlernen) u. „K“ darf nach Übergangsfrist Massenfertigung aufnehmen. § 4 „K“ zahlt 75.000 M u. lässt keinen Dritten bauen. „K“ lässt im nachstehenden Umfang bei „T“ bauen: In den ersten 1,5 Jahren vollständig, im dann folgenden Jahr 80 % u. in den weiteren Jahren jeweils 10 % weniger, solange bis 40 % erreicht sind. „K“ darf erst bauen wenn der von „T“ zu fertigende Anteil mindestens 75.000 Stück beträgt. Weitere Regelungen zu Vergütung u. Materialbezug folgen. „K“ musste bei eigener Fertigung Messing bei „T“ beziehen, „T“ konnte bei zu geringem Preis Lieferung ablehnen. „T“ sollte für von „K“ selbst gebaute u. verkaufte Zünder 0,50 M je Stück erhalten. Sofern weitere, außer die benannten „Thiel-Patente“ verwendet würden 1,00 M je Stück. Für die von „T“ gefertigten u. an „K“ gelieferten Zünder konnte ein Preis in Höhe der Selbstkosten (max. Selbstkosten bei „K“) zuzüglich eines Gewinnzuschlages von max. 33 1/3 % verlangt werden. Alle Anfragen auf Zeitzünder waren an „K“ weiterzuleiten. Im Falle einer anderen Verwertung waren die Erlöse nach Abzug der Unkosten zwischen „K“ u. „T“ im Verhältnis 2/3 zu 1/3 zu teilen. § 11 Vertragslaufzeit bis 31.12.1926. Verlängerung um je fünf Jahre wenn nicht ½ Jahr vor Ablauf gekündigt wurde. Bei Beendigung waren noch bestehende Schutzrechte auf „T“ zurück zu übertragen. In diesem Fall bekommt „K“ für weiter gefertigte Zünder eine Lizenzgebühr von 0,50 M je Stück. § 13 Vertrag soll in Kraft treten, wenn „K“ gegenüber „T“ schriftlich erklärt, dass der „Thiel-Zünder“ den militärischen Anforderungen entspricht. ThHStAW, Gebr. Thiel GmbH Ruhla, Nr. 110, Bl. 174 r–182 r.

312 S. v. 27.07.1916 Ernst an Reinhold Thiel: „Die Sache sieht also ganz gut aus, nur ist eben die Hauptsache, dass die Werke funktionieren. Die erste Abnahme von 1500 Stück ist glatt von statten gegangen (…). Wenn die ferneren Abnahmen auch glatt gehen (…), ist wohl anzunehmen, dass mit einem laufenden Geschäft gerechnet werden kann. (…) Ich möchte aber auch auf keinen Fall, dass die Sache mehr forciert wird, als gut ist, denn das würde auf Kosten der Genauigkeit gehen und dann haben wir wieder das Unglück“. ThHStAW, Gebr. Thiel GmbH Ruhla, Nr. 75, Bl. 296 r.

313 S. v. 21.10.1916 Reinhold an Ernst Thiel: „Ich halte es für äusserst wichtig, dass wir uns nicht durch diese plötzliche und sprunghafte Entwicklung der Dinge in etwas hineinjagen lassen, was wir später bereuen müssen, oder was uns über den Kopf wachsen

bisherigen regulären Produkten die Möglichkeit gesehen, die für eine umfangreiche Zünderfertigung benötigten Mittel zu erwirtschaften.[314] Die geforderten Höchstleistungen waren mit den bestehenden Maschinen und Anlagen nicht zu erbringen. Investitionen, u. a. in neue Gebäude, wurden erforderlich.[315] Es zeigte sich ein vermutlich auch aus der Unternehmenshistorie heraus gewachsenes Sicherheitsdenken, das zunächst auf die Vermeidung einer neuerlichen Verschuldung abzielte.[316] Dass Gebrüder Thiel sich letztlich dennoch stark in der Zünderfertigung engagierte, war allenfalls teilweise der Motivation und dem Gewinnstreben[317] der dortigen Entscheidungsträger zuzuschreiben. Die externen Einflüsse, möglicherweise auch Zwänge, sei es durch den Vertragspartner Krupp oder die handelnden politischen Akteure, dürften mindestens ebenso stark zur Entscheidung beigetragen haben.[318] Das Ende 1916 erkennbare Bestreben von Krupp, die Gebrüder Thiel GmbH zu erwerben, könnte deshalb mit der Absicht verbunden gewesen sein, Bedenkenträger im Bezug auf eine noch stärkere Ausweitung der Zünderfertigung bei Gebrüder Thiel auszuschalten. Zudem war Krupp spätestens mit Vertragsschluss 1915 im Bereich der me-

---

könnte. Es hat mich deshalb gefreut, dass die Aufsichtsratssitzung zurückhaltende Beschlüsse ergeben hat. In einem Punkt denke ich allerdings noch kategorischer, nämlich hinsichtlich der Preisgabe der Fabrikation unserer regulären Artikel. Das dürfen wir meiner Meinung nach unter keinen Umständen tun." ThHStAW, Gebr. Thiel GmbH Ruhla, Nr. 75, Bl. 266 r f.

314 ThHStAW, Gebr. Thiel GmbH Ruhla, Nr. 75, Bl. 245 r f.

315 Ebd., Nr. 110, Bl. 47 r f.

316 S. v. 04.01.1917 Reinhold an Ernst Thiel: „Unsere Mittel werden ja aber nun ganz anders angespannt werden. Wenn wir blos nicht wieder Bankkredit in Anspruch zu nehmen brauchen. Dass K. uns grössere Vorauszahlungen leisten wird ist recht wichtig." ThHStAW, Gebr. Thiel GmbH Ruhla, Nr. 75, Bl. 197 r.

317 S. v. 06.02.1917 Ernst an Reinhold Thiel: „Es wird jetzt schon von oben herab sehr darauf gesehen, dass nicht zu viel verdient wird; so will man z. B. allgemein keinen höheren Verdienst als 10 % zubilligen. Mit 10 % Verdienst können wir uns in Anbetracht des grossen Risikos, welches mit dem Geschäft verknüpft ist, nicht begnügen (…). Immerhin können wir wohl damit rechnen, dass wir die Unkosten, welche wir calculiert haben, auf die Dauer bei weitem nicht haben werden, denn dass wir bei einer Jahresproduktion von etwa 600.000 Stück, welche für dieses Jahr in Betracht kommen dürfte, keine 3 ½ (…) [Mio.] Unkosten haben werden ist wohl sicher anzunehmen. (…) Nach dem Vertrag stehen uns ja bis zu 33 1/3 % Verdienst zu und haben wir uns auch hierauf berufen, doch wurde uns entgegengehalten, dass wir damit unter den jetzigen Verhältnissen nicht durchkommen würden. Dieser Paragraf sei nicht für den Krieg berechnet." ThHStAW, Gebr. Thiel GmbH Ruhla, Nr. 75, Bl. 183 r.

318 So waren es weitere Krupp auf mechanische Zeitzünder avisierte bzw. erteilte Aufträge, die dazu führten, dass ggf. Drittfirmen einzubinden wären, wenn Gebr. Thiel nicht die erforderlichen Mengen liefern könne. Gebr. Thiel war zu dieser Zeit allerdings noch zur alleinigen Fertigung berechtigt. Drohungen zur Enteignung der Patente, im Falle einer Verweigerung durch Gebr. Thiel, standen im Raum. Vgl. ThHStAW, Gebr. Thiel GmbH Ruhla, Nr. 75, Bl. 253 r u. Nr. 110, Bl. 11 r f; 15 r f u. 28 r ff.

chanischen Zeitzünder von Gebrüder Thiel abhängig geworden[319]. Eine Abhängigkeit, die mit wachsendem Zünderbedarf zunehmen sollte. Durch den Kauf der Gebrüder Thiel GmbH hätte die Fried. Krupp AG dieses Problem beseitigen können. Ein Ansinnen, das von Gebrüder Thiel jedoch vehement zurückgewiesen wurde.[320]

Der Apparatebau[321], jene kleine und über mehr als zehn Jahre hinweg wenig Kontinuität zeigende Abteilung, war innerhalb weniger Monate zu einer dominierenden Säule[322] in der Gebrüder Thiel GmbH geworden. Auch wenn das Ende des Ersten Weltkrieges eine erneute Zäsur bedeutete und die Zünderfertigung für einige Jahre aus dem Unternehmensalltag verschwand, waren die Auswirkungen weitreichend. Die durch eigene Entwicklungsarbeit und industrielle

---

319 ThHStAW, Gebr. Thiel GmbH Ruhla, Nr. 75, Bl. 269 a r. Das sicher wechselseitige Abhängigkeitsverhältnis hatte sich im Vergleich zur Beziehung in früheren Jahren gewandelt. 1908 war es noch Gebr. Thiel, die aus wirtschaftlichen Gründen, u. a. Gründen der Investitionssicherheit, um ein möglichst großes Auftragsvolumen rang. Dieses Werben erfolgte vor dem Hintergrund der damals bestehenden Gefahr, Krupp könnte die Fertigung ohne Gebr. Thiel in Eigenregie durchführen. Vgl. BvS, 620-S. v. 16.11.1908 Thiel-Krupp, Text siehe Anhang.

320 „Ankauf unserer Firma durch K. [Krupp, Anm. Verf.] B. [Hugo Brinkmann, Anm. Verf.] erwähnte, dass Du [Ernst Thiel, Anm. Verf.] mit ihm darüber gesprochen hattest und war auch der Meinung, dass wir das nicht tun dürften. Ich [Reinhold Thiel, Anm. Verf.] für meine Person bin so entschieden dagegen, dass ich niemals meine Zustimmung geben würde. (...) K, braucht keine U. [Uhren, Anm. Verf.] oder K.U. [Kinderuhren, Anm. Verf.] Fabrik und würde auch nicht dafür bezahlen wollen." ThHStAW, Gebr. Thiel GmbH Ruhla, Nr. 75, Bl. 239 r.

321 Umfasst ebenso die Aktivitäten der Zünderfertigung. Zuvor auch nur als Abteilung Zünder bezeichnet.

322 Die an Gebr. Thiel im Oktober 1916 herangetragene Höchstleistung der Zünderfertigung lag bei mtl. 120.000 Stück. Tatsächlich konnte der Wert zu dieser Zeit nicht erreicht werden. Allein für eine angedachte Produktionssteigerung auf täglich bis zu 2.000 Stück war ein Erweiterungsbau erforderlich. Aufseiten der Geschäftsführung wurde im Oktober 1916 davon ausgegangen, dass die Tagesproduktion so von Februar 1917 mit 1.000 Stück auf anvisierte 2.000 Stück im Mai 1917 gesteigert werden könne. Für das Gesamtjahr ging Gebr. Thiel im Februar 1917 dann von einer Fertigung von etwa 600.000 Stück aus. Noch im Oktober 1917 berichtet E. Thiel an C. Gunkel, dass die Hoffnung besteht, im Oktober auf eine Fertigung von 2.000 Stück täglich zu kommen. Das zeigt, dass der Ausbau nicht so zügig vorangekommen ist wie zunächst angedacht. Laut Geschäftsbericht vom April 1918 wurde Ende 1917 eine Tagesleistung von 2.500 Stück erreicht. Es ist insoweit fraglich, ob bereits ab Januar 1918 die Höchstleistung zwischen 3.500 u. 5.000 Zündern gelegen hat. Lieferungen bis Ende 1917 wurden Gebr. Thiel mit 16,50 M je Stück vergütet. Der Preis reduzierte sich im weiteren Verlauf. Grundsätzlich liefert der genannte Stückpreis in Verbindung mit den Umsatzzahlen der Abteilung Apparatebau in den Kriegsjahren (vgl. Tabelle 80, S. 336) eine realistische Einschätzung über den Umfang der Zünderfertigung. Vgl. ThHStAW, Gebr. Thiel GmbH Ruhla, Nr. 75, Bl. 175 r f, 182 r, 244 r ff, 253 r f u. 262 r ff; Nr. 92, Bl. 19 r; AJG, S. v. 03.10.1917 Ernst Thiel-Gunkel u. APD, Thiel, Rückblick 1956, S. 18 i. V. m. Kamp, Geschichte der Technik, S. 328.

Massenfertigung geschaffene Kompetenz in der Zünderfertigung einerseits und das erkannte und genutzte Gewinnpotenzial andererseits, schufen die Bereitschaft, auf diesem Gebiet tätig zu bleiben. Die Zünderfertigung prägte trotz aller Verbote und Hindernisse wie kein anderes Geschäftsfeld der Gebrüder Thiel GmbH die Strukturen und Entwicklungen nach 1918. Sie war verantwortlich dafür, dass ab 1922 ein Familienkonzern mit drei Hauptgesellschaften entstand. Der Produktionsschwerpunkt in den zwei neu entstandenen Gesellschaften lag in den folgenden Friedens- und Kriegsjahren auf der Fertigung mechanischer Zeitzünder (vgl. Abschnitt III, ab Kap. 1.2.).

In der Gebrüder Thiel GmbH erfolgte nach den kriegsbedingten Verwerfungen schnell eine Rückbesinnung auf frühere Kerngeschäftsfelder. Die Zünderfertigung verschwand zunächst[323] bzw. wurde verlagert (vgl. Abschnitt III, Kap. 1.2. i. V. m. Kap. 1.3.2.).

Die verbliebenen Abteilungen, Taschenuhren, Kinderuhren, Metallwaren, Centralwerkstatt und Walzwerk, prägten das Bild des Unternehmens in den Anfangsjahren der Weimarer Republik. Schwierigkeiten entstanden aus dem Zusammenspiel von gesellschaftlichen und sozialen Spannungen, starken konjunkturellen Schwankungen und inflationären Entwicklungen[324] (vgl. Abschnitt III, Kap. 3.1. [Ernst Thiel]). Nachdem Mitte des Jahrzehnts eine Beruhigung eingetreten war, zeigte sich ein in seinen Strukturen weiter gestrafftes Unternehmen mit nur noch drei Abteilungen.[325] Die Gründe der Schließung des Walzwerkes wurden bereits beschrieben. Zudem war der Bereich Metallwaren weggefallen. Diese in ihrer Form junge Abteilung konnte sich seit ihrer Einrichtung 1912[326]

323 Im Geschäftsbericht 1919 findet sich dazu: „Die Wirkungen der schweren Störungen, welche der restlose Abbruch und der somit notwendig gewordene vollkommene Neu-Aufbau unserer Friedensindustrie mit sich brachten, gelangen deutlich in den gesunkenen Produktionsleistungen zum Ausdruck. Wie (…) erwähnt, wurde der Produktionsrückgang verschärft durch wiederholte Streiks sowie die heute noch nicht vollkommen überwundene Weigerung eines Teils unserer Arbeiterschaft in Akkord zu arbeiten. (…) Dieser geringen Produktion ist es in erster Linie zuzuschreiben, dass ein Ueberschuss aus der Fabrikation im abgelaufenen Jahre nicht erzielt werden konnte. Wenn trotzdem die vorliegende Bilanz und Gewinn- u. Verlust-Rechnung einen Ueberschuss ausweisen, so ist dies der verhältnismässig glücklichen Auflösung der Abteilung Apparate-Bau und Verwertung der im Vorjahre besonders vorsichtig bewerteten Vorräte derselben zuzuschreiben, bei der sich ein Buchgewinn ergab. (…) Buchgewinn aus Abtlg. Apparatebau M. 3.030.233,74". ThHStAW, Gebr. Thiel GmbH Ruhla, Nr. 82, Bl. 2 r f.

324 U. a. AHB, Bilanz und GB 1918–1925 u. BvS, 608-Protokoll v. 08.01.1919 u. 608-Protokoll v. 11.09.1919.

325 ThHStAW, Gebr. Thiel GmbH Ruhla, Nr. 98, Bl. 2 r.

326 Als Abspaltung von der Abt. Taschenuhren entstand 1912 die Abt. Metallwaren & Gehäuse. Diese erfuhr noch im gleichen Jahr eine Veränderung. Da die Gehäuse bereits in der Abt. Kinderuhren gefertigt wurden, sollte auch der Verkauf dort angesiedelt werden. Entsprechend der verbliebenen Fertigung wurde die Abt. ab 1913 in Elektrische Artikel umbenannt. Vgl. ThHStAW, Gebr. Thiel GmbH Ruhla, Nr. 114, Bl. 16 r f. Deren Perspektiven blieben indes unsicher. „Sollte es uns nicht gelingen, gut

mit dem Produktionsprogramm elektrotechnischer Artikel nie wirklich etablieren. Der im Jahr 1913 einsetzende Aufschwung[327] war nur von kurzer Dauer. Die noch zu Kriegsbeginn geäußerte Hoffnung auf eine erneute Belebung nach dem Krieg bestätigte sich nicht.[328] Eine 1920 durchgeführte Englandreise zeigte das Problem,[329] welches letztlich ab 1921 zur Aufgabe der Abteilung geführt haben dürfte.[330]

Die Veränderungen am Weltmarkt zwangen die Gebrüder Thiel GmbH zu weiteren strukturellen Anpassungen. Nach dem Krieg war es zwar in wenigen Jahren gelungen, in England für die Produkte der Kinder- und Taschenuhrenfertigung die alten Absatzzahlen wieder zu erreichen,[331] jedoch sollte sich der Markt, insbesondere für Kinderuhren, ändern.[332] Dieser Wandel führte im Zeitraum von zehn Jahren zum vollständigen Niedergang der Kinderuhrenfertigung bei Gebrüder Thiel. Verschiedene Maßnahmen, wie die Fertigung von Puderdo-

---

verkäufliche Artikel zu schaffen, die gegenüber dem bereits Bestehenden etwas Neues darstellen und für welche wir neben einem flotten Absatz auch etwas bessere Preise erzielen, so dürfen wir kaum hoffen, die Abteilung rentabel gestalten zu können." ThHStAW, Gebr. Thiel GmbH Ruhla, Nr. 90, Bl. 11 v. Kriegsbedingte Verwerfungen verhindern bereits 1914 weitere dahingehende Entwicklungsschritte. Ab 1915 findet erneut die Bezeichnung Metallwaren Verwendung. Vgl. ThHStAW, Gebr. Thiel GmbH Ruhla, Nr. 79, Bl. 10 r u. Nr. 80, Bl. 6 r.

327 AJG, S. v. 19.10.1913 Ernst Thiel-Gunkel.

328 „Man nimmt an, dass sich das Geschäft in der Elektricitätsbranche nach dem Krieg sehr lebhaft gestalten wird und hoffen wir dann (…), auch diese Abteilung auf einen besseren Stand zu bringen." ThHStAW, Gebr. Thiel GmbH Ruhla, Nr. 79, Bl. 10 r u. 17 r.

329 Als Fazit seiner Kundenkontakte schrieb R. Thiel: „Von den Sachen, die wir gegenwärtig herstellen, sind nur wenige überhaupt gangbar (…) und auch diese nur in ganz geringen Mengen." ThHStAW, Gebr. Thiel GmbH Ruhla, Nr. 51, Bl. 40 r.

330 Die Abteilung ging schrittweise in der Kinderuhrenabteilung auf, was sich in den Jahren 1916 bis 1920 in der gemeinsamen Nennung von Kinderuhren & Metallwaren bereits andeutete. Ab 1921 wurde dann i. d. R. auf die dahingehende Unterscheidung verzichtet. Vgl. ThHStAW, Gebr. Thiel GmbH Ruhla, Nr. 82, Bl. 9 v; Nr. 92, Bl. 25 v; Nr. 93, Bl. 2 r u. Nr. 94, Bl. 3 r.

331 ThHStAW, Gebr. Thiel GmbH Ruhla, Nr. 94, Bl. 3 r.

332 „Der Artikel ist an bestimmte Preislagen gebunden, und es ist bei den gegen die Vorkriegsjahre erheblich höheren Gestehungskosten und den in den wichtigen Absatzgebieten (U.S.A.) wesentlich erhöhten Einfuhrzöllen nicht möglich gut verkäufliche Muster zu bringen. Der Hauptabnehmer, Amerika, versorgt sich mit Spielwaren immer mehr selbst; auch ist uns in der billiger arbeitenden Tschechei ein ernster Konkurrent entstanden. Wir werden auch weiterhin alle Anstrengungen machen, insbesondere durch persönliche Bearbeitung des amerikanischen Marktes, den Absatz der Abteilung Kinderuhren stark zu fördern. Sollte sich dies auf die Dauer als unmöglich erweisen, so wird uns nichts übrig bleiben, als den Fabrikationsbetrieb der Abteilung entsprechend dem zu erzielenden Umsatz zu verkleinern und die frei werdenden Räume und Einrichtungen der Taschenuhrenabteilung dienstbar zu machen." ThHStAW, Gebr. Thiel GmbH Ruhla, Nr. 97, Bl. 3 r.

sen und eine Standortverlagerung nach Waltershausen zur Reduzierung der Personalkosten,[333] konnten den Trend nicht stoppen.[334] Das lässt sich an der Entwicklung der Beschäftigtenzahlen (vgl. Abschnitt III, Kap. 3.3.1.) ablesen. Mit der endgültigen Aufgabe dieser Abteilung Ende 1934 wurden die „Materialien-, Halb- und Fertigfabrikate-Bestände sowie Werkzeuge von der Firma Schenk & Kürschner, Thal, käuflich übernommen, während die Belegschaft in die Dienste der Firma Gebrüder Thiel Seebach überging."[335] Die über zwei Jahrzehnte hinweg bestehende Verbindung zu Schenk & Kürschner war bereits 1920 aufgelöst worden (vgl. Abschnitt II, Kap. 2.1.). Die Erträge aus dieser Beteiligung zeigt Tabelle 84, S. 347. Darüber hinaus konnte Gebrüder Thiel in der Kinderuhrenfertigung von den mit Schenk & Kürschner getroffenen Preisabsprachen, zumindest bis zum Auftreten weiterer Wettbewerber 1913, profitieren.[336]

Im Ergebnis führten die ständigen Veränderungen der Abteilungen zu einer schrittweisen Konzentration auf zwei Kerngeschäftsfelder: Uhrenfertigung und Maschinenbau. Für die Gebrüder Thiel GmbH bedeutete dies langfristigen Erfolg. „Das Unternehmen Thiel wurde ständig erweitert und entwickelte sich zu einem der bekanntesten Uhrenhersteller Deutschlands und stellte in hoch automatisierten Fertigungsprozessen Taschen- und Armbanduhren im unteren bis mittleren Preissegment her."[337] Die Bedeutung des Unternehmens blieb nicht auf Deutschland beschränkt. Gebrüder Thiel hatte sich international orientiert und verkaufte seine Produkte weltweit (vgl. Abschnitt II, Kap. 2.1. und Abschnitt III, Kap. 1.3.). Ebenfalls exportorientiert, hatte sich parallel zur Uhrenfertigung der Maschinenbau weiter entfaltet. „Das Jahr 1929 war in der Maschinenproduktion das bislang erfolgreichste Jahr und die Maschinenfabrik hatte sich zu gleicher Bedeutung wie die Uhrenproduktion entwickelt." Eine Zäsur bildete wiederum der Kriegsausbruch. „Ab 1939 wurde die Uhren- und Maschinenproduktion von Jahr zu Jahr mehr reduziert und musste der Kriegsproduktion weichen." Die Fertigung von mechanischen Zeitzündern und Zünderteilen, das Kerngeschäft der Tochtergesellschaften, dominierte schnell auch die Gebrüder Thiel GmbH. „Die bis 1939 beispielgebende Entwicklung der Uhrener-

---

333 Gebr. Thiel hatte in Ruhla zu dieser Zeit „bei der Beschaffung von Arbeitskräften fast ständig mit Schwierigkeiten zu kämpfen". ThHStAW, Gebr. Thiel GmbH Ruhla, Nr. 101, Bl. 1 v. Dieses fehlende Arbeitskräfteangebot bei bestehender Nachfrage trug zu tendenziell höheren Löhnen bei.

334 ThHStAW, Gebr. Thiel GmbH Ruhla, Nr. 98, Bl. 2 v; Nr. 99, Bl. 2 v; Nr. 100, Bl. 2 v; Nr. 101, Bl. 1 v f; Nr. 102, Bl. 1 v; Nr. 103, Bl. 2 v; Nr. 104, Bl. 2 v f; Nr. 105, Bl. 2 v f; Nr. 155, Bl. 2 r f u. Nr. 157, Bl. 2 v.

335 ThHStAW, Gebr. Thiel GmbH Ruhla, Nr. 155, Bl. 2 v.

336 AHB, Bilanz und GB 1905, S. 3 f; Bilanz und GB 1907 (29.02.1908) u. ThHStAW, Gebr. Thiel GmbH Ruhla, Nr. 90, Bl. 10 r.

337 Schmid, Lexikon der Deutschen Uhrenindustrie, Bd. 2, S. 405.

zeugnisse wurde (…) beendet." Neue Maschinenentwicklungen folgten erst wieder nach 1945.[338]

Der anhaltende Wandel zeigte sich auch im baulichen Erscheinungsbild des Unternehmens.[339] Anfang des 20. Jahrhunderts war eine Reihe von neuen Fabrikgebäuden entstanden. Den Anstoß für diese Investitionen bildeten neben unternehmerischen Überlegungen oftmals auch vorangegangene Katastrophen. So waren um das Jahr 1908 mehrere zur Fabrik gehörende Gebäude abgebrannt. Da die Brandschäden weitestgehend durch Versicherungsleistungen abgedeckt werden konnten, waren zumeist großzügigere Ersatzbauten[340] möglich.[341] Ein klar konzipiertes Fabrikanwesen konnte auf diese Weise in Ruhla über die Jahre hinweg jedoch nicht entstehen. Als im Zuge des Anwachsens der Zünderfertigung größere Investitionen anstanden, aber der für die baulichen Maßnahmen zur Verfügung stehende finanzielle Spielraum erneut begrenzt war,[342] bemerkte Reinhold Thiel: „Es ist ja schade, dass wir nicht diese Gelegenheit benutzen können, um mit einer grosszügigen Neugliederung unseres Betriebes zu beginnen, um endlich einmal aus dem Flickwerk herauszukommen."[343] Wenn es zu dieser Zeit auch noch nicht zu einer Neustrukturierung kommen sollte, die Idee blieb in den Köpfen und fand in der Aufstellung eines Generalbebauungsplanes ab 1920[344] ihre Konkretisierung. Unter Beibehaltung des Standortes sollten den Anforderungen einer rationellen Fertigung genügende Produktionsanlagen entstehen, auch wenn in Ruhla baulich gesehen nicht die

338 Kamp, Geschichte der Technik, S. 312, 316 u. 326.

339 Zu einigen Etappen der Unternehmensveränderung in Bildern, vgl. BvS-624 Bilder.

340 „Für die betroffenen Fertigungen: Kinderuhren-Teileherstellung und Taschenuhren-Trieb- und Drehteile-Herstellung wurde ein modernes massives Gebäude oberhalb der abgebrannten Reiß'schen Fabrik erstellt. Der Bau – wir nannten ihn das Kinderuhrengebäude – wurde großzügig geplant und ausgeführt. Er brachte uns ca. 3000 m² neue Arbeitsfläche anstelle der abgebrannten ca. 1800 m²." APD, Thiel, Rückblick 1956, S. 6.

341 APD, Thiel, Rückblick 1956, S. 6; AET, Lebenserinnerungen Thiel 1963, S. 77 f u. ThHStAW, Gebr. Thiel GmbH Ruhla, Nr. 85, Bl. 6 v.

342 ThHStAW, Gebr. Thiel GmbH Ruhla, Nr. 75, Bl. 247 r.

343 Ebd., Bl. 248 r.

344 R. Thiel gibt an, dass dieser am Anfang seiner Tätigkeit als Geschäftsführer aufgestellt worden sei. Vgl. APD, Thiel, Rückblick 1956, S. 25. Entsprechend den weiteren Quellen dürfte sich diese Aussage auf die Übernahme der alleinigen kaufmännischen Geschäftsführung 1920, nachdem Ernst Thiel ausgeschieden war, beziehen. S. v. 08.09.1922 zeigt die Idee u. verdeutlicht zugleich, dass die Umsetzung eines solchen Planes von Beginn an nicht im Widerspruch zum etwas später entstanden Eröffnungszitat dieser Arbeit stand. „General-Idee für die Bebauung unseres Fabrikgeländes: Hierzu ist zu bemerken, dass (…) die Bautiefe im Hinblick auf eine möglichst sparsame Bauweise von uns ausdrücklich vorgeschrieben war und dass (…) auf künstlerische Wirkung zu verzichten und so einfach und praktisch als möglich zu bauen sei." ThHStAW, Gebr. Thiel GmbH Ruhla, Nr. 113, Bl. 72 r.

besten Bedingungen bestanden,[345] Die Umsetzung erfolgte in mehreren Bauabschnitten. Als ein erstes sichtbares Zeichen befand sich ab 1922 ein neues fünfstöckiges Verwaltungsgebäude im Bau.[346] In der zweiten Hälfte der 1920er Jahre gewann die Erneuerung weiter an Dynamik. Bis 1933 hatte sich das Bild des Unternehmensstandortes deutlich gewandelt.[347] Eine Abrundung erfuhr das Unternehmensensemble in Ruhla durch weitere Neubauten für die Taschenuhrenfertigung und die Maschinenfabrik 1936 und 1937.[348] Darüber hinaus entstanden an den anderen Unternehmensstandorten in Apolda[349] und Meiningen[350] (vgl. Abschnitt III, Kap. 3.3.1.), ebenso wie in den Betrieben der Tochtergesellschaften (vgl. Abschnitt III, Kap. 1.2. und Kap. 1.4.), in den 1920er und 1930er Jahren Erweiterungsbauten bzw. völlig neue Fabrikanlagen. Der äußerlich sichtbare Erfolg des Unternehmens war Ergebnis der Bereitschaft, wirtschaftliche Interessen mit denen des politischen Systems zu vereinen. Dieses offensichtlich bei Gebrüder Thiel funktionierende Zusammenspiel auf allen Unternehmensebenen zeigte sich während der Zeit des Nationalsozialismus nicht nur in neuen Gebäuden und wachsenden Gewinnen, sondern auch in einer Reihe persönlicher und betrieblicher Auszeichnungen[351].

Eine weitere Vision, die schon auf die ersten Jahrzehnte des Unternehmens zurückging und im Laufe der Entwicklung immer wieder aufgegriffen wurde, erfuhr jedoch keine Realisierung. Das Werk in Ruhla erhielt trotz verschiedener Anläufe, so in den Jahren 1906 und 1916, keinen direkten Bahnanschluss. Von der Ausführung der bereits projektierten Gleisanlagen wurde abgesehen.[352] Die

345 „Der Baugrund war harter Felsen. (…) In dem engen Tal zwang die knappe Fläche des Baugrundes zum Hochbau". AET, Lebenserinnerungen Thiel 1963, S. 78 u. 147.

346 ThHStAW, Gebr. Thiel GmbH Ruhla, Nr. 113, Bl. 101 r ff u. BvS-624 Bilder, Aufnahme zum Bau des Verwaltungsgebäudes 1923.

347 U. a. ThHStAW, Gebr. Thiel GmbH Ruhla, Nr. 101, Bl. 1 v u. Nr. 102, Bl. 1 r f. „Unsere Fabrikgebäude waren zum größten Teil überaltert, ihre verzettelte Lage war einem rationellen Fertigungsfluß abträglich. Unsere glänzende finanzielle Lage gestattete es, einen großzügigen Neubau der gesamten Fabrik – ohne Inanspruchnahme eines Bankkredites – durchzuführen. (…) Im Laufe der Jahre 1926–30 entstand, entlang der Hauptstraße, die, vom Bahnhof kommend zur Stadt führte und mitten durch unsere Fabrik hindurchging, rechts der Straße eine mehr als 200 m lange Front moderner fünfstöckiger Gebäude für die Uhrenfabrikation und die Verwaltung." AET, Lebenserinnerungen Thiel 1963, S. 143.

348 ThHStAW, Gebr. Thiel GmbH Ruhla, Nr. 158, Bl. 2 r u. Nr. 159, Bl. 2 r.

349 Kamp, Geschichte der Technik, S. 318 f.

350 ThHStAW, Gebr. Thiel GmbH Ruhla, Nr. 98, Bl. 2 r.

351 1938 z. B.: Ernennung R. Thiels zum Thüringer Staatsrat, Verleihung des Gaudiploms für hervorragende Leistungen im Leistungskampf der deutschen Betriebe für die Gebr. Thiel GmbH u. Auszeichnung als Nationalsozialistischer Musterbetrieb für das Werk in Ruhla. Vgl. APM, Betriebszeitung Nr. 5, 1938, S. 4.

352 SAR, Nr. 408/25 u. 408/39.

Idee aber blieb bestehen, wie sich noch 1918 zeigte.[353] Letztlich waren es die nach dem Krieg als schlecht empfundenen Verhältnisse der Ruhlaer Eisenbahn, die dazu führten, dass Gebrüder Thiel verstärkt auf alternative Beförderungsmöglichkeiten und damit auf mehr Unabhängigkeit setzte. Die im Betrieb gehaltenen zwei leichten Pferde wurden durch einen gebrauchten Pkw ersetzt. Für Verbesserungen im Warentransport, auch zwischen den Betrieben, wurde ebenfalls ein gebrauchter Lkw angeschafft.[354]

Ungeachtet der nicht realisierten Infrastrukturprojekte standen die ersten Jahrzehnte der Gebrüder Thiel GmbH für eine erfolgreiche Phase der Unternehmensgeschichte.

1.1.2. Die geschäftliche Entwicklung

Die Gebrüder Thiel GmbH konnte bis ins letzte Jahr vor der Enteignung 1945 in jedem Jahr Gewinne ausweisen. Der Erfolg war wesentliche Grundlage für die auf Erhalt der Familiengesellschaft ausgerichtete kontinuierliche Ausschüttungspolitik (vgl. Abschnitt III, Kap. 2.1.2.). Bis zum Ersten Weltkrieg bewegte sich der Gewinn auf einem Niveau von etwa 300.000 M pro Jahr. Ein besonderer Wachstumstrend zeigte sich nicht. Insoweit führte die Unternehmensstabilisierung nach der Umwandlung zu keiner unmittelbaren Anhebung des Gewinnniveaus. Die annähernde Verdoppelung der Gesamtumsätze von 2,6 Mio. M im Jahr 1901 auf 5,1 Mio. M im Jahr 1914 (vgl. Tabelle 78, S. 334) zog keine vergleichbare Steigerung des Bilanzgewinns nach sich. Dieser lag 1901 wie auch 1914 bei rund 0,3 Mio. M (vgl. Tabelle 82, S. 344). Erst die Sonderkonjunktur des Krieges bewirkte neben einer Umsatzsteigerung in verschiedenen Abteilungen (vgl. Abbildung 9, S. 88) einen vorübergehenden deutlichen Gewinnanstieg. Der spätere Gewinnrückgang markierte den Übergang in eine Phase stärkerer Volatilität. Das nominelle Gewinnniveau blieb zwar tendenziell über dem der Jahre bis 1914, bewegte sich bis 1944 jedoch in einer erheblich größeren Spannbreite. Unter Ausklammerung der Jahre 1921 bis 1923[355] wurde nach 1918 der höchste Gewinn 1937 mit 1,1 Mio. RM und der niedrigste 1931 mit 0,06 Mio. RM erzielt (vgl. Abbildung 10, S. 88). Soweit ausgehend von diesen Werten für die Gebrüder Thiel GmbH ein positiver, aber keinesfalls herausragender Entwicklungsverlauf zu konstatieren wäre, ist ergänzend auf die Gewinne der weiteren Konzerngesellschaften zu verweisen (vgl. Abschnitt III, Kap. 1.2.2. und Kap. 1.4.2.).

---

353 „Zur Abrundung unseres Grundbesitzes und um bei der Ausführung eines Gleisanschlusses freie Hand zu haben, halten wir den Erwerb dieses Eiskellers für sehr wünschenswert". ThHStAW, Gebr. Thiel GmbH Ruhla, Nr. 111, Bl. 129 r.

354 ThHStAW, Gebr. Thiel GmbH Ruhla, Nr. 112, Bl. 171 r ff.

355 Diese Jahre würden aufgrund der starken Inflation eine nicht realwirtschaftlich begründete Verzerrung bewirken.

Abbildung 9: Umsatzentwicklung nach Abteilungen 1900–1919

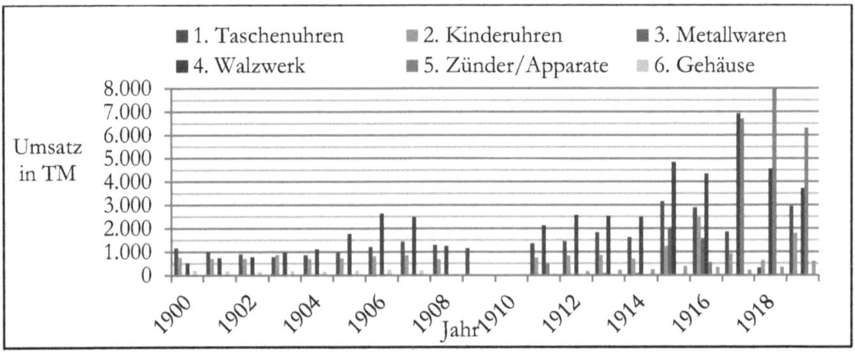

Quelle: eigene Darst., basierend auf Tabelle 78, S. 334.

Abbildung 10: Gewinnentwicklung Gebr. Thiel GmbH 1901–1944

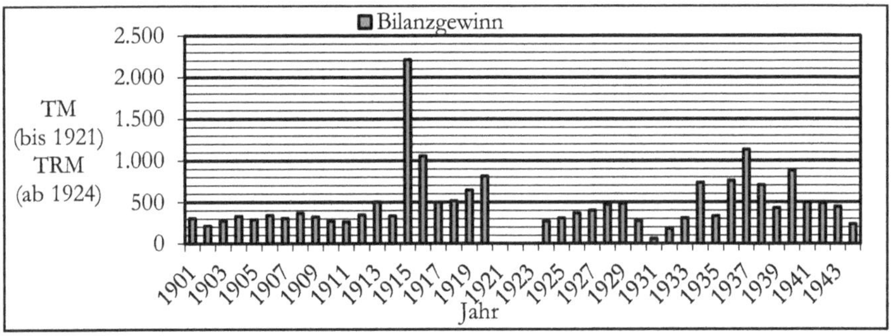

Quelle: eigene Darst., basierend auf Tabelle 82, S. 344.

Wesentlich deutlicher wird die Bedeutung des Unternehmens beim Blick auf eines der Kerngeschäftsfelder. In den ersten drei Jahrzehnten des 20. Jahrhunderts war Gebrüder Thiel das führende deutsche Unternehmen im Bereich der Taschen- und später auch Armbanduhrenfertigung im unteren Preissegment.[356] Im Jahr 1903 erzielte das Familienunternehmen einen Umsatz in Taschenuhren von 0,772 Mio. M, wovon 0,444 Mio. M auf den Export nach England entfielen.[357] Allein damit verantwortete Gebrüder Thiel über 60 % des deutschen Exports von Taschenuhren aus unedlen Metallen, welcher sich auf 0,718 Mio.

356 Die allgemeinen Vergleiche der Thiel'schen Produktion mit weiteren statistischen Erhebungen sollen eine grundsätzliche Verortung im Rahmen der deutschen Taschen- u. Armbanduhrenindustrie ermöglichen. Es bleibt z. B. unberücksichtigt, dass Gebr. Thiel in Teilen auch höherwertige Uhren gefertigt hat. Zahlen gerundet. Beim Umsatz wird nicht unterschieden, ob in Teilen unfertige Uhren bzw. Uhrteile verkauft wurden.

357 ThHStAW, Gebr. Thiel GmbH Ruhla, Nr. 78, Bl. 115 r i. V. m. Nr. 395, Bl. 19 r.

M belief.[358] Zehn Jahre später lagen die Taschen- und Armbanduhrenumsätze von Gebrüder Thiel bei 1,8 Mio. M und machten über 35 % der gesamten Produktion in Deutschland aus.[359] Nach dem Ersten Weltkrieg konnte Gebrüder Thiel seine vormalige Position, besonders im Exportgeschäft, schnell zurückerobern. So entfielen 1925 etwa 40 % der gesamten deutschen Ausfuhr in diesem Segment auf das Unternehmen. Für den wichtigen britischen Markt kamen 1925 von 593.000 ausgeführten niedrigpreisigen Uhren 210.000 von Gebrüder Thiel. 1928 waren es 355.000 von insgesamt 559.000 Taschen- und Armbanduhren.[360] In den 1930er Jahren setzte sich, kurzzeitig durch die Weltwirtschaftskrise unterbrochen, der Trend zu steigenden Produktionsmengen fort. Den Höhepunkt markierte das Jahr 1938 mit über 2 Mio. Taschen- und Armbanduhren. Der Tiefpunkt lag 1932 bei knapp 0,8 Mio. Stück (vgl. Tabelle 12). Die Tagesproduktion hatte in der Spitze 6.000 Stück überschritten.[361] Der Anteil der gefertigten Armbanduhren an der Thiel'schen Produktion nahm stetig zu.[362] Der Umsatz durch verkaufte Uhren lag 1935 mit 1,115 Mio. Stück noch bei 2,7 Mio. RM und stieg bis 1938 auf 1,93 Mio. Stück bzw. 4,9 Mio. RM an. Zu dieser Zeit wurde noch immer der überwiegende Teil der Uhren exportiert.[363] Die Exportquote betrug etwa 60 %.[364]

Tabelle 12: Uhrenfertigung Gebr. Thiel GmbH nach 1918

Jahr	1924	1927	1929	1932	1934	1935	1937	1938	1939
Stück	900.360	1.172.100	1.471.000	784.000	996.500	1.140.400	1.582.355	2.106.953	1.595.595

Quelle: eigene Darst., basierend auf ALK, Beiträge Betriebschronik, S. 20 f u. BvS, 620-Statistik Uhrenfertigung 1934–1939.

358 Dienstag, Uhrenindustrie, S. 106.

359 ThHStAW, Gebr. Thiel GmbH Ruhla, Nr. 90, Bl. 13 r i. V. m. Ausschuß zur Untersuchung der Erzeugungs- u. Absatzbedingungen der deutschen Wirtschaft, Deutsche Uhrenindustrie, S. 17, Tab. 7.

359 Erhardt, 75 Jahre Gebrüder Thiel, S. 87.

360 ThHStAW, Gebr. Thiel GmbH Ruhla, Nr. 98, Bl. 2 r u. Nr. 52, Bl. 23 r i. V. m. Ausschuß zur Untersuchung der Erzeugungs- u. Absatzbedingungen der deutschen Wirtschaft, Deutsche Uhrenindustrie, S. 157, Tab. 71.

361 Erhardt, 75 Jahre Gebrüder Thiel, S. 87.

362 Ende der 1920er lag er bei ca. 25 % u. stieg bis 1938 auf ca. 45 % an. Vgl. ALK, Beiträge Betriebschronik, S. 23.

363 Die deutsche Ausfuhr von Taschen- u. Armbanduhren in Stahl-, Nickelgehäusen belief sich 1935 auf 3,303 Mio. RM u. 1938 auf 4,479 Mio. RM. Vgl. Wöhrle, Deutsche Uhrenindustrie, S. 57. Bei einer Exportquote von 60 % sowie den zuvor gemachten Einschränkungen, würden davon 1935 1,6 Mio. RM u. 1938 ca. 2,9 Mio. RM auf Gebr. Thiel entfallen.

364 ALK, Beiträge Betriebschronik, S. 23 u. Erhardt, 75 Jahre Gebrüder Thiel, S. 12.

Wie die gesamte Uhrenproduktion brach auch das Auslandsgeschäft mit Beginn des Zweiten Weltkrieges ein. Der Nettoauslandsumsatz der Uhrenfabrik reduzierte sich 1939 auf 1,153 Mio. RM. Davon wurden in England 0,593 Mio. RM und die verbleibenden 0,56 Mio. RM im übrigen Ausland erlöst. Im Jahr 1940 erfolgte ein weiterer Rückgang der gesamten Uhrenausfuhr von Gebrüder Thiel auf 0,7071 Mio. RM.[365] Der Exportanteil verringerte sich auf 25 %.[366]

Eine vergleichbare Bedeutung wie die Uhrenfertigung hatte der Maschinenbau von Gebrüder Thiel erlangt, bevor auch dort Rüstungsproduktion und der Ausbruch des Zweiten Weltkrieges für Verwerfungen sorgten. Ab Mitte der 1920er Jahre setzte eine Absatzschwäche auf dem deutschen Markt ein, so dass zunehmend internationale Märkte bearbeitet wurden.[367] Der Exportanteil stieg mit kurzzeitiger Stockung während der Weltwirtschaftskrise bis auf fast 50 % an. Maßgeblichen Anteil hatte die stetige Weiterentwicklung der gefertigten Maschinen. Die Anfang der 1930er Jahre auf den Markt gebrachte Universal-Werkzeug-Fräsmaschine Thiel-Duplex-58 symbolisiert diesen Erfolg.[368] Über den Zusammenbruch hinaus wurde das Modell gefertigt und binnen vier Jahrzehnten über 10.000 Mal verkauft. Die Verkaufszahlen der Maschinenfertigung hatten in den 1920er Jahren deutlich zugenommen. Ab 1927 wurden durchschnittlich 950 Stück pro Jahr verkauft, Tendenz steigend. Der Umsatz der Maschinenfabrik erhöhte sich von 1935 auf 1936 von 1,73 Mio. RM auf 2,91 Mio. RM. Für 1939 wurden 1.718 produzierte Maschinen angegeben, von denen rund 45 % in den Export gingen.[369] Der Auslandsumsatz wurde in diesem Jahr mit rund 1,3 Mio. RM beziffert, bevor er im Folgejahr kriegsbedingt auf etwa 0,9 Mio. RM zurückging.[370]

Gebrüder Thiel war bis zum Zusammenbruch 1945 „zum Weltmarktführer für Universal-Fräs- und Bohrmaschinen aufgestiegen“[371]. Von diesem Erfolg profitierte auch die Tochtergesellschaft Gebrüder Thiel Seebach GmbH.

365 BvS, 620-Statistik Auslandsumsatz 1939 u. 620-Statistik Auslandsumsatz 1940.
366 ThHStAW, Gebr. Thiel GmbH Ruhla, Nr. 482, Bl. 56 r.
367 Ebd., Nr. 98, Bl. 2 v; Nr. 99, Bl. 2 v; Nr. 100, Bl. 2 v u. Nr. 101, Bl. 2 r.
368 Erhardt, 75 Jahre Gebrüder Thiel, S. 87 u. 134.
369 Kamp, Geschichte der Technik, S. 22 u. 313–316.
370 BvS, 620-Statistik Auslandsumsatz 1939 u. 620-Statistik Auslandsumsatz 1940.
371 Koop, MAHO, S. 101.

1.2. Gebrüder Thiel Seebach GmbH

1.2.1. Der Zünderproduzent

Die Entstehung der Gebrüder Thiel Seebach GmbH[372] im Jahr 1922[373] war Ergebnis der Abspaltung der Abteilung Apparatebau/Zünder von der Gebrüder Thiel GmbH.[374] Im Wesentlichen ging es um eine rechtlich formale Trennung aller Aktivitäten der Zünderentwicklung und Zünderfertigung von den weiteren Geschäftsfeldern.[375] „Als Firmierung (…) [erschien]: ‚Gebrüder Thiel Seebach G.m.b.H.' am zweckmässigsten. Das Waffenamt [hatte] (…) erklärt, dass Gebrüder Thiel in der Firma unbedingt enthalten sein muss, weil die Firma Gebrüder Thiel hinsichtlich ihres Werkes in Seebach als Unterlieferant von der Entente genehmigt (…) [worden war]."[376] Der Genehmigung, auch hinsichtlich des Standortes, war eine Bereitschaftserklärung von Gebrüder Thiel im Juli 1921 vorausgegangen.[377] Ungeachtet der genehmigten Betriebsstätte in Seebach hatte die Gesellschaft offiziell ihren Sitz in Ruhla.[378] Die Entscheidung zur Zünderfertigung in Seebach wurde vor dem Hintergrund der bis Ende Januar 1927[379] möglichen Überwachung durch die Interalliierte Militär-Kontrollkommission getroffen. Unerwünschte Einblicke in die Uhren- und Maschinenfertigung am Standort Ruhla konnten somit vermieden werden.[380] Die nunmehr durch die

---

372 Als Gesellschaftsbezeichnung verkürzt auch nur „Seebach" oder „Seebacher" genannt.

373 Das Gründungsdatum wurde nachträglich im Gesellschaftsvertrag aufgenommen. AHB, Gesellschaftsvertrag Seebach 1941 i. V. m. 1922 u. 1931. „Die auf den 16. Juli einberufene ausserordentliche Gesellschafterversammlung unserer Firma [der Gebr. Thiel GmbH, Anm. Verf.] soll die Errichtung der neuen Gesellschaft genehmigen und gleichzeitig beschliessen, dass unserer Gesellschafter das Recht haben sollen, sich an der neuen Gesellschaft in gleichem Verhältnis zu beteiligen, wie an unserer Firma." ThHStAW, Gebr. Thiel GmbH Ruhla, Nr. 113, Bl. 125 r.

374 „Nach den Bestimmungen des Versailler Vertrages durften wir als Unterlieferant der Rheinmetall AG, Berlin, jährlich bis zu 14.000 Stück Uhrwerke für Zeitzünder herstellen und nur die für eine Produktion in dieser Höhe erforderlichen Fertigungs-Einrichtungen unterhalten. Die Interalliierte Kontroll-Kommission hatte das Recht, die Einhaltung dieser Bestimmungen zu überwachen. (…) Wir gründeten die Tochtergesellschaft „Seebach" und übertrugen ihr alle Rechte und Pflichten aus dem Versailler Vertrag." AET, Erinnerungen Thiel 1967, S. 100.

375 Offiziell wurde im Gesellschaftsvertrag als Unternehmensgegenstand angegeben: „Der Betrieb von Fabrikations- und Handelsgeschäften mit Rohstoffen und Fabrikaten der Metallwarenindustrie." AHB, Gesellschaftsvertrag Seebach 1922, § 3.

376 ThHStAW, Gebr. Thiel GmbH Ruhla, Nr. 113, Bl. 123 r.

377 Die Erklärung wurde an Bedingungen geknüpft, u. a. dass Rheinmetall die komplette Herstellung der Zünder, incl. Gehäuse, an Gebr. Thiel überträgt. Vgl. ThHStAW, Gebr. Thiel GmbH Ruhla, Nr. 60, Bl. 46 r–49 r.

378 AHB, Gesellschaftsvertrag Seebach 1922, § 1.

379 Hansen, Reichswehr u. Industrie, S. 165 u. 205 f.

380 AET, Lebenserinnerungen Thiel 1963, S. 138 u. ThHStAW, Gebr. Thiel GmbH Ruhla, Nr. 60, Bl. 47 r.

neue Gesellschaft betriebene Zünderfertigung hatte Gebrüder Thiel spätestens ab 1916 erhebliche Gewinne[381] eingebracht[382] (vgl. Tabelle 79 bis Tabelle 82 ab S. 335). Ein Punkt, der im Rahmen der Diskussion über eine Wiederaufnahme der Fertigung im Jahr 1921 zunächst nicht entscheidend sein sollte. „Die Rentabilitätsfrage (…) [stand] weniger im Vordergrunde."[383] Gleichwohl zeigte sich, dass die gemachten Erfahrungen und die persönliche Begeisterung auf Ebene der Geschäftsführung (vgl. Abschnitt III, Kap. 3.1.) sowie der Wunsch von Krupp[384] dazu beitrugen, den erworbenen Erfahrungsschatz in der Zünderfertigung weiter zu pflegen.[385] Die „bis zum Kriegsende fertiggestellten Zünder wurden vom Auftraggeber ordnungsgemäß bezahlt. Die bedeutenden Vorräte an fertigen Einzelteilen und halbfertigen Zündern wurden, auf Veranlassung von Krupp, nach Schweden zu (…) BOFORS verbracht. An dieser Firma war Krupp maßgeblich beteiligt."[386] Nach der vorübergehenden Verlagerung der Aktivitäten nach Schweden (vgl. auch Abschnitt III, Kap. 1.3.2.) kehrte 1924 mit Paul Liebergeld[387] einer der für die Entwicklung maßgeblichen Köpfe zu Gebrüder Thiel zurück (vgl. Abschnitt III, Kap. 3.1. [Paul Liebergeld]). Im selben Jahr kam es zur Aufnahme des Geschäftsbetriebes der neuen Gesellschaft, nachdem zuvor durch das Waffenamt darlehensweise bezahlte Fabrikationswerkzeuge geschaffen wurden.[388] Das Zusammentreffen externer militärischer Interessen mit der Bereitschaft von Gebrüder Thiel, sich weiter auf dem

381 Die Gewinne lieferten die Abt. Apparatebau u. jene, die Vorprodukte fertigten, z. B. die Abt. Walzwerk. Im Vertrag zwischen Krupp u. Gebr. Thiel vom 18.08.1915 verpflichtete sich Krupp, soweit Zünder selbst gefertigt wurden, das Messing von Gebr. Thiel zu beziehen. Gebr. Thiel hingegen konnte bei zu geringem Preisangebot die Lieferung ablehnen. Vgl. ThHStAW, Gebr. Thiel GmbH Ruhla, Nr. 110, Bl. 177 r.

382 R. Thiels Aussage: („An den Zünder-Lieferungen haben wir nichts verdient. Die vom Rechnungshof durchgeführte Nachprüfung bestätigte das." AET, Erinnerungen Thiel 1967, S. 93) stehen die Unternehmenszahlen u. weitere Ausführungen entgegen. Ergebnis der Nachprüfung: „Wir bekamen die Nachvergütung, weit über eine Million Mark. (…) Trotz dieser Nachvergütung war das Zündergeschäft für uns kein wirklich lukratives gewesen. Daran war in erster Linie Krupp schuld; er hatte unseren Preis unnötigerweise gedrückt, gerade in der Zeit, in der die Beschaffungsbehörden, als Leistungsansporn, gute Preise bewilligten." AET, Erinnerungen Thiel 1967, S. 93 f.

383 ThHStAW, Gebr. Thiel GmbH Ruhla, Nr. 60, Bl. 45 r.

384 Der 1915 zwischen Krupp u. Gebr. Thiel geschlossene Vertrag hatte eine Ursprungslaufzeit bis 31.12.1926. Entscheidungen in der Nachkriegszeit waren vor dem Hintergrund der bestehenden vertraglichen Regelungen zu treffen. Vgl. ThHStAW, Gebr. Thiel GmbH Ruhla, Nr. 110, Bl. 181 r.

385 ThHStAW, Gebr. Thiel GmbH Ruhla, Nr. 60, Bl. 45 r–49 r. Nr. 105, Bl. 1 r f.

386 AET, Erinnerungen Thiel 1967, S. 93.

387 Die Überlegungen aus dem Jahr 1921 zur Aufnahme der Zünderfertigung in Seebach sahen vor, dass Liebergeld die Oberleitung erhalten u. gelegentlich nach der Sache sehen sollte. Vgl. ThHStAW, Gebr. Thiel GmbH Ruhla, Nr. 60, Bl. 45 r.

388 ThHStAW, Gebr. Thiel GmbH Ruhla, Nr. 434, Bl. 81 r u. 147 r.

Gebiet der Zünderfertigung zu engagieren,[389] schuf eine für das Unternehmenswachstum der Gebrüder Thiel Seebach GmbH günstige Ausgangssituation.[390] Was Gebrüder Thiel qualifizierte, noch zu Zeiten, in denen für die Weimarer Republik Rüstungsbeschränkungen bestanden, an einer illegalen Aufrüstung mitzuwirken, waren folgende Punkte:[391]

- Gebrüder Thiel, insbesondere die Geschäftsführer Heinrich und Reinhold Thiel, hatten über Jahre hinweg gute persönliche Kontakte zu den militärischen Stellen entwickelt.[392]

---

389 „Auch das Zündergeschäft kam wieder in Gang. Ich hatte zunächst wenig Meinung dafür – eingedenk der früheren schmerzlichen Erfahrungen. Aber es war nicht nur Vetter Heinrichs Lieblingskind, auch das Kriegsministerium ließ nicht locker. Wir sollten anstelle von Krupp Entwicklerfirma für Uhrwerkzünder werden. Krupp hielt an seinem Entschluß, auf die Rüstungsindustrie zu verzichten, beharrlich fest." AET, Lebenserinnerungen Thiel 1963, S. 137 f. 1921 formulierte R. Thiel die Sache noch anders: „Aus diesen Erwägungen heraus bin ich dafür, dass wir die Sache machen, wenn es einigermassen geht, und ich bitte Sie [Otto Eichel, Anm. Verf.], doch noch einmal mit Herrn Kommerzienrat [Heinrich Thiel, Anm. Verf.] zusammen zu erwägen, (und zwar vor der Schwedenreise [Besuch bei Bofors, Anm. Verf.]) ob es möglich ist, die Zünderfertigung im allerkleinsten Rahmen in Seebach zu betreiben" ThHStAW, Gebr. Thiel GmbH Ruhla, Nr. 60, Bl. 47 r. Die Zurückhaltung von Krupp war nur eine scheinbare. Werden die Beziehungen von Gebr. Thiel betrachtet, wird deutlich, dass Krupp im Hintergrund weiter die Fäden zog. An Bofors war Krupp in den 1920er Jahren bis zu etwa 30 % beteiligt. Die Beteiligung an der Rheinmetall AG erreichte im gleichen Zeitraum bis zu 50 %. Vgl. Tenfelde, Krupp, S. 111 f. u. Schüle, BWS, S. 76. „Die Kruppschen Herren haben uns gebeten, doch unser Möglichstes zu tun. Wir sollten im Hinblick auf zukünftige Möglichkeiten uns doch diese Türe nicht endgültig verschliessen." ThHStAW, Gebr. Thiel GmbH Ruhla, Nr. 60, Bl. 47 r. Die Worte zeigen ungeachtet einiger Differenzen eine vertrauensvolle Beziehung zwischen Krupp u. Gebr. Thiel. Diese wurde in den folgenden Jahren zu beider Nutzen weiter gepflegt. Siehe auch Einladung Buschfeld (Krupp-Direktorium) 1930 zur Einweihung des Verwaltungsgebäudes in Ruhla u. gemeinsames Lizenz-Konto. Vgl. AHB, S. v. 03.05.1930 Ruhla-Gesellschafter u. ThHStAW, Gebr. Thiel GmbH Ruhla, Nr. 440, Bl. 143 r.

390 „Mit dem Heereswaffenamt schlossen wir als Entwicklerfirma für den Thiel-Uhrwerkzünder einen Vertrag. Es wurden nun Aufträge erteilt, die weit über das hinausgingen, was der Versailler Vertrag gestattete. Wir gingen damit bewusst ein großes Risiko ein, dem noch auf geraume Zeit die erzielten Umsätze und Gewinne nicht entsprachen. Aber diese Aufträge ermöglichten eine weit rationellere Ausnutzung unserer Uhrenfertigungs-Werkstätten und waren uns deshalb willkommen." AET, Lebenserinnerungen Thiel 1963, S. 139. Bei der Gebr. Thiel GmbH lässt sich die Umarbeitung von Zeitzündern bis mindestens 1923 nachweisen, nachdem diese spätestens 1922 wieder aufgenommen wurden. Vgl. ThHStAW, Gebr. Thiel GmbH Ruhla, Nr. 60, Bl. 47 r u. Nr. 96, Bl. 2 v f.

391 AET, Lebenserinnerungen Thiel 1963, S. 138 f

392 ThHStAW, Gebr. Thiel GmbH Ruhla, Nr. 60, Bl. 46 r u. AET, Lebenserinnerungen Thiel 1963, S. 39–44 u. 100.

- Gebrüder Thiel war nach der Bereitschaftserklärung für die durch die Alliierten „bewilligten Fertigungsarbeiten von Waffen, Munition und Kriegsgerät (Art. 168 des Friedensvertrages)"[393] zugelassen.[394]
- Durch die vorübergehende (mit Krupp gemeinsam vorgenommene) Verlagerung der Rüstungsaktivitäten nach Schweden waren keine bedeutenden Entwicklungslücken eingetreten.[395]
- „Andere geeignete Unternehmen der Uhrenindustrie kamen vor allem wegen ihrer strategischen Lage (Baden) für die Einrichtung zur Rüstungsfertigung nicht in Frage."[396]

Die Bereitschaft zur Mitarbeit am geheimen Aufrüstungsprogramm wurde Gebrüder Thiel großzügig honoriert.[397] So wurden nicht nur neue Aufträge zur Zünderfertigung erteilt, sondern auch erhebliche finanzielle Mittel bereitgestellt, um den Auf- und Ausbau der Produktionsanlagen zu ermöglichen. „Die größte Lücke zwischen Bedarf und Fertigungsmöglichkeiten bestand in der Herstellung von Granatzündern. Die zugelassene Firma Thiel in Ruhla konnte bei voller Ausnutzung ihrer Anlagen 9.000 Uhrwerkszünder monatlich herstellen, das entsprach genau 1 % des Bedarfs (...) für das Notheer. (...) Die Reichswehr stellte deshalb schon 1927 1,3 Mio. RM für den Ausbau von Thiel zur Verfügung. Dadurch gelang es die Leistung nach einer Anlaufzeit von fünf Monaten (...) [auf] 100.000 Zünder monatlich zu steigern. Auch hier sollten neue Techniken entwickelt werden, um die immer noch erhebliche Lücke zwischen Bedarf und Deckungsmöglichkeiten zu schließen."[398] In den Folgejahren setzte sich die

393 Preuss, Zahlencode, S. 46.

394 Ebd., S. 47 u. 51 i. V. m. AET, Lebenserinnerungen Thiel 1963, S. 138 f u. ThHStAW, Gebr. Thiel GmbH Ruhla, Nr. 60, Bl. 47 r f.

395 Hansen, Reichswehr u. Industrie, S. 36 f i. V. m. Tenfelde, Krupp, S. 111–114 i. V. m. AET, Lebenserinnerungen Thiel 1963, S. 138 f u. Erinnerungen Thiel 1967, S. 93.

396 Hansen, Reichswehr u. Industrie, S. 101.

397 „Im Gegensatz zu den privaten Mitteilungen die Herr Major Hofmann Herrn Kommerzienrat gemacht hatte, wurde uns bestimmt erklärt, dass ein Zuschuss (als verlorener Fonds) zu unseren Einrichtungskosten nicht gewährt werden kann. Man sei aber bereit, unsere Einrichtungskosten dadurch zu bezahlen, dass wir in den Preis der zu liefernden Zünder eine Amortisationsquote hineinrechnen." ThHStAW, Gebr. Thiel GmbH Ruhla, Nr. 60, Bl. 46 r. Zitat vom 10.07.1921 vor Abgabe der Bereitschaftserklärung. Weitere Schreiben zeigen, dass Gebr. Thiel die Einrichtungen zur Fertigung hatte, aber gegenüber dem Waffenamt mit Kosten für eine komplette Neuanschaffung kalkulierte. Gebr. Thiel wollte dem Auftraggeber hohe Kosten für die Fertigung verdeutlichen. Tatsächlich sollte aber eine der zwei bei Speditionen untergebrachten u. vor der Kontrolle der Alliierten versteckten Werkzeugeinrichtungen nach der Genehmigung als Unterlieferant in Seebach aufgestellt werden. Die zweite der Einrichtungen sollte getarnt nach Schweden verbracht werden. Ein S. v. 02.08.1921 zeigt dahingehende Überlegungen. Vgl. ThHStAW, Gebr. Thiel GmbH Ruhla, Nr. 60, Bl. 42 r–49 r.

398 Hansen, Reichswehr u. Industrie, S. 100 f.

Unterstützung fort. Es zeigte sich, dass Gebrüder Thiel weiterhin eine besondere Zuwendung erfuhr.[399] Während die Gebrüder Thiel Seebach GmbH in ihren Geschäftsberichten von Darlehen[400] bzw. vertraglicher Abmachung mit der Behörde spricht,[401] dürfte es sich hierbei, wie auch bei anderen Firmen belegt, in wesentlichen Teilen um nicht rückzahlbare finanzielle Beihilfen gehandelt haben. Die Restbeträge waren zumeist zinslose Darlehen mit niedrigen Tilgungsraten.[402] Der großzügigen Unterstützung beim Aufbau der Fertigungskapazitäten folgte zugleich die Sorge im doppelten Sinn, nämlich dass diese durch große Fertigungsaufträge auch zu erhalten sind. Augenscheinlich hatte Gebrüder Thiel dafür die nötigen Fürsprecher.[403]

Die Machtübernahme der Nationalsozialisten bedeutete für das Geschäft der Gebrüder Thiel Seebach GmbH keine Zäsur. Profitierte es zuvor von der verdeckten Aufrüstung in immer größerem Maße, so setzte sich dieser Trend auch 1933 durch neuerliche Arbeitsbeschaffungsprogramme fort.[404] Der Umfang der erteilten Aufträge veranlasste das Unternehmen, nahezu jährlich die Betriebsanlagen zu vergrößern. Nachdem der Standort Seebach in den Jahren ab 1928 deutlich erweitert und 1929 weitere Betriebsflächen in Ruhla angemietet wurden,[405] kam es ab 1933 zur Erschließung neuer Standorte. Der Sprung nach Waltershausen erfolgte durch Übernahme der Räumlichkeiten der vormaligen Thiel'schen Kinderuhrenfertigung ab Ende 1934. Mit dem Erwerb einer örtlichen Fabrikanlage 1936 wurden die Kapazitäten deutlich erweitert (vgl. Abschnitt III, Kap. 3.3.1. und Kap. 3.3.2.). Nahezu parallel wurden der Standort Mühlhausen entwickelt (vgl. Abschnitt III, Kap. 1.4.1.) und das spätere Werk der Gerätebau GmbH mit staatlichen Mitteln errichtet. Weitere Produktionsstätten in Kassel und Eisenach kamen hinzu, konnten aber für die eigentliche

399 „Nur in relativ wenigen Fällen trug die Reichswehr unmittelbar mit Geldern zur Erweiterung von Fertigungskapazitäten bei. So enthielt der geheime Rüstungshaushalt des Reichsheeres für 1930 lediglich sieben Projekte, welche die Erweiterung von Rüstungsfabriken betrafen. Geld stand zur Verfügung zur Beschaffung von Werksbestandteilen bei der Zünderfabrik Thiel in Ruhla (…) An dem Ausbau der Firma Thiel (…) beteiligte sich auch die Reichsmarine." Hansen, Reichswehr u. Industrie, S. 140. Gebr. Thiel gelang es, entgegen der offiziellen Absage von 1921, aber eben wie H. Thiel schon zu dieser Zeit im Privaten mitgeteilt, auch nicht rückzahlbare Zuschüsse zu erhalten. Vgl. ThHStAW, Gebr. Thiel GmbH Ruhla, Nr. 60, Bl. 46 r.

400 Ebd., Nr. 434, Bl. 32 r, 81 r u. 147 r.

401 Ebd., Nr. 435, Bl. 11 r u. Nr. 440, Bl. 342 r.

402 Zu den dahingehenden allgemeinen Zusammenhängen, vgl. Hansen, Reichswehr u. Industrie, S. 155 ff.

403 „Das Waffenamt machte daher im November 1932 geltend, dass die im Beschaffungsplan vorgesehenen Beschaffungen an Zündern bei der Firma Thiel unbedingt erhöht werden müßten, da die geplanten Aufträge zur Erhaltung der Fertigungskapazität nicht ausreichten". Hansen, Reichswehr u. Industrie, S. 150.

404 ThHStAW, Gebr. Thiel GmbH Ruhla, Nr. 440, Bl. 63 r u. 137 r.

405 Ebd., Nr. 435, Bl. 11 r u. 120 r.

Fertigung durch frühzeitige Abgabe bzw. Schließung keine nennenswerte Bedeutung erlangen (vgl. Abschnitt III, Kap. 1.4.1. und Kap. 3.3.2.).

Die Dimension,[406] die das Geschäft der Gebrüder Thiel Seebach GmbH binnen zwei Jahrzehnten erreichte, wird nachfolgend kompakt verdeutlicht.

1.2.2. Die geschäftliche Entwicklung

Das Unternehmenswachstum der Gebrüder Thiel Seebach GmbH hob sich unter Beachtung der unterschiedlichen Ausgangsbedingungen von dem der zwei weiteren Konzerngesellschaften ab (vgl. Abschnitt III, Kap. 1.1.2. und Kap. 1.4.2.). Dem Gründungsjahr 1922 folgten 1924 erste Umsätze i. H. v. 12.084,36 RM.[407] Binnen zehn Jahren erhöhte sich dieser Wert bis 1934 auf knapp acht Mio. RM. Die Aufrüstungspolitik des nationalsozialistischen Regimes ermöglichte im Folgejahr ein Anwachsen auf etwa 17,5 Mio. RM. Das bedeutete mehr als eine Umsatzverdoppelung binnen einen Jahres. Nach kurzzeitiger Stagnation konnte der Jahresumsatz bis zum Ausbruch des Zweiten Weltkrieges auf über 20 Mio. RM gesteigert werden. In den ersten Jahren nach Kriegsbeginn waren weitere Zuwächse zu verzeichnen.[408]

Der Gesamtumsatz aus der Zünderfertigung der drei inländischen Konzerngesellschaften belief sich 1941 auf etwa 45 Mio. RM. Davon entfiel der größte Anteil mit 22,7 Mio. RM auf die Gebrüder Thiel Seebach GmbH. Nachdem 1942 eine neuerliche Steigerung der Zeitzünderumsätze auf über 46,5 Mio. RM erfolgte, fielen diese im weiteren Kriegsverlauf ab. Die Gebrüder Thiel Seebach GmbH blieb umsatzstärkste Gesellschaft im Thiel-Konzern[409] (vgl. Tabelle 16, S. 117 und Tabelle 39, S. 228). Abbildung 11, S. 97, verdeutlicht die aus den Umsätzen heraus erwirtschafteten Gewinne und zeigt, in welchem Umfang die Gesellschafter durch entsprechende jährliche Ausschüttungen davon profitieren konnten.

---

406 Gebr. Thiel erreichte seine Kapazitätsgrenzen, daher wurden u. a. an Firmen Lizenzen vergeben bzw. diese als Nachbaufirmen einbezogen. z. B. Deckel (München), Kodak (Stuttgart), Mauthe (Schwenningen), Zeiß-Ikon (Dresden), Rheinmetall Borsig (Sömmerda), Rockstroh (Aue), Radio Mende & Co (Dresden), Berghaus & Co (Leipzig), Gössel & Co (Glashütte) u. Sachsenwerk (Radeberg). Vgl. Kamp, Geschichte der Technik, S. 329 u. AET Erinnerungen Thiel 1967, S. 124.

407 ThHStAW, Gebr. Thiel GmbH Ruhla, Nr. 434, Bl. 81 r.

408 Umsätze der Gebr. Thiel Seebach GmbH: 1934 7.982.000 RM; 1935 17.406.000 RM; 1936 17.503.000 RM u. 1937 21.711.000 RM. Ab 1938 mit Gerätebau GmbH $\sum$ ca. 29,4 Mio. RM (01–08/38 18.7 Mio. RM; 09–12/38 ca. 10,7 Mio. RM) u. 1939 geschätzt 36 Mio. RM. Vgl. ThHStAW, Gebr. Thiel Seebach GmbH, Nr. 331, Bl. 5 r.

409 Eine deutliche Annäherung an die Umsätze der Tochtergesellschaft im Kriegsverlauf wird erkennbar.

Abbildung 11: Gewinn und Ausschüttung „Seebach" 1924–1944

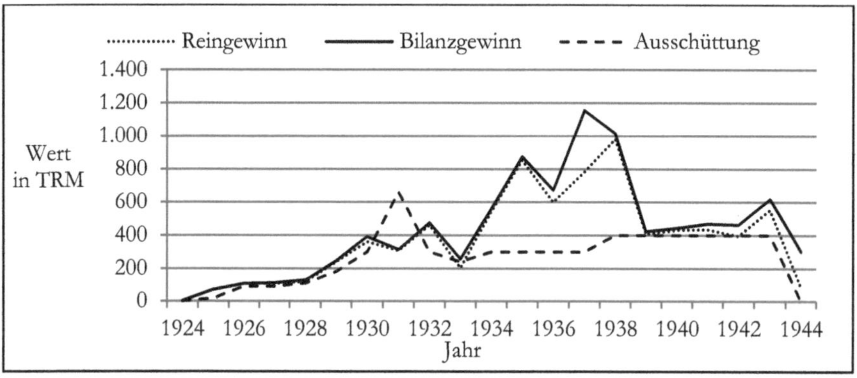

Quelle: eigene Darst., basierend auf Tabelle 83, S. 346.

Die Gebrüder Thiel Seebach GmbH, ebenso wie ihre Tochtergesellschaft Gerätebau GmbH (vgl. Abschnitt III, Kap. 1.4.) stellen nur einen kleinen Ausschnitt der Unternehmensgeschichte dar. Hier stehen vor allem die rüstungswirtschaftlichen Komponenten im Vordergrund und liefern damit ein verzerrtes Bild der langfristig maßgeblichen Erfolgsfaktoren der Gebrüder Thiel. Der wirtschaftliche Aufschwung, beginnend bei den Anfängen im 19. Jahrhundert, wurde über Jahrzehnte hinweg durch den Aufbau und die Pflege internationaler Wirtschaftsbeziehungen bestimmt. Mit zumeist über 50 % Ausfuhranteil am Gesamtumsatz schuf der Export die finanzielle Basis für Wachstum und Unternehmensfortbestand.

1.3. Auslandsgesellschaften

1.3.1. Die Londoner Filialen

Die zielgerichtete Erschließung internationaler Märkte war ein wesentlicher Baustein in der Unternehmensentwicklung von Gebrüder Thiel. Neben einer ausgeprägten Reisetätigkeit verschiedener Mitarbeiter und Inhaber stand zur Sicherung eines nachhaltigen Absatzes frühzeitig der Aufbau fester Vertriebsstrukturen im Fokus.[410] Der durch Gebrüder Thiel beschrittene Weg zielte auf die Gewinnung von vertraglich gebundenen Vertretungen in den unterschiedlichen Ländern ab.[411] Ein Aufbau eigener Filialen spielte zumindest im 19. Jahrhundert keine Rolle und war auch in der folgenden Zeit auf Einzelfälle beschränkt. Unter diesen Ausnahmen kam den Entwicklungen am Standort Lon-

410 60 Jahre Gebrüder Thiel, S. 16 ff.
411 BvS, 613-Privat-Copie-Buch, S. 61.

don mit der 1911 erfolgten Gründung der Firma R. Thiel wiederum ein Sonderstatus zu.[412] Allerdings entstand in England nicht die erste Auslandsfiliale des Unternehmens.

Bereits im Jahr 1908 kam es, bedingt durch die Schutzzollpolitik[413] der verschiedenen Staaten, zur Gründung einer Niederlassung in Wien. In dieser sogenannten Montagefiliale[414] wurden Platinen gefertigt, die später mit Teilen aus Ruhla, insbesondere Gehäusen, komplettiert wurden. Damit konnte der Einfuhrzoll auf fertige Uhren vermieden werden. Zugleich war es möglich, die in Ruhla vorhandenen Kapazitäten zumindest teilweise für diese Exporte zu nutzen. Die Fertigung in solchen ausländischen Filialen, wie sie bis zum Ausbruch des Ersten Weltkrieges zudem in Paris und im polnischen Czenstochau entstanden, erfolgte unter Einbindung von in Ruhla ausgebildeten Fachleuten.[415] Mit Ausbruch des Krieges dürften diese Filialen, ebenso wie das erste Londoner Haus, verschwunden sein.[416]

Die Überlegungen zur Einrichtung einer eigenen Niederlassung in England gehen auf die Zeit vor Gründung der weiteren Auslandsniederlassungen zurück und sind spätestens ab 1905 belegt.[417] Neben anstehenden personalpolitischen Entscheidungen[418] war die Umsatzentwicklung auf dem für Gebrüder Thiel wichtigen englischen Markt eines der Hauptmotive. Die bislang bei der Firma Stahlecker's Agency (vgl. Abschnitt II, Kap. 2.2.) liegende Vertretung wurde infrage gestellt. Zwar hatte das Unternehmen in den ersten zwei Jahrzehnten der

412 ThHStAW, Gebr. Thiel GmbH Ruhla, Nr. 78, Bl. 72 r–83 r i. V. m. ALK, Beiträge Betriebschronik, S. 14 u. AET, Erinnerungen Thiel 1967, S. 63–65.

413 BvS, 620-Wirtschaftsbericht 1910, S. 2.

414 Zur Umgehung der Zollbeschränkungen erfolgte die Montage der von Gebr. Thiel gelieferten Bestandteile zu fertigen Uhren in späteren Jahrzehnten auch bei ausländischen Vertreterfirmen, so z. B. bei der am 01.03.1933 gegründeten Thiel Canadian Watch Company. Eine Beteiligung der Gebr. Thiel GmbH an dieser Gesellschaft bestand ungeachtet des Namens nicht. ThHStAW, Gebr. Thiel London, Nr. 344, Bd. 1 Bl. 20 r u. Nr. 344, Bd. 2, Bl. 3 r ff.

415 APM, Betriebszeitung Nr. 3/4, 1939, S. 18 [Bruno Kehr].

416 AET, Lebenserinnerungen Thiel 1963, S. 132 u. ALK, Beiträge Betriebschronik, S. 14.

417 Nach dem Amtsantritt des neuen Geschäftsführers Wilhelm Buschfeld 1905 kam es zwischen diesem u. Reinhold Thiel zur Aussprache über die weiteren Zukunftspläne. R. Thiel wurde angeboten, er könnte nach seiner geplanten Weltreise die Monopolvertretung der Uhrenabteilung in England übernehmen. Dennoch wurde kurz nach dem Beginn der Weltreise der Vertrag mit dem bisherigen Vertreter Stahlecker verlängert, wodurch die Vertretung bis 1911 bei Stahleckers Agency verblieb. Vgl. AET, Erinnerungen Thiel 1967, S. 34, 55 u. 62 f.

418 Es ging vorwiegend darum, dem nach einer angemessenen Stellung im Unternehmen strebenden u. wiederholt vertrösteten R. Thiel eine seinen Wünschen entsprechende Position anbieten zu können. Aus der Sicht Thiels war den externen Geschäftsführern Buschfeld u. Gunkel seine Abwesenheit von Ruhla gelegen. Wobei auch R. Thiels Ehefrau ein Leben in London demjenigen in Ruhla vorzog. Vgl. AET, Erinnerungen Thiel 1967, S. 55, 58 u. 62 f.

Taschenuhrenfertigung den überwiegenden Teil der Thiel'schen Uhrenproduktion gekauft und abgesetzt, doch waren die Umsätze nach der Jahrhundertwende[419] stark eingebrochen und stagnierten seither (vgl. Tabelle 13). Gebrüder Thiel bemühte sich daher spätestens seit 1910 um eine Umstrukturierung.[420]

Tabelle 13: Umsätze im englischen Geschäft 1903–1910

Jahr	1903	1904	1905	1906	1907	1908	1909	1910
Umsatz *	444.000	427.000	465.648	477.106	485.286	435.469	348.451	380.000

* Werte in M. Für die Jahre 1903 und 1904 gerundet. Prognose für das Jahr 1910.

Quelle: eigene Darst., basierend auf ThHStAW, Gebr. Thiel GmbH Ruhla, Nr. 78, Bl. 115 r.

Im November 1910 wurde Reinhold Thiel angefragt, ob er den Aufbau eines Geschäftes in London übernehmen würde. Neben der anfänglichen Vertriebstätigkeit bestand die Überlegung, später eine eigene Fabrikation in England aufzubauen. Ausschlaggebend hierfür sollten die Entwicklungen der englischen Zollgesetzgebung sowie die Verfügbarkeit einer Vertrauensperson sein. Wenngleich Reinhold Thiel seit 1909 die Zusage des Aufsichtsrates auf eine Position in Ruhla ab 01.04.1911 hatte, nahm er das Angebot entsprechend seiner und der Präferenzen seiner Frau an und bereitete die Übersiedlung[421] seiner Familie nach London vor.[422]

Da Gebrüder Thiel an einem Bruch mit Stahlecker nicht gelegen sein konnte, wurde ihm eine Beteiligung am neuen Geschäft angeboten, zu der es jedoch nicht kam. Über die weiterhin bei der Firma C. F. Stahlecker & Co. verbleibende Kinderuhrenvertretung blieben beide Seiten verbunden.[423]

Nach der Gründung der Firma R. Thiel[424] in London waren Reinhold Thiel und die Gebrüder Thiel GmbH deren Gesellschafter.[425] Das Stammkapital von 5.000 britischen Pfund (£) wurde i. H. v. 3.000 £ und damit mehrheitlich durch

419 Der Umsatz war in neun Jahren (bezogen auf den Ausbildungsaufenthalt von R. Thiel in London im Jahr 1901) auf weniger als die Hälfte zurückgegangen. Ursache war das Auftreten der Konkurrenz aus dem Schwarzwald u. damit einhergehend die einsetzende Verdrängung der Fearless. Vgl. ThHStAW, Gebr. Thiel GmbH Ruhla, Nr. 78, Bl. 114 r–120 r u. AET, Erinnerungen Thiel 1967, S. 15 f.

420 ThHStAW, Gebr. Thiel GmbH Ruhla, Nr. 78, Bl. 60 r f, 75 r–83 r, 114 r–120 r, 181 r u. 200 r–203 r i. V. m. AET, Erinnerungen Thiel 1967, S. 63–65.

421 Die Kosten des Umzuges wurden durch Gebr. Thiel getragen. Vgl. AET, Erinnerungen Thiel 1967, S. 64.

422 ThHStAW, Gebr. Thiel GmbH Ruhla, Nr. 78, Bl. 200 r–203 r i. V. m. AET, Erinnerungen Thiel 1967, S. 62 f.

423 ThHStAW, Gebr. Thiel GmbH Ruhla, Nr. 78, Bl. 181 r.

424 R. Thiel, Watch Importer, 13 a Finsbary Square, London E. C. Vgl. AET, Erinnerungen Thiel 1967, S. 63.

425 Die Gründung basierte neben dem Gesellschaftsvertrag auf weiteren Verträgen: R. Thiel u. Gebr. Thiel sowie Fa. R. Thiel u. Gebr. Thiel. Vgl. ThHStAW, Gebr. Thiel GmbH Ruhla, Nr. 78, Bl 61 r–65 r u. 69 r–74 r.

die „Ruhlaer"-Gesellschaft gehalten. Beginnend mit dem Geschäftsjahr 1911/12 (01.04.–31.03.) sollte die Vereinbarung zunächst bis zum 31.12.1914 gelten.[426]

Für die „Ruhlaer"-Gesellschaft und Reinhold Thiel gestaltete sich der Neustart in London erfolgversprechend. Einerseits gelang es Reinhold Thiel, Personal von Stahlecker abzuwerben, welches er aus früherer dortiger Tätigkeit bereits kannte. Darunter Mr. Cooke[427], ein mit Ruhla und den dortigen Produkten vertrauter und zuvor für Stahlecker tätiger Reisender. Cooke erlangte für die weitere Verbindung von Gebrüder Thiel nach England besondere Bedeutung. Andererseits profitierte das neue Unternehmen von der Weiterentwicklung der Thiel'schen Uhren. Die neuen Produkte hatten einen gewissen Vorsprung gegenüber dem weiteren Stahlecker'schen Angebot, sodass es Reinhold Thiel gelang, die englische Kundschaft auf sein Geschäft zu orientieren und entsprechende Umsätze und Erfolge[428] zu erzielen.[429] Bereits Anfang des Jahres 1912 wurde eine Kapitalerhöhung bei der Firma R. Thiel durch die Beteiligten erwogen.[430] Noch im gleichen Jahr folgte dann die Weichenstellung für die vollständige Übernahme der Firma R. Thiel durch Gebrüder Thiel. Diese stand im unmittelbaren Zusammenhang mit der Bestellung von Reinhold Thiel zum Ge-

---

426 Die Kündigungsfrist betrug 6 Monate zum Laufzeitende, anderenfalls erfolgte eine Verlängerung um jeweils 1 Jahr (vorangegangener Entwurf: 2 Jahre). Vgl. ThHStAW, Gebr. Thiel GmbH Ruhla, Nr. 78, Bl. 82 r u. 101 r.

427 Abweichende Schreibweise in verschiedenen Berichten Cook.

428 R. Thiel gibt an, dass der Reingewinn seiner ersten Bilanz bei annähernd 2.000 £ lag, was unter Verwendung des an anderer Stelle (Mietzahlung in London) vermerkten Umrechnungskurses etwa 40.000 M entsprochen haben dürfte. Diese Wertangaben stehen zu den Informationen in den Geschäftsberichten etc. des „Ruhlaer"-Hauses in gewisser Diskrepanz. Dort wurde die Londoner Beteiligung unter dem Punkt Konsortialbeteiligung zusammen mit der weiteren Beteiligung Schenk & Kürschner erfasst. Die ausgewiesenen Gewinne entwickelten sich wie folgt: 1909 (14.000 M, nur S & K); 1910 (5.000 M, nur S & K); 1911 (17.252,77 M, handschriftl. Vermerk 13.000 M S & K u. 4.252 M England, erstes Geschäftsjahr in London); 1912 (30.225 M, 21.000 M S & K u. 9.225 M England); 1913 (36.086,90 M, davon 27.000 M S & K) u. 1914 (13.000 M, nur S & K). Nach der vollständigen Übernahme der Fa. R. Thiel durch die Gebr. Thiel GmbH wird im Abschluss zum 31.12.1913 ein Reingewinn von rund 455 £ angegeben. Dies entspricht wiederum nach entsprechender Umrechnung dem im „Ruhlaer"-Abschluss ersichtlichen Gewinnanteil aus dieser Beteiligung. Vgl. AET, Erinnerungen Thiel 1967, S. 64 f; AHB, Bilanz und GB 1909, 1910, 1911, 1913 u. 1914 u. ThHStAW, Gebr. Thiel GmbH Ruhla, Nr. 89, Bl. 2 r ff; Nr. 114, Bl. 20 r u. Nr. 115, Bl. 1 r f.

429 Die Thiel-Uhren hatten sich seit der Fearless weiterentwickelt. Das Modell 1904, in England unter dem Namen Champion eingeführt, wurde vom dortigen Markt gut angenommen. Stahleckers Agency konnte kein vergleichbares Fabrikat eines Wettbewerbers anbieten, wodurch R. Thiel die interessierte Kundschaft deutlich leichter für sich gewinnen konnte. Vgl. AET, Erinnerungen Thiel 1967, S. 64 f.

430 ThHStAW, Gebr. Thiel GmbH Ruhla, Nr. 78, Bl. 3 r i.V. m. Nr. 106, Bl. 3 r.

schäftsführer in Ruhla zum 01.01.1913.[431] Neuer Leiter der Filiale in London wurde Cooke.[432] Bereits im Folgejahr ging die Londoner Filiale mit Ausbruch des Krieges offiziell verloren.[433] Da Cooke die Geschäfte unter eigenem Namen weiterführte[434] und damit im Sinne von Gebrüder Thiel handelte, wurde dieser Vertriebsweg in der Folgezeit nicht gänzlich versperrt.[435] Nach dem Kriegsende änderte sich an dieser Konstellation zunächst nichts.[436] Zur Wahrung der Interessen der Gebrüder Thiel GmbH sollte Reinhold Thiel 1924 sowohl in den Verwaltungsrat der später noch zu betrachtenden Geteru AG sowie in das entsprechende Gremium der Firma des H. J. Cooke in London eintreten.[437]

Dass es trotz des Arrangements seitens Gebrüder Thiel überhaupt zur Gründung eines neuen eigenen Unternehmens in London kam, war neben der großen Bedeutung des englischen Marktes[438] der Gesundheit von Cooke geschuldet.[439] Dieser hatte 1927 signalisiert, dass er aus gesundheitlichen Gründen die bisherige Vertretung abgeben wolle. Gebrüder Thiel reagierte auf dieses Anliegen und sorgte mit der Gründung der Thiel Brothers Ltd. in London zum 01.06.1927 für die Wiederherstellung der Vorkriegsverhältnisse. Der Vertrieb

---

431 ThHStAW, Gebr. Thiel GmbH Ruhla, Nr. 106, Bl. 164 r i. V. m. AET, Erinnerungen Thiel 1967, S. 69 f.

432 ThHStAW, Gebr. Thiel GmbH Ruhla, Nr. 106, Bl. 193 r.

433 Für die Enteignung des Londoner Unternehmens wurde Gebr. Thiel nach dem Krieg von deutscher Seite entschädigt. Da die Entschädigungszahlung jedoch in die Zeit der Hyperinflation fiel u. in M erfolgte, konnte das Unternehmen keinen wirklichen Ersatz für den eingetretenen Vermögensverlust erlangen. Vgl. AET, Lebenserinnerungen Thiel 1963, S. 132.

434 AHB, GB und Bilanz 1914, S. 8.

435 Das sich Cooke gegenüber Gebr. Thiel sehr loyal verhielt, dürfte nach Lage der Dinge unstrittig sein. Zum Ausbruch des Krieges befanden sich Reinhold Thiels Ehefrau u. Kinder in London. Cooke half ihnen in der Folgezeit, indem er eine Unterkunft beschaffte, die er auf seinen Namen mietete u. sie mit Nahrungsmitteln u. Geld versorgte. Vgl. AET, Erinnerungen Thiel 1967, S. 77.

436 Cooke war der Vertrauensmann, auf dem die Erwartungen hinsichtlich eines florierenden englischen Geschäftes ruhten. Das zeigte sich verschiedentlich, so auch, als Anfang der 1920er Jahre Unzufriedenheit mit der bei der Fa. O. Widmann & Co liegenden englischen Vertretung für Kinderuhren aufkam. Cooke sollte dazu angehalten werden, dass er, solange diese Vertretung bestand, die Kundschaft nur für Gebr. Thiel besuchte. Vgl. ThHStAW, Gebr. Thiel GmbH Ruhla, Nr. 51, Bl. 46 r u. 50 r f.

437 ThHStAW, Gebr. Thiel GmbH Ruhla, Nr. 77, Bl. 46 v.

438 Der Export war auch in den 1920er Jahren Schwerpunkt im Thiel'schen Geschäft, wobei England das Hauptabsatzland für die Thiel-Uhren darstellte. Der Thiel´sche Export von Taschenuhren machte überdies 1925 etwa 40 % des gesamten deutschen Taschenuhrenexportes aus. Vgl. AHB, GB und Bilanz 1924, S. 2 u. 1925, S. 1.

439 AHB, GB und Bilanz 1927, S. 1.

der Taschenuhren lag damit wieder in den eigenen Händen.[440] Ähnlich wie schon bei der Gründung der ersten Londoner Filiale war auch diesmal die symbolische Beteiligung des bisherigen Vertreters angedacht. Vom anfänglichen Aktienkapital i. H. v. 3.000,00 £ sollte Cooke eine Aktie erhalten, der Rest sollte bei Gebrüder Thiel verbleiben. Tatsächlich lagen vom Aktienkapital später 2.995,00 £ bzw. nach einer Kapitalerhöhung 7.995,00 £ bei Gebrüder Thiel, womit von einer 5,00 £ Beteiligung von Cooke auszugehen ist.[441] Darüber hinaus konnte Cooke für eine weitere Zusammenarbeit gewonnen werden.[442] Die Leitung wurde zunächst einem früheren Korrespondenten der Ruhlaer Taschenuhrenabteilung übertragen.[443] Ebenso wie 1911 zeigte sich nach der 1927 erfolgten Gründung der Tochtergesellschaft eine über konjunkturelle Schwankungen hinausgehende unmittelbare Belebung des englischen Geschäftes[444] (vgl. Tabelle 14, S. 103).

---

440 Der Vertriebsauftrag beschränkte sich auf das Taschenuhrengeschäft. Hinsichtlich der Überlegung, auch den Vertrieb im Maschinengeschäft in die Hände der eigenen Londoner Gesellschaft zu geben, folgte 1929 die Aussage, dass die Gesellschaft dafür noch nicht vorbereitet sei u. der Aufbau im Taschenuhrenbereich noch zwei Jahre beanspruchen dürfte. Vgl. ThHStAW, Gebr. Thiel GmbH Ruhla, Nr. 52, Bl. 22 r.

441 ThHStAW, Gebr. Thiel GmbH Ruhla, Nr. 77, Bl. 26 r; Nr. 440, Bl. 266 r; Nr. 1002, Bl. 24 r u. AHB, GB und Bilanz 1927, S. 2 f.

442 „Ich [Reinhold Thiel, Anm. Verf.] habe mit Cooke vereinbart, dass er als Gegenleistung für seine Dienste bei Thiel Brothers Ltd. wie bisher ein Gehalt von 500 £ pro Jahr erhält. Dafür wird er auch die Vertretung für Kinderuhren an die neue Firma abtreten." ThHStAW, Gebr. Thiel GmbH Ruhla, Nr. 49, Bl. 198 r.

443 Der erste Leiter, Rauch, wurde nach Differenzen mit R. Thiel 1930 abgelöst. Es folgten Franz Ackenhausen u. 1938, nachdem dieser Leiter der Taschenuhrenabteilung in Ruhla wurde, Carl Gustav Elteste. Dieser konnte kurz vor Kriegsausbruch 1939 England noch verlassen. Vgl. AET, Lebenserinnerungen Thiel 1963, S. 133; AHB, Bilanz und GB 1930, S. 1; 1939, S. 2 u. APM, Betriebszeitung Nr. 3, 1940, S. 16.

444 R. Thiel schrieb über Cooke, dass er bei Gründung des Unternehmens 1911 etwa Mitte sechzig war u. er das sehr gemütliche englische Arbeitstempo schätzte. Im Verlauf der Jahre dürfte sich dies nicht grundlegend gewandelt haben. Bei intensiverer Bearbeitung des Marktes, wie sie Cooke sicher nicht mehr zu leisten vermochte, waren steigende Verkaufszahlen zu erwarten. Vgl. AET, Lebenserinnerungen Thiel 1963, S. 89 f. Nachdem bereits 1927 eine deutliche Steigerung des Umsatzes erreicht werden konnte, wurde dieser im Folgejahr nochmals annähernd verdoppelt u. auch 1929 weiter gesteigert. Der durch Konkurrenz u. Konjunktur bedingte Einbruch 1930 u. der damit insgesamt einhergehende Rückgang dieses Unternehmenssegments zeigt die Bedeutung des englischen Marktes für Gebr. Thiel. Vgl. AHB, GB und Bilanz 1927; 1928; 1929 u. 1930.

Tabelle 14: Uhrenabsatz im englischen Geschäft ab 1925

Jahr	1925	[445]1926	1927	1928	[446]1929
Absatz in Stück	210.000	97.000	207.000	355.000	408.000

Quelle: eigene Darst., basierend auf ThHStAW, Gebr. Thiel GmbH Ruhla, Nr. 52, Bl. 23 r.

Tabelle 15 liefert einen weiteren Überblick über die Entwicklung der Londoner Gesellschaft bis zum Vorabend des Zweiten Weltkrieges. Dabei werden die Auswirkungen der Weltwirtschaftskrise ebenso sichtbar wie ein wirtschaftlicher Höhepunkt im Jahr 1933. In diesem Jahr wurden über 700.000 Uhren in Großbritannien abgesetzt. Damit hatte statistisch gesehen jeder sechzigste Einwohner eine Thiel-Uhr erworben.[447] Die Zahlen verdeutlichen aber auch, dass dem anfänglichen starken Wachstum Grenzen gesetzt wurden. Die aus früheren Jahrzehnten bekannten monopolähnlichen Verhältnisse waren vorüber. Gebrüder Thiel musste sich mit seinen Produkten im Taschen- und Armbanduhrenbereich einer zunehmenden Konkurrenz gegenüber behaupten.[448]

Tabelle 15: Statistik zur Entwicklung Thiel Brothers Ltd. 1927–1938

Jahr	Umsatz in £	Reingewinn in £	Aktienkapital in £	Dividende in %
1927 (ab 01.06.)	25.127	357	3.000	k. A.
1928	65.809	1.866	3.000	10,00
1929	105.233	2.328	3.000	10,00
1930	92.731	– 6.081	3.000	0,00
1931	85.191	– 2.106	[449]5.000/8.000	0,00
1932	87.414	1.180	8.000	10,00
1933	127.528	4.232	8.000	20,00
1934	94.096	1.264	8.000	15,00
1935	k. A.	2.805	8.000	30,00
1936	k. A.	1.757	8.000	20,00
1937	k. A.	1.964	8.000	23,75
1938	k. A.	382	8.000	k. A.

Quelle: eigene Darst., basierend auf ThHStAW, Gebr. Thiel London, Nr. 348, Bl. 1–22 r.

---

445 Aufgrund der Wiedereinführung eines Zolles (33 1/3 %) ab 01.07.1925 kam es zum Einbruch der Verkaufszahlen. Da die Maßnahme frühzeitig bekannt wurde, konnte „Gebr. Thiel" zuvor seine Lagerbestände noch aufstocken, wodurch ein Einfuhrbedarf erst Ende 1925 wieder auftrat. Vgl. AHB, GB und Bilanz 1925, S. 1.

446 Zeitraum vom 01.01.1929 bis 30.09.1929.

447 Zu dieser Zeit hatte Gebr. Thiel zwei auf den Vertrieb preisgünstiger Taschen- u. Armbanduhren spezialisierte Großkunden (Ingersoll u. Services) mit jeweils etwa 20 Verkaufsreisenden. Damit wurden in Spitzenzeiten Verkäufe von über 1.000 Stück je Firma u. Tag realisiert. Vgl. AET, Lebenserinnerungen Thiel 1963, S. 133 i. V. m. ThHStAW, Gebr. Thiel London, Nr. 349, Bl. 191 r ff.

448 Ebd., Bl. 264 r u. BvS, 619-Thiel Brothers Ltd. 1932, S. 1–10.

449 Ab 30.09.1931: 5.000 £ u. ab 31.12.1931: 8.000 £.

Umsatzrückgänge sind in den 1930er Jahren unter anderem darauf zurückzuführen, dass die angebotenen Sorten den Kundenwünschen häufiger nicht mehr entsprachen.[450] Diese Einschätzung steht im engen Zusammenhang mit der zunehmenden Rüstungsorientierung der Ruhlaer Konzerngesellschaften. Die politisch bedingte und sicher auch gewinnorientierte Fokussierung auf die Rüstungsgüterfertigung führte bereits vor Kriegsausbruch zu einer Vernachlässigung der Uhrenentwicklung mit entsprechenden Auswirkungen auf die Wettbewerbsfähigkeit beim Export. Zuwächse in der Uhrenproduktion waren immer häufiger dem gestiegenen Inlandsabsatz zuzurechnen.[451] Mit Ausbruch des Zweiten Weltkrieges brach der Export ein.[452] Das Londoner Haus kam unter Verwaltung eines englischen Regierungskommissars und war damit ebenso wie die wichtigen Exportmärkte verloren. Die Restabschreibung über 23.000,00 RM auf das Tochterunternehmen in London nahm Gebrüder Thiel 1941 vor.[453]

1.3.2. Die Geteru AG

Die Gründung der Gesellschaft mit der Hauptniederlassung in Schaffhausen/Schweiz erfolgte am 23.11.1923.[454] Wie erkennbar wird, ist die Firmenbezeichnung Geteru ein auf Gebrüder Thiel Ruhla rückführbares Akronym. Sehr allgemein kann hinsichtlich des Geschäftszweckes vom Ziel der Gewinnoptimierung im Rahmen des Auslandsgeschäftes gesprochen werden. Jedoch gibt es in den wenigen Quellen zur Unternehmenstätigkeit keine eindeutige Aussage. Einerseits fällt die Gründung der Gesellschaft in einen zeitlichen Zusammenhang mit der Diskussion über die Notwendigkeit des Ausbaues der Auslandsorganisationen.[455] Darüber hinaus steht sie in Verbindung mit den Überlegungen

450 ThHStAW, Gebr. Thiel London, Nr. 349, Bl. 46 r.

451 Im Jahr 1938 konnte erstmalig eine Produktion von etwa 2 Mio. Taschen- u. Armbanduhren erreicht werden. Das Exportgeschäft trug zu den damit verbundenen Umsatzzuwächsen nicht bei. Die erforderliche, für 1939 vorgesehene nahezu vollständige Erneuerung des Armbanduhrenprogramms konnte in weiten Teilen nicht mehr realisiert werden. Vgl. AHB, GB und Bilanz 1938 u. 1939.

452 Nach kriegsbedingten Einbrüchen machte der Export 1939 noch etwa 20 % vom Gesamtumsatz im Uhrenbereich aus. Vgl. AHB, GB und Bilanz 1939.

453 AHB, GB und Bilanz 1939, S. 2 u. ThHStAW, Gebr. Thiel GmbH Ruhla, Nr. 309, Bl. 2 r. Nach dem Krieg fand sich die Thiel Brothers Ltd. als Merkposten mit 1,00 DM in den Bilanzen der Gebr. Thiel GmbH. Vgl. u. a. AKH, Bilanz Sand 1952.

454 STASH, HR C, Bl. 13 v.

455 Der Einladung vom 01.10.1923 zur Besprechung der Bevollmächtigten der Gebr. Thiel GmbH, Thema: Ausbau der Auslandsorganisation, wird für deren Vorsitzenden Hugo Brinkmann der Entwurf eines Züricher Rechtsanwaltes zum Statut der Schweizer AG beigefügt. ThHStAW, Gebr. Thiel GmbH Ruhla, Nr. 70, Bl. 22 r.

zur Vermeidung einer 26-prozentigen Reparationsabgabe auf Ausfuhren.[456] Andererseits gab Reinhold Thiel an: „Über eine in der Schweiz gegründete Gesellschaft, GETERU S. A. (…) wickelten wir die von Bofors durchgeführten Verkäufe unserer Uhrwerke ab, mit sehr erheblichen Gewinnen, die, in der Inflation in sfrs ausgezahlt, für unsere Gesellschafter ganz besonders nützlich waren."[457] Die Aussage Thiels ist nicht grundsätzlich zu verwerfen, aber aus zwei Gründen zu hinterfragen: Zunächst lag das Gründungsdatum der Gesellschaft in einer Zeit, in der die Inflation bereits überwunden war. Weiterhin erfolgte die Verbringung der Vorräte nach Schweden schon einige Jahre zuvor.[458] Zum Zweck der Verwertung erfolgte bereits 1920 die Gründung eines Konsortiums[459] (vgl. Tabelle 81, S. 344). Ausgehend vom 1924 zum Nachlass der Ge-

456 Ein S. v. 14.12.1923, insofern aus der Zeit nach der Gründung der Geteru, beinhaltete die Frage der Ausfuhr über Holland nach England, um die genannte Reparationsabgabe zu umgehen. In diesem Zusammenhang regt O. Eichel in seinem Schreiben an R. Thiel an, dass, wenn der geplante Versuch der Umgehung erfolgreich verlaufen sollte, diese Art der Abwicklung durch die Geteru übernommen werden könnte. Dies zeigt, dass die Gründung der Geteru zunächst einem anderen Zweck diente. Vgl. ThHStAW, Gebr. Thiel GmbH Ruhla, Nr. 60, Bl. 32 r.

457 AET, Erinnerungen Thiel 1967, S. 101. In einer vorangehenden Ausführung auf dieser Seite wird präzisiert, dass die verbrachten Teile bei Bofors zu fertigen Zündern verarbeitet wurden u. der dort tätige Paul Liebergeld (vgl. Abschnitt III, Kap. 3.1.) an der Weiterentwicklung des Uhrwerkszünders gearbeitet hatte.

458 Zum Zündergeschäft nach 1918 u. den Beziehungen Krupp-Thiel-Bofors, siehe auch Abschnitt III, Kap. 1.2.1.

459 Die Gebr. Thiel GmbH erwarb zusammen mit der Fried. Krupp AG einen in Heeresbeständen verbliebenen Warenposten der Zünderfertigung. Das Konsortium übernahm den auf Gebr. Thiel entfallenden Anteil zum Preis von 88.150 M. Weiter sollte das Konsortium von Gebr. Thiel das Nachbaurecht für mechanische Zünder für die Länder erwerben u. mit Krupp gemeinsam verwerten, für welche dies hinsichtlich des Warenpostens erforderlich erschien. Beide Seiten sollten sich den Reingewinn teilen. Von dem auf das Konsortium entfallenden Anteil sollten vorab Reinhold u. Heinrich Thiel jeweils 12 % erhalten. Diese Vereinbarung dürfte bis Oktober 1926 bestanden haben. Mit S. v. 23.10.1926, Ernst an Reinhold Thiel, bestätigt dieser, die Schlussabrechnung des Konsortiums erhalten zu haben, u. sendet die Quittung über den erhaltenen Betrag zurück. Die Dauer des Bestehens des Konsortiums steht verm. im unmittelbaren Zusammenhang mit der Laufzeit des zwischen Krupp u. Gebr. Thiel 1915 geschlossenen Vertrages zur Zünderfertigung. Dieser hatte eine Ursprungslaufzeit bis 31.12.1926. Aus einem S. v. 19.07.1928 wird ersichtlich, dass die Beziehung Krupp-Thiel-Bofors über das Bestehen des Konsortiums hinaus erhalten blieb. Eine derartig gelagerte Verbindung zwischen Krupp u. Gebr. Thiel aber auch Gebr. Thiel u. Bofors lässt sich zudem bis in die 1940er Jahre nachweisen (vgl. BvS, 620-Statistik Auslandsumsatz 1940), insoweit für eine Zeit nach Auflösung der Geteru AG. 1943 informiert Krupp seinen Vertragspartner über den Abschluss einer Nachbauvereinbarung mit Japan. Für 1944 steht dann die Zahlung einer entsprechenden Lizenzvergütung über 4 Mio. RM im Raum. Vgl. ThHStAW, Gebr. Thiel GmbH Ruhla, Nr. 2, Bl. 144 r: Nr. 60, Bl. 2 r f; Nr. 109, Bl. 4 r–6 r; Nr. 110, Bl. 181 r u. Nr. 482, Bl. 22 r.

sellschafterin Paula Bardenheuer gehörenden Schwedischen-Kronen-Konto[460] ist anzunehmen, dass die Verwertungserlöse zunächst in Schwedischen Kronen zur Auszahlung kamen.[461]

Abgesehen von diesen nicht mit Sicherheit zu klärenden Motiven der Entstehung, diente die Gesellschaft laut Handelsregistereintrag dem „An- und Verkauf von Erzeugnissen der Metallindustrie und (...) [der] Beteiligung an ähnlichen Unternehmungen"[462]. Abgeleitet von den für einige Jahre bekannten Gewinnen,[463] entwickelte sich aus den Aktivitäten der Geteru AG ein auch für Gebrüder Thiel erfolgreiches Geschäft. Das Gesellschaftskapital war mit 30.000 sfrs angegeben.[464] Die Beteiligung der Gebrüder Thiel GmbH lag bei 28.000 sfrs.[465] Hinsichtlich der weiteren Gesellschafter ist zu vermuten, dass diese aus dem Kreis der Mitglieder des Verwaltungsrates stammten. Dem Gremium gehörten neben Reinhold Thiel als Präsident die Schweizer Walter Haccius und Carl Schauffelberger an.[466] Bis zur Liquidation am 11.09.1935 hatte sich dieser Kreis um den Schweizer Charlie Aman-Volkart, nunmehr Präsident und zugleich Liquidator der Gesellschaft, sowie die Gebrüder Thiel-Mitarbeiter Otto Eichel und Franz Ackenhausen erweitert. Nach durchgeführter Liquidation wurde die Gesellschaft am 27.11.1936 aus dem Handelsregister gelöscht.[467]

---

460 ThHStAW, Gebr. Thiel GmbH Ruhla, Nr. 41, Bl. 72 r.

461 Im September 1922 Mitteilung von Krupp an Gebr. Thiel, dass ein Teil der abgelieferten Uhrwerke aus Schweden bezahlt worden ist u. eine Auszahlung in Kürze erfolgen sollte. Im Oktober 1922 eine erste Rechnungslegung des Konsortiums. Hinweise auf zwei weitere Abrechnungen Anfang 1924 u. Herbst 1926. Aus dem Schriftwechsel Ernst Thiel mit Gebr. Thiel (S. v. 12.02. u. 20.02.1924) wird eine Größenordnung der Auszahlung erkennbar. Auf E. Thiel entfiel bei dieser Abrechnung ein Betrag von 4.881,80 GM. Unter Beachtung seines Anteils am Konsortium (7,33 %) betrug die Ausschüttung an die aufseiten Gebr. Thiel Beteiligten, incl. der Vorwegabzüge für Heinrich u. Reinhold Thiel, ca. 87.600 GM. Damit entspräche diese Zahlung betragsmäßig etwa dem, was 1920 für die Übernahme des Warenpostens aus Heeresbeständen gezahlt wurde (88.150 M). Vgl. ThHStAW, Gebr. Thiel GmbH Ruhla, Nr. 2, Bl. 144 r u. 171 r f; Nr. 109, Bl. 4 r f u. Nr. 113, Bl. 49 r u. 55 r.

462 STASH, HR C, Bl. 13 r.

463 Der Gewinn aus dieser Beteiligung betrug 1927 47.232,20 RM u. 1930 47.185,65 RM. Vgl. ThHStAW, Gebr. Thiel GmbH Ruhla, Nr. 435, Bl. 148 r u. Nr. 440, Bl. 309 r.

464 Verteilt auf 60 Namensaktien zu je 500 sfrs. Vgl. STASH, HR C, Bl. 13 r.

465 Auf die Beteiligung wurden 20 % eingezahlt (5.600 sfrs.). Der Bilanzausweis erfolgte bei einem Kurs von 87,632 mit 4.907,40 RM. Vgl. ThHStAW, Gebr. Thiel GmbH Ruhla, Nr. 435, Bl. 147 r; Nr. 440, Bl. 266 r u. Nr. 1002, Bl. 24 r.

466 Bei Walter Haccius, Kaufmann aus Coligny bei Genf, dürfte es sich um einen Verwandten von R. Thiel handeln. Der Geburtsname seiner aus Genf stammenden Schwiegermutter war Haccius. Walter Haccius war allem Anschein nach ein Cousin von R. Thiels Ehefrau. Vgl. AET, Stammbaum Georg i. V. m. Erinnerungen Thiel 1967, S. 65.

467 STASH, HR C, Bl. 244 r u. v.

1.4. Gerätebau GmbH

1.4.1. Der Pachtbetrieb

Die Entwicklung des Standortes Mühlhausen in Thüringen und damit die Grundsteinlegung für die ab 11.12.1937 tätige Gerätebau GmbH[468] fand zunächst unter dem Dach der Gebrüder Thiel Seebach GmbH statt. Erste Sondierungen hinsichtlich der wirtschaftlichen Situation in der Region Mühlhausen sind für das Jahr 1932 belegt. Mit einem Schreiben vom 18.08.1932 übermittelte die Wirtschaftsauskunft Creditreform Informationen zur Kammgarnspinnerei Thuringia in Mühlhausen an die Gebrüder Thiel GmbH.[469] Damit lassen sich Pläne einer Kapazitätsausweitung in der Rüstungsgüterproduktion über den Standort Seebach hinaus bereits in der Weimarer Republik verorten. Zur Machtergreifung Hitlers und der Einführung der nationalsozialistischen Landesregierung in Thüringen am 26.08.1932 bestand eine zeitliche Nähe.[470] Ein vordergründig politisches Kalkül bei der Entscheidungsfindung ist daraus aber vorerst nicht abzuleiten.[471] Vielmehr spielte die langjährige Verbindung zwischen den für die Beschaffung von Rüstungsgütern, insbesondere Uhrwerkszündern, zuständigen Behörden und Gebrüder Thiel eine entscheidende Rolle.[472]

Zweifelsohne begünstigten aber die veränderten politischen Rahmenbedingungen den weiteren Entwicklungsverlauf.[473] Ob andere Orte in die Standortsuche für die mit öffentlichen Mitteln finanzierte Expansion einbezogen wurden, ist nicht bekannt.[474] Ab November 1933 wird deutlich, dass eine Entscheidung zugunsten von Mühlhausen gefallen war. Die Unternehmensstandorte blieben damit in räumlicher Nähe und zunächst auf Thüringen konzentriert. Inwieweit es in Mühlhausen vorrangig um die Übernahme einer bestehenden Fabrikanlage ging, bleibt offen. Sowohl eine Telefonauskunft vom 15.11.1933 über die Arbeitsverhältnisse in Mühlhausen als auch ein Informationsschrei-

468 AHB, GB Gerätebau 1938, S. 1.

469 ThHStAW, Gerätebau GmbH, Nr. 194, Bl. 1 r.

470 Raßloff, Sauckel, S. 59 f.

471 Beruhend auf den von R. Thiel bereits wenige Monate später hinsichtlich seiner Handelskammertätigkeit gemachten Erfahrungen, wäre vielmehr von einer gewissen politischen Vorsicht in dieser Zeit auszugehen. Vgl. Abschnitt III, Kap. 3.1. [Reinhold Thiel].

472 AET, Lebenserinnerungen Thiel 1963, S. 168 u. 170 f.

473 AET, Erinnerungen Thiel 1967, S. 116 f.

474 1935 erweiterte die Gebr. Thiel Seebach GmbH ihre Kapazitäten u. richtete einen Zweigbetrieb am Standort Waltershausen ein. Dies erfolgte durch Übernahme von Räumlichkeiten der Gebr. Thiel GmbH, welche diese zuvor für die aufgegebene Kinderuhrenfertigung genutzt hatte. Weiterhin wurde 1936 eine Fabrikanlage am Ort erworben. Anders als in Mühlhausen ist für Waltershausen ein ausschließlich staatlich finanzierter Aufbau von Fertigungsanlagen nicht belegt. Vgl. AHB, Bilanz und GB 1929, S. 2 i. V. m. Bilanz und GB 1934, S. 2 u. AHB, GB und Bilanz 1935, S. 1 u. 1936, S. 1 i. V. m. ThHStAW, Gebr. Thiel Seebach GmbH, Nr. 1122, Bl. 1 r ff.

ben[475] der Dresdner Bank in Eisenach an Reinhold Thiel lassen auf eine geplante Übernahme der 1925 gegründeten Kammgarnspinnerei Thuringia mit ca. 600 weiblichen Beschäftigten schließen.[476] Die Arbeitslosigkeit am Ort beschränkte sich vor allem auf männliche Arbeitskräfte, darunter eine Reihe von Facharbeitern aus der Metallindustrie, welche zuvor aus zwei Betrieben entlassen wurden. Mit dem Kauf der Kammgarnspinnerei hätte die Möglichkeit bestanden, den Arbeitskräftebedarf durch die bereits Beschäftigten und die vorhandenen arbeitslosen Fachkräfte zu decken.[477]

Die Erwägung eines Neubaus lässt sich aus der Existenz eines Angebotes für einen Hallenbau vom 16.11.1933 ableiten.[478] Die Entscheidung für die Errichtung einer neuen Fabrikanlage geht aus entsprechenden Unterlagen ab Dezember 1933 hervor.[479]

Der eigentliche Aufbau des Werkes in Mühlhausen begann 1934. Grundlage für die Errichtung und den späteren Betrieb der Anlage bildete ein zwischen dem Reichswehrministerium (RwM) und der Gebrüder Thiel Seebach GmbH am 06.03./10.03.1934 geschlossener Vertrag.[480] In diesem wurde in § 1 unter anderem Folgendes festgehalten: „Die Firma hat im Auftrage und für Rechnung des RwM, jedoch im eigenen Namen, auf einem zu erwerbenden Gelände nach Maßgabe ihrer Erfahrungen eine Fabrik zu errichten".[481] Der im vorgenannten Mantelvertrag[482] vorgesehene Grunderwerb erfolgte mit Vertrag vom 22.06.1934. Der Kaufvertrag ging auf einen im Februar 1934 Gebrüder Thiel vorgelegten Entwurf des Reichswehrministeriums zurück.[483] Der zwischen der Stadt Mühlhausen und der Gebrüder Thiel Seebach GmbH geschlossene Vertrag beinhaltete im Wesentlichen den Erwerb einer ca. 22,5 ha großen Waldparzelle im örtlichen Stadtwald zum Preis von 135.000 RM. Ferner wurde die Nutzung des umliegenden Waldgebietes eingeschränkt, insbesondere wurde für die Zukunft nur eine Durchforstung, aber kein Kahlschlag erlaubt.[484] Die Verkäuferin erklärt im Vertrag darüber hinaus ihre Kenntnis, dass die Gebrüder Thiel

475 ThHStAW, Gerätebau GmbH, Nr. 194, Bl. 3 r.

476 Ob aus der Situation, insbesondere dem S. v. 18.08.32 der Versuch einer feindlichen Übernahme abgeleitet werden kann, wie bei Baranowski geschehen, bleibt fraglich. Vgl. Baranowski, Rüstungsproduktion, S. 304.

477 ThHStAW, Gerätebau GmbH, Nr. 194, Bl. 13 r.

478 Ebd., Nr. 194, Bl. 8 r.

479 Ebd., Nr. 194, Bl. 14 r ff.

480 Ebd., Nr. 462, Bl. 182 r.

481 Ebd.

482 Ebd., Nr. 197, Bl. 170 r.

483 Ebd.

484 Die Sicherstellung der weiteren wirtschaftlichen Nutzbarkeit des erworbenen Grundstücks erfolgte unter anderem im Hinblick auf Ver- u. Entsorgungseinrichtungen, soweit nicht im Kaufvertrag bereits geregelt, in gesonderten Verträgen. Vgl. u. a. ThHStAW, Gerätebau GmbH, Nr. 197, Bl. 70 r ff, 111 r u. 166 r.

Seebach GmbH das Grundstück im Auftrag und mit Mitteln des Reichswehrfiskus erwirbt und ihr der wirtschaftliche Eigentümer bekannt ist. Dass die eingegangene Vertragsbeziehung ein starkes Abhängigkeitsverhältnis für Gebrüder Thiel bedeutete, unterstreicht der Umstand, dass vor Zahlung des Kaufpreises am 03.09.1934 eine Anfrage an das Reichswehrministerium gesendet wurde, ob dieser bereits gezahlt werden könne.[485]

Das Werk Mühlhausen[486] umfasste in seiner Grundkonzeption drei Hauptgebäude mit den Bezeichnungen X, Y und Z. Bei X und Z handelte es sich um Fabrikationsgebäude mit einer Kapazität von je 75.000 Zeitzündern des Typs S/30 je Monat, Gebäude Y diente der Verwaltung.[487]

Im November 1934 erfasste die Personalstatistik der Gebrüder Thiel Seebach GmbH erstmals 114 Arbeiter für den Betrieb in Mühlhausen. Vier Beamte[488] sind ab Januar 1935 nachweisbar[489] (vgl. Abschnitt III, Kap. 3.3.). Entsprechend den Angaben in der Chronik der Stadt Mühlhausen wurde die Rüstungsproduktion am 01.07.1935 aufgenommen.[490] Zu diesem Zeitpunkt waren 286 Arbeiter und 8 Angestellte erfasst.[491] Die Aufnahme der Fertigung in den neu errichteten Fabrikanlagen dürfte schrittweise bis Ende 1937 erfolgt sein.[492] Für das neue und ab 01.01.1938[493] durch die Gerätebau GmbH betriebene Werk folgten am 13.04.1938 Abnahmeverhandlungen zwischen der Gebrüder Thiel Seebach GmbH und Vertretern des öffentlichen Auftraggebers. Der Wert der zu diesem Zeitpunkt durch Gebrüder Thiel auf den entsprechenden Hauptauftrag von 1934 erbrachten Leistungen zur Errichtung und Ausrüstung wurde mit 9.986.002,87 RM angegeben. Durch Ergänzungsaufträge[494] erhöhte sich der Wert.[495] Eine Ausweitung der Fertigung um monatlich 50.000 Zeitzünder S/30

485 ThHStAW, Gerätebau GmbH, Nr. 197, Bl. 16 r–46 r.

486 Zur Lage u. den weiteren Strukturen des Werkes, vgl. ThHStAW, Gerätebau GmbH, Nr. 463, Bl. 1 r bzw. Cramer, Gerätebau GmbH, S. 102 f u. Einband-Rückseite.

487 ThHStAW, Gerätebau GmbH, Nr. 450, Bd. 1, Bl. 441 r.

488 Bezeichnung wurde für die technischen u. kaufmännischen Angestellten bei Gebr. Thiel teilweise verwendet.

489 ThHStAW, Gebr. Thiel GmbH Ruhla, Nr. 234, Bd. 1, Bl. 153 r u. Nr. 694, Bl. 50 r.

490 Görner, Chronik Mühlhausen, S. 365.

491 ThHStAW, Gebr. Thiel GmbH Ruhla, Nr. 234, Bd. 1, Bl. 135 r u. Nr. 694, Bl. 58 r.

492 Baranowski, Rüstungsproduktion, S. 304 i. V. m. AHB, GB und Bilanz 1937, S. 1 f.

493 AHB, GB Gerätebau 1938, S. 1.

494 U. a. Errichtung Lehrwerkstatt, Abnahme 15.01.42. Vgl. ThHStAW, Gerätebau GmbH, Nr. 462, Bl. 2 r u. Bl. 6 r.

495 Zum Stichtag 30.12.1940 ergab die Aufschlüsselung der Kosten bereits eine Summe von 10.412.461,34 RM. Davon entfielen auf Bau X 4.462.085,06 RM, auf Bau Y 1.196.085,98 RM u. auf Bau Z 3.885.704,36 RM. Der Restbetrag verteilte sich auf weitere Positionen. Der letzte bestätigte Wert über die Anschaffungskosten der Fabrikanlagen, datiert auf den 31.03.1944, betrug 13.533.569,69 RM nachdem im Geschäftsjahr 1943/44 Zugänge über 2.021.027,90 RM verbucht wurden. Vgl. ThHStAW, Gerätebau GmbH, Nr. 462, Bl. 4 r u. BArch, R8135/5863.

wurde 1939, nach Kriegsausbruch, verhandelt. Hinsichtlich der Vertragsbedingungen wird auf die Vereinbarungen für das parallel im Aufbau befindliche Werk in Kassel Bezug genommen.[496]

Ende 1937 kam es zu einer wesentlichen Abänderung der Vereinbarungen des Mantelvertrages von 1934. In diesem Vertrag war vereinbart worden, dass bis zum 31.03.1949 nur die Gebrüder Thiel Seebach GmbH zum Betrieb einer Fertigung in diesem Werk berechtigt sein sollte.[497] Die mit Gesellschaftsvertrag vom 11.12.1937 erfolgte Gründung der Gerätebau GmbH[498] und die Übergabe des Rechts auf alleinige Fertigung an diese bedeutete eine Schlechterstellung für Gebrüder Thiel. Diese zeigte sich einmal in dem größeren Verwaltungsaufwand, der mit einer weiteren Tochtergesellschaft einherging. Die größere Sorge von Gebrüder Thiel dürften die nun entstandenen Einblicks- und Beeinflussungsmöglichkeiten Dritter gewesen sein. Über den Aufsichtsrat (vgl. Abschnitt III, Kap. 3.2.) der neuen Gesellschaft boten sich bislang nicht gekannte und grundsätzlich unerwünschte Kontrollmöglichkeiten über die Geschäfte und Verhältnisse der Familiengesellschaft. Dieses Gremium setzte sich aus vier[499] Vertretern der Thiel-Seite und drei Vertretern der Montan zusammen.[500]

Die von staatlicher Seite 1937 eingeforderten Änderungen folgten dem Ziel, die Vertragsbeziehungen zu Gebrüder Thiel denen für vergleichbare, mit öffentlichen Mitteln errichtete und privat betriebene, Werke anzupassen. Ab Mitte der 1930er Jahre hatte sich unter Berücksichtigung der Rüstungspolitik ein Muster für solche Verträge herausgebildet.[501] Die Verwertungsgesellschaft für Montanindustrie GmbH, kurz Montan, fungierte hierbei als Treuhänderin des Reiches.

496 ThHStAW, Gerätebau GmbH, Nr. 462, Bl. 2 r–14 r u. Bl. 345 r–347 r.

497 Ebd., Bl. 35 r.

498 Unternehmensgegenstand: Ankauf, Bearbeitung, Verarbeitung u. Vertrieb von Metallen u. Metallwaren. Zum Erwerb u. zur Beteiligung an gleichartigen Unternehmen befugt. Geschäftsjahr: 01.04.–31.03. Erstes Geschäftsjahr 31.12.1937 (Eintragung ins Handelsregister, AG Thal, Abt. B, Bd. 2, Nr. 24) bis 31.03.1938. Vgl. ThHStAW, Gerätebau GmbH, Nr. 462, Bl. 229 r–234 r u. 250 r ff.

499 Der Entwurf eines Nachtragsvertrages vom 21.12.1937 zum Mantelvertrag von 1934 sah ein Verhältnis 3:2 vor. Vgl. ThHStAW, Gerätebau GmbH, Nr. 462, Bl. 88 r f.

500 ThHStAW, Gerätebau GmbH, Nr. 449, Bd. 2, Bl. 599 r.

501 In der Literatur wird die dahingehende standardisierte Verflechtungsbeziehung zwischen staatlicher u. privater Seite unter dem Begriff Montan-Schema behandelt. Dabei ging es um ein zumeist aus verschiedenen Verträgen bestehendes Geflecht, welches die privatwirtschaftliche Errichtung u. anschließende Nutzung einer an sich im Staatseigentum stehenden Produktionsstätte ermöglichen sollte. Die Beteiligten waren der Staat, die Montan als Treuhänderin des Staates, ein privates Unternehmen als sog. Muttergesellschaft u. eine private Betreibergesellschaft als Pächterin der Produktionsstätte. Die Pächterin war zudem Tochtergesellschaft der vorgenannten privaten Muttergesellschaft. Ziel war eine staatlich geförderte u. gelenkte Rüstungsproduktion. Vgl. Hopmann, Montan.

Die Gründung der Gerätebau GmbH mit Sitz in Ruhla als Pächterin[502] des Werkes in Mühlhausen war Teil der Anpassung an das Montan-Schema.[503] Von den erzielten Gewinnen war ein Drittel an die Montan als Pacht abzuführen und ein weiteres Drittel[504] erhielt die Gebrüder Thiel Seebach GmbH als Vergütung für den Technologietransfer,[505] von dem das Werk in Mühlhausen profitierte[506] (vgl. Tabelle 17, S. 118). Für die Bereitschaft, das Recht auf alleinige Fertigung aufzugeben, hatte die Gebrüder Thiel Seebach GmbH das Zugeständnis erhalten, dass die Geschäftsführung der Gerätebau GmbH zugleich durch die Geschäftsführung der Muttergesellschaft (vgl. Abschnitt III, Kap. 3.1.) ausgeübt wurde.[507] Eine gesonderte Gehaltszahlung erfolgte nicht, jedoch wurde als Ausgleich eine jährliche Vergütung von 15.000,00 RM vereinbart.[508] Weiterhin übernahm die Gebrüder Thiel Seebach GmbH den Wareneinkauf für die Tochtergesellschaft und erhielt dafür eine Vergütung i. H. v. einem Prozent des Warenwertes.[509]

Neben dem Aufbau der Produktionsanlagen und einer Regelung der Abläufe galt der Frage nach den künftigen Arbeitskräften besonderes Augenmerk. Die örtliche Verfügbarkeit von Mitarbeitern wurde bereits bei den ersten Standortsondierungen analysiert.[510] Der Aufbau des Werkes schuf bald einen Bedarf, der weit über das regionale Arbeitskräfteangebot hinausging. Damit waren Fragen der Beschaffung und Unterbringung zu klären.[511] Die Antworten waren im

---

502 Erster Pachtvertrag am 10./14.01.1938 abgeschlossen. Vgl. ThHStAW, Gerätebau GmbH, Nr. 462, Bl. 2 r ff.

503 Im vorliegenden Fall war die Gebr. Thiel Seebach GmbH die Muttergesellschaft, die vom Reich den im Mantelvertrag geregelten Auftrag zur Errichtung u. Ausrüstung des Werkes in Mühlhausen erhielt. Der Betrieb sollte ursprünglich in ihren Händen liegen. Nach entsprechender Vertragsänderung kam es zur Gründung der Gerätebau GmbH als künftige Pächterin u. Betreiberin des Werkes. Staatlicherseits wurde zudem die Übertragung an die Montan geregelt. Nach einer Aufforderung des OKH (Oberkommando des Heeres) an die Gebr. Thiel Seebach GmbH v. 27.06.1938 erfolgte die Übertragung des Werkes Mühlhausen an Montan mit Vertrag vom 15.09.1938. Vgl. ThHStAW, Gerätebau GmbH, Nr. 462, Bl. 2 r, 3 r, 125 r u. 166 r.

504 Es gab u. a. 1941 das Bestreben, diese Quote zu senken. Gebr. Thiel konnte dies jedoch abwehren. Vgl. ThHStAW, Gerätebau GmbH, Nr. 462, Bl. 35 r u. 43 r–46 r.

505 Der Vertrag mit der Gebr. Thiel Seebach GmbH beinhaltete die technische u. wirtschaftliche Unterstützung sowie die Überlassung von Schutzrechten. Vgl. AHB, GB Gerätebau 1938, S. 1 ff.

506 ThHStAW, Gerätebau GmbH, Nr. 462, Bl. 35 r.

507 Ebd., Nr. 462, Bl. 39 r–46 r.

508 Ebd., Nr. 449, Bd. 1, Bl. 426 r.

509 Ebd., Nr. 449, Bd. 1, Bl. 489 r.

510 Ebd., Nr. 194, Bl. 13 r.

511 Ebd., Nr. 462, Bl. 357 r–367 r.

Aufbau eines zunächst für 500 Menschen ausgelegten Bereitschaftslagers[512] in der Nähe der Fabrik sowie mit der Errichtung von Werkswohnungen[513] in Mühlhausen gefunden.[514] Der generell bestehenden Schwierigkeit, eine große Zahl auswärtiger Arbeitskräfte unterzubringen, wurde in den Folgejahren durch die Errichtung zusätzlicher Holzbaracken im Bereitschaftslager und durch die Anmietung von weiteren Unterkünften begegnet.[515]

Die abgelegene Lage im Mühlhäuser Stadtwald[516] erforderte auch logistische Lösungen. Zur besseren Erreichbarkeit des Werks wurde 1939 eine Anbindung an das städtische Straßenbahnnetz geschaffen.[517] Überdies wurden Teile der Beschäftigten aus der Region mit Bussen zum Werk gebracht.[518] Ungeachtet dessen bestand insbesondere für den Teil der Beschäftigten, der später auch zwangsweise im Bereitschaftslager untergebracht war, der tägliche Arbeitsweg aus einem etwa 2,5 km langen Fußmarsch.[519] Die Beschäftigung von Fremd- und Zwangsarbeitern sowie Häftlingen eines Außenlagers des Konzentrationslagers Buchenwald zeigen eine dunkle Seite des Familienunternehmens. Darauf sowie auf Beschäftigungszahlen bzw. -strukturen und deren Veränderung im Zeitablauf wird in Abschnitt III, Kap. 3.3., detailliert eingegangen. Die Gerätebau GmbH als neu entstandener Teil des Thiel-Konzerns wurde zudem in die sozialen Einrichtungen[520] der Muttergesellschaft eingebunden. Die Mitarbeiter[521] durften diese entsprechend der bestehenden Vereinbarungen nutzen. Am

512 Sowohl das Bereitschaftslager als auch die Werkswohnungen wurden mit staatlichen Mitteln errichtet u. der Gerätebau GmbH pachtweise überlassen. Die Anschaffungswerte der insgesamt geschaffenen Werkswohnungen u. des Bereitschaftslagers wurden mit Stichtag 31.03.1944 auf 709.560,80 RM u. 1.569.332,98 RM beziffert. Vgl. AHB, GB Gerätebau 1939, S. 1; ThHStAW, Gerätebau GmbH, Nr. 462, Bl. 331 r–335 r u. BArch, R8135/5863.

513 Richtfest für die ersten ab August 1938 errichteten Wohnhäuser war am 04.05.1939. Gebaut wurden: drei Einfamiliendoppelhäuser, sechs Vierfamilienhäuser u. ein Achtfamilienhaus. Die Wohnungen waren für Mitarbeiter in gehobener Position vorgesehen. Ab September 1940 entstanden weitere Siedlungshäuser, die 1942 bezogen wurden. Vgl. Cramer, Gerätebau GmbH, S. 20 u. Görner, Chronik Mühlhausen, S. 387, 391; 397 u. 403.

514 AHB, GB Gerätebau 1939, S. 1 f u. Görner, Chronik Mühlhausen, S. 387 ff.

515 ThHStAW, Gerätebau GmbH, Nr. 163, Bl. 5 r.

516 Cramer, Gerätebau GmbH, S. 10.

517 Görner, Chronik Mühlhausen, S. 392; Cramer, Gerätebau GmbH, S. 57 u. AHB, GB Gerätebau 1939, S. 1.

518 Cramer, Gerätebau GmbH, S. 57.

519 AHB, GB Gerätebau 1940, S. 1 u. Baranowski, Rüstungsproduktion, S. 307–313.

520 Dazu zählten: Betriebskrankenkasse, Pensionskasse für Angestellte u. Thiel´sche Unterstützungskasse.

521 Ob der bestehenden Diskriminierung u. Ausgrenzung von Fremd- u. Zwangsarbeitern, einschließlich der beschäftigten Häftlinge des Konzentrationslagers, ist der Begriff Mitarbeiter sehr eng zu begreifen.

Beispiel der Pensionskasse wird allerdings deutlich, dass diese nur für einen begrenzten Personenkreis zugänglich war.[522]

Neben dem Standort Mühlhausen geriet für kurze Zeit ein weiterer Standort in Kassel in den Fokus der Gerätebau GmbH. An der Lilienthalstraße in Kassel-Bettenhausen sollte ein weiterer Pachtbetrieb entstehen. Ähnlich zu den Abläufen in Mühlhausen kam es zum Vertragsschluss zwischen der Gebrüder Thiel Seebach GmbH und dem OKH über die staatlich finanzierte Errichtung einer Produktionsstätte für Zeitzünder.[523] Darin verpflichtete sich das Unternehmen, „im eigenen Namen, aber für Rechnung des O.K.H. auf einem der Verwertungsgesellschaft für Montanindustrie gehörigen Gelände in Kassel nach Maßgabe (...) [ihrer] Erfahrungen je eine Fertigungsstätte für Zt. Z. [Zeitzünder, Anm. Verf.] S/30 und Dopp. Z. [Doppelzünder, Anm. Verf.] S/60 sowie eine Lehrlings- und Umschulungswerkstatt zu errichten."[524] Der Vertragsabschluss 1936 lag auch hier noch vor dem Gründungsdatum der Gerätebau GmbH. Deren künftige Rolle war aber in Bezug auf den Standort Kassel aus Sicht der Beteiligten klar definiert. In der vorgenannten Auftragsbestätigung vom 16.02.1938 lautet es dazu weiter: „Die Tochtergesellschaft, nämlich die Gerätebau GmbH, ist inzwischen errichtet worden. Wir würden es begrüßen, wenn der Pachtvertrag alsbald abgeschlossen werden könnte und schlagen vor, ihn auf der gleichen Basis wie den Pachtvertrag für das Werk Mühlhausen abzuschließen. Wir bitten das O.K.H. unseren Wunsch an die Grundstückseigentümerin befürwortend weiterzuleiten."[525] Hinsichtlich Größe und Auftragsvolumen ging das neue Werk noch einmal über das in Mühlhausen geschaffene hinaus. Konzipiert für je 100.000 Stück der genannten Zündertypen bei einer monatlichen Betriebsdauer von 500 Stunden, betrug das kalkulierte Auftragsvolumen für Errichtung und Ausstattung 21.140.000 RM. Entsprechend dem gesteckten Zeit- und Etatplan[526] sollte das Werk bei Erfüllung der sonstigen Voraussetzungen am 01.10.1939 in Betrieb gehen[527] und ein Jahr später in Vollschicht eine monatli-

---

522 Angestellte der Gerätebau GmbH, die vor 1935 aus ihrer Tätigkeit in einer der Thiel-Gesellschaften schon einmal Mitglied waren, konnten aufgenommen werden. Die anderen Angestellten wurden freiwillig in der Angestelltenversicherung höher versichert. Vgl. ThHStAW, Gerätebau GmbH, Nr. 449, Bd. 1, Bl. 638 r.

523 Neben dem letztlich realisierten vollständigen Neubau in Kassel bestand zunächst für die Gebr. Thiel Seebach GmbH die Option, eine bereits bestehende Fabrikanlage von der Zeiss Ikon AG aus Dresden zu erwerben. Das bis 20.01.1937 gültige Angebot beinhaltete den Erwerb eines etwa 2,5 ha großen Geländes mit Fabrikanlagen in Kassel zum Preis von 250.000 RM. Vgl. ThHStAW, Gebr. Thiel Seebach GmbH, Nr. 480, Bl. 229 r–231 r.

524 ThHStAW, Gebr. Thiel Seebach GmbH, Nr. 480, Bl. 212 r.

525 Ebd.

526 Geplantes Investitionsvolumen nach Jahren: 1938 5.183.250 RM; 1939 9.664.557 RM u. 1940 6.292.193 RM. Vgl. ThHStAW, Gebr. Thiel Seebach GmbH, Nr. 480, Bl. 55 r.

527 Richtfest für den ersten Bauabschnitt war im Mai 1939. Vgl. ThHStAW, Gerätebau GmbH, Nr. 452, Bl. 322 r.

che Produktion von 200.000 Zündern erreichen.[528] Bezüglich der technischen Ausstattung[529] war Gebrüder Thiel an seine Grenzen gelangt und verwies darauf, dass die Kapazitäten[530] zur Eigenfertigung der benötigten Maschinen fehlten.

Die Errichtung der Fabrikanlagen in Kassel begann Ende 1938, nachdem das benötigte Grundstück im Januar 1938, anders als noch in Mühlhausen, direkt durch die Montan erworben wurde.[531] Noch bevor die Anlage durch die Gebrüder Thiel Seebach GmbH vollständig in Betrieb genommen und pachtweise an die Gerätebau GmbH übergeben werden konnte, kam es zum Kurswechsel.[532] Das Ende des Westfeldzuges in Verbindung mit der durch Hitler gestoppten weiteren Umstellung auf die Kriegswirtschaft brachte erhebliche Auftragsrückgänge.[533] Für Gebrüder Thiel bedeutete dies, dass der Betrieb in Kassel zum 31.08.1940 stillgelegt wurde.[534] Zum Abschluss des geplanten[535] und auf 15 Jahre angelegten Pachtvertrages mit der Gerätebau GmbH dürfte es nie gekommen sein.[536] Die Nachnutzung der Gebäude erfolgte durch die Junkers-Werke, welche die Fabrikanlagen später erwarb.[537]

---

528 ThHStAW, Gebr. Thiel Seebach GmbH, Nr. 480, Bl. 205 r.

529 Die anfängliche Planung ging davon aus, dass Maschinen u. Werkzeuge im Wert von 2.886.000 RM aus eigener Fertigung geliefert werden sollten. Vgl. ThHStAW, Gebr. Thiel Seebach GmbH, Nr. 480, Bl. 240 r.

530 Mit Hinweis auf einen Wegfall von Exporten der Maschinenfabrik i. H. v. 2 Mio. RM, versuchte Gebr. Thiel die Verpflichtung hin zur vollständigen Eigenfertigung der Ausrüstung zu verhindern. Dieses Verhalten dürfte im für das Unternehmen lukrativeren, verm. margenstärkeren Exportgeschäft begründet liegen. Eine intensive Pflege des Exports hatte sich in der Unternehmensgeschichte wiederholt als erfolgreich u. stabilisierend erwiesen. Vgl. ThHStAW, Gebr. Thiel Seebach GmbH, Nr. 480, Bl. 204 r.

531 Kaufvertrag v. 21.01.1938 über ein 1.966,94 Ar großes unbebautes Grundstück. Zu den Erwerbskosten i. H. v. 688.998,00 RM kamen Nebenkosten i. H. v. 144.372,90 RM. Vgl. ThHStAW, Gerätebau GmbH, Nr. 459, Bd. 1, Bl. 9 r u. ThHStAW, Gebr. Thiel Seebach GmbH, Nr. 458, Bd. 2, Bl. 742 r.

532 Unsicherheit bezüglich der Entwicklung des Standortes Kassel war schon 1938 ersichtlich. Auf das Versetzungsersuchen eines Mitarbeiters wurde im Oktober 1938 mitgeteilt, „dass noch gar nicht abzusehen ist, ob u. wann Personal für K. gebraucht wird." ThHStAW, Gerätebau GmbH, Nr. 449, Bd. 2, Bl. 148 r. Mit ähnlicher Begründung hatte R. Thiel zuvor eine über das Aufsichtsratsmitglied der Gerätebau GmbH, Birkmeyer, zugeleitete Bewerbung zurückgegeben. ThHStAW, Gerätebau GmbH, Nr. 449, Bd. 1, Bl. 438 r.

533 Hopmann, Montan, S. 122 u. AET, Lebenserinnerungen Thiel 1963, S. 186 f.

534 ThHStAW, Gebr. Thiel Seebach GmbH, Nr. 458, Bd. 1, Bl. 56 r u. 85 r.

535 Ebd., Nr. 480, Bl. 254 r.

536 Mit S. v. 22.06.1939 teilte die Gerätebau GmbH der Montan mit, dass Bedenken gegen die Aktivierung von Grunderwerbskosten bestehen, da sie weder einen Pachtvertrag noch einen sonstigen Vorgang hinsichtlich Kassel besitzt. Ein derartiger Pachtvertrag hätte auch die Übernahme der Fertigung in eigene Regie des OKH bis zum Ende der Vertragslaufzeit verhindert. Eine rasche Übertragung an Junkers wäre damit verm. nicht möglich gewesen. Dass Verträge erst nach Inbetriebnahme der Anlagen geschlos-

Ausgehend von der Konzeption der Gerätebau GmbH und der Entstehungsgeschichte des Standortes Mühlhausen wird deutlich, dass der eigentliche Unternehmenszweck eine Massenfertigung von Kriegsmaterial war. Ihr Schicksal war somit in besonderem Maße von der Vorbereitung auf einen Krieg und von dessen Verlauf bestimmt. Über Produkte und Aufträge, die eine stabile Existenz auch in Friedenszeiten sichern konnten, verfügte die Gerätebau GmbH nicht. Insoweit lag es nahe, dass mit dem Ende des Krieges das Ende des Unternehmens einherging. So wurde die Zünderproduktion mit dem Einmarsch der amerikanischen Truppen Anfang April 1945 in Mühlhausen endgültig eingestellt. Die Gerätebau GmbH veröffentlichte zudem am 05.05.1945 die Mitteilung, dass keine Aussicht auf Weiterbetrieb bestünde. Der vorläufige Schlusspunkt wurde, nachdem die Amerikaner einige Maschinen ausgewählt und abtransportiert hatten, mit der Entlassung der Belegschaft gesetzt. Am 30.05.1945 wurde allen verbliebenen Mitarbeitern mit sofortiger Wirkung gekündigt.[538]

Für die Gerätebau GmbH, insbesondere ihren Produktionsstandort, wurden mit der Enteignung 1945 und anschließenden Sprengung der Betriebsstätte in Mühlhausen alle weiteren Perspektiven zerstört (vgl. Abschnitt IV, Kap. 1.1.).

1.4.2. Die geschäftliche Entwicklung

Die wirtschaftliche Ausgangssituation der Gerätebau GmbH gestaltete sich günstig. Das lag besonders daran, dass durch die Übernahme des im Betrieb befindlichen Werkes in Mühlhausen eine Aufbau- und Anlaufphase nicht durchlaufen werden musste. Vielmehr wurde zum 01.01.1938 ein mit Vollauslastung laufender Betrieb von der Gebrüder Thiel Seebach GmbH übernommen. Der Übergang umfasste neben den Fertigungsanlagen, die Mitarbeiter sowie einen Bestand an Rohstoffvorräten, Waren und unerledigten Aufträgen.[539]

Die Auftragsentwicklung gestaltete sich über das Rumpfgeschäftsjahr (01.01.1938–31.03.1938) hinaus weiter günstig und schuf die Voraussetzungen für eine Verdoppelung der Produktion. Damit einher ging die Umstellung der Fertigung auf einen Zweischichtbetrieb. Die Beschaffung der dafür benötigten etwa 2.300 zusätzlichen Arbeitskräfte gestaltete sich schwierig. Da ein solches Arbeitskräftepotenzial am Ort nicht verfügbar war, galt es, für die Unterbrin-

---

sen wurden, war offensichtlich häufiger der Fall u. stärkte die Position der Montan gegenüber den Mutterfirmen, da diese bei Verhandlungen noch nicht auf vertraglichen Vereinbarungen beharren konnten. Vgl. ThHStAW, Gerätebau GmbH, Nr. 459, Bd. 1, Bl. 7 r u. Gebr. Thiel Seebach GmbH, Nr. 480, Bl. 254 r i. V. m. Hopmann, Montan, S. 73, 134 u. 291.

537 ThHStAW, Gebr. Thiel Seebach GmbH, Nr. 458, Bd. 2, Bl. 743 r i. V. m. Hopmann, Montan, S. 134 u. 291; AET, Lebenserinnerungen Thiel 1963, S. 187 u. Baranowski, Rüstungsproduktion, S. 306 f.

538 Görner, Chronik Mühlhausen, S. 423, 429 f u. 432.

539 AHB, GB Gerätebau 1938, S. 1 u. 3.

gung der von auswärts kommenden Personen Sorge zu tragen. Darüber hinaus genügten die Kapazitäten im Werk nur, um monatlich etwa 400 neue Mitarbeiter anzulernen. Insgesamt bedeutete das eine Verzögerung der angestrebten Produktionsausweitung, welche auch aus der Umsatzentwicklung (vgl. Tabelle 16, S. 117) ersichtlich wird. Die Verdopplung des Ursprungsumsatzes[540] wurde im dritten Geschäftsjahr annähernd erreicht.[541] Nach diesem anfänglich rasanten Wachstum geriet das Unternehmen im Sommer 1940 in eine kurze, aber ernste Krise. Die bestehende wirtschaftliche und politische Abhängigkeit vom nationalsozialistischen System zeigte sich in dieser Zeit in aller Deutlichkeit. Eine „Umsteuerung der Rüstung"[542] vereitelte die vorgesehene Ergänzung der Gerätebau GmbH um eine weitere Betriebsstätte in Kassel. Die Abgabe des neu errichteten Werkes zur Zünderproduktion in Kassel an den Flugzeugbauer Junkers war eine Konsequenz der an die munitionserzeugenden Firmen mit Rundschreiben vom 23.08.1940 erlassenen Anweisung: „Die durch Herabsetzung der Ausstosszahlen in der Munitionserzeugung freiwerdenden Kapazitäten müssen soweit wie möglich in das Erzeugungsprogramm der Waffen und Geräte eingeschaltet werden."[543] Darüber hinaus drohte in diesem Kontext auch eine Stilllegung der bisherigen Betriebsstätte in Mühlhausen und damit eine Gefährdung der Unternehmensexistenz. Während am 19.06.1940 nur der Abbau der Beschäftigtenzahlen um 1.400 Personen infolge eines 25-prozentigen Rückgangs der Produktion im Raum stand, war ab Juli von der Stilllegung die Rede. Das Unternehmen ging noch am 18.07.1940 davon aus, dass Räume und Maschinen möglicherweise ab Ende August 1940 zur Nutzung durch Dritte zur Verfügung stünden. Bereits am 26.07.1940 teilte die Hauptverwaltung in Ruhla der Betriebsleitung in Mühlhausen mit, dass durch eine neue Verfügung des Auftraggebers weder Räume noch Maschinen frei würden.[544]

540 Ausgehend vom Rumpfgeschäftsjahr ergäbe sich ein Jahresumsatz im ersten Geschäftsjahr von ca. 8,8 Mio. RM.

541 AHB, GB Gerätebau 1939, S. 1 ff; 1940, S. 3 u. ThHStAW, Gerätebau GmbH, Nr. 462, Bl. 357 r–367 r.

542 AHB, GB Gerätebau 1940, S. 1 u. ThHStAW, Gerätebau GmbH, Nr. 163, Bl. 5 r.

543 ThHStAW, Gerätebau GmbH, Nr. 450, Bd. 1, Bl. 201 r.

544 Ebd., Bl. 257 r, 265 r, 266 r, 293 r u. 314 r u. Baranowski, Rüstungsproduktion, S. 305–307.

Tabelle 16: Umsatzentwicklung Gerätebau GmbH 1937–1945

Geschäftsjahr	1937/38	1938/39	1939/40	1940/41	1941/42	1942/43	1943/44	[545]1944/45
Umsatz[546] in RM	2.214.450	12.293.490	16.823.416	15.103.106	18.925.000	15.271.000	15.031.000	7.303.000

Quelle: eigene Darst., basierend auf AHB, GB Gerätebau 1942, S. 2; ThHStAW, Gerätebau GmbH, Nr. 455, Bl. 348 r u. v u. BArch, R8135/5863.

Mit dem erneuten Richtungswechsel konnte das drohende Untergangsszenario abgewendet werden. Dennoch waren bereits etwa 2.500 Beschäftigte entlassen und in andere Rüstungsbetriebe vermittelt worden. Diese Mitarbeiter fehlten kurzfristig für eine erneute Steigerung der Produktion.[547] Obwohl die Expansion des Unternehmens gestoppt worden war, konnte allein in Mühlhausen schnell noch einmal auf den vorherigen Wachstumspfad zurückgekehrt werden. Der Jahresumsatz erreichte im Geschäftsjahr 1941/42 seinen Zenit mit nahezu 19 Mio. RM. Wenngleich in dieser Hinsicht der Höhepunkt überschritten war, erzielte das Unternehmen trotz veränderter Rahmenbedingungen[548] in den verbleibenden Jahren zum Teil noch Gewinne[549] über dem Niveau von 1940/41[550] (vgl. Tabelle 17, S. 118).

545 Zeitraum 01.04.1944 bis 30.09.1944.

546 Es existieren abweichende Umsatzwerte, u. a. Geschäftsjahr 1942/43: 14.733.000 RM, vgl. AHB, GB Gerätebau 1942, S. 2. BArch, R8135/5863 zeigt einen möglichen Grund. Dort finden sich für das genannte Jahr folgende Werte: Wehrmacht (Heer) 14.782.000 RM; Wehrmacht (mittelbar) 214.000 RM; Wehrmacht (insgesamt) 14.996.000 RM; Rüstungsumsatz (insgesamt) 14.996.000 RM; anderer Inlandsumsatz 275.000 RM u. Gesamtumsatz 15.271.000 RM.

547 ThHStAW, Gerätebau GmbH, Nr. 163, Bl. 5 r u. 6 r.

548 Auf Unternehmensebene hatten neben Auftragsschwankungen Veränderungen in den Beschäftigtenstrukturen Auswirkungen. Zum Wehrdienst einberufene Fachkräfte mussten ersetzt werden. Der Ersatz, soweit solcher zur Verfügung stand, waren zumeist weibliche Zwangs- u. Fremdarbeiterinnen. Geringere Lohnzahlungen an diese führten aber auch zu Kosteneinsparungen. Darüber hinaus erforderte Rohstoffmangel den Einsatz von Surrogaten in der Produktion (z. B. Ersatz von Nichteisenmetallen durch Eisen). Vgl. AHB, GB Gerätebau 1943, S. 2 f.

549 Steuerlicher Gewinn nach Jahren: 1937/38: 371.474,49 RM; 1938/39: 808.900,21 RM; 1939/40: 1.948.723,08 RM u. 1940/41: 1.249.628,79 RM. 1943/44: Gewinn lt. Betriebsergebnisrechnung 1.509.765 RM (durch Firma angegeben) u. 1.628.421 RM (nach Prüfung durch Dt. Revisions- u. Treuhand-AG ermittelt). Vgl. ThHStAW, Gerätebau GmbH, Nr. 455, Bl. 348 r f. u. BArch, R8135/5863.

550 Baranowski, Rüstungsproduktion, S. 307 ff; AHB, GB Gerätebau 1942, S. 2 u. AET, Lebenserinnerungen Thiel 1963, S. 186 f.

Tabelle 17: Gewinn und Ausschüttung Gerätebau GmbH bis 1945

Geschäftsjahr[551]	1937/38	1938/39	1939/40	1940/41	1941/42	[552]1942/43	1943/44
Werte in RM							
Vergütung „Seebach“	58.739,17	114.163,54	141.859,34	148.755,01	169.487,54	65.470,23	262.857,66
Pacht „Montan“	58.739,17	114.163,54	141.859,34	148.755,01	169.487,54	65.470,23	262.857,66
Bilanzgewinn davon (Dividende)	58.739,18 (40.000)	114.163,54 (72.000)	141.859,34 (120.000)	148.755,01 (120.000)	169.487,54 (170.000)	65.470,23 (65.000)	262.857,66 (k. A.)
Summe[553]	176.217,52	342.490,62	425.578,02	446.265,03	508.462,62	196.410,69	788.572,98

Quelle: eigene Darst., basierend auf AHB, GB Gerätebau 1938, S. 5; 1939, S. 5; 1940, S. 6; 1942, S. 5 u. 1943, S. 5 u. ThHStAW, Gerätebau GmbH, Nr. 455, Bl. 287 r; 301 r; 303 r; 313 r u. 324 r u. Nr. 163, Bl. 10 r.

551 Für 1944/45 keine Angaben, da die Werte verm. nie berechnet wurden. Das Geschäftsjahr endete am 31.03.1945 u. die Amerikaner trafen Anfang April 1945 in Mühlhausen u. Ruhla ein. Vgl. Görner, Chronik Mühlhausen, S. 423 u. ALK, Beiträge Betriebschronik, S. 25.

552 Als Ergebnis einer vom Auftraggeber der „Gerätebau GmbH“ durchgeführten Prüfung mussten für die Geschäftsjahre 1941/42: 300 TRM u. 1942/43: 100 TRM als Mehrerlös zurückgezahlt werden. Durch die Auswirkung auf den Gewinn wurde die Berechnungsgrundlage für Pachtzahlung etc. geschmälert. Vgl. AHB, GB Gerätebau 1943, S. 4.

553 Gemäß Vertrag der Gewinn, welcher Grundlage für die Berechnung der Pachtzahlung an „Montan“ war. Die Vergütungszahlung an die „Gebrüder Thiel Seebach GmbH“ war wiederum an die Pachtzahlung gekoppelt. Vgl. ThHStAW, Gerätebau GmbH, Nr. 462, Bl. 35 r.

2. Kapital und Eigentümer

2.1. Kapitalmaßnahmen und Verflechtungsbeziehungen

2.1.1. Stammkapital der Inlandsgesellschaften

An dieser Stelle werden die Entwicklungen des jeweiligen Stammkapitals für die drei unter dem Thiel-Konzern vor 1945 geführten inländischen Kapitalgesellschaften skizziert. Das ist zugleich die Grundlage für die Analyse der durch eine abgestimmte Ausschüttungspolitik erreichten Verflechtungsbeziehungen sowie der Gesellschafterstrukturen.

Die aus der Umwandlung der Gebrüder Thiel OHG 1901 hervorgegangene Gebrüder Thiel GmbH wurde mit einem Stammkapital von 3 Mio. M ausgestattet. Bei einer Beurteilung dieses Stammkapitals kam Reinhold Thiel zu der Einschätzung, dass damit eine deutliche Überbewertung vorgelegen habe. Das gelte für die Aktivpositionen und die Ertragslage gleichermaßen.[554] Anhand der Bewertung von im Unternehmen für die eigene Produktion entwickelten und gebauten Kettenmaschinen verdeutlichte er vorgenommene Manipulationen. In älteren Bilanzen wurden derartige Maschinen mit je 600 M erfasst, bei der Umwandlung hingegen mit 2.000 M. Bei einem Gesamtbestand von ca. 100 Maschinen ergab das allein einen Betrag von 140.000 M. Bei anderen Positionen bot sich ein ähnliches Bild. Das vormalige Kapital der offenen Handelsgesellschaft bezifferte er auf etwa 1,25 Mio. M, und auch in diesem Bereich siedelte er ein für die damaligen betrieblichen Verhältnisse angemessenes Gesellschaftskapital an. Sowohl die Biografie Reinhold Thiels[555] als auch die ersten Geschäftsberichte und Bilanzen der GmbH lassen diese Aussagen glaubhaft erscheinen.[556] Die anfängliche Überbewertung bewirkte zugleich eine lang anhaltende Stabilität des Stammkapitals (vgl. Tabelle 18, S. 120). Der mit dem Ersten Weltkrieg einhergehende starke Zuwachs beim Geschäftsumfang führte nicht zu Kapitalmaßnahmen. 1916 stand im Raum, das Kapital um 1 Mio. M auf 4 Mio. M anzuheben.[557] Derartige Überlegungen kamen in der Weimarer Republik wieder auf. Zunächst betraf es jedoch nicht die Frage einer Kapitalveränderung, sondern die einer veränderten Gesellschaftsform. Vorstand und Aufsichtsrat erteilten im Rahmen einer außerordentlichen Gesellschafterversammlung am 28.07.1920 Bericht darüber, ob den Gesellschaftern die Umwandlung der Gesellschaft in eine Aktien- oder Kommanditgesellschaft zu empfehlen sei. Die

554 AET, Lebenserinnerungen Thiel, S. 29.

555 Reinhold Thiel war nach Beendigung seiner Schulzeit 1897 als Sohn eines Inhabers zunächst als Lehrling ins Unternehmen eingetreten u. ab Frühjahr 1898 dort in der Kapsel-, später in der Uhrenabteilung tätig.

556 APD, Thiel, Rückblick 1956, S. 9; AET, Lebenserinnerungen Thiel, S. 8, 16 u. 29 u. ThHStAW, Gebr. Thiel GmbH Ruhla, Nr. 395, Bl. 1 r–94 r.

557 Ebd., Nr. 75, Bl. 239 r.

Finanzierungsfrage beschränkte sich zu dieser Zeit darauf, ob ein festverzinsliches und am Gewinn beteiligtes Darlehen aufgenommen werden sollte.[558]

Tabelle 18: Kapitalmaßnahmen Gebr. Thiel GmbH 1901–1945

Datum	Art der Maßnahme	Stammkapital vor der Maßnahme	Stammkapital nach der Maßnahme
01.04.1901	Gründung	—	3.000.000,00 M
15.12.1920	Kapitalerhöhung	3.000.000,00 M	4.500.000,00 M
16.07.1922	Kapitalerhöhung	4.500.000,00 M	6.000.000,00 M
20.12.1922	Kapitalerhöhung	6.000.000,00 M	12.000.000,00 M
14.12.1924	Kapitalumstellung	12.000.000,00 M	3.600.000,00 RM
03.12.1932	Kapitalherabsetzung	3.600.000,00 RM	2.400.000,00 RM
29.11.1941	Kapitalberichtigung	2.400.000,00 RM	10.560.000,00 RM
10.07.1945[559]	Enteignung[560]	10.560.000,00 RM	—

Quelle: eigene Darst., basierend auf ThHStAW, Gebr. Thiel GmbH Ruhla, Nr.: 179, 2 v.

In der Folge blieb die GmbH bestehen, auch wenn wiederholt im Kreise der Gesellschafter Überlegungen zu einer Umwandlung angestellt wurden, so wie es bereits in früheren Jahren der Fall war.[561] Das Stammkapital wurde im Rahmen einer weiteren außerordentlichen Gesellschafterversammlung am 15.12.1920 auf 4,5 Mio. M erhöht. Ebenfalls vor dem Hintergrund des anhaltenden Währungsverfalls folgten 1922 zwei weitere Erhöhungen auf 6 Mio. M und 12 Mio. M. Bei der zweiten Kapitalerhöhung des Jahres 1922 hatte die Währungsentwicklung die Überlegungen der Gesellschaft überholt. Dabei wurde, wie im Schreiben vom 17.12.1922 ersichtlich, durch den Bevollmächtigten Brinkmann empfohlen, das Kapital auf maximal 9 Mio. M zu erhöhen.[562] Nachdem sich das Kapital binnen zwei Jahren vervierfacht hatte, war für 1923 eine nochmalige Versechsfachung auf dann 72 Mio. M in Planung, welche jedoch nicht mehr umgesetzt wurde.[563]

Die währungspolitischen Entwicklungen machten 1924 die neuerliche Anpassung des Kapitals erforderlich. Diesmal war im Zuge der Umstellung auf Reichsmark die Frage zu klären, wie weit das Kapital abgesenkt werden müsse. Im Juni 1924 wurde ein Beschluss wegen der Unsicherheit bezüglich der zu erwartenden hypothekarischen Belastung noch vertagt. Eine tendenziell höhere Belastung und damit Verschuldung gegenüber dem Staat musste zu einem verringerten Kapitalansatz führen. Der für diese Frage entscheidende Dawesbe-

558 ThHStAW, Gebr. Thiel GmbH Ruhla, Nr. 109, Bl. 189 r.

559 Polizeiverordnung vom 06.07.1945 u. Polizeiverfügung vom 10.07.1945.

560 Gesetz über Enteignung vom 09.10.1945.

561 ThHStAW, Gebr. Thiel GmbH Ruhla, Nr. 18, Bl. 67 r; Nr. 74, Bl. 88 r u. Nr. 113, Bl. 192 r–194 r.

562 Ebd., Nr. 113, Bl. 8 r.

563 Ebd., Nr. 70, Bl. 90 r f.

richt[564] sollte abgewartet werden. Entsprechend den gesetzlichen Bestimmungen wurde das Stammkapital mit Beschluss der Gesellschafterversammlung vom 14.12.1924 auf 3,6 Mio. RM neu festgesetzt.[565]

Eine weitere Veränderung der Kapitalausstattung erfolgte 1932. Durch die Weltwirtschaftskrise war das Geschäft deutlich zurückgegangen. Der Umsatz lag bei weniger als 40 % des Wertes von 1929. Aufgrund der ungünstigen Aussichten sollten die frei werdenden Mittel durch Kapitalrückzahlung an die Gesellschafter zurückgegeben werden. Unter den gegebenen Umständen wäre andernfalls eine weiterhin angemessene Verzinsung des bislang eingesetzten Kapitals schwer möglich gewesen. Die Herabsetzung um 1,2 Mio. RM erfolgte am 03.12.1932 gemäß der „Verordnung über die Durchführung der Vorschriften über die Kapitalherabsetzung in erleichterter Form vom 18.02.1932". Dazu wurden von den Gesellschaftern entsprechende Geschäftsanteile zum Nennwert erworben. Aufgrund der zum Zeitpunkt der Bekanntgabe bereits für die Gesellschaft verfügbaren Anteile im Wert von 525.400 RM waren seitens der Gesellschafter noch die in Ergänzung zu 1,2 Mio. RM erforderlichen Anteile anzubieten. Das bedeutete für den Einzelnen eine Abgabe von etwa 22 % seiner bisherigen Beteiligung, um die Herabsetzung auf zwei Drittel des bisherigen Stammkapitals zu ermöglichen.[566]

Am 29.11.1941 wurde das Kapital entsprechend den Vorschriften der Dividendenabgabenverordnung vom 12.06.1941 in vereinfachter Weise um 8.160.000 RM auf 10.560.000 RM erhöht. Die Bilanz per 31.12.1940 wurde anschließend berichtigt. Diese Maßnahme führte neben einer bilanziellen Vermögensmehrung dazu, dass die prozentualen Ausschüttungen in Bezug auf das nun stark erhöhte Gesellschaftskapital künftig geringer ausfielen. Insoweit konnten bei bestehenden Veröffentlichungspflichten Dritte über die tatsächliche Dimension der Gewinnausschüttung stärker getäuscht werden.[567]

Der Schritt der Kapitalberichtigung wurde ebenso für die Gebrüder Thiel Seebach GmbH vollzogen. Dort wurde das Stammkapital auf 8 Mio. RM verdoppelt.[568] Die anschließende Entwicklung beider Gesellschaften führte zu keinen weiteren Kapitalveränderungen und mündete 1945 in der Beschlagnahmung und Enteignung in der sowjetischen Besatzungszone. Ein Vergleich beider Ge-

---

564 Charles G. Dawes, Finanzpolitiker u. Vizepräsident der USA. Der durch ihn vorgelegte Plan war eine Grundlage für die Reparationszahlungen Deutschlands u. insbesondere die damit einhergehenden Belastungen für die deutschen Industrieunternehmen. Vgl. Walter, Wirtschaftsgeschichte, S. 171 ff.

565 ThHStAW, Gebr. Thiel GmbH Ruhla, Nr. 77, Bl. 46 r u. AHB, Gesellschaftsvertrag Ruhla 1931, S. 2.

566 AHB, S. v. 24.06.1932 Ruhla-Metzke; Gesellschaftsvertrag Ruhla 1937, S. 4 u. ThHStAW, Gebr. Thiel Seebach GmbH, Nr. 361, Bl. 27 r.

567 AG Mühlhausen, HRB 27; ThHStAW, Gebr. Thiel GmbH Ruhla, Nr. 179, Bl. 4 r u. v u. AHB, Berichtigte Bilanz 1940, i. V. m. Bilanz und GB 1940.

568 AHB, Gesellschaftsvertrag Seebach 1941, S. 10 c f.

sellschaften zeigt, dass sich das Kapital der Gebrüder Thiel Seebach GmbH (vgl. Tabelle 19) von 1922 bis 1941 deutlich dynamischer entwickelt hatte.

Tabelle 19: Kapitalmaßnahmen „Seebach" GmbH 1922–1945

Datum	Art der Maßnahme	Stammkapital vor der Maßnahme	Stammkapital nach der Maßnahme
16.07.1922	Gründung	—	300.000,00 M
14.12.1924	Kapitalumstellung	300.000,00 M	60.000,00 RM
13.12.1925	Kapitalerhöhung	60.000,00 RM	180.000,00 RM
11.12.1926	Kapitalerhöhung	180.000,00 RM	360.000,00 RM
05.11.1927	Kapitalerhöhung	360.000,00 RM	720.000,00 RM
25.10.1930	Kapitalerhöhung	720.000,00 RM	1.200.000,00 RM
28.10.1933	Kapitalerhöhung	1.200.000,00 RM	2.400.000,00 RM
10.11.1934	Kapitalerhöhung	2.400.000,00 RM	3.000.000,00 RM
03.12.1938	Kapitalerhöhung	3.000.000,00 RM	4.000.000,00 RM
29.11.1941	Kapitalberichtigung	4.000.000,00 RM	8.000.000,00 RM
10.07.1945[569]	Enteignung[570]	8.000.000,00 RM	—

Quelle: eigene Darst., basierend auf AHB, Gesellschaftsvertrag Seebach 1941, S. 4.

Innerhalb von 14 Jahren folgten, bedingt durch die Anforderungen eines ausgedehnten Geschäftsbetriebs, sieben ordentliche Kapitalerhöhungen. Von der Währungsumstellung auf Reichsmark im Jahr 1924 abgesehen, gab es keine rückwärtsgewandte Entwicklung beim Stammkapital.[571] Eine Besonderheit dieser Gesellschaft stellte überdies die Finanzierung der einzelnen Maßnahmen dar, auf welche detailliert im weiteren Verlauf eingegangen wird. „Weder bei der Gründung der Tochtergesellschaft, noch bei allen späteren Kapitalaufstockungen (…) haben die Gesellschafter einen Pfennig einbezahlt."[572]

Die Gerätebau GmbH als letzte der hier zu betrachtenden Gesellschaften wies in der Zeitspanne ihres Bestehens keine Veränderungen beim Stammkapital auf. Dieses wurde zur Gründung auf 120.000 RM festgesetzt. Das Unternehmen selbst wurde im Gegensatz zu den beiden anderen Thiel-Gesellschaften in der Polizeiverfügung vom 10.07.1945[573] in der dortigen Auflistung der beschlagnahmten Vermögen nicht genannt. Als 100-prozentige Tochter der Gebrüder Thiel Seebach GmbH teilte sie aber deren Schicksal und wurde zusammen mit ihr enteignet.[574]

569 Polizeiverordnung vom 06.07.1945 u. Polizeiverfügung vom 10.07.1945.
570 Gesetz über Enteignung vom 09.10.1945.
571 In den Jahren 1922 u. 1923 fand noch kein Geschäftsbetrieb statt. Vgl. ThHStAW, Gebr. Thiel GmbH Ruhla, Nr. 434, Bl. 81 r u. 147 r.
572 AET, Lebenserinnerungen Thiel 1963, S. 138.
573 Polizeiverfügung vom 10.07.1945.
574 AHB, GB Gerätebau 1938 u. APD, Thiel Rückblick 1956, S. 42.

2.1.2. Ausschüttung und Verflechtung

Das Ziel „Erhalt der Familiengesellschaft" findet über die Jahre hinweg Betonung in den verschiedenen Unterlagen. Damit diese Zielsetzung verwirklicht werden konnte, bedurfte es im geschäftlichen Alltag ebenso wie in außergewöhnlichen Situationen entsprechender Entscheidungen auf Gesellschafter- bzw. Unternehmensebene. Periodisch wiederkehrend galt es, über die Höhe der Gewinnausschüttungen zu befinden. Diese Frage war vor dem Hintergrund der konjunkturellen Schwankungen im Geschäftsverlauf und der heterogenen wirtschaftlichen Stärke der Gesellschafter ganz entscheidend. Gewinnausschüttungen, die im Bezug auf den tatsächlichen Unternehmenserfolg zu hoch ausfielen, bedrohten durch Substanzverzehr langfristig den Bestand. Damit wären die Gesellschafter zwar kurzfristig besser gestellt worden, hätten aber auf lange Sicht Einnahmeausfälle erlitten. Andererseits war gerade für die weniger finanzstarken Gesellschafter eine zuverlässige jährliche Ausschüttung zum Beteiligungserhalt geboten,[575] weil diese entsprechend der geltenden steuerlichen Regelungen gegebenenfalls zu periodischen Zahlungen auf den Vermögensbestand verpflichtet waren.

Als eher außergewöhnlich können Situationen verstanden werden, in denen besondere finanzielle Anforderungen vonseiten der Gesellschaft an die Gesellschafter gestellt wurden. Das konnte der Fall sein, wenn Kapitalmaßnahmen erforderlich wurden. Um dann dem Wunsch nach Erhalt der Familiengesellschaft gerecht werden zu können und insbesondere eine Beibehaltung der bestehenden Gesellschafterstruktur zu ermöglichen, waren Entscheidungen notwendig, die nicht nur betriebswirtschaftliche Aspekte berücksichtigten, sondern auch die menschlich-soziale Komponente erfassten. Die Gebrüder Thiel GmbH stand angesichts der Inflation und später der Weltwirtschaftskrise besonders häufig vor solchen Herausforderungen. Hinzu trat als interner Faktor die Veränderung der Unternehmensstruktur durch die Gründung der Tochtergesellschaft Gebrüder Thiel Seebach GmbH. Die geschichtliche Entwicklung bis 1945 zeigt, dass eine nach Zeitpunkt sowie Höhe abgestimmte und verflochtene Ausschüttungspolitik beider Gesellschaften zum Aufbau und Erhalt eines Familienkonzerns führte.

575 Die von Karl Daut im Rahmen der Diskussion zu Änderungen des Gesellschaftsvertrages im S. v. 06.06.1919 gemachten Ausführungen zeigen die Situation der Beteiligten in dieser Phase des Umbruchs. „Keiner von uns weiss, wie es später in unserem Werke einmal aussieht, welche Persönlichkeiten – ohne Rücksicht auf Verwandtschaft – daran beteiligt sein werden, durch wen und in welcher Weise es geleitet werden wird; und es handelt sich bei den meisten Gesellschaftern bezw. Gesellschafterin[n]en nicht um eine nebensächliche Beteiligung, sondern in den meisten Fällen um die Anlage ihres Gesamtvermögens; und deshalb kann man bezügl. Wahrung seiner Interessen sich nicht auf alle Zeiten die Hände binden lassen." ThHStAW, Gebr. Thiel GmbH Ruhla, Nr. 112, Bl. 209 v.

Die Dividendenpolitik der Gebrüder Thiel GmbH bis 1924 (vgl. Tabelle 20) trug dem Bedürfnis der weniger finanzstarken Eigentümer nach regelmäßigen stabilen Zahlungen Rechnung. Diesem wurde bereits in § 32 des Gesellschaftsvertrages von 1901 entsprochen, indem vom jährlichen Reingewinn nach weiteren geregelten Abzügen zunächst bis zu 5 % als Verzinsung auf die Stammanteile zu zahlen waren.[576] Da die Gesellschafter erst nach diesen Abzügen über die Verwendung des verbleibenden Rests, also die Höhe der Dividendenausschüttung, zu entscheiden hatten, ergab sich aus der gezeigten regelmäßigen Dividendenzahlung eine deutlich über 5 % liegende Gesamtverzinsung für die Stammeinlagen der Gesellschafter.

Tabelle 20: Ausschüttung Gebr. Thiel GmbH 1901–1924

Jahr	Betrag in TM	Jahr	Betrag in TM	Jahr	Betrag in TM
1901	150	1909	150	1917	600
1902	75	1910	150	1918	300
1903	90	1911	150	1919	300
1904	120	1912	150	1920	600
1905	120	1913	180	1921	1.575
1906	120	1914	150	1922	78.225
1907	120	1915	300	1923	0
1908	120	1916	600	1924	[577]216

Quelle: eigene Darst., basierend auf Tabelle 82, S. 344.

Die Regelung der vorweggenommenen Verzinsung blieb nach den Änderungen des Gesellschaftsvertrages bestehen. Die Version vom Dezember 1920 zeigte darüber hinaus, dass jenem Passus weiterhin besondere Bedeutung zukam und dieser derart geändert wurde, dass „zunächst den Gesellschaftern 5 % als Zinsen auf ihre Stammanteile zu vergüten“[578] waren. Erst danach sollten die weiteren Regelungen zu den Abzügen vom Reingewinn wie Auffüllung des Reservefonds und Zahlung der vereinbarten Gewinnanteile an die Geschäftsführer greifen. Damit hatte die Verzinsung Vorrang vor allen weiteren Punkten. Im Nachgang der Währungsreform von 1924 und der damit einhergehenden Überarbeitung des Gesellschaftsvertrages entfiel diese Regelung aufgrund der Unvereinbarkeit mit dem geltenden GmbH-Gesetz, welches eine feste Verzinsung des Stammkapitals nicht gestattete.[579] Ferner wurde durch die Geschäftsführung darauf hingewiesen, dass in den zurückliegenden Jahren eine solche Verzinsung nicht mehr gezahlt wurde. Das kann aber ausweislich einer derartigen Zinszahlung im Geschäftsbericht für das Jahr 1922[580] nur in den Jahren

576 AHB, Gesellschaftsvertrag Ruhla 1901.
577 Abweichende Angabe in TRM.
578 AHB, Gesellschaftsvertrag Ruhla 1920, § 21.
579 AHB, S. v. 23.04.1925 Ruhla-Gesellschafter, S. 3.
580 AHB, Bilanz und GB 1922, S. 2.

1923 und 1924 der Fall gewesen sein.[581] Analog befand sich eine später ebenfalls entfallene Passage[582] zur Verzinsung des Stammkapitals im Gesellschaftsvertrag der 1922 gegründeten Gebrüder Thiel Seebach GmbH.[583]

Die Dividendenzahlungen in Tabelle 20, S. 124, zeigen insbesondere für die Jahre vor dem Ersten Weltkrieg einen meist über Jahre hinweg konstanten Betrag. Der Rückgang 1902 und 1903 barg kein erhöhtes Gefahrenpotenzial für die jeweilige Beteiligung der Gesellschafter. Diese verfügten, mit Ausnahme von Helene Hoppert, resultierend aus der Umwandlung 1901, neben dem Stammkapital über weitere bei der Gesellschaft eingelegte Privatguthaben.[584] Überdies wirkten der anfänglich überschaubare Personenkreis und die sehr enge Verwandtschaft stabilisierend. Bei der Gründung 1901 wurde dem Wunsch nach einer ausgewogenen Beteiligung aller drei Familienstämme Rechnung getragen. Zudem erfolgte ein Ausgleich zwischen den Beteiligten Heinrich Thiel und Helene Hoppert. Anderenfalls wäre das Stammkapital von Frau Hoppert im Vergleich zu dem ihrer Geschwister bereits geringer ausgefallen.[585]

Das veränderte Niveau der ausgeschütteten Gewinnanteile in den Jahren 1914 bis 1924 hatte verschiedene Ursachen. Einerseits entstanden durch den Ersten Weltkrieg Sondereffekte aus der Rüstungsorientierung des Unternehmens, welche sich in einem stark gestiegenen Geschäftsumfang und den daraus erzielten Gewinnen niederschlugen. Die Gesellschaft verfügte über ausreichend eigene Mittel, sodass für den erforderlichen Unternehmensausbau keine Gelder von den Gesellschaftern angefordert werden mussten. Stattdessen erlaubte es die Lage, eine im Schnitt mehr als verdoppelte Dividendenauszahlung vorzunehmen. Mit dem Ende des Weltkrieges und dem Zusammenbruch des Deutschen Kaiserreiches veränderte sich die Situation. Das Ausschüttungsniveau blieb nominal weiterhin hoch und stieg besonders Anfang der 1920er Jahre signifikant an. Gründe dafür lagen einmal in den Ängsten der Gesellschafter angesichts der angespannten Situation. Die Geschäftsführung sah aufseiten der Teilhaber Gedanken, „dass eine weitere Ansammlung von Reserven im Hinblick auf die steigende Begehrlichkeit der Arbeiter und die sich mehrenden Sozialisierungsgelüste nicht am Platze bzw. das Klügste ist."[586] Andererseits war das Dividendenniveau mehr auf den Währungsverfall als auf erzielte Unternehmensgewinne zurückzuführen. Die Gesellschaft war in kurz aufeinander folgenden Schritten zu Kapitalerhöhungen gezwungen, was zu entsprechenden Anforderungen an die Gesellschafter führte (vgl. Tabelle 18, S. 120). Da jedoch insbesondere bei der Kapitalerhöhung 1920 zunächst nur ein Teil des Erhöhungsbe-

581 AHB, S. v. 23.04.1925 Ruhla-Gesellschafter, S. 4.
582 AHB, S. v. 24.04.1925 Seebach-Gesellschafter.
583 AHB, Gesellschaftsvertrag Seebach 1922.
584 ThHStAW, Gebr. Thiel GmbH Ruhla, Nr. 395, Bl. 28 r u. 51 r.
585 AHB, Gesellschaftsvertrag Ruhla 1901.
586 ThHStAW, Gebr. Thiel GmbH Ruhla, Nr. 112, Bl. 266 r.

trages von 1,5 Mio. M eingezahlt werden musste, der Rest aber auf Folgejahre verteilt wurde, konnten finanzschwache Gesellschafter ihre Beteiligung stabil halten.[587] Bis Ende 1920 wurden 735.000 M auf die Erhöhung eingezahlt, mithin waren noch 765.000 M offen.[588] Ende 1921 waren noch immer 382.500 M nicht eingezahlt.[589] Werden die Ausschüttungen an die Gesellschafter für diese zwei Jahre dem Erhöhungsbetrag gegenübergestellt, so wird eine Überdeckung von 675.000 M deutlich. Abgesehen von eventuell erforderlichen Zwischenfinanzierungen war deshalb kein Gesellschafter gezwungen, einen den Zins- und Dividendenzufluss[590] aus der Beteiligung an der Gebrüder Thiel GmbH übersteigenden Betrag aufzubringen. So wurden weitere Einzahlungen von jeweils 10 % auf die übernommenen und nicht voll eingezahlten Anteile mit Vorlage der Geschäftsberichte für 1920 und 1921 angefordert.[591] Das korrespondierte zeitlich mit den darin vorgeschlagenen Gewinnverwendungen und vermied eine Finanzierungslücke. Ein in gleicher Weise auf die Kapitalerhöhungen des Jahres 1922 fortgesetzter Wertevergleich der Zahlungsströme bestätigt die Einschätzung, dass die Eigentümer an den Kapitalmaßnahmen ohne Aufbringung zusätzlicher privater Mittel teilnehmen konnten.[592] Ausführungen der Geschäftsführung belegen die Anforderungen an eine dahingehende Unternehmenspolitik. Die „Firma kann an ihre Gesellschafter wegen neuen Geldes nicht herantreten, wie die Erfahrung gelehrt hat, sie muss also ihren grösseren Kapitalbedarf durch Sparsamkeit decken oder den gefährlichen Weg des teuren Bankkredites beschreiten."[593] Damit wird nachvollziehbar, weshalb die Kapitalerhöhung im Dezember 1922 über Kredit finanziert wurde. Die dabei entstandenen Verbindlichkeiten der Gesellschafter bei der Bank für Thüringen AG konnten aufgrund des durch die Hyperinflation bedingten fortschreitenden Währungsverfalls be-

---

587 AHB, Bilanz und GB 1920.

588 Ebd.

589 AHB, Bilanz und GB 1921.

590 Die Ausschüttungen der Jahre 1920 bis 1922 beinhalteten neben einer Dividende von 10 %, 30 % bzw. 0,3 % in GM für 1922 (Stand 31.12.1922: 1 Goldmark = 2.000 Papiermark) die gemäß Gesellschaftsvertrag vorweggenommene Verzinsung des Stammkapitals von 5 %. 1922 wurde weiterhin die Tilgung von 6 Mio. M Gesellschafterschulden bei der Bank für Thüringen aus der Kapitalerhöhung vom 20.12.1922 berücksichtigt. Vgl. AHB, Bilanz und GB 1920; Bilanz und GB 1921; Bilanz und GB 1922.

591 AHB, Bilanz und GB 1920 u. AHB, Bilanz und GB 1921.

592 „Die geplante Kapitalerhöhung [20.12.1922, Anm. Verf.] erfolgt in erster Linie zur Wahrung der Interessen der Gesellschafter, um eine breitere Basis für die Dividenden-Ausschüttung zu gewinnen. Es ist gedacht, dass von den Gesellschaftern Bareinzahlungen nicht gefordert werden sollen (…) und zwar soll bei der ganzen Behandlung der Frage darauf Bedacht genommen werden, dass die Kapitalerhöhung steuerlich sich nicht zum Nachteil der Gesellschafter auswirkt." ThHStAW, Gebr. Thiel GmbH Ruhla, Nr. 113, Bl. 31 r.

593 ThHStAW, Gebr. Thiel GmbH Ruhla, Nr. 113, Bl. 192 r.

reits 1923 im Zuge der Gewinnverwendung bzw. -ausschüttung der Gebrüder Thiel GmbH getilgt werden.[594]

Eine Ausschüttung an die Gesellschafter nach Vorlage des Jahresabschlusses für das Jahr 1923 erfolgte nicht. Die Hyperinflation machte eine Beurteilung schwierig. Im Geschäftsbericht wurde daher Folgendes konstatiert: „Die vorliegende Papiermarkabschlussbilanz bietet keinerlei Anhalt über das Geschäftsergebnis des abgelaufenen Jahres. Die in dieser Bilanz enthaltenen Zahlen sind naturgemäß vollkommen wertlos."[595] Trotz dieser Situation gab es durch die Gesellschaft im Laufe des Jahres 1923 Regelungen zur Existenzsicherung der Gesellschafter. „Um die Gesellschafter in die Lage zu setzen, die Vorauszahlungen auf die Einkommenssteuer und die sonstigen Steuer-Zahlungen zu leisten, wird beschlossen, den Gesellschaftern auf Anforderung Darlehen zu gewähren."[596] Die „Darlehen sind unverzinslich und sollen durch Anrechnung auf Dividende bzw. Tantiemen getilgt werden."[597] Bei einem Stammanteil von 1/15 des Gesellschaftskapitals bestand ein Darlehensanspruch in Höhe des Monatslohnes eines in der höchsten Lohnstaffel eingruppierten Arbeiters der Gesellschaft. Im Falle einer anderen Beteiligungsquote wichen die Beträge ab. Ab September 1923 bestand zudem die Möglichkeit, Darlehen i. H. v. bis zu 12,5 Goldpfennig je 1.000 M Stammanteil zu erhalten. Die Schulden aus vorzeitigen Dividendenauszahlungen und Darlehen wurden den Gesellschaftern Ende 1923 erlassen. Mit dem Gegenwert wurde der unterhaltene Reservefonds belastet.[598]

Nachdem sich 1924 mit der Währungsumstellung auf Reichsmark die Verhältnisse stabilisiert hatten, erfolgten wieder regelmäßige Ausschüttungen bis zum Zusammenbruch 1945. Die für 1924 mit 6 % vorgeschlagene Ausschüttung wird im Geschäftsbericht kritisch ergänzt. Damit wird das am Anfang dieses Kapitels aufgezeigte Spannungsverhältnis bei der Abwägung von Gesellschafts- und Gesellschafterinteressen unterstrichen. „Hätten wir nur die Interessen der Gesellschaft wahrzunehmen, so würden wir im Interesse der Erhaltung der Liquidität vorgeschlagen haben, diesmal von einer Gewinnverteilung abzusehen. Wenn wir uns trotzdem entschlossen haben, die Ausschüttung des größten Teiles des Reingewinnes vorzuschlagen, so tun wir dies, weil wir uns bewusst sind, dass ein großer Teil unserer Gesellschafter auf die Dividende unbedingt angewiesen ist."[599]

---

594 AHB, Bilanz und GB 1922.
595 Ebd.,1923, S. 1.
596 ThHStAW, Gebr. Thiel GmbH Ruhla, Nr. 77, Bl. 62 v.
597 Ebd., Nr. 77, Bl. 63 r.
598 Ebd., Nr. 70, Bl. 8 r, 23 r u. 39 r.
599 AHB, Bilanz und GB 1924, S. 3.

Ab 1925 setzten sich die Erträge der Gesellschafter aus den Zahlungen der Gebrüder Thiel GmbH und denen der Gebrüder Thiel Seebach GmbH zusammen (vgl. Tabelle 21).

Tabelle 21: Ausschüttungen „Ruhla“ und „Seebach“ 1925–1944

Jahr	Betrag „Ruhla“	Betrag „Seebach“	Betrag gesamt	Jahr	Betrag „Ruhla“	Betrag „Seebach“	Betrag gesamt
	Werte in TRM				Werte in TRM		
1925	252	[600]18	270	1935	300	300	600
1926	324	90	414	1936	300	300	600
1927	360	90	450	1937	660	300	960
1928	432	108	540	1938	660	400	1.060
1929	432	180	612	1939	360	400	760
1930	252	300	552	1940	360	400	760
1931	144	660	804	1941	369,6	400	769,6
1932	144	300	444	1942	369,6	400	769,6
1933	240	240	480	1943	369,6	400	769,6
1934	300	300	600	1944[601]	211,2	k. A.	k. A.

Quelle: eigene Darst., basierend auf Tabelle 82, S. 344 u. Tabelle 83, S. 346.

Infolge der Einführung der Reichsmark 1924 hatte die Gebrüder Thiel GmbH ihr Stammkapital auf 3,6 Mio. RM umgestellt. Dieses blieb bis 1932 unverändert, wodurch die Gesellschafter von dieser Seite keine finanziellen Anforderungen erfuhren. Ganz im Gegenteil konnten diese durch die erforderliche Kapitalherabsetzung 1932 und dem damit verbundenen Rückkauf von Anteilen zum Nennwert erhebliche Mittelzuflüsse verbuchen[602] (vgl. Tabelle 18, S. 120). Anders verhielt es sich bei der am 16.07.1922 gegründeten Gebrüder Thiel Seebach GmbH.[603] Durch deren günstige wirtschaftliche Entwicklung wurden nach dem Anlaufen des Betriebes und der Kapitalumstellung auf 60.000 RM am 14.12.1924 bis 1927 jährliche Kapitalerhöhungen erforderlich. Im Zeitraum 1930 bis 1938 erfolgten vier weitere Schritte (vgl. Tabelle 19, S. 122). Insgesamt erhöhte sich das Stammkapital bis dahin auf 4 Mio. RM. Bei der Gründung waren alle Gesellschafter natürliche Personen, welche zugleich Beteiligte der Gebrüder Thiel GmbH waren. Die Vernetzung auf dieser Ebene veränderte sich über die Jahre, blieb aber grundsätzlich bestehen. Die Gesellschafterstrukturen werden in Abschnitt III, Kapitel 2.3, dargestellt. Aus der Beziehung zwischen den beiden Gesellschaften und den jeweiligen Gesellschaftern heraus stellt sich

600 1925 erfolgte die erste Ausschüttung der 1922 gegründeten Gebrüder Thiel Seebach GmbH.

601 Die für 1944 angegebene Dividende von 2 % ist nicht mehr zur Ausschüttung gelangt. Vgl. AHB, Einladung 10.02.1950, S. 2. Weitere Erläuterungen zur Dividende für 1944 finden sich im Abschnitt IV, Kapitel 1.1.

602 AHB, S. v. 24.06.1932 Ruhla-Metzke.

603 AHB, Gesellschaftsvertrag Seebach 1931, S. 6.

die Frage, inwieweit die erforderliche Mittelaufbringung durch eine gezielte Ausschüttungspolitik der Thiel-Gesellschaften unterstützt wurde.

Das ursprüngliche Stammkapital der Gebrüder Thiel Seebach GmbH betrug 300.000 M und war Ende 1923 zu 50 % eingezahlt.[604]

Die Verteilung auf die einzelnen Gesellschafter richtete sich nach dem vor der Kapitalerhöhung am 15.12.1920 gehaltenen Anteil an der Gebrüder Thiel GmbH. Die „Seebach"-Beteiligung jedes einzelnen Gesellschafters betrug 10 % der „Ruhla"-Beteiligung.[605] Eine Einzahlung der zunächst 150.000 M sollte unter Berücksichtigung der „Ruhlaer"-Ausschüttungen keine Schwierigkeiten bereitet haben. Die erste Kapitalerhöhung über 120.000 RM folgte am 13.12.1925. Vom Erhöhungsbetrag wurden 90.000 RM durch die Gebrüder Thiel GmbH übernommen, welche damit Gesellschafter wurde. Die verbleibenden 30.000 RM trugen die Altgesellschafter. Die Einzahlung war sofort fällig.[606] Unter Beachtung der für das Geschäftsjahr 1924 im Mai 1925 durch die Muttergesellschaft ausgeschütteten Dividende von 6 %, wodurch den Gesellschaftern insgesamt 216.000 RM zur Verfügung gestellt wurden, waren die Einzahlungen über 30.000 RM ohne neue eigene Mittel finanzierbar.[607] Mit der institutionellen Beteiligung wurde nun ein Weg eingeschlagen, der es künftig erleichtern sollte, durch direkten Zugriff auf die Mittel der Gebrüder Thiel GmbH solche Maßnahmen umzusetzen. Diese Konstellation stellte für die privaten Gesellschafter keine Gefahr dar, da die Muttergesellschaft vollständig in deren Eigentum stand (vgl. Tabelle 67, S. 316).

Im Jahr 1926 erfolgte eine weitere Kapitalerhöhung um 180.000 RM, welche je zur Hälfte von den privaten Gesellschaftern und der Muttergesellschaft eingezahlt wurde.[608] Das gleiche Teilungsverhältnis galt für 1927. Hier wurde das Stammkapital um 360.000 RM auf 720.000 RM angehoben.[609] Die Einzahlungsverpflichtung vom Dezember 1926 wäre theoretisch durch die Ausschüttungen im selben Jahr vollumfänglich abzudecken gewesen. Den Gesellschaftern standen mit den Abschlüssen von 1925 für „Ruhla" 252.000 RM und zusätzlich für „Seebach" 18.000 RM, in der Summe 270.000 RM, zur Verfügung. Davon wären 90.000 RM für die Einzahlungsverpflichtung aufzuwenden gewesen. Da die Beteiligung an der Gebrüder Thiel Seebach GmbH erst Ende 1925 eintrat, dürften die Ausschüttungen noch vollständig den Privatgesellschaftern zugefallen sein.

Von der Gründung der „Seebacher"-Gesellschaft abgesehen war der Erhöhungsbetrag 1927 erstmals in drei gleichen Raten, verteilt auf die Jahre 1927 bis

604 ThHStAW, Gebr. Thiel GmbH Ruhla, Nr. 434, Bl. 144 r.
605 Ebd., Nr. 401, Bl. 16 r i. V. m. AHB, Gesellschaftsvertrag Seebach 1922.
606 AHB, S. v. 18.12.1925 Seebach-Deußing.
607 AHB, Bilanz und GB 1924.
608 AHB, S. v. 25.11.1926 Seebach-Metzke.
609 AHB, S. v. 21.10.1927 Seebach-Gesellschafter.

1929, zu erbringen. In diesen Jahren waren jeweils zum 05. November 60.000 RM einzuzahlen. Dieser Verpflichtung standen Einnahmen der Privatgesellschafter aus der „Seebacher"-Beteiligung von 50 % des Ausschüttungsbetrages, also je 45.000 RM in den ersten beiden Jahren und 54.000 RM im Jahr 1929, gegenüber. Hinzu kamen die Auszahlungen der Gebrüder Thiel GmbH von 324.000 RM, 360.000 RM und 432.000 RM (vgl. Tabelle 21, S. 128), die sich aus den der Einzahlungsverpflichtung vorangegangen Jahresabschlüssen ergaben. Zudem räumte die Gebrüder Thiel GmbH den einzelnen Gesellschaftern für die an den Stichtagen zu leistenden Zahlungen, soweit benötigt, Darlehen ein. Die Verzinsung erfolgte zum Reichsbankdiskontsatz, welcher im Oktober 1927 7 % betrug. Die Rückzahlung erfolgte durch Verrechnung mit den auf die Stichtage folgenden Dividendenzahlungen der Gesellschaft.[610] Diese Option wurde bereits für die „Seebacher"-Kapitalerhöhung 1926 eingeräumt. Mit dem Jahresabschluss 1926 wurde sodann ein Gewinnverwendungsvorschlag gemacht, der neben einer Dividende von 6 % mit dem Betrag von 216.000 RM eine Extradividende von 3 %, also 108.000 RM, vorsah. „Diese Sonderausschüttung soll zur Tilgung der den einzelnen Gesellschaftern anlässlich der Kapitalerhöhung der Gebrüder Thiel Seebach G.m.b.H. darlehensweise zur Verfügung gestellten Beträge verwendet werden."[611] Eine solche Extradividende fand sich auch in den Jahren 1927 (3 %), 1928 und 1929 (je 4 % bzw. je 144.000 RM), eben jenen Jahren mit einer Einzahlungsverpflichtung über jährlich 60.000 RM auf die vorausgegangene Kapitalerhöhung.

Im Hinblick auf eine kontinuierliche Dividendenpolitik schaffte die Gebrüder Thiel GmbH mit dem Jahresabschluss 1927 eine mit 100.000 RM ausgestattete Dividendenausgleichsrücklage. Auf diese wurde 1931 zurückgegriffen, nachdem der Gewinn auf 35.902,05 RM eingebrochen war und somit keine angemessene Dividendenzahlung möglich gewesen wäre. Dieses Jahr stellte ein Novum in der Geschichte der Gebrüder Thiel GmbH dar. Es erfolgte erstmalig und einmalig eine den Gewinn übersteigende Ausschüttung. Das Unternehmen war zu diesem Zeitpunkt in der Weltwirtschaftskrise angekommen. Nachdem in den Jahren ab 1925 stets Dividenden (Dividende zzgl. Extradividende) zwischen 7 % und 12 % erwirtschaftet und gezahlt werden konnten, fiel diese auf 4 %.[612]

Im Gegensatz dazu bewegten sich die Dividenden der Gebrüder Thiel Seebach GmbH in einer Spanne zwischen 10 % (1925) und konstanten 25 % (1929 bis 1932).[613] Diese Gesellschaft erhöhte während der Weltwirtschaftskrise im Oktober 1930 ihr Stammkapital um weitere 480.000 RM, welches erneut zu gleichen Teilen durch die Privatgesellschafter und die Muttergesellschaft einzu-

610 AHB, S. v. 21.10.1927 Seebach-Gesellschafter.

611 AHB, Bilanz und GB 1926, S. 3.

612 Ebd., 1925 bis 1931.

613 ThHStAW, Gebr. Thiel GmbH Ruhla, Nr. 434, Bl. 32 v; Nr. 435, Bl. 11 v, 120 v, 168 r, 222 r; Nr. 440, Bl. 202 v, 221 v u. 342 v.

zahlen war. Anfänglich waren 25 % des Erhöhungsbetrages zu leisten, der Rest sollte, wie schon zuvor, auf die Folgejahre verteilt werden. Die Muttergesellschaft sicherte ihren Gesellschaftern wiederum die Darlehensvergabe in der bekannten Form bei einer Verzinsung von 4 % zu.[614] Der Reichsbankdiskontsatz war zwischenzeitlich auf diesen Prozentsatz gesenkt worden. Die weitere Entwicklung machte 1931 eine Abänderung des geplanten Prozederes erforderlich. „Wegen der [...] unsicheren Wirtschaftslage halten es Vorstand und Bevollmächtigte für dringend erwünscht, dass die Einzahlungspflicht für die Gesellschafter so schnell wie möglich aus der Welt geschafft wird, wissen aber andererseits, dass die Einzahlung des vollen Betrages für viele [...] Gesellschafter mit grosser Schwierigkeit verbunden sein würde."[615] Daher wurde die Zahlung einer zweckgebundenen Extradividende vorgeschlagen. Diese wurde aus steuerlichen Gründen auf zwei Jahre verteilt und betrug am 24.10.1931 10 % und am 24.01.1932 nochmals 20 % des Stammkapitals.[616]

Die im Jahr 1933 folgende Aufstockung um 1,2 Mio. RM auf 2,4 Mio. RM wurde nahezu vollständig durch die Gebrüder Thiel GmbH übernommen. Der durch die privaten Eigentümer aufzubringende Betrag dürfte um die 80.000 RM gelegen haben.[617] Im zeitlichen Zusammenhang mit dieser Kapitalerhöhung erfolgte zunächst eine Abrundung aller Geschäftsanteile auf volle 100 RM. Das ging mit der satzungsmäßigen Anpassung der Stimmberechtigung einher, da die geltenden gesetzlichen Vorgaben verlangten, dass je 100 RM Geschäftsanteil eine Stimme zu gewähren sei. Weiterhin wurde eine Vereinheitlichung der Beteiligungsverhältnisse vorgenommen. Die Beteiligung der einzelnen privaten Gesellschafter wurde auf 25 % ihrer jeweiligen Beteiligung an der Gebrüder Thiel GmbH angehoben. Damit war auch bei den privaten Eigentümern eine begrenzte Kapitalaufbringung erforderlich. Dass es sich dabei um kleinere Beträge handelte, zeigte sich daran, dass nach der Kapitalerhöhung 1930 die Anteile theoretisch paritätisch, also je 600.000 RM, auf private und den institutionellen Eigentümer verteilt waren. Nachdem Ende 1932 die „Ruhlaer"-Gesellschaft ihr Kapital auf 2,4 Mio. RM herabgesetzt hatte, würden 25 % genau 600.000 RM entsprechen. Da bei den Gesellschaftern durch verschiedene Abtretungen und Anteilsübertragungen die angestrebte Quote nicht erfüllt wurde, bestand der Wunsch, dass jeder Gesellschafter den angebotenen Spitzenbetrag übernahm. Dieser war sofort mit 25 % einzuzahlen, der Rest sollte auf weitere drei Jahre verteilt werden. Die Muttergesellschaft erneuerte das Angebot zur Zwischenfinanzierung. Sollten dennoch Gesellschafter nicht bereit oder nicht in der Lage

614 AHB, S. v. 08.10.1930 Seebach-Gesellschafter.

615 AHB, S. v. 07.10.1931 Seebach-Gesellschafter.

616 AHB, S. v. 27.10.1931 Seebach-Deußing u. S. v. 26.01.1932 Seebach-Deußing.

617 AHB, S. v. 02.10.1933 Seebach-Deußing, Anlage 2 i. V. m. S. v. 25.04.1934 Seebach-Deußing u. S. v. 27.10.1934 Ruhla-Gesellschafter.

sein die benötigten Mittel aufzubringen, so wurde eine Anpassung durch Tausch der entsprechenden Anteile an den beiden Gesellschaften erbeten.[618]

Mit den beiden noch folgenden ordentlichen Kapitalerhöhungen der Gebrüder Thiel Seebach GmbH 1934 und 1938 trat ein Wandel im Vergleich zu den bisher gesehenen Entwicklungen ein. Seit dem Einstieg der Gebrüder Thiel GmbH als Gesellschafter 1925 hatte sich deren Anteil zunehmend erhöht und mit 75 % des Stammkapitals 1933 den vorläufigen Höhepunkt erreicht. Die Einladung zur außerordentlichen Gesellschafterversammlung für den 10.11.1934 mit der Ankündigung einer weiteren Aufstockung des Kapitals um 1,2 Mio. RM auf dann 3,6 Mio. RM ließ zunächst erwarten, dass sich der bisherige Trend fortsetzte. Bei einem vorgeschlagenen Bezugsrecht von 50 % des bisherigen Anteils wäre der Anteil der privaten Eigentümer auf 900.000 RM und jener der Gebrüder Thiel GmbH auf 2,7 Mio. RM angewachsen, wodurch der private Anteil bei 25 % des Stammkapitals verblieben wäre. Die anfängliche Einzahlungsverpflichtung sollte bei zwei Dritteln des Zeichnungsbetrages liegen.[619]

Anders als bei den bisherigen Abläufen fand der vorgeschlagene Weg keine Zustimmung bei den Gesellschaftern. Bei der am gleichen Tag stattfindenden Gesellschafterversammlung der Gebrüder Thiel GmbH stellten diese einen neuen Antrag. Dieser sah vor, „unter Auflösung weiterer Reserven anstatt der von der Geschäftsleitung beantragten 10 % Extradividende 14 % Extradividende zwecks Einzahlung auf Stammanteile der Gebrüder Thiel Seebach G.m.b.H. zur Ausschüttung zu bringen."[620] Die Geschäftsführung schwenkte im Einvernehmen mit dem Vorsitzenden der Gesellschafterversammlung auf diesen Weg ein und erklärte, „dass es wegen der Solidarhaftung im Interesse der Gesellschafter liegt, dass die neuen Stammanteile [...] gleich voll einbezahlt werden, zumal es nicht sicher erscheint, dass alle Gesellschafter von sich aus zu Einzahlungen in der Lage sind."[621] Das Kapital wurde überdies dann nur auf 3,0 Mio. RM erhöht, wovon 300.000 RM auf die privaten Gesellschafter entfielen. Dass die Einzahlung sofort vollständig erfolgen konnte, wurde durch die von der Gebrüder Thiel GmbH an die Gesellschafter ausgezahlte Extradividende von 14 % auf 2,4 Mio. RM, also 336.000 RM, ermöglicht. Die skizzierten Abläufe zeigen einmal mehr die Pflege der privaten Gesellschafterstrukturen durch Rückgriff auf die Verflechtungsbeziehungen der Thiel-Gesellschaften.[622]

Die nächste Kapitalerhöhung auf 4,0 Mio. RM erfolgte 1938. Im Vorfeld derselben wurde durch die Gebrüder Thiel GmbH erwogen, die bislang in den Händen der privaten Gesellschafter der Gebrüder Thiel Seebach GmbH liegenden Anteile im Nennbetrag von 900.000 RM zum Preis von 3,6 Mio. RM zu

618 AHB, S. v. 02.10.1933 Seebach-Deußing, Anlage 1 u. Anlage 2.
619 AHB, S. v. 27.10.1934 Seebach-Deußing.
620 AHB, S. v. 05.11.1934 Ruhla-Metzke.
621 Ebd.
622 AHB, S. v. 07.11.1933 Seebach-Gesellschafter i. V. m. Gesellschaftsvertrag Seebach 1941, S. 5–9 u. S. v. 14.11.1934 Ruhla-Metzke.

erwerben. Damit wären künftige Kapitalmaßnahmen erleichtert worden, die Gesellschafter über ihre Beteiligung an der Muttergesellschaft aber nur noch indirekt an der Tochtergesellschaft beteiligt gewesen. Nach eingehender Beratung und Abwägung wurde dieser Weg verworfen. Das erhöhte Kapital von 1,0 Mio. RM wurde formal wieder allein durch die privaten Eigentümer aufgebracht. Aber auch bei dieser letzten echten Erhöhung vor dem Zusammenbruch 1945 zeigte sich, dass die eigentliche Quelle für die benötigten Mittel die Muttergesellschaft war. „Wie aus der Einladung der Gebrüder Thiel GmbH zu einer ausserordentlichen Gesellschafterversammlung hervorgeht, beabsichtigt dieselbe die Ausschüttung einer Nachtragsdividende für 1937 i. H. v. RM 300.000,-- mit der Maßgabe, daß hiervon RM 250.000,-- zur Einzahlung auf die Kapitalerhöhung der „Seebacher"-Gesellschaft Verwendung finden. Die restliche Einzahlung soll in gleicher Weise finanziert werden."[623] Mit der Erhöhung ging eine Anpassung des Beteiligungsverhältnisses einher. Die direkte Beteiligung an der Gebrüder Thiel Seebach GmbH wurde auf 80 % der „Ruhlaer"-Beteiligung angepasst. Der erforderliche Spitzenausgleich erfolgte durch Abtretung eines Anteils von 20.000 RM durch die Gebrüder Thiel GmbH, welche danach noch mit 2.080.000 RM an der Tochtergesellschaft beteiligt war. Das in der Erläuterung zur angestrebten Kapitalerhöhung dargestellte Vorgehen wurde in den wesentlichen Punkten umgesetzt. Im Dezember 1938 wurden durch die Gesellschafter 250.000 RM eingezahlt. Im Mai des Folgejahres schüttete die Gebrüder Thiel GmbH neben einer Dividende von 15 % eine Sonderdividende von 12,5 % zur Einzahlung weiterer 15 % auf die „Seebacher"-Kapitalerhöhung aus. Die „Seebacher"-Gesellschaft zahlte parallel dazu 10 % Bardividende. In der Summe standen den privaten Gesellschaftern 1939 aus Dividenden vor Steuern ca. 860.000 RM zur Verfügung, während im gleichen Jahr nur 150.000 RM an Einzahlungen zu leisten waren. Der Betrag der Dividendenzahlung berücksichtigt, dass den privaten Eigentümern nur etwa 50 % der „Seebacher"-Ausschüttung zuflossen. Ende 1939 wurden für „Seebach" 600.000 RM nicht eingezahltes Stammkapital bilanziert, im Folgejahr waren es noch 300.000 RM. 1941 wurde die Einzahlung vollständig abgeschlossen, im selben Jahr endete die Reihe der Kapitalmaßnahmen in der Zeit des Nationalsozialismus mit einer Kapitalberichtigung auf 8,0 Mio. RM. Das Kapital der Gebrüder Thiel GmbH wurde zeitgleich mit dem Faktor 4,4 auf 10,56 Mio. RM berichtigt, was den Schlusspunkt dieser Epoche bedeutete.[624]

Für die Geschäftsjahre bis 1943 lag das Ausschüttungsniveau konstant bei 3,5 % bzw. 5 % des berichtigten Stammkapitals der beiden Gesellschaften, bevor es 1944 absank bzw. abbrach, da eine ordnungsgemäße Feststellung als Fol-

623 AHB, S. v. 17.11.1938 Seebach-Deußing, S. 1 f.

624 ThHStAW, Gebr. Thiel Seebach GmbH, Nr. 332, Bl. 60 r–64 r; AHB, S. v. 17.11.1938 Seebach-Deußing; S. v. 09.12.1938 Seebach-Deußing i. V. m. GB und Bilanz 1938; S. v. 10.05.1939 Seebach-Deußing; S. v. 10.05.1939 Ruhla-Deußing; GB und Bilanz 1939; 1940; 1941 u. Bilanz und GB 1941.

ge der Beschlagnahme 1945 nicht mehr möglich war. Für das Geschäftsjahr 1944 erfolgte der Beschluss über die Gewinnverwendung der Gebrüder Thiel GmbH nicht mehr durch die Gesellschafterversammlung, sondern wurde gemeinsam von Geschäftsführung und Aufsichtsrat herbeigeführt. Die vorgesehene Ausschüttung von 2 % wurde den Gesellschaftern mit Schreiben vom 06.07.1945 mitgeteilt. Hinsichtlich der Gebrüder Thiel Seebach GmbH gab gleiches Schreiben den Hinweis, dass ein entsprechender Beschluss noch nicht herbeigeführt werden konnte[625] (vgl. weiterhin Tabelle 21, S. 128).

Ausschüttungen der Gerätebau GmbH werden hier nicht gesondert betrachtet (vgl. Abschnitt III, Kapitel 1.4). Die Geschäftsanteile dieses Unternehmens befanden sich, abgesehen von einer anfänglichen symbolischen Beteiligung Reinhold Thiels, ab 1939 vollständig im Eigentum der Gebrüder Thiel Seebach GmbH. Damit war diese Gesellschaft zugleich alleiniger Empfänger der Gewinnausschüttungen.[626]

Neben diesen Wegen der Kapitalauszahlung an die Gesellschafter ist zudem auf die Mittelzuflüsse seitens des 1920 gegründeten Konsortiums zur Verwertung des Eigentums an Uhrwerkszündern zu verweisen (vgl. Abschnitt III, Kap. 1.2.1. und Kap. 1.3.2.). „Aus diesen – vollkommen legitimen – Geschäften flossen (…) [den] Gesellschaftern ansehnliche Gewinne zu, die in der Inflation hochwillkommen waren.“[627]

---

625 ThHStAW, Gebr. Thiel GmbH Ruhla, Nr. 67, Bl. 1 r.

626 ThHStAW, Gerätebau GmbH, Nr. 462, Bl. 44 r u. AHB, GB und Bilanz 1939.

627 AET, Lebenserinnerungen Thiel 1963, S. 139 (Zitat) u. ThHStAW, Gebr. Thiel GmbH Ruhla, Nr. 109, Bl. 4 r–6 r.

2.2. Die Gebrüder Thiel GmbH

2.2.1. Gesellschafter „Ruhla“ im Deutschen Kaiserreich

Die vorangegangenen Kapitel haben die über Jahrzehnte der Unternehmensentwicklung entstandene Verzweigung in den Strukturen bis zum Zusammenbruch 1945 aufgezeigt. Als tragende Säule dieses Beziehungsgeflechtes trat nach der Wende zum 20. Jahrhundert immer wieder die Gebrüder Thiel GmbH hervor, welche über die vormalige offene Handelsgesellschaft und das Einzelunternehmen des Christian Thiel ihre Wurzeln in der Gründung durch die Geschwister Thiel von 1862 fand. Im Verlauf der folgenden Kapitel wird untersucht, inwieweit diese Verbindung verwandtschaftlich getragen wurde und welche Verschiebungen im Zeitverlauf eingetreten sind. Kern dieser Darstellung ist einmal mehr das Gesamtverzeichnis der Gesellschafter ab S. 303. Darin finden sich in drei Tabellen sämtliche Gesellschafter von der Gründung der GmbH bis zum Verkauf 1972. Eine zeitliche Eingrenzung des Gesellschafterstatus ist jeweils angegeben. Tabelle 61, ab S. 303, erfasst die drei zum Zeitpunkt der Gründung vertretenen Gesellschafterstämme der Familie Thiel und somit die Familiengesellschafter des Unternehmens nach den Stammvätern Christian Emilius Thiel, Christian Reinhold Thiel und Ernst Eduard Thiel. Damit stellt diese Darstellung für die dort aufgeführten Personenkreise die gegenwartsbezogene Fortsetzung von Tabelle 1, S. 22, dar. Der Stamm des Christian Emilius Thiel beginnt in der Tabelle mit dessen ältester Tochter, da sowohl Christian als auch seine Frau Caroline im Jahr 1901 bereits verstorben und keine GmbH-Gesellschafter waren. Innerhalb der Aufstellung folgen auf einen Gesellschafter zunächst alle direkten Nachfahren und Ehepartner mit Gesellschafterstatus. Die verwandtschaftlichen Beziehungen sind im Bezug auf die vorangegangene Ebene angegeben.[628] Tabelle 62, S. 312, führt in gleicher Weise die Darstellung für die natürlichen Personen fort, die nicht in verwandtschaftlicher Beziehung zu den Zweigen der Familie Thiel stehen.

Die folgende Tabelle 63, S. 312, beinhaltet die drei im Gesamtzeitraum bis 1972 in Erscheinung tretenden institutionellen Gesellschafter des Unternehmens. Eine nähere Analyse zeigt, dass die Gesellschafter dieser Beteiligten bereits vollständig im Rahmen des Gesamtverzeichnisses erfasst wurden und es sich bei diesen institutionellen Beteiligungen letztlich um interne Verflechtungen auf Ebene der Thiel’schen Unternehmen handelte.

Mit der Gründung der Gebrüder Thiel GmbH am 01.04.1901 wurden sieben Personen Gesellschafter. Das waren die fünf lebenden Kinder des verstorbenen

628 Ehepartner, welche keine Gesellschafter waren, wurden angegeben, wenn aus der Beziehung Kinder hervorgegangen sind, die später selbst Gesellschafter wurden. Sofern Kinder erst einer späteren Ehe entstammen, wurden auch die vorangegangenen Ehepartner angegeben. Dies gilt auch, wenn der neue Ehepartner ein Kind aus früherer Beziehung hatte, welches später Gesellschafter wurde. Vgl. u. a. lfd. Nr. 1; 18 u. 19 Gesamtverzeichnis der Gesellschafter.

Christian Thiel und zwei seiner Brüder. Die Gründungsgesellschafter der GmbH, Kommerzienrat Christian Reinhold, Kommerzienrat Ernst Thiel, Martha Deußing, Helene Hoppert, Heinrich Thiel, Frieda Thiel und Bertha Brinkmann, waren identisch mit den vormaligen OHG-Beteiligten. Das Stammkapital i. H. v. 3 Mio. M lag zu jeweils 1 Mio. M bei den beiden Brüdern Ernst und Reinhold, der verbleibende Rest verteilte sich gleichermaßen auf die Kinder Christians.[629] Die detaillierte Darstellung der Veränderungen in den Beteiligungsverhältnissen ist im Anhang, ab S. 313, zu finden. Durch Erbgang nach Ernst Eduard Thiel 1902 und Christian Reinhold Thiel 1906 erhöhte sich die Zahl der Gesellschafter auf 16, siehe Tabelle 22. Alle drei Stämme der Familie waren zu diesem Zeitpunkt mit den jeweils fünf Personen der zweiten Gründergeneration vertreten, weitere Teilhaberin war Albine Thiel, die Witwe von Christian Reinhold Thiel.

Tabelle 22: Beteiligte an der Gebr. Thiel GmbH 1906

Stamm „Christian Emilius“	Stamm „Christian Reinhold“	Stamm „Ernst Eduard“
Martha Deußing (1)[630]	Albine Thiel (43)	Else Ackenhausen (75)
Helene Hoppert (16)	Ernst Thiel (44)	Reinhold Thiel (88)
Heinrich Thiel (24)	Friedrich Thiel (52)	Franz Thiel (104)
Frieda Thiel (33)	Rosa Reinhardt (56)	Martha Ackenhausen (105)
Bertha Brinkmann (34)	Hermann Thiel (68)	Paula Bardenheuer (108)
—	Margarete Daut (69)	—

Quelle: eigene Darst., basierend auf im Verzeichnis benannten Quellen.

Die Familiengesellschaft blieb in dieser Konstellation zunächst bis 1909 und nach dem Übergang der Beteiligung Hermann Thiels an Heinrich Thiel[631] bis 1911 bestehen. Dem Ausscheiden Hermanns war eine Konfrontation mit dem kaufmännischen Geschäftsführer Buschfeld vorausgegangen. Vom jungen Gesellschafter in Gemeinschaft mit seinem Hochschuldozenten und dem Schwager Max Reinhardt, Mitglied des Aufsichtsrates, wurde die Ansicht vertreten, dass in den Bilanzen der Gebrüder Thiel GmbH Unregelmäßigkeiten bestünden. Darüber hinaus gründete Hermann Thiel zusammen mit jenem Dozenten eine eigene Schallplattenfabrik in Halle, durch deren Konkurs er letztlich seine Anteile an Gebrüder Thiel verlor. Wenig später wechselte Buschfeld zur Germaniawerft in Kiel, einem Tochterunternehmen der Firma Krupp.[632]

Differenzen zwischen einzelnen Gesellschaftern und externen Thiel-Geschäftsführern bestanden in der Zeit vor dem Ersten Weltkrieg auch von

629 AHB, Gesellschaftsvertrag Ruhla 1901.
630 In Klammern laufende Nummer gemäß Gesamtverzeichnis der Gesellschafter.
631 ThHStAW, Gebr. Thiel GmbH Ruhla, Nr. 112, Bl. 247 r. Übertragung erfolgte 1910.
632 AET, Lebenserinnerungen Thiel 1963, S. 86.

anderer Seite. „Kampf um den Wiedereintritt in die Firma“[633] bezeichnete Reinhold Thiel sein Bestreben, im Unternehmen nach Ausbildung, Militärdienst und Weltreise eine angemessene Position zu erlangen. Dieses Bemühen hielt über Jahre hinweg an und berührte alle drei externen Geschäftsführer (vgl. Tabelle 28, S. 181) der Nachgründungsphase, führte aber in der Ära Gunkel zur Eskalation, die sich nicht zuletzt in den Ereignissen um dessen Eintritt in den Kreis der Thiel-Gesellschafter offenbarte.[634]

Mit der Aufnahme des kaufmännischen Geschäftsführers Carl Gunkel in die Reihen der Gesellschafter endete die Phase der reinen Familiengesellschaft. Die Gründe für die Aufweichung der bisherigen Strukturen sind in der wirtschaftlichen Lage des Unternehmens im ersten Jahrzehnt des 20. Jahrhunderts zu suchen. Die GmbH hatte seit ihrer Gründung noch keine wirtschaftlich stabile Basis gefunden (vgl. Abschnitt III, Kap. 1.1.1.). Neben einer fragwürdigen Bewertung des Unternehmensvermögens[635] im Zuge der Umwandlung 1901 waren Schwächen im Produktionsapparat, namentlich dem Betrieb des Walzwerkes, aber auch in den weiteren Abteilungen vorhanden.[636] Parallel zu den älteren Bereichen der Taschen- und Kinderspieluhrenfabrikation wurde wiederholt versucht, weitere Produktionszweige zu etablieren.[637] Die Knopfherstellung, die Zünderfertigung und später die Erzeugung elektrischer Artikel sind Beispiele dafür. Damit einhergehende Schwierigkeiten, gepaart mit konjunkturellen Schwankungen und begrenzter Kapitalausstattung, führten zu Spannungen im Unternehmen[638] und zu einer entsprechenden Disposition der Gesellschafter. Bereits unter der Geschäftsführung von Kühn bestand eine pessimistische Grundhaltung bezüglich der Weiterentwicklung der Firma, sodass Christian Reinhold Thiel versuchte, seine Geschäftsanteile mit deutlichen Abschlägen zu veräußern. In den Reihen der Gesellschafter blieb dieses Bemühen selbst zum Kurs von 50 % des Nennwertes erfolglos.[639] Das unterstreicht ebenso die Zurückhaltung bei den weiteren Gesellschaftern, zumal diese zumindest in Teilen über nennenswerte Kapitalien verfügten. Aus der Umwandlung heraus existierten neben den Stammeinlagen von 3 Mio. M, Gesellschafterdarlehen und weitere Guthaben der Gesellschafter. Diese beliefen sich per 31.12.1901 auf 751.259,86 M. Am 31.12.1904 verblieb ein deutlich reduzierter Betrag von 296.022,57 M. Die Entwicklung der Gesellschafterguthaben bis 1919 zeigt Tabelle 77, S. 333. Für die beiden Hauptgesellschafter und zugleich Hauptgläubi-

633 AET, Lebenserinnerungen Thiel 1963, S. 74.

634 AJG, S. v. 17.04.1912 Gunkel-Franz Thiel u. AET, Lebenserinnerungen Thiel 1963, S. 32 f, 52 ff, 74 ff u. 93.

635 APD, Thiel, Rückblick 1956, S. 9.

636 AET, Erinnerungen Thiel 1967, S. 19 f.

637 AHB, Bilanz und GB 1904; 1908, 1913.

638 ThHStAW, Gebr. Thiel GmbH Ruhla, Nr. 659, Bl. 91 v.

639 AET, Lebenserinnerungen Thiel 1963, S. 50.

ger stellte sich das Verhältnis wie folgt dar:[640] Christian Reinhold Thiel reduzierte sein dahingehendes Risiko von 280.807,34 M im Jahr 1901 auf 47.768,19 M im Jahr 1904. Ernst Eduard Thiel und später dessen Erben minderten ihr über die Stammeinlage hinausgehendes Engagement im gleichen Zeitraum von 185.937,35 M auf 43.570,28 M. Die Neigung, die eigene Unternehmensbeteiligung zu liquidieren, war bei den beiden genannten Herren bereits in der Vergangenheit zu beobachten. Im gescheiterten Versuch, das Unternehmen 1892 zum Preis von 3 Mio. M zu verkaufen (vgl. Abschnitt II, Kap. 2.2.2.), kann ein Anhaltspunkt dafür gesehen werden.[641]

An dieser Stelle werden die Umstände im Zusammenhang mit dem Eintritt des ersten Nichtfamilienmitgliedes in die Reihen der Gesellschafter ausführlich dargestellt. Der dahingehende Schritt barg die Gefahr einen Weg einzuschlagen, der später zum Verlust der Familiengesellschaft führen könnte.[642]

Die Hintergründe für den Eintritt Gunkels als Teilhaber der Gesellschaft im Jahr 1911 waren im Liquiditätsbedarf eines bisherigen Gesellschafters, in der angespannten wirtschaftlichen Lage des Unternehmens und der fehlenden Bereitschaft der weiteren Familiengesellschafter zur Aufstockung des persönlichen Engagements zu sehen. Insoweit bestand eine Situation, wie sie bereits in der Vorperiode zu beobachten war. Diesmal bestand jedoch der Unterschied, dass ein über die Geschäftsführertätigkeit bereits mit dem Unternehmen vertrauter Dritter bereit war, sich persönlich zu beteiligen. Nach entsprechender Korrespondenz im vierten Quartal 1910 und im Januar 1911 wurde am 13.01.1911 der Vertrag zwischen Franz Thiel und Carl Gunkel geschlossen. Dieser übertrug ein Viertel seiner insgesamt 200.000 M Geschäftsanteile zum Preis von 50.000 M. Vom Kaufpreis wurden 16.000 M sofort bar beglichen, der Restbetrag war in Raten[643] zu zahlen und mit 5 % pro Jahr zu verzinsen. Dieser Vertrag hätte die reine Familiengesellschaft aufgebrochen. Ein Umstand, der Auseinandersetzungen in der Gesellschaft, zwischen den Gesellschaftern und dem Geschäftsführer Gunkel auslöste.[644]

Ansatzpunkt der Intervention der Gesellschafter war die im Gesellschaftsvertrag geregelte Zustimmungserfordernis der Gesellschaft bei Übertragung von

640 AHB, Bilanz 1901 u. Bilanz und GB 1904.

641 BvS, 613-Privat-Copie-Buch, Bl. 42–44.

642 Wie eine solche Entwicklung hin zum Verlust des Familienunternehmens verlaufen ist, zeigt die Unternehmensdarstellung des Wettbewerbers Gebr. Junghans in Schramberg. Dort war durch Anteilsverkäufe über mehrere Jahrzehnte hinweg das Familienunternehmen in die Hände Dritter gelangt. Im Jahr 1956 öffentlich gemacht, bedeutete dies den Kontrollverlust der Familie über das Unternehmen. Vgl. Simon, 150 Jahre Junghans, u. a. S. 96.

643 1. Rate über 4.000 M fällig am 01.03.1911. Weiteren Raten zu je 5.000 M fällig jeweils am 01.07. bis zum 01.07.1916.

644 AJG, Abtretungsvertrag vom 13.01.1911; S. v. 05.11.1910, S. v. 09.01.1911 u. 11.01.1911 Gunkel-Franz Thiel.

Geschäftsanteilen an Nichtgesellschafter.[645] „Der Amtsrichter in Eisenach stand auf dem Standpunkt, dass lediglich die Einwilligung der Firma vorzulegen sei."[646] Gunkel hatte im Vorfeld das Erforderliche getan und sich bei den maßgeblichen Personen der Gesellschaft rückversichert. Er hatte keine grundsätzlichen Bedenken erfahren. Die „Einwilligung war gegeben worden, nachdem angenommen werden musste, dass Einwände nicht erhoben würden."[647] Später versuchten unter anderem Reinhold Thiel und Karl Daut hier zu intervenieren, indem sie den Standpunkt vertraten, dass alle Gesellschafter einer derartigen Übertragung zustimmen müssten. Ein Beschluss zur Abstimmung der Gesellschafter über die Aufnahme ergab eine Zustimmungsquote von 75 % des Stammkapitals. Die fehlende Einstimmigkeit ließ die Kritiker nicht verstummen. Ferner wurden Bedenken erhoben, was geschähe, wenn Gunkel als Geschäftsführer ausschiede und als Angestellter oder Beteiligter zu einem Konkurrenzunternehmen übertreten würde.[648] Gunkel selbst versuchte, mit der Bereitschaft zur Abgabe einer einseitigen Verpflichtungserklärung[649] diese Bedenken zu zerstreuen. Er erklärte, im Interesse einer Lösung bei seinem Austritt und der geschilderten Entstehung einer Interessenskollision seine Anteile der Gebrüder Thiel GmbH zum Kauf anzubieten und sich ein Jahr an dieses Angebot zu halten. Im Falle der Annahme durch die Gesellschaft oder einen der Gesellschafter wäre mindestens der vorherige Erwerbspreis zu zahlen. Sollte Gunkel mehr beanspruchen, müsste er das unmittelbar nach seinem Austritt bekannt geben. Sofern sich die Parteien nicht über die Höhe des Preises verständigen könnten, wäre die Entscheidung unter Ausschluss des Rechtsweges durch ein unabhängiges Schiedsgericht zu treffen.[650] Dieses Entgegenkommen erreichte nicht die erhoffte Wirkung.[651]

Von rechtlicher Seite her wäre der Abtretungsvertrag als wirksam geschlossen anzusehen und der Eintritt als Gesellschafter vollzogen. Gunkel betonte jedoch, dass er sich auf diesen Standpunkt nicht zurückziehen wolle, da er damit eventuell den Eindruck erwecken könnte, er würde sich „in eine Gesellschaft hineinzwängen wollen, von der einige Mitglieder den Eintritt augenscheinlich nicht gerne sehen. Das aber möchte (...) [er] keinesfalls, umsoweniger, weil die Bedenken der betreffenden nach allem, was vorausgegangen ist, wohl nicht auf rein geschäftlichem Gebiete liegen können, und (...) [er sich] schliesslich doch fragen muss, ob es zweckmässig ist, (...) [seinen] Angehörigen eventl. einmal einen Anteil von einer Gesellschaft zu überlassen, die, wie es scheint, die Anteile

645 AHB, Gesellschaftsvertrag Ruhla 1901, § 8.
646 AJG, S. v. 23.05.1911 Gunkel-Brinkmann, S. 3.
647 Ebd., S. 3 f.
648 AJG, S. v. 23.05.1911 Gunkel-Brinkmann.
649 AJG, S. v. 07.06.1911 Gunkel-Brinkmann.
650 Ebd.
651 AJG, S. v. 15.05.1911 Gunkel u. Thiel-Reinhold Thiel.

selbst am liebsten ‚versteinern‘ und unrealisierbar machen möchte.“[652] Aus offensichtlich persönlichen Motiven heraus wurden durch Reinhold Thiel weitere Zugeständnisse gefordert, ohne dass damit eine Zustimmung verbunden gewesen wäre. Das bewog Gunkel, nach mehr als sechs Monaten in der Schwebe, Franz Thiel die Rückabwicklung des Vertrages anzubieten. Er unterbreitete den Vorschlag, einen Verkauf an Heinrich Thiel mit vergleichbaren Konditionen in Betracht zu ziehen. Aufgrund der Umstände ist anzunehmen, dass Gunkel dieses Prozedere mit Heinrich Thiel bereits besprochen hatte. Über diesen Weg wäre die Zustimmungsfrage entfallen und die Familiengesellschaft wieder hergestellt.[653]

Ein derartiger Vertrag kam nicht zustande. Vielmehr erfolgte im März 1912 die notarielle Beurkundung der Verpflichtungserklärung von Gunkel gegenüber der Gesellschaft, wobei die Verpflichtung zur Anbietung der Geschäftsanteile auch jedem Gesellschafter gegenüber bestehen sollte.[654] Damit war der Eintritt eines ersten externen Gesellschafters, nach mehr als einjährigem Ringen, formal besiegelt. Dass es im vorangegangenen Verfahren nicht primär um die Klärung von Fragen zum Schutz des Familienunternehmens gegangen war, wird später deutlich. Die Abwehr eines fremden Gesellschafters wäre für Reinhold Thiel, einen der maßgeblichen Widersacher, schon allein durch seine finanzielle Lage möglich gewesen. Zunächst sprach die enge Verwandtschaft zum Bruder Franz Thiel für die Chance, sich in diesem Rahmen auf eine Übertragung zu verständigen. Darüber hinaus verfügten die Geschwister über entsprechende Einkünfte aus der Beteiligung an der Firma. Selbst wenn diese unberücksichtigt blieben, stand weiterhin eine Mitgift aus der 1910 zwischen Reinhold Thiel und Martha Georg geschlossenen Ehe i. H. v. 100.000 sfrs. als finanzieller Rückhalt zur Verfügung.[655]

Dass trotz dieser Optionen und der spätestens seit August 1911 bestehenden Bereitschaft Gunkels zu einer Rückabwicklung des Vertrages die Angelegenheit nicht durch Erwerb der Anteile durch Reinhold Thiel erledigt wurde, lässt folgende Schlüsse zu: Zum einen, dass die wirtschaftliche Situation des Unternehmens dazu führte, dass eine Aufstockung der Beteiligung in Reihen der Gesellschafter als wenig lukrativ und erstrebenswert angesehen wurde.[656] Zum anderen aber, dass es nicht um die Abwehr fremder Gesellschafter ging, sondern um persönlichen Machtgewinn durch die Erlangung einer Führungsposition im Unternehmen, gegebenenfalls unter Verdrängung der externen Geschäftsführung.[657]

---

652 AJG, S. v. 09.08.1911 Gunkel-Franz Thiel, S. 3.
653 AJG, S. v. 09.08.1911 Gunkel-Franz Thiel.
654 AJG, Verpflichtungserklärung 1912.
655 AET, Lebenserinnerungen Thiel 1963, S. 89.
656 AJG, S. v. 23.05.1911 Gunkel-Brinkmann.
657 AET, Erinnerungen Thiel, 1967, S. 55 u. 66 ff.

Die Geschehnisse im Rahmen einer Gesellschafterversammlung im April 1912 verdeutlichen die Spannung im Unternehmen und das Bestreben Reinhold Thiels, Einfluss auf die Unternehmensführung zu erlangen. Gemeinsam mit seinen Schwagern Rudolf und Moritz Ackenhausen sowie mit Karl Daut, dem Schwiegersohn Christian Thiels, gelang es, die Geschäftsführung in einer siebenstündigen Erörterung der geschäftlichen Lage zu binden und anschließend die Vertagung der Entlastung von Aufsichtsrat und Vorstand zu beantragen. Wie sich im weiteren Verlauf herausstellte, war die eigentliche Absicht von Reinhold Thiel und Karl Daut, eine Position im Aufsichtsrat durch Vergrößerung desselben zu erlangen. Diese Vorgänge belasteten das Gesellschafterverhältnis derart, dass Carl Gunkel Franz Thiel nochmals um vollständige oder wenigstens teilweise Rückabwicklung des Kaufvertrages bat. Die Unterschriften unter den Rückübertragungsvertrag vom 05.09.1912 für die bislang nicht bezahlten Anteile i. H. v. 20.000 M wurden am 10.09.1912 beim Amtsgericht in Eisenach durch Carl Gunkel und den durch Franz Thiel bevollmächtigten Fritz Thiel geleistet.[658] Noch zum Ende des gleichen Monats schied Gunkel aus der Geschäftsführung aus und Ernst Thiel rückte an seine Stelle.[659] In diesen Abläufen sind auffällige Parallelen zum Ausscheiden Buschfelds zu erkennen. Bereits dort folgte auf den Versuch einzelner Gesellschafterkreise, die externe Geschäftsführung zu diskreditieren, ein zeitnaher Wechsel in der Unternehmensführung. Reinhold Thiel hatte nach Kühns, Buschfelds und letztlich Gunkels Austritt sein Ziel erreicht. Bereits im Januar 1913 wurde er neben Heinrich und Ernst Thiel zum Geschäftsführer bestellt.[660] Dennoch blieb nach diesen Ereignissen ein Fakt für die weitere Zukunft bestehen: Gebrüder Thiel war keine 100-prozentige Familiengesellschaft mehr. Denn trotz der gegebenen Verpflichtungserklärung[661] nutzten weder die Gesellschaft noch die Gesellschafter aus der Familie Thiel die Möglichkeit, die bei Carl Gunkel verbliebenen 30.000 M an Unternehmensanteilen zu erwerben. Erst im Schreiben vom 19.10.1913, also mehr als ein Jahr nachdem Gunkel das Unternehmen verlassen hatte, kam Ernst Thiel auf das von Gunkel gemachte Angebot zur Übernahme der Anteile zurück. Als Ergebnis einer Unterredung mit Reinhold Thiel teilte er Gunkel mit, „dass (...) [Reinhold Thiel] eventuell auch geneigt sei M 20000,– zu pari zu übernehmen, wenn (...) [er] jetzt gewillt sei (...), zu verkaufen, (...) [R. Thiel] habe jetzt gerade einen größeren Betrag anzulegen. [Ernst Thiel] würde in diesem Falle 10000 Mark übernehmen."[662] Es ist denkbar, dass Reinhold Thiel einen Teil des aus dem Verkauf seiner Londoner Firma an die Gebrüder Thiel GmbH resultierenden Betrages anlegen wollte. Ebenso könnte die einsetzende

658 AJG, Abtretungsvertrag 05.09.1912/10.09.1912.

659 AJG, Mitteilung der Gebrüder Thiel GmbH vom 14.10.1912.

660 AJG, S. v. 17.04.1912 Gunkel-Franz Thiel u. Mitteilung der Gebrüder Thiel GmbH vom Januar 1913.

661 AJG, Verpflichtungserklärung 1912.

662 AJG, S. v. 19.10.1913 Ernst Thiel-Gunkel.

günstige wirtschaftliche Entwicklung der Gebrüder Thiel GmbH im Jahr 1913 zu diesem Vorstoß geführt haben.[663] Die Gunkel angebotene Transaktion kam jedoch nicht zustande. Nach seinem Tod 1920 gingen die Anteile auf seine Nachfahren über, welche in unterschiedlicher Konstellation bis zum Verkauf 1972 Gesellschafter blieben.[664]

In den Jahren bis 1917 blieb die Zusammensetzung der Gesellschafter nahezu konstant und verringerte sich nur durch den Tod von Albine Thiel auf 15 Personen. Albine Thiels Anteile gingen auf ihre Kinder über, welche zuvor bereits Gesellschafter gewesen waren. Die Verteilung der Stammanteile unter den Beteiligten war zunächst vergleichsweise homogen und zeigte nur mit der Beteiligung von Heinrich Thiel über 350.000 M und jener über 30.000 M von Carl Gunkel zwei auffällige Abweichungen. Die weiteren Werte lagen in einem Bereich zwischen 150.000 M und 250.000 M (vgl. Tabelle 65, S. 314). Ein stärkerer Gesellschafterzuwachs fand Ende 1918[665] mit dem Eintritt der ersten Gesellschafter aus der dritten Gründergeneration statt. Widerstände waren damit nicht verbunden, da es sich bei den acht Neugesellschaftern ausnahmslos um Kinder bisheriger Gesellschafter aus dem Stamm „Christian Emilius Thiel" handelte. Weiterhin war nach der Phase der dominierenden Rüstungsgüterproduktion mit dem verlorenen Ersten Weltkrieg eine Neuausrichtung des Unternehmens erforderlich. Die ungewissen Zukunftsaussichten und das fortgeschrittene Alter der ursprünglichen Anteilseigner dürfte die Bereitschaft zum Generationswechsel begünstigt haben. Die Verteilung unter den jeweils hinzukommenden Kindern erfolgte, wie in der vorangegangenen Generation, gleichmäßig. Damit gingen eine zunehmende Aufspaltung des Stammkapitals und ein Anwachsen des Gesellschafterkreises mit kleinen Anteilsbeträgen einher. Um eine Entwicklung hin zu Kleinstanteilen zu vermeiden, erfuhr der Gesellschaftsvertrag unter Paragraf acht eine Ergänzung, wonach der in einer Hand verbleibende Mindestanteil 20.000 M nicht unterschreiten durfte. Ebenso wurde dieser Paragraf resultierend aus den Erfahrungen der Jahre 1911 und 1912 so konkretisiert, dass, sofern eine Übertragung der Genehmigung bedurfte, diese von der Gesellschafterversammlung erteilt werden musste.[666]

Unter den Ende 1918 beteiligten 23 Personen befanden sich bereits zwölf Gesellschafter mit einem Anteilsbesitz unter 150.000 M und drei weitere, deren Beteiligung weniger als 200.000 M betrug. Insgesamt sieben Gesellschafter verfügten mit Beträgen zwischen 200.000 M und 250.000 M über eine im Vergleich zu den Durchschnittswerten der zweiten Generation konstante bzw. leicht erhöhte Beteiligung. Der technische Geschäftsführer Heinrich Thiel war unverändert der Gesellschafter mit der höchsten Beteiligung. Werden die Stämme der

---

663 AHB, Bilanz und GB 1913, S. 1 u. 10.
664 AET, Gesellschafterliste 1972.
665 ThHStAW, Gebr. Thiel GmbH Ruhla, Nr. 112, Bl. 214 r.
666 AHB, Gesellschaftsvertrag Ruhla 1920.

Familie verglichen, so entfielen auf die 13 Beteiligten der Linie Christian Emilius Thiel 1,16 Mio. M, die vier noch beteiligten Nachkommen von Christan Reinhold Thiel verfügten über 0,85 Mio. M des Stammkapitals. Der verbleibende Rest lag mit 30.000 M bei Carl Gunkel und mit 0,96 Mio. M bei den fünf Kindern von Ernst Eduard Thiel. Im Ergebnis zeigten sich Ende 1918 bereits erste deutliche Verschiebungen in der ursprünglich ausgeglichenen Beteiligung der drei Thiel-Familien. Eine leichte Dominanz ist für den Zweig feststellbar, welcher mit den Vorsitzenden des Aufsichtsrats und dem technischen Geschäftsführer in den zurückliegenden Jahren zwei entscheidende Positionen besetzt hatte (vgl. Tabelle 65, S. 314).

2.2.2. Gesellschafter „Ruhla" in der Weimarer Zeit

Wird die Betrachtung der Gesellschafterstrukturen in die Weimarer Zeit fortgeführt, so zeigt sich eine zunehmende Dynamik. Zunächst war es der erweiterte Gesellschafterkreis, der aus rein biologischer Sicht ein Veränderungspotenzial bot. Bis 1932 verstarben fünf Gesellschafter, die bereits vor 1918 dem Unternehmen angehört hatten. Hinzu kamen drei weitere Verstorbene, die erst seit 1920 bzw. 1922 beteiligt gewesen waren. Den Sterbefällen stand ein Zuwachs an neun Gesellschaftern aus Reihen der Erben gegenüber. Deren Eintritt ins Unternehmen erfolgte jedoch nicht in jedem Fall erst durch direkte Erbfolge. Vielfach waren Kinder bereits im Zuge der vorweggenommenen Nachlassregelung Gesellschafter geworden, sodass durch das Erbe lediglich ein Anteilszuwachs eintrat. Das betraf in dieser Zeitepoche die beiden Söhne von Helene Hoppert, deren Eintritt 1918 erfolgte sowie zwei Söhne von Heinrich Thiel, die seit 1922 Gesellschafter waren. Weiterhin waren eine Reihe von Altgesellschaftern der zweiten Generation Erben nach Walter und Paula Bardenheuer sowie nach Frieda Thiel geworden. Diese waren 1924 bzw. 1929 kinderlos verstorben (vgl. Tabelle 61und Tabelle 62 ab S. 303 sowie Tabelle 66 und Tabelle 67 ab S. 315).

Anhand dessen lässt sich zunächst der Anstieg der Gesellschafterzahlen von 23 im Jahr 1918 auf 28 Ende des Jahres 1932 nicht erklären. Ursächlich für diesen Zuwachs waren vielmehr wirtschaftliche Entwicklungen, die nicht primär im Unternehmen angelegt waren, aber auf dieses von außen einwirkten. Die starke Inflation in den ersten Jahren der Weimarer Republik machte in kurzen Abständen eine dreimalige Erhöhung des Stammkapitals von 3 auf 12 Mio. M bis Dezember 1922 erforderlich (vgl. Tabelle 18, S. 120). Für 1923 war ein weiterer Schritt auf 72 Mio. M in Vorbereitung, welcher letztlich aber nicht realisiert wurde.[667]

In Abschnitt III, Kapitel 2.1, wurde dargelegt, dass die Gesellschaft im Hinblick auf ihre Teilhaber stets eine auf den Erhalt der Familiengesellschaft ausgerichtete Ausschüttungspolitik betrieben hatte. Insbesondere wurde eine Konti-

667 ThHStAW, Gebr. Thiel GmbH Ruhla, Nr. 70, Bl. 90 r f.

nuität angestrebt, die auch denjenigen Gesellschaftern einen Beteiligungserhalt sicherte, welche neben der Unternehmensbeteiligung nicht über weitere signifikante Vermögenswerte verfügten.[668] In Zeiten starker Inflation und damit notwendiger Anpassungen in der Kapitalausstattung der Gesellschaft stieß diese Politik an ihre Grenzen. Im Jahr 1920 gelang es der Gesellschaft zusammen mit den bisherigen Gesellschaftern noch, den für eine 50-prozentige Kapitalerhöhung notwendigen Betrag von 1,5 Mio. M aufzubringen und die Beteiligungsverhältnisse stabil zu halten. Einzig eine Gesellschafterin verzichtete zugunsten ihres Ehemannes auf die Übernahme des auf ihre bisherigen Anteile entfallenden Erhöhungsbetrages, was jedoch keine grundlegende Strukturveränderung bedeutete. Deutlicher waren die Auswirkungen, als bereits Mitte 1922 eine weitere Kapitalerhöhung erforderlich wurde. Zwar führte diese wiederum nicht zu Verschiebungen zwischen den Beteiligungen der einzelnen Familienstämme, innerhalb dieser kam es jedoch zu einer wachsenden Zahl Beteiligter. Diesmal waren es neben den noch nicht beteiligten Kindern von Gesellschaftern vielfach auch deren Ehepartner, die zur Verbreiterung der Gesellschafterbasis beitrugen (vgl. Tabelle 66 und Tabelle 67 ab S. 315).

Die dritte Kapitalerhöhung in diesem Zyklus über 6 Mio. M im Dezember 1922 war strukturerhaltend. Der dazu aufgenommene Kredit konnte im Zuge der Hyperinflation bereits 1923 getilgt werden[669] (vgl. Abschnitt III, Kap. 2.1.1.).

In dieser Phase traten erstmals vermehrt Liquiditätsengpässe von Gesellschaftern auf. Deren Ursachen waren nicht bei Gebrüder Thiel zu sehen, sondern hatten ihren Ursprung vordergründig in der weiteren geschäftlichen Tätigkeit der Gesellschafter oder in deren privatem Umfeld.[670] Dennoch wurde die Gebrüder Thiel GmbH ganz unmittelbar von diesen Problemen berührt. Wegen der im Außenverhältnis durch den Gesellschaftsvertrag beschränkten Verfügungsmöglichkeiten der Gesellschafter über ihre Beteiligung war der Kreis der Anteilskäufer klein.[671] Das führte zu Fragen nach Kapitalvorschüssen,[672] nach der Verpfändung von Geschäftsanteilen oder nach den Möglichkeiten anderer Gesellschafter oder der GmbH, Anteile aufzukaufen.[673] Aufgrund der allgemein schwierigen wirtschaftlichen Lage waren die finanziellen Spielräume der Gesellschaft begrenzt[674] und ein angemessenes eigenes Handeln im Interesse der Familiengesellschaft oft nicht möglich. Ähnlich verhielt es sich beim denkbaren Ausgleich zwischen den Gesellschaftern. Der Fall Friedrich Thiel mit ei-

668 ThHStAW, Gebr. Thiel GmbH Ruhla, Nr. 77, Bl. 62 v.

669 Ebd., Nr. 77, Bl. 65 r ff.

670 Ebd., Nr. 18, Bl. 165 r–167 r; Nr. 40, Bl. 108 r u. AET, Lebenserinnerungen Thiel 1963, S. 131 f u. 165.

671 AHB, Gesellschaftsvertrag Ruhla 1920.

672 ThHStAW, Gebr. Thiel GmbH Ruhla, Nr. 49, Bl. 124 r.

673 Ebd., Nr. 18, Bl. 166 r.

674 Ebd., Nr. 2, Bl. 171 r f.

ner Beteiligung von zuletzt 186.000 RM (vgl. Tabelle 67, S. 316), zog sich über Jahre und unterstreicht damit das Kapitalproblem der Gesellschaft in dieser Zeit. Die Firma kam zwar mit den eigenen Mitteln aus, konnte bzw. wollte aber keine Gesellschafteranteile kaufen. Durch die latente Gefahr einer Versteigerung der Anteile im Falle des Konkurses von Friedrich Thiel kam es dann doch zu einer Lösung.[675] Anfang 1926 erklärten sich genügend Gesellschafter zur Übernahme der Anteile bereit.[676] Dennoch kam es zu weiteren Spannungen, wie sich Jahre später in den Auseinandersetzungen über die Unternehmensbewertung und den damit einhergehenden Verkaufskurs von 60 % des Nennwertes zeigte.[677] Die verdeutlichten Grundprobleme traten ebenso im Zusammenhang mit anderen Transaktionen auf. Für den angebotenen Kauf der verbleibenden Anteile seines Bruders Franz Thiel benötigte Reinhold Thiel 1923 ein Darlehen über 1.000 £ von der Gesellschaft, welches ihm gewährt wurde.[678] Später war eine Korrektur hinsichtlich des vereinbarten Kaufpreises erforderlich.[679]

Die Ereignisse führten dazu, dass 1927 die Gesellschafterversammlung der Firma die Ermächtigung erteilte, eigene notleidende Anteile bis zu 50.000 RM zu einem Kurs von maximal 100 % des Nennwertes zu erwerben.[680] Eine Regelung, die im stets betonten Interesse des Erhaltes der Familiengesellschaft[681] zwar sachlogisch, aber im Zuge der einsetzenden Weltwirtschaftskrise erkennbar unzureichend und damit wirkungslos war. Dennoch gelang es auch in diesen Jahren Banken aus der Gesellschafterstruktur fernzuhalten.[682] Die Geschäftsführung konnte in Fällen der Verpfändung von Geschäftsanteilen, unter anderem von Fritz Thiel 1925 und Margarete Daut 1930 an die Dresdner Bank, gestaltend einwirken, sodass die Bank auf die Ausübung des Stimmrechts verzichtete und ein Vorkaufsrecht zugunsten der Gesellschaft einräumte.[683]

Glück, eine gewisse Beharrlichkeit und Weitsicht sicherten den Erhalt des Familienunternehmens Gebrüder Thiel auch an der Schwelle zum nationalsozialistischen System. Liquiditätsbedingte vollständige Gesellschafteraustritte blieben auf wenige Ausnahmen wie Franz Thiel 1923, Fritz Thiel 1926 und Familie Rosa Reinhardt 1931/1933 begrenzt, was in erster Linie auf die 1932 vollzogene Kapitalherabsetzung (vgl. Tabelle 18, S. 120) zurückzuführen war. Glück war darin zu sehen, dass seit 1922 mit der Gebrüder Thiel Seebach GmbH eine Tochtergesellschaft (vgl. Abschnitt III, Kap. 1.2.) entstanden war, welche wegen ihrer günstigen Entwicklung über ausreichend Kapital verfügte, um über die

675 ThHStAW, Gebr. Thiel GmbH Ruhla, Nr. 18, Bl. 167 r.
676 Ebd., Nr. 8, Bl. 22 r.
677 Ebd., Nr. 5, Bl. 8 r f.
678 Ebd., Nr. 77, Bl. 64 r.
679 AET, Lebenserinnerungen Thiel 1963, S. 131 a.
680 ThHStAW, Gebr. Thiel GmbH Ruhla, Nr. 77, Bl. 26 r.
681 Ebd., Nr. 2, Bl. 71 r.
682 Ebd., Nr. 73, Bl. 110 r–113 r.
683 Ebd., Nr. 5, Bl. 8 r f u. Nr. 68, Bl. 161 r–166 r.

Schwierigkeiten von Muttergesellschaft und Gesellschaftern hinwegzuhelfen. Insoweit war die 1931 eröffnete Möglichkeit zur wechselseitigen Beleihung der Gesellschafteranteile[684] durch die jeweils andere Thiel-Gesellschaft in erster Linie ein Instrument der Subventionierung für die natürlichen Gesellschafter mit Liquiditätsproblemen. Bis 1932 erlangte die Gebrüder Thiel Seebach GmbH über diesen Weg durch verschiedene Abtretungen eine Beteiligung i. H. v. 525.400 RM an der Gebrüder Thiel GmbH. Diese Anteile wurden durch die Gebrüder Thiel GmbH im Zuge der Kapitalherabsetzung im Dezember 1932 zu einem Kurs von 50 % erworben. Wird berücksichtigt, dass die Gesellschaft im gleichen Zeitraum eigene Anteile von den Gesellschaftern zum Nennwert zurückkaufte und das Kapital um insgesamt 1,2 Mio. RM herabgesetzt wurde, ist das Ausmaß der Subventionierung deutlich erkennbar. Der Umsatzeinbruch bis 1932 auf unter 40 % des Wertes von 1929 unterstreicht diese Einschätzung.[685]

Im Ergebnis zeigte sich eine über die Epoche der Weimarer Republik veränderte Familiengesellschaft. Das Stammkapital von vormals 3 Mio. M betrug nun 2,4 Mio. RM. Die Beteiligung der drei Gründerfamilien hatte sich weiter verschoben (vgl. Tabelle 23, S. 147). Weiterhin dominierend war der Stamm „Christian Emilius Thiel" sowohl bei der Beteiligung wie auch bei der Zahl der Gesellschafter. Dieser vertrat über 14 Personen ein Stammkapital von 1.119.100 RM. Gefolgt wurde er vom Stamm „Ernst Eduard Thiel" mit acht Vertretern und einem Kapitalanteil von 973.000 RM. Deutlich an Einfluss verloren hatte dagegen der Stamm „Christian Reinhold Thiel". Dort repräsentierten nur noch drei Vertreter eine Beteiligung von 283.700 RM. Die drei Kinder von Carl Gunkel waren zum Stichtag 31.12.1932 die einzigen Nichtfamiliengesellschafter. Ihre unter Berücksichtigung der Kapitalmaßnahmen im Zeitablauf konstante Beteiligung betrug 24.200 RM. Wie erläutert, waren die Gebrüder Thiel Seebach GmbH in den Jahren 1931 und 1932 und die Gebrüder Thiel GmbH 1932 im Zusammenhang mit der Weltwirtschaftskrise und der Vorbereitung sowie Durchführung der Kapitalherabsetzung kurzzeitig institutionelle Gesellschafter (vgl. Tabelle 61und Tabelle 62 ab S. 303 sowie Tabelle 66 und Tabelle 67 ab S. 315).

Der bereits festgestellte Trend hin zu einer zunehmenden Anzahl von Gesellschaftern mit kleinen Anteilen setzte sich fort. Von den aufgeführten Gesellschaftern verfügten insgesamt 19 über eine Beteiligung von jeweils unter 100.000 RM und fünf weitere hatten Anteile unter 150.000 RM. Ernst Thiel und Bertha Brinkmann traten mit Beträgen von 150.000 RM und 188.600 RM etwas hervor. Martha Ackenhausen und ihr Bruder Reinhold Thiel hoben sich mit einer Beteiligung von 207.000 RM bzw. 587.100 RM deutlich ab. Die Hintergründe für den Aufstieg Reinhold Thiels zum dominierenden Gesellschafter

684 ThHStAW, Gebr. Thiel GmbH Ruhla, Nr. 73, Bl. 101 r f.
685 ThHStAW, Gebr. Thiel Seebach GmbH, Nr. 361, Bl. 26 r–37 r.

waren neben der umfassenden Vergütung seiner Geschäftsführertätigkeit bei den Thiel-Firmen[686] im familiären Bereich zu suchen. Nach dem Tod des Schweizer Schwiegervaters 1923 betrug der Erbanteil seiner Frau in etwa 0,5 Mio. RM. Dieses Geld wurde in großen Teilen in den Erwerb von Geschäftsanteilen von Fritz Thiel und Margarete Daut investiert,[687] nachdem zuvor die Anteile von Franz Thiel erworben worden waren.[688]

Die Familie Gunkel wurde langfristig als Erbengemeinschaft im Gesellschafterverzeichnis geführt und stand damit erstmalig für eine Entwicklung, welche in den folgenden Perioden zunehmend anzutreffen war. In den weiteren vorangegangenen Erbfällen war immer nach einiger Zeit eine Erbauseinandersetzung bezüglich der Unternehmensanteile erfolgt und die Erbengemeinschaft aus der Gesellschafterliste wieder verschwunden.

Tabelle 23: Beteiligte an der Gebr. Thiel GmbH am 31.12.1932

Stamm „Christian Emilius“	Stamm „Christian Reinhold“	Stamm „Ernst Eduard“	Familie Gunkel[689]
Martha Deußing (1)[690]	Ernst Thiel (44)	Else Ackenhausen (75)	Hertha Gunkel (112)
Rudolf Deußing (2)	Rosa Reinhardt (56)	Rudolf (jun.) Ackenhausen (76)	Walter Gunkel (113)
Susanne Metzke (8)	Margarete Daut (69)	Franz Ackenhausen (79)	Karl Gunkel (118)
Hildegard Gaudin (11)	—	Reinhold Thiel (88)	—
Erich Hoppert (17)		Edwin Thiel (91)	
Heinz Hoppert (21)		Martha Ackenhausen (105)	
Wilhelmine Thiel (25)		Rudolf Ackenhausen (106)	
Heinrich (jun.) Thiel (26)		Hans-Helmut Ackenhausen (107)	
Albrecht Thiel (27)		—	
Hans Thiel (31)			
Bertha Brinkmann (34)			
Hugo (jun.) Brinkmann (36)			
Charlotte Brinkmann (40)			
Ilse Reiser (41)			

Quelle: eigene Darst., basierend auf im Verzeichnis benannten Quellen.

686 AET, Erinnerungen Thiel 1967, S. 106.
687 Ebd., S. 108 f.
688 AET, Lebenserinnerungen Thiel 1963, S. 131.
689 Familie Gunkel als Erbengemeinschaft bestehend aus den drei genannten Vertretern.
690 In Klammern laufende Nummer gemäß Gesamtverzeichnis der Gesellschafter.

2.2.3. Gesellschafter „Ruhla" im Nationalsozialismus

Die Machtergreifung Hitlers im Jahr 1933 hatte weitreichende Auswirkungen auf Gebrüder Thiel. Die Rüstungsgüterproduktion des Tochterunternehmens Gebrüder Thiel Seebach GmbH rückte nun in den Fokus und wurde vermehrt zum Motor des Gesamtkonzerns. Die Gesellschafterstrukturen und Verflechtungen zwischen den Firmen blieben davon nicht unberührt. Dennoch liefen weiterhin alle Verbindungen in der Gebrüder Thiel GmbH in Ruhla zusammen. Gebrüder Thiel, das waren in erster Linie die hinter der GmbH stehenden Gesellschafter, auch wenn bei ihnen nach mehreren Generationen der Name bereits häufig ein anderer war.

Anfang 1933 schied mit der Gründungsgesellschafterin Rosa Reinhardt zunächst eine weitere Vertreterin der Linie „Christian Reinhold Thiel" aus,[691] somit verblieben von diesem Stamm nur noch die Geschwister Ernst Thiel und Margarete Daut als Gesellschafter (vgl. Tabelle 23, S. 147). Die Weichenstellungen für den Verkauf der Anteile von Rosa Reinhardt erfolgten bereits in der Vorepoche mit einer deutlichen Absenkung der Beteiligung. Auslöser dafür war ein Vergleich des Unternehmens der Familie Max Reinhardt in Berlin. Diese war dort Inhaber der Deutschen Lederwaren Industrie GmbH. Die angebotenen Thiel-Anteile erwarben Reinhold Thiel und dessen Tochter Sascha. Im Zuge der Mitteilung über den Vollzug der Transaktion und die erfolgte Kaufpreiszahlung formulierte Reinhold Thiel die Hoffnung, dass es der Familie „im Laufe der Jahre möglich sein würde, einen Geschäftsanteil wieder zu erwerben."[692] Die Kinder von Rosa Reinhardt wurden später nur Gesellschafter, weil sie ab dem Jahr 1942 den Erbengemeinschaften nach Ernst Thiel, einem Bruder von Rosa, und im Folgejahr von seinem Sohn Werner Thiel angehörten.[693]

Diese Abläufe zeigen deutliche Parallelen zur Reduzierung der Beteiligung der Familie Daut gegen Ende der Weimarer Zeit.[694] Karl Daut war in Mannheim Inhaber eines Textil- und Bekleidungswarengeschäfts und betrieb darüber hinaus im etwa 35 Kilometer entfernten Schönau[695] eine Fabrik zur Herstellung von Strickstoffen mit Weiterverarbeitung zu Kinder-, Damen- und Herrenoberbekleidung.[696] Die Weltwirtschaftskrise dürfte auch dort einen Liquiditätsbedarf geschaffen haben. Im Rahmen eines Vergleichsverfahrens der Daut'schen Firmen kam es zur Kreditaufnahme bei der Dresdner Bank in Eisenach, welcher durch Verpfändung der „Ruhlaer"-Geschäftsanteile von Margarete Daut gesichert wurde.[697] Diese Anteile gingen der Familie zu großen Teilen verloren,

691 ThHStAW, Gebr. Thiel GmbH Ruhla, Nr. 73, Bl. 5 r f.

692 Ebd.

693 Ebd. u. Bl. 63 r, 107 r ff u. ACR, Erbaufteilung 1953, S. 1.

694 ThHStAW, Gebr. Thiel GmbH Ruhla, Nr. 68, Bl. 1 r–327 r.

695 AMK, S. v. 26.09.1943 Daut, S. 2.

696 AMK, S. v. 13.11.2012 Kraft-Schreiber.

697 ThHStAW, Gebr. Thiel GmbH Ruhla, Nr. 70, Bl. 173 r.

jedoch blieb sie in kleinerem Umfang Gesellschafter.[698] Nach dieser Schwächephase war Karl Daut weiterhin unternehmerisch tätig und die Familie verfügte über ein gesichertes Auskommen.[699] Die Erben von Margarete Daut, einer weiteren Schwester von Ernst Thiel, wurden später ebenfalls Beteiligte der vorgenannten Erbengemeinschaften nach Ernst bzw. Werner Thiel.[700]

Todesfälle waren in den Folgejahren der Hauptgrund für die Veränderung bei den Beteiligten der Gesellschaft. Bis zur Enteignung 1945 verstarben zehn Gesellschafter, drei davon als Opfer des Zweiten Weltkrieges. Alle drei Familienstämme verloren jeweils einen Sohn aus der dritten Gesellschaftergeneration. Als unmittelbare Folge wurden die Kinder von Albrecht Thiel, Peter und Marlis, der Sohn von Wolfgang Daut, Horst, und der ungeborene Sohn von Arnim Thiel, Klaus-Arnim sowie seine Witwe, Helga, Gesellschafter. Die vier Kinder waren zum Zeitpunkt ihres Gesellschaftseintrittes minderjährig.

Verkaufsbedingte Unternehmensaustritte von Gesellschaftern erfolgten, mit Ausnahme des genannten Verkaufs der Familie Reinhardt, bis 1945 nicht. Seitens der Gesellschaft war dafür auch keine Veranlassung gegeben. Besondere Kapitalerfordernisse mit Beanspruchung der Gesellschafter entstanden nicht. Das Stammkapital blieb, abgesehen von der Kapitalberichtigung 1941, mit zunächst 2.400.000 RM und später 10.560.000 RM langfristig konstant (vgl. Tabelle 18, S. 120). Die Dynamik der gesamten Unternehmensentwicklung dieser Periode spiegelte sich insofern viel deutlicher in den Veränderungen der Tochtergesellschaft Gebrüder Thiel Seebach GmbH (vgl. Abschnitt III, Kap. 2.3.) wider.

Außerhalb der Erbfälle kamen zwei Gesellschafter hinzu. Das war zunächst Werner Vogel, der Schwiegersohn einer Gesellschafterin, und darüber hinaus die Gebrüder Thiel GmbH selbst als Inhaberin eigener Anteile. Damit hatte sich die Familiengesellschaft Gebrüder Thiel mit der Minderheitsbeteiligung der Familie Gunkel bis 1945 erhalten. Zum Zeitpunkt der Beschlagnahmung und Enteignung der Thiel-Gesellschaften im Juli bestanden die nachstehenden Beteiligungsverhältnisse für die Gebrüder Thiel GmbH.[701]

---

698 ThHStAW, Gebr. Thiel GmbH Ruhla, Nr. 70, Bl. 177 r u. 179 r.

699 In Berichten über die persönlichen Folgen der Luftangriffe auf Mannheim im April u. September 1943 ließ Karl Daut einen nicht unerheblichen vorherigen Wohlstand erkennen. Die Karl Daut GmbH Schönau ist im Jahr des 100-jährigen Bestehens 1965 nachgewiesen. Vgl. AMK, Bericht 22.04.1943; Bericht 07.09.1943; S. v. 26.09.1943 Daut u. Katalog 1965.

700 ACR, Erbaufteilung 1953, S. 2.

701 Polizeiverfügung vom 10.07.1945 u. Gesetz über Enteignung vom 09.10.1945.

Tabelle 24: Beteiligte an der Gebr. Thiel GmbH am 10.07.1945

Stamm „Christian Emilius“	Stamm „Christian Reinhold“	Stamm „Ernst Eduard“	Weitere Gesellschafter
Martha Deußing (1)[702]	EET[703]	Else Ackenhausen (75)	EMG[704]
Rudolf Deußing (2)	EWD[705]	Rudolf (jun.) Ackenhauen (76)	Gebrüder Thiel GmbH
Susanne Metzke (8)	—	Franz Ackenhausen (79)	—
EHG[706]		Werner Vogel (81)	
Marie Hoppert (18)		Reinhold Thiel (88)	
Heinz Hoppert (21)		Sascha Breidenbach (90)	
Heinrich (jun.) Thiel (26)		Edwin Thiel (91)	
Ursula Tegtbauer (28)		Hedda Rößler (96)	
Marlis Brederhoff (29)		EAT[707]	
Peter Thiel (30)		Doris Langlotz (101)	
Hans Thiel (31)		Martha Ackenhausen (105)	
Bertha Brinkmann (34)		Rudolf Ackenhausen (106)	
Hugo (jun.) Brinkmann (36)		Hans-Helmut Ackenhausen (107)	
Charlotte Brinkmann (40)		—	
Ilse Reiser (41)			

Quelle: eigene Darst., basierend auf im Verzeichnis benannten Quellen.

Insgesamt wurde die Gesellschaft durch 50 Beteiligte getragen (vgl. Tabelle 24). Die Gebrüder Thiel GmbH als einzige juristische Person unter den Gesellschaftern hielt eigene Anteile i. H. v. 72.600 RM. Weiterhin verfügten 26 Einzelgesellschafter über eine Gesamtbeteiligung von 9.322.020 RM sowie fünf Erbengemeinschaften über 1.165.380 RM. Die Gemeinschaften zeigten einen heterogenen Grad der Zersplitterung. Während die Erbengemeinschaft Arnim Thiel aus nur zwei Beteiligten bestand und über einen Anteil von 88.000 RM verfügte, gehörten der Erbengemeinschaft nach Ernst Thiel und dessen Sohn Werner bei einer Beteiligung von 315.300 RM 14 Personen an. Die Mitglieder der Letztgenannten waren neben den Kindern und Enkeln von Christian Reinhold Thiel auch Geschwister der verstorbenen Ehefrau von Ernst Thiel, welche bei engerer Auslegung als familienfremde Gesellschafter eingestuft werden könnten. Über

702 In Klammern laufende Nummer gemäß Gesamtverzeichnis der Gesellschafter.

703 Beteiligte waren Alfred Haertel (46), Elsa Haertel (51), Herbert Thiel (53), Heinz Thiel (54), Ursula Thiel (55), Alice Fricke (58), Joachim Reinhardt (59), Horst Reinhardt (64), Kurt Reinhardt (66), Rosemarie Reinhardt (67), Hermann Thiel (68), Karl Daut (70), Lore Daut (71) u. Horst Daut (73).

704 Beteiligte waren Hertha Gunkel (112), Walter Gunkel (113) u. Karl Gunkel (118).

705 Beteiligte waren Karl Daut (70), Lore Daut (71) u. Horst Daut (73).

706 Beteiligte waren Richard Gaudin (12), Heinz Gaudin (13), Klaus Gaudin (14) u. Susanne Zechlin (15).

707 Beteiligte waren Helga Brennhausen (99) u. Klaus-Arnim Thiel (100).

diese Erbengemeinschaft wurden zugleich mehrere Familienzweige aus dem Stamm „Christian Reinhold Thiel" wieder Gesellschafter, welche in den Jahren zuvor durch Anteilsverkäufe aus dem Unternehmen ausgeschieden waren. Neben den Familien Hermann und Fritz Thiel betraf das die Familie nach Rosa Reinhardt. Dennoch blieb der Einfluss dieses Gesellschafterstammes gering. Seine Beteiligung über 756.180 RM war ausschließlich auf die Erbengemeinschaften nach Ernst Thiel, Werner Thiel und Wolfgang Daut verteilt. Diese Erbengemeinschaften waren zudem dadurch verflochten, dass die drei Angehörigen der Erbengemeinschaft Daut auch Beteiligte der Erbengemeinschaft nach Ernst und Werner Thiel wurden.

Der Stamm „Christian Emilius Thiel" verfügte im Gegensatz dazu über eine Beteiligung i. H. v. 4.802.720 RM, welche auf 15 Parteien verteilt war. Unter Beachtung der vier Beteiligten der Erbengemeinschaft nach Hildegard Gaudin war dieser Stamm mit insgesamt 18 natürlichen Personen vertreten. Zahlenmäßig dominierten die Nachfahren des Gründers die Gesellschafterliste weiterhin, mussten aber hinsichtlich der Beteiligungshöhe hinter den Stamm „Ernst Eduard Thiel" zurücktreten, welcher mit 4.822.020 RM über eine etwas höhere Beteiligung verfügte. Diese wurde durch 13 Parteien mit insgesamt 14 beteiligten Personen gehalten.

Die drei Kinder der verstorbenen Eheleute Carl und Martha Gunkel verfügten in der Erbengemeinschaft über 106.480 RM. Eine Aufteilung der Anteile der an der Gebrüder Thiel GmbH beteiligten Erbengemeinschaften unter deren Mitgliedern war 1945, mit Ausnahme jener der Familie Daut, satzungsrechtlich nicht möglich. Mit der 1941 erfolgten Kapitalberichtigung wurde der Mindestgeschäftsanteil je Gesellschafter auf 88.000 RM festgesetzt.[708] Vier der 26 Einzelgesellschafter verfügten nur über diesen Mindestbetrag, weitere elf über eine Beteiligung unter 250.000 RM. Zwischen 250.000 RM und 500.000 RM befanden sich acht Personen und drei lagen darüber. Reinhold Thiel blieb mit 2.569.780 RM weiterhin der Hauptgesellschafter. Daneben waren Bertha Brinkmann und Martha Ackenhausen mit 952.860 RM und 912.120 RM, wie schon zuvor aufgezeigt, die weiteren maßgeblichen Gesellschafter. Der in dieser Reihe 1932 noch zu findende Ernst Thiel war 1942 verstorben. Ein Vergleich der Werte dieser Gruppe Ende 1932 mit denjenigen im Juli 1945, unter Beachtung der Kapitalberichtigung im November 1941 mit dem Faktor 4,4, zeigt, dass nur geringe Beteiligungsverschiebungen eingetreten waren. Am deutlichsten waren diese noch bei Bertha Brinkmann ausgeprägt, welche unter Anwendung des Berichtigungsfaktors auf eine Beteiligung von 829.840 RM gelangt wäre, die ca. 120.000 RM unter dem tatsächlichen Wert gelegen hätte. Für Martha Ackenhausen betrug die Abweichung weniger als 2.000 RM und Reinhold Thiels Anteil hätte sich bei dieser Vergleichsmethode um 13.460 RM verringert. Unter Berücksichtigung der jeweiligen Beteiligungen der Familienangehörigen ersten

708 ThHStAW, Gebr. Thiel GmbH Ruhla, Nr. 179, Bl. 4 v.

Grades bzw. von deren Erben ergibt sich im intertemporären Vergleich ein verändertes Bild für die drei Familien der genannten Personen. Die Familie Reinhold Thiel war Ende 1932 mit rund 25,3 % am Stammkapital beteiligt, im Juli 1945 waren es gerundet 28,6 %. Der Anteil der Familie Brinkmann hatte sich von etwa 12,5 % auf ca. 14,3 % erhöht. Martha Ackenhausen, ihr Ehemann und deren Sohn bauten ihren Anteil am Unternehmen von etwa 10,6 % auf rund 11 % aus. Der maßgebliche Einfluss dieser drei Gruppen auf das Unternehmen – der Ehemann von Bertha Brinkmann war langjähriger Aufsichtsratsvorsitzender und Reinhold Thiel über drei Jahrzehnte geschäftsführender Gesellschafter – spiegelte sich nun auch in der erreichten Mehrheitsbeteiligung wider. Die Angaben zu den Gesellschaftern und deren Beteiligung im Betrachtungszeitraum finden sich im Anhang (vgl. Tabelle 61 bis Tabelle 63 ab S. 303 sowie Tabelle 68 und Tabelle 69 ab S. 318).

2.3. Die Gebrüder Thiel Seebach GmbH

2.3.1. Gesellschafter „Seebach" in der Weimarer Zeit

Mit der Gründung der Gebrüder Thiel Seebach GmbH 1922 entstand zunächst bei rein formaler Betrachtungsweise ein rechtlich selbstständiges und von der Gebrüder Thiel GmbH unabhängiges Unternehmen. Das anfängliche Stammkapital von 300.000 M verteilte sich auf 23 Gesellschafter. Darunter befanden sich neben der Erbengemeinschaft nach Carl Gunkel mit vier Beteiligten die in westfälischer Gütergemeinschaft lebenden Eheleute Bertha und Hugo Brinkmann. Insgesamt waren somit 27 natürliche Personen Gründungsgesellschafter. Im Gesellschaftsvertrag fanden sich mit den Brüdern Moritz und Rudolf Ackenhausen zwei weitere Personen, die aber zunächst keine Anteile übernahmen. Während Moritz[709], der Ehegatte von Else Ackenhausen, auch später kein Beteiligter wurde, fand sich Rudolf, der Ehemann von Martha Ackenhausen, schnell in der Liste der Gesellschafter.[710]

Tabelle 25: Gründungsgesellschafter „Seebach" GmbH 1922

Gesellschafter[711]	Beteiligung in M	Gesellschafter	Beteiligung in M
Heinrich Thiel (24)	35.000	Ilse Brinkmann (41)	3.000
Martha Deußing (1)	5.000	Rosa Reinhardt (56)	25.000
Rudolf Deußing (2)	5.000	Ernst Thiel (44)	22.000
Susanne Metzke (8)	5.000	Friedrich Thiel (52)	18.000
Hildegard Gaudin (11)	5.000	Margarete Daut (69)	20.000
Helene Hoppert (16)	8.000	Else Ackenhausen (75)	15.100
Erich Hoppert (17)	6.000	Reinhold Thiel (88)	22.500
Heinz Hoppert (21)	6.000	Franz Thiel (104)	15.500
Frieda Thiel (33)	20.000	Martha Ackenhausen (105)	22.200
Eheleute Brinkmann (34) & (35)	12.000	Paula Bardenheuer (108)	20.700
Hugo (jun.) Brinkmann (36)	3.000	Erben Carl Gunkel (111) & (112) & (113) & (118)	3.000
Charlotte Brinkmann (40)	3.000	—	

Quelle: eigene Darst., basierend auf AHB, Gesellschaftsvertrag Seebach 1922.

709 Sowohl Moritz Ackenhausen (---) als auch Martha Thiel (89) waren mit Zustimmung ihrer Ehepartner bereit, bei der Gründung Anteile zu übernehmen. Da zwischen den Gesellschaftern jedoch Streit darüber bestand, ob auch Personen die zum Zeitpunkt der Gründung nicht auch gleichzeitig Gesellschafter der Gebr. Thiel GmbH waren, Gesellschafter der Gebr. Thiel Seebach GmbH werden könnten, unterblieb die Aufnahme weiterer zunächst noch unbeteiligter Familienangehöriger. Vgl. ThHStAW, Gebr. Thiel GmbH Ruhla, Nr. 113, Bl. 107 r.

710 AHB, Gesellschaftsvertrag Seebach 1922.

711 Die Gesellschafter der Gebr. Thiel Seebach GmbH waren alle zugleich auch Gesellschafter der Gebr. Thiel GmbH u. sind im Verzeichnis zu finden. In Klammern lfd. Nummer gemäß Gesamtverzeichnis der Gesellschafter der Gebr. Thiel GmbH.

Eine Verbindung zwischen den beiden Thiel-Gesellschaften bestand dennoch von Beginn an. Das zeigt sich bei einer Analyse der Einzelgesellschafter. Tabelle 25, S. 153, führt diese unter Angabe der anfänglichen Kapitalbeteiligung auf. Eine personelle Identität zeigt ein Vergleich mit der Liste der Beteiligten der Gebrüder Thiel GmbH unmittelbar vor der Kapitalerhöhung am 15.12.1920 (vgl. Tabelle 66, S. 315). Dieser Zusammenhang wird bei der Betrachtung der angegebenen Einzelbeteiligungen nochmals unterstrichen. Diese betrug jeweils exakt 10 % der in Tabelle 66 angegebenen Beteiligung.

Mit der Umstellung auf Reichsmark am 14.12.1924 betrug das Kapital 60.000 RM bei nahezu unveränderter Gesellschafterstruktur. Einzig Paula Bardenheuer und Franz Thiel waren ausgeschieden. Ihre Anteile waren vollständig auf die Geschwister Reinhold Thiel sowie Else und Martha Ackenhausen übergegangen und damit beim Stamm „Ernst Eduard Thiel" verblieben.[712]

Über die Kapitalerhöhung 1925 erfolgte dann der Einstieg der Gebrüder Thiel GmbH als Gesellschafter. Diese verfügte sogleich über einen Anteil von 50 % des auf 180.000 RM erhöhten Stammkapitals. Die folgenden Erhöhungen bis 1930 bewirkten keine Veränderung dieser Quote. Die Gesellschafterstruktur zum Zeitpunkt der letzten Kapitalerhöhung in der Weimarer Zeit wird in Tabelle 26, S. 155, verdeutlicht. Neben den Eigentümern ist in der untersten Zeile die auf die verschiedenen Gruppen entfallene betragsmäßige Beteiligung angegeben. Bei den privaten Eigentümern dominierten auch in dieser Gesellschaft die Stämme „Christian Emilius Thiel" und „Ernst Eduard Thiel".

Ein Vergleich mit den Strukturen der Gebrüder Thiel GmbH in der Weimarer Zeit zeigt, dass die neue Gesellschaft zunächst eine nicht ganz so starke Zersplitterung aufwies. Anders als bei der Muttergesellschaft, wurden Ehegatten bzw. Kinder von Gesellschaftern nicht oder erst später als Gesellschafter aufgenommen. So waren Walter Bardenheuer und Martha Thiel nur Beteiligte der Gebrüder Thiel GmbH. Zwei Söhne von Else Ackenhausen, Franz und Rudolf (jun.) waren seit 1922 in Ruhla Gesellschafter, wurden dies aber erst 1940 bzw. 1942 in der Gebrüder Thiel Seebach GmbH. Ähnlich verhielt es sich bei zwei Söhnen von Heinrich Thiel. Albrecht und Heinrich (jun.) Thiel waren seit 1922 Gesellschafter, wurden aber erst kurz vor dem Tod des Vaters 1932 Beteiligte der Tochtergesellschaft.[713]

---

712 AHB, S. v. 24.04.1925 Seebach-Gesellschafter.

713 ThHStAW, Gebr. Thiel Seebach GmbH, Nr. 332, Bl. 1 r, 1 v; 2 r u. 3 r; Gebr. Thiel GmbH Ruhla, Nr. 401, Bl. 16 r u. AHB, S. v. 20.05.1932 Seebach-Gesellschafter.

Tabelle 26: Beteiligung an der „Seebach“ GmbH am 25.10.1930

Stamm „Christian Emilius“	Stamm „Christian Reinhold“	Stamm „Ernst Eduard“	Familie Gunkel[714]	Gebrüder Thiel
Martha Deußing (1)[715]	Ernst Thiel (44)	Else Ackenhausen (75)	Martha Gunkel (111)	Gebrüder Thiel GmbH (120)
Rudolf Deußing (2)	Rosa Reinhardt (56)	Reinhold Thiel (88)	Hertha Gunkel (112)	—
Susanne Metzke (8)	Margarete Daut (69)	Martha Ackenhausen (105)	Walter Gunkel (113)	
Hildegard Gaudin (11)	—	Rudolf Ackenhausen (106)	Karl Gunkel (118)	
Helene Hoppert (16)		Hans-Helmut Ackenhausen (107)	—	
Erich Hoppert (17)		—		
Heinz Hoppert (21)				
Heinrich Thiel (24)				
Eheleute Brinkmann (34) & (35)				
Hugo (jun.) Brinkmann (36)				
Charlotte Brinkmann (40)				
Ilse Reiser (41)				
243.460 RM	145.810 RM	205.030 RM	6.200 RM	600.000 RM

Quelle: eigene Darst., basierend auf AHB, S. v. 03.11.1930 Seebach-Gesellschafter.

Eine Fortschreibung der Daten von Tabelle 26 auf den 31.12.1932 unter Berücksichtigung der zwischenzeitlich eingetretenen Erbfälle sowie des Eintritts von Edwin Thiel, eines Sohnes von Reinhold Thiel, legt schnell eine nahezu vollständige Übereinstimmung zwischen den Eigentümern beider Gesellschaften offen (vgl. Tabelle 23, S. 147). Einzige Abweichung stellten die benannten Söhne von Else Ackenhausen dar. Die bei der Gründung bestehende Intention nach parallelen Strukturen in beiden Gesellschaften wurde nun in weiten Teilen wieder erreicht und fortgeführt. Dieses Bestreben zeigte sich ebenso in der sprachlichen Abstimmung und Angleichung der beiden Satzungen.[716]

714 Familie Gunkel als Erbengemeinschaft bestehend aus den vier genannten Vertretern.

715 In Klammern lfd. Nummer gemäß Gesamtverzeichnis der Gesellschafter der Gebr. Thiel GmbH.

716 AHB, S. v. 09.04.1932 Seebach-Gesellschafter.

2.3.2. Gesellschafter „Seebach" im Nationalsozialismus

Der eingeschlagene Weg wurde nach der Machtergreifung Hitlers fortgesetzt. Da bereits in der Vorperiode entsprechende Weichen gestellt worden, ging es nun um die Ausgestaltung der Details. Bei der Frage, in welchem Verhältnis die Einzelbeteiligungen an den beiden Gesellschaften zueinander stehen sollten, ging es zweifelsohne nicht um Machtpositionen, sondern vielmehr darum, eine effiziente Verwaltung der Anteile zu erreichen. Die Fäden liefen in Ruhla zusammen, dem Unternehmenssitz der Gebrüder Thiel GmbH, Sitz der Gebrüder Thiel Seebach GmbH und später auch Hauptverwaltung und Sitz der Gerätebau GmbH.[717] Wie sich bei den einzelnen Kapitalmaßnahmen gezeigt hatte, waren einige der Gesellschafter regelmäßig nicht in der Lage, die erforderlichen Mittel selbst aufzubringen. Sie waren eher die Statisten in einer in enger Abstimmung zwischen Geschäftsführung und Aufsichtsrat betriebenen Unternehmens- und Gesellschaftspolitik. Das war möglich, da die dortigen Akteure selbst oder deren engere Familien zu den dominierenden Gesellschaftern zählten, was bereits an einigen Stellen verdeutlicht wurde. Auf das umfangreiche personelle Beziehungsgeflecht auf dieser Ebene wird in Abschnitt III, Kap. 3., eingegangen.

Die neben der Kapitalerhöhung 1933 angestrebte Angleichung der direkten einzelnen Beteiligung auf 25 % des Anteils an der Muttergesellschaft nach Abrundung auf durch 100 RM teilbare Einzelanteile bewirkte für künftige Kapitalmaßnahmen und Ausschüttungen eine rechnerische Vereinfachung.[718] Ein weiteres Instrument, die Strukturen zu straffen und einer Zersplitterung des Anteilsbesitzes entgegenzuwirken, war der in der Satzung festgelegte Mindestanteil eines Gesellschafters. Wurde dieser bei der Gründung auf 2.000 M festgesetzt und 1924 in gleicher Relation wie das Stammkapital auf 400 RM umgestellt,[719] erfuhr er ab 1932 eine kontinuierliche Erhöhung. Der ersten Anpassung im Jahr 1932 von 400 RM auf 3.000 RM folgten stufenweise Erhöhungen auf 5.000 RM im Jahr 1933, auf 16.000 RM im Jahr 1938 und schließlich auf 32.000 RM ab 1941.[720] Solch gehäufte Anpassungen waren bei der Gebrüder Thiel GmbH aufgrund des relativ konstanten Stammkapitals nicht erforderlich. Bei der Gründung 1901 gab es einen derartigen Betrag nicht.[721] Ab 1920 wurde der Mindestanteil mit zunächst 20.000 M[722] eingeführt und später auf 20.000 RM umgeschrieben.[723] Danach erfolgte lediglich 1941 eine Anhebung

717 AHB, Gesellschaftsvertrag Ruhla 1931; Seebach 1931 u. GB Gerätebau 1938.

718 AHB, S. v. 02.10.1933 Seebach-Deußing, Anlage 1 u. S. v. 02.10.1933 Seebach-Deußing, Anlage 2.

719 AHB, Gesellschaftsvertrag Seebach 1922, § 6 u. Seebach 1931, § 6.

720 AHB, S. v. 06.05.1932 Seebach-Gesellschafter; S. v. 02.10.1933 Seebach-Deußing; S. v. 17.11.1938 Seebach-Deußing u. Gesellschaftsvertrag Seebach 1941, § 6.

721 AHB, Gesellschaftsvertrag Ruhla 1901.

722 Ebd., 1920, § 8.

723 Ebd., 1931, § 4.

auf 88.000 RM.[724] Damit zeigt sich, dass für die Tochtergesellschaft ein viel stärkerer Wille zur Steuerung der Einzelbeteiligungen bestand. Dieses Regulierungsbemühen spiegelte sich in den Beteiligungsquoten der Gebrüder Thiel GmbH an der Tochtergesellschaft (vgl. Tabelle 27, S. 158). Die Entwicklung mit in der Spitze 75 % Beteiligung widersprach nicht dem Anliegen Erhalt der Familiengesellschaft. Solange die Gebrüder Thiel GmbH als Familiengesellschaft erhalten wurde und diese zugleich Muttergesellschaft und Mehrheitsgesellschafter oder gegebenenfalls sogar alleiniger Eigentümer der Gebrüder Thiel Seebach GmbH war, blieb die Mitbestimmung der Familie und die Möglichkeit zum Kapitalzugriff gewahrt.

Mit der Kapitalerhöhung 1938 wurde die institutionelle Beteiligung entgegen dem bis 1934 zu beobachtenden Trend durch vollständigen Ausschluss des Bezugsrechtes für die Gebrüder Thiel GmbH deutlich geschwächt.[725] Dass dies nicht vordergründig im Interesse der Verantwortlichen der Muttergesellschaft gelegen haben dürfte, wurde im Vorfeld der Erhöhung ersichtlich. Deutlich wird das aus der Niederschrift zu einer im Juni 1938 stattgefundenen Besprechung zwischen Vertretern der Dresdner Bank einerseits und Reinhold Thiel, Otto Eichel und Hugo Brinkmann, den Vertretern bzw. Aufsichtsratsvorsitzenden der Gebrüder Thiel GmbH sowie deren Steuerberater andererseits. „Thiel trug zunächst vor, aus welchen Gründen ein Ankauf der Gesellschaftsanteile von Seebach durch Ruhla und eine Erhöhung des Stammkapitals bei Ruhla und unter Umständen auch bei Seebach erwünscht wäre.“[726] Die Erörterungen und Überlegungen mündeten in der Einschätzung, dass eine Kapitalerhöhung für die „Ruhlaer“-Gesellschaft vorzunehmen wäre und diese ihr Investment in der „Seebacher“-Gesellschaft erhöht. „Schliesslich waren alle Teile darüber einig, dass der vorteilhafteste Weg der sei, dass ein Teil der Seebacher-Gesellschafter ihre Anteile zum Kurs von 400 % an Ruhla verkauft. Hierbei kommen vor allen Dingen die kapitalschwachen Gesellschafter in Frage.“[727] Bevor es dazu kommen konnte, wäre die Genehmigung des Reichswirtschaftsministeriums erforderlich gewesen. Als weitere Schwierigkeiten wurden die Frage der Mittelaufbringung durch die „Ruhlaer“-Gesellschafter und der mögliche Widerstand einzelner Gesellschafter gesehen.[728]

724 ThHStAW, Gebr. Thiel GmbH Ruhla, Nr. 179, Bl. 4 v i. V. m. AHB, Gesellschaftsvertrag Ruhla 1937, § 6.
725 AHB, S. v. 17.11.1938 Seebach-Deußing.
726 ThHStAW, Gebr. Thiel Seebach GmbH, Nr. 332, Bl. 60 r.
727 Ebd., Bl. 64 r.
728 Ebd., Bl. 60 r–64 r.

Tabelle 27: Beteiligung Gebr. Thiel an Gebr. Thiel Seebach GmbH

Ereignis	Stammkapital der Gebr. Thiel Seebach GmbH in RM	Beteiligung der Gebr. Thiel GmbH an der Gebr. Thiel Seebach GmbH in RM	Beteiligung in %
Gründung 16.07.1922[729]	300.000,–	0,–	0,00
Kapitalumstellung 14.12.1924	60.000,–	0,–	0,00
Kapitalerhöhung 13.12.1925	180.000,–	90.000,–	50,00
Kapitalerhöhung 11.12.1926	360.000,–	180.000,–	50,00
Kapitalerhöhung 05.11.1927	720.000,–	360.000,–	50,00
Kapitalerhöhung 25.10.1930	1.200.000,–	600.000,–	50,00
Kapitalerhöhung 28.10.1933	2.400.000,–	1.800.000,–	75,00
Kapitalerhöhung 10.11.1934	3.000.000,–	2.100.000,–	70,00
Kapitalerhöhung 03.12.1938	4.000.000,–	2.080.000,–	52,00
Kapitalberichtigung 29.11.1941	8.000.000,–	4.205.600,–	52,57

Quelle: eigene Darst., basierend auf AHB, Gesellschaftsvertrag Seebach 1941 u. im Verzeichnis benannten Quellen.

Welche Gründe letztlich dazu führten, dass diese Überlegungen nicht zur Ausführung kamen, muss offen bleiben. Tatsächlich erfolgte 1938, mit Genehmigung des Reichswirtschaftsministeriums, eine Kapitalerhöhung bei der Gebrüder Thiel Seebach GmbH. Die Anpassung der direkten Beteiligung auf 80 % des „Ruhlaer"-Stammkapitals erfolgte parallel. Der Anteil der Gebrüder Thiel GmbH reduzierte sich auf etwas über 50 %. Damit blieb der direkte Einfluss der Privatgesellschafter weiterhin erhalten.[730]

Die über Jahre hinweg konsequent betriebene Abstimmung der privaten Einzelbeteiligungen an der Gebrüder Thiel Seebach GmbH mit denen an der Gebrüder Thiel GmbH führte im Ergebnis zu einer Identität der Eigentümer beider Gesellschaften. Zum Zeitpunkt des Zusammenbruchs 1945 waren somit genau die bereits in Tabelle 24, S. 150, aufgeführten Personen und Erbengemeinschaften sowie die benannte Institution Eigentümer der Gebrüder Thiel Seebach GmbH. Die im Anschluss an Tabelle 24 vorgenommene Analyse der Beteiligungsverhältnisse der verschiedenen Familien bzw. Familienstämme lässt sich analog auf den durch die privaten Eigentümer an der hier betrachteten Gesellschaft direkt gehaltenen Kapitalanteil übertragen.

729 Wertangaben abweichend in M.
730 AHB, S. v. 17.11.1938 Seebach-Deußing.

2.4. Die Gesellschafter der Gerätebau GmbH

Die Gerätebau GmbH nahm im Thiel-Konzern in verschiedener Hinsicht eine Sonderstellung ein. Das zeigte sich deutlich an den wenig komplexen Gesellschafterstrukturen. Der später die Gerätebau GmbH darstellende Produktionsbetrieb im thüringischen Mühlhausen war zum Zeitpunkt der Errichtung ein Betriebsteil der Gebrüder Thiel Seebach GmbH. Der die Errichtung des Pachtbetriebes regelnde Vertrag von 1934 sah insbesondere nicht die Gründung einer eigenständigen Gesellschaft vor. Als der Eigentümer der Produktionsanlagen eine solche Separierung forderte, bedeutete das in den Augen von Gebrüder Thiel eine Schlechterstellung.[731] Dass es dennoch zur Gründung der Gerätebau GmbH am 11.12.1937[732] kam, ist mit den damaligen politischen Machtverhältnissen und den wirtschaftlichen Interessen bei Gebrüder Thiel zu erklären. Das Stammkapital wurde auf 120.000 RM festgelegt und zunächst von zwei Gesellschaftern getragen.[733] Dass dieser Betrag ebenso wie die ganze Gründung nur von symbolischer Bedeutung und damit mehr Ausdruck der Zwangslage als wirtschaftliche Notwendigkeit war, zeigt ein Blick auf die gesamte Unternehmensstruktur (vgl. Abschnitt III, Kap. 1.4.). Ebenso symbolisch war die Minderheitsbeteiligung i. H. v. 1.000 RM, welche auf Reinhold Thiel entfiel, zumal der Restbetrag von 119.000 RM bei der Gebrüder Thiel Seebach GmbH,[734] also genau jener Gesellschaft lag, bei welcher Reinhold Thiel 1937 als geschäftsführender Gesellschafter direkt mit 238.400 RM beteiligt war.[735] In den Händen der privaten Eigentümer befanden sich insgesamt 900.000 RM. Zeitgleich war Reinhold Thiel geschäftsführender Gesellschafter der Gebrüder Thiel GmbH und hielt dort mit 635.700 RM etwa 25 % der Anteile (vgl. Tabelle 68, S. 318). Die Gebrüder Thiel GmbH wiederum verfügte als Mehrheitsgesellschafter über 70 % der Anteile der Gebrüder Thiel Seebach GmbH.[736] Über diese Vernetzung waren Entscheidungen der Gesellschaften gegen die Interessen von Reinhold Thiel nahezu ausgeschlossen, zumal sich der Einfluss bei Berücksichtigung der Beteiligung der engeren Familie weiter verstärkte. Es gab insoweit keine Anhaltspunkte für ein persönliches Motiv, sich als Privatperson an der Gerätebau GmbH in dieser Form zu beteiligen. Dass dies kein strategisches Investment, sondern gewissermaßen ein weiteres Zugeständnis an die Eigentümer der Produktionsanlagen gewesen sein dürfte, um die Gesellschaft nicht als anonymes Gebilde entstehen zu lassen, lässt sich aus dem raschen Verkauf dieser Beteiligung ableiten. Bereits Anfang 1939 folgte ein Kauf- und Abtretungsvertrag

731 ThHStAW, Gerätebau GmbH, Nr. 462, Bl. 39 r–46 r.
732 Ebd., Bl. 229 r–234 r.
733 Ebd., Bl. 256 r.
734 Ebd.
735 AHB, Gesellschaftsvertrag Seebach 1941, S. 10.
736 Ebd.

zwischen Reinhold Thiel und der Gebrüder Thiel Seebach GmbH.[737] Diese wies in ihrer Bilanz 1939 den entsprechenden Zugang von 1.000 RM aus und verfügte damit über das gesamte Stammkapital von 120.000 RM.[738] In den Folgejahren bis zur Enteignung gab es keine weiteren Veränderungen.

In den letzten Kapiteln wurden vordergründig Gesellschafterstrukturen verdeutlicht, welche ein Netz um und zwischen den verschiedenen Unternehmungen bildeten. Der weitere Verlauf knüpft die Verbindung zwischen Eigentümer- und Unternehmensebene und rückt dabei die handelnden Personen und Beschäftigten, kurzum die Menschen, noch stärker in den Mittelpunkt.

737 ThHStAW, Gerätebau GmbH, Nr. 462, Bl. 440 r.
738 AHB, GB und Bilanz 1939.

3. Humanvermögen der Unternehmen

3.1. Die Geschäftsführung

Der Geschäftsbetrieb eines Unternehmens wird bestimmt durch das Wirken der einzelnen Mitarbeiter. Mit zunehmender Größe reduziert sich die Betrachtung von der Vielzahl und Individualität der beteiligten Menschen auf die reinen Beschäftigtenzahlen. Bei Gebrüder Thiel ist das nicht grundsätzlich anders. Die Biografien von Tausenden Menschen, egal ob Heimarbeitern, Fremd- oder Zwangsarbeitern, Arbeitern und Angestellten mehrerer Generationen, verschwinden in der Anonymität der Zahlen. Bevor das in Abschnitt III, Kap. 3.3., besonders deutlich wird, treten hier zunächst Personen in den Mittelpunkt, die die Entwicklung der Gebrüder Thiel GmbH in der Zeit von 1901 bis 1945 und teilweise darüber hinaus in leitender Position begleitet haben. Betrachtung finden neben den Personen, die zugleich Gesellschafter waren, jene Menschen, die von außen oder aus Reihen der Mitarbeiter in derartige Positionen gelangten. Durch die enge personelle Verflechtung in der Führung der Thiel-Gesellschaften (vgl. Tabelle 28, S. 181 und Tabelle 29, S. 184) wurde die Geschäftsführung der Gebrüder Thiel Seebach GmbH einbezogen. Eine gesonderte Darstellung der Akteure der Gerätebau GmbH war nicht erforderlich, da deren Geschäftsführung gegen eine jährliche Vergütung von 15.000 RM von der Leitung der Gebrüder Thiel Seebach GmbH übernommen wurde. Darüber hinaus wurden durch die Gerätebau GmbH keine gesonderten Gehaltszahlungen geleistet.[739]

Justus Heinrich Thiel

Mit der Umwandlung der Offenen Handelsgesellschaft Gebrüder Thiel in eine Gesellschaft mit beschränkter Haftung am 01.04.1901[740] wurde Justus Heinrich Thiel (25.04.1867–30.06.1932) zum ersten und zunächst alleinigen Geschäftsführer[741] bestellt. Heinrich war das vierte der insgesamt sechs Kinder von Christian Emilius Thiel und dessen einziger Sohn. Das Älteste der Geschwisterkinder war vor der Taufe im Säuglingsalter verstorben.[742] Nach dem Tod der Eltern wurde für die minderjährigen Kinder Michael Postel zum Vormund bestellt[743] (vgl. Abschnitt II, Kap. 2.2.2.). Aufgrund von Mietzahlungen ist davon auszugehen, dass sich der Hausstand der Vollwaisen bis etwa Sommer 1882 in

739 ThHStAW, Gerätebau GmbH, Nr. 449, Bd. 1, Bl. 426 r.
740 AG Jena, HRB 15.
741 AHB, Gesellschaftsvertrag Ruhla 1901, § 26.
742 AET, Stammbaum Siegmund Thiel, Stamm Christian Emilius Thiel.
743 ThHStAW, Gebr. Thiel GmbH Ruhla, Nr. 660 u. AAK, Geheim-Memorial 2.

zur Firma gehörenden Räumen befand.[744] Der junge Heinrich Thiel besuchte zunächst das Gymnasium in Eisenach[745] und trat 1884 als technischer Lehrling bei Gebrüder Thiel ein. Später setzte er seine Ausbildung bei einem anderen Ruhlaer Unternehmen fort und besuchte anschließend die Fachschule in Chemnitz. Nach Beendigung der durch Postel übernommenen Vormundschaft im ersten Halbjahr 1888[746] wurde Heinrich 1889 vertretungsberechtigter Teilhaber.[747] Ab dieser Zeit ist von einer Mitarbeit bei der Entwicklung der ersten Taschenuhr Fearless auszugehen.[748] In Geschäftsunterlagen findet sich ab 1893 sein Name in Verbindung mit den Gehaltszahlungen an verschiedene Angestellte. Demnach bezog er seit Januar 1893 ein Gehalt von 200 M, welches erstmals im April 1893 zur Auszahlung gelangte. Ab September 1895 erhöhte sich dieses auf 500 M.[749] Für die offene Handelsgesellschaft blieb er vor der Umwandlung als einziges von Christian Thiels Kindern vertretungsberechtigt.[750]

Eine Beschränkung seiner in der GmbH als alleiniger Geschäftsführer erreichten Entscheidungsbefugnisse erfolgte bereits Ende November 1901 mit der Bestellung Albert Kühns als weiteren Geschäftsführer.[751] Fortan verantwortete Heinrich Thiel die technische Leitung des Unternehmens. Insbesondere die unbefriedigende Entwicklung des Walzwerkes in den Anfangsjahren gefährdete jedoch seine Stellung.[752] Noch 1903 unternahm sein Onkel Christian Reinhold als Aufsichtsrat den Versuch einer Amtsenthebung. Solche Bestrebungen unterstreichen die bestehenden Spannungen zwischen den Familienstämmen.[753] Nachdem die Vertreter der ersten Generation verstorben waren, konnte Heinrich Thiel in den folgenden zweieinhalb Jahrzehnten seine Position behaupten und das Unternehmen zusammen mit weiteren wechselnden Geschäftsführern voranbringen. Im Jahr des 50-jährigen Bestehens des Unternehmens 1912 erfolgte die Ernennung zum Herzoglich Sächsisch-Gothaischen Kommerzienrat.[754] Heinrich war in dieser Zeit der maßgebliche Förderer und die treibende Kraft hinter der Entwicklung des mechanischen Zeitzünders. Ein Projekt, welches er trotz wiederholter Rückschläge konsequent verfolgte. Die dahingehenden wirtschaftlichen Erfolge spiegelten sich erstmals besonders deutlich in den Unternehmensergebnissen während des Ersten Weltkrieges. Im Jahr 1922 wurde dieser Geschäftsbereich angesichts der mit den Rüstungsbeschränkungen der

744 ThHStAW, Gebr. Thiel GmbH Ruhla, Nr. 660, S. 27.
745 AET, Lebenserinnerungen Thiel 1963, S. 5.
746 ThHStAW, Gebr. Thiel GmbH Ruhla, Nr. 660, S. 186.
747 60 Jahre Gebrüder Thiel, S. 27.
748 AET, Erinnerungen Thiel 1967, S. 111.
749 AAK, Geheim-Memorial 2., S. 107 u. 176.
750 AG Jena, HRA 42.
751 Ebd., HRB 15.
752 AET, Erinnerungen Thiel 1967, S. 20.
753 ThHStAW, Gebr. Thiel GmbH Ruhla, Nr. 659, Bl. 89 v u. 90 v.
754 60 Jahre Gebrüder Thiel, S. 43.

Weimarer Republik einhergehenden Alliierten Kontrollen auf rechtlich selbstständige Füße gestellt.[755] In der dazu gegründeten Gebrüder Thiel Seebach GmbH wurde Heinrich Thiel neben Reinhold Thiel erster Geschäftsführer.[756] Diese Position hatte er parallel zur Tätigkeit bei der Mutterfirma bis zu seinem Tode inne.[757] Seine Herzerkrankung, die er sich in früheren Jahren durch Überanstrengung beim alpinen Skilauf zugezogen haben soll, wurde ab etwa 1926 deutlich. Die Ausübung seiner Tätigkeit wurde eingeschränkt, dadurch kam es jedoch auch frühzeitig zu Überlegungen hinsichtlich einer Neuregelung der Geschäftsführung. Aus den Reihen seiner Söhne stand nur Albrecht der Firma zur Verfügung. Er wurde Nachfolger Emil Dürers als technischer Leiter der Uhrenfabrik. Es gelang ihm nicht, sich über die dortigen Leistungen für die Gesamtleitung zu empfehlen. Daher fiel die Wahl auf Dr. Ingenieur Kurt Schmidt, einen externen Bewerber, der im Juli 1927[758] als designierter Nachfolger Heinrich Thiels in die Firma eintrat.[759] Das Interesse der Herren Thiel an der wissenschaftlich gestützten Weiterentwicklung ihrer Produkte und Unternehmen zeigte sich nicht nur in einer entsprechenden Personalauswahl, sondern auch in der wiederholten Unterstützung der Forschungseinrichtungen im Land. Eine persönliche Anerkennung hierfür erfuhr Heinrich Thiel durch Ernennung zum Ehrenbürger der Universität Jena am 20.06.1931, ein Jahr vor seinem Tod. Die seit 1923 vergebene Auszeichnung wurde in der Zeit der Weimarer Republik insgesamt 23 Personen zuteil. Heinrich Thiel selbst war 1921 Mitbegründer der Gesellschaft der Freunde der Universität Jena.[760]

Albrecht Moritz August Kühn

Zum Ausbau des Unternehmens trug auch die Arbeit von Albrecht Moritz August Kühn (29.01.1848–28.03.1935),[761] genannt Albert Kühn,[762] bei. Dieser wurde im November 1901 als erster externer Geschäftsführer neben Heinrich Thiel bestellt.[763] Geboren in Coburg,[764] kam er im fortgeschrittenen Alter nach Ruhla. Zuvor war er in verschiedenen Vorstandspositionen unter anderem bei Nobel Dynamit tätig. Die Situation bei Gebrüder Thiel begründete die Notwendigkeit des Einsatzes eines externen Verwaltungsfachmanns. Die Führungsschwäche der bisherigen Leitung, insbesondere durch den krankheitsbedingten

755 AET, Erinnerungen Thiel 1967, S. 100 f.
756 AHB Gesellschaftsvertrag Seebach 1922, § 9.
757 AHB, Bilanz und GB 1932.
758 Gräfe, Quellen zur Geschichte Thüringens, S. 485.
759 AET, Erinnerungen Thiel 1967, S. 103.
760 Schäfer, Ehrenmitglieder, S. 9 ff u. Hartung, Ehrenbürger, S. 59.
761 Standesamt Waltershausen.
762 AG Jena, HRB 15.
763 Ebd.
764 Standesamt Waltershausen.

Rückzug der Inhaber Christian Reinhold Thiel und Ernst Eduard Thiel aus der Geschäftsleitung, führte zu Missständen in der „etwas verwahrlosten Verwaltung“.[765] Was fehlte, war eine ordnende Hand und eine starke Führungspersönlichkeit für den bestehenden Angestelltenapparat. Auch bei der Ausstattung im Verwaltungsbereich bestand für das international tätige Unternehmen erheblicher Nachholbedarf. Zu Kühns Zeiten verfügte die Firma zunächst nur über einen Telefonanschluss. Eine Schreibmaschine wurde erstmals angeschafft. Der Beginn der Geschäftsbeziehung zur Firma Krupp in Essen im Bereich der Zünderfertigung fiel als bedeutsame Weichenstellung für die weitere Unternehmensentwicklung in Kühns Amtszeit. Diese endete bereits im Dezember 1904,[766] nachdem es immer wieder zu Differenzen zwischen ihm und dem Aufsichtsrat gekommen war. Dennoch war es maßgeblich sein Verdienst, dass die GmbH nach ihrer anfänglichen Krise stabilisiert werden konnte. „Als er die Leitung übernahm, war (…) [die] Firma in ernster, ja gefährdeter Lage. Seinem Nachfolger übergab er sie als gesundetes Unternehmen.“[767] Kühn ging danach zunächst nach Leipzig und verstarb im Ruhestand in Waltershausen.[768]

Wilhelm Buschfeld

Mit seinem Nachfolger, dem ab Januar 1905[769] berufenen Wilhelm Buschfeld (21.01.1873–16.10.1936),[770] vollzog sich ein Generationswechsel in der Geschäftsführung der Gebrüder Thiel GmbH, welcher ein Jahr später im Aufsichtsrat mit dem Tod des letzten Vertreters der Gründergeneration seine Fortsetzung fand. Der Rheinländer Buschfeld konnte an die Arbeit Kühns anknüpfen und zu einer weiteren Stabilisierung der Gesellschaft beitragen. Die Verbindung zu Krupp wurde intensiviert und lieferte in den Jahren ab 1909, durch Abschluss von Verträgen über die Lieferung von Zeitzündern und Gehäusen in nennenswerter Stückzahl, erste wirtschaftliche Erfolge.[771] Mit der Entstehung der Centralwerkstatt, dem Ursprung der späteren Maschinenfabrik, fielen in seine Amtszeit die Wurzeln der dritten tragenden Säule der späteren Thiel’schen Produktfelder.[772] Die Anfänge der Taschenuhrenproduktion als erste Säule waren in den 1890er Jahren angesiedelt. Unter Kühn kam die Zünderentwicklung als zweiter Pfeiler hinzu. Die Metallwarenfabrikation im weiteren Sinne und das Messingwalzwerk sind ergänzend als weiterer Teil des historischen Fundaments

765 AET, Erinnerungen Thiel 1967, S. 21.
766 AG Jena, HRB 15.
767 AET, Erinnerungen Thiel 1967, S. 33.
768 Standesamt Waltershausen i. V. m. AET, Erinnerungen Thiel 1967, S. 20–33.
769 AG Jena, HRB 15.
770 HAK, S. v. 23.10.2012.
771 BvS, u. a. 620-S. v. 20.11.1908 Krupp-Thiel.
772 60 Jahre Gebrüder Thiel, S. 33.

von Gebrüder Thiel anzuführen. Damit waren bereits in der Ära Buschfeld alle Bereiche angelegt, die das spätere langfristige Betätigungsfeld der Thiel'schen Unternehmen ausmachen sollten. Dass die Zusammenarbeit mit Buschfeld trotz des wirtschaftlichen Aufschwungs bereits im Mai 1910 endete, hatte verschiedene Gründe.[773] Einerseits war es das Verhältnis zu einzelnen Gesellschaftern, welche, vermutlich motiviert durch eigenes Karrierestreben, öfter die Arbeit der Geschäftsführung in teilweise unsachlicher Art infrage stellten und damit für Spannungen sorgten. Reinhold Thiel versuchte wiederholt, Klarheit über seine zukünftige Stellung bei der Firma zu erlangen, was unter anderem im April 1909 „zu scharfen Auseinandersetzungen“[774] mit Buschfeld und dem Aufsichtsrat führte und in einem Kompromiss mündete. Das Grundproblem aber blieb und Reinhold Thiel selbst betonte, erst nach „seinem Weggang aus Ruhla haben wir uns ausgezeichnet verstanden“.[775] Aber auch aus anderen Familienstämmen lassen sich solche Konflikte belegen. Kurz vor Buschfelds Ausscheiden wurde dieser von Hermann Thiel gemeinsam mit dessen Schwager Max Reinhardt angegriffen und mit vermeintlichen Unregelmäßigkeiten in der Bilanz konfrontiert. Ein wichtiger Grund für die frühe Beendigung von Buschfelds Geschäftsführung konnte andererseits darin liegen, dass dieser im Rahmen seiner Arbeit Kontakte knüpfen konnte, die ihm weitaus bessere Perspektiven eröffneten, als sie Gebrüder Thiel zu jener Zeit bot. In den Jahren bei Gebrüder Thiel hatte Buschfeld die Verhandlungen mit Krupp geführt und sich dort bekannt gemacht. Insoweit verwundert es nicht, dass er von Ruhla nach Kiel zur Germaniawerft, einem Tochterunternehmen von Krupp, wechselte. Der Übergang von Buschfeld auf seinen Nachfolger Gunkel gestaltete sich fließend. Nachdem bereits am 28.12.1909 ein persönliches Gespräch zwischen Buschfeld und Gunkel stattgefunden hatte, übersandt dieser seine Bewerbungsunterlagen am folgenden Tag.[776] Die Gebrüder Thiel GmbH teilte mit Schreiben vom 15.04.1910 offiziell mit, dass Carl Gunkel mit dem genannten Tag die kaufmännische Leitung übernommen hatte und Buschfeld im Laufe des folgenden Monats „in das Direktorium der Fried. Krupp A.–G., Germaniawerft Kiel“ eintreten würde.[777] Ab 1923 wurde Buschfeld Direktoriumsmitglied der Friedrich Krupp AG und verantwortete dort ab 1925 bis zu seinem Tod Finanzen und Verwaltung.[778]

773 AG Jena, HRB 15.
774 AET, Erinnerungen Thiel 1967, S. 58.
775 Ebd., S. 61.
776 AJG, S. v. 29.12.1909 Gunkel-Buschfeld.
777 AJG, Mitteilung der Gebrüder Thiel GmbH vom 15.04.1910.
778 Pierenkemper, Krupp, S. 190 u. AET, Erinnerungen Thiel 1967, S. 33 f u. 55–62.

Carl Christian Gunkel

In Kirn/Nahe geboren, besuchte Carl Christian Gunkel (26.11.1874–05.12.1920) von 1885 bis 1891 in Saarbrücken die Gewerbeschule. Diese verließ er mit dem Versetzungszeugnis zur Oberprima. Es folgte eine etwa einjährige Anstellung als Stationsgehilfe bei der Güterabfertigung im Bereich der Eisenbahndirektion Köln. Diese Anstellung erfolgte vermutlich auf Vermittlung seines Vaters, welcher selbst Lokführer war. Von August 1892 bis Oktober 1895 vervollkommnete er seine kaufmännische Ausbildung bei einem Export- und Kommissionsgeschäft in Paris. Später folgten Stationen als Auslandskorrespondent in Glasgow und ab September 1896 bei den Deutschen Solvay Werken in Bernburg/Saale. Nach seiner einjährigen Militärzeit bis September 1898 bekleidete er Positionen bei verschiedenen Verbänden. Zunächst wurde er Prokurist des Deutschen Kupferdrahtverbandes, von wo er 1904 auf die Stelle des Geschäftsführers des Kupferrohrverbandes wechselte. In der Folgezeit wurde er zum Direktor des Verbandes deutscher Messingwerke gewählt. Damit erschließt sich die Verbindung zu der auch auf diesem Gebiet tätigen Firma Gebrüder Thiel.[779]

Als Gunkel zu Gebrüder Thiel wechselte, schienen die wirtschaftlichen Vorzeichen günstig und die weitere Entwicklung der einzelnen Abteilungen Erfolg versprechend.[780] Noch im Jahr 1909 wurden einige Bauprojekte begonnen, welche einerseits den gestiegenen Anforderungen der neuen Zünderabteilung Rechnung trugen, andererseits aber auch die Produktions- und Wettbewerbsbedingungen im Bereich der Taschenuhren verbessern sollten.[781] Waren die Entscheidungen über diese Investitionen und die Weichenstellung hin zum verstärkten Ausbau der Zünderfertigung noch von Gunkels Vorgänger getroffen worden, so verbanden sie sich bald entscheidend mit seinem beruflichen Schicksal. Parallel zu den betrieblichen Entwicklungen verschärfte sich die Konfrontation zwischen Geschäftsführer und den ins Unternehmen und dort in leitende Positionen strebenden jungen Gesellschaftern. Die Übernahme von Geschäftsanteilen an der Gebrüder Thiel GmbH durch Carl Gunkel Anfang 1911 führte letztlich zu Eskalation (vgl. Abschnitt III, Kap. 2.2.1.). Dass mit Vertrag vom 31.10.1911 der zunächst positive Verlauf des Zündergeschäfts zwischen Krupp und Gebrüder Thiel ein abruptes vorläufiges Ende fand, belastete Gunkels Position zusätzlich.[782] Diese Investitionen waren abzuschreiben und die Bereiche Walzwerk und Taschenuhren konnten aufgrund des fortwährenden Preisverfalls und der starken Konkurrenz keine Kompensation bieten.[783] Gunkel zog die

779 AJG, S. v. 03.10.2011 Gunkel-Schreiber u. S. v. 29.12.1909 Gunkel-Buschfeld.

780 AHB, Bilanz und GB 1909.

781 Ebd., 1910.

782 BvS, 660-S. v. 02.11.1911 Krupp-Thiel.

783 AHB, Bilanz und GB 1911 u. ThHStAW, Gebr. Thiel GmbH Ruhla, Nr. 89, Bl. 2 r u. 3 r.

Konsequenz und verließ das Unternehmen Ende September 1912.[784] Bei sachlicher Würdigung waren ihm weder die eingetretene wirtschaftliche Situation des Unternehmens noch das zerrüttete Gesellschafter-Geschäftsführer-Verhältnis anzulasten. Er war vielmehr ein Opfer in einem Ränkespiel der Familiengesellschaft, die noch auf der Suche nach der richtigen Produktorientierung und finanziellem Erfolg war. Reinhold Thiels kritische Einschätzung[785] der Person Carl Gunkel, wenn auch in Teilen zutreffend, ist mit Vorsicht zu betrachten, da sie vermutlich zu stark von persönlichen Motiven überlagert wird. Der Übergang von Gunkel in den Vorstand der Dürener Metallwerke AG[786] bedeutete vermutlich eine Niederlage für ihn, ebenso wie Reinhold Thiel in dieser Entwicklung seinen persönlichen Triumph gesehen haben mag.[787] Für das Unternehmen Gebrüder Thiel war diese Weichenstellung in der Retrospektive ein Glücksfall, denn mit der Bestellung Reinhold Thiels zum Geschäftsführer wurde eine Konstante geschaffen, die das Unternehmen auf Jahrzehnte hin stabilisierte.

Der Austritt Gunkels aus der Geschäftsführung bedeutete, wie schon bei Buschfeld, nicht den Bruch mit den wirtschaftlichen Belangen des Unternehmens. Buschfelds weiterer Kontakt resultierte aus seiner späteren Position bei Krupp, der weitere Bezug zur Firma Gebrüder Thiel blieb zeitlebens bestehen.[788] Im Jahr 1930 waren Buschfeld und seine Frau zur Einweihungsfeier des neuen Verwaltungsgebäudes eingeladen.[789] Anders als sein Vorgänger war Gunkel zwischenzeitlich als Gesellschafter mit Gebrüder Thiel verbunden. Diese Verbindung wurde nicht gelöst, da keiner der weiteren Gesellschafter in der Lage oder bereit war dessen Geschäftsanteile, wie vereinbart,[790] binnen Jahresfrist nach seinem Ausscheiden zu übernehmen. Einzig die spätere Wahl in den Aufsichtsrat wurde verhindert, wobei auch in den diesbezüglichen Vorgängen die Spannung zwischen den Mitgliedern der Familie Thiel hervortrat, wie ein Schreiben Reinhold Thiels an Karl Daut zeigt. „Wie ich mich verhalten werde, wenn der Antrag Reinhardt kommt, weiss ich noch nicht, jedenfalls werde ich mich aber für meinen Teil bis zur letzten Consequenz dagegen wehren, dass der Mensch, der die Karre in den Dreck gefahren hat und sich schon uns als Gesell-

---

784 AJG, Mitteilung der Gebrüder Thiel GmbH vom 14.10.1912 u. AET, Erinnerungen Thiel 1967, S. 66.

785 „Er war zweifellos ein fähiger und tüchtiger Mann, aber die Uhrenindustrie und auch die Spielwarenindustrie waren ihm fremd; auch ein Messingwerk hatte er nicht geleitet. Er erwartete große Dinge vom Zündergeschäft und damit hatte er kein Glück." AET, Erinnerungen Thiel 1967, S. 62.

786 AJG, S. v. 03.10.2011 Gunkel-Schreiber, S. 2 u. AET, Erinnerungen Thiel 1967, S. 66.

787 AET, Erinnerungen Thiel 1967, S. 68.

788 ThHStAW, Gebr. Thiel GmbH Ruhla, Nr. 49, Bl. 160 r.

789 AHB, S. v. 03.05.1930 Ruhla-Gesellschafter.

790 AJG, Verpflichtungserklärung 1912.

schafter aufgedraengt hat, nun auch noch Aufsichtsrat wird."[791] Hintergrund dieser scharfen Worte gegen die Person Carl Gunkels war abermals eine sich abzeichnende Konkurrenzsituation. Nachdem Reinhold Thiel die Vertretung in England aufgebaut hatte und dort wirkte,[792] strebte er zusammen mit Karl Daut in den Aufsichtsrat, um besseren Einblick in die Geschäftslage zu erhalten.[793] Ein vermeintlich potenzieller Mitbewerber und damit Widersacher war Gunkel. Aus verschiedenen brieflichen Kontakten unter anderem mit Ernst Thiel, seinem unmittelbaren Nachfolger in der Geschäftsführung, wird ersichtlich, dass Gunkel sich dennoch bis zu seinem frühen Tod 1920 weiterhin, über die Rolle eines einfachen Gesellschafters hinaus, für die Belange der Firma interessierte.[794]

Ernst Rudolf Thiel

Mit Ernst Rudolf Thiel (04.06.1874–21.07.1942) folgte ein Geschäftsführer, welcher nicht als Wunschbesetzung angesehen wurde. Das zeigte sich darin, dass Ernst Thiel zwar bereits 1901 Prokura erteilt bekam, aber eben nicht wie Heinrich Thiel unmittelbar zum Geschäftsführer bestellt wurde. Dass er auch im folgenden ersten Jahrzehnt bei den mehrfachen Veränderungen in der Geschäftsführung nicht aufrückte, macht Vorbehalte bei den Gesellschaftern deutlich. Möglicherweise hatte er aber auch nicht den Ehrgeiz, den Reinhold Thiel als Vertreter des dritten Familienstammes mit Ambitionen auf die Geschäftsführung später an den Tag legte. „Ernst besaß nicht die Tatkraft, um aus eigener Initiative in die Bresche zu springen",[795] als bereits kurz nach der Gründung deutlich wurde, dass der Firma eben auch ein Kaufmann in der Geschäftsführung fehlte. Für seine Bewerbung auf diese Position nach Gunkels Rücktritt suchte er Unterstützung bei Reinhold Thiel, der zu dieser Zeit möglicherweise aus Rücksicht auf seine Frau Martha kurzzeitig seinen eigenen Fokus auf andere Bahnen gelenkt haben könnte. „Martha ging lieber nach London als nach Ruhla."[796] Dass Ernst mit seiner Berufung zum kaufmännischen Geschäftsführer im Oktober 1912 keine starke Position einnahm, zeigte sich, indem bereits drei Monate später Reinhold ebenfalls zum Geschäftsführer mit kaufmännischer Verantwortung bestellt wurde.[797]

---

791 ThHStAW, Gebr. Thiel GmbH Ruhla, Nr. 74, Bl. 109 r f.

792 Ebd., Nr. 78, Bl. 75 r–83 r u. AET, Lebenserinnerungen Thiel 1963, S. 90.

793 ThHStAW, Gebr. Thiel GmbH Ruhla, Nr. 74, Bl. 90 r–100 r.

794 AJG, u. a. S. v. 19.10.1913 Ernst Thiel-Gunkel u. S. v. 03.10.1917 Ernst Thiel-Gunkel.

795 AET, Erinnerungen Thiel 1967, S. 20.

796 AET, Lebenserinnerungen Thiel 1963, S. 87.

797 AHB, Gesellschaftsvertrag Ruhla 1901, § 26; ThHStAW, Gebr. Thiel GmbH Ruhla, Nr. 74, Bl. 115 r–117 r u. AJG, Mitteilung der Gebrüder Thiel GmbH vom 14.10.1912 u. vom Januar 1913.

Ernst Thiel war das älteste von insgesamt acht Geschwistern. Von diesen Kindern Christian Reinhold Thiels verstarben zwei Töchter im Kindesalter. Eine weitere Tochter starb etwa ein Jahr nach ihrer Hochzeit mit Paul Deußing, dem späteren Ehemann von Ella Bardenheuer, im Alter von 20 Jahren.[798] Die Familie wohnte zunächst ebenfalls in zur Fabrik gehörenden Räumen, bevor sie im September 1888[799] in ein repräsentatives Anwesen in Ruhla umzog.[800] Ernst hatte, wie Heinrich Thiel, das Gymnasium in Eisenach[801] besucht und war seit 1895 im Unternehmen tätig.[802] Ab Mai 1898 bezog er für seine Tätigkeit ein monatliches Gehalt von 200 M[803] und damit deutlich weniger als sein Cousin Heinrich. Als Geschäftsführer verantwortete er später die Abteilungen Walzwerk und Kinderuhren.[804] Möglicherweise trug bereits diese Zuständigkeit zu seinem Ausscheiden bei. Der Betrieb des Walzwerkes war, wie verschiedentlich gezeigt, mit Schwierigkeiten verbunden und im Grunde nur durch die Sonderkonjunktur des Ersten Weltkrieges nicht eingestellt worden. Ebenso war die Kinderuhrenfabrikation in ihrer Bedeutung für das Gesamtunternehmen durch verstärkten Wettbewerb und konjunkturelle Einflüsse zurückgegangen. Letztlich dürften aber weitere familiäre und gesellschaftliche Gründe den Schritt bedingt haben. Der permanente Druck der Arbeiterschaft auf die Geschäftsführung in der jungen Weimarer Republik bedeutete eine enorme Belastung. Lohnforderungen, Vergemeinschaftungsbestrebungen und die Rolle als Rüstungsgüterproduzent sind einige Beispiele, die Nahrung für eine Konfrontation mit der aufgebrachten Arbeiterschaft lieferten. „Monatelang war im Betrieb vernünftiges Arbeiten unmöglich. Der vom ‚Arbeiter- und Soldatenrat' eingesetzte ‚Betriebsrat' tagte in Permanenz und zwang (…) zu stundenlangen Diskussionen".[805] Die Gewerkschaften waren oftmals nicht mehr Sprachrohr der Arbeiter. Lohnverhandlungen gestalteten sich schwierig und mündeten bislang auch in Gewaltaufrufen wie „schlagt sie doch tot"[806] durch die Arbeiterschaft. Dass in dieser Zeit ein enormes Gewaltpotenzial mit ernstzunehmender Gefahr für Leben und Gesundheit der Gesellschafter und Geschäftsführer bestand, verdeutlichen die Ereignisse in der Region rund um den Kapp-Putsch im März 1920.[807] Damals waren 15 Arbeiter, darunter der Vorsitzende des Arbeiterausschusses von Gebrüder Thiel, Alfred Rössiger (04.05.1878–25.03.1920) sowie das weitere Mit-

798 AET, Stammbaum Siegmud Thiel, Stamm Christian Reinhold Thiel.
799 ThHStAW, Gebr. Thiel GmbH Ruhla, Nr. 660, S. 191.
800 AET, Lebenserinnerungen Thiel 1963, S. 144.
801 Ebd., S. 5.
802 ThHStAW, Gebr. Thiel GmbH Ruhla, Nr. 112, Bl. 77 r.
803 Ebd., Nr. 639, S. 92.
804 AET, Erinnerungen Thiel 1967, S. 69.
805 Ebd., S. 91.
806 Ebd.
807 Ebd., S. 91 f.

glied Karl Füldner (03.12.1883–25.03.1920) bei Mechterstädt erschossen worden.[808]

Familiär bestand für Ernst Thiel eine weitere Belastungssituation durch die Erkrankung seiner Frau.[809]

Nachdem Ernst Thiel am 30.06.1920, dem Tag seines 25-jährigen Dienstjubiläums, die Geschäftsführung abgegeben hatte,[810] übernahm er die Vertretung der Firma Gebrüder Thiel im früheren Königreich Sachsen und später in Berlin.[811] Im September 1920 firmierte er zunächst als Ernst Thiel, Elektrotechnische Bedarfsartikel und war Vertreter der Firmen Gebrüder Thiel und Fritz Thiel. Bereits im Folgejahr war er unter Berliner Anschrift nur noch Vertreter der Firma Gebrüder Thiel.[812] Sein Haus und Grundstück in Ruhla verkaufte er 1927 an die Gebrüder Thiel GmbH, deren Aufsichtsrat er dann ab 1933 bis zu seinem Tod 1942 angehörte, ebenso blieb er mit seiner Uhrengroßhandlung Vertreter der Firma in Berlin.[813]

Mit dem Unternehmensausstieg wurde im persönlichen Umgang zwischen Reinhold und Ernst Thiel eine Abkühlung und größere Distanz spürbar, wie sie sich aus der Veränderung von Anrede und Grußformel in den Schreiben um 1920 zeigt. Das ist ein weiterer Punkt, der Zweifel an der nach außen dargestellten Harmonie der Geschäftsführung in den Händen der drei ältesten Söhne der früheren Inhaber aufkommen lässt. Karl Daut, Ehemann einer Gesellschafterin aus dem Stamm Christian Thiel, benennt den vermutlich wahren Hintergrund dieser Konstellation. „Es wäre dies die richtige Lösung für ein Gutes Gedeihen des Etablissements und es würde mit dieser Lösung Ruhe und Frieden in die Gemüter der verschiedenen Familienparteilichkeiten einziehen. (...) [D]ie 3 Herren könnten sich gegenseitig ergänzen und würden sich ergänzen und Ernst und Reinhold könnten auch auf die technische Leitung den Einfluss ausüben, den jeder Fremde nicht kann."[814] Er betont weiterhin, dass eine fremde Leitung nur eigene Interessen verfolgen und versuchen würde, Zwietracht zwischen den Familien zu schüren und auszunutzen. Die gewünschte und erhoffte Einigkeit

808 BvS, 608-Protokoll v. 11.09.1919 i. V. m. Inschrift Gedenkstein bei Mechterstädt; ALK, Beiträge Betriebschronik, S. 18 u. ThHStAW, Gebr. Thiel GmbH Ruhla, Nr. 112, Bl. 118 r f.

809 „Ihre Krankheit und ihr Leiden haben ihr selbst und Dir [Ernst Thiel, Anm. Verf.] doch manch schwere Stunde verursacht." ThHStAW, Gebr. Thiel GmbH Ruhla, Nr. 2, Bl. 66 r. Die 1934 verstorbene Helene Thiel litt unter Alkoholproblemen u. Depressionen. „Meine Frau hat ihre Krankheit, welche schon lange zurückliegt, nicht so sehr gefühlt bis auf die letzten Tage, wo sie schwer gelitten aber offenbar nicht empfunden hat, dass es zu Ende ging." ThHStAW, Gebr. Thiel GmbH Ruhla, Nr. 2, Bl. 64 r.

810 ThHStAW, Gebr. Thiel GmbH Ruhla, Nr. 112, Bl. 77 r.

811 AET, Erinnerungen Thiel 1967, S. 93.

812 ThHStAW, Gebr. Thiel GmbH Ruhla, Nr. 75, Bl. 56 r u. 68 r.

813 AHB, Bilanz und GB 1942; ThHStAW, Gebr. Thiel GmbH Ruhla, Nr. 2, Bl. 4 r u. 128 r u. Nr. 77, Bl. 2 r.

814 ThHStAW, Gebr. Thiel GmbH Ruhla, Nr. 74, Bl. 70 r.

war jedoch bereits belastet. Zwischen Heinrich und Ernst Thiel wurde das Einvernehmen bereits in den Anfangsjahren getrübt, nachdem Aufsichtsrat Christian Reinhold Thiel, der Vater von Ernst, Heinrich Thiel für die schlechten Leistungen des Walzwerkes verantwortlich machte und ihn deshalb seiner Stellung entheben lassen wollte. Für Heinrich war Ernst ein „Ebenbild des Alten“[815]. Das Verhältnis zwischen Reinhold und Heinrich wurde im gleichen Zusammenhang 1903 deutlich positiver dargestellt. Er ist „ein sehr netter Kerl“.[816] Später wurde das Verhältnis von der Rolle Heinrichs bei Reinholds Versuch, zu Buschfelds Zeiten eine angemessene Stelle im Unternehmen zu erhalten überschattet. Heinrich stand auf der Seite Buschfelds, der Reinhold nicht gerne in Ruhla haben wollte. Dass aus Sicht Reinhold Thiels dennoch „ein ausgezeichnetes Betriebsklima“ herrschte, war sicher nicht zuletzt auf den Fakt zurückzuführen, „dass Heinrich (...) und Ernst (...) [ihm] gern und willig die Führung überließen.“[817] Die ausreichende Beschäftigung und gute Ertragslage der Firma unmittelbar vor und in den Kriegsjahren brachte für jeden der drei Köpfe ausreichend Arbeit. Hinzu kam, dass Reinhold Thiel ab August 1914 Kriegsdienst leistete. Infolge einer bereits am 24.09.1914 eingetretenen Verwundung mit anschließender Gefangennahme durch französische Soldaten sowie der von Mai 1916 bis August 1917 erfolgten Internierung in der Schweiz konnte er nur mittelbar in Ruhla wirken.[818]

Heinrich Reinhold Bruno Richard Thiel

Ab Januar 1913 zum Geschäftsführer bestellt,[819] prägte Heinrich Reinhold Bruno Richard Thiel (23.02.1882–24.03.1979) die Gebrüder Thiel GmbH und deren spätere Tochterunternehmen maßgeblich. Bis zur Enteignung 1945 behielt er seine Position und konnte mit über 32 Jahren auf die längste Amtszeit aller Thiel-Geschäftsführer der Periode 1901 bis 1945 verweisen.[820] Zwar kam Heinrich Thiel ebenfalls auf über 31 Jahre, nur wäre bei ihm zu berücksichtigen, dass er, von den wenigen Monaten im Jahr 1901 abgesehen, stets nur in Gemeinschaft mit einem Prokuristen oder weiteren Geschäftsführer zur Vertretung berechtigt war.[821] Nach Heinrichs Tod hingegen war Reinhold Thiel faktisch für die Gesellschaften des Konzerns alleinvertretungsberechtigter Geschäftsführer.[822] Wie ein entsprechender Handelsregistereintrag zeigt, blieb die-

815 ThHStAW, Gebr. Thiel GmbH Ruhla, Nr. 659, Bl. 90 v.
816 Ebd., Bl. 89 v u. 90 v.
817 AET, Erinnerungen Thiel 1967, S. 69.
818 Ebd., S. 55, 68 f u. 77–81.
819 AJG, Mitteilung der Gebrüder Thiel GmbH vom Januar 1913.
820 AG Mühlhausen, HRB 27.
821 Ebd. i. V. m. AG Jena, HRB 15.
822 AET, Erinnerungen Thiel 1967, S. 114.

ser Umstand auch erhalten, nachdem weitere Geschäftsführer in den 1930er Jahren bestellt worden waren.[823] Damit verfügte Thiel über weitreichende Gestaltungsspielräume. Die Vita Reinhold Thiels zeigt aber auch, dass ihm auf seinem Lebensweg durchaus Optionen außerhalb des Familienunternehmens offen gestanden haben. Reinhold Thiel war das zweitälteste von insgesamt sieben Kindern Ernst Eduard Thiels. Nachdem kurz nach der Geburt des dritten Kindes die Mutter verstorben war, heiratete Ernst Eduard erneut.[824] Zwei der dieser späteren Ehe entstammenden Kinder starben an Diphtherie. Die Familie lebte zu dieser Zeit in einem fabrikeigenen Wohnhaus. Nach dem Erwerb der Villa Ursamontana in Ruhla im Jahr 1894 wurde der Wohnsitz dorthin verlegt.[825] Nachdem Reinhold bis 1893 die Volksschule im Ort besucht hatte, wechselte er auf die Höhere Handelsfachschule in Erfurt. Diese Privatschule mit Internat besuchte er bis Ostern 1897 und verließ sie mit dem Zeugnis der mittleren Reife. Zu den dort unterrichteten Fächern zählten neben kaufmännischem Rechnen auch Handelskorrespondenz in Englisch und Französisch. Voraussetzungen, die sich für den weiteren Werdegang, insbesondere seine intensive Reisetätigkeit, als günstig erweisen sollten. Danach war die kaufmännische Ausbildung bei Gebrüder Thiel vorgesehen. Reinhold trat diese am 01.04.1897 bei einem monatlichen Gehalt von 50 M an, musste sie allerdings aufgrund der Erkrankung des Vaters und damit verbundenen gemeinsamen Kuraufenthalten bereits im Oktober des gleichen Jahres unterbrechen. Ab 01.05.1898 setzte er die Ausbildung fort und erhielt ab 1899 bereits ein Gehalt von 60 M monatlich.[826] Derartige Zahlungen verdeutlichen den Sonderstatus für die Familienmitglieder der Inhaber. Einerseits waren sie bei gewöhnlichen Lehrlingen[827] nicht üblich und überdies lagen sie nicht selten über den gezahlten Monatslöhnen für einfache Arbeiter bei Gebrüder Thiel[828]. Der Ausbildung in der Kapselabteilung schloss sich ab Januar 1900 eine Reise nach London an. Beim dortigen Kinderuhrenvertreter von Gebrüder Thiel, der Firma C. F. Stahlecker & Co., folgte zur weiteren Ausbildung eine Anstellung als Kontorist. Anfang des Folgejahres wechselte Reinhold noch zu Stahleckers Agency, dem Thiel'schen Monopolvertreter für England in Sachen Taschenuhren. Dort wurde er als Stadtreisender beschäftigt, was ihm zugleich Erfahrungen für seine spätere selbstständige Tätigkeit in England bringen sollte. Im zweiten Halbjahr 1901 kehrte er nach Ruhla als kaufmännischer Leiter der Abteilung Taschenuhren

823 AG Mühlhausen, HRB 27.

824 AET, Stammbaum Siegmund Thiel, Stamm Ernst Eduard Thiel.

825 BvS, 613-Privat-Copie-Buch, S. 67.

826 ThHStAW, Gebr. Thiel GmbH Ruhla, Nr. 639, S. 92.

827 „Eine systematische, klar geordnete Lehrlingsausbildung gab es bei Gebrüder Thiel damals noch nicht." AET, Lebenserinnerungen Thiel 1963, S. 18. Einen geschichtlichen Abriss über die Lehrlingsausbildung bei Gebr. Thiel lieferte ein „Thiel-Anker" 1937. Vgl. APM, Betriebszeitung Nr. 6, 1937, S. 2–4.

828 Vgl. AAK, Lohnbuch 1901.

zurück. Ab Herbst 1902 folgten der einjährige Militärdienst, später drei Semester Vorlesungen an der Handelshochschule in Leipzig. Nach einem Sprachaufenthalt in Paris führte sein Weg Ende 1905 zurück nach Ruhla. Die dort veränderte Geschäftsführung unterstützte letztlich auch im eigenen Interesse Reinhold Thiels Plan einer bis zu zwei Jahre angelegten Weltreise. Die Reise war als eine Art Verkaufsreise angedacht, deren Finanzierung über einen festen monatlichen Zuschuss von 500 M der Firma Gebrüder Thiel sowie über erzielte Provisionen aus dem Verkauf von Großuhren der Firma Mauthe und Schmuckwaren aus Pforzheim und Idar-Oberstein erfolgte. Hinsichtlich der Provisionen hatte Reinhold Thiel eine Vereinbarung mit dem Exportvertreter der Gebrüder Thiel GmbH in Hamburg, welcher zugleich auch Vertreter der weiteren Firmen war. Stationen waren unter anderem die Vereinigten Staaten von Amerika, Kanada, Japan, China, Indien, Australien und Afrika. Über die persönlichen Erfahrungen hinaus, war diese Reise wirtschaftlich gesehen für alle Seiten erfolgreich. Gebrüder Thiel profitierte auf kurze Sicht von den Verkaufserlösen. Langfristig kam es durch die geleistete Pionierarbeit zur Erschließung der Märkte und daraus resultierenden Folgegeschäften. Zurück in Ruhla, kam es zu Auseinandersetzungen mit Aufsichtsrat und Geschäftsführung über die künftige Stellung im Unternehmen. Die zuvor avisierte Vertretung der Firma in England erhielt Reinhold Thiel zunächst nicht, da bereits kurz nach Beginn seiner Weltreise der entsprechende Vertrag mit Stahlecker verlängert worden war. Als Kompromiss wurde ihm die Leitung der Kapselabteilung übertragen, was als solches zwar eine Stellung im Unternehmen bedeutete, aber keineswegs den persönlichen Erwartungen entsprach. Nachdem er diese Position von Oktober 1907 bis April 1909 begleitet hatte, führte ein neuerliches Gespräch über die berufliche Zukunft zum vorübergehenden Austritt aus dem Unternehmen. Der vorgesehenen zweijährigen Phase der Bewährung bei dritten Firmen sollte die Einstellung als Prokurist und Leiter der Abteilung Walzwerk bei der Gebrüder Thiel GmbH folgen. Die auswärtigen Stationen waren die Adlerwerke in Frankfurt am Main und anschließend die Darmstädter Bank in Berlin. Nachdem Reinhold Thiel sich 1909 verlobt und am 04./05.04.1910 geheiratet hatte, eröffneten sich neue Perspektiven.[829] Der Schwiegervater Charles Georg unterbreitete Reinhold Thiel das Angebot, in sein Unternehmen in Genf einzutreten. Georg „war Chef und Hauptaktionär des Welthauses Haasenstein & Vogler, einer internationalen Annoncen-Expedition."[830] Reinhold Thiel sah es jedoch als seine Lebensaufgabe, das Werk seines Vaters bei Gebrüder Thiel fortzuführen, und lehnte ab, was

829 AET, Heiratsurkunde 1910, i. V. m. Lebenserinnerungen Thiel 1963, S. 82.

830 AET, Lebenserinnerungen Thiel 1963, S. 48. Die Schweizer Tochtergesellschaft erlangte bereits 1890 die Unabhängigkeit vom deutschen Mutterhaus u. übernahm 1912 selbst die Mehrheit an diesem. 1916 erfolgten die Namensänderung in Publicitas Schweizerische Aktiengesellschaft (S. A.) u. das Abschmelzen der Beteiligung an der deutschen Gesellschaft. Vgl. AET, Lebenserinnerungen Thiel 1963, S. 90 i. V. m. ThHStAW, Gebr. Thiel GmbH Ruhla, Nr. 106, Bl. 209 r i. V. m. Publicitas, Chronik.

überdies dem Wunsch seiner Frau entsprach.[831] Der Wechsel in der „Ruhlaer"-Geschäftsführung hin zu Carl Gunkel ebenso wie die anstehenden Veränderungen beim bisherigen Uhrenvertreter Stahlecker in London brachten neuen Schwung in alte Überlegungen. Reinhold Thiel hatte plötzlich verschiedene greifbare Optionen. Aus der Zusicherung des Aufsichtsrates von 1909 hatte er die Möglichkeit, die vereinbarte Stelle ab 01.04.1911 in Ruhla anzutreten. Mit der Bestätigung der Gültigkeit dieser Zusage folgte im November 1910 zugleich die Anfrage von Gebrüder Thiel, ob er das Vertretungsgeschäft in London aufbauen würde.[832] Thiel entschied sich für die Option England und trat im Januar 1911 aus der Darmstädter Bank aus, um sich dem Aufbau seines Unternehmens in London zu widmen. Der Gesellschaftsvertrag zwischen der Gebrüder Thiel GmbH und Reinhold Thiel über die Gründung der Firma R. Thiel & Co. Ltd. London wurde am 01.04.1911 geschlossen.[833] Im Spätsommer des Folgejahres wurde Reinhold Thiel zudem zusammen mit Karl Daut in den Aufsichtsrat der Gebrüder Thiel GmbH gewählt. Der Wahl waren neuerliche Spannungen im Zusammenhang mit dem seit Juli 1912 bekannten Austritt Gunkels aus der „Ruhlaer"-Geschäftsführung[834] und mit dessen möglichem Wechsel in den Aufsichtsrat vorausgegangen.[835] Die offenkundigen Konflikte in den Gremien der Gesellschaft beruhigten sich, nachdem die Anstellung Reinhold Thiels als dritter Geschäftsführer per 01.01.1913 in der Aufsichtsratssitzung vom 05.12.1912 beschlossen wurde.[836]

Parallel zu seiner Geschäftsführertätigkeit war Thiel Vorsitzender des Aufsichtsrates der englischen Tochtergesellschaft der Haasenstein & Vogler AG. In diesem Gremium war neben seinem Schwiegervater Charles Wilhelm Georg unter anderem auch Charles Haccius, ein Onkel mütterlicherseits der Ehefrau von Reinhold Thiel, vertreten. Die geschäftliche Verbindung mit der Schweizer Verwandtschaft, hier der Familie Haccius, zeigte sich später in den Strukturen der Geteru AG[837] (vgl. Abschnitt III, Kapitel 1.3.2). Die Schweiz war darüber hinaus für Gebrüder Thiel lange Jahre ein Hauptbeschaffungsmarkt, insbesondere für den hohen Bedarf an Teilen für die Zünderfertigung. Reinhold Thiel nutzte die dortige Internierung im Ersten Weltkrieg auch, um die Materialbeschaffung vor Ort zu organisieren.[838]

---

831 AET, Lebenserinnerungen Thiel 1963, S. 79.
832 ThHStAW, Gebr. Thiel GmbH Ruhla, Nr. 78, Bl. 200 r–203 r.
833 Ebd., Nr. 78, Bl. 75 r–83 r.
834 Ebd., Nr. 106, Bl. 107 r.
835 Ebd., Nr. 74, Bl. 90 r–100 r i. V. m. Bl. 17 r–24 r.
836 Ebd., Nr. 106, Bl. 164 r. Zur Biografie Reinhold Thiels bis 1913, vgl. AET, Lebenserinnerungen Thiel 1963, S. 4–95.
837 ThHStAW, Gebr. Thiel GmbH Ruhla, Nr. 106, Bl. 209 r i. V. m. AET, Lebenserinnerungen Thiel 1963, S. 90.
838 AET, Lebenserinnerungen Thiel 1963, S. 114.

In der folgenden Zeit erweiterte sich das Engagement Reinholds in zunehmendem Maße über die unmittelbaren Belange des Thiel'schen Unternehmens hinaus. Er wurde 1919 Mitbegründer des Wirtschaftsverband der Deutschen Uhrenindustrie[839] und zugleich deren Vorsitzender bis zur Gleichschaltung 1933.[840] Zum Teil durch die Vernetzung der verschiedenen Verbände bedingt, war er Mitglied im Hauptausschuss des Reichsverbandes der Deutschen Industrie und in weiteren nationalen Verbänden.[841] Sein Thüringer Engagement spiegelte sich, wie schon dasjenige Heinrich Thiels, in der Unterstützung universitärer Einrichtungen wider. Auch er war Gründungsmitglied der Gesellschaft der Freunde der Universität in Jena. Seine Unterstützung wurde durch diese Institution 1923 gewürdigt. Er gehörte zu diesem Zeitpunkt zu den ersten fünf ernannten Ehrenbürgern der Universität. Im Jahr 1929 wurde ihm dort zudem die Ehrendoktorwürde verliehen.[842] Bereits 1927 wurde er in Weimar einstimmig zum Nachfolger des am 10.08.1927 verstorbenen Generaldirektors der Porzellanfabrik Kahla AG, Heinrich Fillmann, als Präsident der Mittelthüringischen Industrie- und Handelskammer gewählt.[843] Darüber hinaus hatte er weitere Ehrenämter im mitteldeutschen Raum inne.[844] Die Informationen und Erfahrungen aus diesen Verbindungen waren für die Arbeit im Unternehmen und damit für das Unternehmen selbst von großer Nützlichkeit.[845] Diese positive Einschätzung sollte jedoch nicht darüber hinwegtäuschen, dass damit auch Abhängigkeiten und Gefahren mit Auswirkungen auf die Unternehmenstätigkeit entstehen konnten – Gefahren, die mit der Machtergreifung der Nationalsozialisten real wurden und zusammen mit den persönlichen Schicksalsschlägen dieser Zeit für Reinhold Thiel eine Zäsur bedeuteten. Binnen einer Woche waren im Juni 1932 sowohl seine Frau Martha durch Selbstmord infolge ihrer Morphiumsucht als auch Heinrich Thiel verstorben.[846] Damit fehlten im privaten wie im beruflichen Alltag vertraute Stützen. Im Folgejahr wurde R. Thiel einiger Ämter enthoben. Die Abberufung als Präsident der Mittelthüringischen Industrie- und Handelskammer erfolgte am 09.04.1933, diejenige vom Vorsitz des Wirtschafts-

839 Der Gründung war eine von Erwin Junghans verfasste u. Ende 1917 von diesem u. a. an Reinhold Thiel versandte Denkschrift vorausgegangen. In deren Folge Erwin Junghans, Erich Kienzle u. Reinhold Thiel alle ihnen bekannten deutschen Uhrenfabriken zur Aussprache nach Nürnberg einluden. Im Verlauf dieser Versammlung kam es zur Gründung des Verbandes. Vgl. ADB, Thiel, Lebenserinnerungen 1963, S. 113.

840 Die Uhrmacherkunst Jg. 57, Nr. 8, 19.02.32, S. 126.

841 Deutsche Uhrmacher-Zeitung, Jg. 53, Nr. 27, 29.06.29, S. 507.

842 Schäfer, Ehrenmitglieder S. 9 ff, i. V. m. Hartung, Ehrenbürger S. 42, i. V. m. Hartung, Ehrendoktoren, S. 118 u. UAJ, Bestand N, Nr. 64, Bl. 55 r–57 r.

843 Die Uhrmacherkunst Jg. 52, Nr. 44, 28.10.27, S. 801, i. V. m. Leonhardt, Porzellan, S. 46 f.

844 Deutsche Uhrmacher-Zeitung, Jg. 53, Nr. 27, 29.06.29, S. 507.

845 AET, Lebenserinnerungen Thiel 1963, S. 140 f.

846 AET, Erinnerungen Thiel 1967, S. 109 ff.

verbandes der Deutschen Uhrenindustrie im Juni 1933.[847] Als eine Begründung wurde seine parteipolitische und sonstige Einstellung zur NSDAP angegeben.[848] Thiel war zu dieser Zeit nicht Mitglied der NSDAP und ließ auch später keine eigene Initiative zur Aufnahme in die Partei erkennen. Nachdem nach nur wenigen Monaten der Amtsführung sein politisch inthronisierter Nachfolger als Kammerpräsident zurücktrat, wurde bereits im November 1933 ein Nachfolger gesucht.[849] Reinhold Thiel gab an, nach Rücksprache und auf Bitten weiterer Vertreter[850] der Wirtschaft des Kammerbezirkes, die Bereitschaft zur erneuten Amtsübernahme erklärt zu haben.[851]

Thiel wurde so im November 1933 durch den thüringischen Ministerpräsidenten Marschler zum Präsidenten ernannt.[852] Da er weiterhin nicht die gewünschte Parteimitgliedschaft besaß, ersuchte Gauleiter Sauckel auch im Namen Marschlers mit einem Schreiben vom 10.07.1934 an den Reichsschatzmeister der Partei um die Aufnahme Thiels in die NSDAP. Dieser sprach seine Zustimmung trotz bestehender Aufnahmesperre aus und forderte zur Vorlage des Aufnahmescheins auf. Die Mitgliedskarte für Reinhold Thiel mit der Nummer 2.038.712 wurde am 06.08.1934 an die Gauleitung Thüringen der NSDAP versandt.[853] Damit war Thiel Parteimitglied geworden und aus politischer Sicht nunmehr zur Begleitung von verschiedenen Ämtern auf meist wirtschaftlicher Ebene geeignet. Nach der Leitung des Verbandes der Mitteldeutschen Industrie übernahm er, nach der im Zuge der Gleichschaltung erfolgten Umbildung ab 1935, diese Position in der Bezirksgruppe Mitteldeutschland der Reichsgruppe Industrie. Reichsweit bestanden 13 solcher Bezirksgruppen.[854] Eine weitere Komponente im Geflecht der politisch installierten Wirtschafts- und Lenkungsstrukturen waren die Bezirksausgleichsstellen. Thiel als Leiter der Wirtschaftskammer Thüringen stand der Bezirksausgleichsstelle Mitteldeutschland vor. Deren Geschäftsführung wurde durch die IHK in Weimar besorgt. Der Bezirksausgleichsstelle kamen zentrale Funktionen im Rahmen der Auftragslenkung, Auftrags- und Industriekontrolle und bei der regionalen Rüstungswirtschaft zu.[855] An diesem Punkt wird exemplarisch deutlich, dass Thiel über seine Tätigkeiten stark auch im Interesse der eigenen Unternehmen gestalten konnte.

847 LaNRW, ARl, NW 1000 EÜ/6997, Bl. 021.
848 Ebd.
849 IHK, Jahresbericht 1933, S. 21.
850 Paul Henrichs, Mitglied des Vorstandes der Firma Carl Zeiss in Jena u. Beisitzer im Vorstand der Kammer in Thiels Amtszeit während der Weimarer Republik, bestätigte diese Darstellung im Rahmen des Entnazifizierungsverfahrens von Reinhold Thiel 1947 eidesstattlich. Vgl. LaNRW, ARl, NW 1000 EÜ/6997, Bl. 017.
851 AET, Erinnerungen Thiel 1967, S. 115.
852 IHK, Jahresbericht 1933, S. 21.
853 BArch, vorl. VBS/1120032974.
854 Fleischhauer, NS-Gau, S. 74 f.
855 Ebd., S. 77 ff.

Das Werk Markus Fleischhauers zeigt ein noch umfangreicheres Bild von den Positionen Reinhold Thiels und von deren Vernetzung sowie den daraus entstandenen Gestaltungsspielräumen im NS-Gau Thüringen und darüber hinaus. Im Jahr 1943 entstand die Gauwirtschaftskammer Thüringen. Unter deren Dach wurden die bisherigen Strukturen unter anderem der Industrie- und Handelskammern, Handwerkskammern, Wirtschaftskammern, kurzum der gewerblichen Wirtschaft Thüringens gebündelt. Reinhold Thiel als deren Präsident besetzte somit die Schlüsselposition der Thüringer Wirtschaft bis zum Zusammenbruch 1945.[856] Einer seiner Vizepräsidenten war Paul Henrichs von der Firma Carl Zeiss in Jena.[857] Damit zeigt sich, dass die in der Mittelthüringischen Industrie- und Handelskammer während der Weimarer Zeit entstandenen Netzwerke der gewerblichen Wirtschaft einen maßgeblichen Einfluss im nationalsozialistischen Wirtschaftsgefüge des NS-Gaus Thüringen erlangen konnten.

Infolge seiner herausgehobenen Stellung erfuhr Thiel während des Nationalsozialismus weitere verschiedene Ehrungen. So wurde ihm im Rahmen des 75-jährigen Bestehens der Firma Gebrüder Thiel am 24.09.1937 die Ehrenbürgerwürde der Stadt Ruhla verliehen.[858] Im Jahr 1938 wurde er zudem auf Vorschlag Saukels und Marschlers durch Hitler zum Thüringischen Staatsrat ernannt.[859]

Für Reinhold Thiel endete sein vielfältiges Engagement in Thüringen mit der auf den Einmarsch der Amerikaner in Eisenach am 05.04.1945 folgenden Verhaftung am 12.04.1945. Ruhla – und damit das Stammwerk sowie der Verwaltungssitz der Thiel-Firmen – wurde am 07.04.1945 durch die Amerikaner besetzt, ein Geschäftsbetrieb fand in den folgenden drei Monaten nicht statt. Reinhold Thiel war bis September 1947 in verschiedenen Lagern der westlichen Besatzungszonen interniert. Die Ehrenbürgerwürde Ruhlas wurde ihm aberkannt. Das wurde in einem Beschluss vom 06.08.1946 mit dem Gesetz Nummer zehn des Alliierten Kontrollrates begründet: Reinhold Thiel wurde als Kriegsverbrecher eingestuft.[860]

Dass sich neben Reinhold Thiel in den Strukturen des NS-Gaus Thüringen ein weiterer Thiel-Geschäftsführer fand, dürfte aufgrund der bisherigen Kenntnisse kein Zufall sein, sondern vielmehr auf die enge Vernetzung Thiels und sein Interesse an einer günstigen Unternehmensentwicklung zurückzuführen sein.

---

856 Fleischhauer, NS-Gau, S. 234 ff.

857 Ebd., S. 236.

858 SAR, 107/15.

859 Deutsche Uhrmacher-Zeitung, Jg. 62, Nr. 21, 21.05.38, S. 280.

860 APD, Thiel, Rückblick 1956, S. 34; ALK, Beiträge Betriebschronik, S. 25; AET, Erinnerungen Thiel 1967, S. 132 ff, i. V. m. LaNRW, ARl, NW 1000 EÜ/6997, Bl. 008 u. SAR, 107/14.

Kurt Fritz Heinrich Schmidt

Ab 1927 war Kurt Fritz Heinrich Schmidt[861] (14.04.1898–03.04.1945) für Gebrüder Thiel tätig. Er konnte bei seinem Eintritt auf eine Empfehlung des Reichskuratoriums für wirtschaftliche Fertigung verweisen und verfügte zudem über eine einschlägige Ausbildung. Geboren in Bonn, besuchte er zunächst die Schule in Dresden, später das Gymnasium in Halle. Nach seiner Entlassung aus der Kriegsmarine im Frühjahr 1919, bei welcher er ab 1916 gedient hatte, besuchte er ein Jahr lang die Technische Hochschule in Dresden. Anschließend folgte eine vorübergehende praktische Beschäftigung bei den Hans-Lloyd-Automobilwerken, bevor er sein erstes Studium an der Technischen Hochschule Charlottenburg Anfang 1922 mit der Prüfung zum Diplomingenieur abschloss. Ab Dezember 1923 durfte er den Titel Dr. Ing. tragen. Bis zum Eintritt bei Gebrüder Thiel im Juli 1927 erfolgten Anstellungen im Montage- und Ingenieurbereich bei unterschiedlichen Industrieunternehmen. Bei Gebrüder Thiel sollte er „die Entwicklung und den Ausbau der Fertigung der Qualitätsuhren (nach Schweizer Art – mit Steinankergang)“[862] voranbringen. Die Einrichtung des Fließbandes in der Uhrenmontage und damit verbundene erhebliche Produktivitätsfortschritte gingen auf sein Wirken zurück. Dennoch lag sein tatsächliches Aufgabengebiet über viele Jahre in anderen Bereichen. Die Produktionsbedingungen bei Gebrüder Thiel waren aus Sicht der baulichen Gegebenheiten des Fabrikanwesens für eine rationelle Fertigung nicht zufriedenstellend. Um das zu ändern, wurden schwerpunktmäßig ab der zweiten Hälfte der 1920er Jahre eine Vielzahl von Neubauten errichtet, mit deren Planung und Überwachung Schmidt vorrangig beschäftigt war. Bis ins Jahr 1932 wurden in Ruhla wesentliche Teile der Fabrik neu errichtet (vgl. Abschnitt III, Kap. 1.1.1.). Später kamen weitere Projekte, auch solche bei den Tochtergesellschaften, hinzu. Insoweit war Kurt Schmidt über eineinhalb Jahrzehnte in derartige Projekte eingebunden. Reinhold Thiel sah bei ihm darüber hinaus „die wertvolle Fähigkeit kluger Menschenführung; [da] er [es] verstand (…), den rechten Mann an die rechte Stelle zu bringen.“[863] Thiel war sein stärkster Förderer im Unternehmen. Bereits bei der Auswahl des Nachfolgers von Heinrich Thiel dürfte er unverkennbar für Schmidt Partei ergriffen haben, wohingegen er bei dem ebenfalls infrage kommenden Albrecht Thiel, Sohn von Heinrich, eine andere Wortwahl fand. „Albrecht, dem wir jede Chance zum Aufstieg in der Firma gaben, enttäuschte uns. Als Dürers Nachfolger in der technischen Leitung der Uhrenfabrik zeigte er weder Fleiß noch wirkliche Leistungen.“[864] Getragen durch seine persönlichen Leistungen und das Wohlwollen Reinhold Thiels wurde Schmidt 1934 stellver-

861 Gräfe, Quellen zur Geschichte Thüringens, S. 503.
862 APD, Thiel, Rückblick 1956, S. 22.
863 AET, Erinnerungen Thiel 1967, S. 104.
864 Ebd., S. 103.

tretender Geschäftsführer[865] der Gebrüder Thiel GmbH, nachdem ihm bereits 1930 Prokura[866] erteilt worden war. Ab 1939 wurde er dann zum technischen Geschäftsführer bestellt.[867] Es dürften angesichts der Einschätzung Schmidts durch R. Thiels keine ernstlichen Zweifel daran bestehen, dass Letzterer einen maßgeblichen Anteil an der Berufung Schmidts zum Arbeitseinsatzingenieur im Gau Thüringen am 24.06.1943[868] hatte. Bei der staatlich organisierten Arbeitskräftebeschaffung spielte der Bedarf der Thiel-Firmen im westthüringischen Raum bereits zuvor eine bedeutende Rolle. Ende 1940 konnte beispielsweise eine dort bestehende Nachfrage von etwa 5.000 Arbeitskräften nicht befriedigt werden.[869] Für die Thiel'schen Unternehmen mit ihrem auch in den Folgejahren bestehenden erheblichen Arbeitskräftebedarf sollte daher diese personelle Verflechtung und Vernetzung[870] von Vorteil gewesen sein. Diese Verbindung macht darüber hinaus deutlich, dass Entscheidungen über den Arbeitskräfteeinsatz bei Gebrüder Thiel stets im Wissen um die Situation der verschiedenen Beschäftigtengruppen getroffen worden sein dürften. Aus der Funktion und dem Wissen des Arbeitseinsatzingenieurs ergibt sich, dass die Beschäftigung von Zwangs- und Fremdarbeitern sowie Häftlingen aus Konzentrationslagern in den Thiel'schen Betrieben möglicherweise bewusst erfolgte oder vermieden wurde.[871]

Vor dem Hintergrund der Entwicklung der Beschäftigungspolitik während des Dritten Reiches zeigt der Werdegang von Kurt Schmidt, dass der Geschäftsführer der Gebrüder Thiel GmbH der nationalsozialistischen Linie nicht vorbehaltlos folgte. So wurden durch die Gerätebau GmbH im Werk Mühlhausen seit Ende 1940 beim Arbeitsamt angeforderte jüdische Arbeiterinnen beschäftigt und ab Frühjahr 1942 kamen erste ausländische Zwangsarbeiter hinzu.[872] Jedoch unterblieb der Einsatz von Häftlingen aus Konzentrationslagern zunächst. Erst für das zweite Halbjahr 1944 zeichnet sich eine Veränderung ab (vgl. Abschnitt III, Kap. 1.4. u. Kap. 3.3.3.). Zeitlich fiel diese mit den Vorbereitungen zur Flucht der Familie Schmidt in die Schweiz zusammen. „Bereits zu Beginn des (...) Krieges setzte (...) Kurt Schmidt Zweifel in einen glücklichen Ausgang des Krieges, wobei er, wie er erklärt hat, davon ausging, dass das Reich mit seinen eigenen Mitteln an Menschen und Material der immer zahlreicher werden-

865 AG Mühlhausen, HRB 11.

866 AHB, S. v. 03.05.1930 Ruhla-Metzke.

867 AG Mühlhausen, HRB 27.

868 Fleischhauer, NS-Gau, S. 353 f.

869 Ebd., S. 311.

870 Ebd., S. 333 u. 354.

871 Gräfe, Quellen zur Geschichte Thüringens, S. 482–485; AET, Erinnerungen Thiel 1967, S. 103–105 u. APD, Thiel, Rückblick 1956, S. 22.

872 ThHStAW, Gerätebau GmbH, 450, Bd. 1, Bl. 39 r u. Görner, Chronik Mühlhausen, S. 401.

den Vereinigung der Feindmächte nicht mehr gewachsen sein könne."[873] Diese Darstellung ist der Anklageschrift nach der letztlich gescheiterten Flucht entnommen. Möglicherweise gab es neben den feindlichen Bombenangriffen auf Schmidts Wohnort Eisenach[874] einen weiteren Auslöser der Fluchtvorbereitungen. Dieser könnte die vorgesehene und ab August 1944 sichtbar betriebene Umwandlung des Bereitschaftslagers der Gerätebau GmbH in ein Außenkommando des Konzentrationslagers Buchenwald gewesen sein.[875]

Der Fluchtversuch der Familie vom 14. auf den 15.12.1944 scheiterte. Dieser Umstand, ebenso wie die Tatsache, dass die Familie einen Firmenwagen von Gebrüder Thiel verwendete, konnte im Falle eines Verdachts auf Beihilfe oder Mitwisserschaft eine erhebliche Gefahr für Reinhold Thiel und weitere Betriebsangehörige bedeuten. Durch die rüstungswirtschaftliche Bedeutung der Unternehmen des Thiel-Konzerns und die enge personelle Verzahnung mit den politisch-wirtschaftlichen Strukturen, konnten die Konsequenzen bis hin zum Verlust der privaten Verfügungsrechte der Familie Thiel über die Unternehmen führen. Während solche Konsequenzen für das Unternehmen nicht bekannt wurden bzw. aufgrund des bis zum Zusammenbruch des Systems nicht abgeschlossenen Verfahrens ausblieben, waren die Folgen für die Familie Schmidt umso katastrophaler. Nach einem Bombenangriff auf Weimar, mit Auswirkungen auf das dortige Gefängnis, sollten die nicht entlassenen Gefangenen, darunter die Mitglieder der Familie Schmidt, abtransportiert werden. Im Rahmen dieser am Abend des 03.04.1945 durchgeführten Maßnahme wurden sämtliche Gefangene abgeholt und im Webicht, einem Waldgebiet bei Weimar, ermordet.[876]

Tabelle 28, S. 181, zeigt die Geschäftsführer der Gebrüder Thiel GmbH von 1901 bis 1945. Mit Albrecht Thiel (27), Franz Ackenhausen (79) und Werner Vogel (81) wurden dort die weiteren stellvertretenden Geschäftsführer angegeben. Sie waren durch Geburt bzw. Heirat mit der Familie Thiel verbunden und sind als Gesellschafter im Gesamtverzeichnis zu finden. Aus der Reihe der Geschäftsführer der Gebrüder Thiel GmbH bis 1945 wurde bislang Otto Eichel nicht betrachtet. Wie die bereits in ihrer Vita vorgestellten Herren Heinrich und Reinhold Thiel, war er sowohl Geschäftsführer der Gebrüder Thiel GmbH als auch der Gebrüder Thiel Seebach GmbH. Der Blick auf seine Person bildet den Übergang zur Geschäftsführung der „Seebacher"-Gesellschaft (vgl. Tabelle 29, S. 184).

873 Gräfe, Quellen zur Geschichte Thüringens, S. 488 f.

874 ADB, Thiel, Lebenserinnerungen 1963, S. 190.

875 Görner, Chronik Mühlhausen, S. 412.

876 Unter den Ermordeten befanden sich Kurt Schmidt seine Frau Luise, sein Sohn Wolfgang u. seine Schwägerin Marie-Luise. Von der Familie konnte nur der damals minderjährige Sohn bei der gescheiterten Flucht in der Schweiz zurückbleiben u. überleben. Die Abläufe u. das Schicksal der Familie wurden dokumentiert. Vgl. Gräfe, Quellen zur Geschichte Thüringens, S. 482–504 u. AET, Erinnerungen Thiel 1967, S. 130.

Tabelle 28: Geschäftsführung Gebr. Thiel GmbH 1901–1945

Name und Lebensdaten	Ergänzende Angaben
Justus Heinrich Thiel (24) (25.04.1867–30.06.1932)	• Alleiniger Geschäftsführer (04/1901–11/1901) • Technischer Geschäftsführer (11/1901–06/1932)
Albrecht Moritz August Kühn (---) (29.01.1848–28.03.1935)	• Kaufmännischer Geschäftsführer (11/1901–12/1904)
Wilhelm Buschfeld (---) (21.01.1873–16.10.1936)	• Kaufmännischer Geschäftsführer (01/1905–05/1910)
Carl Christian Gunkel (110) (26.11.1874–05.12.1920)	• Kaufmännischer Geschäftsführer (04/1910–09/1912)
Ernst Rudolf Thiel (44) (04.06.1874–21.07.1942)	• Prokurist ab 04/1901 • Kaufmännischer Geschäftsführer (10/1912–06/1920)
Heinrich Reinhold Bruno Richard Thiel (88) (23.02.1882–24.03.1979)	• Kaufmännischer Geschäftsführer (01/1913–06/1932) • Alleiniger Geschäftsführer (07/1932–05/1939) • Alleinzeichnungsberechtigter Vorsitzender der Geschäftsführung ab 04/1939[877]
Otto Franz Eichel (---) (04.01.1883–25.02.1967)	• Prokurist ab 09/1920 • Stellvertretender Geschäftsführer ab 05/1930[878] • Kaufmännischer Geschäftsführer ab 04/1939
Kurt Fritz Heinrich Schmidt (---) (14.04.1898–03.04.1945)	• Prokurist ab 05/1930[879] • Stellvertretender Geschäftsführer ab 04/1934[880] • Technischer Geschäftsführer (04/1939–04/1945)
Victor Albrecht Thiel (27) (16.08.1895–26.05.1944)	• Prokurist ab 05/1931[881] • Stellvertretender Geschäftsführer (04/1939–04/1944)
Franz Ackenhausen (79) (12.04.1903–08.03.1988)	• Stellvertretender Geschäftsführer ab 04/1939
Ludwig August Werner Vogel (81) (03.08.1898–24.10.1984)	• Prokurist ab 04/1934[882] • Stellvertretender Geschäftsführer ab 04/1939

Quelle: eigene Darst., basierend auf APM, Betriebszeitung Nr. 3/4, 1939, S. 3; AG Jena, HRB 15; AG Mühlhausen, HRB 11 u. HRB 27 u. im Verzeichnis benannten Quellen.

---

877 Die Veränderungen in der Geschäftsführung der Gebr. Thiel u. der Gebr. Thiel Seebach GmbH im Jahr 1939 wurden verm. alle auf der Sitzung der jeweiligen Aufsichtsräte am 11.04.1939 beschlossen. Der Beschluss Paul Liebergeld zum ordentlichen Geschäftsführer der „Seebacher"-Gesellschaft zu bestellen ist für dieses Datum belegt. Die vollständigen Veränderungen in der Geschäftsführung dieser Gesellschaft u. die entsprechenden Zeichnungsbefugnisse wurden im Juli bekannt gegeben. Die Eintragungen im Handelsregister sind für beide Gesellschaften am 06.06.1939 erfolgt. Vgl. AKH, Dienstvertrag, 2. Nachtrag; AKH, Mitteilung AG Thal zu HRB 33 v. 06.06.1939; AG Mühlhausen, HRB 27 u. AHB, Mitteilung Seebach v. Juli 1939.

878 Gesellschafterversammlung v. 17.05.1930. Vgl. AHB, S. v. 03.05.1930 Ruhla-Metzke.

879 Ebd.

880 Gesellschafterversammlung v. 22.04.1934. Vgl. AHB, S. v. 07.04.1934 Ruhla-Metzke.

881 Gesellschafterversammlung v. 09.05.1931. Vgl. AHB, S. v. 25.04.1931 Ruhla-Gesellschafter.

882 Gesellschafterversammlung v. 22.04.1934. Vgl. AHB, S. v. 07.04.1934 Ruhla-Metzke.

Otto Franz Eichel

Als viertes von insgesamt fünf Kindern des Meerschaumkopfschneiders August Eichel[883] in Ruhla W. A. wurde Otto Franz Eichel (04.01.1883–25.02.1967) geboren. Er war vermutlich der Neffe von Karl Adam Eichel[884] dem früheren Werkführer der Gebrüder Thiel OHG.[885] Nach dem Konkurs seines Lehrbetriebes J. G. Hellmann und Söhne in Ruhla im Jahr 1901 kam er etwa 1903 zu Gebrüder Thiel.[886] Dort übernahm er zunächst keine besondere Position, ließ jedoch Interesse und eine Begabung für die Selbstkostenrechnung erkennen. Unter der Geschäftsführung Gunkels war Eichel in der Zentralwerkstatt tätig. Mit Carl Gunkel ging er dann zu den Dürener Metallwerken. Es folgten Wehrdienst und Verwundung. Reinhold Thiel gab später an, dass Emil Dürer ihn auf Eichel aufmerksam gemacht habe und er ihn nach einem Besuch im Sommer 1918 im Lazarett in Konstanz wieder für das Unternehmen gewinnen konnte. Die Begabung Eichels und das offenbar gute Verhältnis zu Reinhold Thiel bewirkten einen zügigen Aufstieg im Unternehmen. Bereits drei Monate nach dem Ausscheiden von Ernst Thiel als Geschäftsführer wurde Eichel zum Prokuristen ernannt. Als solcher wurde er zunächst Leiter des neu eingerichteten Direktionssekretariats. Dieses fungierte als eine Art Schaltstelle des Unternehmens und sicherte besonders Reinhold Thiel bei seinen Reisen zum weiteren Ausbau der Absatzorganisation die frühzeitige Information über die wichtigsten betrieblichen Geschehnisse. Im weiteren Verlauf übernahm Eichel „die Gesamtleitung der Verwaltung, insbesondere der Abteilungen Buchhaltung und Finanzwesen. Die hohe Bedeutung der genauen Erfassung alles betrieblichen Geschehens in der Betriebsbuchhaltung – als Grundlage exakter Selbstkostenrechnung – hat er zu einer Zeit erkannt, als diese Erkenntnis – auch bei größeren Firmen – noch keineswegs Allgemeingut war. Durch sein im Selbststudium erworbenes Können (…) brachte er (…) [die] Verwaltung auf einen für die (…) Zeit bemerkenswerten Stand.“[887] Prokura für die Gebrüder Thiel Seebach GmbH erhielt er schon in deren Aufbauphase Ende 1924. Die weiteren Stufen hin zum Geschäftsführer verliefen für die verschiedenen Thiel-Gesellschaften parallel. Im Zuge der Überlegungen zur Nachfolge des bisherigen Geschäftsführers Heinrich Thiel, wurde er zum stellvertretenden Geschäftsführer bestellt. Mit der Neuordnung der Geschäftsführung im Jahr 1939 und der damit anvisierten Vorbereitung des bald notwendig werdenden Generationenwechsels, erfolgte die Bestellung zum Geschäftsführer unter der Leitung von Reinhold Thiel.

883 August Eichel (10.01.1852–04.03.1895) verheiratet mit Lisette Eichel geb. Ortmann (07.10.1849–13.03.1901), vgl. LKAE, Familienregister G. A. August Eichel.

884 LKAE, Familienregister G. A. Johann Adam Eichel.

885 SAR, 402/108, Arbeitsordnung 1892, S. 8.

886 ThHStAW, Gebr. Thiel GmbH Ruhla, Nr. 395, Bl. 64 r i. V. m. AET, Erinnerungen Thiel 1967, S. 88.

887 AET, Erinnerungen Thiel 1967, S. 88.

Nach dem Zusammenbruch 1945 blieb Eichel zunächst in Thüringen, setzte sich jedoch Ende 1952 in die Bundesrepublik ab, wo er bis zu seinem Wechsel in den Aufsichtsrat 1957 nochmals als Geschäftsführer der Gebrüder Thiel GmbH aktiv wurde. Mit seiner Tätigkeit als Nicht-Familienmitglied in der Geschäftsführung der verschiedenen Thiel-Gesellschaften nahm Otto Eichel eine Sonderstellung ein. Eine vergleichbar breite Entscheidungsbefugnis konnte bislang nur bei Heinrich und Reinhold Thiel gesehen werden.[888]

Albert Paul Liebergeld

Für einen Brückenschlag vom externen Geschäftsführer der Gebrüder Thiel Seebach GmbH zum Familienmitglied steht Albert Paul Liebergeld (15.11.1880–22.12.1956).[889] Liebergeld wurde als zweites von insgesamt acht Kindern des Kaufmanns Karl Liebergeld in Ruhla geboren. Dort besuchte er bis zum 14. Lebensjahr die Volksschule und anschließend für drei Jahre die örtliche technische Fortbildungsschule. Im Zeitraum Ostern 1895 bis Ostern 1898 absolvierte er in der Metallwarenfabrik Ferdinand Erk in Ruhla eine Schlosserlehre. Dabei wurde er zum „Schnitt- und Stanzenschlosser ausgebildet".[890] Am 15.02.1899 trat er bei Gebrüder Thiel ein, wo er Aufgaben als Werkzeugschlosser und als Gehilfe des Uhrenkonstrukteurs übernahm. Mit dem Unternehmensaustritt des vormaligen Prokuristen Edmund Flick wechselten Paul Liebergeld und sein Vater Karl in das durch Flick neu gegründete Unternehmen.[891] Der Sohn kehrte später zurück[892] und war eigenen Angaben zufolge ab 1904 mit der „Entwicklung eines Uhrwerkzünders für Schrapnellgeschosse"[893] betraut. In den Folgejahren war er im Bereich der Zünderfertigung unter der Leitung Heinrich Thiels tätig und wurde zunächst zum Werkmeister und später zum Betriebsleiter befördert. Als Folge der Rüstungsbeschränkungen für Deutschland nach dem Ersten Weltkrieg ging er für den Zeitraum 1920 bis Ende 1924 nach Schweden.[894] Zur dortigen Firma Bofors hatten die Firmen Krupp und Gebrüder Thiel, mit Billigung des Heereswaffenamtes, Teile ihrer gemeinsamen Zünderfertigung verlagert. Für Liebergeld bestand der Auftrag, an

888 AET, Erinnerungen Thiel 1967, S. 88 f, 118 f, 153, 176 u. Lebenserinnerungen Thiel 1963, S. 122 ff, 224 u. 244.

889 Eheschließung von Elfriede Liebergeld (Tochter von Paul Liebergeld) u. Edwin Thiel (Sohn von Reinhold Thiel) im Sommer 1940. Vgl. AKH, S. v. 26.06.1938 Thiel-Liebergeld u. AET, Lebenserinnerungen Thiel 1963, S. 189 i. V. m. AUB, Stammbaum Ernst Eduard Thiel.

890 AKH, Lehrzeugnis 1898.

891 AET, Erinnerungen Thiel 1967, S. 18.

892 Diese Unterbrechung wurde durch Liebergeld u. in der offiziellen Unternehmensdarstellung verschwiegen.

893 AKH, Lebenslauf 1942.

894 AKH, Fragebogen Military Government of Germany.

der Weiterentwicklung der Uhrwerkszünder zu arbeiten. Nach seiner Rückkehr war er im Betrieb Seebach der Gebrüder Thiel Seebach GmbH tätig. Auf die Erteilung der Prokura 1927 folgte im Jahr 1930 die Ernennung zum Betriebsdirektor. In den Folgejahren stieg er weiter zum Geschäftsführer auf (vgl. Tabelle 29).

Tabelle 29: Geschäftsführung Gebr. Thiel Seebach GmbH 1922–1945

Name und Lebensdaten	Ergänzende Angaben
Justus Heinrich Thiel (24) (25.04.1867–30.06.1932)	• Geschäftsführer (07/1922–06/1932)
Heinrich Reinhold Bruno Richard Thiel (88) (23.02.1882–24.03.1979)	• Geschäftsführer ab 07/1922 • Alleinzeichnungsberechtigter Vorsitzender der Geschäftsführung ab 04/1939[895]
Otto Franz Eichel (---) (04.01.1883–25.02.1967)	• Prokurist ab 12/1924[896] • Stellvertretender Geschäftsführer ab 05/1930[897] • Geschäftsführer ab 04/1939[898]
Albert Paul Liebergeld (93) (15.11.1880–22.12.1956)	• Prokurist ab 08/1927[899] • Stellvertretender Geschäftsführer ab 11/1934[900] • Geschäftsführer ab 04/1939[901]
Hugo Brinkmann (jun.) (36) (15.02.1901–04.07.1952)	• Stellvertretender Geschäftsführer ab 10/1939[902]

Quelle: eigene Darst., basierend auf APM, Betriebszeitung Nr. 3/4, 1939, S. 3; AHB, Gesellschaftsvertrag Seebach 1922 u. im Verzeichnis benannten Quellen.

Die mit dem beruflichen Aufstieg verbundenen vertraglichen Aspekte werden exemplarisch durch die Vergütung auf Ebene der Geschäftsführung verdeutlicht. Im weiteren Verlauf des Kapitels wird darauf personenübergreifend eingegangen. Paul Liebergeld bezog im auf die Prokuraerteilung folgenden Jahr erstmalig Tantiemen von 4.176 RM. Hinzu kam eine Extravergütung von 1.800 RM, diese wurde gewährt in „Anerkennung der besonderen Arbeit, welche durch die Vergrößerung des Betriebes im letzten Jahr entstanden ist".[903] Bezugsgröße der Tantiemenberechnung war die an die Gesellschafter ausgeschüttete Dividende. Bei einer Ausschüttung von 4 % wurden 2 % Tantiemen

895 AHB, Mitteilung Seebach v. Juli 1939 i. V. m. AKH, Dienstvertrag, 2. Nachtrag.
896 Gesellschafterversammlung v. 14.12.1924. Vgl. AHB, S. v. 26.11.1924 Seebach-Deußing.
897 Gesellschafterversammlung v. 17.05.1930. Vgl. AHB, S. v. 03.05.1930 Seebach-Deußing.
898 AKH, Mitteilung zu AG Thal HRB 33 v. 06.06.1939.
899 Ebd., HRB 18 v. 15.08.1927 i. V. m. AHB, S. v. 01.08.1927 Seebach-Gesellschafter.
900 AKH, Mitteilung zu AG Thal HRB 18 v. 23.11.1934.
901 AKH, Dienstvertrag, 2. Nachtrag.
902 ThHStAW, Gerätebau GmbH, 452, Bl. 7 r i. V. m. APM, Betriebszeitung Nr. 8, 1939, S. 5.
903 AKH, S. v. 17.05.1929 Seebach-Liebergeld.

gewährt. Diese erhöhte sich für den Betrag, der aus einer zwischen 4- und 8-prozentigen Dividendenauschüttung resultierte, auf 3,75 % und lag für eine darüber hinausgehende Dividende bei 5 % des entsprechenden Mehrbetrages. Eine jeweilige Verdoppelung der Berechnungssätze für die Tantiemen erfolgte mit Wirkung für das Geschäftsjahr 1933. Demnach wurden nunmehr 4 % auf die ersten 4 % Dividende gezahlt und in der Spitze 10 % für den Dividendenbetrag, der 8 % überstieg.[904] Zu den jeweiligen Tantiemen summierte sich ein gemäß Dienstvertrag vom Juli 1931 fixiertes Gehalt von jährlich 10.800 RM.[905] Ab 1935, und somit nach der Bestellung zum stellvertretenden Geschäftsführer der Gebrüder Thiel Seebach GmbH, wurden die Vergütungsregelung vereinfacht und das Grundgehalt auf 14.400 RM erhöht. Die gestaffelten Tantiemensätze entfielen, es wurde nun ein einheitlicher Gewinnanteil von 6,6 % der zur Ausschüttung kommenden Dividende festgelegt.[906] Berechnungsgrundlage waren sowohl die Dividende der Gebrüder Thiel Seebach GmbH als auch jene der Gebrüder Thiel GmbH. Ohne Berücksichtigung blieben die Extraausschüttungen beider Gesellschaften, welche zur Durchführung von Kapitalerhöhungen vorgenommen wurden (vgl. Abschnitt III, Kapitel 2.1). Mit der Bestellung zum ordentlichen Geschäftsführer erhöhte sich das feste Grundgehalt ab 01.04.1939 auf jährlich 21.000 RM.[907] Ergänzend dazu ist auf die Vorsorgevereinbarungen im Dienstvertrag hinzuweisen. Neben einem Urlaubsanspruch von fünf Wochen waren das Regelungen zu Zahlungen bei Krankheit und zum Ruhegehalt. Bei Eintritt eines Krankheitsfalles erfolgte für sechs Monate eine Gehaltsfortzahlung. Ging die Erkrankung darüber hinaus, war die Gesellschaft berechtigt, das Angestelltenverhältnis zu lösen. Das Erreichen des 60. Lebensjahres sowie Berufsunfähigkeit begründeten den Anspruch auf Zahlung eines Ruhegehaltes i. H. v. 50 % des vormaligen Grundgehaltes. Die Entscheidung über den Wechsel in den Ruhestand blieb ab dem Erreichen der Altersgrenze der Gesellschaft oder Paul Liebergeld überlassen. Darüber hinaus finden sich weitere Passagen, welche den Schluss zulassen, dass insgesamt sehr soziale Vereinbarungen getroffen worden. Regelungen zum auf maximal zehn Jahre gewährten Witwengehalt i. H. v. 50 % des Ruhegehaltes mit anschließendem Anspruch auf Leistungen aus der betriebseigenen Pensionskasse für hinterbliebene Ehefrauen unterstreichen das ebenso wie Zahlungsansprüche auf Erziehungshilfe für minderjährige Kinder. Bestandteile mit dem Inhalt eines nachvertraglichen, auf drei Jahre angelegten Wettbewerbsverbotes dürften, soweit sie nicht zwischenzeitlich allgemein üblich waren, den Erfahrungen der Jahrhundertwende bei Gebrüder Thiel entspringen. Der weitere Verlauf zeigte, dass solche Absicherungen bei Liebergeld nicht zum Tragen kommen mussten. Die eingetretene familiäre Anbindung

---

904 AKH, S. v. 05.03.1934 Seebach-Liebergeld.
905 AKH, Dienstvertrag 1931.
906 AKH, Dienstvertrag, 1. Nachtrag.
907 AKH, Dienstvertrag, 2. Nachtrag.

sowie das Alter und die lange Betriebszugehörigkeit dürften ein dahingehendes Risiko erheblich gemindert haben. Hinzu kam der Zusammenbruch nach dem Krieg, der völlig veränderte politische und damit zugleich wirtschaftliche Verhältnisse mit sich brachte. Paul Liebergeld geriet kurz vor dem Rückzug der Amerikaner aus Thüringen in den Fokus der Besatzungstruppen und wurde am 24.06.1945 zusammen mit seiner Familie zwangsweise in die westlichen Besatzungszonen gebracht. Ende August holte die englische Militärregierung Liebergeld nach Frankfurt, woran sich in der Zeit vom 10.09.1945 bis 21.11.1945 ein Aufenthalt in London zur weiteren Vernehmung bezüglich der Zünderfertigung anschloss.[908] Das akute Interesse der Engländer am mittlerweile 65 Jahre alten Paul Liebergeld war schnell vorüber. Folgend einem Schreiben der amerikanischen Militärverwaltung vom Juni 1946, bestand jedoch weiterhin das Interesse an einer Beschäftigung Liebergelds in Deutschland.[909] Gegen Liebergeld wurde am 11.06.1947 Klage „auf Grund des Gesetzes zur Befreiung von Nationalsozialismus und Militarismus vom 5. März 1946 mit dem Antrag der Einreihung in die Gruppe 1 der Hauptschuldigen“[910] erhoben. Im Rahmen der Entnazifizierung fiel die Entscheidung der Spruchkammer am 29.04.1948 und erlangte am 05.07.1948 Rechtskraft.[911] Liebergeld wurde „in die Gruppe 4 (Mitläufer) mit RM 50.-- (fünfzig) Sühnebeitrag zum Wiedergutmachungsfonds eingereiht. Die Kammer erkennt an, dass es sich um einen Härtefall handelt. Der Vorsitzende ermäßigt (…) die Verfahrensgebühren auf RM 300--.“[912] Damit war seine Entnazifizierung früher als diejenige anderer Mitglieder der Familie Thiel, namentlich Reinhold und Edwin Thiel, beendet. Bereits im Mai 1948 erhielt er zudem eine Entschädigung i. H. v. 178.000 RM zugesprochen. Die Entschädigung erfolgte zur Abgeltung „aller Ansprueche gegen die Vereinigten Staaten, die durch seinen Wohnungswechsel von seinem frueheren Wohnsitz in die US-Zone Deutschlands entstanden“[913] waren. Das schnelle Verfahren und die erlangten finanziellen Mittel dürften nicht unentscheidend dafür gewesen sein, dass Liebergeld beim Neuanfang von Gebrüder Thiel eine Schlüsselstellung einnehmen konnte und später zum Thiel-Gesellschafter wurde, was er vor 1945 nicht war.[914]

908 AKH, Bericht v. 20.09.1945 u. AKH, Bestätigung Air Ministry.
909 AKH, S. v. 18.06.1946 Dillkreis Military Government-Liebergeld.
910 AKH, Klageschrift v. 11.06.1947, S. 1.
911 AKH, S. v. 30.07.1948 Staatsministerium-Liebergeld.
912 AKH, Spruchkammerverfahren v. 29.04.1948, S. 1.
913 AKH, S. v. 07.05.1948 Offiziersausschuss-Liebergeld, S. 1.
914 APM, Betriebszeitung Nr. 2, 1939, S. 2 f; AKH, Lebenslauf 1942; AKH, Dienstvertrag 1931; LaNRW, ARl, NW 1000-G25/4395 u. LaNRW, ARl, NW 1000 EÜ/6997.

Hugo Brinkmann (jun.)

Wesentlich günstigere Voraussetzungen für eine Beteiligung beim Neuaufbau des Unternehmens nach 1945 brachte aus Sicht der Gesellschaft Hugo Brinkmann (jun.) (15.02.1901–04.07.1952) mit. Dass er dennoch keine tragende Rolle einnahm, ist nicht zuletzt auf seinen frühen Tod zurückzuführen. Mit dem stellvertretenden Geschäftsführer aus der Spätphase der Gebrüder Thiel Seebach GmbH schließt sich die hier vorgenommene Betrachtung der Thiel-Geschäftsführung vor 1945. Hugo Brinkmann wurde als einziger Sohn des gleichnamigen Hugo Brinkmann sowie der Gesellschafterin und Tochter des Unternehmensgründers Bertha Brinkmann in Gütersloh geboren. Der Schulzeit folgte das Studium an den technischen Hochschulen in Hannover und Stuttgart, wo er 1924 mit der Prüfung zum Diplomingenieur abschloss. Daran anschließend war er in verschiedenen Firmen tätig, unter anderem im Zeitraum 1926 bis 1928 in der Maschinenfabrik der Gebrüder Thiel GmbH in Ruhla. Der weitere berufliche Werdegang führte Brinkmann zunächst vom Familienunternehmen weg, bevor er mit der am 01.06.1935 übernommenen technischen Leitung des Werkes Mühlhausen der Gebrüder Thiel Seebach GmbH zu Gebrüder Thiel zurückkehrte. Nachdem das Mühlhäuser Werk Ende 1937 unter der Bezeichnung Gerätebau GmbH in eine rechtlich selbstständige Tochtergesellschaft umgewandelt worden war, fungierte er dort als Betriebsleiter. Die Geschäftsführung wurde, wie beschrieben, durch die Leitung der Muttergesellschaft übernommen. Hugo Brinkmann rückte am 16.10.1939, unmittelbar nach Beginn des Zweiten Weltkrieges, zum stellvertretenden Geschäftsführer der Gebrüder Thiel Seebach GmbH auf. Auf den genauen Zeitpunkt dieser Personalentscheidung ist gesondert hinzuweisen. Diese fiel nicht mit der grundsätzlichen Neuordnung der Geschäftsführung der Thiel-Gesellschaften wenige Monate zuvor zusammen. Es ist davon auszugehen, dass die Ernennung Brinkmanns ungeachtet weiterer wirtschaftlicher Belange nicht zuletzt dem Zweck diente, den Sohn des Aufsichtsratsvorsitzendem vor einem Kriegseinsatz zu bewahren. Diese Einschätzung bestätigte sich durch die im Sommer 1940 trotz erheblicher Produktionsreduzierung der Gerätebau GmbH ersuchte Verlängerung der für Hugo Brinkmann bestehenden Unabkömmlichstellung.[915] Solche Bestrebungen fanden sich auch für weitere Gesellschafter oder deren Familienangehörige. Der Versuch der Familienstämme, ihre eigenen Mitglieder durch entsprechende Positionen vor dem Kriegseinsatz zu bewahren, dürfte aufgrund des unterschiedlichen Erfolges und der damit im Einzelfall verbundenen Schicksale später zu Spannungen zwischen den Gesellschaftern geführt haben.[916]

915 ThHStAW, Gerätebau GmbH, Nr. 450, Bd. 1, Bl. 293 r.

916 APM, Betriebszeitung Nr. 8, 1939, S. 5; AET, Erinnerungen Thiel 1967, S. 153; AHB, GB Gerätebau 1938 u. ThHStAW, Gerätebau GmbH, Nr. 452, Bl. 7 r.

Exemplarisch zeigte sich das für Albrecht und Edwin Thiel. Während Albrecht Thiel in seiner Position als stellvertretender Geschäftsführer der Gebrüder Thiel GmbH keine Freistellung erreichte und 1944 im Krieg tödlich verunglückte, konnte Edwin Thiel Ende 1942 von seinem Einsatz durch eine Unabkömmlichstellung befreit werden. Hintergrund war möglicherweise das bereits beschriebene distanzierte Verhältnis und der damit fehlende Protektionismus Reinhold Thiels in Bezug auf Albrecht Thiel. Wie vermutlich zuvor auch Hugo Brinkmann wurde Reinholds Sohn Edwin mit der Prokuraerteilung mit Aufgaben betraut, die eine Freistellung vom Militärdienst zur Folge hatten. Im durch Reinhold Thiel geleiteten Sonderausschuss IX (Zünder System Thiel), einem Unterausschuss des Hauptausschusses Munition, fanden weitere Familienmitglieder Einsatz. Das Personal für die Ausschussarbeit stellte Gebrüder Thiel. Reinhold Thiels Schwiegersohn, der spätere Thiel-Geschäftsführer Constantin Rößler, fungierte als Hauptgeschäftsführer. Reinholds Neffe, Franz Ackenhausen, wurde Geschäftsführer des Sonderausschusses und Edwin übernahm als Prokurist der Gebrüder Thiel Seebach GmbH die Materialplanung und -beschaffung. In der Summe spiegeln diese Konstellationen deutlich die bei Gebrüder Thiel vorherrschenden Machtverhältnisse wider, welche auch an den jeweiligen Beteiligungsverhältnissen ablesbar sind[917] (vgl. u. a. Abschnitt III, Kapitel 2.2.3).

Das Kriegsende war für Hugo Brinkmann mit der Internierung in Dachau verbunden. Später fand er Beschäftigung bei einer Firma in Karlsruhe. Darüber hinaus wirkte er beim Neuanfang in der Bundesrepublik als stellvertretender Vorsitzender des Aufsichtsrats der Gebrüder Thiel GmbH mit. Am 04.07.1952 verstarb er vermutlich infolge eines Herzschlags.[918]

Vergütung der Geschäftsführung

Abschließend soll ein umfassender Überblick über die Vergütung der Geschäftsführung gegeben werden. „Der glänzenden finanziellen Entwicklung der Firma entsprach die Entlohnung der Geschäftsführer, nachdem Heinrich [Thiel], [Otto] Eichel und (…) [Reinhold Thiel] in beiden Gesellschaften (Ruhla und Seebach) Gehalt und Tantieme empfingen."[919] Dieser Aussage Reinhold Thiels dürfte grundsätzlich nicht zu widersprechen sein, sie ist – von einigen Einschränkungen abgesehen – vermutlich auf alle Geschäftsphasen vor 1945 übertragbar. Die drei genannten Herren bildeten in dieser Zusammensetzung nur zu Zeiten der Weltwirtschaftskrise die Geschäftsführung. Damit relativiert R. Thiels Aussage zugleich die Bezeichnung Krise für die wirtschaftliche Situati-

917 LaNRW, ARl, NW 1000-G25/4395, S. v. 28.07.1947; APD, Thiel, Rückblick 1956, S. 35 u. AET, Erinnerungen Thiel 1967, S. 125 ff.

918 APD, Thiel, Rückblick 1956, S. 35 u. S. 55 u. AET, Erinnerungen Thiel 1967, S. 153.

919 AET, Erinnerungen Thiel 1967, S. 106.

on der Thiel'schen Unternehmen in dieser Zeit. Die nachstehenden Darstellungen zur Vergütung gehen zurück bis ins beginnende 20. Jahrhundert und sind vor dem Hintergrund der Gesamtergebnisse (vgl. Tabelle 82 und Tabelle 83 ab S. 344) zu sehen. Insbesondere bestanden für die Ermittlung der variablen Vergütungsbestandteile in Form der gezahlten Tantiemen unmittelbare Verbindungen zwischen den einzelnen Größen. Die Vergütung der Geschäftsführung wird in Tabelle 31, S. 191, für das Jahr 1938 exemplarisch aufgezeigt. Zunächst liefert der Gesellschaftsvertrag von 1901 die ersten Anhaltspunkte für die Größenordnungen der festen Gehaltsbestandteile. Sofern ein Geschäftsführer mehr als 12.000 M und ein Prokurist über 6.000 M als jährliches Gehalt beziehen sollte, war die Zustimmung der Gesellschafterversammlung erforderlich, sonst entschied der Aufsichtsrat allein.[920] Diese Werte erfuhren nach dem Ende des Ersten Weltkrieges eine Änderung auf 18.000 M[921] bzw. 8.000 M. Mit der Neufassung des Gesellschaftsvertrages ab Dezember 1920 entfiel die Regelung.[922] Obwohl die Werte lediglich Betragsgrenzen benennen, dürften sie doch ein treffender Indikator für die tatsächliche Vergütung sein. Das zeigt sich daran, dass der Aufsichtsrat die Anstellung des Gesellschafters Rudolf Ackenhausen bei einem Gehalt von jährlich 12.000 M im Jahr 1917 genehmigte.[923] Hintergrund dieser Personalentscheidung war der Wunsch seiner Familie, ihn vom Kriegsdienst zurückzuholen.[924] Die vorangegangene Forderung von Ackenhausen zielte auf eine leitende Position mit einer zunächst weit höheren Gehaltsvorstellung.[925] Ackenhausen wurde als Prokurist angestellt, ein späteres Zerwürfnis mit der Geschäftsführung führte zu seinem Ausscheiden am 31.12.1925.[926] Aus einem Schriftwechsel von 1919 zwischen den Geschäftsführern Ernst und Reinhold Thiel geht ferner hervor, dass diese ein festes Gehalt von etwa 1.000 M monatlich bezogen, wobei das aus der Sicht Reinholds im Vergleich zu entsprechenden Zahlungen bei anderen deutschen Unternehmen zu wenig

920 AHB, Gesellschaftsvertrag Ruhla 1901, § 11.

921 Auslöser für diese Erhöhung war zunächst die Vorsprache der drei Geschäftsführer beim Aufsichtsrat im Frühjahr 1919. Später reichten diese einen Zeitungsbeitrag nach, in dem die Auswirkungen der erwarteten neuen Steuergesetzgebung auf die Tantiemezahlungen behandelt wurden. Insoweit sollte der feste Vergütungsbestandteil in Erwartung einer künftig steuerlich bedingten Absenkung der variablen Vergütung auf die geforderten 18.000 M p.a. erhöht werden. Vgl. ThHStAW, Gebr. Thiel GmbH Ruhla, Nr. 112, Bl. 202 r.

922 AHB, Gesellschaftsvertrag Ruhla 1920.

923 ThHStAW, Gebr. Thiel GmbH Ruhla, Nr. 111, Bl. 184 r–189 r.

924 Ebd., Bl. 261 r.

925 Ebd., Bl. 263 r. Ackenhausen betonte, dass es nicht sein Wunsch sei, vom Kriegsdienst zurückgerufen zu werden, sondern seine Familie dies ohne sein Wissen an die Firma herangetragen hatte. Er forderte eine jährliche Gesamtentschädigung von mindestens 20.000 M.

926 ThHStAW, Gebr. Thiel GmbH Ruhla, Nr. 77, Bl. 29 r ff.

war.[927] Es ist denkbar, dass aus dieser Situation heraus die gezeigte Anhebung der gesellschaftsvertraglich fixierten Werte erfolgte und die Gehälter ebenfalls eine Anpassung erfuhren. Der variable Vergütungsbestandteil in Form der jährlichen Tantiemenzahlung stellte bei langfristiger Betrachtung die Hauptkomponente der Entlohnung dar, wie Tabelle 30 für den Zeitraum von 1911 bis 1920 verdeutlicht.

Tabelle 30: Tantiemenzahlung an Geschäftsführung 1911–1920

Name/ Jahr	Heinrich Thiel	Ernst [928]Thiel	Carl [929]Gunkel	Reinhold [930]Thiel	Einzelnachweise (ThHStAW, Gebr. Thiel GmbH Ruhla)
	Angaben in M				
1911	7.685,92	3.340,53	7.685,92	—	Nr. 106, Bl. 82 r–84 r.
1912	9.079,62	3.723,01	7.434,71	—	Nr. 106, Bl. 248 r–251 r
1913	18.022,38	18.022,38	—	18.022,38	Nr. 107, Bl. 328 r–330 r.
1914	6.823,01	6.823,01	—	6.823,01	Nr. 107, Bl. 217 r–219 r.
1915[931]	57.607,22	57.607,21	—	—	Nr. 107, Bl. 68 r f.
1916	30.456,52	30.456,52	—	—	Nr. 108, Bl. 253 r f.
1917[932]	38.124,79	38.124,79	—	38.124,79	Nr. 108, Bl. 141r–143 r u. Nr. 111, Bl. 17 r–19 r.
1918	15.244,18	15.244,18	—	15.244,18	Nr. 108, Bl. 51 r–53 r.
1919	40.000,00	40.000,00	—	40.000,00	Nr. 109, Bl. 227 r–229 r
1920	48.000,00	24.000,00	—	48.000,00	Nr. 109, Bl. 135 r u. 137 r u. Nr. 112, Bl. 25 r.

Quelle: eigene Darstellung.

Ein Vergleich der Werte mit den Reingewinnen dieser Jahre (vgl. Tabelle 82, S. 344) zeigt die jeweilige Relation. Bei den ersten Geschäftsführern Heinrich Thiel und Albert Kühn betrugen die Tantiemen gemäß vertraglicher Vereinbarung im Jahr 1901 jeweils 2,5 %[933] des Reingewinns.[934] Bei der Beurteilung späterer Werte, insbesondere jener der Nachkriegsjahre, sollte die zunehmend starke

927 ThHStAW, Gebr. Thiel GmbH Ruhla, Nr. 75, Bl. 83 r.

928 Ernst Thiel war zunächst Prokurist u. ab Oktober 1912 als Geschäftsführer bestellt, für das Jahr 1920 bezog er anteilige Tantiemen bis zu seinem Ausscheiden am 30. Juni.

929 Carl Gunkel schied am 30.09.1912 als Geschäftsführer aus.

930 Reinhold Thiel wurde ab Januar 1913 zum Geschäftsführer bestellt, seine Tätigkeit wurde durch Kriegsdienst u Verwundung unterbrochen.

931 Im Zusammenhang mit den Tantiemen für die Geschäftsführung wurden in diesem u. im Folgejahr Tantiemenzahlungen an die leitenden Angestellten Max Riedel u. Gustav Fuchs angegeben. Für 1915: 7.430,16 M bzw. 3.194,54 M u. für 1916: 7.430,16 M bzw. 1.595,22 M. Vgl. ThHStAW, Gebr. Thiel GmbH Ruhla, Nr. 107, Bl. 70 r f u. Nr. 108, Bl. 256 r f.

932 Die Werte setzen sich aus zwei Teilbeträgen (10.307,19 M u. 27.817,60 M) zusammen.

933 Die Berechnung für Heinrich Thiel erfolgte für ein volles Jahr angesetzt mit 360 Tagen, jene für Albert Kühn für die Zeit ab seinem Unternehmenseintritt 1901 bis zum Jahresende u. somit für 38 Tage.

934 ThHStAW, Gebr. Thiel GmbH Ruhla, Nr. 395, Bl. 68 r.

inflationäre Entwicklung[935] berücksichtigt werden. Zu den genannten Bestandteilen traten bei den unmittelbar der Familie Thiel entstammenden Geschäftsführern weitere, nicht in jedem Fall exakt bezifferbare Vergünstigungen hinzu. Zumindest für Reinhold Thiel bestimmte der Dienstvertrag, dass sein Privathaus in Eisenach „als Dienstwohnung anzusehen sei und dass alle mit der Wohnung und dem Grundstück verbundenen Kosten die Firma zu tragen habe. Für alle Fahrten, auch die persönlichen, stand (...) ein Kraftwagen mit Fahrer unbegrenzt zur Verfügung."[936] Die Dimension des Haushalts und die daraus ableitbaren Kosten, wenn sie in Teilen auch durch Thiel privat getragen worden sein dürften, macht die Personalauflistung deutlich. „Ein Stab von Haushilfen (...): Wirtschafterin, Diener, Chauffeur, zwei Gärtner, Heizer, zwei Kinderfräulein, Köchin, Hausmädchen, Wäscherin, Weißnäherin stand zur Verfügung."[937] Es ist anzunehmen, dass im Dienstvertrag von Heinrich Thiel Vergleichbares eingeräumt worden war. Aus dieser Beschreibung, welche sich entsprechend dem Kontext der Darstellung auf die Zeit der 1920er Jahre bezieht, lassen sich Erklärungsansätze für die Zahlen von 1938 finden, wie sie Tabelle 31 zeigt.

Tabelle 31: Vergütung der Geschäftsführung 1938

Name	Jahresgehalt in RM	Tantiemen in RM	Summe der Bezüge in RM
Reinhold Thiel	29.400,--	76.000,--	145.889,--
Otto Eichel	24.000,--	38.000,--	64.057,--
Kurt Schmidt	21.000,--	21.600,--	42.600,--
Werner Vogel	15.500,--	14.145,--	29.645,--
Franz Ackenhausen	15.500,--	12.080,--	27.580,--

Quelle: eigene Darst., basierend auf ALK, Beiträge Betriebschronik S. 24.

Da Köllner den Angaben keine Herkunftsnachweise beigefügt hat, wäre zunächst deren Belastbarkeit zu prüfen. Mit Blick auf die Geschäftsberichte der Gesellschaften von 1938[938] sowie den Vergleich der Daten mit den belegten dienstvertraglichen Regelungen Paul Liebergelds, erscheinen die Werte plausibel.[939] Allerdings spiegeln die bei Köllner zu den Namen ergänzend gemachten Angaben zur Position nicht die Verhältnisse des Geschäftsjahres 1938 wider, sondern erst jene ab April 1939 (vgl. Tabelle 28, S. 181). Eine denkbare Erklärung ist im Datum der jeweiligen Geschäftsberichte (15.04.1939) zu sehen, wel-

935 Diese führte 1922 dazu, die grundsätzlich nachgelagerte Tantiemenzahlung zumindest in Teilen monatlich auszubezahlen, um einer Geldentwertung bis zur Auszahlung nach Feststellung des Jahresabschlusses zu entgehen. Vgl. ThHStAW, Gebr. Thiel GmbH Ruhla, Nr. 113, Bl. 31 r.

936 AET, Lebenserinnerungen Thiel 1963, S. 159.

937 Ebd., S. 159 f.

938 AHB, Bilanz und GB 1938 u. AHB, GB und Bilanz 1938.

939 AKH, Dienstvertrag1931; AKH, Dienstvertrag, 2. Nachtrag u. AKH, S. v. 05.03.1934 Seebach-Liebergeld.

che erst die Grundlagen zur Ermittlung der variablen Vergütungsbestandteile des Vorjahres lieferten. Das jeweils angegebene Grundgehalt wurde in der Höhe vermutlich ebenfalls erst ab April 1939 gezahlt, was sich aus der zu diesem Zeitpunkt erfolgten Gehaltserhöhung Paul Liebergelds auf das Niveau des angegebenen fixen Gehaltes von Kurt Schmidt schließen lässt. Der erfasste Personenkreis ist durch das Fehlen von Angaben zu Albrecht Thiel zudem unvollständig. Die Aufstellung umfasst offensichtlich die Verhältnisse der Geschäftsführung der Gebrüder Thiel GmbH ohne Berücksichtigung der auf die Gebrüder Thiel Seebach GmbH entfallenden Anteile. Berechnungsgrundlage für die Tantiemen von Thiel und Eichel war die summierte Dividendenzahlung (360.000 RM Ruhla und 400.000 RM Seebach) der beiden Gesellschaften ohne Berücksichtigung der durch die Gebrüder Thiel GmbH ausgeschütteten Sonderdividende i. H. v. 300.000 RM zur weiteren Einzahlung auf die letzte Kapitalerhöhung der Gebrüder Thiel Seebach GmbH. Aus der so ermittelten Bemessungsgrundlage von 760.000 RM ergaben sich die jeweiligen Tantiemensätze. Reinhold Thiel bezog demnach 10 %, während Otto Eichel 5 % erhielt. Der Anspruch Kurt Schmidts belief sich offensichtlich auf 6 % der durch die Gebrüder Thiel GmbH ausgeschütteten Dividende, ohne Berücksichtigung der Sonderdividende. Bei den beiden weiteren Herren ist eine eindeutige Aussage zur Berechnungsgrundlage aufgrund der im Ergebnis erkennbaren Dezimalzahlen nicht zu treffen. Aus sachlogischer Überlegung heraus wäre dort die reguläre Dividendenzahlung der Gebrüder Thiel GmbH als Grundlage denkbar.[940]

Der Wert der angegebenen Gesamtbezüge weicht einzig bei Reinhold Thiel signifikant von der Summe der aufgeführten fixen und variablen Vergütungsbestandteile ab. Eine Erklärung dafür wurde unter Hinweis auf seine Dienstwohnung bereits geliefert. Die veränderten persönlichen Verhältnisse, wie Tod der Ehefrau und Alter der Kinder, dürften zwischenzeitlich zu Verschiebungen bei der aufgelisteten Personalausstattung geführt haben. Die Übernahme der Werte von Werner Vogel oder Franz Ackenhausen oder auch für die Person Albrecht Thiels in Ergänzung zu Tabelle 31, S. 191, müsste die tatsächlichen Verhältnisse hinreichend genau wiedergeben. Bei einer Fortschreibung der Darstellung für die Beteiligten der Geschäftsführung der Gebrüder Thiel Seebach GmbH ergibt sich folgendes Bild:

Die Bezüge von Reinhold Thiel[941] und Otto Eichel könnten entsprechend der anfangs zitierten Aussage Thiels ein weiteres Geschäftsführergrundgehalt im

---

940 AHB, Bilanz und GB 1938; GB und Bilanz 1938 u. AKH, Dienstvertrag, 2. Nachtrag.

941 Reinhold Thiel gab im Rahmen seines Entnazifizierungsverfahrens an, in den Jahren 1931 bis 1944 über ein geschätztes durchschnittliches Jahreseinkommen von 200.000 RM aus Gehalt, Dividenden u. weiteren Kapitalerträgen sowie Aufsichtsratsvergütungen verschiedener Gesellschaften verfügt zu haben. Konkrete Angaben konnte er aufgrund fehlender Unterlagen nicht machen. Vgl. LaNRW, ARl, NW 1000 EÜ/6997, S. 007. Dennoch dürfte der aufgerufene Wert eher deutlich zu niedrig bemessen sein, was sich allein mit den persönlichen Beteiligungsquoten an den verschie-

Werte von 20.000 RM bis 30.000 RM sowie eventuelle weitere Tantiemenzahlungen umfasst haben.[942] Da die Ausschüttungen der Gebrüder Thiel Seebach GmbH bereits einmal in der Tantiemenberechnung für Thiel und Eichel berücksichtigt wurden, wäre der Wegfall einer nochmaligen gesonderten Tantiemenzahlung denkbar. Für Liebergeld ergab sich unter Zugrundelegung der genannten vertraglichen Regelungen für 1938 ein Fixgehalt von 14.400 RM. Hinzu kamen Tantiemen i. H. v. 50.150 RM. Das entsprach 6,6 % der bereits für die Personen Thiel und Eichel dargelegten Bemessungsgrundlage von 760.000 RM. Damit kam Liebergeld auf einen Gesamtbetrag von 64.550 RM.[943] Ab April 1939 stieg sein Grundgehalt wie angegeben auf 21.000 RM an.

Die Zahlen zu den Bezügen von Hugo Brinkmann wären aufgrund seiner erst Ende 1939 erfolgten Bestellung zum stellvertretenden Geschäftsführer für spätere Zeitabschnitte zu berücksichtigen. Hierbei ist von Bezügen auf dem Niveau der weiteren stellvertretenden Geschäftsführer bei Gebrüder Thiel auszugehen.

In der Summe kann die Gestaltung der Vergütungsstrukturen auf Ebene der Geschäftsführung als ein weiteres Instrument verdeckter Gewinnausschüttung zumeist zugunsten von Gesellschaftern oder diesen nahe stehenden Personen gesehen werden. Inwieweit sich diese Einschätzung auf der Ebene der Aufsichtsräte bestätigt, wird das folgende Kapitel aufzeigen.

---

denen Familienunternehmen u. den daraus resultierenden Dividendenzahlungen in Ergänzung zu seiner Geschäftsführervergütung begründen lässt.

942 In der Gründungsphase der „Seebacher"-Gesellschaft orientierte sich das Gehalt der dortigen Geschäftsführer an dem Gehalt eines Betriebsleiters der Gebr. Thiel GmbH. Vgl. ThHStAW, Gebr. Thiel GmbH Ruhla, Nr. 77, Bl. 67 r.

943 Paul Liebergeld gab im Rahmen seines Entnazifizierungsverfahrens an, im Jahr 1938 ein Einkommen aus beruflicher Tätigkeit sowie Kapitalvermögen von 44.128 RM (brutto) bezogen zu haben. Auch dieser Wert scheint vor dem Hintergrund der vorliegenden Dokumente als zu niedrig bemessen. Selbst bei Berücksichtigung des Zuflussprinzips, wonach im Jahr 1938 die Tantiemenzahlung auf Basis der Dividendenzahlung des Jahres 1937 zur Auszahlung gelangte, würde allein der Betrag aus beruflicher Tätigkeit bei 57.960 RM (Tantiemen für 1937 43.560 RM u. Gehalt für 1938 14.400 RM) gelegen haben. Für die weiteren Jahre bis 1944 lag sein angegebenes Einkommen zwischen ca. 55.000 RM u. ca. 62.000 RM. Vgl. AKH, Fragebogen Military Government of Germany.

3.2. Der Aufsichtsrat

In Anlehnung an das Vorgehen im vorangegangenen Kapitel erfolgt an dieser Stelle die Betrachtung der Aufsichtsgremien für die in Ruhla ansässigen Thiel-Gesellschaften. Tabelle 32, S. 195, zeigt diese Strukturen mit Namen und ermöglicht deren persönliche sowie zeitliche Einordnung. In der Tabelle findet einheitlich der Begriff Aufsichtsrat Verwendung, wenngleich die Begrifflichkeit einem Wandel unterlag, wie sich im weiteren Verlauf zeigt.

Im Gesellschaftsvertrag der Gebrüder Thiel GmbH von 1901 wurde der Aufsichtsrat neben der Geschäftsführung und der Gesellschafterversammlung als eines der drei Gesellschaftsorgane verankert. Anfänglich gehörte dem Aufsichtsrat neben den an der Gesellschaft beteiligten Brüdern des Gründers Christian Thiel auch dessen Schwiegersohn Hugo Brinkmann an. Krankheitsbedingt wurde für Ernst Eduard Thiel sofort eine Vertretung geregelt. Diese übernahm sein Schwiegersohn Moritz Ackenhausen. Mit drei Personen war die Mindestmitgliederzahl erreicht, eine Erhöhung war durch Beschluss der Gesellschafterversammlung möglich. Zunächst waren die am Unternehmen beteiligten Familienstämme gleichberechtigt vertreten. Die Vergütung des Aufsichtsrats betrug anfänglich 2 % vom Reingewinn und verteilte sich solange die Erstbesetzung Bestand hatte mit 20 % auf Hugo Brinkmann und jeweils 40 % auf die Brüder Christian Reinhold und Ernst Eduard Thiel bzw. dessen Vertreter. Mit dem Tod von Ernst Eduard Thiel im Jahr 1902 trat zunächst keine Veränderung in der Zusammensetzung ein.[944] Im Oktober 1903 wurden dann mit Bruno Dreiss und Franz Deußing zwei neue Vertreter in den Aufsichtsrat gewählt, welcher nun auf fünf Mitglieder angewachsen war. Die Wahl von Bruno Dreiss in den Aufsichtsrat der Gebrüder Thiel GmbH stellte eine Besonderheit dar. Er war die einzige Person in der Geschichte des Kontrollgremiums bis 1945, für die bislang keine unmittelbare Verbindung zur Familie Thiel nachgewiesen werden konnte.[945] Nach dem Tod von Christian Reinhold Thiel kam Max Reinhardt hinzu, die weiteren Mitglieder wurden in den verschiedenen Jahren jeweils bestätigt.[946] Die Besetzung blieb bis 1912 bestehen. Zu dieser Zeit zeigten die gesellschaftsinternen Spannungen[947] ihre Auswirkungen auch in den Strukturen des Aufsichtsrates. Dieser erfuhr im Rahmen der Neukonstituierung eine Erweiterung auf sieben Mitglieder.

944 AHB, Gesellschaftsvertrag Ruhla 1901.

945 Für Bruno Dreiss (28.03.1842–19.06.1920) wäre eine bislang nicht belegbare Verbindung zur Familie Deußing denkbar. Die Mutter des Aufsichtsratsmitgliedes Franz Deußing, Friederika Charlotte Elmire Edelwine Deußing (27.03.1824–25.09.1901) war eine geborene Dreiss. Vater von Bruno Dreiss war Gustav Robert Dreiss. Vgl. EKR, S. v. 05.11.2013.

946 ThHStAW, Gebr. Thiel GmbH Ruhla, Nr. 186, Bl. 48 r–55 r.

947 Angespannte wirtschaftliche Lage u. Streitigkeiten um die Besetzung der Geschäftsführung.

Tabelle 32: Aufsichtsräte der Thiel-Gesellschaften bis 1945

Name/ Lebensdaten	Mitglied im Aufsichtsrat bzw. Bevollmächtigter der		
	Gebrüder Thiel GmbH	Gebrüder Thiel Seebach GmbH	Gerätebau GmbH
Christian Reinhold Thiel (42) (16.02.1848–12.04.1906)	1901–1906	—	—
Ernst Eduard Thiel (74) (04.12.1852–04.02.1902)	1901–1902	—	—
Hugo Brinkmann (35) (11.08.1867–18.06.1948)	1901–1945	1922–1945	1938–1945
Moritz Ackenhausen (---) (24.07.1872–01.11.1960)	1901–1922 1925 (1928)–1945	1925 (1928)–1945	—
Max Reinhardt (57) (29.10.1877–08.01.1943)	1906–1932	1922–1932	—
Bruno Dreiss (---) (28.03.1842–19.06.1920)	1903–1920	—	—
Franz Deußing (---) (01.04.1854–27.01.1921)	1903–1921	—	—
Karl Daut (70) (13.05.1872–15.10.1950)	1912–1931 (1934)	1922–1931 (1934)	—
Reinhold Thiel (88) (23.02.1882–24.03.1979)	1912–1912	—	—
Rudolf Ackenhausen (106) (13.09.1874–31.12.1958)	1913–1917–(1919)	—	—
Ernst Thiel (44) (04.06.1874–21.07.1942)	1933–1942	1933–1942	—
Walter Bardenheuer (109) (02.09.1880–11.05.1924)	1920–1924	—	—
Rudolf Deußing (76) (28.01.1902–28.07.1987)	1933–1945	1933–1945	1938–1945
Arthur Metzke (9) (26.10.1890–26.10.1972)	—	—	1938–1945
Hans Ackenhausen (107) (25.11.1909–09.05.1982)	—	—	1938–1945
Constantin Rößler (97) (05.09.1912–27.04.1983)	1943–1945	1943–1945	—
Ernst Siegmann (---)	—	—	1938–1945
Godomar Schubert (---)	—	—	1938–1945
Karl Birkmeyer (---)	—	—	1938–1945

M. Ackenhausen: Auslöser für den Rückzug ab Oktober 1922 waren verm. die Errichtung des neuen Verwaltungsgebäudes. Der Vorstand hatte den Baubeginn ohne Rücksprache mit den Bevollmächtigten veranlasst. Ackenhausen fühlte sich übergangen u. betrachtete seine Funktion als Bevollmächtigter als illusorisch. Der Vorstand hatte jedoch am 23.04.1922 eine Genehmigung des Baues, mit der Zusage, den Beginn selbst zu bestimmen, erhalten. Das Amt übernahm er verm. wieder ab 1925 (Wahl 10.05.1925). Belege auch für die Gebr. Thiel Seebach GmbH, finden sich ab 1928.
B. Dreiss: Der Nachfolger Bardenheuer erhielt die halbe Vergütung für 1920.
K. Daut: Wiederwahl am 09.05.1931 für drei Jahre. Er war nicht anwesend, fraglich ob er die Wahl angenommen hat. Am 21.05.1933 R. Deußing u. E. Thiel als weitere Bevollmächtigte gewählt. Daut dürfte daher spätestens nach Ablauf seiner Amtszeit ausgeschieden sein.
E. Siegmann: Siegmann, Schubert u. Birkmeyer für „Montan" ab 1938 im AR der Gerätebau GmbH. Keine Hinweise auf eine Änderung nach der Gesellschafterversammlung am 24.05.1944. Birkmeyer zugleich Stellvertretender Geschäftsführer „Montan" von 1938 bis 1945.

Quelle: eigene Darst., basierend auf im Verzeichnis benannten Quellen.

Der Schritt zur Erweiterung auf sieben Personen war auf das Drängen und das Streben nach Einflussnahme der beiden hinzukommenden Mitglieder Reinhold Thiel und Karl Daut zurückzuführen. Diese wurden dabei durch Rudolf und Moritz Ackenhausen unterstützt.[948] Im Vorfeld der Erweiterung, während des Aufbegehrens und der Auseinandersetzung einiger Gesellschafter mit dem Geschäftsführer Carl Gunkel, hatte der bisherige Vorsitzende Hugo Brinkmann seine Position, die er seit 1904 begleitet hatte,[949] zur Verfügung gestellt. Im Rahmen der am 14.04.1912 erfolgten Wahl des Vorsitzenden und eines Stellvertreters wurde Brinkmann als bisheriger Vorsitzender „dringend gebeten, die Wahl zum Vorsitzenden anzunehmen".[950] „Er erklärt[e] schließlich, das Amt bis zur eventl. Neukonstituierung des Aufsichtsrates annehmen zu wollen."[951] Franz Deußing wurde in diesem Zusammenhang zum Stellvertreter gewählt und nahm die Wahl an. Die Verhältnisse erfuhren im Sommer 1912 eine Neuordnung. Den Vorsitz des neu gebildeten Aufsichtsrates hatte ab Herbst 1912 Franz Deußing.[952] Er blieb bis ins Jahr 1915 Vorsitzender, bevor Brinkmann[953] ihn ab 1916 ablöste. Dieser behielt sein Amt nach der erneuten Übernahme bis 1945.[954]

Der Anfang 1913 vollzogene Wechsel von Reinhold Thiel in die Geschäftsführung ebnete Rudolf Ackenhausen den Weg in den Aufsichtsrat.[955] Diese Abläufe verdeutlichen die zuvor aufgebauten Spannungen zwischen den Gesellschaftern. Carl Gunkel wies unter Zitierung des Gesellschaftsvertrages darauf hin, dass die beantragte schriftliche Abstimmung über die Wahl eines Aufsichtsratsmitgliedes nicht vorgesehen war, sondern im Rahmen der Gesellschafterversammlung zu erfolgen habe. Damit zwang er die Geschäftsführung und somit seinen Widersacher Reinhold Thiel, einen entsprechenden Antrag zurückzuziehen. Die Wahl wurde auf die folgende Versammlung der Gesellschafter vertagt. Der Aufsichtsrat blieb nach dem vorübergehenden Eintritt von Rudolf Acken-

948 ThHStAW, Gebr. Thiel GmbH Ruhla, Nr. 186, Bl. 24 r f.

949 Ebd., Nr. 113, Bl. 42 r.

950 AJG, Protokoll v. 14.04.1912.

951 Ebd.

952 AJG, Mitteilungen der Gebrüder Thiel GmbH vom 14.10.1912.

953 Brinkmann stand zudem den Aufsichtsgremien der Gebr. Thiel Seebach GmbH u. der Gerätebau GmbH von deren jeweiliger Gründung bis zum Zusammenbruch 1945 vor. Vgl. u. a. ThHStAW, Gebr. Thiel GmbH Ruhla, Nr. 435, Bl. 7 r; Gerätebau GmbH, Nr. 450, Bd. 1, Bl. 493 r u. AHB, GB Gerätebau 1943.

954 AJG, S. v. 17.04.1912 Gunkel-Franz Thiel; Protokoll v. 14.04.1912 u. ThHStAW, Gebr. Thiel GmbH Ruhla, Nr. 106, Bl. 215 r ff; Nr. 107, Bl. 61 r ff; 210 r ff u. 308 r ff u. Nr. 108, Bl. 246 r ff.

955 ThHStAW, Gebr. Thiel GmbH Ruhla, Nr. 186, Bl. 18 r f.

hausen[956] in seiner Zusammensetzung für die letzten Jahre des Kaiserreiches bestehen.[957]

Die veränderten politischen Verhältnisse hatten nach dem Ende des Ersten Weltkrieges schnell Auswirkungen auf das Kontrollgremium der Gebrüder Thiel GmbH. Die Bezeichnung Aufsichtsrat wurde im geänderten Gesellschaftsvertrag vom Dezember 1920 durch Gesellschafterversammlung ersetzt. Deren gewählter Vorsitzender führte die Bezeichnung Vorsitzender der Gesellschafterversammlung, analog galt das für den gewählten Stellvertreter.[958] Die formale Abschaffung des bisherigen Aufsichtsrates sollte der Sorge Rechnung tragen, dass aufgrund des Betriebsrätegesetzes Arbeitervertreter in dieses Gremium gelangen könnten.[959] Der Gesellschaft war nicht daran gelegen, dass Einblicke in die tatsächlichen wirtschaftlichen Verhältnisse möglich würden. Das hätte unter Umständen höhere Lohnforderungen zur Konsequenz gehabt.[960]

Etwas anders verhielt es sich mit der Entwicklung der Vergütung des Aufsichtsrates bzw. der später in gleicher Funktion tätigen Bevollmächtigten der Gesellschafterversammlung (vgl. Tabelle 85, S. 348). Bereits während des rüstungsbedingten starken Anstiegs des Geschäftsumfangs waren die Zahlungen deutlich angestiegen. Dem Vorsitzenden wurde zudem für die entstandene Mehrarbeit ab 1915 ein jährlicher Zuschlag von 1.000 M gewährt.[961] Die fortan praktizierte Privilegierung des jeweiligen Vorsitzenden gegenüber den weiteren Mitgliedern erfuhr in der Folgezeit satzungsmäßige Verankerung und wurde mit Mindestauszahlbeträgen unterlegt.[962] Im Dezember 1920 verschwand mit den sonstigen Änderungen des Gesellschaftsvertrages auch die vormalige Transparenz hinsichtlich der Vergütung des Kontrollorgans. Die Zahlungen entfielen

956 Als Prokurist ab 1917 ruhte sein AR-Mandat. Vgl. ThHStAW, Gebr. Thiel GmbH Ruhla, Nr. 111, Bl. 184 r ff. u. AG Jena, HRB 15.

957 AJG, Mitteilungen der Gebrüder Thiel GmbH v. Januar 1913; S. v. 18.02.1913 Ruhla-Gesellschafter; ThHStAW, Gebr. Thiel GmbH Ruhla, Nr. 107, Bl. 61 r ff; 210 r ff u. 308 r ff u. Nr. 108, Bl. 44 r ff; 134 r ff u. 246 r ff.

958 AHB Gesellschaftsvertrag Ruhla 1920.

959 Die Diskussionen über eine eventuelle Umwandlung der Gesellschaft als weitere Vermeidungsstrategie kamen zu dieser Zeit wieder in Gang. Vgl. ThHStAW, Gebr. Thiel GmbH Ruhla, Nr. 112, Bl. 156 r u. 138 r.

960 ThHStAW, Gebr. Thiel GmbH Ruhla, Nr. 112, Bl. 155 r.

961 Ebd., Nr. 107, Bl. 61 r–67 r u.145 r.

962 Der Vorsitzende konnte 2 % des nach einer 5-prozentigen Verzinsung des Stammkapitals verbleibenden Reingewinns, mindestens jedoch 2.000 M beanspruchen. Die weiteren Mitglieder 1 % mindestens 1.000 M. Die anfallenden Steuern waren durch das Unternehmen zu tragen. Weitere Sondervergütungen für außergewöhnliche Tätigkeiten waren möglich. Darüber hinaus wurden Tagegelder gezahlt u. Reisekosten (Bahnfahrt 2. Klasse mit der An- u. Abfahrt zum Bahnhof) sowie weitere Auslagen erstattet. Vgl. AHB, Gesellschaftsvertrag Ruhla vor Dez. 1920, § 22.

jedoch nicht.[963] Nach Überwindung der Hyperinflation wurden die „Gebühren der Bevollmächtigten" am 01.06.1924, zunächst auf Goldmark (GM)[964] lautend, mit 1.500 GM bzw. 3.000 GM für den Vorsitzenden neu beschlossen.[965] Zahlungen entsprechender Reichsmarkbeträge bis 1937 sind anzunehmen. Das findet in den Regelungen des dann neu gefassten Gesellschaftsvertrages Bestätigung. Ausgehend von den erkennbaren Parallelstrukturen der Gebrüder Thiel GmbH und der Gebrüder Thiel Seebach GmbH dürften sich die Vergütungsstrukturen der Tochtergesellschaft bei zunächst noch geringeren Sätzen an denjenigen der Muttergesellschaft orientiert haben. Für die Bevollmächtigten der Gebrüder Thiel Seebach GmbH wurden erstmalig auf der Gesellschafterversammlung vom 23.04.1927 derartige Zahlungen i. H. v. 1.000 RM bzw. 2.000 RM pro Jahr beschlossen.[966] Nachdem bereits 1932 die Gesellschaftsverträge beider Gesellschaften im Hinblick auf gleichlautende Formulierungen angepasst wurden,[967] fand ab 1937 der Begriff Aufsichtsrat wieder einheitliche Verwendung. Die Wahlen wurden am 08.05.1937 durchgeführt,[968] bewirkten in den Strukturen aber keine personellen Verschiebungen. Der neue Aufsichtsrat jeder Gesellschaft musste aus mindestens drei Personen bestehen. Eine Wiederwahl der bisherigen Vertreter war zulässig. Für die beiden Hauptgesellschaften hatte sich die Mitgliederzahl seit Mitte der 1920er Jahren auf zumeist vier Personen eingepegelt. Personelle Übereinstimmungen waren die Regel.[969] Die Amtsdauer betrug nunmehr vier Jahre,[970] wobei die Vergütungssätze vereinheitlicht und auf 1.500 RM je Mitglied und Jahr bzw. 3.000 RM für den Vorsitzenden festgelegt wurden.[971]

Es war naheliegend, dass für die Ende 1937 gegründete Gerätebau GmbH das bewährte Muster übernommen wurde. Einzig bezüglich der Mitgliederzahl

963 In Vorbereitung der Gesellschafterversammlung am 20.12.1922 unterbreitete die Geschäftsführung den Vorschlag die Gebühren der Bevollmächtigten entsprechend der Geldentwertung anzuheben. Vgl. ThHStAW, Gebr. Thiel GmbH Ruhla, Nr. 113, Bl. 31 r.

964 Eine Goldmark entsprach 10,42 US-Dollar.

965 ThHStAW, Gebr. Thiel GmbH Ruhla, Nr. 77, Bl. 123 v.

966 Ebd., Bl. 90 r ff.

967 AHB, S. v. 09.04.1932 Seebach-Gesellschafter.

968 AHB, S. v. 23.04.1937 Seebach-Deußing.

969 Änderungen wurden ab den 1920er Jahren zumeist durch Todesfälle veranlasst. Ausnahmen bildeten der Rückzug von K. Daut u. M. Reinhardt in der Zeit der Weltwirtschaftskrise. Insgesamt waren die Strukturen von Kontinuität geprägt, wie sie sich in der ununterbrochenen Mitgliedschaft von Hugo Brinkmann u. mit kurzer Unterbrechung für Moritz Ackenhausen in beiden Gesellschaften von der Gründung bis zum Zusammenbruch zeigte.

970 Die Wahl der Bevollmächtigten erfolgte zuvor auf drei Jahre. Vgl. AHB, Gesellschaftsvertrag Ruhla 1931 u. Seebach 1931.

971 AHB, Gesellschaftsvertrag Ruhla 1937, § 11 u. Gesellschaftsvertrag Seebach 1941, § 11 i. V. m. S. v. 16.06.1937 Seebach-Gesellschafter.

erfuhr der Aufsichtsrat im Vergleich zu den beiden bislang bestehenden Gesellschaften eine Ausweitung auf sieben Personen. Die Mindestgröße lag bei fünf Mitgliedern. Das war der Forderung nach Mitbestimmung durch die Auftraggeber und Eigentümer der Produktionsanlagen geschuldet.[972] Bei den vier entsandten Thiel-Vertretern wurde mit Ausnahme Hugo Brinkmanns ein vollzogener Generationenwechsel deutlich. Insoweit waren sowohl in der Geschäftsführung der Thiel-Unternehmen als auch in deren Aufsichtsräten die personellen Voraussetzungen für eine Fortführung des Familienkonzerns geschaffen. Eine gleichmäßige Beteiligung von Vertretern aus allen drei Familienstämmen, wie sie lange betont und praktiziert wurde, war indes nicht mehr gegeben. Mit dem Tod Ernst Thiels 1942 war der Zweig nach Christian Reinhold Thiel in allen drei Kontrollorganen nicht mehr vertreten. In den beiden Hauptgesellschaften[973] waren die Familien nach Christian Emilius Thiel durch Hugo Brinkmann und Rudolf Deußing vertreten, jene nach Ernst Eduard Thiel durch Moritz Ackenhausen und Constantin Rößler. Diese Parität war ein Spiegelbild der zwischenzeitlich eingetretenen Eigentumsverhältnisse[974] am Gesellschaftskapital (vgl. Abschnitt III, Kap. 2.).

---

972 ThHStAW, Gerätebau GmbH, Nr. 462, Bl. 229 r–234 r.

973 Für die durch Gebr. Thiel bestimmten vier Vertreter der Gerätebau GmbH, als weiterer Gesellschaft, war die gleichmäßige Verteilung auf die beiden verbliebenen Familienstämme nicht gegeben. Brinkmann, Deußing u. Metzke gehörten zum Stamm „Christian Emilius", während Hans Ackenhausen zum Stamm „Ernst Eduard" zählte.

974 Die familienfremden Gesellschafter nach Carl Gunkel waren zu keiner Zeit in einem der Kontrollorgane vertreten. Dafür kann die nur bestehende Minderheitsbeteiligung, wie sie nunmehr auch für den Stamm „Christian Reinhold Thiel" eingetreten war, als Grund gesehen werden.

3.3. Die Arbeiter und Angestellten

3.3.1. Beschäftigte Gebrüder Thiel GmbH

An dieser Stelle wird hinsichtlich der Beschäftigten der Gebrüder Thiel GmbH an die Ausführungen zur Gebrüder Thiel OHG (vgl. Abschnitt II, Kap. 2.2.1.) angeknüpft. Wie dort deutlich wurde, beschäftigte Gebrüder Thiel Anfang 1902 etwa 1.150 Menschen. Ausgehend von der hierfür maßgeblichen Quelle[975] lag die Beschäftigtenzahl im Jahr zuvor um etwa 350 höher.[976] Solche Schwankungen blieben auch in den folgenden Jahrzehnten nicht aus. Oftmals ließen sich dafür, neben konjunkturellen und politischen Rahmenbedingungen, unternehmensinterne Ursachen finden (vgl. Abschnitt III, Kap. 1.). Im letzten Friedensjahr waren rund 1.175 Personen in den Thiel'schen Fabriken tätig.[977] Hinzu kam vermutlich eine größere Zahl in Heimarbeit Beschäftigter. [978] Während des Ersten Weltkrieges stieg die Belegschaft an. Im Oktober 1917 waren etwa 2.500 Arbeiter für Gebrüder Thiel tätig.[979] Vor dem Zusammenbruch wurde die Beschäftigtenzahl mit ca. 4.000 beziffert. Nach Kriegsende folgte ein rascher Abbau,[980] sodass Anfang 1919 noch ca. 1.500 Personen verblieben waren.[981] Diese Zahl hatte sich bis 1920 weiter verringert.[982] Wegen der politischen Verhältnisse kam es zu dieser Zeit auch in Ruhla zu erheblichen Unruhen (vgl. Abschnitt III, Kap. 3.1. [Ernst Thiel]). Mit den bei Gebrüder Thiel hergestellten Zeitzündern sowie den vorherrschenden Lohn- und Arbeitsbedingungen bot sich ausreichend Stoff, um die Geschäftsführung und mit ihr die Eigentümer anzugreifen. Die damit einhergehenden Störungen im Produktionsablauf bzw.

---

975 Dieser Hinweis ist bedeutsam, da eine einheitliche Erfassung der Beschäftigtenzahlen vielfach nicht erfolgte bzw. bei den zu findenden Zahlen nicht immer angegeben wurde, welche Personenkreise (Fabrikarbeiter, Angestellte, Heimarbeiter, etc.) darin Berücksichtigung fanden. Für die ersten drei Jahrzehnte des 20. Jhd. sind die verfügbaren Daten überdies lückenhaft. In den Angaben zu späteren Jahren differieren die verschiedenen Quellen für vergleichbare Zeiträume.

976 BvS, 620-Wirtschaftsbericht 1902.

977 ThHStAW, Gebr. Thiel GmbH Ruhla, Nr. 338, Bl. 58 r.

978 Ausgehend von den belegten Zahlen der Jahre 1902 (285) u. 1926 (221, Monatsdurchschnitt in der Taschen- u. Kinderuhrenfertigung) dürfte die Zahl der Heimarbeiter zwischen 200 u. 300 gelegen haben. Vgl. BvS, 620-Wirtschaftsbericht 1902 u. ThHStAW, Gebr. Thiel GmbH Ruhla, Nr. 308, Bl. 21 r u. 22 r.

979 AJG, S. v. 03.10.1917 Ernst Thiel-Gunkel.

980 Aus dem Unternehmen traten überwiegend die in der Zünderfertigung beschäftigten selbstständigen auswärtigen Uhrmacher sowie fremde weibliche Arbeitskräfte aus, vgl. BvS, 620-Handelsbericht 1919. „Soweit die sehr zahlreichen dienstverpflichteten Arbeiter und Arbeiterinnen nicht von sich aus schleunigst heimgekehrt waren, bereitete ihre Entlassung keine Schwierigkeiten. Wir verfuhren sehr großzügig mit Abfindungszahlungen." AET, Lebenserinnerungen Thiel 1963, S. 128.

981 BvS, 620-Handelsbericht 1919.

982 Ebd., 1920.

in der Umstellung auf die Friedensfertigung dürften in der ersten Umbruchphase nicht ohne Auswirkungen auf die Beschäftigtenzahlen geblieben sein. Trotz aller Schwierigkeiten gelang dem Unternehmen zügig der erfolgreiche Übergang in die Nachkriegszeit.[983] In der Festschrift zum 60-jährigen Firmenjubiläum 1922 zeigt sich das in den mit 1.650 Arbeitern und 200 Angestellten angegebenen Beschäftigtenzahlen.[984] Bei den insgesamt rund 1.850 Personen dürfte die Zahl der tätigen Heimarbeiter mit erfasst worden sein.[985] Diese Gruppe verschwand im weiteren Verlauf des Jahrzehnts fast vollständig aus dem Unternehmensalltag (vgl. Abbildung 12). Ein besonders deutlicher Rückgang setzte Anfang 1929, insoweit noch vor der Weltwirtschaftskrise, ein. Dennoch lässt sich auch nach diesem Abfall Heimarbeit für die Abteilung Taschenuhren bis 1940 nachweisen.[986]

Abbildung 12: Heimarbeiter nach Abteilungen 1926–1931

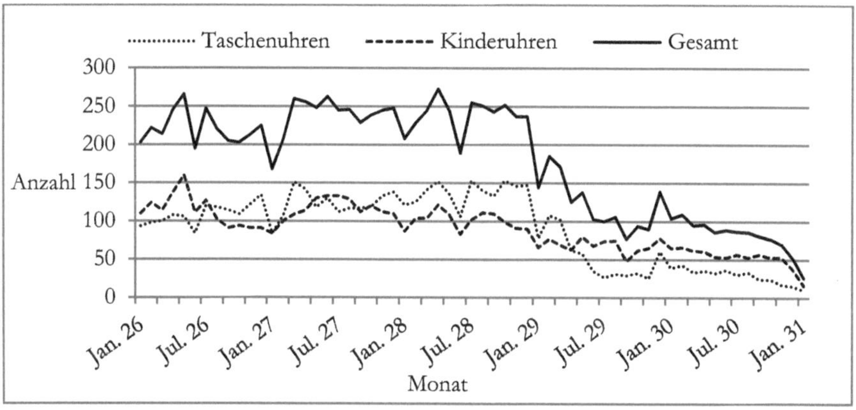

Quelle: eigene Darst., basierend auf ThHStAW, Gebr. Thiel GmbH Ruhla, Nr. 308, Bl. 4 r, 5 r, 8 r, 9 r, 12 r; 13 r, 17 r, 18 r 21 r u. 22 r.

983 AET, Lebenserinnerungen Thiel 1963, S. 126 ff.

984 60 Jahre Gebrüder Thiel, S. 45.

985 Im Vergleich der Zahlen 1913 mit 1923 werden angegeben für 1913: 924 Arbeiter (593 m, 331 w) u. 93 (kaufm.) Beamte, (91 kaufm. u. 57 techn. Beamte, Stand Juli 1914). Für 1923: 1.453 Arbeiter (853 m; 600 w) u. 148 (kaufm.) Beamte, (gesamt 263 Angestellte (Beamte), darunter 20 kaufm. Lehrlinge u. 32 Hilfskräfte, Stand Dezember 1923). Vgl. ThHStAW, Gebr. Thiel GmbH Ruhla, Nr. 338, Bl. 58 r; u. Nr. 340, Bl. 55 r, 56 r u. 193 r–197 r.

986 Die Zahl der Heimarbeiter bewegte sich überwiegend im einstelligen Bereich. Nach Ausbruch des Zweiten Weltkrieges stieg dieser Wert noch einmal kurzfristig auf über 100 Personen an. Diese neuerliche Hochphase war im Mai 1940 bereits beendet. Für den Rest des Jahres wurden in der Statistik dann monatlich nur noch ein bis zwei Heimarbeiter erfasst. Vgl. u. a. ThHStAW, Gebr. Thiel GmbH Ruhla, Nr. 304, Bl. 1 r–50 r u. Nr. 306, Bl. 1 r–48 r.

Bei einer Betrachtung der Arbeitskräfteentwicklung in den Abteilungen Taschen- und Kinderuhren über die zweite Hälfte der 1920er Jahre hinweg (vgl. Abbildung 13) fällt eine relative Stabilität bei den Beschäftigten auf. Die Auswirkungen der Weltwirtschaftskrise schlugen sich bis 1930 kaum in der Mitarbeiterzahl nieder. Erst Ende 1930 wurde dort eine rückläufige Tendenz sichtbar, die sich im Laufe des Jahres 1931 verstärkte und bis 1932 einen Rückgang der Beschäftigten um etwa 25 % gegenüber 1930 bewirkte.[987]

Abbildung 13: Arbeiter Taschen- u. Kinderuhrenfertigung 1926–1931

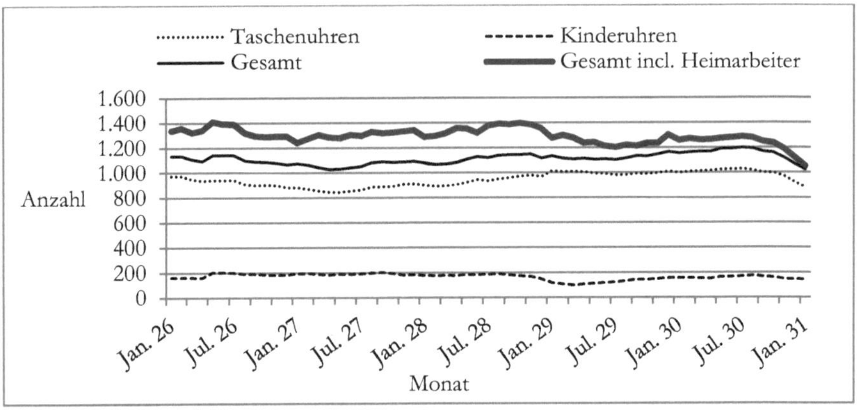

Quelle: eigene Darst., basierend auf ThHStAW, Gebr. Thiel GmbH Ruhla, Nr. 308, Bl. 4 r, 5 r, 8 r, 9 r, 12 r; 13 r, 17 r, 18 r 21 r u. 22 r.

Bevor im Jahr 1933 eine Trendumkehr in der Taschenuhrenabteilung[988] einsetzte und die Arbeiterzahl bis Ende des Jahres auf etwa 900 anstieg, blieb sie 1932 stabil[989] und lag im Dezember 1932 bei rund 760 Personen.[990] Ursache für die auch in Zeiten von Konjunkturschwankungen und Krisen recht stabilen

987 BvS, 620-Handelsbericht 1932.

988 Eine parallele Betrachtung der Kinderuhrenabteilung bietet sich zu diesem Zeitpunkt nicht mehr an. Dort wurde ob der zwischenzeitlich eingetretenen Wettbewerbssituation u. der weitestgehend durch Zollmauern verschlossenen früheren Hauptabsatzgebiete eine Umstrukturierung vorgenommen. Da aber nicht die erhofften Erfolge eintraten u. die weiteren Aussichten wenig Änderung versprachen, wurde die Abteilung Ende 1934 aufgegeben, während die Mitarbeiter weitestgehend auf die Gebr. Thiel Seebach GmbH übergingen. Vgl. ThHStAW, Gebr. Thiel GmbH Ruhla, Nr. 102, Bl. 1 v; Nr. 103, Bl. 2 v u. 3 r; Nr. 104, Bl. 2 v u. 3 r; Nr. 105, Bl. 2 v u. 3 r; Nr. 155, Bl. 2 r u. 2 v; Nr. 157, Bl. 2 v u. AET, Lebenserinnerungen Thiel 1963, S. 173.

989 BvS, 620-Handelsbericht 1933.

990 BvS, 620-Notizen zum Handelsbericht.

Beschäftigtenzahlen war die intensive Nutzung verkürzter Arbeitszeiten.[991] Davon hatte das Unternehmen bereits in weiter zurückliegender Zeit öfters Gebrauch gemacht, um die gut und oftmals selbst ausgebildeten Fachkräfte zu halten.[992] Besonders am Standort Ruhla hatte der industrielle Aufschwung frühzeitig zu einer Verknappung des Arbeitskräfteangebotes geführt. Die verschiedenen dort ansässigen Unternehmen der Metallbranche standen in Konkurrenz um geeignete Mitarbeiter.[993] Insoweit hätte bei einer vorschnellen Entlassung die Gefahr bestanden, dass diese zu anderen Unternehmen am Ort wechseln und damit später nicht mehr verfügbar gewesen wären. Diese Einschätzung lässt sich anhand des Entwicklungsverlaufes der Angestelltenzahlen belegen (vgl. Abbildung 14, S. 204). Dort kam möglicherweise in noch viel stärkerem Maße die Sorge hinzu, dass mit ihnen auch umfangreiche Firmeninterna zur Konkurrenz übergehen und damit die Wettbewerbssituation verschärfen könn-

---

991 In der Taschenuhrenabteilung lag die Schwankungsbreite der monatlich geleisteten Betriebsstunden für den Zeitraum 1926 bis 1931 zwischen ca. 37.000 (Juni 1931) u. ca. 95.000 (Oktober 1928). In der Kinderuhrenabteilung fanden sich von Januar 1926 bis Januar 1931 monatliche Werte zwischen 6.000 (Januar 1929) u. 22.000 (April 1928). Da hier 1929 die Verlagerung der Abteilung nach Waltershausen erfolgte, sind die Werte für 1929 eventuell nur bedingt aussagekräftig. Insoweit kann aber als untere Grenze der Wert 9.000 (Januar 1931) angegeben werden. Vgl. ThHStAW, Gebr. Thiel GmbH Ruhla, Nr. 102, Bl. 1 v u. Nr. 308, Bl. 4 r–24 r.

992 „Nachdem schon seit Jahr und Tag unser Verkauf in Taschenuhren in einigen unserer bedeutendsten ausländischen Absatzgebiete immer mehr nachliess und infolgedessen unsere Lager-Bestände ganz bedeutend zugenommen hatten, sahen wir uns im Mai (…) [1903] gezwungen, die Arbeitszeit unserer Uhren-Monteure auf 4 Tage in der Woche zu reduzieren. Wir schritten damals absichtlich nicht zu Arbeiter-Entlassungen, weil wir uns die im Laufe der Jahre mit grossem Aufwand und Mühe und Kosten herangebildeten Leute für bessere Zeiten erhalten wollten.“ BvS, 608-Streik 1903. Um Entlassungen zu vermeiden, fand auch 1921 eine Verkürzung der Arbeitszeit auf drei Tage pro Woche statt. Während der Weltwirtschaftskrise waren dann solche Verkürzungen über die Abteilungen hinweg auf teilweise bis zu 2 Tage zu finden. Auch für die bislang nicht näher betrachtete Maschinenfabrik konnten Auftragsschwankungen so ausgeglichen werden u. die Belegschaft, abgesehen von einer nach der Hochphase 1929 bereits 1930 vorgenommenen Reduzierung über die kritische Zeit hinweg, relativ konstant gehalten werden. Vgl. BvS, 620-Handelsbericht 1921; 1931 M; 1932 M u. 1933 M.

993 „Viele Artikel konnten einst hier Aufnahme finden, weil Arbeitskräfte genügend vorhanden waren um die Industrie leistungsfähig zu machen. Hierin ist aber insofern ein Wandel eingetreten, als besonders die Nachfrage nach jüngeren männlichen und weiblichen Arbeitskräften das Angebot meist übersteigt, und dies hat zu Löhnen geführt, die manches der hiesigen Fabrikate nicht mehr verträgt. So erfreulich der Umstand gestiegener Löhne im Interesse der Arbeiterschaft, wie überhaupt in allgemeiner wirtschaftlicher Beziehung, an sich ist, so hemmt er doch die Konkurrenzfähigkeit und weitere Ausdehnungsmöglichkeit mancher Zweige der hiesigen Industrie bedenklich.“ BvS, 620-Handelsbericht 1904.

ten. Diese Erfahrung hatte Gebrüder Thiel im Verlauf der eigenen Geschichte bereits mehrfach machen müssen (vgl. Abschnitt II, Kap. 2.2.1.).

Abbildung 14: Angestelltenzahlen Gebr. Thiel GmbH 1920–1944

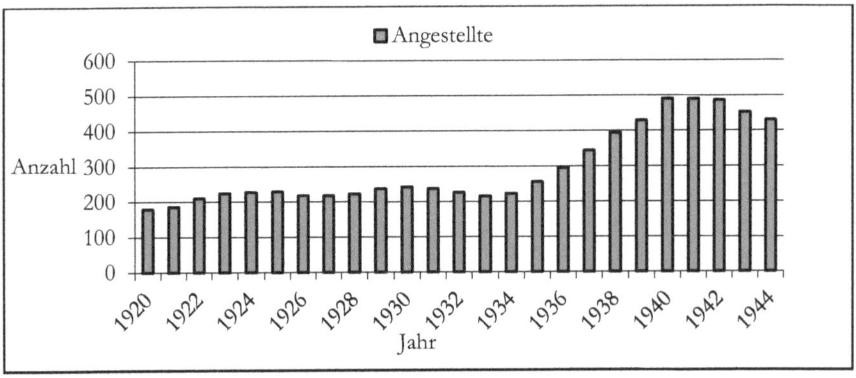

Quelle: eigene Darst., basierend auf Tabelle 86, S. 350.

Der Personalanstieg nach der Machtübernahme der Nationalsozialisten zeigte sich ebenso im Bereich der Maschinenfabrik (vgl. Abbildung 15). Jedoch lässt das Niveau der dortigen Steigerung – im Vergleich mit der Entwicklung der Gesamtbeschäftigtenzahl (vgl. Abbildung 16, S. 205) – einen noch stärkeren Zuwachs in den weiteren Unternehmensbereichen erkennen.

Abbildung 15: Beschäftigte Maschinenfabrik Gebr. Thiel 1926–1945

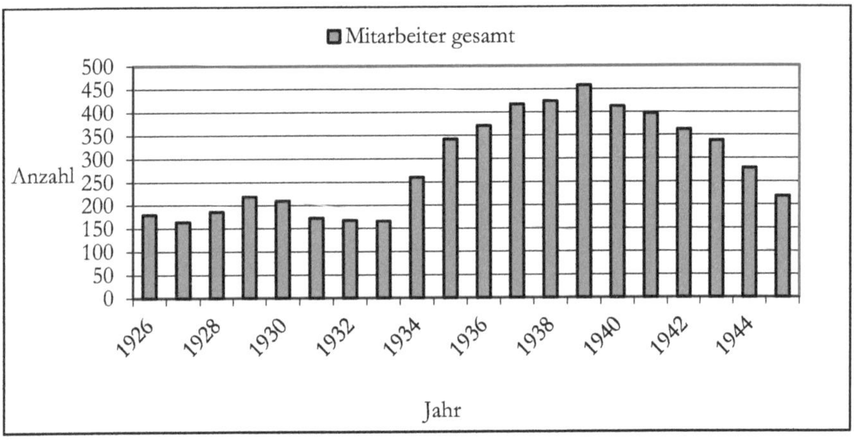

Quelle: eigene Darst., basierend auf Tabelle 90, S. 353.

Abbildung 16: Beschäftigte Gebr. Thiel GmbH 1926–1945

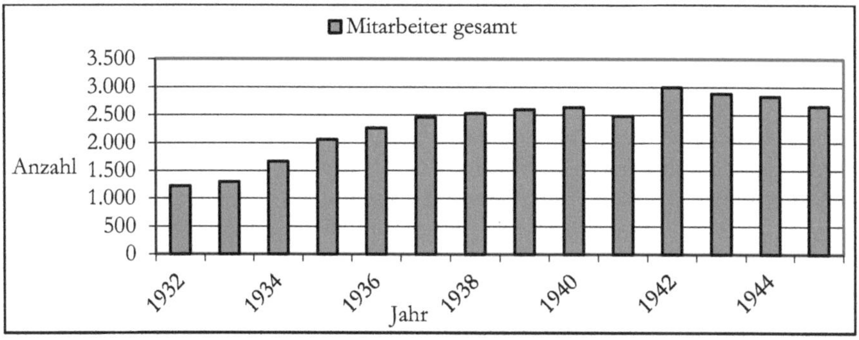

Quelle: eigene Darst., basierend auf Tabelle 87, S. 351.

Der Ausbruch des Zweiten Weltkrieges führte dazu, dass bei Gebrüder Thiel zunächst etwa 5 % der männlichen Arbeitskräfte einberufen wurden. Ein Ersatz konnte durch überwiegend dienstverpflichtete Frauen aus dem gesamten Reichsgebiet geschaffen werden. Für die Maschinenfabrik gelang es anfänglich, zuvor dort beschäftigte Facharbeiter auf Antrag hin in wesentlichen Teilen zurück zu holen.[994] Da das Fertigungsprogramm Maschinen umfasste, für die entsprechender Bedarf bestand und die als sogenannte „Engpaß–Maschinen"[995] eingestuft worden waren, ergaben sich hinsichtlich des Mitarbeitereinsatzes auch in den folgenden Jahren Privilegien.[996] Schwierigkeiten für das Unternehmen generell erwuchsen aus dem Umstand, dass Dienstverpflichtete häufig in unkalkulierbarer Weise ausschieden.[997] Die Probleme bei der Beschaffung deutscher Ersatzarbeitskräfte wurden ab 1941 letztlich mit dem Einsatz ausländischer Mitarbeiter kompensiert.[998] Deren Zusammensetzung und Anzahl schwankte im Zeitverlauf, sie wurden jedoch für die weitere Dauer des Krieges fester Perso-

994 BvS, 620-Wirtschaftsbericht 1940.

995 Ebd., 1941.

996 Ebd.

997 „Mangels freier Arbeitskräfte machte sich im Jahre 1941 immer mehr der Einsatz von dienstverpflichteten Arbeitskräften notwendig. Die Tatsache, dass die Arbeitskräfte aus den verschiedensten Gegenden des Grossdeutschen Reiches gestellt werden mussten, hatte naturgemäss besondere Schwierigkeiten in der Gewöhnung der Dienstverpflichteten an unsere Lebens- und Arbeitsverhältnisse zur Folge. Gegen Ende des Jahres war besonders bei den dienstverpflichteten Mädchen aus der Karlsruher Gegend das Bestreben festzustellen, sich durch spontanes Heimreisen von der Dienstverpflichtung zu entziehen. Nachdem deutsche Arbeitskräfte so gut wie nicht mehr zur Verfügung stehen, musste zum Einsatz ausländischer (kroatischer) Arbeitskräfte in grösserem Umfange geschritten werden." BvS, 620-Wirtschaftsbericht 1942, (Zuarbeit kaufm. Sekretariat).

998 BvS, 620-Wirtschaftsbericht 1941.

nalbestandteil.[999] Spätestens ab Februar 1941 waren erste ausländische Mitarbeiter,[1000] in diesem Fall Kriegsgefangene, in der Maschinenfabrik tätig.[1001] In der Statistik zu dieser Abteilung wurden von September 1941 bis November 1944 zwischen 15 und 80 ausländische Arbeiter bzw. Kriegsgefangene erfasst.[1002] Für die Gebrüder Thiel GmbH als Ganzes dürfte diese Zahl deutlich höher gelegen haben.[1003] Die Beschäftigung von ausländischen Mitarbeitern erfolgte in allen drei Thiel-Gesellschaften. Als maßgeblicher Auslöser für deren Einsatz über die Gesellschaften hinweg, lassen sich die Ereignisse im Zusammenhang mit der „Umsteuerung der Rüstung“[1004] 1940 sehen. In Anbetracht der erkennbaren Parallelen wird diese Problematik im Rahmen der Beschäftigten der Gerätebau GmbH erneut aufgegriffen (vgl. Abschnitt III, Kap. 3.3.3.).

Dass sich rüstungspolitische Entscheidungen auf den Uhrenproduzenten überhaupt derart auswirken konnten, lag in der mit Kriegsbeginn erfolgten und danach stetig zunehmenden Einschränkung der Uhrenfertigung begründet. Mitarbeiter von dort wurden sukzessive für die Fertigung von Kriegsgerät eingesetzt. In diesem Bereich bildete die Gebrüder Thiel GmbH mit ihrer Tochtergesellschaft Gebrüder Thiel Seebach GmbH eine Betriebseinheit. In der Uhrenfertigung verblieben 1940 noch etwa 160 Personen mit weiter abnehmender Tendenz. Angesichts vorheriger Größenordnungen (vgl. Abbildung 13, S. 202) ist dieser Wert schon fast zu vernachlässigen. Nachdem die Kinderuhrenfertigung bereits vor dem Krieg aufgegeben worden war, blieben nur die Mitarbeiter der Maschinenfabrik auf dem ursprünglichen Geschäftsfeld tätig.[1005]

Ähnlich wie die Beschäftigung selbst, hatten sich die Standorte, an denen die Mitarbeiter eingesetzt wurden, in vier Jahrzehnten deutlich gewandelt. Ruhla als Unternehmenssitz war der Ort, welcher über die Jahre hinweg Bestand hatte. Die um die Jahrhundertwende entstandene Filiale in Seebach[1006] wurde im Zusammenhang mit der 1922 erfolgten Gründung der Gebrüder Thiel Seebach

999 Insbesondere Kroaten, Franzosen (Kriegsgefangene u. Zivilisten), Ukrainer, Italiener (Militärinternierte) u. Belgier (Kriegsgefangene). Vgl. BvS, 620-Wirtschaftsbericht 1942; 1943 u. 1944 u. ThHStAW, Gerätebau GmbH, Nr. 453, Bl. 195 r.

1000 1942 kommen weiter kriegsgefangene Franzosen, darüber hinaus Ukrainerinnen u. Ende des Jahres 30 französische Zivilisten hinzu. „Während die Kriegsgefangenen und die Ostarbeiterinnen nicht als Fachkräfte zugewiesen wurden, bezeichnete das Arbeitsamt die französischen Zivilarbeiter als Facharbeiter der Metallbranche. Diese Angabe hat sich indessen nur in Einzelfällen als stichhaltig erwiesen“. BvS, 620-Wirtschaftsbericht 1943, (Zuarbeit kaufm. Sekretariat).

1001 BvS, 620-Wirtschaftsbericht 1941.

1002 ThHStAW, Gerätebau GmbH, Nr. 453, Bl. 519 r–549 r.

1003 Annahme aufgrund der Ausführungen in: BvS, 620-Wirtschaftsbericht 1942, (Zuarbeit kaufm. Sekretariat).

1004 ThHStAW, Gebr. Thiel GmbH Ruhla, Nr. 482, Bl. 55 r.

1005 Ebd., Nr. 155, Bl. 2 r f; Nr. 482, Bl. 55 r u. Nr. 562, Bl. 46 r.

1006 Für Zwecke der Uhren- u. Kinderuhrenfertigung waren dort 1913 knapp 50 Personen beschäftigt. Vgl. ThHStAW, Gebr. Thiel GmbH Ruhla, Nr. 338, Bl. 17 r u. 31 r.

GmbH auf diese übertragen. Ebenso gingen die erst 1929 eingerichteten Betriebstätten in Waltershausen[1007] mit Einstellung der Kinderuhrenfertigung 1934 in die Zuständigkeit der Tochtergesellschaft über. Andere Standorte, an denen nach der Jahrhundertwende inländische Montagefilialen[1008] eingerichtet worden waren, existierten nach dem Ersten Weltkrieg mehrheitlich nicht mehr. Im Krieg hatten sie noch volle Beanspruchung für die Zünderfabrikation gefunden. Da die vorhandenen Kapazitäten nicht ausreichten, wurde im Herbst 1917 in Apolda eine weitere Fabrik gemietet[1009] und für die Herstellung von Zünderteilen sowie die Montage eingerichtet.[1010] Knapp ein Jahr später wurde Apolda[1011] durch einen Fabrikkauf[1012] zum festen Unternehmensstandort.[1013] Mit Meiningen kam im Jahr 1920, nach den kriegsbedingten Verwerfungen, ein weiterer Standort hinzu[1014]. Die zuvor gemachten Erfahrungen mit der Arbeitskräftesituation in Ruhla dürften diese Entscheidung begünstigt haben.[1015]

1007 Zu Zeiten der Kinderuhrenfertigung waren dort etwa 100 Menschen tätig.

1008 Im Zuge eines Streiks in Ruhla entstanden. 1913 bestanden solche in Erfurt sowie den Rhönorten Ostheim, Poppenhausen, Dalherda, Kaltennordheim u. Frankenheim. Je Standort waren zwischen 10 u. 20 Mitarbeiter beschäftigt. Von den genannten Filialen ist jene in Ostheim als einzige 1923 nachweisbar. Sie wurde im Mai 1930 aufgelöst, zuvor waren dort noch knapp 30 Personen beschäftigt. Vgl. AET, Lebenserinnerungen Thiel 1963, S. 30 f; APM, Betriebszeitung Nr. 3/4, 1939, S. 19 (Albert Ziegler) u. ThHStAW, Gebr. Thiel GmbH Ruhla, Nr. 338, Bl. 17 r–68 r u. Nr. 339, Bl. 161 r.

1009 Durch Anmietung von Räumen u. die Einbindung von Unterlieferanten sollten nicht zuviel eigene Mittel gebunden werden. Auf diese Weise nutzbare Kapazitäten wären beim erwarteten Auftragsrückgang nach dem Krieg rasch zu liquidieren gewesen. Vgl. ThHStAW, Gebr. Thiel GmbH Ruhla, Nr. 75, Bl. 195 r.

1010 AJG, S. v. 03.10.1917 Ernst Thiel-Gunkel.

1011 „Während des Krieges hatten mehr als 1000 Mädchen aus Apolda in Ruhla gearbeitet. Wir hatten für ihre Unterbringung das Hotel Landgraf und leerstehende Räume in der Klosterbrauerei Heiligenstein gemietet. Diese Frauen arbeiteten in normalen Zeiten in der Wollindustrie Apoldas. Nach unseren Feststellungen konnten wir damit rechnen, in Apolda die benötigten, in Ruhla fehlenden, mehrere[n] hundert weibliche[n] Arbeitskräfte zu finden. Wir entschlossen uns zum Kauf einer leer stehenden Wollwarenfabrik und richteten diesen Betrieb für die Herstellung der Schrauben, Triebe und sonstigen Drehteile ein." APD, Thiel, Rückblick 1956, S. 18.

1012 Der Kaufvertrag vom 07.10.1918 beinhaltete den Kauf der Fabrik Hugo Löser in Apolda mit Wirkung 01.10.1918, zum Preis von 160.000 M. Vgl. ThHStAW, Gebr. Thiel GmbH Ruhla, Nr. 1125, Bl. 2 r.

1013 ThHStAW, Gebr. Thiel GmbH Ruhla, Nr. 108, Bl. 113 r.

1014 In Spitzenzeiten fanden in Apolda bis zu 500 u. in Meiningen bis zu 150 Personen Beschäftigung. Weitere Zahlen zu den Beschäftigten an den verschiedenen Standorten sind in den im Verzeichnis benannten Quellen zu finden.

1015 ThHStAW, Gebr. Thiel GmbH Ruhla, Nr. 92, Bl. 3 v; Nr. 102, Bl. 1 v; Nr. 155, Bl. 2 r f; Nr. 395, Bl. 62 r u. Nr. 1125, Bl. 2 r u. 11 r.

Die Unternehmensentwicklung brachte ebenso Erweiterungen hinsichtlich der durch Gebrüder Thiel geschaffenen sozialen Einrichtungen[1016] mit sich. Diese waren zumeist „gemeinschaftlich gegründete Einrichtungen, die den Werksangehörigen beider Firmen“[1017] dienten. Folglich standen sie auch den nun betrachteten Beschäftigten der Gebrüder Thiel Seebach GmbH offen.

1016 Neben der Betriebskrankenkasse entstanden in den ersten beiden Jahrzehnten des 20. Jahrhunderts verschiedene Unterstützungsfonds. Die Bilanz 1905 weist einen „Fonds zur Unterstützung hilfsbedürftiger Arbeiter“ aus. 1918 fanden sich darüber hinaus ein Pensionskassen- sowie ein Arbeiterwohlfahrtskonto. Eine Pensionskasse für Angestellte, eingerichtet kurz vor dem Ersten Weltkrieg, wurde fester Unternehmensbestandteil. Diese erlangte 1940 als Thiel Unterstützungskasse für Angestellte GmbH eigene Rechtspersönlichkeit. Deren Stammkapital wurde je zur Hälfte durch die Gebr. Thiel u. die Gebr. Thiel Seebach GmbH getragen. Die Bestrebungen zur Einrichtung einer Pensionskasse für Arbeiter wurden in den Jahren 1933 u. 1934 ersichtlich. Allerdings erhielt die dahingehend geschaffene Rücklage nach Zuweisungen über insgesamt 500.000 RM in den Folgejahren keine weiteren Mittel. 1938 halbierte sich das bilanzmäßig ausgewiesene Vermögen dieser Einrichtung. 1940 wurde sie nicht mehr aufgeführt. Grund war die zum 75. Firmenjubiläum 1937 eingerichtete Stiftung Thiel´sche Unterstützungskasse e. V.. Dieser wurden zunächst 250.000 RM bereitgestellt. Ferner wurde 1938 für die Unternehmen der Thiel-Gesellschaften eine neue gemeinsame Betriebsordnung erlassen. Mit dieser kam es u. a. zur Einführung einer Altersunterstützung für Lohnempfänger. Vgl. ThHStAW, Gebr. Thiel GmbH Ruhla, Nr. 158, Bl. 4 r; Nr. 395, Bl. 91 r; AHB, Bilanz und GB 1918; 1933; 1934; 1937; 1938; 1939 u. 1940; GB und Bilanz 1938, S. 3 (Sozialbericht); 1939 (Sozialbericht), S. 1; 1940, S. 2 u. (Sozialbericht), S. 1 u. GB Gerätebau 1939, S. 2 u. APM, Betriebszeitung Nr. 10, 1937, S. 15.

1017 AHB, GB und Bilanz 1938, S. 3 (Sozialbericht). Entgegen der Darstellung im Sozialbericht gibt es keine Anhaltspunkte dafür, dass die Pensionskasse für Angestellte bereits gemeinsam gegründet wurde. Ausweislich des Geschäftsberichtes der Gebr. Thiel Seebach GmbH für das Jahr 1930 war eine erstmalige Zuwendung über 100.000 RM zur gemeinschaftlichen Einrichtung vorgesehen. Bis zu diesem Zeitpunkt waren keine Beiträge geleistet worden. Zuweisungen zur Pensionskasse durch die Gebr. Thiel GmbH fanden sich hingegen schon im Geschäftsbericht für 1920, insoweit einer Zeit vor Gründung des Zünderproduzenten. Ebenfalls getrennt verfolgt wurden die Pläne zur Errichtung einer Pensionskasse für Arbeiter. Die Gebr. Thiel Seebach GmbH bildete für diese Einrichtung in den Jahren 1934 u. 1935 durch Zahlungen i. H. v. 100.000 RM u. 400.000 RM eine Rücklage über insgesamt 500.000 RM. Insoweit erfolgte hier die Gründung ein Jahr nachdem das „Ruhlaer“-Stammhaus (s. o.) diesen Schritt bereits gegangen war. Die weiteren Abläufe indes waren vergleichbar. 1937 kam es hier zur sofortigen vollständigen Auflösung der Rücklage Pensionskasse für Arbeiter, um den gesamten Betrag der Stiftung Thiel'sche Unterstützungskasse zu überweisen. Vgl. ThHStAW, Gebr. Thiel GmbH Ruhla, Nr. 93, Bl. 2 r; Nr. 440, Bl. 63 r, 65 r, 342 r; AHB, GB und Bilanz 1935, S. 1 u. Bilanz u. GB und Bilanz 1937, S. 3.

3.3.2. Beschäftigte Gebrüder Thiel Seebach GmbH

Die personelle Entwicklung der Gebrüder Thiel Seebach GmbH war Ausdruck ihrer zunehmenden Bedeutung im Thiel-Konzern. Noch vor der Machtübernahme der Nationalsozialisten hatte sich diese auf die Produktion von Rüstungsgütern ausgerichtete Gesellschaft zu einer tragenden Säule entwickelt. Ihre Erfolge und die dadurch möglichen Gewinnausschüttungen halfen dem weiteren Familienunternehmen, die Weltwirtschaftskrise zu überstehen und damit Arbeitsplätze zu erhalten (vgl. Abschnitt III, Kap. 2.1.). Tabelle 33 verdeutlicht den Beschäftigungsanstieg über das erste Jahrzehnt der Unternehmenstätigkeit und stellt diesem die entsprechenden Lohn- und Gehaltssummen gegenüber.

Tabelle 33: Mitarbeitervergütung „Seebach" GmbH 1925–1935

Jahr[1018]	Anzahl der Arbeiter[1019]	Lohnsumme Brutto p.a. in RM	Ø Bruttolohn je Arbeiter u. Jahr in RM	Anzahl der Angestellten	Gehaltssumme Brutto p.a. in RM	Ø Bruttolohn je Angestellten u. Jahr in RM
1925	51	38.636	757	4	30.063	7.515
1926	94	80.224	853	7	50.021	7.145
1927	115	113.821	989	8	65.122	8.140
1928	187	204.201	1.091	10	78.883	7.888
1929	476	587.114	1.233	19	111.706	5.879
1930	647	824.252	1.273	28	159.120	5.682
1931	700	873.235	1.247	30	207.323	6.910
1932	607	654.954	1.079	30	176.724	5.890
1933	894	965.647	1.080	33	167.604	5.078
1934	2.228	2.475.286	1.110	44	194.008	4.409
1935	4.924	6.427.204	1.305	70	287.869	4.112

Quelle: eigene Darst., basierend auf ThHStAW, Gebr. Thiel GmbH Ruhla, Nr. 311, Bl. 1 r–7 r u. Tabelle 89, S. 352.

Die Auswirkungen der Weltwirtschaftskrise waren erkennbar gering geblieben und beschränkten sich im Wesentlichen auf einen kurzen Einbruch im Jahr 1932.[1020] Das Unternehmen profitierte dennoch zu Lasten der Beschäftigten,

1018 Nach der Gründung des Gesellschaft 1922 hat 1923 noch kein Geschäftsbetrieb stattgefunden. Erste Aufträge folgten 1924. Die ersten Beschäftigtenzahlen sind für Januar 1925 mit dann angegebenen 28 Personen (25 Arbeiter davon 10 männlich, 15 weiblich u. 3 Beamte) zu finden. Vgl. ThHStAW, Gebr. Thiel GmbH Ruhla, Nr. 311, Bl. 5 r u. Nr. 434, Bl. 81 r u. 147 r.

1019 Gilt analog für die Spalte „Angestellte". Werte sind für die Jahre 1925 bis 1930 Durchschnittswerte aus den Quartalszahlen (31.03./30.06./30.09./31.12.). Von 1931 bis 1935 hingegen Jahresdurchschnittswerte.

1020 Während 1931 noch etwa 730 Personen voll beschäftigt wurden, erfolgte Anfang 1932 eine Arbeitszeitverkürzung auf 40 u. teilweise 32 Stunden pro Woche. Die Mitarbeiterzahl wurde zudem um rund 130 auf etwa 600 reduziert. Vgl. ThHStAW, Gebr. Thiel GmbH Ruhla, Nr. 311, Bl. 4 r.

da es gelang, eine nachhaltige Kürzung der Angestelltengehälter[1021] zu realisieren. Während der Lohn nach entsprechenden Einschnitten kurzzeitig stagnierte, um dann wieder anzusteigen, fiel das Durchschnittsgehalt in der ersten Hälfte der 1930er Jahre tendenziell ab.

Der Zuwachs in den Beschäftigtenzahlen setzte sich nach der kurzzeitigen Unterbrechung im Jahr 1932 fort. Ende 1937 waren annähernd 7.000 Personen für die Gebrüder Thiel Seebach GmbH tätig. Ein derartiges Wachstum war allein an den Standorten Seebach und Ruhla[1022] nicht möglich. Zur Deckung des zunehmenden Arbeitskräftebedarfs aber auch zur Ausweitung der Fertigungskapazitäten mussten neue Standorte erschlossen werden. An dieser Stelle kam Gebrüder Thiel, neben allen politischen Weichenstellungen hin zur Aufrüstung, die vorangegangene Wirtschaftskrise zugute. Dadurch, dass die Zünderfertigung durch diese nicht wirklich ausgebremst worden war und danach schnell Zuwächse verzeichnen konnte, hatte das Unternehmen einen zeitlichen Vorsprung. Geeignete leerstehende Produktionsstätten mit vor Ort verfügbarem ausreichendem Arbeitskräftepotenzial waren noch verhältnismäßig leicht zu finden. Das Beispiel Waltershausen zeigte, wie Gebrüder Thiel nach Auslaufen der Kinderuhrenfertigung regelrecht für eine neue Ansiedlung umworben wurde. Die „Waltershäuser Stadtverwaltung [schaltete sich] ein; sie konnte geeignete Fabrikräume und Arbeiter, so viel man nur wollte, anbieten. Die Gebr. Thiel stimmten zu, die Stadt erwarb das Werksgelände der Continental-AG, und kurz nachdem die Belegschaft der bisherigen Thiel'schen Kinderuhrenfiliale in der Bismarckstraße entlassen worden war, zogen die ersten 50 Personen als neue Stammgruppe in die neue Thiel-Zweigfabrik an der Gothaer Straße ein."[1023] Infolge der günstigen Entwicklung kaufte die Gebrüder Thiel Seebach GmbH der Stadt das gesamte Werksgelände mit einer Fläche von 2,5834 ha für 180.000 RM am 21.10.1936 ab.[1024] Ein weiteres Zweigwerk entstand parallel in Mühlhausen (vgl. Abschnitt III, Kap. 1.4.1.). Die personelle Entwicklung der verschiedenen Werke gespiegelt an der Gesamtbeschäftigtenzahl des Unternehmens zeigt Abbildung 17, S. 211. Der Einbruch 1938 ist auf die Ausgliederung des Standortes Mühlhausen zurückzuführen (vgl. Abschnitt III, Kap. 3.3.3.). Unter Beachtung dieser Tatsache wird erkennbar, dass die Mitarbeiterzahlen bis etwa 1940/41, von einigen Schwankungen abgesehen, anstiegen. In den folgenden Jahren bis zum Zusammenbruch 1945 war ein Rückgang zu verzeichnen.

1021 Mit Reinhold u. Heinrich Thiel waren zwei Geschäftsführer bestellt. Deren Gehalt verzerrte ob der zunächst sehr geringen Angestelltenzahlen die erkennbaren Relationen.

1022 „Das abgelaufene Geschäftsjahr [1929] brachte (...) eine weitere beachtliche Vergrößerung des Geschäftsumfanges. Zur Erledigung der erhaltenen Aufträge (...) musste weiterer Fabrikationsraum, welcher von der Ruhlaer-Muttergesellschaft gemietet wurde, bereitgestellt werden." ThHStAW, Gebr. Thiel GmbH Ruhla, Nr. 435, Bl. 11 r.

1023 Löffler, Waltershausen, S. 233.

1024 Ebd., S. 235 i. V. m. ThHStAW, Gebr. Thiel Seebach GmbH, Nr. 1122, Bl. 1 r ff.

Dennoch wurden auch in diesen Jahren noch ca. 4.000 Personen an den drei Standorten Seebach, Ruhla und Waltershausen beschäftigt. Die Werke Eisenach[1025] und Kassel[1026] waren noch in der Entstehungsphase von rüstungspolitischen Entscheidungen betroffen, sodass sie aufgegeben wurden und somit keine nachhaltige Bedeutung für das Unternehmen und die Beschäftigtenzahlen erlangten.

Anders als bei den Beschäftigtenzahlen waren bei den Löhnen der Mitarbeiter keine besonderen Zuwächse festzustellen. Ausgehend von den Werten aus Tabelle 33, S. 209, lag das durchschnittliche Lohnniveau[1027] aller Arbeiter im Zeitraum 1930 bis 1935 zwischen 0,47 RM und 0,57 RM je Arbeitsstunde. Für die ersten Beschäftigten in Waltershausen lag der Wert bei 0,49 RM, wobei sich das dort zunächst vorherrschende Überangebot an Arbeitskräften negativ auf die Löhne, aber positiv auf den Unternehmensgewinn auswirkte.[1028]

Abbildung 17: Beschäftigte Gebr. Thiel Seebach GmbH 1933–1944

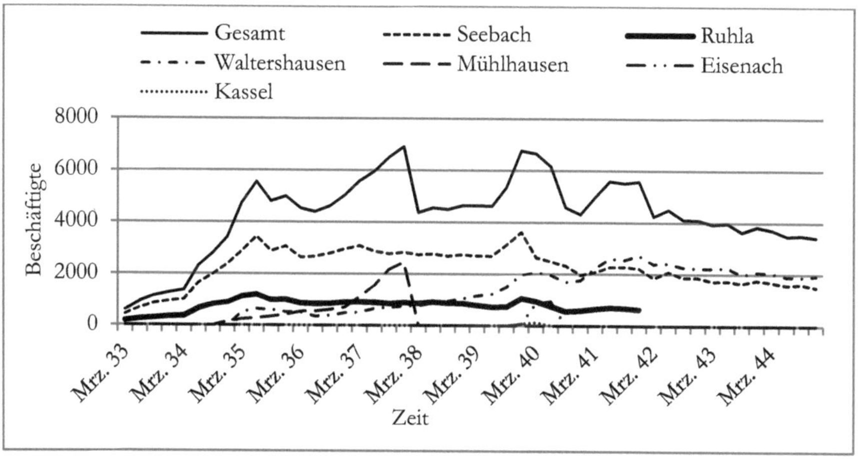

Erfasste und verbundene Datenpunkte März, Juni, September u. Dezember eines Jahres.[1029]

Quelle: eigene Darst., basierend auf Tabelle 89, S. 352.

1025 „Schlechte Beförderungsverhältnisse und fehlende Unterbringungsmöglichkeiten in Ruhla und Seebach veranlassten [1940](...), in dem stillgelegten Werk der Norddeutschen Woll- und Kammgarnspinnerei in Eisenach einen Zweigbetrieb zu errichten.“ ThHStAW, Gebr. Thiel GmbH Ruhla, Nr. 482, Bl. 72 r. Bei Vorlage des Geschäftsberichtes für 1940 am 26.04.1941 war das Werk bereits stillgelegt. AHB, GB und Bilanz 1940, S. 1 f.

1026 AET, Lebenserinnerungen Thiel 1963, S. 184 u. 187.

1027 Dieses resultiert aus dem in der Tabelle genannten Ø Bruttolohn pro Arbeiter u. Jahr sowie der Annahme von 24 Arbeitstagen pro Monat u. 8-stündiger Arbeitszeit.

1028 Löffler, Waltershausen, S. 233.

1029 Beschäftigtenwerte Betriebsteil Ruhla ab 1942 nicht verfügbar.

Ausgehend von der Lohnentwicklung des vormaligen Zweigwerkes in Mühlhausen ist im weiteren Verlauf bis etwa 1941 eine vorübergehende Steigerung des Durchschnittslohns der Arbeiter auf rund 0,70 RM je Stunde anzunehmen. In den Folgejahren bis zum Ende des Krieges sank das Niveau bis auf etwa 0,65 RM je Stunde ab (vgl. Tabelle 37, S. 221 i. V. m. Tabelle 34). Ursächlich für diese Entwicklung waren nicht zwingend konjunkturelle Schwankungen, sondern vielmehr die Beschäftigtenstruktur in den einzelnen Werken. Tabelle 34 veranschaulicht diese Zusammenhänge. Mit einem zunehmenden Anteil von Mitarbeiterinnen, wie er besonders in den letzten Kriegsjahren zu verzeichnen war,[1030] sank der Durchschnittslohn ab. Ein Vergleich zwischen den Werken in Ruhla und Waltershausen machte das besonders deutlich. Während in Ruhla die durch Frauen erbrachten, erheblich geringer vergüteten Arbeitsstunden deutlich überwogen, zeigte sich in Waltershausen ein zwischen den Geschlechtern ausgeglichenes Verhältnis und damit ein signifikant höherer Durchschnittslohn. Darüber hinaus waren weitere Lohndifferenzierungen, z. B. zwischen den Werken, erkennbar.

Tabelle 34: Beschäftigungsstruktur „Seebach" GmbH 1944–1945

Zeitraum	Betriebsteile	Frauen		Männer		Gesamt	
		Arbeitsstunden	Ø-Lohn in RM je Stunde	Arbeitsstunden	Ø-Lohn in RM je Stunde	Arbeitsstunden	Ø-Lohn in RM je Stunde
1. Quartal 1944	Waltershausen	446.218	0,537	464.066	0,748	910.284	0,645
	Seebach	389.848	0,528	337.202	0,800	727.040	0,653
	Ruhla[1031]	133.705	0,528	50.854	0,713	184.559	0,579
2. Quartal 1944	Waltershausen	408.993	0,554	427.321	0,761	836.314	0,660
	Seebach	376.126	0,540	311.037	0,794	687.163	0,655
	Ruhla	113.190	0,548	41.051	0,731	150.241	0,613
3. Quartal 1944	Waltershausen	418.451	0,556	465.508	0,772	883.959	0,670
	Seebach	446.206	0,537	311.501	0,789	757.707	0,638
	Ruhla	124.907	0,539	42.097	0,748	167.004	0,592
4. Quartal 1944	Waltershausen	420.673	0,568	414.142	0,806	834.815	0,686
	Seebach	436.805	0,545	259.481	0,797	696.286	0,639
	Ruhla	128.024	0,544	36.581	0,770	164.605	0,594
1. Quartal 1945	Waltershausen	355.177	0,551	356.921	0,785	712.098	0,669
	Seebach	344.230	0,545	187.848	0,800	532.078	0,635
	Ruhla	120.080	0,528	29.752	0,743	149.832	0,571

Quelle: eigene Darst., basierend auf BvS, 621-Betriebsabrechnungsbogen.

1030 Vom 1. Quartal 1944 bis zum 1. Quartal 1945 stieg der durch Frauen erbrachte Anteil an den insgesamt geleisteten Arbeitsstunden in den drei Werken der Gebr. Thiel Seebach GmbH von 53 % auf 58 %.

1031 Insoweit lässt sich auf eine Größenordnung der Beschäftigtenzahlen im Betriebsteil Ruhla schließen. Zur Erbringung der hier angegebenen Arbeitsstunden würden bei 8 Stunden Tagen u. angenommenen 24 Arbeitstagen je Monat im Minimum zwischen 260 u. 320 Arbeitskräfte benötigt. Zum Wehrdienst einberufene Mitglieder der Belegschaft wären hinzuzurechnen.

Einen weiteren erheblichen Einfluss auf die tatsächlich durch die Gesellschaft zu erbringenden Lohnzahlungen hatte die Herkunft der Mitarbeiter. Der Kriegsausbruch 1939 bewirkte eine nachhaltige Veränderung der Zusammensetzung. Mit der Einberufung von Teilen der Belegschaft verschärfte sich die bereits angespannte Arbeitskräftesituation. Kurzfristig galt es, die entstandenen Lücken zu schließen. Auf die aus den verschiedenen Gebieten des Reiches Dienstverpflichteten[1032] folgten ab 1942 auch in den Werken dieser Thiel-Gesellschaft ausländische Mitarbeiter.[1033] Als Unterkunft dienten verschiedene Barackenlager im Umfeld der Werke. In Seebach wurden 1941 sechs dieser Baracken für etwa 500 Personen errichtet,[1034] wobei diese ursprünglich für die Unterbringung der auswärtigen Dienstverpflichteten bestimmt gewesen waren.[1035] In Waltershausen entstanden ab Herbst 1939 für Gebrüder Thiel insgesamt drei solcher Lager.[1036] Darin befanden sich bei Kriegsende knapp 800 ausländische Personen.[1037] In Seebach dürfte es entsprechend der dortigen Lagerkapazitäten eine etwas geringere Zahl gewesen sein.[1038]

Welchen Umfang der Einsatz ausländischer Arbeitskräfte im Zeitraum 1942 bis 1945 bei der Gebrüder Thiel Seebach GmbH tatsächlich einnahm ist anhand der verfügbaren Unterlagen nicht sicher feststellbar. Eine auf Basis der belegten Unterkunfts- und Verpflegungskosten vorgenommene grobe Abschätzung[1039]

1032 Für den Standort Waltershausen wurde als Herkunft angegeben: Saarland, Konstanz, Gablonz, Pforzheim u. Oberschlesien. Wobei diese Personengruppen in den Jahren 1939 u. 1940 teilweise aufeinander folgten. Vgl. Löffler, Waltershausen, S. 260. Dies lässt auch hier, wie bereits unter der Gebr. Thiel GmbH angegeben auf eine gewisse Fluktation schließen.

1033 Im Mai 1942 kamen 201 Ukrainerinnen nach Seebach. Vgl. AHS, Kirchenchronik Seebach, S. 3.

1034 Errichtet wurden diese oberhalb des Betriebes hinter dem 1939 fertiggestellten Gemeinschaftshaus. Vgl. AHS, Ortschronik Seebach, S. 4 u. AHB, GB und Bilanz (Sozialbericht), S. 3.

1035 1941 wurden in den Seebacher Baracken mehrere hundert Mädchen aus der Gegend im Bruchsal in Baden als Dienstverpflichtete untergebracht. Vgl. AHS, Kirchenchronik Seebach, S. 3.

1036 Löffler, Waltershausen, S. 261 u. 268.

1037 Ihre Zusammensetzung wurde mit 400 Ostarbeitern, 300 Italienern, 40 Serben u. 30 Polen angegeben. Die Werte wurden verm. gerundet, ebenso ist nicht sicher, ob die in den Lagern vorgefundenen Personen tatsächlich auch alle bei Gebr. Thiel gearbeitet hatten. Vgl. Löffler, Waltershausen, S. 267 f.

1038 Die in den Baracken in Seebach untergebrachten russischen Mädchen wurden schichtweise am 10.05.1945, die russischen Männer am 06.06.1945 weggebracht. Vgl. AHS, Kirchenchronik Seebach, S. 11. Die Festschrift von 1987 spricht von 700 ukrainischen Zwangsarbeiterinnen in Ruhla u. Seebach. Vgl. Windoffer, 125 Jahre Uhrenwerke Ruhla, S. 15.

1039 Für 1943 wurden für Russen u. Italiener Unterkunfts- u. Verpflegungskosten von 311.722,59 RM angegeben. Im Folgejahr waren es 318.537,01 RM u. im 1. Quartal 1945 65.350,80 RM. Vgl. BvS, 621-Betriebsabrechnungsbogen. Als Tagessatz wurde

lässt für die Jahre 1943 bis 1945 eine Zahl zwischen 1.600 und 1.900 an durchschnittlich beschäftigten ausländischen Arbeitern als realistisch erscheinen.[1040]

Die nachstehend analysierte Personalstruktur der Tochtergesellschaft Gerätebau GmbH wird die generelle Problematik von Zwangs- und Fremdarbeitern in den Thiel-Betrieben aufgreifen und den noch fehlenden Baustein zum Beschäftigtenumfang des Thiel-Konzerns liefern.

3.3.3. Beschäftigte Gerätebau GmbH

Die eigenständige statistische Erfassung der Mitarbeiter der Gerätebau GmbH erfolgte ab Januar 1938. Zuvor waren diese im Rahmen der Beschäftigtenzahlen der Gebrüder Thiel Seebach GmbH miterfasst worden. Die vollständige Entwicklung der Personalzahlen für die Zeit bis 1945 zeigt Tabelle 92 ab S. 355. Aus ihr wird eine Belegschaftsstärke ersichtlich, die im vergleichbaren Zeitraum häufig nur geringfügig unterhalb jener der Muttergesellschaft lag.

Eine nähere Analyse in Tabelle 35, S. 215, zeigt die erhebliche Schwankungsbreite sowohl innerhalb der einzelnen Jahre als auch über die Jahre hinweg. Darin wird abermals die besonders starke Abhängigkeit von der Auftragsvergabe des einzig bedeutsamen Auftraggebers deutlich. Für die Beschäftigten bedeutete das erhebliche Unsicherheit bezüglich ihres Arbeitsplatzes. Sie waren nicht nur Spielball gewinnorientierter unternehmerischer Interessen, sondern ebenso der Politik. Ab Kriegsausbruch 1939 kam mit den zum Kriegsdienst Einberufenen ein weiterer permanenter Störfaktor für die Produktion hinzu. Deren Anteil an den Gesamtbeschäftigten steigerte sich bis in die Jahre 1943 und 1944 auf etwa 25 %, was in absoluten Zahlen etwa 1.000 Personen pro Monat bedeutete. Da dieser Personenkreis für einen Einsatz im Betrieb nicht zur Verfügung stand, war bei entsprechender Auftragslage auch hierfür Ersatz zu beschaffen. Hierin hob sich die Gerätebau GmbH weder von ihrer Muttergesellschaft noch von anderen Rüstungsproduzenten ab. Dass sie dennoch auch

---

der für Unterkunftslager zu zahlende Pachtzins, vgl. Pachtvertrag für Barackenlager Gerätebau GmbH, (ThHStAW, Gerätebau GmbH, Nr. 462, Bl. 319 r), mit 0,45 RM pro Person u. Tag angenommen.

1040 Anzahl u. Zusammensetzung schwankten im Zeitverlauf. Italiener kamen entsprechend des Kriegsverlaufes erst im 4. Quartal 1943 hinzu. Die unter Russen angegebenen quartalsbezogenen Kosten hatten eine Spanne von 47.000 RM bis 85.000 RM. Überdies dürfte die angegebene Nationalität eher als Sammelbegriff für die verschiedenen östlich bzw. süd-östlich gelegenen Herkunftsländer gedient haben. In der als Quelle verwendeten Aufstellung fand sich zudem einmalig im 4. Quartal 1943 die Position Kriegsgefangene mit 76,62 RM, welche hier unberücksichtigt blieb. Die Kategorie Zivile Franzosen wurde zwar benannt, aber im Betrachtungszeitraum nicht mit entsprechenden Kosten unterlegt. Vgl. BvS, 621-Betriebsabrechnungsbogen u. Löffler, Waltershausen, S. 268.

aus Beschäftigungssicht einen Sonderstatus unter den Thiel-Betrieben einnahm, resultierte aus der Zusammensetzung der Beschäftigten.

Tabelle 35: Geamtbeschäftigtenzahlen Gerätebau GmbH 1938–1945

	1938	1939	1940	1941	1942	1943	1944	1945
Durchschnitt der im Jahr Beschäftigten[1041]	3.352	4.843	4.180	4.956	4.658	3.425	3.302	k. A.
Maximale Beschäftigtenzahl im Jahr (mit Monatsangabe)	4.239 (12)	5.442 (12)	5.613 (01)	5.500 (07)	5.017 (05)	3.581 (01)	3.540 (01)	3.344 (01)
Minimale Beschäftigtenzahl im Jahr (mit Monatsangabe)	2.452 (01)	4.514 (08)	2.755 (09)	4.077 (01)	3.740 (12)	3.235 (08)	3.005 (07)	0 (06)

Quelle: eigene Darst., basierend auf Tabelle 92, S. 355.

Zu den anfänglichen deutschen Beschäftigten der Region kamen später weitere aus dem Sudetenland, der Ostmark und dem Saargebiet.[1042] Ihre Unterbringung war mit der Errichtung des Bereitschaftslagers[1043] sichergestellt worden. Ab 1942 wurden, wie bei der Gebrüder Thiel GmbH ab 1941 bereits geschehen (vgl. Abschnitt III, Kap. 3.3.1.) auch in der Gerätebau GmbH die ersten ausländischen Arbeitskräfte eingesetzt.[1044] Deren Zahl stieg in der Spitze bis auf etwa 800 Personen an.[1045] Die Gruppe der ausländischen Beschäftigten stellte ca. 22 % der Gesamtbeschäftigten, ohne einberufene Belegschaftsmitglieder. Tabelle 36, S. 216, veranschaulicht neben der zahlenmäßigen Entwicklung im Vergleich zu den weiteren Beschäftigten, auch deren Nationalitäten. Klar dominierend und über den gesamten Erfassungszeitraum vertreten waren die russischen Mitarbeiterinnen. Die weiterhin registrierten Gruppen umfassten zumeist nur wenige Personen oder waren, wie Kroaten und Italiener, nur für kurze Zeit bei der Gerätebau GmbH tätig.

1041 Verwendung fanden die Zahlen der insgesamt beschäftigten Personen ohne Wehrmachtsangehörige.

1042 AHB, GB Gerätebau 1940, S. 3.

1043 Das Bereitschaftslager für 500 Personen bestand aus 10 Arbeitsunterkunftsbauten sowie je einem Betriebsbau, Gemeinschaftshaus, Sanitätsbau, Wohnhaus für den Lageführer, Fahrradschuppen u. Kohlen- u. Strohschuppen. Das Lager wurde durch die Gerätebau GmbH gepachtet, der Pachtzins belief sich auf 0,45 RM pro untergebrachter Person u. Tag. Vgl. ThHStAW, Gerätebau GmbH, Nr. 462, Bl. 316 r–320 r.

1044 Görner, Chronik Mühlhausen, S. 401.

1045 Diese Zahl berücksichtigt die später eingesetzten Häftlinge noch nicht.

Tabelle 36: Ausländische Beschäftigte Gerätebau GmbH 1942–1944

	Stichtage der Erfassung									
	30.06.1942	30.09.1942	31.12.1942	31.03.1943	30.06.1943	30.09.1943	31.12.1943	25.03.1944	30.06.1944	25.08.1944
Beschäftigte (m)	2.862	2.814	2.632	2.576	2.537	2.519	2.540	2.510	2.446	2.456
Beschäftigte (w)	2.943	2.831	2.060	1.898	1.742	1.941	2.017	1.874	1.625	1.666
Beschäftigte (gesamt)	5.805	5.645	4.692	4.474	4.279	4.460	4.557	4.384	4.071	4.122
davon Soldaten	872	928	952	992	978	988	990	1.005	1.009	1.069
davon ausländische Mitarbeiter	681	753	534	514	476	534	782	706	537	542
Anteil ausländischer Mitarbeiter in % (o. Soldaten)	11,73 (13,80)	13,94 (15,96)	11,38 (14,28)	11,49 (14,76)	11,12 (14,42)	11,97 (15,38)	17,16 (21,92)	16,10 (20,89)	13,19 (17,54)	13,15 (17,75)
	Aufgliederung nach erfassten Nationalitäten									
Russen (m/w)	513 (0/513)	577 (0/577)	510 (0/510)	506 (0/506)	469 (0/469)	513 (0/513)	669 (0/669)	598 (0/598	435 (0/435)	437 (0/437)
Serben (m/w)	63 (1/62)	75 (2/73)	4 (0/4)	3 (0/3)	3 (0/3)	3 (0/3)	3 (0/3)	3 (0/3)	3 (0/3)	3 (0/3)
Slowenen (m/w)	2 (0/2)	2 (0/2)	0 (0/0)	0 (0/0)	0 (0/0)	0 (0/0)	0 (0/0)	0 (0/0)	0 (0/0)	0 (0/0)
Kroaten(m/w)	103 (1/102)	97 (2/95)	1 (1/0)	1 (1/0)	1 (1/0)	1 (1/0)	1 (1/0)	0 (0/0)	0 (0/0)	0 (0/0)
Rumänen (m/w)	0 (0/0)	2 (0/2)	0 (0/0)	0 (0/0)	0 (0/0)	0 (0/0)	0 (0/0)	0 (0/0)	0 (0/0)	0 (0/0)
Franzosen (m/w)	0 (0/0)	0 (0/0)	19 (18/1)	4 (4/0)	3 (3/0)	3 (3/0)	3 (3/0)	4 (3/1)	4 (3/1)	6 (6/0)
Belgier (m/w)	0 (0/0)	0 (0/0)	0 (0/0)	0 (0/0)	0 (0/0)	1 (1/0)	1 (1/0)	1 (1/0)	1 (1/0)	2 (1/1)
Bulgaren (m/w)	0 (0/0)	0 (0/0)	0 (0/0)	0 (0/0)	0 (0/0)	12 (2/10)	12 (2/10)	4 (1/3)	4 (1/3)	4 (1/3)
Polen (m/w)	0 (0/0)	0 (0/0)	0 (0/0)	0 (0/0)	0 (0/0)	1 (0/1)	1 (0/1)	0 (0/0)	0 (0/0)	0 (0/0)
Griechen (m/w)	0 (0/0)	0 (0/0)	0 (0/0)	0 (0/0)	0 (0/0)	0 (0/0)	0 (0/0)	1 (1/0)	1 (1/0)	0 (0/0)
Holländer (m/w)	0 (0/0)	0 (0/0)	0 (0/0)	0 (0/0)	0 (0/0)	0 (0/0)	0 (0/0)	0 (0/0)	0 (0/0)	1 (1/0)
Italiener (m/w)	0 (0/0)	0 (0/0)	0 (0/0)	0 (0/0)	0 (0/0)	0 (0/0)	92 (92/0)	95 (95/0)	89 (89/0)	89 (89/0)

Quelle: eigene Darst., basierend auf ThHStAW, Gerätebau GmbH, Nr. 453, Bl. 1–2 v u. 95 r.

Im Herbst 1944 trat das ein, was vier Jahre zuvor bereits einmal erwogen wurde, aber aus den noch zu benennenden Gründen scheiterte. Es kam mit dem Einsatz von Häftlingen des Konzentrationslagers Buchenwald zu einer Wende in der Beschäftigungspolitik. Der Standort Mühlhausen erlangte mit deren Einsatz ein Alleinstellungsmerkmal unter den Thiel-Betrieben.[1046] Inwieweit es sich bei

1046 Görner, Chronik Mühlhausen, S. 412.

dieser Schattenseite der Unternehmensgeschichte möglicherweise um einen Glücksfall für die einzelnen Betroffenen gehandelt haben könnte, wird im weiteren Verlauf thematisiert. Dass es schon in einem vorangegangenen Schritt überhaupt zum Einsatz ausländischer Arbeitskräfte kam, dürfte im Wesentlichen auf die 1940 mehrfach erfolgte „Umsteuerung der Rüstung“[1047] zurückzuführen sein. Nachdem Anfang desselben Jahres noch über 5.000 Menschen in Mühlhausen beschäftigt werden konnten, führte die angeordnete Drosselung der Produktion zu einem erheblichen Stellenabbau. Bis September hatte sich die Beschäftigtenzahl etwa halbiert und ein guter Teil der Entlassenen war zwischenzeitlich in andere Betriebe vermittelt worden. Für eine kurzfristige Neueinstellung fehlten somit die nötigen Arbeitskräfte.[1048] Zu diesem Zeitpunkt war zudem eine Beschäftigung ausländischer Personen in der Rüstungsproduktion, wie sie bei der Gerätebau GmbH betrieben wurde, nicht zulässig.[1049] Da das Arbeitsamt nicht die benötigte Zahl deutscher Arbeitskräfte bereitstellen konnte, sah sich das Unternehmen jedoch vor die Frage nach der Beschäftigung von „Ausländern und Juden“[1050] gestellt. Holländer, Belgier und Franzosen hätten zu diesem Zeitpunkt zum Einsatz kommen können.[1051] Bei der entsprechenden Erörterung mit dem Arbeitsamt stellte sich die Mühlhäuser Betriebsleitung „zunächst auf einen ablehnenden Standpunkt“.[1052] Inwiefern bei dieser Ablehnung im Oktober 1940 die persönliche Einstellung der Beteiligten eine Rolle gespielt hat, kann nicht beurteilt werden. In jedem Fall wurden etwaige Vorbehalte schnell abgelegt, denn schon am 26.11.1940 wurde der Hauptverwaltung mitgeteilt, dass beim Arbeitsamt am gleichen Tag der sofortige Einsatz der „Jüdinnen“ angefordert wurde.[1053] Fakt ist jedoch auch, dass zunächst die Möglichkeiten der Unterbringung fehlten.[1054] Neue Kapazitäten sollten mit der Erweiterung des Bereitschaftslagers durch die Aufstellung zusätzlicher Wohnbaracken[1055] für 500 Personen geschaffen werden. Diese waren im November bestellt und sollten, soweit fertiggestellt, ab Januar 1941 belegt werden können.[1056] Der Einsatz erster jüdischer weiblicher Beschäftigter scheiterte vermutlich genau an diesem Punkt. Wohnbaracken fehlten und eine vorgeschriebene

1047 ThHStAW, Gerätebau GmbH, Nr. 163, Bl. 5 r.
1048 Ebd., Nr. 163, Bl. 5 r f.
1049 Ebd., Nr. 450, Bd. 1, Bl. 122 r f.
1050 Ebd., Bl. 98 r.
1051 Ebd., Bl. 100 r.
1052 Ebd., Bl. 98 r.
1053 Ebd., Bl. 39 r.
1054 Ebd., Bl. 97 r.
1055 Die im Zuge der mehrmaligen Vergrößerung des Lagers zusätzlich aufgestellten Holzbaracken wurden als Todt-Baracken bezeichnet, das ursprüngliche Lager als Bereitschaftslager Stein benannt. Vgl. ThHStAW, Gerätebau GmbH, Nr. 450, Bd. 2, Bl. 273 r u. 398 r.
1056 ThHStAW, Gerätebau GmbH, Nr. 450, Bd. 1, Bl. 41 r u. 45 r.

Abgrenzung des Arbeitsbereiches konnte nicht so schnell erfolgen. Das Landesarbeitsamt wiederum konnte bzw. wollte die vorgesehenen Beschäftigten nicht bis zur Fertigstellung im Januar 1941 bereithalten.[1057] Es ist davon auszugehen, dass es sich bei diesen bereit stehenden Arbeitskräften um Häftlinge eines Konzentrationslagers handelte. Die geforderte, aber zu diesem Zeitpunkt nicht realisierte Abgrenzung der Arbeitsplätze für Häftlinge dürfte auch bei deren tatsächlichen späteren Einsatz keine allzu strikte Handhabung erfahren haben.[1058]

Über das Jahr 1941 hinweg blieb die Beschäftigung von Ausländern in Mühlhausen aus. Sie war aber offensichtlich nur noch eine Frage der Zeit. In der zur Gebrüder Thiel GmbH gehörenden Maschinenfabrik in Ruhla wurden mindestens seit Februar 1941 erste ausländische Arbeitskräfte bzw. Kriegsgefangene eingesetzt[1059] (vgl. auch Abschnitt III, Kap. 3.3.1.). Noch im Oktober desselben Jahres teilte die Gerätebau GmbH der Montan mit, dass für eventuelle ausländische Arbeitskräfte keine Bettwäsche benötigt würde, da diese in den vorgesehenen Baracken ausreichend vorhanden sei.[1060] Das Bereitschaftslager Stein beherbergte Ende Mai 1941 sieben Männer und 454 Frauen.[1061] Anfang Oktober waren im erweiterten Lager dann schon 118 männliche und 754 weibliche Bewohner untergebracht.[1062] Ende März 1942 kamen nunmehr die ersten 54 ausländischen Zwangsarbeiterinnen zur Gerätebau GmbH und damit auch in das dortige Bereitschaftslager. Ende Juni hatte sich ihre Zahl bereits vervielfacht (vgl. Tabelle 36, S. 216). Im weiteren Verlauf waren bei einer deutlichen Schwankungsbreite in der Regel über 500 Zwangsarbeiter beschäftigt. Ausgehend von der am 25.08.1944 abreißenden Statistik[1063] und der konkreten Vorbereitung für den Einsatz einer vergleichbaren Zahl[1064] von Häftlingen des Konzentrationslagers Buchenwald wäre ein Austausch beider Personenkreise zu vermuten gewesen. Die Entwicklung der Arbeiterbelegschaft ohne Soldaten (vgl. Tabelle 92, ab S. 355) über diesen Zeitraum hinweg[1065] steht dieser Annahme allerdings entgegen. Letztlich ist von einer Aufstockung der ausländischen Zwangsarbeiter im Zeitraum Oktober 1944 bis Ende Februar 1945 auf über 1.000 Personen auszugehen. Damit wurde die Produktion in dieser Zeit zu

1057 ThHStAW, Gerätebau GmbH, Nr. 450, Bd. 1, Bl. 42 r.

1058 Baranowski, Rüstungsproduktion, S. 308 u. 313.

1059 BvS, 620-Wirtschaftsbericht 1941.

1060 ThHStAW, Gerätebau GmbH, Nr. 450, Bd. 2, Bl. 294 r.

1061 Ebd., Nr. 450, Bd. 2, Bl. 398 r.

1062 Ebd., Nr. 450, Bd. 2, Bl. 273 r.

1063 Ebd., Nr. 453, Bl. 1 r ff.

1064 Am 21.09.1944 kamen 500 jüdische Frauen aus dem Ghetto Lodz nach Mühlhausen, am 30.10. kamen 144 ungarische, 56 polnische u. eine deutsche Jüdin dazu. Sie wurden vom Konzentrationslager Auschwitz über Krakau nach Mühlhausen verbracht. Vgl. Görner, Chronik Mühlhausen, S. 412 u. Baranowski, Rüstungsproduktion, S. 311.

1065 Im August 1944 lag die Zahl bei 2.887, im September stieg sie um 468 auf 3.355 an. Bis Dezember war sie auf 3.255 zurückgegangen.

einem Drittel durch Zwangsarbeit getragen. Die Unterbringung der hinzugezogenen Häftlinge erfolgte in einem abgegrenzten Bereich des Bereitschaftslagers, der damit als Außenkommando des Konzentrationslagers Buchenwald diente.[1066] Die Bewachung erfolgte durch Angehörige der Schutzstaffel und der Wehrmacht. Zudem hatten sich Mitarbeiterinnen der Gerätebau GmbH zu Aufseherinnen im Frauenkonzentrationslager Ravensbrück ausbilden lassen.[1067] Die Häftlinge arbeiteten bis Februar für die Gerätebau GmbH. Am 28.02.1945 wurde das Außenkommando aufgelöst und die verbliebenen 698 Häftlinge wurden ins Konzentrationslager Bergen Belsen verbracht.[1068] Das Bereitschaftslager mit den dann noch verbliebenen Bewohnern wurde am 04.04.1945 durch amerikanische Truppen befreit.[1069] Im Juli 1945 wurde es von 1.700 sowjetischen Soldaten belegt,[1070] was zugleich einen Eindruck der letztlich erreichten Größe vermittelt.[1071] Die vormaligen Lebens- und Unterkunftsbedingungen im Lager wurden überwiegend politisch bestimmt. Die Montan teilte in diesem Zusammenhang der Gerätebau GmbH mit, dass für alle Gemeinschaftslager in denen deutsche und ausländische Arbeitskräfte untergebracht waren, die Deutsche Arbeitsfront zuständig sei. Das galt von Ernährung bis Personalschulung gleichermaßen.[1072] Insoweit standen staatliche Vorgaben, inklusive der darin vorgesehenen Diskriminierung[1073] besonders ausländischer Arbeitskräfte, der betrieblich individuell geregelten menschenwürdigeren Gestaltung des Lagerlebens entgegen. Vor diesem Hintergrund spiegeln die bei Baranowski zu findenden Zeitzeugenaussagen ehemaliger Häftlinge[1074] eine doch tendenziell positive

1066 Eine weitergehende Darstellung auch zu den Lebens- u. Arbeitsbedingungen der Häftlinge ist bei Baranowski zu finden. Vgl. Baranowski, Rüstungsproduktion, S. 310–317.

1067 Görner, Chronik Mühlhausen, S. 412 u. Baranowski, Rüstungsproduktion, S. 310 f, dort finden sich auch nachstehende, teils zu Görner abweichende, Zahlen: 23 Aufseherinnen, 12 männliche Bewachungsposten u. ein Kommandoführer.

1068 Görner, Chronik Mühlhausen, S. 418.

1069 Ebd., S. 423.

1070 Baranowski, Rüstungsproduktion, S. 313.

1071 „Die mögliche Belegschaftsstärke des Lagers beträgt je nach Nationalität der darin untergebrachten Arbeitskräfte ca. 6 bis 900 Köpfe.“ So zu finden im Pachtvertrag für sechs weitere ab 1942 errichtete Holzbaracken im Bereitschaftslager der Gerätebau GmbH. ThHStAW, Gerätebau GmbH, Nr. 462, Bl. 293 r.

1072 ThHStAW, Gerätebau GmbH, Nr. 450, Bd. 2, Bl. 38 r, 97 r–108 r u. 225 r–228 r.

1073 „Die zur Lieferung kommenden Ausrüstungsstücke, insbesondere das Schuhwerk, sind von ausgezeichneter Qualität. Die Überlassung kann deshalb nur an Deutsche Gefolgschaftsmitglieder erfolgen. Ausländer müssen dagegen mit den hierbei bei Deutschen freigewordenen Gegenständen oder qualitativ schlechteren ausgestattet werden.“ ThHStAW, Gerätebau GmbH, Nr. 450, Bd. 2, Bl. 93 r f.

1074 Eine im Vergleich zu den insgesamt betroffenen Zwangsarbeitern u. Häftlingen der Jahre 1942–1945 eine sehr geringe Zahl. Dennoch ist ein Ergebnis ihrer Befragung für die Beurteilung des Rüstungsgüterproduzenten u. Familienunternehmens von besonderer Tragweite: „Tötungshandlungen haben die Befragten nicht bestätigen können“. Baranowski, Rüstungsproduktion, S. 315.

Wahrnehmung der Verhältnisse in Mühlhausen. „Sechs Frauen konnten ausfindig gemacht und befragt werden. Gemessen an ihren Vorerfahrungen in den Konzentrationslagern Auschwitz, Ravensbrück und Plaszow schilderten sie die Bedingungen in Mühlhausen trotz der harten zwölfstündigen Arbeit als erträglich und eine Möglichkeit des Überlebens. Das Verhalten des männlichen Bewachungspersonals wird als korrekt beschrieben, ganz im Gegensatz zu den weiblichen SS-Aufseherinnen, die ihren Anweisungen durch Schläge Nachdruck verliehen."[1075]

Aus solchen Beurteilungen kann jedoch nicht zwangsläufig auf die Wahrnehmung einer besonderen sozialen Verantwortung durch das Unternehmen geschlossen werden. Ebenso wenig macht allein die Existenz zahlreicher sozialer Einrichtungen[1076] das Unternehmen bereits humanitär. Staatliche Vorgaben oder politischen Druck[1077] sollten zudem nicht als Rechtfertigung für das Unterlassen immer noch möglicher weiterer Verbesserungen der Lebens- und Arbeitsbedingungen gelten. So wären die durch Zeitzeugen kritisierten Ernährungs- und Hygienebedingungen[1078] durch einen erhöhten Mittelaufwand des Unternehmens vermutlich zu verbessern gewesen. Genau in diesem Punkt stand aber das unternehmerische Interesse nach möglichst hohen Gewinnen den erhöhten Kosten für eine stärkere soziale Verantwortung entgegen.

1075 Baranowski, Rüstungsproduktion, S. 314 f.

1076 Dazu zählten u. a. ein Betriebskindergarten, eine Werksküche, Sport- u. Erholungsmöglichkeiten sowie verschiedene soziale Sicherungssysteme für Arbeiter u. Angestellte. Vgl. AHB, GB Gerätebau 1938 ff. Darüber hinaus betonte der ab 1937 als Bestandteil des Geschäftsberichtes der Muttergesellschaft herausgegebene gemeinschaftliche Sozialbericht der Gebr. Thiel GmbH u. der Gebr. Thiel Seebach GmbH weitere soziale Errungenschaften. Dem nationalsozialistischen Zeitgeist entsprechend erfolgte die Darstellung jedoch in einer oftmals überhöhenden Form. Vgl. AHB, Bilanz und GB 1937 ff. (Sozialbericht).

1077 „Die gesamte Uhrenfertigung wurde auf Zünderfertigung umgestellt. Trotzdem genügte die gesteigerte Fertigung noch längst nicht den Forderungen der Beschaffungsstellen. Von diesen wurde ich – und ebenso Dr. Junghans – ständig zu weiteren Steigerungen der Lieferungen gedrängt. Schließlich verlangte Hitler von Dr. Junghans und mir persönlichen Bericht, warum es nicht schneller voranginge. Minister Todt hatte – vor dieser Zusammenkunft – unsere Betriebe besichtigt und sich davon überzeugt, daß tatsächlich alles nur mögliche geschehen war, um den höchsten Leistungsstand zu erreichen." AET, Lebenserinnerungen Thiel 1963, S. 185.

1078 Baranowski, Rüstungsproduktion, S. 312 f.

Tabelle 37: Lohnentwicklung Gerätebau GmbH 1938–1944

	Januar 1938	März 1938	April 1938	März 1939	April 1939	März 1940	April 1940	März 1941	April 1941	März 1942	April 1942	März 1943	April 1943	März 1944
	Werte in RM-Pfennig je Stunde													
Facharbeiter	84,3	85,4	89,5	92,5	93,5	94,8	94,4	97,5	101	98,3	98,9	101	100	96,0
Hilfsarbeiter	66,6	67,8	71,2	74,7	75,9	76,9	76,6	75,5	79,5	79,5	79,3	83,1	82,6	77,0
Arbeiterinnen	44,3	44,6	47,9	49,3	50,1	51,6	51,2	48,8	50,6	51,0	51,3	47,9	49,0	51,5
Lehrlinge[1079]	k. A.	k. A.	k. A.	14,0	13,0	13,2	12,6	14,2	14,2	16,7	19,4	15,6	23,2	17,9
Gesamte Belegschaft	64,3	65,2	68,7	70,1	71,1	71,7	71,1	69,9	72,2	67,4	67,0	65,5	k. A.	k. A.

Quelle: eigene Darst., basierend auf ThHStAW, Gerätebau GmbH, Nr. 163, Bl. 7 r; AHB, GB Gerätebau 1938; 1939; 1940; 1942; 1943 und BArch, R8135/5863.

Tabelle 37 verdeutlicht, wie die Gerätebau GmbH aber auch vom System der Zwangsarbeit und dem damit verbundenen Einsatz vorrangig ausländischer Arbeiterinnen profitieren konnte. Die Lohnaufwendungen für diesen Personenkreis lagen signifikant unter denen der weiteren, nicht in Ausbildung befindlichen, Beschäftigtengruppen.[1080] Eine Ausweitung der Zwangsarbeit zu Lasten regulärer aber eben teurerer Beschäftigungsverhältnisse bedeutete zugleich eine Reduzierung der Durchschnittslöhne für die Gesamtbelegschaft.[1081] Mit dem damit gesunkenen Lohnkostenanteil der Produktion konnte eine weitere Gewinnsteigerung erreicht werden. Die Gewinnorientierung und Gewinnmaximierung des Familienunternehmens, wie sie das Zitat am Anfang der Arbeit herausstellt,[1082] sorgte insoweit nur für ein Handeln im Rahmen des dafür Nötigen. Eine besonders hervorzuhebende, gelebte soziale Verantwortung gegenüber weiten Teilen der Belegschaft zeigte sich trotz den vorhandenen positiven Ansätzen nicht. Diese Einschätzung fand bereits 1945 mit der fristlosen Kündigung der Belegschaft der Gerätebau GmbH am 30.05.1945[1083] eine gewisse Bestätigung.

1079 Die Lehrlingsausbildung in der „Gerätebau GmbH" setzte erst langsam ein. Bis zur Einrichtung einer „Lehrlingswerkstatt" erfolgte die Berufsausbildung in einer „Lehrecke" im Betrieb. Am 01.04.1938 hatte das Unternehmen einen, ein Jahr später fünf Lehrlinge. Vgl. AHB, GB Gerätebau 1939, S. 2 f.

1080 Hier zeigt sich eine Parallele zur durch Gebr. Thiel lange Zeit genutzten Heimarbeit.

1081 AHB, GB Gerätebau 1943, S. 2.

1082 Die schön u. großzügig empfundene Produktionsstätte mit entsprechenden, vielleicht angenehmen Bedingungen für die Mitarbeiter wurde staatlich finanziert u. eben nicht durch Gebr. Thiel. Insoweit blieben neben einem gewissen unternehmerischen Risiko doch überwiegend die Gewinne bei Gebr. Thiel. Die Verhältnisse u. vertraglichen Beziehungen rund um die Gerätebau GmbH zeigen die praktisch gelebte Umsetzung der Intention dieses Zitats.

1083 Görner, Chronik Mühlhausen, S. 432.

IV. Die Entwicklungen ab 1945

1. Die Folgen der Enteignung

1.1. Vermögensverluste in der Sowjetischen Besatzungszone

Das Kriegsende am 08.05.1945 bedeutete für die deutsche Wirtschaft eine grundsätzliche Zäsur. Neben der Abkehr von einer vordergründig auf Kriegsmaterial ausgelegten Produktion galt es, Beschaffungs- und Absatzmärkte neu bzw. wieder zu erschließen. Die Umstellung von der Kriegs- zur Friedenswirtschaft war nicht neu, aber anders als nach Ende des Ersten Weltkrieges nahmen die Siegermächte 1945 diesmal sofort unmittelbaren Einfluss auf die Entwicklungen in den verschiedensten Bereichen von Politik, Wirtschaft und Gesellschaft. Für Gebrüder Thiel bedeutete das, dass der Produktionsbetrieb mit dem Einzug der Amerikaner in Ruhla und den weiteren Standorten noch vor dem offiziellen Kriegsende zum Erliegen kam. Eine Umstellung auf zivile Güter, insbesondere das Wiederanfahren der Uhren- und Maschinenproduktion konnte zunächst nicht erfolgen. Bis zum Wechsel der Besatzungstruppen Anfang Juli 1945 änderte sich das nicht. Dem Abzug der Amerikaner folgte der Einzug der sowjetischen Besatzer und damit Klarheit über den weiteren Weg der Thiel'schen Betriebe.[1084]

Die Amerikaner hatten im Wesentlichen nur Produktionsunterlagen aus den einzelnen Betrieben und einige leitende Angestellte mitgenommen. Grundsätzliche Unternehmensstrukturen und Produktionsanlagen blieben weitestgehend unangetastet.[1085]

Auf Grundlage der „Polizeiverordnung über die Beschlagnahmung des Vermögens ehemaliger Mitglieder der Nationalsozialistischen Deutschen Arbeiterpartei"[1086] vom 06.07.1945 erfolgte am 10.07.1945 eine entsprechende Polizeiverfügung über die Beschlagnahme der Vermögen der „Firma Gebr. Thiel G.m.b.H., Ruhla, und deren Gesellschafter; der Firma Gebr. Thiel G.m.b.H., Seebach, und deren Gesellschafter; insbesondere des Dr. Reinhold Thiel in Ruhla, Eisenach und Weimar".[1087] Der tatsächliche Vollzug dieses vom Regie-

1084 Görner, Chronik Mühlhausen, S. 423, 429, 432; ALK, Beiträge Betriebschronik, S. 25; AHS, Ortschronik Seebach, S. 10 u. Köllner, Ende des Zweiten Weltkrieges, S. 16–26.

1085 Cramer, Gerätebau GmbH, S. 14 u. APD, Thiel, Rückblick 1956, S. 34.

1086 Polizeiverordnung vom 06.07.1945.

1087 Polizeiverfügung vom 10.07.1945. Diese umfasste weiterhin die Beschlagnahmung der nachfolgenden Vermögen: der Firma Schokoladenfabrik Mauxion, Saalfeld u. ihrer Inhaber; des Staatsbankpräsidenten Otto Demme; des Reichstagsabgeordneten Ernst Katzmann; des Staatssekretärs Walter Ortlepp; des Gauleiters Fritz Sauckel; des Staats-

rungspräsidenten für Thüringen erlassenen Rechtsaktes erfolgte, soweit er sich auf die Unternehmen der Gebrüder Thiel in Ruhla bezog, am 13.07.1945. An diesem Tag fand eine protokollierte Besprechung in den Geschäftsräumen in Ruhla statt. In dieser verkündete der Bevollmächtigte des Regierungspräsidenten die Beschlagnahmung den Anwesenden, darunter die Vertreter der Geschäftsleitung Otto Eichel, Werner Vogel und Franz Ackenhausen, und gab die weiteren Abläufe bekannt. Die bisherige Geschäftsführung wurde mit sofortiger Wirkung von ihren Aufgaben entbunden, ferner wurde dem Aufsichtsrat jede Betätigung untersagt. Erteilte Einzelvollmachten und Prokuren erloschen. In anfänglicher Abwesenheit wurden Max Dittus als kaufmännischer und Heinz Thiel als technischer Geschäftsführer kommissarisch eingesetzt. Zum Treuhänder wurde der zuvor dem Leiter des Direktionssekretariates Otto Eichel unterstellte Franz Wolz bestellt. Zudem wurde die Übergabe der Geschäftsleitung auf den 14.07.1945 um 08:00 Uhr angesetzt.[1088]

Alle drei künftig Verantwortlichen waren bereits in der Zeit vor der Beschlagnahmung mit dem Unternehmen gut vertraut. Für den Treuhänder Franz Wolz,[1089] welcher das erwähnte Direktionssekretariat als Schaltstelle aller Thiel-Betriebe geführt hatte, traf das in besonderer Weise zu. Von seiner grundlegenden, detaillierten Kenntnis der Unternehmens- und Gesellschafterinterna dürften die neuen Eigentümer zum Nachteil der Familie erheblich profitiert haben. Im Gegensatz zu Dr. jur. Kurt Sause, 1945 Notar in Eisenach und früher als Justitiar Mitarbeiter im Direktionssekretariat bei Gebrüder Thiel,[1090] ließ Franz Wolz keine Unterstützung der Gesellschafter bei deren Bemühen um eine Rettung von Unternehmenswerten erkennen.[1091] Max Dittus erhielt am 19.05.1939 Handlungsvollmacht für die Gebrüder Thiel GmbH.[1092] Heinz Thiel, Hauptingenieur in Ruhla, war zugleich Mitglied der Erbengemeinschaften nach Ernst und Werner Thiel und somit ebenfalls einer der enteigneten Thiel-Gesellschafter. Dieser Umstand blieb den Verantwortlichen zum Zeitpunkt der Besprechung offensichtlich verborgen, anderenfalls wäre die Einsetzung in die

---

rates Dr. Walter Schieber, alle Weimar sowie des Ministerpräsidenten Willy Marschler, Pillingsdorf bei Ronneburg u. des SS-Brigadeführers Paul Hennicke in Gotha.

1088 AAK, Protokoll 13.07.1945, S. 1–7, vgl. auch AET, Beweissicherung I, Protokoll 13.07.1945, S. 1–9.

1089 „Wolz war für uns in seiner Entwicklung eine Enttäuschung. Während seiner Lehrzeit durch gute Leistungen aufgefallen, hatten wir ihm an der Handelshochschule Leipzig das Studium bis zur Ablegung der Diplom-Kaufmannsprüfung ermöglicht. In den weiteren Stadien seiner Ausbildung, insbesondere in der Zeit, die er in unserer Londoner-Niederlassung verbrachte, hatte sich seine Verantwortungsscheu offenbart. Im Direktionssekretariat war er wegen seiner Zuverlässigkeit und Gewissenhaftigkeit brauchbar." Vgl. AET, Lebenserinnerungen Thiel 1963, S. 174 f.

1090 ThHStAW, Gebr. Thiel GmbH Ruhla, Nr. 340, Bl. 194 r u. AET, Beweissicherung I, Protokoll 13.07.1945, S. 9.

1091 AKH, Geschäftsbericht 05.11.1949, S. 4.

1092 AAK, Protokoll 13.07.1945, S. 5.

neue Position vermutlich nicht erfolgt. Heinz Thiel wechselte später zur Uhrenfirma Mauthe nach Schwenningen und war dort am Aufbau der Armbanduhrenproduktion beteiligt.[1093]

Das „Gesetz über die Sicherstellung und Enteignung von Nazivermögen“[1094] vom 09.10.1945 beseitigte die etwaige Hoffnung, dass es sich bei der Vermögensbeschlagnahme nur um eine vorübergehende Maßnahme handeln könnte. Paragraf 19 des Gesetzes gab explizit an, dass es sich bei den Beschlagnahmungen aufgrund der Polizeiverordnung vom 06.07.1945 um Enteignungsverfügungen handelte. Die Aufhebung des Gesetzes am 04.12.1945 führte zu keiner grundsätzlich veränderten Rechtslage. Vielmehr gründete sich die auf eine Anordnung der Sowjetischen Militäradministration für das Land Thüringen zurückgehende Aufhebung auf die bereits „erschöpfende Regelung in den Befehlen des Obersten Chefs der Sowjet-Militär-Administration in Deutschland über die Verhängung der Sequester und zeitweiligen Verwaltung über einige Vermögenskategorien in Deutschland“.[1095] Für die Gebrüder Thiel GmbH wurde die Sequestration am 22.03.1946 ins Handelsregister eingetragen.[1096]

Auf Grundlage des Befehls Nummer 311 des Verwaltungchefs der SMA für Thüringen vom 19.07.1946 erfolgte die Übertragung der Uhren- und Maschinenfabrik Gebrüder Thiel mit ihren Standorten in Ruhla und Apolda als Reparationsleistung Deutschlands an die UdSSR und war dazu an die SAG für Präzisionsmaschinen zu übergeben.[1097] Die Übergabe wurde auf den 28.07.1946 angeordnet und umfasste Grundstücke, Fabrikgebäude, Wohngebäude, Maschinen und maschinelle Anlagen, Werkzeuge, Betriebs- und Geschäftsausstattung, Roh-, Hilfs- und Betriebsstoffe sowie fertige und halbfertige Erzeugnisse. Der Wert des übergebenen Vermögens wurde auf 12.367.742,55 RM beziffert.[1098] „Das übrige Vermögen, in der Hauptsache also die Aussenstände und die flüssigen Mittel, ebenso die Verbindlichkeiten verblieben der Firma ‚Thiel‘ und bildeten die Liquidationsmasse.“[1099] Die entsprechende Liquidationseröffnungsbilanz wurde auf den 29.07.1946 erstellt und zeigte eine Bilanzsumme von 26.366.923,19 RM. In dieser Summe waren die übergebenen Werte enthalten und wurden dort auf der Passivseite als zurzeit uneinbringliche Forderungen ausgewiesen.[1100]

1093 AET, Erinnerungen Thiel 1967, S. 145 i. V. m. ACR, Erbaufteilung 1953.

1094 Gesetz über Enteignung vom 09.10.1945.

1095 Gesetz vom 04.12.1945.

1096 AG Mühlhausen, HRB 27.

1097 AET, Beweissicherung I, SMA-Befehl Nr. 311.

1098 „Von Interesse ist die Feststellung des Liquidators, welcher den Übernahmewert für die an die SAG übergebenen Vermögensgegenstände mit RM 11.206.000,-- höher beziffert.“ Vgl. AET, Beweissicherung 1970, S. v. 29.12.1954 Thiel-Sause, S. 2.

1099 AET, Beweissicherung I, Liquidationseröffnungsbilanz 29.07.1946, S. 1.

1100 Ebd., S. 9 u. ACR, Bescheid 13.08.2004, S. 3.

Die Gebrüder Thiel Seebach GmbH mit ihren zugehörigen Werken wurde nach der Sequestration sowie Demontage der Anlagen und Maschinen zugunsten der Sowjetunion durch die SMA-Thüringen an das Land Thüringen übergeben. Mit dieser Übergabe wurde das Unternehmen entsprechend den Regelungen des Gesetzes vom 24.07.1946 „zugunsten des Landes Thüringen entschädigungslos enteignet.“[1101] Der Handelsregistereintrag wurde am 07.09.1948 auf Antrag des Amtes zum Schutz des Volkseigentums in Weimar gelöscht.[1102] Das Werk der Gerätebau GmbH in Mühlhausen wurde nach der Demontage durch Sprengung der Gebäude zerstört.[1103]

Aufgrund der Tatsache, dass alle Betriebsstätten der drei in Ruhla ansässigen Thiel-Gesellschaften ebenfalls in Thüringen lagen, erfassten die in der Sowjetischen Besatzungszone getroffenen Regelungen zur Enteignung formal alle Teile des Familienkonzerns. Die nachfolgenden Darstellungen zeigen, welche Dimension die in Jahrzehnten der Unternehmensgeschichte geschaffenen Werte erreicht hatten. Sie verdeutlichen ebenso, dass für die Gesellschafter auch nach der Enteignung einige Vermögenswerte erhalten blieben bzw. durch spätere Entschädigungsleistungen der Bundesrepublik Deutschland ersetzt wurden. Tabelle 38, S. 227, liefert eine Momentaufnahme der durch Gebrüder Thiel gelenkten Produktionsanlagen etwa ein Jahr vor dem Zusammenbruch. Abgesehen vom Produktionsstandort der Gerätebau GmbH in Mühlhausen befanden sich die aufgelisteten Grundstücke und Betriebe an den weiteren Unternehmensstandorten im Eigentum der Thiel-Gesellschaften. Wird die Gerätebau GmbH zunächst ausgeklammert, so belief sich die Betriebsfläche in den Fabriken an den fünf weiteren Standorten auf etwa sechs Hektar, wobei der wesentliche Teil der Fabrikanlagen innerhalb der zurückliegenden 15 Jahre entstanden war.[1104]

Die reine Demontage und Zerstörung des im staatlichen Auftrag[1105] errichteten und ausgestatteten Werkes in Mühlhausen bedeutete keinen unmittelbaren Vermögensverlust für die natürlichen Personen unter den jeweiligen Thiel-Gesellschaftern. Diese waren nur indirekt über die Gebrüder Thiel GmbH und die Gebrüder Thiel Seebach GmbH an der Gerätebau GmbH beteiligt. Berechtigte bezüglich der aus der Bilanz der Gerätebau GmbH[1106] ablesbaren Vermögenswerte war daher in erster Linie die Muttergesellschaft, die ihre Beteiligung als Totalverlust verbuchen musste. Hinzu kam aus den finanziellen Verflechtun-

1101 Gesetz vom 24.07.1946.

1102 AKH, Geschäftsbericht 05.11.1949, S. 1 i. V. m. AHS, Ortschronik Seebach, S. 10 f; AAK, Bescheid 28.02.1994, S. 1, S. 4 u. 6 u. Kamp, Geschichte der Technik, S. 17.

1103 Baranowski, Rüstungsproduktion, S. 313 f u. Cramer, Gerätebau GmbH, S. 14.

1104 AET, Lebenserinnerungen Thiel 1963, S. 143.

1105 APD, Thiel, Rückblick 1956, S. 28 f.

1106 Es ist zweifelhaft, ob für die Gerätebau GmbH zum Ende des Geschäftsjahres 1944/45 am 31.03.1945 noch eine Bilanz erstellt wurde. Um jedoch hier eine Orientierung hinsichtlich der Bilanzstruktur zu ermöglichen, wurde auf die Bilanzen zum 31.03.1943 u. 13.03.1944 zurückgegriffen.

gen zwischen den Konzerngesellschaften ein offener Saldo i. H. v. 1.158.877,98 RM, der mit hoher Wahrscheinlichkeit durch die Gerätebau GmbH den beiden weiteren Thiel-Gesellschaften geschuldet wurde, was aus dem Vergleich der Werte in Tabelle 40 und Tabelle 41, ab S. 230 zu schließen ist.[1107]

In Tabelle 38 sind weiterhin vergleichende Beschäftigtenzahlen angegeben. Diese Werte unterlagen im Zeitverlauf erheblichen Schwankungen (vgl. Abschnitt III, Kap. 3.3.). Ursächlich für die fehlende Kontinuität war die starke Abhängigkeit von Rüstungsaufträgen.[1108] Da diese, wie Tabelle 39, S. 228, zeigt, in den Kriegsjahren deutlich über 80 % des Konzernumsatzes ausmachten, wirkten sich die wiederholten Kurswechsel der politischen Auftraggeber unmittelbar auf Gebrüder Thiel aus. Folglich ist davon auszugehen, dass auch ohne Enteignung nach Kriegsende ein erheblicher Teil der Produktionskapazitäten brach gelegen und so zu einem verminderten Bewertungsansatz für die Unternehmen geführt hätte.

Tabelle 38: Statistik Thiel-Betriebe 1944

Standort	Fläche im Unternehmensbesitz	mit Fabrikgebäuden bebaute Fläche	Fabrikbetriebsfläche	[1109]Beschäftigte
	Angaben in m² (Stand 15.02.1944)			Februar/ Dezember 1944
Ruhla	199.523	16.037	31.265	2.025/1.959
Apolda	9.514	1.776	4.060	415/478
Meiningen	1.003	413	868	88/115
Seebach	78.372	4.862	10.250	1.709/1.497
Waltershausen	36.448	9.923	15.935	2.071/1.934
Mühlhausen	225.000	12.000	21.027	3.488/3.415
Summe	549.860	45.011	83.405	9.796/9.398

Quelle: eigene Darst., basierend auf ThHStAW, Gebr. Thiel GmbH Ruhla, Nr. 454, Bd. 1, Bl. 11 r ff. u. 256 r–257 r; Nr. 461, Bl. 4 r; 38 r; 68 r; 96 r; 123 r; 159 r; 188 r u. 223 r u. Gerätebau GmbH, Nr. 453, Bl. 13 r; 33 r; 174 r f; 185 r; 410 r; 455 r u. 464 r.

Neben den Fabrikanlagen verfügten die Unternehmen weiterhin über einen umfangreichen Bestand an werkseigenen Wohnungen. So lebten Anfang 1943 in Ruhla 207, in Apolda 5, in Seebach 18 und in Waltershausen 21 Mitarbeiter in

1107 Der angegebene Wert resultiert aus dem Vergleich der jeweils letzten Bilanzen. Inwieweit zwischen den abweichenden Bilanzstichtagen noch wertverändernde Transaktionen stattgefunden haben, ist nicht bekannt. Dieser Aspekt kommt aber als eine eventuelle Fehlerquelle in Betracht. Ein Vergleich der Werte bei gleichem Stichtag (31.12.1944) ergibt einen offenen Saldo von 732.448,69 RM.

1108 AHB, Bilanz und GB 1940, S. 1.

1109 Zur Wehrmacht eingezogene Mitarbeiter sind in diesen Werten, soweit die entsprechende Zahl in der jeweiligen Einzelquelle separat angegeben wurde, nicht enthalten.

solchen Wohnungen.[1110] In den verschiedenen Bilanzen (vgl. Tabelle 40 und Tabelle 41, ab S. 230) findet sich zudem unter den Positionen Hypothekarisch gesicherte Werksdarlehen der Hinweis auf Hilfeleistungen der Firmen zur eigenverantwortlichen Wohnraumschaffung der Beschäftigten. In Mühlhausen stand aufgrund des Status eines Pachtbetriebes vermutlich nur ein Hausgrundstück im rechtlichen Eigentum von Gebrüder Thiel[1111]

Tabelle 39: Umsatzentwicklung Thiel-Gesellschaften 1941–1943

Gesellschaft		1941 bzw. 1940/41[1112]	1942 bzw. 1941/42	1943 bzw. 1942/43
		Nettoumsatz gerundet in RM		
Gebrüder Thiel GmbH (gesamt)		14.820.000	13.025.000	10.504.000
davon in	Zeitzündern	7.351.000	7.533.000	5.178.000
	Uhren	2.153.000	892.000	1.200.000
	Maschinen[1113]	5.316.000	4.600.000	4.126.000
Gebrüder Thiel Seebach GmbH		22.760.000	20.366.000	16.870.000
Gerätebau GmbH[1114]		15.100.000	18.650.000	14.733.000
Summe		52.680.000	52.041.000	42.107.000

Quelle: eigene Darst., basierend auf ThHStAW, Gebr. Thiel GmbH Ruhla, Nr. 309, Bl. 1 r–6 r; Gerätebau GmbH, Nr. 455, Bl. 348 r u. v u. AHB, GB Gerätebau 1943, S. 2.

Für die Bewertung der Unternehmen und damit die Abschätzung der den Gesellschaftern tatsächlich verloren gegangenen Vermögenswerte sind noch weitere dynamische Faktoren zu beachten. So blieben auch im hypothetischen Fall eines zügigen und kostenneutralen Abbaus bestehender Überkapazitäten nach dem Krieg die beiden für die Friedensproduktion in Frage kommenden Hauptproduktgruppen Uhren und Maschinen mit einer finanziellen Hypothek belastet. Diese bestand zunächst aus dem Mitteleinsatz für die Produktionsumstellung und die Rückeroberung früherer Märkte. Ungeachtet der Tatsache, dass dafür bereits in den ersten Kriegsjahren Rücklagen gebildet wurden,[1115] hätte ein Angreifen derselben zum Substanzverzehr beigetragen. Das Aufholen möglicher, über die Kriegsjahre entstandener Entwicklungsrückstände, insbesondere in der vernachlässigten Uhrenfertigung, wäre ein weiterer finanzieller Belastungsfaktor. Die Abschätzung der zu erwartenden Nachfragesituation und damit der Absatzmöglichkeiten für die eigenen Produkte in den Nachkriegsjahren stellt ein weiteres Bewertungskriterium dar. Für den Verkauf der Produkte aus

1110 ThHStAW, Gebr. Thiel GmbH Ruhla, Nr. 454, Bd. 1, Bl. 103 r.
1111 AAK, Bescheid 28.02.1994, S. 2.
1112 Geschäftsjahr der „Gerätebau GmbH“ vom 01.04. bis zum 31.03. des Folgejahres.
1113 Werte beinhalten die Umsätze in Maschinen mit der Gebr. Thiel Seebach GmbH.
1114 Weitere, teilweise abweichende, Umsatzzahlen finden sich im Prüfbericht für das Geschäftsjahr 1943/44. Gesamtumsatz 1942/43 15,271 Mio. RM, 1943/44 15,031 Mio. RM u. 1944/45 (01.04.–30.09.) 7,303 Mio. RM, vgl. BArch, R8135/5863.
1115 AHB, Bilanz und GB 1940, S. 2.

der Uhrenfertigung dürfte aufgrund der Produktionsausfälle in den Kriegsjahren mit einem echten Bedarf zu rechnen gewesen sein. Möglicherweise etwas anders wäre die Situation im Maschinenbereich zu beurteilen, wo Maschinen, sofern sie nicht durch Kriegseinwirkung zerstört oder beschädigt wurden, in Teilen für eine zivile Produktion umgenutzt werden konnten. Im Inland wäre wegen der zuvor aufgeblähten Rüstungsgüterproduktion mit entsprechend ausgestatteten Fertigungsstätten von einem unmittelbaren vorrangigen Bedarf an neuen Werkzeugmaschinen nicht auszugehen gewesen. Der schnelle Ausbau des Auslandsgeschäfts hätte wiederum durch Handelsbeschränkungen und nationale Ressentiments gehemmt werden können. Im Ergebnis sind damit verschiedenste Unsicherheitsfaktoren aufgezeigt, welche dazu beitragen, dass eine exakte Ermittlung der durch Enteignung eingetretenen Vermögensschäden unter Berücksichtigung dynamischer Aspekte des Wirtschaftsverlaufs nicht möglich ist. Die weitere Abschätzung basiert daher auf einer vergleichenden Betrachtung verschiedener Bilanzen. Erste Grundlage bilden die Bilanzen der beiden in der Polizeiverfügung vom 10.07.1945 genannten Thiel-Gesellschaften zum Jahresende 1944. Deren Aufstellung unterlag annahmegemäß noch keiner Manipulationsgefahr angesichts einer bevorstehenden Enteignung. Für die Gebrüder Thiel GmbH wurden die Bilanz zum Ende des vorangegangenen Geschäftsjahres mit derjenigen vom 14.07.1945 zusammengeführt und die einzelnen Werte einander gegenübergestellt. Auffällig ist die ausgewiesene Verlustposition, welche das Stammkapital leicht übersteigt. Es bleibt fraglich, inwieweit bei der Berechnung politische Motive die rein kaufmännisch orientierte Buchführung überlagern. In den Bilanzen werden zudem erhebliche Bewertungsreserven erkennbar. So offenbart der Vergleich der bewerteten Vermögenspositionen, welche im Juli 1946 an die SAG übergeben wurden,[1116] mit den zuordenbaren Bilanzpositionen vom 14.07.1945 (vgl. Tabelle 40, S. 230) einen Differenzbetrag von 10.431.765,41 RM. Werden die verbliebenen Positionen des Anlage- und Umlaufvermögens hinzugerechnet und diejenigen Werte abgezogen, die für eine Verflechtung innerhalb des Konzerns stehen, ergibt sich ein als Schadenswert anzusehenden Betrag von ca. 18,5 Mio. RM. Teile der angesprochenen Verlustposition wären, soweit diese auf die tatsächliche Geschäftstätigkeit entfielen, zum Abzug zu bringen. Immaterielle Vermögenswerte in Form von Patenten und Lizenzen wurden nicht berücksichtigt, obwohl diese ebenfalls eine verlorene Vermögensposition darstellen.

1116 Vgl. AET, Beweissicherung I, Liquidationseröffnungsbilanz 29.07.1946.

Tabelle 40: Bilanzvergleich Gebr. Thiel GmbH 1944 und 1945

Aktiva	Werte Stand 31.12.1944 und (14.07.1945) in RM		Passiva
Bebaute Grundstücke mit Wohn- und Geschäftsgebäuden	1,00 (1,00)	Stammkapital	10.560.000,00 (10.560.000,00)
Bebaute Grundstücke mit Fabrikgebäuden oder anderen	91.412,71 (128.155,24)	Statuarische Rücklagen	1.056.000,00 (1.056.000,00)
Unbebaute Grundstücke	111.912,15 (111.912,15)	Andere Rücklagen	250.000,00 (250.000,00)
Maschinen und maschinelle Anlagen	1,00 (1,00)	Dr. R. Thiel Begabtenförderungsfonds	50.000,00 (50.000,00)
Werkzeuge, Betriebs- u. Geschäftsausstattung	1,00 (1,00)	Wertberichtigung zur Aktiva	1.610.000,00 (11.535.755,87)
Betriebsanlageguthaben	250.000,00 (250.000,00)	Rückstellungen für ungewisse Schulden	849.881,90 (394.889,60)
Beteiligungen	2.950.004,00 (2.950.004,00)	Anzahlungen von Kunden	121.800,14 (266.058,14)
Hauszinssteuerabgeltung	43.840,00 (41.100,00)	Verbindlichkeiten aufgrund von Warenlieferungen u. Leistungen	329.461,18 (171.770,48)
Zwischensumme Anlagevermögen	3.447.171,86 (3.481.174,39)	Verbindlichkeiten gegenüber Konzernunternehmen	33.575,05 (0,00)
Roh-, Hilfs- u. Betriebsstoffe	903.965,60 (1.275.239,14)	Verbindlichkeiten gegenüber Banken	0,00 (51.178,78)
Halbfertige Erzeugnisse	2.353.122,01 (408.981,13)	Sonstige Verbindlichkeiten	831.631,25 (787.498,42)
Fertige Erzeugnisse u. Handelsware	122.620,50 (11.686,48)	Gewinnvortrag aus 1943	77.539,59 (0,00)
Wertpapiere des Umlaufvermögens	2.425.906,40 (2.404.580,05)	Reingewinn 1944	161.280,80 (0,00)
Eigene Anteile (Nennwert 72.600 RM)	16.500,00 (16.500,00)	Rechnungsabgrenzungsposten	0,00 (431,99)
Hypothekarisch gesicherte Werksdarlehen	9.296,24 (7.198.98)		
Geleistete Anzahlungen	30.061,71 (41.854,44)		
Forderungen aufgrund von Warenlieferungen u. Leistungen	817.747,94 (860.805,84)		
Forderungen an Konzernunternehmen	637.171,32 (1.194.558,82)		
Schecks	(3.156,40)		
Kassenbestand, incl. Reichsbank- und Postscheckguthaben	99.700,30 (944.685,59)		
Andere Bankguthaben	4.960.698,67 (3.069.420,95)		
Sonstige Forderungen	107.207,36 (465.579,67)		
Zwischensumme Umlaufvermögen	12.483.998,05 (10.704.247,49)		
Gewinnvortrag aus 1944	(27.620,39)		
Verlust bis 14.07.1945	(10.965.781,79)		
Bilanzsumme	15.931.169,91 (25.123.583,28)	Bilanzsumme	15.931.169,91 (25.123.583,28)

Quelle: eigene Darst., basierend auf BvS, 620-Bilanz und GB 1944 u. ThHStAW, Gebr. Thiel Treuhandbetrieb, Nr. 780, Bl. 3 r.

Tabelle 41: Bilanzvergleich „Seebach" GmbH 1944 und 1945

Aktiva	Werte Stand 31.12.1944 und (01.09.1945) in RM)		Passiva
Bebaute Grundstücke mit Wohn- und Geschäftsgebäuden	52.038,16 (61.538,04)	Stammkapital (Rückführung 7.000.000,00)	8.000.000,00 (1.000.000,00)
Bebaute Grundstücke mit Fabrikgebäuden oder anderen	75.335,27 (90.234,97)	Statuarische Rücklagen (Rückführung 800.000,00)	800.000,00 (0,00)
Unbebaute Grundstücke	50.371,07 (50.371,07)	Dr. R. Thiel Begabtenförderungsfonds (Rückführung 50.000,00)	50.000,00 (0,00)
Maschinen und maschinelle Anlagen	944.388,35 (896.250,78)	Wertberichtigung zur Aktiva (Zuweisung 5.000.000,00)	4.000.000,00 (9.000.000,00)
Werkzeuge, Betriebs- u. Geschäftsausstattung	135.003,13 (117.016,78)	Rückstellungen für ungewisse Schulden	1.059.197,48 (1.225.214,44)
Betriebsanlageguthaben	250.000,00 (250.000,00)	Rückstellungen für Gewährleistung	160.000,00 (0,00)
Beteiligungen	120.001,00 (120.001,00)	Anzahlungen von Kunden	5.576,78 (4.861,68)
Hauszinssteuerabgeltung	22.320,00 (20.925,00)	Verbindlichkeiten aufgrund von Warenlieferungen u. Leistungen	435.551,04 (144.386,87)
Zwischensumme Anlagevermögen	1.649.456,98 (1.606.337,64)	Verbindlichkeiten gegenüber Konzernunternehmen	637.171,32 (1.283.009,38)
Roh-, Hilfs- u. Betriebsstoffe	839.991,78 (0,00)	Sonstige Verbindlichkeiten	599.879,36 (363.602,09)
Halbfertige Erzeugnisse	1.777.612,54 (0,00)	Sonstige Verbindlichkeiten aus Anlage- und Lehrenbeschaffung (*)	1.119.072,37 (0,00)
Fertige Erzeugnisse u. Handelsware	688.367,58 [1117](397.023,66)	Gewinnvortrag aus 1943 (Gewinnvortrag aus 1944)	216.880,21 (302.434,80)
Wertpapiere des Umlaufvermögens	2.702.406,92 (2.677.145,25)	Reingewinn 1944 (Reingewinn bis 01.09.1945)	85.554,59 (1.741,02)
Hypothekarisch gesicherte Werksdarlehen	12.036,31 (9.425,03)		
Geleistete Anzahlungen	185.660,05 (185.753,74)		
Forderungen aufgrund von Warenlieferungen u. Leistungen	1.771.935,51 (2.158.535,13)		
Forderungen an Konzernunternehmen	766.023,74 (1.247.328,54)		
Schecks	(5.400,00)		
Kassenbestand, incl. Reichsbank- und Postscheckguthaben	908.978,35 (476.837,77)		
Andere Bankguthaben	4.743.758,77 (4.278.551,61)		
Sonstige Forderungen	3.582,25 (282.911,91)		
Sonstige Forderungen aus (*)	1.119.072,37		
Zwischensumme Umlaufvermögen	15.519.426,17 (11.718.912,64)		
Bilanzsumme	17.168.883,15 (13.325.250,28)	Bilanzsumme	17.168.883,15 (13.325.250,28)

Quelle: eigene Darst., basierend auf APD, Thiel, Rückblick 1956, S. 42 u. ThHStAW, Gebr. Thiel Treuhandbetrieb, Nr. 754, Bl. 272 r.

1117 Veränderte Systematik: „Vorräte" werden ohne Differenzierung mit 290.514,33 RM u. „unterwegs befindliche Sendungen" mit 106.509,33 RM erfasst. ∑ 397.023,66 RM.

Eine analoge Betrachtung wäre für die Gebrüder Thiel Seebach GmbH unter Verwendung der in Tabelle 41, S. 231, aufgeführten Werte denkbar. Aufgrund fehlender Bewertungsansätze für die durch die Besatzungsmacht in den Fabriken vor der Übergabe an das Land Thüringen entnommenen Gegenstände ist hier eine Berücksichtigung eventuell zuvor verdeckter Bewertungsreserven nicht möglich.[1118] Der Wertansatz basiert daher auf den in der Bilanz vom 01.09.1945 angegebenen und hier als Vergleichswerte übernommenen Zahlen des Anlage- und Umlaufvermögens. Näher am Datum der Enteignung liegende Zahlen liegen nicht vor. Nach Kürzung um Werte, die eine konzerninterne Verflechtung verkörpern, bleibt ein Schadensbetrag bei der Gebrüder Thiel Seebach GmbH von etwa 12 Mio. RM.

Tabelle 41 verdeutlicht zugleich, dass für das Geschäftsjahr 1944 an die Gesellschafter der Gebrüder Thiel Seebach GmbH keine Dividende zur Auszahlung gelangt ist. Im Gegensatz dazu zeigt Tabelle 40, S. 230, dass eine Verbuchung der Dividende für die Gebrüder Thiel GmbH im Jahr 1945 für das vorangegangene Geschäftsjahr noch stattfand.[1119] Da die entsprechende Buchung auf den bei der Gesellschaft geführten Privatkonten erst am bzw. kurz vor dem 06.07.1945 mit Wertstellung auf den 01.04.1945 erfolgte, dürften die wenigsten Gesellschafter noch tatsächlich darüber verfügt haben.[1120]

Das enteignete Vermögen summiert sich entsprechend der vorgenommenen bilanzmäßigen Betrachtung und unter Abzug der im ersten Halbjahr 1945 bei der Gebrüder Thiel GmbH mutmaßlich aufgelaufenen Verluste auf mindestens 20 Mio. RM. Der Saldo der konzerninternen finanziellen Verflechtungen wurde als Forderung an die Gerätebau GmbH aufgefasst und berücksichtigt. Inwieweit für die verbliebenen Reste dieser Gesellschaft ein darüber hinausgehender tatsächlicher Vermögensschaden für die Gesellschafter angenommen werden darf, bleibt fraglich. Da Zahlen aus dem Jahr der Enteignung nicht verfügbar sind, müssen die in Tabelle 42, S. 233, aufbereiteten Werte als Anhaltspunkt für eine Abschätzung dienen. Dass der angegebene Schadensbetrag auf einer konservativen Ermittlung beruht, zeigen die leicht liquidierbaren Positionen des Umlaufvermögens der Hauptgesellschaften. Die Beträge für Wertpapiere, Bank- und Kassenguthaben summieren sich am 31.12.1944 auf über 15,8 Mio. RM und liegen über die beiden Bilanzstichtage von 1945 (14.07. und 01.09.) addiert noch

1118 „Für die Gebrüder Thiel Seebach G.m.b.H. ist uns das Vorhandensein einer Eröffnungsbilanz oder auch nur die Ernennung von Liquidatoren nicht bekannt geworden." Vgl. AET, Beweissicherung 1970, S. v. 29.12.1954 Thiel-Sause, S. 1.

1119 Zwar steht das Ergebnis im Widerspruch zu Aussagen, dass die Dividende von 2 % nicht mehr zur Ausschüttung gelangt ist (vgl. AHB, Einladung 10.02.1950, S. 2) gleichwohl ist der Betrag, soweit über diesen durch Kontenausgleich oder tatsächliche Auszahlung an die Berechtigten verfügt werden konnte, als enteignetes Vermögen anzusehen. Rechtlich gesehen fällt er nicht dem Vermögen der enteigneten Firma zu, sondern dem Einzelvermögen der enteigneten Gesellschafter.

1120 BvS, 620-S. v. 06.07.1945 Ruhla-Thiel.

bei etwa 13,8 Mio. RM. Wie weit die Spanne des verlorenen Vermögens nach Einschätzung der bei der Übergabe anwesenden Personen reichte, zeigt eine spätere Aussage. „Ich weiß nur noch, daß bei der Beschlagnahmung der Firma durch die Sowjets und die thüringische Regierung – den Tag werde ich nie vergessen – und zwar war es der 15.07.1945[1121], der Gesamtwert auf rd. 100 Mio. Goldmark geschätzt wurde.“[1122]

Tabelle 42: Bilanzvergleich Gerätebau GmbH 1942/43 und 1943/44

Aktiva	Werte Stand 31.03.1943 und (31.03.1944) in RM		Passiva
Roh-, Hilfs- u. Betriebsstoffe	1.316.509,21 (1.491.192,80)	Stammkapital	120.000,00 (120.000,00)
Halbfertige Erzeugnisse	2.925.811,58 (1.600.361,14)	Rücklagen	870.000,00 (870.000,00)
Fertige Erzeugnisse	452.551,21 (1.435.661,58)	Wertberichtigungen auf Vorräte	430.662,56 (430.662,56)
Geleistete Anzahlungen	43.701,00 (2.319,02)	Rückstellungen für ungewisse Schulden	1.462.450,66 (1.478591,84)
Forderungen aufgrund von Warenlieferungen u. Leistungen	299.311,81 (462.099,36)	Verbindlichkeiten gegenüber „Montan“	999.130,49 (1.053.604,23)
Sonstige Forderungen	40.155,74 (45.398,37)	Verbindlichkeiten gegenüber Konzernunternehmen	833.056,14 (731.168,48)
Wertpapiere des Umlaufvermögens	7.575,00 (7.543,00)	Anzahlungen von Kunden	0,00 (2.752,32)
Kassenbestand, incl. Reichsbank- und Postscheckguthaben	157.760,62 (47.684,93)	Lieferantenschulden	185.662,61 (354.750,75)
Sonstige Bankguthaben	392.201,00 (788.025,32)	Sonstige Verbindlichkeiten	752.020,37 (573.365,34)
Rechnungsabgrenzungsposten	84.900,00 (0,00)	Rechnungsabgrenzungsposten	1.019,50 (1.059,50)
		Gewinnvortrag aus 1941/42 (Gewinnvortrag aus 1942/43)	1.004,61 (1.474,84)
		Reingewinn 1942/43 (Reingewinn 1943/44)	65.470,23 (262.857,66)
Bilanzsumme	5.720.477,17 (5.880.287,52)	Bilanzsumme	5.720.477,17 (5.880.287,52)
Unter der jeweiligen Bilanz angegeben			
Gepachtetes Anlagevermögen			8.232.510,96 (9.227.290,37)

Quelle: eigene Darst., basierend auf AHB, GB Gerätebau 1943 u. BArch, R8135/5863.

1121 Inwieweit dieses Datum tatsächlich in einem nach fast drei Jahrzehnten verfassten Schreiben korrekt angegeben ist, bleibt offen. Nach dem Protokoll zur Beschlagnahme war Franz Ackenhausen am 13.07.1945 anwesend. Da die Übergabe für den 14.07.1945 angesetzt war, ist seine Anwesenheit als vormaliger stellvertretender Geschäftsführer auch dort anzunehmen. Es ist nicht auszuschließen, dass sich die Vorgänge auch noch am Folgetag fortsetzten u. dort entsprechende Aussagen getroffen wurden.

1122 AET, Beweissicherung Bilanzen, S. v. 10.09.1973 Ackenhausen-Thiel.

Auf eine weitere hypothetische Betrachtung wird verzichtet. Stattdessen soll im folgenden Kapitel auf die Aspekte der Entschädigungszahlungen durch die Bundesrepublik Deutschland eingegangen werden.

1.2. Entschädigungszahlungen in der Bundesrepublik

Nachdem zunächst auf die Maßnahmen in der Sowjetischen Besatzungszone Bezug genommen und die Enteignung der Unternehmen in diesem Zusammenhang als vollständiger Vermögensverlust der Unternehmenswerte für die Gesellschafter angesehen wurde, bringt die Erweiterung des Blickfeldes über Thüringen hinaus eine Relativierung dieser Annahme. „Geschäftsführer, Aufsichtsrat und die in der Sitzung vom 3. Juli 1948 anwesenden Gesellschafter waren einmütig der Meinung, dass die in der Ostzone gegen (...) [die] Gesellschaften und gegen ihre Gesellschafter durchgeführten Maßnahmen nach deutschem Recht ungültig sind, sowie, dass (...) alle Möglichkeiten offen [zu] halten (...) [sind], um zur gegebenen Zeit (...) Ansprüche geltend zu machen. Zu diesem Zweck ist es notwendig, die Firmen weiter zu führen und die Eintragung des Beschlusses über die Sitzverlegung zu bewirken. (...) Zur Wahrung der Firmenkontinuität und der Bilanzkontinuität ist die Aufstellung der RM-Schlussbilanz und der DM-Eröffnungsbilanz erforderlich."[1123] Die beiden Schlussbilanzen (vgl. Tabelle 43 und Tabelle 44 beide S. 235) verdeutlichen, welche Teile des Vermögens erhalten blieben und welche Werte den verloren geglaubten Bilanzpositionen beizumessen waren. „Das Bankguthaben bei der Berliner Handelsgesellschaft ist leider das einzige Westvermögen, das (...) geblieben ist"[1124] – zu diesem Zeitpunkt eine realistische Einschätzung bezüglich der tatsächlich fassbaren Vermögenswerte.

1123 AHB, Einladung 10.02.1950, S. 4.
1124 Ebd., S. 5.

Tabelle 43: RM-Schlussbilanz Gebr. Thiel GmbH zum 20.06.1948

Aktiva	Werte am 20.06.1948 in RM			Passiva
Greifbare Vermögenswerte			Stammkapital	10.560.000,00
Bankguthaben in den westlichen Besatzungszonen		841.598,02	Vermögenssteuer-verbindlichkeit (01.01.1946–20.06.1948)	34.165,50
Beteiligung an der Gebr. Thiel Seebach GmbH		510.983,16		
Eigene Anteile (nominal 72.600,00 RM)		16.500,00		
Nicht greifbare Vermögenswerte				
Forderungen an das Reich aus Wertpapieren und Betriebsanlageguthaben	2.675.906,40			
Beteiligungen an Ostzonenvermögen	2.439.020,84			
In der Ostzone verbliebene Anlagewerte	247.167,86			
Sonstige in der Ostzone Verbliebene Umlaufwerte	9.199.993,63			
Zwischensumme	14.562.088,73			
./. Verbindlichkeiten und Rückstellungen, welche das Ostzonenvermögen betreffen	2.132.184,02			
Zwischensumme	12.429.904,71			
./. Hiergegen aufgelöste Rücklagen, Wertberichtigungen und Gewinnvorträge	3.204.820,39	9.225.084,32		
Bilanzsumme		10.594.165,50	Bilanzsumme	10.594.165,50

Quelle: eigene Darst., basierend auf AET, Beweissicherung I, RM-Schlussbilanz Ruhla.

Tabelle 44: RM-Schlussbilanz „Seebach" GmbH zum 20.06.1948

Aktiva	Werte am 20.06.1948 in RM			Passiva
Greifbare Vermögenswerte			Stammkapital	8.000.000,00
Bankguthaben in den westlichen Besatzungszonen		1.017.778,65	Vermögenssteuer-verbindlichkeit (01.01.1946–20.06.1948)	41.315,50
Nicht greifbare Vermögenswerte				
Forderungen an das Reich aus Wertpapieren und Betriebsanlageguthaben	2.952.406,92			
Beteiligungen an Ostzonengesellschaften	120.001,00			
In der Ostzone verbliebene Anlagewerte	1.279.455,98			
Sonstige in der Ostzone verbliebene Umlaufwerte	11.799.240,60			
Zwischensumme	16.151.104,50			
./. Verbindlichkeiten und Rückstellungen, welche das Ostzonenvermögen betreffen	3.975.132,85			
Zwischensumme	12.175.971,65			
./. Hiergegen aufgelöste Rücklagen, Wertberichtigungen und Gewinnvorträge	5.152.434,80	7.023.536,85		
Bilanzsumme		8.041.315,50	Bilanzsumme	8.041.315,50

Quelle: eigene Darst., basierend auf AET, Beweissicherung I, RM-Schlussbilanz Seebach.

Für beide Gesellschaften gelang es, obwohl noch keine Sitzverlegung auf das Gebiet der späteren Bundesrepublik erfolgt war, die bei der Berliner Handelsgesellschaft bestehenden Kontoguthaben zum Währungsumtausch anzumelden.[1125] Der Vorgang wurde durch Reinhold Thiel in einem zweiten Anlauf über das Bankhaus Burkhardt & Co in Essen, seinem vorübergehenden Wohnort nach der Internierung,[1126] beauftragt und letztlich abgewickelt.[1127] Die Berliner Handelsgesellschaft hatte ihren Sitz noch vor der Einflussnahme durch die Besatzungsmächte von Berlin über Apolda nach Erlangen verlegt und war damit der Enteignung durch die Sowjetische Besatzungsmacht entgangen.[1128] In den westlichen Besatzungszonen war sie zum Zeitpunkt der Währungsreform im Juni 1948 noch nicht zugelassen und damit zur Ausübung von Bankgeschäften nicht berechtigt.[1129] Erst nach der Eintragung ins Handelsregister unter der Bezeichnung Berliner Handels-Gesellschaft in Frankfurt am Main Aktiengesellschaft konnte am 23.09.1948 die Schalteröffnung in Frankfurt a. M. erfolgen.[1130] Mit diesem Datum ergab sich für Gebrüder Thiel die Möglichkeit, entsprechend den gesetzlichen Bestimmungen sukzessive auf die verbliebenen DM-Guthaben zuzugreifen.[1131] Für die Gebrüder Thiel GmbH hatte das Finanzamt Göttingen am 06.09.1948 eine Unbedenklichkeitsbescheinigung mit der Auflage erteilt, auf das angemeldete Altgeldguthaben i. H. v. 841.598,02 RM zunächst eine Vermögenssteuerabgabe über insgesamt 5.781,25 DM für den Zeitraum von 1946 bis zur Währungsreform 1948 zu zahlen.[1132] Die parallel erteilte Unbedenklichkeitsbescheinigung für die Gebrüder Thiel Seebach GmbH forderte auf das Altgeldguthaben von 1.017.778,65 RM eine Vermögenssteuer-

1125 AET, Beweissicherung 1970, S. v. 05.07.1948 Berliner Handelsgesellschaft-Thiel i. V. m. S. v. 09.07.1948 Thiel-Berliner Handelsgesellschaft.

1126 AET, Erinnerungen Thiel 1967, S. 137 f.

1127 AET, Beweissicherung 1970, S. v. 17.09.1948 Berliner Handelsgesellschaft-Thiel.

1128 AHB, Einladung 10.02.1950, S. 4 f.

1129 AET, Beweissicherung 1970, S. v. 26.06.1948 Berliner Handelsgesellschaft-Thiel.

1130 Ebd., S. v. 26.06.1948 Burkhardt-Thiel.

1131 „Die Rettung dieses Kapitals war schließlich nur der Tatsache zu danken, daß Dr. Held, der Präses der Evangelischen Kirche im Rheinland, mich an Dr. von Falkenhausen, den Chef des Bankhauses Burkhardt & Co in Essen, empfahl und daß dieser mir behilflich war, die Anmeldung und Anerkennung durchzusetzen, trotzdem – nach den Bestimmungen der Währungsreform – dieses Guthaben nicht anmeldungsberechtigt war." Vgl. AET, Erinnerungen Thiel 1967, S. 150. Präses Held war der Vorgesetzte von Reinhold Thiel bei seiner Tätigkeit beim Hilfswerk der Evangelischen Kirche in der Zeit nach der Internierung. Constantin Rößler, ein Schwiegersohn Thiels, war Hauptgeschäftsführer dieser Einrichtung und kam selbst erst durch Vermittlung seines Bruders, Oberkirchenrat Helmut Rößler, zu dieser Anstellung. Reinhold Thiel fand nach seiner Entlassung aus der Internierung Aufnahme bei seinem Schwiegersohn in Essen. Vgl. AET, Erinnerungen Thiel 1967, S. 137 f.

1132 AET, Beweissicherung 1970, Unbedenklichkeitsbescheinigung Gebrüder Thiel GmbH.

abgabe von 6.975,00 DM.[1133] Die entsprechende Zahlung wurde für beide Gesellschaften durch Reinhold Thiel über die Berliner-Handelsgesellschaft AG in Frankfurt a. M. veranlasst. Dort waren für die Gebrüder Thiel GmbH auf einem Freikonto 42.087,27 DM[1134] und einem Festkonto 42.080,95 DM verbucht. Die Gebrüder Thiel Seebach GmbH hatte 50.888,90 DM zur Gutschrift auf dem Freikonto und noch einmal den gleichen Betrag zur Verbuchung auf dem Festkonto aus der Währungsumstellung erhalten.[1135]

Nach Durchführung der Währungsreformgesetze, insbesondere des Festkontengesetzes vom Oktober 1948, verblieb den beiden Gesellschaften zusammen etwas über 100.000 DM tatsächlich verfügbares Geldvermögen.[1136]

Zu diesem zunächst geretteten Geld trat 1952 eine staatliche Ausgleichsleistung. Diese hatte zwar nur symbolischen Wert, konnte aber, nicht zuletzt angesichts der noch zwei Jahre zuvor geäußerten Erwartungen, als zufriedenstellendes Ergebnis gewertet werden. Damals wurden die „Aussichten, durch den Lastenausgleich auch nur eine geringe Entschädigung für die (...) [Gebrüder Thiel] aus der Enteignung entstandenen Schäden zu erhalten, (…) [als] sehr niedrig bewertet (…). Für die besondere, durch die Enteignung im Osten entstandene Lage (…) [der] Gesellschaften (…) [hat Thiel] bei Behörden nur wenig Verständnis oder Entgegenkommen gefunden.“[1137] Der Lastenausgleich über 63.732,89 DM war für die weitere Entwicklung hilfreich, auch wenn er nur in Vierteljahresbeträgen von je 1.037,50 DM zur Auszahlung an die Gebrüder Thiel GmbH in Sand gelangte.[1138]

Anfang der 1950er Jahre gab es hinsichtlich des vormaligen Wertpapierbesitzes Hoffnung auf Kompensation. Aus einem Bericht an den Aufsichtsrat 1951 geht hervor, dass Gebrüder Thiel auf lange Sicht mit einem Mittelzuwachs aus der Wertpapierbereinigung rechnete.[1139] Besonderes Augenmerk lag auf einer vormaligen Position Dresdner Bank-Aktien im Nennwert von 150.000 RM.[1140] Für diese hatte die Gesellschaft zufällig für die Anmeldung zur Wertpapierbereinigung benötigte Unterlagen erhalten.[1141] Die Aktien selbst hatte Gebrüder Thiel im Rahmen der Reprivatisierung der Bank nach der Weltwirtschaftskrise erworben, wobei die persönliche Beziehung Reinhold Thiels zur Dresdner Bank

---

1133 AET, Beweissicherung 1970, Unbedenklichkeitsbescheinigung Gebrüder Thiel Seebach GmbH.

1134 Die Abweichung zwischen Frei- u. Festkonto resultiert aus der fehlenden Berücksichtigung einer Überweisung über 21,25 RM im Anmeldeverfahren. Vgl. AET, Beweissicherung 1970, S. v. 26.06.1948 Berliner Handelsgesellschaft-Thiel.

1135 AET, Beweissicherung 1970, S. v. 21.09.1948 Thiel-Berliner Handelsgesellschaft.

1136 AHB, Einladung 10.02.1950, S. 7 i. V. m. Walter, Wirtschaftsgeschichte, S. 242 f.

1137 AHB, Einladung 10.02.1950, S. 5 f.

1138 AKH, Bilanz Sand 1952.

1139 AHB, Bericht 05.09.1951, S. 5.

1140 AET, Beweissicherung I, Liquidationseröffnungsbilanz 29.07.1946, S. 2.

1141 AHB, Einladung 10.02.1950, S. 5.

ausschlaggebend für die Transaktion war.[1142] Thiels Biografie zeigt an verschiedenen Stellen Berührungspunkte, deren Wurzeln aus der langjährigen Geschäftsverbindung zwischen Unternehmen und Bank herrühren dürften.[1143] Im Jahr 1953 war für diese Aktienposition das Wertpapierbereinigungsverfahren abgeschlossen.[1144] In der Bilanz des Folgejahres blieb es zunächst bei einem Merkposten von 1,00 DM, da hinsichtlich der weiteren Bewertungsfragen eine abschließende gesetzliche Regelung abgewartet werden sollte.[1145] In der Bilanz von 1955 erfolgte dann eine Zubuchung über 163.754,00 DM.[1146] Dieser Wert stellte einen nennenswerten Aktivposten der Bilanz dar. Eine Verwertung war jedoch vor dem Hintergrund der steuerlichen Behandlung der Veräußerungsgewinne, aufgrund des niedrigen Ansatzes in der DM-Eröffnungsbilanz, nicht ratsam.[1147] In den weiteren Jahren blieben die Aktien im Unternehmensbesitz. Nach einer anfänglichen Umbuchung vom Anlage- ins Umlaufvermögen,[1148] waren sie im Jahr 1969 wieder im Anlagevermögen zu finden.[1149] Die benannte Hypothek im Falle einer Veräußerung bewirkte das grundsätzliche Festhalten an dieser Wertpapierposition. Einzig im Rahmen von Kapitalmaßnahmen gewährte Bezugsrechte wurden über die Jahre teilweise veräußert. Das geschah vordergründig mit der Absicht, über die Erlöse eine weitere Beteiligung an den Kapitalerhöhungen der Bank zu finanzieren.[1150]

Ein weiterer Schritt zur Schadensminderung war im Jahr 1958 die Anmeldung der Reichstitel aus dem vormaligen Wertpapierbesitz der Gebrüder Thiel GmbH zur Ablösung durch die Bundesrepublik. Der Anmeldebetrag belief sich auf 3.652.800,00 RM und setzte sich aus verschiedenen Reichsschatzanweisungen, in der Summe 1.141.300,00 RM, und diversen weiteren Reichstiteln i. H. v. 2.511.500,00 RM zusammen.[1151] Der dafür 1962 gezahlte Ablösebetrag betrug 31.600,00 DM.[1152] Weitere Zahlungen waren nicht ermittelbar und sind in Anbetracht der 1963 getätigten Einschätzung, wonach mit „einer Anerkennung der restlichen Ansprüche aus (...) [dem] Besitz an Reichsschatzanweisungen (...) nach der Stellungnahme der zuständigen Instanz und nach dem Wertpapier-

---

1142 AET, Erinnerungen Thiel 1967, S. 161.

1143 Ebd., S. 115 u. 135 f. So war Reinhold Thiel Vorsitzender des Landesbeirates Mitteldeutschland der Dresdner Bank AG, vgl. AET, Erinnerungen Thiel 1967, S. 118.

1144 AUB, GB 1953, S. 1.

1145 Ebd., 1954, S. 1.

1146 Ebd., 1955, S. 1.

1147 AET, Erinnerungen Thiel 1967, S. 161 f.

1148 AUB, Jahresabschluss 1958 i. V. m. GB 1958, S. 1.

1149 AUB, GB 1969, S. 6.

1150 Ebd., 1958, S. 3; 1966, S. 12 u. 1969, S. 6.

1151 AET, Beweissicherung 1970, S. v. 18.12.1973 Ausgleichsamt-Thiel i. V. m. Bescheid Ausgleichsamt 25.10.1974, Ruhla.

1152 AUB, GB 1962, S. 5.

Bereinigungs-Schlußgesetz nicht mehr zu rechnen"[1153] war, vermutlich auch nicht geleistet worden.

Für die Gebrüder Thiel Seebach GmbH erfolgte, aufgrund fehlender Unterlagen, keine Anmeldung.[1154] Der Anteil der Reichstitel in deren Wertpapierbeständen wurde gegenüber dem Ausgleichsamt mit 1.475.513,32 RM beziffert.[1155]

Auf den Wertpapierbesitz der Gebrüder Thiel Seebach GmbH vor 1945 geht möglicherweise aber ein Zufluss im Jahr 1968 zurück. Im entsprechenden Geschäftsbericht findet sich unter außerordentlichen Erträgen der Hinweis auf den Verkauf einer Position von Aktien der Thüringer Zellwolle AG im Wert von ca. 32.000 DM.[1156]

Das nach der Enteignung in Thüringen von der Gebrüder Thiel GmbH und der Gebrüder Thiel Seebach GmbH gerettete Vermögen und die als Entschädi-

---

1153 AUB, GB 1963, S. 4.

1154 AET, Beweissicherung 1970, S. v. 18.12.1973 Ausgleichsamt-Thiel i. V. m. S. v. 14.01.1974 Thiel-Ausgleichsamt.

1155 AET, Beweissicherung 1970, Bescheid Ausgleichsamt 25.10.1974, Seebach.

1156 AUB, GB 1968, S. 9. Mit aller gebotenen Vorsicht ließe sich mutmaßen, dass der Ursprung dieser Aktien in der entsprechenden Unternehmensbeteiligung der Gebr. Thiel Seebach GmbH an der Thüringische Spinnfaser AG in Weimar seit 1935 zu sehen ist. Das Unternehmen wurde 1936 in Thüringer Zellwolle AG umbenannt u. der Sitz nach Schwarza verlegt. R. Thiel zeichnete als Präsident der Mittelthüringischen Industrie- u. Handelskammer in Weimar für die Gebr. Thiel Seebach GmbH bei der Gründung der AG 100.000,00 RM des sich auf insgesamt 500.000,00 RM belaufenden Grundkapitals. Die offensichtlichen Verbindungen zwischen der Funktion als IHK-Präsident u. der Entscheidung, als solcher für das eigene Unternehmen derartige Beträge zu zeichnen, verdeutlicht eine erhebliche politische Einflussnahme auf das unternehmensbezogene Handeln. Beteiligungen der Gebr. Thiel Seebach GmbH an der Thüringenhaus AG u. der Thüringer Rohstoff AG sind weitere Beispiele für derartige Abhängigkeiten vom politischen System. Vgl. ThHStAW, Gebr. Thiel Seebach GmbH, Nr. 388, u. a. Bl. 161 ff u. Nr. 390, Bl. 38 r, 116 r u. 120 r. Durch weitere Kapitalerhöhungen, bis auf 24 Mio. RM im Jahr 1941, verwässert der Anteil an der Thüringer Zellwolle AG. Im Sommer 1939 war die Gebr. Thiel Seebach GmbH noch mit 200.000,00 RM am Grundkapital von 16 Mio. RM beteiligt. Diese bereits auf 1,00 RM abgeschriebene Beteiligung wurde 1940 vollständig zum Kurswert von 209.685 RM verkauft, was auch aus der Antwort auf eine Anfrage der Commerzbank in Gotha im November 1940 hervorging. Gebr. Thiel gab darin an, dass ihr Aktien der Thüringer Zellwolle nicht zur Verfügung stehen. Anders als aus der Darstellung von Kahl zu schließen, war ein verlustfreier Verkauf solcher Aktien 1940 möglich. Vgl. Kahl, Zellwolle AG, S. 88. Belege für einen späteren neuerlichen Kauf fanden sich nicht. Eine verwertbare Aktienposition hätte damit nicht mehr zur Verfügung gestanden. Ob der unübersichtlichen Umstände kann nicht ausgeschlossen werden, dass Gebr. Thiel bei der Verwertung nach 1945 von Lücken in der Dokumentation zum Verbleib dieser Namensaktien während des Krieges profitierte u. einen nicht mehr vorhandenen Vermögenswert veräußerte. Vgl. ThHStAW, Gebr. Thiel Seebach GmbH, Nr. 389, Bl. 95 r f, u. 255 r–260 r; Gebr. Thiel GmbH, Nr. 482, Bl. 74 r. u. Kahl, Zellwolle AG, S. 74 u. 87 f.

gung durch die Bundesrepublik an die Gesellschaft in Sand geleisteten Zahlungen summierten sich entsprechend der belegbaren und hier angeführten Fakten auf rund 400.000 DM. Zu dieser Summe sind weiterhin die an die Gesellschafter, als natürliche Personen, geleisteten Entschädigungszahlungen hinzuzurechnen. Auf welche Größenordnung sich diese beliefen zeigt sich nachfolgend.

Die Chance der privaten Gesellschafter der enteigneten Kapitalgesellschaften, eine Entschädigungszahlung für ihre Anteilsverluste zu erhalten, konkretisierte sich mit dem Beweissicherungs- und Feststellungsgesetz von 1965.[1157] Obwohl die Geschäftsführung der Gebrüder Thiel GmbH in Sand bereits im gleichen Jahr im Interesse ihrer Gesellschafter aktiv wurde, vergingen Jahre, bis das Entschädigungsverfahren Ergebnisse brachte. Letztlich kam es erst im Nachgang der entsprechenden Feststellungsbescheide von 1974, also nach dem Verkauf des Familienunternehmens, zu tatsächlichen Auszahlungen. In einer ersten Durchführungsverordnung zum Gesetz im Jahr 1965 erfolgte die Regelung der Zuständigkeiten für die einzelnen Schadensregionen. Demnach wurde für die Gebiete Sachsen, Sachsen-Anhalt und Thüringen das Landesausgleichsamt in Niedersachsen verantwortlich. Erste Auskunftsstellen wurden eingerichtet. Für die Belange der Thiel-Gesellschaften war später das Ausgleichsamt der Landeshauptstadt Hannover zuständig. Nach Durchführung der entsprechenden Verfahren ergingen dort am 25.10.1974 für die Gebrüder Thiel GmbH und die Gebrüder Thiel Seebach GmbH die Bescheide über die einheitliche Feststellung von Schäden an den Anteilsrechten. Der Inhalt dieser Bescheide bildete die entscheidende Grundlage für die Ermittlung und Auszahlung der individuellen Entschädigungsansprüche. Der Wert der Geschäftsanteile der Gebrüder Thiel GmbH wurde für den 01.01.1945 mit 79,60 RM je 100 RM Geschäftsanteil festgestellt, der Wert der Anteile an der Gebrüder Thiel Seebach GmbH mit 130,00 RM. Bilanzen von 1944 und früherer Jahre, aber eben auch hier vielfach nur Schätzungen einzelner Vermögenspositionen, waren dabei maßgeblich für die Ermittlung. Auf diese Werte bezogen wurde eine Ermittlung der Schadensanteile vorgenommen.[1158]

1157 Gesetz vom 22.05.1965, § 11.

1158 U. a. AET, Beweissicherung I, S. v. 13.09.1965 Thiel-Fenner i. V. m. S. v. 15.10.1965 Fenner-Thiel; S. v. 01.10.1965 Dresdner Bank-Eichel; S. v. 12.03.1968 Gunkel-Thiel; AET, Beweissicherung 1970, S. v. 06.09.1968 Thiel-Gesellschafter i. V. m. S. v. 24.10.1968 Thiel-Thiel; S. v. 18.12.1973 Ausgleichsamt-Thiel i. V. m. S. v. 14.01.1974 Thiel-Ausgleichsamt; Bescheid Ausgleichsamt 25.10.1974, Ruhla; Bescheid Ausgleichsamt 25.10.1974, Seebach; Auszahlungsbescheid 18.08.1975 u. ACR, S. v. 05.02.1982 Ausgleichsamt-Reinhardt.

Ermittlung des Anteilsschadens für die Gebrüder Thiel GmbH[1159]

Grundlage der Berechnung stellt der durch Bescheid des Finanzamtes Eisenach nachgewiesene Gemeine Wert der Anteile per 01.01.1940 dar. Dieser wurde mit 350 RM je 100 RM Stammkapital beziffert. Entsprechend der gesetzlichen Regelung wäre für einen Schadenseintritt im Jahr 1945 der diesbezügliche Wert auf den 01.01.1945 zu verwenden gewesen. Aufgrund der eingetretenen Ereignisse lag dieser nicht vor. Unter Berücksichtigung der Kapitalberichtigung am 29.11.1941 von 2,4 Mio. RM auf 10,56 Mio. RM erfolgte die Bestimmung des Gemeinen Wertes auf 79,60 v. H.[1160] bezogen auf den 01.01.1945. Eine weitere Ermittlungsgrundlage bildete das Rohvermögen laut Handelsbilanz vom 31.12.1944. Dieses wurde mit rund 16,838 Mio. RM entsprechend verschiedener Hinzurechnungen und Abzüge aus der Bilanzsumme von 15.931.169,91 RM ermittelt (vgl. Tabelle 40, S. 230).

In einem weiteren Schritt wurden einzelne Vermögenspositionen erfasst und hinsichtlich der Kategorien Schaden bzw. Nichtschaden unterschieden. Für Schäden fand eine weitergehende Unterscheidung nach Schäden im Sinne des Beweissicherungs- und Feststellungsgesetzes und nach Schäden im Sinne des Reparationsgesetzes statt. Unter die Kategorie Nichtschaden fielen Forderungen gegen das Reich über 4.466.684,55 RM, welche sich aus dem Betriebsanlageguthaben über 250.000,00 RM, den bereits genannten Reichstiteln im Wertpapierbestand über 3.652.800,00 RM sowie geschätzten 572.423,55 RM aus Warenlieferungen zusammensetzen. Forderungen gegen weitere Schuldner in der Bundesrepublik Deutschland und Westberlin summieren sich auf 942.942,43 RM. Im Einzelnen waren das 841.598,02 RM Bankguthaben bei der Berliner Handelsgesellschaft, darüber hinaus auf geschätzten Werten beruhend, 15.030,85 RM geleistete Anzahlungen, 32.709,88 RM Forderungen aus Warenlieferungen und 53.603,68 RM sonstige Forderungen. Gegen Schuldner im Ausland bestanden aus Warenlieferungen geschätzte Forderungen i. H. v. 49.064,82 RM. Dieser Wert fiel unter die Schäden im Sinne des Reparationsgesetzes. Aufgrund der Geringfügigkeit wurde ein solcher nicht gesondert festgestellt, sondern im Ergebnis mit den weiteren Schäden zusammengefasst. Die aufgeführten Beträge erfuhren eine Kürzung im Bezug zum Gemeinen Wert. Der jeweilige Anteil am Rohvermögen bestimmte deren Höhe, wie Tabelle 45, S. 242, zeigt.

1159 Ermittlungsschritte basieren auf AET, Beweissicherung 1970, Bescheid Ausgleichsamt 25.10.1974, Ruhla.

1160 [(350 x 2,4 Mio. RM) / 10,56 Mio. RM = 79,54 v. H. ≈ 79,60 v. H.].

Tabelle 45: Bestimmung Anteilsschaden Gebr. Thiel GmbH

	Verteilung Rohvermögen in RM	Anteil am Rohvermögen in %	Anteil vom „Gemeinen Wert" je 100 RM Stammkapital in RM
nicht feststellbare Schäden Reich und BRD	5.409.626,98	32,12	25,57
Schäden im Sinne des Reparationsgesetzes	49.064,82	0,29	0,23
Schäden im Sinne des Beweissicherungs- und Feststellungsgesetzes	11.379.308,28	67,59	53,80
	≈16.838.000,--	100,00	79,60

Quelle: eigene Darst., basierend auf AET, Beweissicherung 1970, Bescheid Ausgleichsamt 25.10.1974, Ruhla.

Die Addition der beiden Schadenspositionen aus der letzten Spalte in Tabelle 45 lieferte einen festgestellten Schaden von 54,03 RM je 100 RM Stammkapital. Nach entsprechender Rundung ergab sich der eingangs für die Gebrüder Thiel GmbH genannte Betrag i. H. v. 54,10 RM. Ausgehend davon ergeben sich die Entschädigungszahlungen für den Einzelfall. Bevor diese dargestellt werden, zunächst die Wertermittlung für die Gebrüder Thiel Seebach GmbH.

Ermittlung des Anteilsschadens für die Gebrüder Thiel Seebach GmbH[1161]

Analog zur vorherigen Betrachtung bildet der aus dem Vermögenssteuerbescheid des Finanzamtes in Eisenach hervorgehende und für den 01.01.1940 mit 260 v. H. angesetzte Gemeine Wert die Grundlage. Die Umrechnung unter Berücksichtigung der Kapitalberichtigung 1941 von 4,0 Mio. RM auf 8,0 Mio. RM lieferte, bezogen auf den 01.01.1945, einen Gemeinen Wert von 130 RM[1162] je 100 RM Stammanteil. Unter Verwendung des aus der Bilanzsumme zum 31.12.1944, durch eine Wertberichtigung über 4,0 Mio. RM, hervorgegangenen Rohvermögens von rund 13.168 Mio. RM, verdeutlicht Tabelle 46, S. 243, den ermittelten Anteilsschaden.

1161 Ermittlungsschritte basieren auf AET, Beweissicherung 1970, Bescheid Ausgleichsamt 25.10.1974, Seebach.

1162 [(260 x 4,0 Mio. RM) / 8,0 Mio. RM = 130 v. H.].

Tabelle 46: Bestimmung Anteilsschaden Gebr. Thiel Seebach GmbH

	Verteilung Rohvermögen in RM	Anteil am Rohvermögen in %	Anteil vom „Gemeinen Wert“ je 100 RM Stammkapital in RM
nicht feststellbare Schäden Reich und BRD	4.506.428,97	34,22	44,49
Schäden im Sinne des Reparationsgesetzes	106.316,00	0,81	1,05
Schäden im Sinne des Beweissicherungs- und Feststellungsgesetzes	8.555.255,03	64,97	84,46
	≈13.168.000,--	100,00	130,00

Quelle: eigene Darst., basierend auf AET, Beweissicherung 1970, Bescheid Ausgleichsamt 25.10.1974, Seebach.

Die in Tabelle 46 aufgeführten nicht feststellbaren Schäden waren Forderungen gegen das Reich und gegen Schuldner in der Bundesrepublik, einschließlich Westberlin. Auf das Reich entfielen zusammen 2.965.867,32 RM, darunter befanden sich 250.000,00 RM Betriebsanlageguthaben, 1.240.354,00 RM Forderungen aus Warenlieferungen sowie ein Anteil von 1.475.513,32 RM an Reichstiteln im Wertpapierbestand. Der weitere Nichtschaden von 1.540.561,65 RM setzte sich zusammen aus 1.017.778,65 RM Bankguthaben bei der Berliner Handelsgesellschaft, 92.830,00 RM Anzahlungen auf Aluminium-Preßteile, 70.877,00 RM Forderungen aus Warenlieferungen, 1.791,00 RM sonstige Forderungen, 111.907,00 RM Forderungen aus Anlagen- und Lehrenbeschaffung sowie einen auf Grundlage gesetzlicher Regelung geschätzten Anteil von 245.378,60 RM am Wertpapierbestand.

Die Schäden im Sinne des Reparationsgesetzes waren Forderungen aus Warenlieferungen gegenüber Schuldnern mit Sitz im Ausland. Diese wurden abermals aufgrund der Geringfügigkeit nicht gesondert festgestellt, sondern zur weiteren Schadensposition hinzugerechnet. Somit ergab sich ein nach Beweissicherungs- und Feststellungsgesetz festgestellter Schaden an den Anteilen der Gebrüder Thiel Seebach GmbH von rund 85,60 RM[1163] je 100 RM Stammkapital.

Bei einer Hochrechnung auf die durch natürliche Personen zum Schadenszeitpunkt gehaltenen Geschäftsanteile der Gebrüder Thiel GmbH i. H. v. 10.487.400,00 RM ergibt sich ein Schaden von 5.673.683,40 RM.[1164] Bezogen auf die von den Privatgesellschaftern gehaltenen Geschäftsanteile der Gebrüder Thiel Seebach GmbH i. H. v. 3.794.400,00 RM, lag der festgestellte Schaden bei

1163 [1,05 RM + 84,46 RM = 85,51 RM ≈ 85,60 RM].

1164 [10.560.000,00 RM abzüglich eigene Anteile i. H. v. 72.600 RM = 10.487.400,00 RM]; [10.487.400,00 RM x 54,10 = 5.673.683,40 RM].

3.248.006,40 RM.[1165] Somit summierte sich die auf dieser Grundlage festgestellte maximale Schadenssumme für beide Gesellschaften auf 8.921.689,80 RM.

Um die geleisteten Entschädigungszahlungen an die privaten Gesellschafter abschätzen zu können, sei an dieser Stelle exemplarisch auf einen Einzelgesellschafter eingegangen.

Die Beteiligung Edwin Thiels an der Gebrüder Thiel GmbH belief sich am 13.07.1945 auf 88.000,00 RM, woraus sich ein Schaden von 47.608,00 RM[1166] errechnen lässt. Hinzu kam aus der Beteiligung an der Gebrüder Thiel Seebach GmbH i. H. v. 32.000,00 RM ein Schaden von 27.392,00 RM.[1167] Zusammengefasst betrug der Schaden an den vormaligen Geschäftsanteilen demnach 75.000,00 RM.[1168] Aufgrund der Höhe erfolgte die Eingruppierung in die Schadensgruppe 25 für Schäden bis 80.000,00 RM. Entsprechend dieser Einstufung wurde über ein weiteres komplexes, auch von verschiedenen persönlichen Faktoren abhängiges, Ermittlungsverfahren[1169] die an den Geschädigten auszuzahlende Hauptentschädigung bestimmt. Diese betrug gemäß Bescheid vom 18.08.1975 für den Beispielfall 45.970,30 DM. Der betragsmäßige Anteil am zuvor festgestellten Schaden von 75.000,00 RM lag bezogen auf den ausgezahlten DM-Betrag bei rund 60 %.[1170]

Unter Rückgriff auf die für beide Gesellschaften nach Beweissicherungs- und Feststellungsgesetz festgestellte Schadenssumme von 8.921.689,80 RM[1171] ergibt sich bei Annahme und Anwendung der 60-prozentigen Quote eine Entschädigungszahlung an die Gesellschafter i. H. v. 5.353.013,88 DM.[1172]

Es gibt unverkennbar einige Variablen bei dieser Hochrechnung, die Risiken hinsichtlich der Genauigkeit der vorgenommenen Abschätzung darstellen. Darüber hinaus ist nicht bekannt, wie viele der vormaligen Gesellschafter bzw. deren Erben anspruchsberechtigt waren und auch tatsächlich Ansprüche geltend gemacht haben. Überdies dürfte in den Fällen, in denen der festgestellte Schaden höher ausgefallen ist und damit die Eingruppierung in eine andere Scha-

---

1165 [8.000.000,00 RM abzüglich Beteiligung Gebr. Thiel GmbH i. H. v. 4.205.600,00 RM = 3.794.400,00 RM]; [3.794.400,00 RM x 85,60 = 3.248.006,40 RM].

1166 [88.000,00 RM x 54,10 = 47.608,00 RM].

1167 [32.000,00 RM x 85,60 = 27.392,00 RM].

1168 Edwin Thiel verfügte 1945 in beiden Gesellschaften über die Mindestbeteiligung. Vgl. ThHStAW, Gebr. Thiel GmbH Ruhla, Nr. 179, Bl. 4 v u. AHB, Gesellschaftsvertrag Seebach 1951, S. 11. Somit stellte der festgestellte Schaden von 75.000 RM das Minimum für die Gesellschafter, mit Ausnahme der Mitglieder einer EG, dar.

1169 Persönliche Faktoren, z. B. anerkannter Sowjetflüchtling, sind ebenso wie z. B. die Zinsfestsetzung für verschiedene Zeiträume bis zur Auszahlung berechnungsrelevant.

1170 AET, Beweissicherung 1970, Auszahlungsbescheid 18.08.1975 i. V. m. Zuerkennungsbescheid 18.08.1975 i. V. m. Feststellungsbescheid 25.06.1975.

1171 Das Verhältnis zwischen den Anteilen an den beiden Gesellschaften ist im Wesentlichen für alle natürlichen Gesellschafter gleich, daher wird eine auf kumulierten Anteilen basierende Hochrechnung möglich.

1172 [(8.921.689,80 x 60 %) / 100 % = 5.353.013,88].

densgruppe erfolgte, die Erstattungsquote tendenziell niedriger gelegen haben. In der Gesamtabwägung ist es vertretbar, den genannten Wert als obere Abschätzung für die geleisteten Entschädigungszahlungen anzunehmen. Unter Hinzurechnung der im Vorfeld als gerettet identifizierten Vermögenswerte bzw. der an die Gesellschaft direkt geleisteten Entschädigungszahlungen belief sich der im weitesten Sinne als Ausgleich für die Enteignung in der Sowjetischen Besatzungszone aufzufassende Betrag auf etwa 5,75 Mio. DM. Die Höhe des Betrages relativiert sich insofern, als dass in den Entschädigungszahlungen an die Gesellschafter ein erheblicher, aber hier in der Summe nicht näher bezifferbarer Zinsanteil für die teilweise erst mehr als drei Jahrzehnte nach der Enteignung geleisteten Entschädigungszahlungen enthalten war.[1173]

In den Jahren nach der Deutschen Wiedervereinigung wurden von einigen der 1945 enteigneten Gesellschafter bzw. von deren Erben sowie von der Rechtsnachfolgerin der Gebrüder Thiel GmbH in Sand Anträge auf Rückübertragung bzw. Entschädigung gestellt. Die entsprechenden, auf Grundlage verschiedener Gesetze[1174] ergangenen Bescheide beinhalteten die Ablehnung bzw. Versagung der geltend gemachten Ansprüche. Weitere bis zum Bundesverwaltungsgericht geführte Verfahren brachten nach derzeitigem Kenntnisstand keine Erfolge für die Geschädigten.[1175]

Die juristische Auseinandersetzung im Zusammenhang mit der Enteignung 1945 und die damit einhergehenden möglichen Rückgabe- und Entschädigungsansprüche dürfte nach Lage der Dinge nun ihr Ende gefunden haben. Insoweit erfolgt an dieser Stelle der Schritt zurück zu Gebrüder Thiel und zu den Versuchen einiger mit den früheren Familiengesellschaften verbundener Personen, nach 1945 einen Neustart auf dem Gebiet der späteren Bundesrepublik zu wagen.

1173 Für Edwin Thiel setzte sich die gezahlte Hauptentschädigung von 45.970,30 DM aus einem sog. Endgrundbetrag i. H. v. 24.810,00 DM, welcher sich wiederum in einen Altgrundbetrag i. H. v. 22.280,00 DM u. einen Mehrgrundbetrag i. H. v. 2.530,00 DM aufteilte, sowie einem auf Grundlage der Unterscheidung berechneten Zinsanteil von 21.160,30 DM zusammen. Der Zinszuschlag für den Altgrundbetrag betrug ab 01.01.1953 bis zur Auszahlung je angefangenes Kalendervierteljahr 1 v. H., für den Mehrgrundbetrag begann der Zinszeitraum am 01.01.1967 u. endete wie zuvor am 30.09.1975. Vgl. AET, Beweissicherung 1970, Auszahlungsbescheid 18.08.1975.

1174 Gesetzlichen Grundlagen waren u. a. „Gesetze zur Regelung offener Vermögensfragen", „Entschädigungsgesetz" u. „Ausgleichsleistungsgesetz".

1175 AAK, Bescheid 28.02.1994; ACR, Bescheid 13.08.2004 u. Nichtzulassungsbeschwerde 2007.

2. Der Weg in die Bundesrepublik

2.1. Die Schritte zum Neustart

2.1.1. Errichtung einer Neubauzelle

„Versetzt man sich heute in eine solche Situation, ist es schwer vorstellbar, wie unter diesen Umständen ein Neubeginn im Jahr 1949 ausgesehen hat. Doch einen entscheidenden Vorteil hatte Thiel: seinen hervorragenden, weltweit bekannten Namen. Dazu das vorhandene Know-how, marktfähige Produkte und gute Kontakte, die den Krieg überstanden hatten.“[1176] Die vorgenommene Charakterisierung verbreitet Zuversicht und lässt eine gewisse Leichtigkeit der notwendigen Schritte zum Neustart erkennen. Sie ist und bleibt aber nur eine Darstellung ex post. Die Realität, wie sie sich in den ersten Nachkriegsjahren den Betroffenen unmittelbar zeigte, war eine andere. Alle Thiel-Betriebe im Osten waren enteignet, in den westlichen Besatzungszonen existierten keine Produktionsstätten und damit zunächst keine verkaufsfähigen Produkte. Know-how und Kontakte waren in erster Linie an eine große Zahl im Unternehmen tätiger Personen gebunden und damit von deren Verfügbarkeit und Mitarbeit abhängig. Da jedoch die produktive Grundlage fehlte, die einem weiteren Personenkreis ein Auskommen sichern konnte, waren auch in dieser Hinsicht die Möglichkeiten begrenzt. Der Name Thiel bzw. Gebrüder Thiel, welcher zusammen mit den persönlichen Beziehungen Türen öffnen und Wege ebnen konnte, bliebe ohne die damit in Verbindung gebrachten Produkte eine leere Hülle, die schnell verblassen würde. Darüber hinaus war der Name eng mit dem Unternehmensstandort Ruhla verbunden und die dort verbliebenen enteigneten Betriebe nutzten ihn bis 1952[1177] im ganz eigenen Interesse und somit in Konkurrenz zu den Interessen der vormaligen Eigentümer weiter.[1178]

Das Festhalten am bisherigen Familienunternehmen und der dazu erforderliche Neuanfang in den westlichen Besatzungszonen basierte somit weit weniger auf stabilen materiellen Grundlagen als auf dem persönlichen Engagement einiger weniger Akteure. Deren Motive waren indes unterschiedlich, wie die weitere Darstellung zeigt. Auf die 1948 formulierte gemeinsame Hoffnung, durch eine Unternehmensfortführung Ansprüche wegen der als Unrecht empfundenen Enteignung zu wahren, wurde im Rahmen der Diskussion der Entschädigungszahlungen bereits eingegangen (vgl. Abschnitt IV, Kap. 1.2.). Allerdings wurde bereits im Jahr zuvor deutlich, dass die Zuversicht im Hinblick auf einen erfolgreichen Wiederaufbau auch in Teilen vormals maßgeblicher Gesellschafter, hier des inzwischen 80-jährigen Aufsichtsratsvorsitzenden Hugo Brinkmann, ge-

---

1176 Koop, MAHO, S. 102.
1177 Kamp, Geschichte der Technik, S. 19.
1178 AHB, Einladung 10.02.1950, S. 5.

schwunden war: „Es hat doch alles keinen Sinn mehr!“[1179] Die dennoch weiter verfolgte Idee eines Neuanfangs bekam im Januar 1948, nachdem bekannt wurde, dass eine Sitzverlegung in die westlichen Besatzungszonen nach Beschlagnahme im Osten rechtlich möglich war, neuen Schwung.[1180] Erste konkrete Überlegungen im April und Mai 1948, den Sitz nach Kassel zu verlegen, konnten nicht verwirklicht werden.[1181] Um weitere Verzögerungen beim Wiederaufbau zu vermeiden, rückte die Gründung eines neuen Unternehmens in den Fokus. Arthur Metzke, Ehemann einer bisherigen Thiel-Gesellschafterin und überdies selbst Inhaber einer Fabrik für Messtechnik in Kassel,[1182] bot sich nachdrücklich als Aufbauhelfer an.[1183] Aus dem Entwurf eines Gesellschaftsvertrages für die neu zu gründende Thiel-Uhrenfabrik GmbH mit Sitz in Kassel werden die weiteren an der Vorbereitung beteiligten Personen ersichtlich.[1184] Neben Arthur Metzke fanden sich als künftige Gesellschafter mit je 5.000 RM Stammeinlage seine Tochter Dorothea sowie Paul Liebergeld, Hugo Brinkmann (jun.), Constantin Rößler, Reinhold Thiel und Edwin Thiel. „Der Betrieb von Fabrikations- und Handelsgeschäften mit (...) Rohstoffen und Fabrikaten der Metallindustrie“[1185] wurde als Gegenstand des Unternehmens angegeben. Diese offene und weitgreifende Beschreibung ließ keine zwingende Verbindung zur Uhrenproduktion, wie sie angesichts des Namens des geplanten Unternehmens zu vermuten gewesen wäre, erkennen. Bei der vorgesehenen Gesellschafterstruktur zeigte sich, dass außer den Angehörigen der Familie Metzke alle weiteren Beteiligten vor 1945 in der Geschäftsführung bzw. im Aufsichtsrat der beiden Thiel-Gesellschaften mit direkter Familienbeteiligung aktiv waren. Arthur Metzke hingegen war einzig im Aufsichtsrat der Gerätebau GmbH vertreten, seine Tochter in keinem dieser Gremien (vgl. Tabelle 28, S. 181; Tabelle 29, S. 184 und Tabelle 32, S. 195). Metzkes Motive für das offensichtlich engagierte und frühzeitige Eintreten für einen Wiederaufbau dürfte stark monetär geprägt gewesen sein. Der Anteilsverlust seiner Frau, die allein an der Gebrüder Thiel GmbH zum Zeitpunkt der Enteignung mit 286.880 RM beteiligt gewesen

1179 Hugo Brinkmann zitiert nach: AET, Erinnerungen Thiel 1967, S. 140.

1180 AHB, Einladung 10.02.1950, S. 3, vgl. auch AKH, Geschäftsbericht 05.11.1949, S. 4. Der Bericht von 1949 stellte augenscheinlich das inhaltliche Grundgerüst für die der Einladung von 1950 beigefügten ausführlichen Erläuterungen zum Entwicklungsverlauf seit 1944/45 dar.

1181 AKH, S. v. 01.05.1948 Metzke-Liebergeld i. V. m. AET, Erinnerungen Thiel 1967, S. 143.

1182 AKH, S. v. 23.11.1947 Metzke-Liebergeld u. a. i. V. m. AHB, Gesellschaftsvertrag Uhrenfabrik 1948, § 17.

1183 AKH, S. v. 23.11.1947; S. v. 03.02.1948; S. v. 14.02.1948; S. v. 09.04.1948; S. v. 01.05.1948 (jeweils) Metzke-Liebergeld u. S. v. 08.05.1948 Metzke-Thiel.

1184 AKH, Entwurf Gesellschaftsvertrag.

1185 Ebd., S. 1.

war, könnte indes nur einen ersten Auslöser dargestellt haben.[1186] Im Juli 1945 will Arthur Metzke nach eigenem Bekunden bereits bei einer Reise nach Ruhla und Gesprächen mit den Herren Vogel und Eichel den Plan gefasst haben, zumindest einen Teil von Gebrüder Thiel zu retten. Das Bemühen scheiterte wohl daran, dass er auf Führungsebene keine Unterstützung fand. Eventuell war bereits zu dieser Zeit ein eher distanziertes Verhältnis der früheren Unternehmensleitung zur Person Metzke der Hinderungsgrund. Metzke versuchte später, wie er im November 1947 in einem ersten Schreiben an Paul Liebergeld angab, über Monate vergeblich Kontakt zu ihm und auch zu Reinhold Thiel aufzunehmen. Insbesondere beklagte er, dass er auch von Thiels ältester Tochter keine Auskunft zu seinem Aufenthalt erhalten habe. Inwieweit das auf Unwissenheit, Schutzinteressen gegenüber der Familie oder doch Vorbehalten gegenüber Metzke beruhte, bleibt wegen der fehlenden zeitlichen Konkretisierung dieser Aussage offen.[1187] Der erste wie auch die weiteren Kontakte zu Liebergeld zeigten ein deutliches Werben. Metzke betonte wiederholt sein unternehmerisches Potenzial und verwies auf seinen trotz mehrfacher Zerstörung im Krieg schon kurze Zeit nach dem Einmarsch der Amerikaner wieder arbeitenden Betrieb mit etwa 250 Beschäftigten. Im Februar 1948 ließ Metzke erkennen, worauf sein Augenmerk gerichtet war. „Angeblich sollen 1,4 Millionen im Westen irgendwo liegen. Aber selbst wenn kein Geld da ist, besteht auch die Möglichkeit, einen Betrieb aufzubauen. Ich würde ev. einen Weg mit ebnen können in irgend einer Weise."[1188] Ferner brachte er zum Ausdruck auf welche Personenkreise er bei einem Neuanfang baute. „Klar ist, dass zu einem solchen Unternehmen keine Beamten, sondern Industrieköpfe erforderlich sind, die ein Risiko nicht scheuen und auch einmal sich selbst opfern wollen, um einen Erfolg zu erzwingen."[1189] Weitere Aussagen zur Rolle der vormalig leitenden Herren in einem neu aufzubauenden Unternehmen, auch vor dem Hintergrund ihrer ausstehenden Entnazifizierung sowie Aussagen zur möglichen Aufgabenverteilung zeigen, dass Metzke die Unternehmensführung anstrebte. Insofern dürfte sein ehrliches Interesse an der Einbeziehung Reinhold Thiels und seines Sohnes Edwin in die Aufbaupläne begrenzt gewesen sein. Jedoch konnte er Reinhold nicht umgehen, da dieser als alleinvertretungsberechtigter Geschäftsführer und größter Einzelgesellschafter der Thiel-Gesellschaften den späteren Schlüssel für den Zugriff auf die eventuell erhaltenen Vermögenswerte darstellte.[1190] Die

---

1186 Die Angaben zu den Gesellschafterbeziehungen u. den einzelnen Beteiligungsverhältnissen an der Gebr. Thiel GmbH finden sich in den entsprechenden Darstellungen im Anhang.

1187 Reinhold Thiel hatte erst ab 1946 überhaupt wieder Kontakt zur Familie u. war bis 27.09.1947 interniert. Vgl. AET, Erinnerungen Thiel 1967, S. 134 i. V. m. AHB, Einladung, 10.02.1950, S. 3.

1188 AKH; S. v. 03.02.1948 Metzke-Liebergeld.

1189 Ebd.

1190 AG Mühlhausen, HRB 27.

finanziellen Möglichkeiten von Liebergeld zu dieser Zeit waren eingeschränkt. Zunächst war es jedoch die zuversichtliche Rückmeldung von Paul Liebergeld, in welcher er zum Ausdruck brachte, dass es für einen Neustart noch nicht zu spät sei. Das veranlasste Metzke noch im Februar 1948 zu ersten Maßnahmen. Für die Anfänge war er bereit, seine Betriebsräume zur Verfügung zu stellen. Darüber hinaus bot er an, die für eine Fertigung erforderlichen Materialien zu bestellen und an der Erlangung der behördlichen Genehmigungen mitzuwirken.[1191]

Im April 1948 führten die Wege von Arthur Metzke und Reinhold Thiel, den zwei bislang getrennt voneinander agierenden Kräften eines Neuanfangs, zusammen. Thiel beschrieb dieses erste Treffen mit einigen wenigen Gesellschaftern im Hause Metzke in Kassel als Meinungsaustausch ohne Ergebnisse. „Keiner konnte helfen; jeder hatte genug mit sich selbst zu tun!"[1192] Dennoch war der Faden zwischen Thiel und Metzke, ungeachtet etwaiger Vorbehalte, aufgenommen und führte binnen weniger Wochen am 09.06.1948 zur Gründung der Uhrenfabrik GmbH.[1193] Entgegen dem vorherigen Entwurf wurde der Name Thiel weder in der Firmenbezeichnung noch in der Liste der Gesellschafter erkennbar. Die Gründe für den vorläufigen Verzicht auf den Namen Thiel lagen in der noch nicht erfolgten Entnazifizierung.[1194] Gründungsgesellschafter des später als Neubauzelle anerkannten Unternehmens,[1195] wurden Arthur und Dorothea Metzke mit je 5.000 RM Stammeinlage sowie Paul Liebergeld und Constantin Rößler mit je 10.000 RM Stammeinlage. Der Gegenstand des Unternehmens wurde im Vergleich zum vorangegangenen Entwurf um den Zusatz „insbesondere die Herstellung von Thiel-Uhren"[1196] ergänzt. Darüber hinaus wurde im Vertrag geregelt, dass sich die Gebrüder Thiel GmbH in Ruhla nach Sitzverlegung in die westlichen Besatzungszonen am neuen Unternehmen beteiligen könne. Arthur Metzke wurde zum Geschäftsführer bestellt. Weiterhin war „vorgesehen, dass die Gesellschaft für ihren Aufbau erforderliche Hilfe in Geld, Sachwerten und Leistungen zu besonders zu vereinbarenden Bedingungen von der Firma Arthur Metzke, Fabrik für Messtechnik in Kassel – Niederzwehren erhält."[1197]

Die Entscheidung, diesen Schritt zu gehen, dürfte Reinhold Thiel nicht leicht gefallen sein, aber sie war wohl der in diesem Moment greifbarste Weg, um überhaupt einen Geschäftsbetrieb in Gang zu setzen. Der Umweg über die

1191 AKH, S. v. 23.11.1947; S. v. 03.02.1948; S. v. 14.02.1948; S. v. 09.04.1948; S. v. 01.05.1948 (jeweils) Metzke-Liebergeld; S. v. 08.05.1948 Metzke-Thiel; S. v. 09.02.1948 Liebergeld-Metzke u. AET, Erinnerungen Thiel 1967, S. 145 f.

1192 AET, Erinnerungen Thiel 1967, S. 142.

1193 AG Kassel, HRB 1115.

1194 APD, Thiel, Rückblick 1956, S. 46.

1195 AHB, Einladung 10.02.1950, S. 8.

1196 AHB, Gesellschaftsvertrag Uhrenfabrik 1948, § 3.

1197 Ebd., insbesondere § 17.

Errichtung der Neubauzelle war letztlich nur Ergebnis der vorübergehend gescheiterten Sitzverlegung der Gebrüder Thiel GmbH nach Kassel. Sie spiegelte allein im Namen die noch nicht begrabene „Hoffnung, trotz aller Schwierigkeiten die Uhrenfertigung doch noch in Gang zu setzen".[1198]

Für Reinhold Thiel war ein klares „Ja" zum Wiederaufbau ungeachtet seines Alters von 66 Jahren der einzige Weg, sein Lebenswerk zu retten. Aus seiner Sicht wäre die Firma Gebrüder Thiel erloschen, wenn er resigniert hätte. „Die Sache, der (...) [er seine] Lebensarbeit gewidmet hatte, konnte (...) [er] nicht im Stich lassen. Daß Edwin bereit war, im Wiederaufbau der alten Firma seine Lebensaufgabe zu sehen, hat (...)[Reinholds] Entschluß gefestigt".[1199] Für Edwin Thiel war es in der ersten Zeit nach der Internierung möglicherweise die fehlende Perspektive, die zum Willen trat, den Vater zu unterstützen. Über das gemeinsame Wirken wurde es leichter, das Erlebte aus der Zeit der Internierung zu verarbeiten und die menschlichen wie auch die materiellen Verluste zu überwinden. Zwischen Vater und Sohn entwickelte sich über die Jahre eine deutlich engere Bindung als sie in den Jahren vor 1945 bestanden hatte.[1200]

Die Motive der weiteren am Neuaufbau beteiligten Personen dürften indes weniger auf das Unternehmen Gebrüder Thiel ausgerichtet gewesen sein. Die Entwicklung in den Gesellschafterstrukturen der Uhrenfabrik GmbH macht deutlich, dass Constantin Rößler und Paul Liebergeld in erster Linie als Strohmänner für Reinhold und Edwin Thiel fungierten.[1201] Sie ersparten damit beiden wertvolle Zeit und ermöglichten erste Aktivitäten in Richtung Wiederaufbau noch bevor die jeweiligen Entnazifizierungsverfahren abgeschlossen waren und ein rechtsgeschäftliches Handeln im eigenen Namen möglich wurde.[1202] Constantin Rößler hatte seinen Schwiegervater Reinhold Thiel bereits nach der Internierung durch Aufnahme in Essen und die Vermittlung einer Beschäftigung unterstützt und so dessen Rückkehr in das zivile, aber im Vergleich zu der Zeit vor 1945 völlig veränderte Leben ermöglicht. Für Edwin galt das in den Grundzügen gleichermaßen.[1203] Hinzu kam eine weitere emotionale Bindung zwischen Edwin Thiel und seinem Schwiegervater Paul Liebergeld.[1204] Waren für Liebergeld anfänglich neben familiären Bindungen möglicherweise auch finanzielle Aspekte eine Motivation, auf Metzkes Werben zu reagieren und sich für den Wiederaufbau zur Verfügung zu stellen, so sollten diese im Juni 1948 entfallen gewesen sein. Die Entschädigungszahlung für durch die Evakuierung

1198 AET, Erinnerungen Thiel 1967, S. 144.
1199 Ebd., S. 142.
1200 AET, Lebenserinnerungen Thiel 1963, Vorwort, S. Reinhold-Edwin Thiel.
1201 AHB, Gesellschafterversammlung 20.11.1948.
1202 AHB, S. v. 20.12.1948 Thiel-Metzke i. V. m. AET, Erinnerungen Thiel 1967, S. 146.
1203 AET, Erinnerungen Thiel 1967, S. 137–141.
1204 Edwin Thiels erste Ehefrau Elfriede war 1947 noch während der Zeit seiner Internierung verstorben, deren Mutter Therese Liebergeld am 03.06.1948, also unmittelbar vor Gründung der Uhrenfabrik. Vgl. u. a. AKH, S. v. 10.06.1948 Metzke-Thiel.

aus der Sowjetischen Besatzungszone heraus erlittene Vermögensverluste dürfte ungeachtet der auf die Auszahlung folgenden Währungsreform zum Bestreiten des Lebensunterhaltes ausgereicht haben.[1205]

Zu den eigenen Motiven von Dorothea Metzke lassen sich keine konkreten Aussagen treffen. Sie könnte in ihrer Rolle als Gesellschafterin und noch unverheiratete Tochter von Arthur Metzke bei der Stärkung des Stimmgewichts der Familie und damit des Einflusses im neuen Unternehmen hilfreich gewesen sein.

Warum Hugo Brinkmann (jun.) nicht, wie zunächst vorgesehen, in den späteren Strukturen vertreten war, muss ebenfalls offen bleiben.[1206] Er wurde 1952 kurz vor seinem Tod in den Aufsichtsrat der Gebrüder Thiel GmbH gewählt, hatte zu dieser Zeit aber bereits neue berufliche Wege in Karlsruhe eingeschlagen. Für die Neubauzelle selbst existierte kein Aufsichtsrat. Vielmehr bestand die vertragliche Vereinbarung, dass im Gegenzug zur finanziellen Unterstützung[1207] durch die Altgesellschaft dem dortigen Kontrollgremium die entsprechenden Befugnisse gewährt werden sollten.[1208]

Wird ausgehend von der Betrachtung der Gesellschafter auf die tatsächliche Dimension des neu gegründeten Unternehmens geblickt, so stand der Begriff Neubauzelle für ein kleines, einfaches Gebilde mit überschaubaren Strukturen. Soweit die Gesellschafter in verschiedener Weise mitarbeiteten, geschah das in der Anfangszeit überwiegend unentgeltlich.[1209]

Die Räume in Sand, ein alter Saal mit darunter liegenden Stallungen, wurden durch die Firma Metzke bereitgestellt. Ihr hatten sie zuvor als Ausweichquartier gedient und waren angemietet worden, nachdem die eigenen Produktionsstätten kriegsbedingt beschädigt bzw. zerstört worden waren. Metzke benötigte sie ab

1205 AKH, S. v. 07.05.1948 Offiziersausschuss-Liebergeld. Vgl. auch Abschnitt III, Kap. 3.1.

1206 Es wäre denkbar, dass die Aussichten auf einen positiven Ausgang eines Entnazifizierungsverfahrens als eher ungünstig einzuschätzen waren u. damit die Möglichkeiten der eigenverantwortlichen Mitarbeit auf Ebene der Unternehmensleitung begrenzt gewesen wären. Als Betriebsleiter der Gerätebau GmbH hatte er ein Unternehmen geführt, welches vom Einsatz von Fremd- u. Zwangsarbeitern ebenso profitiert hatte wie von der Beschäftigung von Gefangenen des Konzentrationslagers Buchenwald. Vgl. Abschnitt III, Kap. 1.4.

1207 „Im Einvernehmen mit dem Aufsichtsrat hatten die Firma Gebrüder Thiel G.m.b.H. und die Firma Gebrüder Thiel Seebach G.m.b.H. der ‚Uhrenfabrik' je ein Darlehen in Höhe von DM 10.000,-- gegeben, das jeweils mit 8 % p.a. zu verzinsen war und hatten ferner jede der beiden genannten Firmen den Betrag von DM 10.000,-- zur Verfügung gestellt, der bei einer eventuellen Beteiligung auf die Stammeinlage anzurechnen sein würde." Vgl. AKH, GB 1949, S. 2.

1208 APD, Thiel, Rückblick 1956, S. 46 u. 54 f.

1209 AET, Lebenserinnerungen Thiel 1963, S. 216, i. V. m. Erinnerungen Thiel 1967, S. 144.

Herbst 1948 nicht mehr.[1210] Die anfängliche Unternehmenstätigkeit der Uhrenfabrik GmbH in Niederkaufungen bei Kassel bestand im Erwerb von Messinstrumenten der Firma Metzke und deren Weitervertrieb mit der Zielsetzung, aus den damit erzielten Gewinnen eine eigene Fertigung aufzubauen. Insbesondere sollte ein für beide Seiten nutzbarer Werkzeugbau geschaffen werden. Dass derartige Überlegungen, ebenso wie das angedachte Finanzierungsmodell zum weiteren Aufbau, bereits nach wenigen Wochen überholt waren, stand in unmittelbarem Zusammenhang mit der noch im Juni 1948 erfolgten Währungsreform.[1211] Dennoch trugen das schnelle Handeln nach der eigentlichen Gründung und die unverzügliche Anlage der durch die Gesellschafter als Stammeinlage aufgebrachten liquiden Mittel in Warenpositionen[1212] entscheidend dazu bei, dass die junge Unternehmung nicht bereits zu diesem Zeitpunkt scheiterte. So weist die RM-Schlussbilanz zum 20.06.1948 bei einer Bilanzsumme von 30.000 RM auf der Aktivseite Handelswaren im Umfang von 29.920 RM sowie Forderungen von 80 RM aus.[1213] Ebenso wie die im Vergleich zu vorangegangenen unternehmerischen Dimensionen überschaubare Bilanzsumme verkörperten die Wege der Mittelaufbringung die bescheidenen Verhältnisse. So leistete Metzke seine und seiner Tochter Einlage für das neue Unternehmen in Form eines Warenpostens.[1214] Die weiteren Gesellschafter waren überhaupt erst durch gewissermaßen glückliche Umstände in der Lage, das übernommene Stammkapital auch tatsächlich einzuzahlen. Paul Liebergeld gelang das unter Rückgriff auf die am 07.05.1948 erhaltene Entschädigungszahlung über 178.000 RM.[1215] Den Betrag von 10.000 RM für seine an der Uhrenfabrik GmbH übernommene Beteiligung überwies er mit der Gründung an Arthur Metzke.[1216] Über einen Teilbetrag von 5.000 RM bestand zwischen Paul Liebergeld und Edwin Thiel im Zeitraum Juni 1948 bis August 1950 ein entsprechender Darlehensvertrag. Die Höhe entsprach dem am 20.11.1948 durch Paul Liebergeld an Edwin Thiel käuflich übertragenen Geschäftsanteil.[1217] Constantin Rößler konnte die erforderlichen Mittel über 10.000 RM dadurch aufbringen, dass seine Frau bei der Flucht aus der Rhön einen Teppich aus der Jagdwohnung ihres Vaters Reinhold Thiel mitnehmen und später verkaufen konnte. Reinhold Thiel gab überdies an, dass Erlöse aus dem Verkauf eines noch zu Kriegszeiten ebenfalls in der Rhön deponierten Postens von 170 Armbanduhren für den durch außerordentliche Geldknappheit gekennzeichneten

---

1210 AKH, GB 1949, S. 1, i. V. m. APD, Thiel, Rückblick 1956, S. 47 f.

1211 AKH, GB 1949.

1212 Metzke bestätigte am 17.06.1948, dass der von Liebergeld eingezahlte Geschäftsanteil in Waren angelegt wurde. Vgl. S. v. 17.06.1948 Metzke-Liebergeld.

1213 AKH, RM-Schlussbilanz 1948.

1214 AET, Lebenserinnerungen Thiel 1963, S. 214.

1215 AKH, S. v. 07.05.1948 Offiziersausschuss-Liebergeld.

1216 AKH, Aktennotiz.

1217 AKH, Anteilsverkauf Paul Liebergeld, i. V. m. S. v. 22.08.1950 Liebergeld-Thiel.

Unternehmensaufbau nutzbar gemacht werden konnten.[1218] Diese Aussagen verstärken einmal mehr das erkennbare Bild eines auf finanziellem Mangel gegründeten Unternehmensaufbaus.

Die Zäsur, welche die Währungsreform mit sich brachte und die sich in der Bilanz des jungen Unternehmens niederschlug (vgl. Tabelle 47) bewirkte zugleich ein deutliches Umschwenken in der zunächst anvisierten Ausrichtung. Die als Aufbauhelfer gedachte Firma Metzke konnte unter dem Eindruck der neuen Verhältnisse die zunächst vorgesehene Hilfestellung beim Aufbau einer Uhrenfertigung nicht weiter bieten. Dennoch hatte sie bereits in der kurzen Zeit seit der Gründung einen entscheidenden Beitrag zum Neuanfang geleistet. Sie nahm nach der Währungsreform den bei der Uhrenfabrik verbliebenen Bestand an Messgeräten zurück[1219] und gab die bereits benannten Räume in Sand an die Neubauzelle ab.

Tabelle 47: DM-Eröffnungsbilanz Uhrenfabrik GmbH

Aktiva	DM-Eröffnungsbilanz per 21.06.1948 Werte in DM		Passiva
Handelswaren	12.240,00	Stammkapital	21.000,00
Forderungen	8,00		
Kapitalentwertungskonto	8.752,00		
Bilanzsumme	21.000,00	Bilanzsumme	21.000,00

Quelle: eigene Darst., basierend auf AKH, DM-Eröffnungsbilanz 1948.

In Sand waren der Aufbau einer Fertigung für Uhrschutzkapseln sowie die Montage von Kleinweckern, deren Bestandteile von der Firma Junghans im Schwarzwald bezogen werden sollten, vorgesehen.[1220] Der Vertrieb sollte unter dem Namen Thiel erfolgen.[1221] Die ersten Werkzeuge für die Kapselfertigung ließ Junghans in seiner Lehrwerkstatt unentgeltlich für Thiel fertigen und betätigte sich somit als ein wichtiger Aufbauhelfer. Die Thiel'sche Neubauzelle wurde mit Gesellschafterbeschluss vom November 1948[1222] in Thiel-Uhrenfabrik

1218 AET, Lebenserinnerungen Thiel 1963, S. 214–217.

1219 Die Rücknahme u. Abrechnung erfolgte über die Verrechnung der bis zum 01.12.1948 entstandenen Verpflichtungen des dann schon unter Thiel-Uhrenfabrik firmirenden Unternehmens gegenüber der Firma Metzke. Vgl. AHB, S. v. 20.12.1948 Thiel-Metzke.

1220 Zwei erhaltene Vorkalkulationen für die Weckerfertigung gingen von 300 Stück bzw. 500 Stück monatlich aus. Vgl. AKH, Vorkalkulation.

1221 Aufgrund dieser Konstellation u. der als gering anzusehenden Stückzahlen erklärt sich möglicherweise die Feststellung von Schmid, dass keine Wecker aus der Thiel'schen Fertigung nach 1945 bekannt sind. Vgl. Schmid, Lexikon der Deutschen Uhrenindustrie, Bd. 2, S. 406.

1222 Neben den genannten Beschlüssen war in § 6 der Satzung folgender Passus aufzunehmen: „Den Firmen Gebrüder Thiel G.m.b.H. Göttingen und Gebrüder Thiel Seebach G.m.b.H., Göttingen wird das Recht eingeräumt, sich an der Gesellschaft mit einem Geschäftsanteil von je 10.000 DM zu beteiligen, sobald hierfür die Voraussetzungen

GmbH umbenannt und der Sitz nach Kassel verlegt.[1223] Dass nunmehr der Name Thiel in der Unternehmensbezeichnung offen Verwendung finden konnte, war auf die zwischenzeitlich erfolgte Entnazifizierung Edwin Thiels zurückzuführen.[1224] Entsprechend der „Empfehlung des Entnazifizierungs-Hauptausschusses" in Essen vom 18.06.1948 sollte eine Einstufung in Kategorie „V" erfolgen.[1225] Damit war Edwin Thiel entlastet und konnte den weiteren Unternehmensaufbau vorantreiben. Er ging „von Essen als Voraustrupp nach Sand (...), um mit Arthur Metzke die ersten formalen Belange zu erledigen."[1226] Im Dezember des gleichen Jahres konnte die Weckermontage und im Folgemonat die Fertigung von Schutzkapseln für Taschenuhren anlaufen.[1227] Die Erlaubnisurkunde zum Betrieb eines industriellen Unternehmens zur Herstellung von Gebrauchsuhren aller Art wurde der Thiel-Uhrenfabrik[1228] am 21.10.1948 für den Regierungsbezirk Kassel erteilt.[1229]

Die Unternehmung bot zu dieser Zeit Beschäftigung für Edwin und Reinhold Thiel, Paul Liebergeld, Johannes Braun und zwei weitere namentlich unbekannte Frauen aus Sand. Braun war bis 1945 stellvertretender Betriebsleiter der Gerätebau GmbH in Mühlhausen gewesen. Im Zuge des Zusammenbruchs war er mit seiner Familie in die westlichen Besatzungszonen gekommen und dort zunächst bei den Amerikanern beschäftigt. Es ist zwar nicht belegt, aber wahrscheinlich, dass er ähnlich wie Liebergeld wegen seiner Funktion von den Amerikanern zwangsweise evakuiert wurde. Braun hatte bereits vor der Enteignung eine längere berufliche Laufbahn in den verschiedenen Thiel-Betrieben vorzuweisen. Auf Stationen in der Kinder- und Taschenuhrenfertigung folgten Tätigkeiten in Seebach und später als Leiter des im Aufbau befindlichen Zünderwerkes in Kassel. Nachdem dieses an Junkers abgegeben werden musste, wechselte

---

erfüllt sind. Etwaige Darlehen der beiden Firmen sind auf deren Wunsch als Einzahlungen auf die Geschäftsanteile anzurechnen. Das Stammkapital der Gesellschaft ist durch Übernahme der Anteile durch die beiden genannten Gesellschaften entsprechend zu erhöhen." AHB, Tagesordnung zur Gesellschafterversammlung 20.11.1948. In weiteren Beschlüssen wurden der Anteilsübertragung i. H. v. 5.000 RM von Paul Liebergeld auf Edwin Thiel zugestimmt sowie eine solche Zustimmung für die geplante Anteilsübertragung über 5.000 RM von Constantin Rößler auf Reinhold Thiel vorausgreifend erteilt. Vgl. AHB, Gesellschafterversammlung 20.11.1948.

1223 AHB, Gesellschafterversammlung 20.11.1948.

1224 AKH, S. v. 26.09.1948 Rößler-Thiel.

1225 LaNRW, ARl, NW 1000-G25/4395.

1226 AET, Erinnerungen Thiel 1967, S. 146.

1227 AKH, GB 1949.

1228 Diese Bezeichnung wurde in der Erlaubnisurkunde bereits verwendet, obwohl der Gesellschafterbeschluss zur Umbenennung erst im November folgte. Vgl. AHB, Erlaubnisurkunde 1948 i. V. m. Gesellschafterversammlung 20.11.1948.

1229 AHB, Erlaubnisurkunde 1948.

er als Stellvertreter von Hugo Brinkmann (jun.) nach Mühlhausen.[1230] In der Zeit des Neuanfangs verantwortete er die Konstruktion der Uhrschutzkapsel.[1231]

Die mit Hinblick auf die Wettbewerbssituation vor dem Zusammenbruch[1232] nunmehr überraschenderweise freundschaftliche Verbindung zur Firma Junghans ließ weitere Überlegungen reifen. Konkret ging es zunächst um den Aufbau einer Uhrenfertigung in Niedereisenhausen, einem Ort etwa 20 km von Dillenburg.[1233] Da Junghans neben der zugesagten technischen Hilfe keine weitergehende finanzielle Hilfe leisten konnte, scheiterte das Vorhaben. Später folgte die Idee zum Aufbau einer Armbanduhrenfertigung in der Junghans-Filiale in Rottenburg am Neckar.[1234] Ähnlich dem Vorgehen bei der bereits praktizierten Weckermontage sollten die Bestandteile von Junghans bezogen und durch Thiel montiert und unter eigenem Namen vertrieben werden. Ent-

---

1230 Als solcher war er 1944 maßgeblich an den Verhandlungen über den Einsatz von Häftlingen des Konzentrationslagers Buchenwald bei der Gerätebau GmbH beteiligt. Vgl. Baranowski, Rüstungsproduktion, S. 310.

1231 APD, Thiel, Rückblick 1956, S. 47, i. V. m. AET, Erinnerungen Thiel 1967, S. 146 f, i. V. m. Lebenserinnerungen Thiel 1963, S. 217 f.

1232 R. Thiel suchte zur Verwirklichung seiner Pläne, dem Aufbau einer Armbanduhrenfertigung, Verbindung zu den bekannten Firmen der Uhrenindustrie des Schwarzwaldes. Die anfängliche Hoffnung war aufgrund langjähriger guter Beziehungen auf eine Zusammenarbeit mit der Firma Mauthe in Schwenningen gerichtet. Mauthe indes machte deutlich, dass kein Interesse an einer Zusammenarbeit bestehe. Anders gestaltete sich die Sache bei einem Besuch der Firma Junghans in Schramberg. Junghans war zuvor der große Konkurrent sowohl im Zündergeschäft als auch in der Fertigung von Taschen- u. Armbanduhren. Dennoch wurde von dort völlig unerwartet großzügig Hilfe angeboten. Aus diesen Anfängen entwickelte sich in den Folgejahren eine beiderseits nutzbringende Zusammenarbeit. Vgl. AET, Erinnerungen Thiel 1967, S. 144 f. Geschäftsbeziehungen zwischen Junghans u. Gebr. Thiel sind aber auch bereits für die Zeit vor 1945 nachweisbar. „Selbst in den Junghans-Armbanduhren tickten Anfangs Uhrwerke aus Ruhla. Thiel kaufte dafür im Gegenzug mechanische Wecker und Tischuhren aus Porzellan von Junghans". Kamp, Geschichte der Technik, S. 33.

1233 Der Wohnsitz von Paul Liebergeld befand sich zu dieser Zeit in Seilhofen im Dillkreis. Vgl. u. a. AHB, Gesellschafterversammlung 20.11.1948.

1234 Zwischen A. Metzke u. R. Thiel bestehende Differenzen wurden im Zusammenhang mit diesen Vorgängen einmal mehr deutlich. R. Thiel war zu entschlossenem Handeln bereit u. wollte die sich bietenden Chancen mit gebotener Vorsicht, aber dennoch konsequent nutzen. Mit Rückversicherung des Aufsichtsrates der Altgesellschaften war er bereit, die dort verfügbaren u. darüber hinausgehenden Mittel voll für die Pläne einzusetzen. Metzke war zurückhaltender, bremste u. sprach von „gewissen Bedenken" die ihm nachträglich, nachdem er mit R. Thiel über künftige Projekte gesprochen hatte, gekommen waren. Er wollte insbesondere die Gelder der Altgesellschaften im Interesse vieler notleidender Gesellschafter dahingehend schonen, dass diese weiterhin nur als Darlehen, bei entsprechender Verzinsung, im Aufbauprozess Verwendung fänden u. nicht in Beteiligungskapital umgewandelt würden. Vgl. AHB, S. v. 30.08.1949 Metzke-Thiel u. S. v. 01.09.1949 Thiel-Metzke.

sprechend dem Unternehmensfortschritt sollte schrittweise die Teilefertigung selbst übernommen und im weiteren Verlauf das Werk in Rottenburg gekauft werden. Dass die ausgehandelten Verträge nicht zur Unterzeichnung kamen, war der einsetzenden Marktöffnung geschuldet. Die geplante Fertigung wäre bezüglich der kalkulierten Fertigungskosten insbesondere der verstärkten Schweizer Konkurrenz unterlegen gewesen.[1235]

Das im Produktportfolio[1236] der Thiel-Uhrenfabrik GmbH im Jahr 1950 dennoch Herrenarmbanduhren zu finden waren, ist auf einen weiteren Versuch, doch noch in der Uhrenfertigung Fuß zu fassen, zurückzuführen. In der Absicht, den Wert der Marke Thiel auszuschöpfen, sollten aus der Schweiz Rohwerke bzw. vollständige Armbanduhren eingeführt und in der Folge unter der Marke Thiel angeboten werden.[1237] Es ist hierbei jedoch davon auszugehen, dass, sofern überhaupt solche Umsätze stattfanden, diese minimal blieben. Reinhold Thiel sprach davon, dass dieses Geschäft nicht den erwünschten Erfolg brachte, „weil einfuhrbeschränkende gesetzliche Maßnahmen das Geschäft unmöglich machten."[1238] Ebenso blieb das Weckergeschäft nur in den ersten beiden Jahren lohnend, so dass der Entschluss folgte, dieses zugunsten der Aufnahme der Kinderuhrenfertigung aufzugeben.[1239] Im Geschäftsbericht für das Jahr 1950 wurde die neue Schwerpunktsetzung ab Mitte des Jahres deutlich. „Der Rückgang des (…) interesselos gewordenen Handelsumsatzes aus der Weckermontage wurde mehr als ausgeglichen durch das Ansteigen des (…) viel wertvolleren Fabrikationsumsatzes."[1240]

Der Einstieg in die Kinderuhrenfertigung beruhte auf der Verständigung mit dem vormaligen Inhaber der Firma Schenk & Kürschner. Dessen Firma hatte im Jahr 1934 die Kinderuhrenfertigung von der Gebrüder Thiel GmbH in Ruhla erworben[1241] (vgl. Abschnitt III, Kap. 1.1.1.). Kürschner betrieb zwischenzeitlich in Fürth eine Spielwarenfabrikation. Kinderspieluhren gehörten dort nicht zum Sortiment. Insofern konnte Thiel nunmehr auch in diesem aus der eigenen Historie bekannten Bereich aktiv werden.[1242]

1235 APD, Thiel, Rückblick 1956, S. 49 i. V. m. AET, Erinnerungen Thiel 1967, S. 145 f.

1236 Das Wecker- u. Uhrenprogramm der Thiel-Uhrenfabrik GmbH umfasste am 01.08.1950, jeweils in verschiedenen Varianten, Reise-, Stil- u. Kleinwecker zum Preis von 8,85 DM; 10,50 DM bzw. 7,50 DM. Ferner eine 13''' Herrenarmbanduhr mit weißem oder schwarzen Metallzifferblatt zum Preis von 12,50 DM. Darüber hinaus ware zwei verschiedene Uhrenschutzkapseln im Angebot. Vgl. AKH, Verkaufsprospekt u. Preisliste.

1237 AKH, GB 1949, S. 3.

1238 APD, Thiel, Rückblick 1956, S. 49.

1239 Ebd., S. 49 f.

1240 AKH, GB 1950, S. 1.

1241 ThHStAW, Gebr. Thiel GmbH Ruhla, Nr. 155, Bl. 2 v.

1242 APD, Thiel, Rückblick 1956, S. 49 f, i. V. m. AET, Erinnerungen Thiel 1967, S. 148.

Der wirtschaftliche Erfolg der Neubauzelle, vornehmlich in der Metallwarenfabrikation, wie er sich nach einigen anfänglichen technischen Schwierigkeiten spätestens ab 1951 abzeichnete,[1243] hatte im Wesentlichen vier Gründe. Erstens bestand im Nachkriegsdeutschland in vielen Bereichen ein erheblicher Warenmangel durch kriegsbedingte Produktions- und Lieferunterbrechungen. Dadurch ergab sich eine potenziell höhere Nachfrage auch nach Produkten von qualitativ eventuell geringerem Wert. Zweitens umfasste das Produktspektrum des Unternehmens in erster Linie preiswerte Randprodukte, welche, wenn überhaupt, nur eine untergeordnete Rolle im Sortiment größerer Firmen spielten, woraus für Gebrüder Thiel eine vergleichsweise günstige Wettbewerbssituation entstand. Drittens konzentrierte sich die Thiel-Uhrenfabrik GmbH verstärkt auf jene Produktgruppen, für die aus der eigenen Unternehmensgeschichte heraus bereits jahrzehntelange Fertigungs- und Markterfahrungen vorlagen. Viertens war mit Reinhold Thiel eine Person am Unternehmen beteiligt und für dieses aktiv, die auf einen in fünf Jahrzehnten aufgebauten Erfahrungsschatz zurückgreifen konnte. Insbesondere profitierte er, nicht zuletzt im Hinblick auf die im Sortiment befindlichen Produkte, von der eigenen praktischen Vertriebserfahrung und konnte deutlich leichter an die daraus entstandenen internationalen Vernetzungen anknüpfen. Zumindest in diesem Punkt findet das Eingangszitat (vgl. Abschnitt IV, Kap. 2.1.1.) zum Neuanfang nach 1945 auch aus den belegten Entwicklungen heraus eine gewisse, auf die einzelne Person bezogene Bestätigung. Wird davon ausgegangen, dass der Markenname Thiel bereits verkaufsfördernde Wirkung entfaltete, so dürfte diese durch das Auftreten Reinhold Thiels nochmals verstärkt worden sein. Etwas zugespitzt ausgedrückt dürfte ab den 1930er Jahren gegolten haben: Gebrüder Thiel war Reinhold Thiel. Wenn diese Formulierung auch für den Augenblick den Beitrag der vielen Tausend Mitarbeiter des Konzerns und der weiteren Gesellschafter vernachlässigt, so ist es genau diese Wahrnehmung, die beim Neuanfang unbezahlbare Dienste leistete. Werkzeug- und Materialbeschaffung ebenso wie der Absatz der Produkte wurden zu großen Teilen über diese persönliche Verknüpfung in Gang gesetzt und machten eine neuerliche positive Unternehmensentwicklung überhaupt erst möglich.[1244]

Ungeachtet der rasch einsetzenden günstigen wirtschaftlichen Entwicklungen vollzog sich an anderer Stelle des Unternehmens ein Machtkampf zwischen den Beteiligten. Das aufgezeigte und von Beginn an als distanziert oder gar schwierig zu bezeichnende Verhältnis, vorrangig zwischen Arthur Metzke und Reinhold Thiel, verschlechterte sich seit der Unternehmensgründung spürbar. In den Reihen der Gesellschafter standen sich alsbald Arthur sowie Dorothea Metzke und die weiteren Gesellschafter in zwei Lagern gegenüber. Der Hinter-

1243 APD, Thiel, Rückblick 1956, S. 50.

1244 AKH, GB 1949 i. V. m. APD, Thiel, Rückblick 1956, S. 46 ff, i. V. m. AET, Erinnerungen Thiel 1967, S. 142 ff, i. V. m. Lebenserinnerungen Thiel 1963, S. 210 ff.

grund dürfte darin zu sehen sein, dass Metzke nach der Entnazifizierung Reinhold Thiels nicht wie vereinbart ohne weiteres zu dessen Gunsten als Geschäftsführer zurücktreten wollte. Ein derartiges Szenario zeichnete sich bereits im September 1948[1245] ab und bewahrheitete sich in den Folgemonaten. Zunächst unterlag Reinhold Thiel noch einer aus dem Entnazifizierungsverfahren hervorgegangenen Vermögenssperre, die unter anderem die Übernahme eines Geschäftsanteils verhinderte und damit eine faktische Kreditunwürdigkeit und Handlungsunfähigkeit im unternehmerischen Sinne bewirkte.[1246] Unter diesen Voraussetzungen war die Übernahme und ordentliche Ausübung der Geschäftsführertätigkeit nicht möglich. Thiel bat bereits im März 1948 um nochmalige Überprüfung der im Februar erfolgten Einreihung in Kategorie „IV mit Konten- und Vermögenssperre“, die jedoch keine Beschäftigungsbeschränkungen beinhaltete.[1247] Im Juli folgte der Berufungsausschuss in Essen seinen Einwendungen und nahm eine Neueinreihung in Kategorie „V“, der günstigsten der fünf möglichen Kategorien, vor.[1248] Reinhold Thiel war sobald diese Entscheidung Rechtskraft erlangte, als entlastet anzusehen und hätte sich uneingeschränkt dem Unternehmensaufbau widmen können. Der Sonderbeauftragte für die Entnazifizierung im Land Nordrhein-Westfalen bestätigte die Entscheidung wegen des Verstoßes gegen gesetzliche Bestimmungen und gegebene Richtlinien allerdings nicht. Mit Blick auf eine neue Verhandlung wurde angeregt zu prüfen, ob eine Einreihung in Kategorie „IV, ohne Vermögenssperre“ angezeigt wäre.[1249] Damit wäre Thiel im Hinblick auf seine beruflichen Pläne ebenfalls gedient gewesen und er informierte Metzke noch im Dezember 1948 über die in Kürze erwartete Rechtskraft seiner Entnazifizierung.[1250] Dabei ging er auf seine teilweise zuvor mit Metzke besprochenen Vorstellungen bezüglich einer geordneten Geschäftsübergabe ein. Tatsächlich wurde Reinhold Thiel als Ergebnis seiner Berufung am 11.01.1949 durch den Sonderbeauftragten für die Entnazifizierung des Landes Nordrhein-Westfalen in Düsseldorf in Kategorie „IV, ohne Vermögenssperre“ eingereiht. Der entsprechende Bescheid wurde am 03.02.1949 zugestellt und eröffnete Reinhold Thiel nun die erhoffte Möglichkeit, für das Unternehmen selbst und im eigenen Namen tätig zu werden.[1251] Der angedachte Wechsel in der Geschäftsführung blieb indes aus. Zwar bestä-

1245 AKH, S. v. 26.09.1948 Rößler-Thiel, i. V. m. Einladung 23.09.1948. Diese erste Einladung enthielt im Kern bereits die Tagesordnungspunkte der folgenden Einladung vom 09.10.1948, vgl. AHB, Tagesordnung zur Gesellschafterversammlung 09.10.1948 sowie ergänzend die vorgesehene Bestellung von Edwin Thiel zum zweiten Geschäftsführer, von welcher Rößler aber bereits mit S. v. 26.09.1948 abriet.

1246 LaNRW, ARl, NW 1000 EÜ/6997, Bl. 014 u. 034 f.

1247 Ebd., Bl. 034 f.

1248 Ebd., Bl. 053 f.

1249 Ebd., Bl. 050.

1250 AHB, S. v. 20.12.1948 Thiel-Metzke.

1251 LaNRW, ARl, NW 1000 EÜ/6997, Bl. 041–049.

tigte Metzke selbst, dass seine Geschäftsführertätigkeit entsprechend früherer Vereinbarung nur auf Zeit angelegt sein sollte, doch verzögerte er seinen Rücktritt und die Bestellung Reinhold Thiels immer wieder. Erst auf das schriftliche Verlangen der Gesellschafter Paul Liebergeld und Edwin Thiel, spätestens auf den 30.07.1949 eine Gesellschafterversammlung der Thiel-Uhrenfabrik anzuberaumen und dort den einzigen Tagesordnungspunkt „Berufung des Herrn Dr. R. Thiel zum Geschäftsführer und Abgabe der Geschäftsführung an ihn“[1252] zu behandeln, reagierte er. Mit Schreiben vom 15.07.1949 teilte er mit, dass er die Geschäftsführung zum Ende des Monats niederlegen werde. Diese Ankündigung verband er zugleich mit der Aufforderung an die Gesellschafter, über die Bestellung Thiels zum Geschäftsführer schriftlich abzustimmen. Jedoch beteiligten sich weder Metzke noch seine Tochter an dieser schriftlichen Abstimmung und verhinderten damit die dort erforderliche Einstimmigkeit. Daraufhin verlangte Edwin Thiel zugleich im Namen von Paul Liebergeld und Constantin Rößler erneut die Einberufung einer Gesellschafterversammlung bis zum 06.08.1949, um dort über die Reinhold Thiel abzustimmen. Der Vorgang fand sein Ende mit der am 25.08.1949 erfolgten Eintragung des Wechsels der Geschäftsführung auf Reinhold Thiel.[1253]

Auch im Nachgang dieser Ereignisse blieben die Spannungen bestehen.[1254] Das zeigte sich insbesondere am späteren, aus sachlicher Argumentation heraus oftmals nicht zu erklärendem Abstimmungsverhalten im Rahmen verschiedenen Gesellschafterversammlungen. So verweigerte Arthur Metzke für sich und zugleich in Vollmacht seiner Tochter handelnd, die Zustimmung zu den Beschlüssen der Gesellschafterversammlung vom 04.03.1950. Inhaltlich handelte es sich dabei um die im Zuge der Währungsreform erforderliche bilanzielle Umstel-

1252 AKH, S. v. 11.07.1949 Liebergeld/Thiel-Metzke.

1253 AG Kassel, HRB 1115 u. AKH, S. v. 25.05.1949 Thiel-Uhrenfabrik-Liebergeld; S. v. 11.07.1949 Liebergeld/Thiel-Metzke; S. v. 15.07.1949 Metzke/Uhrenfabrik-Gesellschafter; S. v. 25.07.1949 Thiel-Metzke u. GB 1949, S. 2.

1254 Metzke legte unter Bezugnahme auf die im Jahr 1951 diskutierte Fusion der drei Thiel-Gesellschaften (vgl. AKH, Erläuterungen zur Fusion) u. unter teilweiser Anknüpfung an den Bericht der Geschäftsführung über die Entwicklungen seit dem Zusammenbruch (vgl. AHB, Einladung 10.02.1950) z. B. ein ganz deutlich auf Konfrontation ausgerichtetes mehrseitiges Schreiben zur Unterrichtung der Gesellschafter vor. In diesem griff er die jeweiligen Geschäftsführer u. Aufsichtsräte zunächst wegen ihrer Geschäftspolitik vor dem Zusammenbruch an. U. a. vertrat er den Standpunkt, dass die eingetretenen Vermögensschäden durch das frühzeitige Ergreifen geeigneter Maßnahmen hätten vermindert werden können. Dabei sprach er die Möglichkeiten der Ausschüttung der in Millionenhöhe unterhaltenen Bankguthaben an die Gesellschafter bzw. auch eine breitere Streuung dieser Gelder auf eine größere Anzahl von Banken im gesamten Reichsgebiet an. Im weiteren Verlauf unterstrich er nochmals deutlich seine Ablehnung der nunmehr im Raum stehenden Fusionspläne. Vgl. AHB, Positionspapier Metzke.

lung[1255] und um die dadurch sowie durch die zwischenzeitlich erfolgten Anteilsverkäufe erforderliche Aktualisierung des Gesellschaftsvertrages. Im Folgejahr blockierte Metzke zunächst die Fusion mit der Gebrüder Thiel GmbH, indem er unter Verwendung der Vollmacht seiner Tochter gegen alle weiteren Gesellschafter votierte und damit die in der Abstimmung notwendige Dreiviertelmehrheit verhinderte.[1256]

Möglicherweise waren es die zum Ausdruck gebrachten Spannungen innerhalb der Strukturen der Thiel-Uhrenfabrik, die neben einigen anderen Gründen dazu führten, dass insbesondere die Herren Thiel den Neuaufbau der Gebrüder Thiel GmbH nach deren Sitzverlegung in die Bundesrepublik noch zielgerichteter und zügiger vorantrieben, um die Voraussetzungen für eine rasche Abkehr von der Neubauzelle zu schaffen. Die damit einhergehende grundsätzliche Neuausrichtung in den Gesellschaftsstrukturen wird im folgenden Kapitel betrachtet.

2.1.2. Straffung der Strukturen

Die nach dem Zusammenbruch 1945 in den westlichen Besatzungszonen neu angestoßene Unternehmensentwicklung schien für die Thiel-Gesellschafter erfolgversprechend zu werden. Jedoch waren die Dimensionen, welche die Unternehmung zu Beginn der 1950er Jahre erreicht hatte, weiterhin als überschaubar zu bezeichnen (vgl. u. a. Tabelle 93, S. 357). Demgegenüber bestand eine vergleichsweise komplexe, aus drei Gesellschaften bestehende Trägerstruktur. Gab es für diese Diskrepanz in den ersten Jahren des Neuanfangs stichhaltige Gründe, so waren diese mit fortschreitender Zeit entfallen. So beruhte die Gründung der Uhrenfabrik unter anderem auf dem Umstand, dass eine Verlagerung der bisherigen Gesellschaften in die westlichen Besatzungszonen weder sicher, noch erfolgreich war. Die Altgesellschaften befanden sich in einem Dilemma. Sie selbst benötigten zur Eintragung ins Handelsregister einen aktiven Geschäftsbetrieb, welcher jedoch nicht existierte und dessen Neuaufbau im Hinblick auf mögliche Forderungen aus der sowjetischen Besatzungszone nicht ratsam war. „Die Sovjet AGs verfolgen die Tendenz, den kleinen Rest des von ihnen bei der Enteignung nicht übernommenen Firmenvermögens (Liquidationsmasse) in den Konkurs zu treiben und über den Konkursverwalter die Hand auf das gerettete und neu erworbene Westvermögen zu legen. Die westlichen Gerichte haben die Durchführung dieser Handhabung ermöglicht."[1257] Mit der aktiv tätigen Uhrenfabrik GmbH und der entsprechenden Anerkennung als eigene Neubauzelle durch die beiden Thiel-Gesellschaften wurde ein Hilfskonstrukt geschaffen, das den Forderungen nach einem aktiven Geschäftsbetrieb einerseits und nach Si-

1255 AG Kassel, HRB 1115.

1256 AKH, Gesellschafterversammlung 04.03.1950 u. 07.04.1951.

1257 AHB, Einladung 10.02.1950, S. 7.

cherheit andererseits gerecht werden konnte. Die Sitzverlagerung und Handelsregistereintragung konnte somit realisiert werden, ohne die neu geschaffenen Vermögenswerte dem latenten Risiko des Vermögenszugriffs aus dem Osten auszusetzen. Bereits im Jahr 1951 sah die Thiel-Geschäftsführung durch die zwischenzeitliche Weiterentwicklung der Rechtsprechung diese Sorge gebannt. Überdies entwickelte die Gebrüder Thiel GmbH zu dieser Zeit bereits eigene geschäftliche Aktivitäten im Bereich des Maschinenbaus und hatte sich von der eher passiven und auf das Verwalten der Vermögenspositionen beschränkten Rolle gelöst. Anders die Gebrüder Thiel Seebach GmbH: Sie war inaktiv und hatte wenig Perspektive, über die Verwaltung der eigenen Vermögenswerte hinausgehende geschäftliche Aktivitäten in Gang zu setzen. Die bestehenden Gesellschaftsstrukturen waren ineffizient und hemmten die weitere Entwicklung.[1258]

Reinhold Thiel erklärte in der Aufsichtsratssitzung am 20.01.1951, dass die Zusammenlegung der drei Thiel-Firmen unter dem Dach der Gebrüder Thiel GmbH nunmehr geboten sei. Der Aufsichtsrat schloss sich der Auffassung an und beauftragte den Geschäftsführer mit der Erarbeitung eines Exposés zur Unterrichtung der Gesellschafter. Nachdem dieses im März vorlag, folgten die Einladungen zu den verschiedenen Gesellschafterversammlungen, um die Beschlüsse für die weiteren Schritte herbeizuführen. Die der Fusionsabsicht zugrunde liegenden Bilanzen der drei Gesellschaften zum 31.12.1950 sind im Anhang Tabelle 93, S. 357, zu finden.[1259]

Auf der Gesellschafterversammlung der Thiel-Uhrenfabrik GmbH am 07.04.1951 kamen die für eine Fusion notwendigen Beschlüsse aufgrund des bereits benannten Abstimmungsverhaltens von Arthur Metzke nicht zustande. Damit konnte zunächst die Übertragung des Gesellschaftsvermögens auf die Gebrüder Thiel GmbH in Göttingen nicht erfolgen. Erst auf der außerordentlichen Gesellschafterversammlung am 25.04.1951 kam es dann zur erforderlichen Mehrheit. Für das übertragene Vermögen erhielt die Gesellschaft Geschäftsanteile an der übernehmenden Gesellschaft. Weiterhin wurde die Liquidation der Gesellschaft beschlossen und Reinhold Thiel zum Liquidator bestellt.[1260] Der vormalige Geschäftsbetrieb der Thiel-Uhrenfabrik wurde ab 01.05.1951 für Rechnung der Gebrüder Thiel GmbH geführt.[1261]

Ebenso wie im Fall der Thiel-Uhrenfabrik GmbH war die Schlussbilanz der Gebrüder Thiel Seebach GmbH auf den 30.04.1951 datiert. Auch diese Gesellschaft trat zum 01.05.1951 in Liquidation und hatte damit in der Bundesrepublik nur ein Jahr Bestand. Die Sitzverlegung der beiden Altgesellschaften von

1258 AKH, Erläuterung zur Fusion i. V. m. AHB, Einladung 10.02.1950.

1259 AKH, Erläuterung zur Fusion i. V. m. Einladung 22.03.1951.

1260 AKH, Gesellschafterversammlung 07.04.1951 u. 25.04.1951.

1261 Die Datierung der im „Lexikon der Deutschen Uhrenindustrie“ abgebildeten Anzeige der Thiel-Uhrenfabrik GmbH auf das Jahr 1952 ist somit fragwürdig. Vgl. Schmid, Lexikon der Deutschen Uhrenindustrie, Bd. 2, S. 406.

Ruhla nach Göttingen[1262] war zuvor auf Beschluss der Gesellschafterversammlungen vom 25.02.1950, erfolgt. Eine entsprechende Eintragung ins Handelsregister beim Amtsgericht Göttingen fand am 17.04.1950 statt. Auf diesen Stichtag wurden zudem die DM-Eröffnungsbilanzen (vgl. Tabelle 48 und Tabelle 49, S. 264) erstellt.[1263]

Tabelle 48: Bilanz Gebr. Thiel GmbH zum 17.04.1950

Aktiva	Werte am 17.04.1950 in DM		Passiva
Beteiligungen		Stammkapital	79.200,00
Gebr. Thiel Seebach GmbH	31.398,00	Sonderrücklage	1.186,62
Thiel Brothers Ltd., London	1,00	Sonstige Verbindlichkeiten	
Wertpapiere		Verrechnungskonto Gebr. Thiel Seebach GmbH	120,00
6%–Reichsbahnanleihe	4.300,00		
Wertpapiere (nicht greifbar)	1,00		
Darlehen Thiel Uhrenfabrik GmbH	25.000,00		
Bankguthaben			
Laufendes Konto	3.337,11		
Festgeld Konto	15.000,00		
Sonstige Forderungen			
Ostzonenvermögen	1,00		
Verrechnungskonto Thiel Uhrenfabrik GmbH	1.322,76		
Rechnungsabgrenzungsposten	145,75		
Bilanzsumme	80.506,62	Bilanzsumme	80.506,62

Quelle: eigene Darst., basierend auf APD, Thiel, Rückblick 1956, S. 44.

Mit der Neuausrichtung der Strukturen und auf Beschluss der Gesellschafterversammlung vom 19.05.1951 verlegte die Gebrüder Thiel GmbH ihren Sitz von Göttingen nach Sand bei Kassel.[1264] Über die parallel vorgenommene Kapitalerhöhung von 79.200 DM auf 160.200 DM wurde die Beteiligung der Thiel-Uhrenfabrik GmbH in Kassel und der Gebrüder Thiel Seebach GmbH in Göttingen ermöglicht. Auf die Thiel-Uhrenfabrik entfielen die aus Tabelle 50,

1262 „Nach dem gescheiterten Versuch der Sitzverlegung nach Kassel wählten wir Göttingen als neuen Sitz, weil wir glaubten, dort besseres Verständnis zu finden; die „Olympia-Schreibmaschinengesellschaft" hatte dort die Sitzverlegung erreicht." AET, Erinnerungen Thiel 1967, S. 149. In Göttingen fungierte der spätere Aufsichtsrat Dr. Ullrich als Geschäftsstelle. Die Verbindung zu Ullrich entstammt aus R. Thiels Zeiten im Aufsichtsrat der Gothaer Lebensbank. Ullrich war dort Generaldirektor u. nach dem Zusammenbruch gemeinsam mit Reinhold u. Edwin Thiel interniert. Die Bank hatte ihren Sitz schon frühzeitig nach Göttingen verlegt. Vgl. AHB, Einladung 10.02.1950, S. 4 u. AET, Erinnerungen Thiel 1967, S. 150.

1263 Die Beschlüsse zum Stammkapital wurden auf den Gesellschafterversammlungen am 18.11.1950, insoweit nach dem Bilanzstichtag, gefasst. Vgl. AG Kassel, HRB 1 i. V. m. NLA, HStAH, Nds. 725 Göttingen.

1264 Ebd.

S. 265, hervorgehenden 21.000 DM des Erhöhungsbetrages. „Nach Übertragung der gesamten Aktiven und Passiven auf die ‚Gebrüder Thiel GmbH' (...), Sand, besteht das Vermögen der Gesellschaft aus einem Stammanteil an der letztgenannten Gesellschaft in Höhe des eigenen Stammkapitals."[1265] In analoger Weise ergab sich ein Stammanteil von 60.000 DM[1266] für die Gebrüder Thiel Seebach GmbH.[1267]

Tabelle 49: Bilanz Gebr. Thiel Seebach GmbH zum 17.04.1950

Aktiva	Werte am 17.04.1950 in DM		Passiva
Wertpapiere		Stammkapital	60.000,00
6%-Reichsbahnanleihe	5.100,00	Sonderrücklage	432,32
Darlehen Thiel Uhrenfabrik GmbH	25.000,00	Sonstige Verbindlichkeiten	
Baudarlehen Thiel Uhrenfabrik GmbH	3.000,00	Verrechnungskonto Thiel Uhrenfabrik GmbH	53,93
Bankguthaben			
Laufendes Konto	2.074,75		
Festgeld Konto	25.000,00		
Sonstige Forderungen			
Ostzonenvermögen	1,00		
Verrechnungskonto Gebr. Thiel GmbH	120,00		
Rechnungsabgrenzungsposten	190,50		
Bilanzsumme	60.486,25	Bilanzsumme	60.486,25

Quelle: eigene Darst., basierend auf APD, Thiel, Rückblick 1956, S. 44.

Die zwei eingeleiteten Liquidationsverfahren fanden im Jahr 1953 ihren Abschluss. Nachdem ein Geschäftsbetrieb nach Auflösung der Gesellschaften nicht mehr stattgefunden hatte und das jeweilige Sperrjahr[1268] abgelaufen war, unterbreitete Reinhold Thiel als Liquidator den jeweiligen Gesellschaftern am 25.07.1953 ein notarielles Angebot zur Verteilung des verbliebenen Vermögens. Demnach wurde das durch die Gesellschaften an der Gebrüder Thiel GmbH gehaltene Stammkapital unter den Gesellschaftern der aufzulösenden Firmen entsprechend deren dortiger Beteiligung aufgeteilt. Somit erhielt jeder der sechs Gesellschafter der Thiel-Uhrenfabrik GmbH i. L. einen Anteil i. H. v.

1265 AHB, Bericht 30.06.1953.

1266 Übertragen wurden folgende Vermögensgegenstände: 1. laufendes Konto bei der Berliner Handelsgesellschaft, 6.027,58 DM; 2. Thiel-Uhrenfabrik GmbH in Sand, Darlehenskonto, 35.000,00 DM; 3. Festgeld-Darlehenskonto, 15.000,00 DM; 4. Baudarlehen-Konto, 3.000,00 DM; 5.Verrechnungskonto Gebr. Thiel GmbH, Göttingen, 971,42 DM u. 6. Merkposten für Ostzonenvermögen, 1,00 DM. Vgl. AHB, Rechnungslegung Seebach 25.07.1953.

1267 AUB, Gesellschaftsvertrag 1953, S. 4.

1268 Das Sperrjahr der Thiel-Uhrenfabrik GmbH war am 24.02.1953 u. das der Gebr. Thiel Seebach GmbH am 24.07.1953 abgelaufen. Vgl. AHB, Bericht 30.06.1953 u. Bericht 01.07.1953.

3.500,00 DM.[1269] Im Falle der Gebrüder Thiel Seebach GmbH i. L. wurde das verbliebene Vermögen auf 37 Gesellschafterpositionen[1270] in Beträgen zwischen 40,00 DM und 16.840,00 DM verteilt.

Tabelle 50: Liquidationsbilanz Thiel-Uhrenfabrik GmbH

Aktiva	Werte am 01.05.1951 in DM		Passiva
Maschinen	38.229,00	Stammkapital	21.000,00
Werkzeuge	9.170,00	Darlehen	73.000,00
Inventar	269,40	Sonderdarlehen BHG	20.000,00
Büromaschinen	438,00	Rückstellungen	15.979,16
Halb- und Fertigfabrikate	1.971,64	Warenverbindlichkeiten	20.395,82
Roh-, Hilfs- und Betriebsstoffe	14.704,89	Sonstige Verbindlichkeiten	4.712,34
Beteiligungen	500,00	Wertberichtigung nach § 7 e EStG	3.000,00
Baudarlehen	5.970,00	Begeben	4.013,65
Warenforderungen	39.632,78	Gewinn	247,05
Devisenforderungen	3.778,89		
Sonstige Forderungen	5,74		
Bankguthaben	42.691,61		
Schecks	1.500,00		
Wechsel	996,00		
Kasse, Postscheck	2.374,47		
Rechnungsabgrenzung	115,60		
Bilanzsumme	162.348,02	Bilanzsumme	162.348,02

Quelle: eigene Darst., basierend auf AKH, Rechnungslegung Uhrenfabrik 25.07.1953.

Nach Beendigung der Liquidation wurden die Gesellschaften im Handelsregister gelöscht.[1271] Die Gebrüder Thiel GmbH in Sand war fortan die einzig verbliebene Thiel-Gesellschaft.

1269 AET, Vermögensverteilung Thiel-Uhrenfabrik GmbH i. L. i. V. m. Annahme Vermögensverteilung 25.07.1953.

1270 Darunter befanden sich drei Erbengemeinschaften sowie die Gebr. Thiel GmbH, welche über diesen Weg eigene Anteile erwarb. Vgl. AET, Vermögensverteilung Gebr. Thiel Seebach GmbH i. L.

1271 Eintrag der Löschung der Thiel-Uhrenfabrik GmbH am 07.09.1953. Vgl. AG Kassel, HRB 1115.

2.2. Gebrüder Thiel bis 1972

2.2.1. Geschäftsfelder und wirtschaftliche Entwicklung

In den Jahren des Neuanfangs hatte sich gezeigt, dass der angestrebte Einstieg in die Uhrenfertigung unter den bestehenden Gegebenheiten nicht die erhofften Erfolge erbringen würde. Für die Produktpalette bedeutete das eine wiederholte Neuausrichtung, um überhaupt am Markt bestehen zu können. Der Fokus blieb zunächst auf einfache und meist bereits in der frühen Unternehmensgeschichte einmal gefertigte Produkte gerichtet. Für einen Einstieg in den Werkzeugmaschinenbau, als eine der vormals drei tragenden Säulen[1272] des Unternehmens, sahen die Verantwortlichen zunächst die Voraussetzungen nicht gegeben. Neben den materiellen Anforderungen in Form einer hinreichend gut ausgestatteten Fertigungsstätte, wurde das Fehlen geeigneter Fachkräfte auf diesem Gebiet als größtes Problem erachtet.[1273] Dieser Umstand war insofern besonders schmerzlich, als dass Gebrüder Thiel in diesem Bereich vor dem Zusammenbruch 1945 über eine hervorragende Expertise verfügt hatte und „zum Weltmarktführer für Universal- Fräs- und Bohrmaschinen aufgestiegen“[1274] war. Der zunächst einzige Nutzen, den Gebrüder Thiel aus dem früheren Maschinenbau ziehen konnte, waren die Erlöse aus einer Lizenzvereinbarung.[1275] Auch wenn diese im Nachgang von Reinhold Thiel als „für beide Teile sehr wenig befriedigend“[1276] eingeschätzt wurde, dürfte in ihr der wesentliche Impuls zum Einstieg in den Maschinenbau als neues und bald schon einziges Kerngeschäftsfeld zu sehen sein.

Der Nachbau der Thiel-Maschinen und der Versuch einer Weiterentwicklung bei NASSOVIA erfüllte hinsichtlich Fertigung und Qualität nicht die Erwartungen. Die auftretenden Schwierigkeiten wirkten nachteilig auf die Kundenzufriedenheit mit unmittelbaren Auswirkungen auf Thiel. Der „Versuch, [von Nassovia, Anm. Verf.] eine neuartige, verbesserte Konstruktion des Stem-

1272 Die beiden weiteren Säulen waren zuvor die Produktion von Zeitzündern u. die Uhrenfertigung.

1273 AET, Erinnerungen Thiel 1967, S. 154 u. 156.

1274 Koop, MAHO, S. 101.

1275 Diese erbrachte der Gebr. Thiel GmbH ab 1949 über den Zeitraum von 10 Jahren etwa 250.000 DM an Einnahmen. Da Gebr. Thiel keine Schutzrechte für das frühere Produktionsprogramm besaß, wäre der Nachbau durch die Firma NASSOVIA in Langen auch ohne Vereinbarung denkbar gewesen. Der NASSOVIA-Eigentümer, Hans Fickert, war ehemaliger Vertreter in Frankfurt a. M. für die Thiel-Maschinenfabrik. Der Vorteil für ihn bestand in der Möglichkeit, über die Lizenzvereinbarung die Produkte als Thiel-Maschinen verkaufen zu dürfen u. insoweit den Ruf u. die Bekanntheit des Namens als verkaufsförderndes Instrument nutzen zu können. Der Vertrag erfuhr über die Jahre verschiedene Veränderungen (Ausklammerung verschiedener Maschinentypen) u. endete Ende 1959. Vgl. AET, Erinnerungen Thiel 1967, S. 154 f u. AUB, GB 1958, S. 3.

1276 AET, Erinnerungen Thiel 1967, S. 154.

pelhoblers herauszubringen, ergab einen völligen Fehlschlag und brachte (…) [‚Gebrüder Thiel', Anm. Verf.] viel Verdruß mit der Kundschaft."[1277]

Gebrüder Thiel bemühte sich aufgrund dieser Erfahrungen und in Rückbesinnung auf das Potenzial, welches im Werkzeugmaschinenbau für das Unternehmen liegen konnte, um eine vernüftige Lösung. Da die Universal-Werkzeug-Fräsmaschine, das Kernstück des vormaligen Thiel-Programmes, durch den Lizenznehmer bislang nicht nachgebaut wurde, kam es 1951 zur Ausklammerung des Types aus dem bestehenden Vertrag. Jedoch war Gebrüder Thiel selbst noch nicht in der Lage, eine Eigenfertigung durchzuführen. Insoweit war das Unternehmen weiterhin auf Partner angewiesen. Die Bereitschaft zum Abschluss eines weiteren Lizenzvertrages bestand aufgrund der bisherigen Erfahrungen nicht. Das von verschiedenen Marktteilnehmern geäußerte Interesse an der früher produzierten Thiel-Universalfräsmaschine 58[1278] bestärkte Gebrüder Thiel jedoch darin, intensiv nach einer passenden Lösung zu suchen. Begünstigt durch den Umstand, dass Gebrüder Thiel zu dieser Zeit langsam die personellen Voraussetzungen und damit die Kompetenz im Werkzeugmaschinenbau verbessern konnte,[1279] kam eine Fertigung auf werkvertraglicher Basis in Betracht. Als Vertragspartner bot sich die Gebrüder Junghans AG an. Mit ihr konnte dadurch die bisherige Zusammenarbeit über das Auslaufen der Weckermontage hinaus fortgesetzt werden. Für Gebrüder Junghans bedeutete der Vertrag die Möglichkeit, brachliegende Fertigungskapazitäten zu nutzen und damit der bereits einsetzenden Abwanderung von Fachkräften zu begegnen. Gebrüder Thiel indes konnte auf eine weitestgehend eingerichtete Fertigungsstätte zurückgreifen und die Neukonstruktion der Fräsmaschine zügig auf den Markt bringen. Im September 1952 wurden die ersten Prototypen auf einer Messe in Hannover präsentiert. Günstig wirkte sich zudem die räumliche Nähe von Konstruktion und Fertigung aus. „In Schramberg wurde in den Büros der Junghans AG das THIEL-KONSTRUKTIONSBÜRO eingerichtet, damit die Konstruktionsarbeit in enger Fühlung mit dem Fertigungsbetrieb stattfinden konnte."[1280] Die zunächst vereinbarte Ausstoßmenge von monatlich 15 Maschinen blieb zwar hinter der Nachfrage zurück, bedeutete aber einen ersten Schritt zum Wiedereinstieg in die Werkzeugmaschinenfertigung. „Für Junghans war das Geschäft in „Thiel-Maschinen" quasi ein Abfallprodukt, das man, so lange es gut lohnte,

1277 AET, Erinnerungen Thiel 1967, S. 155.

1278 Ebd., S. 156.

1279 Werner Vogel, ehemals kaufmännischer Leiter der Maschinenfabrik u. Mitgesellschafter bei Gebr. Thiel war mit seiner Familie von Ruhla in die Bundesrepublik übergesiedelt. Über ihn konnten Mitarbeiter für das Konstruktionsbüro, u. a. aus Ruhla, gewonnen werden. Zusammen mit Rudolf Ackenhausen (jun.), ebenfalls Thiel-Gesellschafter, gründete er das Unternehmen Ackenhausen & Vogel, welches von 1952 bis 1969 als Generalvertretung für Gebr. Thiel den Maschinenvertrieb übernahm. Vgl. AET, Erinnerungen Thiel 1967, S. 155 ff i. V. M. AUB, GB 1969, S. 4.

1280 AET, Erinnerungen Thiel 1967, S. 157.

gern mitnahm. An erster Stelle stand immer das Uhrengeschäft."[1281] Um die Zusammenarbeit mit Junghans nicht zu gefährden, unterließ es Gebrüder Thiel daher auch, mit weiteren Partnern derartige Werksverträge zu schließen,[1282] wenngleich die Nachfrage[1283] erkennbar über der bereitstehenden Fertigungskapazität lag.[1284]

„Aus der loyalen Handhabung des Werkvertrages erwuchs für alle Beteiligten ein lohnendes Geschäft. Sein Ertrag wurde das finanzielle Rückgrat (...) [des] Wiederaufbaues in Sand."[1285] Für Gebrüder Thiel stellten die Produkte aus Schramberger Fertigung Handelsware dar. Die hohe Bedeutung des Handelsgeschäftes[1286] für das Betriebsergebnis der kommenden Jahre verdeutlicht Abbildung 18.

Abbildung 18: Betriebsergebnis Gebr. Thiel GmbH 1956–1971

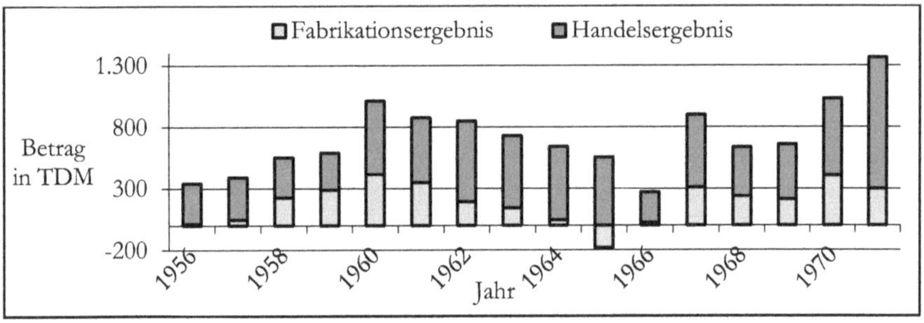

Quelle: eigene Darst., basierend auf AET, Statistik Gebrüder Thiel GmbH, Betriebsergebnis.

Neben Junghans und Gebrüder Thiel profitierte der Vertriebspartner Ackenhausen & Vogel zumindest in den ersten Jahren in besonderem Maße. Während die beiden Werkvertragspartner anfänglich den Verkaufspreis der THIEL DUPLEX 158 gemeinsam festlegten und die daraus erzielten Erlöse im Ver-

1281 AET, Erinnerungen Thiel 1967, S. 158.

1282 Neben der Gefahr, dass Junghans das Interesse verlöre, gab es auch die Sorge, ob ein weiterer Partner auch in vergleichbarer Qualität liefern könnte. Vgl. AET, Erinnerungen Thiel 1967, S. 158 f.

1283 Die Nachfrager der verschiedenen Thiel-Produkte waren nicht nur am nationalen Markt zu finden. Gebr. Thiel gelang es sehr schnell, wieder einen erheblichen Teil der Produktion auch international zu verkaufen. In den 1950er Jahren bewegte sich der Exportanteil am Umsatz zwischen 45 % u. 65 %. Vgl. AUB, GB 1954 ff.

1284 AET, Erinnerungen Thiel 1967, S. 154–159.

1285 Ebd., S. 158.

1286 Zum Handelsgeschäft zählte weiterhin der mit Ersatzteilen u. dem Zubehör für Maschinen erzielte Umsatz. Vgl. AUB, GB 1953, S. 1.

hältnis 3 zu 1 aufteilten, gab Gebrüder Thiel von seinem Viertel einen Anteil[1287] an Ackenhausen & Vogel weiter.[1288]

Tabelle 51: Bilanz Gebr. Thiel GmbH zum 31.12.1952

Aktiva	Werte am 31.12.1952 in DM		Passiva
Anlagevermögen		Stammkapital	160.200,00
Unfertige Neuanlagen –Gebäude-	17.812,35	Sonderrücklage	1.186,62
Maschinen	21.536,00	Wertberichtigung auf Baudarlehen	2.850,00
Werkzeuge	14.783,00	Rückstellungen einschl. Delkredere	16.618,49
Inventar	1.992,00	Verbindlichkeiten aus Warenverkehr	44.982,67
Geringwertige Anlagegüter	1,00	Verbindlichkeiten aus sonstigen Verkehr	4.523,42
Ostzonenvermögen	2,00	Anzahlungen von Kunden	145.768,59
Nicht greifbare Wertpapiere	1,00	Posten der Rechnungsabgrenzung	4.218,70
Beteiligungen	4.898,00		
Beteiligungen Thiel-Brothers Ltd.	1,00		
Umlaufvermögen			
Roh-, Hilfs. u. Betriebsstoffe	46.462,89		
Halbfertige Erzeugnisse	18.421,12		
Fertige Erzeugnisse, Waren	16.215,12		
Forderungen aus Warenverkehr	90.658,28		
Forderungen aus sonstigen Verkehr	16.797,12		
Geleistete Anzahlungen an Lieferanten	56.675,00		
Schecks	1.201,86		
Kassenbestand und Postscheckguthaben	6.167,14		
Bankguthaben	60.105,92		
Posten der Rechnungsabgrenzung	3.034,10		
Verlustvortrag	3.695,32		
Gewinn 1952	111,73		
Bilanzsumme	380.348,49	Bilanzsumme	380.348,49

Quelle: eigene Darst., basierend auf AKH, Bilanz Sand 1952.

Parallel zum Auf- und Ausbau der werkvertraglichen Beziehungen mit Gebrüder Junghans[1289] kam in Sand die Einrichtung einer eigenen Fertigung in Gang.

1287 Gebr. Thiel gab zunächst 80 % seines Bruttonutzens an Ackenhausen & Vogel weiter. Für Edwin Thiel war eine Aufteilung in dieser Relation von Beginn an unverhältnismäßig, sodass er auf eine Korrektur drängte, welche jedoch erst bei Vertragsverlängerungen in den Jahren 1958 u. 1960 erfolgte. Der Wiedereinstieg von Gebr. Thiel in das Werkzeugmaschinengeschäft war sehr stark mit der Person Werner Vogels verbunden, was Vogel in der Verhandlung mit Reinhold Thiel für sich zu nutzen wusste. Die Vertragsgestaltung spiegelt insoweit dieses Abhängigkeitsverhältnis wider. Eventuell lagen bereits hier die Gründe für die später hervortretenden Spannungen zwischen den Angehörigen beider Familien. Vgl. AET, Erinnerungen Thiel 1967, S. 154–160, Edwin Thiel, Gespräche am 05.06.2012 u. 23.10.2012 sowie Erläuterungen im Folgekapitel.

1288 AET, Erinnerungen Thiel 1967, S. 154 ff.

Voraussetzung waren abermals die Verständigung mit dem Lizenznehmer und dessen nachlassendes Interesse an den Thiel-Maschinen.[1290] Die Überlegungen gingen, anfänglich abgestellt auf die vorherrschenden betrieblichen Verhältnisse, hin zur Herstellung einer kleinen, einfachen und billigen Feilmaschine. Letztlich setzte sich aber die Meinung[1291] durch, über ein neu entwickeltes, hochwertigeres Produkt langfristig bessere Marktchancen zu erhalten. Über die Entwicklung der Feilmaschine Thiel PRODURO 111[1292] kam es am Standort Sand zur Schaffung erster neuer und eigener Produktionsstätten[1293] (vgl. Tabelle 51, S. 269). Bis zum Verkauf 1972 wuchs das Werk auf 5.000 m² an.[1294]

Das Wachstum des Unternehmens in den Folgejahren ging vornehmlich auf die Entwicklungen im Werkzeugmaschinenbau zurück und zeigte sich in einer Vergrößerung der Produktionsstätten. Es kam zur Fertigung weiterer verschiedenartiger Maschinentypen,[1295] dabei folgte häufig eine Anlehnung an das vor-

---

1289 Der Werkvertrag mit Junghans wurde 1955 vorzeitig um weitere 5 Jahre verlängert u. hatte darüber hinaus bis zum Verkauf des Unternehmens Gebr. Thiel 1972 Bestand. Das Fertigungsprogramm umfasste zunächst die Universal-Werkzeug-Fräsmaschine THIEL DUPLEX 158. Mit einbrechenden Umsätzen u. der immer spürbarer werdenden Marktverdrängung wurde diese 1966 durch das verbesserte Modell THIEL DUPLEX 159 abgelöst. Vgl. AET, Erinnerungen Thiel 1967, S. 172 f; AUB, GB 1953, S. 1; GB 1954, S. 2; GB 1966, S. 6 u. GB 1971, S. 5.

1290 AET, Erinnerungen Thiel 1967, S. 159.

1291 Maßgeblich war auch hier der Rat Werner Vogels. Vgl. AET, Erinnerungen Thiel 1967, S. 159 f.

1292 AET, Erinnerungen Thiel 1967, S. 160.

1293 Spatenstich für den ersten eigenen Neubau war im Herbst 1952. Die Gemeinde Sand stellte das Baugrundstück unentgeltlich zur Verfügung. Die Finanzierung dieses sowie des folgenden Bauabschnittes erfolgte durch Mittel der Kreditanstalt für Wiederaufbau. Die Anschaffung der Fertigungsmaschinen für die THIEL PRODURO 111 wurde ebenfalls durch diese Kreditmittel möglich. In den Folgejahren folgten weitere Bauabschnitte, wobei das in Nordhessen neu angesiedelte Unternehmen in besonderem Maße von speziellen weiteren Förderprogrammen (z. B. Trögerplan) profitierte. Der fünfte, 1956 fertiggestellte Bauabschnitt beinhaltete z. B. die Errichtung einer großen modernen Werkshalle. Diese wurde auf Grundlage eines Pacht- u. Optionsvertrages mit dem hessischen Wirtschaftsministeriums nach den Wünschen von Gebr. Thiel errichtet. Jährlich waren 10 % der Erstellungskosten als Zins- u. Tilgungsleistungen aufzubringen. Nach Ausübung der Option gingen Grundstücke u. Gebäude in Betriebseigentum über. In vergleichbarer Weise kam es ab 1960 zur Planung u. Errichtung eines Erweiterungsbaues. Der Bauwert für die durch das Land Hessen errichteten Produktionsstätten belief sich auf etwa 1,1 Mio. DM. Bis 1963 waren davon ca. 172 TDM getilgt. Per 01.11.1968 wurden die entsprechenden Objekte vom Land Hessen gekauft. Das Land gewährte dafür zinsgünstige Kredite über ca. 600 TDM. Vgl. AKH, GB 1952, S. 2; AET, Erinnerungen Thiel 1967, S. 151 u. 163 u. AUB, GB 1960, S. 4; GB 1963, S. 3 u. GB 1968, S. 6.

1294 Koop, MAHO, S. 103.

1295 Im Jahr 1960 wurden folgende Modelle in Eigenfertigung hergestellt: Genauigkeits-Feil- u. Sägemaschinen THIEL PRODURO 111 u. THIEL PRODURO 115, Präzisi-

malige Thiel'sche Produktionsprogramm.[1296] Im weiteren Geschäftsfeld, der Metallwarenfabrikation, ging die Geschäftsleitung bereits mit Vorlage der Zahlen für das Geschäftsjahr 1953 vom Erreichen des Umsatzzenits aus. „Mit einer weiteren Steigerung ist für die Folge kaum zu rechnen."[1297] Dieser Einschätzung ging eine Umsatzsteigerung im Vergleich zum Vorjahr von etwa 44 % voraus. Weiterhin stand diese Aussage unter dem Eindruck der 1953 erfolgreich angelaufenen Maschinenfertigung und dem bereits positiv verlaufenden Handelsgeschäft. Der Fokus zukünftiger Entwicklung lag nach diesen ersten spürbaren Erfolgen auf dem weiteren Ausbau der eigenen Maschinenproduktion. Das Metallwarengeschäft erfuhr indes im Folgejahr eine abermalige Steigerung, bevor ab 1955 Stagnation einsetzte und dieser Geschäftszweig 1956 letztlich aufgegeben und verkauft wurde.[1298] Der Verkauf war Ausdruck der verlorenen Hoffnung, noch einmal den Übergang von der Metallwarenherstellung zur Uhrenfertigung zu schaffen. Reinhold Thiels Resümee dazu: „Das Maschinengeschäft bot – schon allein wegen des erstklassigen Rufes (...) – ganz andere Möglichkeiten. Zum Betrieb beider Geschäftszweige nebeneinander würden weder die personellen noch die finanziellen Kräfte genügen."[1299]

Genau die Punkte Personal und Finanzierung waren es auch, die die weitere Unternehmensentwicklung maßgeblich beeinflussten und teilweise offensichtliche Entwicklungshemmnisse darstellten. Bis zum Jahr 1960 war es noch nicht gelungen, ein eigenes leistungsfähiges Konstruktionsbüro in Sand aufzubauen. Vielmehr mussten noch immer wesentliche Entwicklungsaufträge an das bei Gebrüder Junghans eingerichtete Konstruktionsbüro vergeben werden. Die „bisherigen Versuche, einen qualifizierten Chefkonstrukteur zu finden, waren gescheitert."[1300] Auf dem Weg hin zur Fertigung eigener, neu entwickelter Maschinen, wie er in den 1960er Jahren beschritten wurde, kam es zu erheblichen Schwierigkeiten. „Der Schritt von der Fertigung einfacher Maschinen zur Herstellung einer hochpräzisen, komplizierten, an Größe (...) [die] bisherigen Typen um ein vielfaches überragenden Maschine war zu groß gewesen; er beanspruchte (...) technisches, personelles und finanzielles Potential bis zur äußersten Grenze."[1301] So kostete die Entwicklung des Universal-, Fräs- und Bohrwerkes THIEL DUPLEX 162 bis zur Markteinführung 1966 weit über

---

ons- Bandsägemaschine THIEL SEGURA 117 u. Form- u. Stempelhobler THIEL CONTUREX 132. Gebr. Thiel sprach in diesem Zusammenhang vom Abschluss der ersten Ausbaustufe. Vgl. AUB, GB 1960, S. 4.

1296 Ebd., 1953, S. 1; 1954, S. 2; 1955, S. 2 u. 1956, S. 3.

1297 Ebd., 1953, S. 1.

1298 Ebd., 1954, S. 2; 1955, S. 2 u. 1956, S. 1. Die Firma Sohni in Idar-Oberstein, Hauptkonkurrent in Kinderuhren, erwarb die Einrichtungen der Metallwarenfabrikation. Vgl. AET, Erinnerungen Thiel 1967, S. 160 f.

1299 Ebd., S. 161.

1300 Ebd., S. 173.

1301 Ebd., S. 174.

eine Mio. DM und belastete das Fabrikationsergebnis. In den Jahren ab 1962 wurden die Erträge der Fabrikation durch diese Neuentwicklung in weiten Teilen aufgebraucht und 1965 folgte dadurch begründet ein Verlust[1302] (vgl. Abbildung 18, S. 268). Gegenüber den Gesellschaftern warb die Geschäftsführung dennoch für ein weiteres Beschreiten des eingeschlagenen Weges. „Die Entwicklung neuer Produktionsprogramme (...) [ist] unerlässlich; Stillstand (...) [ist] Rückschritt. Viel Spatenarbeit (...) [ist] geleistet – finanziell und personell. Große Aufgaben (...) [sind] noch zu bewältigen; die Gesellschaft (...) [tut] gut daran, die Verdienste in diese Zukunftsaufgaben zu investieren."[1303]

Abbildung 19: Investitions- und Abschreibungsbeträge 1954–1971

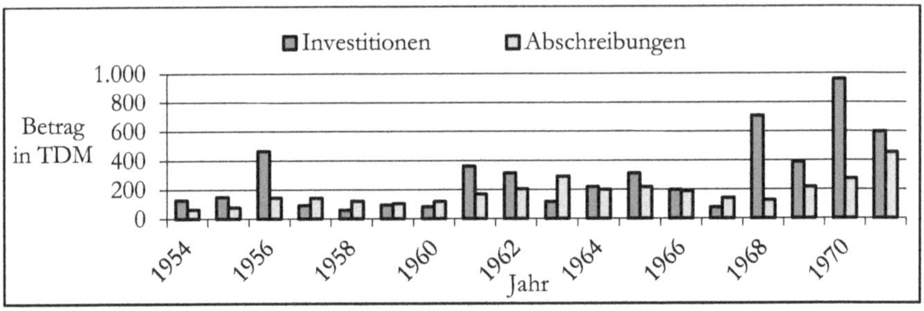

Quelle: eigene Darst., basierend auf AET, Statistik Gebrüder Thiel GmbH, Investitionen und Abschreibungen.

Abbildung 19, verdeutlicht die tendenziell ansteigenden Investitionen. Für 1968 ergab sich der Betrag nahezu vollständig aus der bereits zuvor erläuterten Überführung der bisherigen Fertigungsstätte in Betriebseigentum.[1304] In den weiteren Jahren ging es um die Umsetzung eines 1968 aufgestellten Generalbebauungsplanes. Ziel war neben erforderlichen Kapazitätserweiterungen insbesondere eine Rationalisierung in den Produktionsabläufen. „Diese hohen Investierungen haben die Ertragslage (...) nicht unerheblich berührt".[1305] Für die kommenden Jahre wurde weiterhin mit hohen Investitionsbeträgen gerechnet. Diese „werden sich in dem Rahmen bewegen müssen, der dem Unternehmen durch die Ertragskraft gezogen sein wird. Das bedeutet, dass auch in den kommenden Jahren die Erträge vornehmlich der Eigenfinanzierung dienen müssen".[1306] Insoweit bestand für die Gesellschafter perspektivisch wenig Hoffnung, von hohen bzw. gar steigenden Ausschüttungen unmittelbar zu profitieren. Für die Familiengesellschaft, in der Gesellschafter aus der Tradition heraus

1302 AET, Erinnerungen Thiel 1967, S. 174; AUB, GB 1966, S. 6 f u. GB 1967, S. 5.
1303 AUB, Protokoll 1964, S. 2.
1304 AUB, GB 1968, S. 6.
1305 Ebd., 1970, S. 7.
1306 Ebd.

auf hohe und stetige Dividendenzahlungen vertrauen konnten, dürften derartige Aussichten für weite Kreise wenig verlockend gewesen sein. Welche nicht zuletzt dadurch bewirkten Strukturveränderungen die Gesellschaft in den Jahren seit dem Zusammenbruch erfahren hatte, zeigt das folgende Kapitel. Zuvor verdeutlichen Tabelle 52 und Abbildung 20, S. 274, den erreichten Stand des Unternehmens am Vorabend des Verkaufs sowie die Entwicklung des unternehmerischen Erfolges und die unmittelbare Partizipation der Gesellschafter in den zwei vorangegangenen Jahrzehnten.

Tabelle 52: Bilanz Gebr. Thiel GmbH zum 31.12.1971

Aktiva	Werte am 31.12.1971 in DM		Passiva
Anlagevermögen		Stammkapital	900.000,00
Grundstücke mit Geschäfts-, Fabrik- und anderen Bauten	1.314.184,00	Rücklagen	1.435.000,00
Grundstücke mit Wohnbauten	35.389,00	Pauschalwertberichtigung zu Forderungen	110.900,00
Grundstücke ohne Bauten	84.427,00	Rückstellungen für Gewährleistungen	389.000,00
Maschinen und maschinelle Anlagen	525.792,00	Rückstellungen für Pensionen	1.493.700,00
Betriebs- und Geschäftsausstattung	1,00	Rückstellungen für sonstige Zwecke	1.467.274,00
Geringwertige Anlagegüter	1,00	Langfristige Verbindlichkeiten	675.779,96
Ostzonenvermögen	2,00	Verbindlichkeiten aus Lieferungen und Leistungen	1.316.690,16
Beteiligungen	1,00	Verbindlichkeiten gegenüber Kreditinstituten	721.728,48
Wertpapiere des Anlagevermögens	175.068,00	Erhaltene Anzahlungen	117.618,53
Umlaufvermögen		Sonstige Verbindlichkeiten	756.598,37
Roh-, Hilfs- u. Betriebsstoffe	1.638.447,07	Gewinnvortrag	2.146,27
Unfertige Erzeugnisse	1.192.995,35	Jahresüberschuss 1971	96.500,29
Fertige Erzeugnisse	128.295,83		
Waren	567.761,43		
Geleistete Anzahlungen	14.000,00		
Forderungen aus Lieferungen und Leistungen	3.381.755,15		
Schecks	37.492,34		
Kassenbestand und Postscheckguthaben	4.592,79		
Guthaben bei Kreditinstituten	91.676,10		
Wertpapiere	230.007,83		
Sonstige Vermögensgegenstände	59.619,59		
Rechnungsabgrenzungsposten	1.427,58		
Bilanzsumme	9.482.936,06	Bilanzsumme	9.482.936,06

Quelle: eigene Darst., basierend auf AUB, Jahresabschluss 1971.

Abbildung 20: Gewinne und Ausschüttung Gebr. Thiel 1951–1971

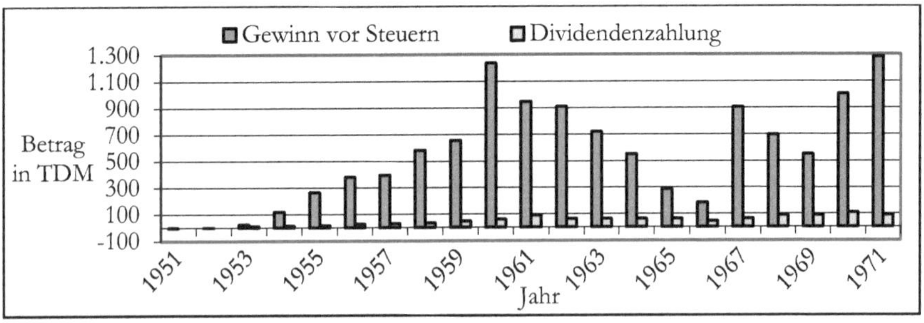

Quelle: eigene Darst., basierend auf Tabelle 94, S. 359 u. AET, Statistik Gebrüder Thiel GmbH, Gewinne.

2.2.2. Kapital und Gesellschafter

Die als grundlegend günstig einzuschätzende wirtschaftliche Entwicklung des Unternehmens auf dem Gebiet der Bundesrepublik war neben den bisher aufgezeigten Kennzahlen ebenso an der Veränderung des Stammkapitals der Gebrüder Thiel GmbH ablesbar (vgl. Tabelle 53).

Tabelle 53: Kapitalmaßnahmen Gebr. Thiel GmbH nach 1945

Datum	Art der Maßnahme	Stammkapital vor der Maßnahme	Stammkapital nach der Maßnahme
10.07.1945[1307]	Enteignung in der SBZ[1308]	10.560.000,00 RM	—
25.02.1950	Sitzverlegung der Gesellschaft von Ruhla nach Göttingen		
18.11.1950	Kapitalherabsetzung	10.560.000,00 RM	79.200,00 DM
19.05.1951	Kapitalerhöhung	79.200,00 DM	160.200,00 DM
25.07.1953	Kapitalerhöhung	160.200,00 DM	220.000,00 DM
23.06.1956	Kapitalerhöhung	220.000,00 DM	300.000,00 DM
11.06.1960	Kapitalerhöhung	300.000,00 DM	600.000,00 DM
02.06.1962	Kapitalerhöhung	600.000,00 DM	900.000,00 DM
1972	Verkauf an MAHO Werkzeugmaschinenbau Babel & Co[1309]		

Quelle: eigene Darst., basierend auf AUB, Gesellschaftsvertrag 1962, S. 3 ff.

Das aus der Straffung der Unternehmensstrukturen Anfang der 1950er Jahre hervorgegangene Stammkapital i. H. v. 160.200 DM wurde in zwei weiteren Schritten durch echte Mittelzuflüsse aus den Reihen der Gesellschafter auf 300.000 DM erhöht. Anders als bei derartigen Maßnahmen aus den Jahren vor

1307 Polizeiverordnung vom 06.07.1945 u. Polizeiverfügung vom 10.07.1945.
1308 Gesetz über Enteignung vom 09.10.1945.
1309 AUB, Mitteilung Unternehmensverkauf 1972.

1945 war die Gesellschaft darauf angewiesen, dass die Gesellschafter tatsächlich in der Lage waren, durch Bareinzahlung des Erhöhungsbetrages die Liquidität der Gesellschaft zu stärken. Dass dringend weitere Mittel zum Unternehmensausbau benötigt wurden, zeigte die Situation 1953. Die beengten und auf Dauer unzureichenden Verhältnisse in den gemieteten Räumen erforderten Investitionen in eigene Raumkapazitäten. Nachdem bereits mit der Fertigstellung eines ersten kreditfinanzierten Bauabschnittes klar wurde, dass damit das Raumproblem nicht gelöst werden konnte, stand die Frage nach einer unmittelbaren weiteren Investition. Da zunächst[1310] keine Aussicht bestand, eine neuerliche Betriebserweiterung über die noch aus bestehenden Förderkrediten verfügbaren Mittel vollständig zu finanzieren bzw. diese Kredite entsprechend aufzustocken, wurden die Gesellschafter nach ihrer Bereitschaft zur Teilnahme an einer eventuellen Kapitalerhöhung befragt.[1311] Das Ergebnis der letztlich aus der Befragung resultierenden Erhöhung zeigte ein grundlegendes Problem der Gesellschaft. Weite Teile der Gesellschafter waren nicht bereit bzw. nicht in der Lage, sich an Kapitalerhöhungen zu beteiligen.[1312] Deutliche Verschiebungen in den Gesellschafterstrukturen in den Jahren bis 1956 waren die Folge (vgl. Tabelle 55, S. 276).

Ausgehend von der Kapitalschwäche in weiten Kreisen der Gesellschafter wurde bei der Kapitalerhöhung 1956 der Versuch unternommen, den sich nicht an der Maßnahme beteiligenden Gesellschaftern einen Ausgleich für deren Anteilsverwässerung zu bieten. Das erste und einzige Mal in der Unternehmensgeschichte erfolgte eine Kapitalerhöhung gegen Gewährung von Bezugsrechten.[1313] Tabelle 54, S. 276, verdeutlicht die tatsächliche Beteiligung der Gesellschafter sowie deren Zugehörigkeit zu den verschiedenen Gruppen. In der Gesamtbetrachtung zeigt sich dass die Kapitalerhöhung in dominierender Weise durch die Familie nach Ernst Eduard Thiel, und dort durch die geschäftsführenden Gesellschafter Reinhold und Edwin Thiel getragen wurde.

1310 Wenig später eröffnete sich dann doch die Möglichkeit, auch den zweiten Bauabschnitt u. die Anschaffung der wichtigsten Fertigungsmaschinen über den langfristigen KfW-Kredit zu finanzieren. Dieser Kredit konnte von den ursprünglich für den ersten Bauabschnitt bewilligten 100.000 DM auf 125.000 DM aufgestockt werden. Vgl. AHB, Bilanz und GB 1952, S. 2.

1311 AKH, S. v. 17.04.1953 Thiel-Gesellschafter.

1312 Es beteiligten sich sieben Gesellschafter bzw. EG an der Kapitalerhöhung über 59.800 DM, vgl. AHB, Bilanz und GB 1952, S. 2. Eine Vergleichsbetrachtung der Beteiligungen 1951 u. 1953 unter Berücksichtigung der Ergebnisse der Liquidationsverfahren erbringt nachstehendes Ergebnis: Marie Hoppert (13.400 DM), EG Gunkel (2.000 DM), Werner Vogel (10.000 DM), Rudolf Ackenhausen (10.000 DM), Reinhold Thiel (14.230 DM), Klaus-Arnim Thiel (5.000 DM) u. Edwin Thiel (6.000 DM). In der Summe ergab dies bei den Genannten einen Beteiligungszuwachs von 60.630 DM. Die Abweichung zu 59.800 DM erklärt sich mit der zugleich feststellbaren Anteilsreduzierung bei der EG Reinhardt (80 DM) u. bei Marlies Brederhoff (750 DM).

1313 AUB, S. v. 18.04.1956 Thiel-Brinkmann.

Tabelle 54: Beteiligung Kapitalerhöhung gegen Bezugsrecht 1956

Familie nach „Christian Emilius Thiel“		Familie nach „Christian Reinhold Thiel“		Familie nach „Ernst Eduard Thiel“		Familienfremde	
Lfd. Nr.:[1314]	Betrag in DM	Lfd. Nr.:	Betrag in DM	Lfd. Nr.:	Betrag in DM	Lfd. Nr.:	Betrag in DM
3	990	74	1.810	79	4.210	115	970
4	500	76		82	530	117	840
7	660			83	840	118	
14	330			84	4.020	119	
18	14.390			85	1.000	120	
22	1.160			91	23.150	121	1.040
40	1.830			93	1.130		
41	1.990			94	9.430		
				96	1.270		
				99	360		
				103	2.100		
				104	1.110		
				110	4.340		
Gesamtbeteiligung an der Kapitalerhöhung							
	21.850		1.810		53.490		2.850

Quelle: eigene Darst., basierend auf AET, Kapitalerhöhung 1956.

Tabelle 55: Veränderung Beteiligung der Gesellschaftergruppen

Stichtag	Familie nach „Christian Emilius Thiel“	Familie nach „Christian Reinhold Thiel“	Familie nach „Ernst Eduard Thiel“	Familienfremde bzw. Institutionelle	Stammkapital in TDM
	Werte 1945 in RM und ab 1950 in DM				
10.07.1945	4.802.720,00	756.180,00	4.822.020,00	179.080,00	[1315]10.560,00
18.11.1950	36.310,00	5.710,00	36.380,00	800,00	79,20
19.05.1951	36.310,00	5.710,00	36.380,00	81.800,00	160,20
25.07.1953	77.470,00	8.630,00	127.500,00	6.400,00	220,00
23.06.1956	99.170,00	9.540,00	182.040,00	9.250,00	300,00
11.06.1960	195.740,00	20.880,00	369.280,00	14.100,00	600,00
02.06.1962	293.610,00	31.320,00	553.920,00	21.150,00	900,00
31.05.1969	281.230,00	10.920,00	563.870,00	43.980,00	900,00
13.06.1970	356.620,00	10.920,00	488.480,00	43.980,00	900,00
Juni 1972	352.930,00	8.220,00	494.870,00	43.980,00	900,00

Quelle: eigene Darst., basierend auf Tabelle 69 bis Tabelle 71 ab S. 319; AET, Beweissicherung II, Verzeichnis der Gesellschafter 1950; Kapitalerhöhung 1956; Gesellschaftsvertrag Sand 1962; Gesellschafterliste 1970 u. 1972 u. AUB, Protokoll Gesellschafterversammlung 1960.

1314 Die laufende Nummer gemäß Gesamtverzeichnis der Gesellschafter. Mehrere Nummern benennen die Mitglieder der übernehmenden Erbengemeinschaft.

1315 Abweichende Angabe in TRM.

Die beiden noch folgenden Kapitalerhöhungen in der Geschichte des Familienunternehmens wurden aus Gesellschaftsmitteln bestritten.[1316] Insoweit setzte sich damit eine Unternehmenstradition fort, bei welcher stets besonderes Augenmerk auf die Schonung der privaten Gesellschaftermittel gelegt wurde. Die weiterhin erkennbaren späteren Verschiebungen in den Gesellschafterstrukturen, sind damit jedoch nicht erklärbar und bedürfen einer weiteren Analyse.

Wie bereits bei der Betrachtung der Veränderungen in den Gesellschafterstrukturen der verschiedenen vorangegangenen Unternehmensphasen deutlich wurde, nahm der Anteil der biologisch bedingten Strukturveränderungen im Zeitverlauf zu. So verstarben zwischen Juli 1945 und Januar 1953, also in der Zeit der Neuorientierung nach dem Zusammenbruch, acht Gesellschafter. Diese hatten zusammen eine Beteiligung i. H. v. 2.852.100 RM an der Gebrüder Thiel GmbH gehalten, was etwa 27 % des damaligen Stammkapitals entsprach. Eine familienbezogene Betrachtung zeigt die besondere Betroffenheit des Zweiges „Christian Emilius Thiel". Sechs der acht verstorbenen Personen waren diesem zugehörig. Mit den auf diese Gesellschafter entfallenen 2.066.620,00 RM an Stammkapital wechselten zudem etwa 43 % der bisherigen Beteiligung dieses Familienzweiges den Besitzer (vgl. Tabelle 61 ff ab S. 303 i. V. m. Tabelle 69 ff, ab S. 319). Infolge dieser Vorgänge kam es zur Lockerung der teilweise über Jahrzehnte verfestigten Gesellschafterstrukturen. Die gebotene Chance auf Veränderung wurde zudem dadurch begünstigt, dass sich unter den verstorbenen Gesellschaftern solche mit einer besonders engen Bindung zum Unternehmen und maßgeblichem Einfluss auf die Unternehmensentwicklung befanden. Unter ihnen waren zwei Gründungsgesellschafter der GmbH[1317] ebenso wie zwei Mitglieder des früheren Aufsichtsrates, darunter dessen langjähriger Vorsitzender.[1318] Darüber hinaus wäre der Betriebsleiter der Gerätebau GmbH und zugleich stellvertretende Geschäftsführer der Gebrüder Thiel Seebach GmbH, Hugo Brinkmann (jun.), zu nennen. Dieser hatte, wie gezeigt werden konnte, eine aktive Rolle beim Neuanfang inne, sodass sein Tod vermutlich weit größere Auswirkungen auf die künftige Unternehmensentwicklung hatte, als es sein Anteilsbesitz[1319]vermuten lässt.

1316 AUB, Gesellschaftsvertrag 1962, S. 3 u. 6.

1317 Martha Deußing u. Bertha Brinkmann.

1318 Hugo Brinkmann u. Karl Daut.

1319 Der Anteilsbesitz betrug 1952, im Jahr seines Todes, 3.860 DM.

Tabelle 56: Beteiligung der Hauptgesellschafter 1953–1972

Jahr (Stammkapital in DM)	Edwin Thiel		Reinhold Thiel		Familie nach Reinhold Thiel[1320]		Familie nach Marie Hoppert[1321]	
	Beteiligung in DM	Beteiligung in %	Beteiligung in DM	Beteiligung in %	Beteiligung in DM	Beteiligung in %	Beteiligung in DM	Beteiligung in %
1953 (220.000)	19.400	8,8	53.970	24,5	89.060	40,5	27.120	12,3
1956 (300.000)	28.830	9,6	77.120	25,7	127.610	42,5	41.510	13,8
1960 (600.000)	70.100	11,7	155.060	25,8	260.740	43,5	83.020	13,8
1962 (900.000)	105.150	11,7	232.590	25,8	391.110	43,5	124.530	13,8
1967 (900.000)	120.960	13,4	236.160	26,2	414.490	46,1	136.780	15,2
1969 (900.000)	124.960	13,9	233.460	25,9	418.490	46,5	140.280	15,6
1970 (900.000)	147.280	16,4	253.380	28,2	445.430	49,5	256.810	28,5
1972 (900.000)	150.970	16,8	253.380	28,2	449.120	49,9	256.810	[1322]28,5

Quelle: eigene Darst., basierend auf Tabelle 70 u. Tabelle 71 ab S. 321.

Daneben eröffnete die Geschäftspolitik des Unternehmens bereits in der Phase der Neuausrichtung der Gesellschaftsstrukturen den Gesellschaftern Möglichkeiten, ihren Anteilsbesitz zu vergrößern. So unterbreitete die Gebrüder Thiel GmbH im Jahr 1951 zur Stärkung der eigenen Liquidität ihren Gesellschaftern ein Verkaufsangebot für die Anteile an der Gebrüder Thiel Seebach GmbH die sich in ihrem Bestand befanden.[1323] Drei Personen nahmen dieses Angebot an. Sie erwarben zum Nennwert etwa 28.000 DM[1324] der mit 31.200 DM bezifferten Beteiligung.[1325] Erwerber waren hierbei Reinhold und Edwin Thiel sowie Marie Hoppert.[1326] Es zeigt sich in der weiteren Entwicklung der Beteiligungs-

1320 Umfasst die Beteiligung von Reinhold Thiel sowie die seiner Kinder, Enkel, Schwiegertöchter u. Schwiegersöhne. In den Jahren 1953 u. 1956 zudem die von Paul Liebergeld, dem Schwiegervater von Edwin Thiel.

1321 Umfasst die Beteiligung von Marie Hoppert sowie die ihrer Tochter Dorothee u. von deren Mann Eduard Kappler.

1322 Eduard Kappler, ab 1956 Gesellschafter stieg bis 1972 zum zweitgrößten Einzelgesellschafter auf u. verfügte 1972 über eine persönliche Beteiligung von 243.895 DM. Vgl. AUB, Abtretung von Geschäftsanteilen 1956 u. AET, Gesellschafterliste 1972.

1323 AHB, Bericht 05.09.1951, S. 5 i. V. m. AKH, Erläuterung zur Fusion, S. 3.

1324 Das Stammkapital der Gebr. Thiel Seebach GmbH lag bei 60.000 DM. Davon gehörten der Gebr. Thiel GmbH Anteile i. H. v. ca. 31.200 DM. Mit der 1953 vorgenommenen Kapitalerhöhung der Gebr. Thiel GmbH auf 160.200 DM wurde das Stammkapital der Gebr. Thiel Seebach GmbH 1:1 in Anteile der Gebr. Thiel GmbH umgewandelt. Vgl. AHB, Bericht 01.07.1953 i. V. m. AUB, Gesellschaftsvertrag 1953, S. 4.

1325 Bei der Vermögensverteilung der Gebr. Thiel Seebach GmbH i. L. am 25.07.1953 betrug die Beteiligung der Gebr. Thiel GmbH noch 3.310 DM. Vgl. AET, Vermögensverteilung Gebrüder Thiel Seebach GmbH i. L.

1326 Edwin Thiel erwarb für 9.000 DM Anteile. Vgl. AET, Anteilsverkauf Seebach 1951. Marie Hoppert übernahm den gleichen Betrag, was sich aus einem Vergleich des Anteilsbesitzes im Jahr 1945 mit dem 1953 an sie zur Verteilung gelangten Anteil an der Gebr. Thiel GmbH ergibt. Vgl. AAK, Stammkapital 14.07.1945 i. V. m. AET, Vermö-

strukturen, dass diese drei Personen und die ihnen zugehörigen Familien eine dominierende Stellung erlangten (vgl. Tabelle 56, S. 278).

Die starke Stellung von Reinhold und Edwin Thiel in den Reihen der Gesellschafter erklärt sich aus den historischen Entwicklungen ebenso wie aus den für die Zeit des Neuanfangs aufgezeigten persönlichen Motiven der beiden Herren. Für das Engagement von Marie Hoppert und infolge von deren Tochter und Schwiegersohn ist die Situation weit weniger offensichtlich erklärbar. Als Erbin ihres Mannes wurde Marie Hoppert im Mai 1945, wenige Wochen vor der Enteignung, Gesellschafterin. Eine besondere Bindung zum Unternehmen ist weder für sie noch für ihren verstorbenen Mann bekannt.[1327] Besonders auffallend war daher, dass der Anteilsbesitz schon in den ersten Jahren des Neuanfangs signifikant ausgedehnt wurde. Dass dabei Faktoren eine Rolle spielten, die über das Motiv der reinen Kapitalanlage hinausgingen, ist denkbar. Eine derartige Auffassung findet durch das fortgeschrittene Alter von Frau Hoppert und das Eintreten des Schwiegersohnes in die Gesellschaft Bestätigung. Die Aufforderung an die übrigen Gesellschafter, ihre Zustimmung zur Aufnahme Eduard Kapplers als weiteren Gesellschafter zu erteilen, erging im Oktober 1956, nur wenige Monate nach der Kapitalerhöhung über 80.000 DM.[1328] Bei dieser hatte Marie Hoppert mit 14.390 DM den zweithöchsten Betrag gezeichnet.[1329] Ebenso wie Eduard Kappler war dessen Ehefrau fortan an der Gesell-

---

gensverteilung Gebrüder Thiel Seebach GmbH i. L. Bei analoger Betrachtung ergibt sich, dass Reinhold Thiel einen Betrag von etwa 9.840 DM übernommen haben muss. Dort könnten kleinere betragliche Differenzen aus der mit der Währungsumstellung von RM auf DM einhergegangenen Rundung der Anteilsbeträge resultieren.

1327 Das Ehepaar Hoppert lebte in Darmstadt. Die Tochter Dorothee entstammte der ersten Ehe von Marie Hoppert mit dem im Ersten Weltkrieg gefallenen Friedrich Schweiger. Das Haus der Familie wurde 1944 bei einem Bombenangriff zerstört. Erich Hoppert beging als Offizier beim Herannahen der Sowjetischen Truppen am 17.05.1945 in Heidenau bei Dresden Selbstmord. Marie Hoppert verfügte aus ihrer Familie heraus über landwirtschaftlichen Grundbesitz u. entsprechende Einnahmen. Zusätzlich hielt sie verschiedene Wertpapiere. Insoweit könnte die ererbte Thiel-Beteiligung zunächst als Kapitalanlage verstanden werden. Dietrich Kappler, Telefonat v. 24.01.2014.

1328 AUB, S. v. 11.10.1956 Thiel-Gesellschafter.

1329 Die anfängliche Beteiligung am Stammkapital der Gebr. Thiel GmbH betrug nach der Währungsumstellung 3.550 DM, die an der Gebr. Thiel Seebach GmbH 1.220 DM. Allein durch den Anteilskauf von der Gebr. Thiel GmbH u. die Beteiligung an den Kapitalerhöhungen 1953 u. 1956 wurden weitere Anteile i. H. v. 36.790 DM erworben. Die Aufstockung der Beteiligung erfolgte möglicherweise bereits ab der Zeit, in welcher der Neuaufbau des Unternehmens erste Erfolge erkennen ließ, zielgerichtet. In der Aufstellung zur Kapitalerhöhung 1956 wurde bei Marie Hoppert kein Beruf angegeben, verm. war sie zu dieser Zeit aufgrund ihres Alters von 70 Jahren bereits Rentnerin. Es wäre denkbar, dass die stetige Aufstockung der Beteiligung von Beginn an auf den Einfluss der Familie u. dort vornehmlich des Schwiegersohnes zurückzuführen ist. Vgl. AET, Kapitalerhöhung 1956, AHB, Gesellschafterliste Gebrüder Thiel GmbH Göttingen u. Gesellschafterliste Gebrüder Thiel Seebach GmbH Göttingen.

schaft beteiligt. Sie verfügten zunächst jeweils über einen Anteil von 2.500 DM, welcher synchron bis 1967 auf 10.215 DM anstieg.[1330] Marie Hoppert hielt zu dieser Zeit mit 116.350 DM weiterhin die Hauptbeteiligung der Familie.[1331] Der Eintritt Kapplers in den Aufsichtsrat 1966[1332] trug dann dem zweithöchsten Anteilsbesitz seiner Familie Rechnung, stand aber vermutlich weit mehr noch für das Interesse eines besseren Einblickes und Einflusses auf die Gesellschaftsentwicklung.[1333] Das die Einbindung Eduard Kapplers in die Kontrollstrukturen des Unternehmens gezwungenermaßen und nicht unbedingt auf Initiative von Reinhold und Edwin Thiel erfolgte, ist anzunehmen. Zwischen Kappler und den Herren Thiel hatte sich in den 1960er Jahren ein Wettstreit um die Stimmenmehrheit in der Gesellschafterversammlung entwickelt. Diesen konnte Edwin Thiel durch Zukäufe und entsprechende Vollmachten für sich entscheiden. Dadurch schaffte er die Handlungsgrundlage für seine weitere Tätigkeit als Geschäftsführer des Unternehmens.[1334] Die Verhältnisse in der Gesellschafterversammlung hatten sich indes neu verteilt. Neben Reinhold Thiel verfügte nunmehr auch Eduard Kappler über eine durch eigenen Anteilsbesitz getragene Sperrminorität (vgl. Tabelle 56, S. 278). Kappler hatte die Anteile seiner Schwiegermutter, abgesehen von einer bei dieser verbliebenen Mindestbeteiligung, übernommen und durch weitere Zukäufe ausgebaut.[1335] Dabei spielten ihm die Entwicklungen des Jahres 1969 stark in die Hände. Zu dieser Zeit kam es zum Bruch zwischen Gebrüder Thiel und den langjährigen Vertriebspart-

---

1330 AUB, Gesellschafterversammlung 11.06.1960, S. 9 ff u. AET, Gesellschafterliste 1967.

1331 AET, Gesellschafterliste 1967.

1332 Reinhold Thiel begründete in einem Schreiben an die Gesellschafter die Notwendigkeit der Zuwahl Kapplers in den bereits mit sechs Personen sehr gut besetzten Aufsichtsrat mit dem hohen Alter der bisherigen Mitglieder u. der damit verbundenen hohen Wahrscheinlichkeit des baldigen Ausscheidens einiger. Er verwies darauf, dass der hohe Anteilsbesitz der Familien Hoppert/Kappler durch einen entsprechenden Vertreter repräsentiert werden sollte. Dies sei auch im Interesse einer harmonischen Zusammenarbeit der Gremien der Gesellschaft u. der gedeihlichen Weiterentwicklung des Unternehmens nötig. Vgl. S. v. 11.05.1966 Thiel-Gesellschafter.

1333 Kappler war Architekt u. als solcher nicht direkt mit dem Geschäftsfeld des Maschinenbaus vertraut. Über seine Arbeit, er war u. a. im Industriebau tätig, kam er jedoch in Kontakt mit verschiedenen Unternehmen. Damit hatte er die Möglichkeit, aus der Sicht eines Außenstehenden eventuell bei Gebr. Thiel bestehende Defizite zu erkennen. Sein Engagement im Aufsichtsrat ging ebenso auf die Befürchtung zurück, dass Gebr. Thiel die Entwicklung verschlafe. Dietrich Kappler, Telefonat v. 24.01.2014.

1334 Edwin Thiel, Gespräche am 05.06.2012 u. 23.10.2012.

1335 Dass die Anteile nicht auf die Tochter, sondern auf den Schwiegersohn übergingen, nährt die Vermutung, dass dieser bereits zuvor der eigentliche wirtschaftliche Berechtigte war u. Marie Hoppert nur als Strohmann fungiert hatte. Vgl. AET, Gesellschafterliste 1967 i. V. m. Gesellschafterliste 1969.

nern[1336] und Gesellschaftern[1337] Ackenhausen und Vogel. Damit einher ging der Verkauf großer Teile der von diesen Familien bislang gehaltenen Beteiligung.[1338] Eduard Kappler konnte davon in erheblichem Umfang profitieren und seinen Anteilsbesitz signifikant steigern.[1339]

Mit Blick auf den beim Unternehmensverkauf 1972 ausgehandelten Verkaufskurs[1340] ist es ebenso denkbar, dass bei den vorangegangenen Anteilskäufen einiger Gesellschafter spekulative Motive die unternehmensstrategischen Überlegungen überlagert haben. Die zuvor bestehende und über Jahrzehnte gelebte Familiengesellschaft indes hatte sich überholt. Nunmehr wurde die Ge-

---

1336 Zum 31.12.1969 wurde der Vertrag zwischen den Firmen Ackenhausen & Vogel u. Gebr. Thiel zum Vertrieb der Thiel-Produkte auf überregionalem Gebiet aufgelöst. Vgl. AUB, GB 1969, S. 4.

1337 Werner Vogel (81) u. Rudolf Ackenhausen (76) hatten ihre zuvor bereits bestehende Unternehmensbeteiligung im Zuge der Kapitalerhöhung von 1953 um jeweils 10.000 DM erhöht. Dies geschah vor dem Hintergrund dessen, dass der Aufbau einer Maschinenfertigung nach 1945 maßgeblich auf die Mitarbeit W. Vogels zurückzuführen war u. der Vertrieb der Thiel-Maschinen über die zusammen mit seinem Schwager gegründete Firma A & V erfolgen sollte. Vgl. AHB, Bericht 05.09.1951, S. 2 ff.

1338 Die Anteilsentwicklung der verschiedenen Gesellschafter zeigt, dass der Anteilsbesitz der Mitglieder der Familien Ackenhausen u. Vogel zwischen 1969 u. 1970 in der Summe um 102.330 DM zurückging, während Eduard Kappler in der gleichen Zeit seine Beteiligung um 116.530 DM erhöhen konnte. Vgl. AET, Gesellschafterliste 1969 u. Gesellschafterliste 1970.

1339 Dass die Familie nach Reinhold Thiel trotz bestehender enger Verwandtschaft nicht von diesen Verkäufen im Hinblick auf die Erweiterung des eigenen Anteilsbesitzes profitieren konnte, erklärt sich aus verschiedenen geschäftlichen Ereignissen seit den 1950er Jahren. Das Verhältnis zwischen Vogel u. Edwin Thiel kann als belastet bezeichnet werden. Thiel sah in dem zunächst noch durch seinen Vater mit Vogel ausgehandelten Vertretervertrag eine deutliche Übervorteilung der anderen Seite. Bei späteren Vertragsverlängerungen drängte er daher auf Änderungen. Zudem kam es in der zweiten Hälfte der 1950er Jahre zu Absatzproblemen bei den Produkten aus der Eigenfertigung u. damit zum Streit zwischen Gebr. Thiel u. A & V über dessen Ursachen. Der Gewinn Kapplers dürfte überdies in einer deutlichen Spanne zwischen dem Kurs beim Kauf der Anteile u. dem wenig später erfolgten Unternehmensverkauf gelegen haben. Unterlagen über diese Anteilskäufe standen nicht zur Verfügung, jedoch lassen die Geschäftsberichte der Jahre 1968 u. 1969 erhebliche Unsicherheiten bei der Einschätzung der weiteren Unternehmensentwicklung erkennen. Möglicherweise zogen sich die Familien Ackenhausen u. Vogel auch aufgrund vermeintlich schlechter Zukunftsaussichten aus der Gesellschaft zurück. Diese Einschätzung dürfte schließlich auch den Verkaufspreis beeinflusst haben. Für 1965 sind Verkaufskurse von 150 % angegeben, der Kurs beim Unternehmensverkauf 1972 lag indes bei 690 DM je 100 DM Geschäftsanteil. Vgl. AUB, S. v. 01.12.1966 Thiel-Gesellschafter, S. 1, GB 1968, GB 1969, Mitteilung Unternehmensverkauf 1972, S. 3 i. V. m. AET, Vertragsangebot E. Thiel 10.05.1972 u. Vertragsannahme E. Thiel-MAHO 16.05.1972; Erinnerungen Thiel 1967, S. 158 f u. S. 165 ff; u. Edwin Thiel, Gespräche am 05.06.2012 u. 23.10.2012.

1340 AUB, Mitteilung Unternehmensverkauf 1972, S. 3.

sellschaft durch 40 Gesellschafter, darunter drei Erbengemeinschaften getragen. Insgesamt waren somit 51 natürliche Personen am Unternehmen beteiligt. Bei 30 Gesellschaftern lag die Beteiligung unter einem Prozent des Stammkapitals, wobei häufig nur noch die Mindestbeteiligung von 2.700 DM gehalten wurde.[1341] Die Möglichkeit, über das Wirken in der Gesellschafterversammlung unternehmerische Entscheidungen zu beeinflussen, war für weite Teile der Gesellschafter somit nicht mehr gegeben.

2.2.3. Verkauf des Familienunternehmens

Die Entscheidung zum Verkauf resultierte im Wesentlichen aus vier Punkten. Einerseits wurden für die Produktentwicklung und Rationalisierung zunehmend höhere Investitionen erforderlich, um langfristig auf dem volatilen Markt des Werkzeugmaschinenbaues bestehen zu können. Der bis zu Beginn der 1970er Jahre bereits gestiegene und perspektivisch weiter steigende Investitionsbedarf hatte zudem unmittelbare Auswirkungen auf die Ertragslage des Unternehmens.[1342] So hätte als zweiter Punkt eine zunehmende Mittelverwendung im Rahmen der Eigenfinanzierung die Möglichkeiten der Gewinnausschüttung an die Gesellschafter begrenzt. Eine vergleichbare Wirkung wäre auch bei einer Fremdfinanzierung der notwendigen Investitionen eingetreten. Die damit einhergehenden gestiegenen Zinsaufwendungen hätten das Ergebnis ebenso geschmälert. Eine weiterhin möglichst hohe Dividende für die Gesellschafter, wie sie im eingangs der Arbeit zu findenden Zitat als Zielsetzung des Unternehmens beschrieben wurde, wäre somit höchst ungewiss gewesen. Durch eine zunehmende Fremdfinanzierung wäre darüber hinaus der Einfluss Dritter auf das Unternehmen gewachsen und damit die bisherige, wenn auch schon aufgebrochene Struktur einer reinen Familiengesellschaft gefährdet gewesen.[1343]

1341 Im Vergleich gab es nach der Fusion 1953 insgesamt 49 Gesellschafter, darunter drei EG sowie eine institutionelle Beteiligung. Bei 29 Beteiligten betrug der Anteil am Stammkapital weniger als 1 %, von diesen verfügten wiederum 13 Personen nur über die Mindestbeteiligung von 900 DM. Es ist erkennbar, dass sich zwar die Anzahl der Gesellschafter insgesamt verringerte, die Zahl der Gesellschafter mit minimalem Anteilsbesitz jedoch relativ konstant blieb. Vgl. Tabellen im Anhang, Kapitalbeteiligung an der Gebr. Thiel GmbH.

1342 AET, Investitionen u. Abschreibungen.

1343 AUB, GB 1969; GB 1970 u. GB 1971.

Tabelle 57: Geschäftsführer Gebr. Thiel GmbH ab 1953

Name	Lebensdaten	Geschäftsführer
Reinhold Thiel (88)	23.02.1882–24.03.1979	1953–1960
Edwin Thiel (91)	21.04.1913[1344]	1953–1972
Otto Eichel (---)	04.01.1883–25.02.1967	1953–1957
Constantin Rößler (97)	05.09.1912–27.04.1983	1958–1972

Quelle: eigene Darst., basierend auf im Verzeichnis benannten Quellen.

Tabelle 58: Aufsichtsratsmitglieder Gebr. Thiel GmbH ab 1953

Name	Lebensdaten	Mitglied im Aufsichtsrat
Constantin Rößler (97)	05.09.1912–27.04.1983	1953–1956
Hans Ullrich[1345](---)	15.03.1889–18.02.1971	1953–1971
Werner Vogel (81)	03.08.1898–24.10.1984	1953–1972
Peter Deußing (7)	25.03.1922–04.01.2012	1953–1972
Otto Eichel (---)	04.01.1883–25.02.1967	1958–1967
Reinhold Thiel (88)	23.02.1882–24.03.1979	1960–1968
Rüdiger Brennhausen[1346](---)	21.07.1909–11.06.1993	1964–1972
Eduard Kappler (20)	13.10.1913–11.11.2004	1966–1972

Quelle: eigene Darst., basierend auf im Verzeichnis benannten Quellen.

Als dritter Punkt erlangte die Altersstruktur der maßgeblichen Personen ein erhebliches Gewicht. Die beiden letzten Geschäftsführer (vgl. Tabelle 57) Edwin Thiel und Constantin Rößler waren im Jahr 1972 bereits 59 bzw. 60 Jahre alt. Der Versuch, die Geschäftsführung durch geeignete Nachfolger mit entsprechendem Rückhalt in der Gesellschafterversammlung zu verjüngen, blieb ohne Erfolg. Damit fehlte es dem Unternehmen auf lange Sicht an personellen Kapazitäten, die durch ihre Arbeit den Rückfluss der notwendigen Investitionen im Interesse der Gesellschafter sichern konnten. Im Aufsichtsrat (vgl. Tabelle 58) zeigte sich ein ähnliches Bild. Das Durchschnittsalter der verbliebenen vier Mitglieder Rüdiger Brennhausen (63 J.), Eduard Kappler (59 J.), Werner Vogel (74 J.) und Peter Deußing (50 J.) lag bei 61,5 Jahren. Dabei ist zu berücksichtigen, dass in den fünf vorangegangenen Jahren erst ein Generationenwechsel vollzogen worden war. Darüber hinaus war Reinhold Thiel als Hauptgesellschafter im Jahr des Verkaufs bereits 90 Jahre alt. Eine Chance, dieser neben den weiteren Punkten gewissermaßen eingetretenen personellen Perspektivlosigkeit zu entgehen und den bestehenden Unternehmenswert für die Gesellschafter zu sichern, lag im Verkauf des Unternehmens. Insoweit war das Auffinden eines geeigneten Investors der vierte, aber sicherlich entscheidendste Punkt.

Dass mit der Firma MAHO Werkzeugmaschinenbau Babel & Co aus Pfronten ein unmittelbarer Konkurrent als Käufer zur Verfügung stand, wirkte sich

1344 Edwin Thiel lebt heute in 34246 Vellmar.

1345 Dr. jur. Hans Michael Franz Ferdinand Ullrich.

1346 Dr. jur. Rüdiger Brennhausen.

sicher begünstigend auf den erzielten Verkaufserlös aus. Vor dem Hintergrund der sich verschlechternden Konjunkturaussichten und der damit einhergehenden Verschärfung der Konkurrenz war ein beiderseitiges starkes Interesse am Abschluss der Transaktion zu erkennen. Für MAHO lag dieses in der Chance auf unmittelbare Marktbereinigung und damit in der Stärkung der eigenen Wettbewerbsposition. Der verhandelte Kaufpreis von 690 DM je 100 DM Geschäftsanteil dürfte in erster Linie dem starken Interesse der Käuferseite geschuldet sein. Das zeigt sich daran, dass vorherige Anteilsverkäufe innerhalb der Thiel-Gesellschafter zu einem teils deutlich darunter liegenden Kurs abgewickelt worden waren.[1347] Von Aufsichtsrat und Geschäftsführung der Gebrüder Thiel GmbH wurde daher der angebotene Kaufkurs von 690 % wenig überraschend als „angemessen erachtet".[1348] Aus späteren, vonseiten des Käufers zum Kaufgegenstand gemachten Aussagen ist abzulesen, dass die Einschätzung zur Werthaltigkeit des Unternehmens als zweifelhaft zu betrachten war. „Bis man das ca. 5.000 qm große Werk als einen modern und gut ausgerüsteten Standort bezeichnen konnte, verging noch einige Zeit."[1349] „Im Laufe der Zeit aber entwickelte sich der neue Standort langsam und trotz aller anfänglichen Schwierigkeiten zu einem erfolgreichen Betrieb innerhalb des Unternehmens."[1350]

Nachdem die Geschäftsanteile an der Gebrüder Thiel GmbH 1972 an MAHO veräußert worden waren,[1351] schieden auch die bisherigen Geschäftsführer Edwin Thiel (1974) und Constantin Rößler (1975) aus dem Unternehmen aus. Endgültig verschwand der Name Gebrüder Thiel aus dem Handelsregister 119 Jahre nach der Gründung in Ruhla mit der Umbenennung des Unternehmens 1981.[1352]

1347 Verkaufskurse 1965–70 zwischen 150 u. 200 % des Nominalwertes, vgl. u. a. AUB, S. v. 01.12.1966 Thiel-Gesellschafter u. AET, Anteilsverkauf Dorothea Bornscheuer; Klaus-Arnim Thiel; Peter Thiel u. Klaus Gaudin.

1348 AUB, Mitteilung Unternehmensverkauf 1972, S. 3.

1349 Koop, MAHO, S. 103.

1350 Ebd.; AUB, Mitteilung Unternehmensverkauf 1972. Aussagen zur Bewertung sind angesichts der weiteren Unternehmensgeschichte von MAHO kritisch zu betrachten. Vgl. Koop, MAHO, S. 100 ff.

1351 AET, u. a. Vertragsannahme E. Thiel-MAHO 16.05.1972.

1352 AG Kassel, HRB 1028.

V. Gebrüder Thiel – Eine Bilanz

1. Die Familie

„Mit Glück zum Erfolg“, so ein erster Kandidat für einen passenden Titel bzw. Untertitel dieser Arbeit. Dass es jedoch weit mehr war als Glück, was Pate stand für den wirtschaftlichen Erfolg der Familie Thiel und der daraus hervorgegangenen verschiedenen Unternehmen, ist bereits zu Beginn ersichtlich geworden. Es zeigt sich überdies an verschiedenen Stellen im weiteren Verlauf der Arbeit. So eröffnete der Lotteriegewinn Christian Emilius Thiels in der Mitte des 19. Jahrhunderts zwar Chancen, aber diese galt es eben zunächst einmal zu nutzen und auf eine wirtschaftlich nachhaltige Bahn zu lenken. Die Familie, insbesondere Vorfahren und Geschwister, waren zwar verschiedentlich unternehmerisch tätig, jedoch ohne in besonderem Maße aus der Masse breiter Bevölkerungsschichten hervorzutreten. Die Quellen zeigen, dass gewerbliche Betätigung und existenzgefährdende Armut dicht beieinander standen und damit das tägliche, auch unternehmerische Tun vordergründig der unmittelbaren Versorgung und dem Erhalt der Familie diente. Aspekte einer nachhaltigen Kapitalakkumulation werden nicht erkennbar. Insoweit unterscheidet sich die Familie Thiel nicht von vielen anderen. Dennoch gelang es Christian Thiel, seinen Brüdern und später deren Nachfahren, sich aus dieser Uniformität herauszuheben und ein Werk zu schaffen, das prägend für die Familie und verschiedene Unternehmensstandorte werden sollte. Die Standortanalyse, fokussiert auf den Ort Ruhla, bringt deutlich hervor, dass dort im zeitlichen Kontext nur wenig günstige Ansätze für eine gedeihliche, wohlstandsschaffende wirtschaftliche Entwicklung zu finden waren. Die infrastrukturelle Erschließung, besonders im Hinblick auf die Anbindung an überregionale Märkte war, nicht zuletzt vor dem Hintergrund der geologischen Gegebenheiten, schwierig. Eine Verbesserung der Marktanbindung mit einer Verringerung der Transferkosten folgte im Vergleich zu anderen Orten im regionalen Umfeld zeitlich verzögert. Das Potenzial an gewerblich, später auch industriell nutzbaren Flächen war begrenzt und verteuerte Investitionen damit ebenso wie die angesprochene Geologie. Die Entscheidung für Ruhla traf die Familie daher vermutlich nicht in Abwägung der für einen Unternehmensaufbau günstigen und weniger günstigen Standortfaktoren, sondern vielmehr aus der Tradition heraus. In Ruhla war über Generationen bis ins 18. Jahrhundert zurück das Zentrum der Familie. Ob auch weiter zurück reichende Wurzeln tatsächlich dort zu finden sind, muss offen bleiben.

Gleich aller Makel des Standorts konnte Christian Thiel von seiner Entscheidung für Ruhla profitieren. Er kannte die Gegebenheiten und Mentalitäten. Darüber hinaus konnte er auf die Strukturen der Familie, das handwerkliche Geschick sowie die lange Erfahrung der Bewohner in der Pfeifen- und Metallwarenfabrikation zurückgreifen. Diesen Bereichen widmete sich das in Gemeinschaft mit seinem Bruder Georg geführte Unternehmen zunächst. Seine jüngeren Brüder folgten später als Teilhaber und fanden damit – ebenso wie noch weitere Familienangehörige und in schnell wachsender Zahl auch familienfremde Personen – im Unternehmen Gebrüder Thiel eine Perspektive. Da die weitere Unternehmensgeschichte in einem gesonderten Kapitel bilanziert wird, bleibt hier Raum, den Wegen der damit verbundenen Familie ins 20. Jahrhundert zu folgen.

Stand das Glück bei Christian Thiel am Anfang, so mussten sich Fleiß, Mut und unternehmerisches Geschick anschließen, um den Grundstein für ein über ein Jahrhundert durch die Familie getragenes Unternehmen zu legen. In weniger als zwei Jahrzehnten traf er die wegweisenden Entscheidungen, entwickelte einfache mechanische Erfindungen zur Marktreife und führte diese erfolgreich am überregionalen und internationalen Markt ein. Parallel dazu bewirkte er zum Erreichen einer effizienten und nachhaltigen Fertigung die Verbesserung der Produktionsbedingungen und -methoden. Ebenso traf er neue Standortentscheidungen, beließ sein Unternehmen jedoch in Ruhla. Damit sei weniger gesagt, dass er die Dinge allesamt selbst erledigte, sein Verdienst war es vielmehr, neben seiner praktischen Tätigkeit in den Unternehmen Gebrüder Thiel und Thiel und Bardenheuer, die richtigen Menschen einzubinden. Durch die Mitarbeit seiner jüngeren Brüder und deren spätere Teilhaberschaft sicherte er den Unternehmensfortbestand, entzog damit aber seiner engeren Familie zunächst einen erheblichen Erbteil. Für die Weiterentwicklung des Unternehmens erwies sich dies ex post allerdings als vorteilhaft, da somit nach dem Ableben von Christian Thiel im Unternehmen kein lang anhaltendes Macht- und Entscheidungsvakuum entstand. Wegen der erhaltenen Eigentümerrechte der Brüder Christian Reinhold Thiel und Ernst Eduard Thiel setzten diese in den folgenden zwei Jahrzehnten ihr Potenzial für das Unternehmen ein und schufen damit einen Gewinn für die weitere Familie und auch darüber hinaus. Für die Firma war es günstig, dass sich beide durch ihren unterschiedlichen betrieblichen Fokus ergänzten. Durch die eher technische Orientierung konnte Christian Reinhold Thiel die Produktentwicklung in Ruhla voranbringen und die Fertigung als Ganzes ausbauen und rationalisieren. Der daraus resultierende Mehrausstoß konnte über die von Ernst Eduard Thiel ausgebauten und stark internationalisierten Absatzkanäle aus Ruhla abfließen. Schon in dieser frühen Unternehmensphase muss auch der den beiden Herren an der Spitze zugeschriebene Verdienst jeweils einer größeren Gruppe von Mitarbeitern angerechnet werden. Auch die Erben von Christian Thiel profitierten vom positiven Geschäftsgang, da sie trotz des verkleinerten Anteils über Jahrzehnte von den teilweise umfangreichen Kapitalzuflüssen zehren konnten. Diese wären bei einem nachlassbedingten Unternehmensverkauf mit hoher Wahrscheinlichkeit nicht in jener Kontinuität und letztlich auch nicht in jenem Umfang zu erzielen gewesen. Dennoch waren es Christians Erben, die für die weiteren Teilhaber und für deren Erben in ganz ähnlicher Weise den aufgezeigten Gewinn sicherten. Das erreichten sie durch die Verhinderung des Unternehmensverkaufs in den 1890er Jahren. Dieses Verhalten war aber möglicherweise mehr Ausdruck von Rivalität zwischen den Familienstämmen als eine bewusste strategische Entscheidung für den Unternehmenserhalt.

Mit der Jahrhundertwende und der danach vollzogenen Umwandlung der Gebrüder Thiel OHG in die Gebrüder Thiel GmbH folgte jener Schritt hin zum eigentlichen Familienunternehmen. Anstelle der zuvor zwar familiär verbundenen, jedoch in den verschiedenen Zeitphasen zumeist allein wirkenden Akteure traten zunehmend die Mitglieder aus den drei beteiligten Familien gleichermaßen in Erscheinung. Deren gemeinsame, in den Organen der GmbH institutionalisierte Steuerung beendete zwar nicht das weiterhin bestehende Misstrauen, verringerte aber die Gefahr, dass im Verborgenen unternehmensstrategische Entscheidungen gegen den Willen der Mehrheit der Gesellschafter getroffen wurden. Ab dieser Zeit kristallisierten sich zwei Gruppen von Gesellschaftern heraus, deren Ausprägung mit den folgenden Generationen weiter zunahm. Einerseits war dies die Gruppe der besitzenden und gestaltenden Akteure, darunter fielen jene Gesellschafter, die im Unternehmen aktiv einer auf Dauer angelegten Tätigkeit nachgingen. Dazu zählten Geschäftsführer, Prokuristen und weitere im Rahmen der unterschiedlichen Unternehmen beschäftigten Angestellten. Ebenso gehörten die in den entsprechenden Aufsichtsgremien aktiven Personen zu dieser Gruppe. Andererseits war es der nur besitzende Personenkreis, welcher über die Ausübung der Gesellschafterrechte hinausgehende Aktivitäten für Gebrüder Thiel nicht erkennen ließ. Ein Indiz dafür, jedoch keineswegs alleiniges Entscheidungsmerkmal darüber, ob eine Einordnung in diesen Kreis vorgenommen werden kann, ist eine im Zeitverlauf häufig bis auf den Mindestbetrag schrumpfende Beteiligung. Für diese Gruppe kann bilanziert werden: „Mit Glück zum Erfolg!“ Dabei bedeutet Glück in einer Familie geboren worden zu sein, die an einer auf den Erhalt der Familienstruktur orientierten Gesellschaft wie Gebrüder Thiel beteiligt ist. Es bedeutet ebenso, durch Erbschaft zu einer persönlichen Unternehmensbeteiligung gelangt zu sein. Erfolg war der persönliche materielle Gewinn, der sich durch regelmäßige Dividendenzahlungen und Anteilsverkäufe ergab.

In Fragen der Zuordnung von Gesellschaftern ist ferner zu berücksichtigen, dass die gesellschaftlichen Wertevorstellungen, aber auch die gesetzlichen Regelungen der betrachteten Zeitepoche Frauen in der Art benachteiligten, dass sie zwar Eigentümer sein konnten, aber ihre entsprechenden Rechte häufig nur durch den Ehegatten oder mit dessen Zustimmung bzw. Mitwirkung ausüben konnten. Insoweit wären Frauen in Reihen der Gesellschafter gesondert zu betrachten, insbesondere dann, wenn deren Ehegatten im Unternehmen oder in dessen Kontrollorganen aktiv waren. Für die Töchter der drei Brüder Christian Emilius, Christian Reinhold und Ernst Eduard Thiel, ist eine derartige Konstellation in den meisten Fällen gegeben. Einzig die geschiedene Helene Hoppert und die unverheiratete Frieda Thiel fielen nicht darunter.

Eine starke Identifikation und Verbindung zum Unternehmen ist in der Zeit bis zur Gründung der Weimarer Republik für die überwiegende Zahl der Gesellschafter zumindest temporär nachweisbar. Als Grund dafür dürfte die noch unmittelbare Hinwirkung der ersten Gesellschaftergeneration auf eine mindestens zeitweilige Ausbildung der Kinder im Unternehmen zu sehen sein. Weiterhin kam hinzu, dass zu dieser Zeit noch eine starke regionale Verankerung der Gesellschafter in Ruhla und Umgebung bestand. Der engen Verwandtschaft zwischen den Beteiligten kam in den ersten Jahrzehnten eine erhebliche Bindungswirkung zu. Die familiären Verflechtungsbeziehungen zwischen den Gesellschaftern wurden in dieser Arbeit detailliert aufgezeigt. Sie liefern zugleich, als weiteren interessanten Anknüpfungspunkt, die Frage nach der Vernetzung der Familie innerhalb der regionalen Wirtschaftsstrukturen. Dieser Frage könnte im Rahmen einer gesonderten Studie nachgegangen werden. Die Ehepartner der jeweiligen Gesellschaftergeneration könnten die Ausgangspunkte für eine tiefgreifendere Erforschung des offensichtlich bestehenden weiten Netzes darstellen. Auf der Ebene der Unternehmensgründer zeigte diese Arbeit erste Verbindungen, unter anderem zur Familie Bardenheuer, auf.

In dem Maße, wie die Zeit und damit die Generationen voranschritten, lockerten sich die familiären Strukturen der Gesellschaft ebenso wie die Verbindungen nach Ruhla. Dennoch blieb Ruhla bis 1945 die „Quelle des Wohlstandes der Familie“, was sich in regelmäßigen jährlichen Ausschüttungen, auch über gesamtwirtschaftliche Schwächephasen hinweg, zeigte. Jedoch erfolgte der Abschied aus dem Kreis der Gesellschafter nicht nur mit dem Tod, sondern war häufiger durch private und wirtschaftliche Motive begründet. Die ursprünglich ausgewogene Verteilung des Gesellschaftsvermögens verschob sich in vier Jahrzehnten erheblich. In den 1940er Jahren zeigte sich eine dominierende, dabei relativ ausgeglichene Stellung der Stämme „Christian Emilius Thiel“ und „Ernst Eduard Thiel“. Der Familienstamm „Christian Reinhold Thiel“ war indes nahezu bedeutungslos geworden. Darüber hinaus bestand ein konstanter, aber als marginal zu klassifizierender Anteilsbesitz der Familie Gunkel, welche keinerlei familiären Bezug zur Familie Thiel aufweist.

Die Zusammensetzung der obersten Leitungs- und Kontrollstrukturen war gekennzeichnet durch langjährige Kontinuitäten und spiegelte dabei das aufgezeigte Kräfteverhältnis wider. Personelle Identitäten bewirkten trotz der gewachsenen Anzahl der Thiel-Gesellschaften eine übersichtliche Struktur in Geschäftsführung und Aufsichtsrat. Die verschiedenen Geschäftsfelder der einzelnen Unternehmen und der gestiegene Geschäftsumfang boten genügend Möglichkeiten für Gesellschafter oder deren Kinder, auch unterhalb der obersten Ebene in verantwortlicher Position für Gebrüder Thiel tätig zu werden. Unangetasteter Kopf der Unternehmen war nach dem Tod Heinrich Thiels aus dem Stamm „Christian Emilius Thiel“ ab 1932 der dem Stamm „Ernst Eduard

Thiel“ angehörende Reinhold Thiel. Diesem stand Hugo Brinkmann, Schwiegersohn des Gründers Christian Emilius Thiel, in den Aufsichtsräten der beiden Thiel-Stammgesellschaften als deren Vorsitzender gegenüber. Unter diesen beiden Köpfen hatten sich bis 1945 Strukturen entwickelt, die auch nach dem altersbedingten Ausscheiden der Genannten eine Unternehmensführung mit einer konstruktiven Mischung aus familiärer und außerfamiliärer Kompetenz ermöglicht hätte. Dabei bot die durch Reinhold Thiel annähernd erreichte Sperrminorität in der Phase des Generationenwechsels die Chance auf Stabilität. Dass sie sich langfristig gefährdend für den Fortbestand des Familienunternehmens ausgewirkt hätte war nicht zu erwarten. Vor der Annahme einer gerechten Vererbung der Anteile auf seine Nachfahren wäre wegen deren Vielzahl eine breite Streuung eingetreten. Damit hätte aus Sicht der Beteiligungsstrukturen für Personen aus allen Familienzweigen wieder die Chance bestanden, sich in den einzelnen Unternehmen zu bewähren und einen Karriereweg hin zur Unternehmensleitung zu beschreiten. Dieses Prozedere hatte sich bei der Suche nach einem potenziellen Nachfolger von Heinrich Thiel bewährt und Gebrüder Thiel damit ein dem Unternehmensumfang gerecht werdendes Potenzial an Führungskräften auch aus Reihen der Familie gesichert. Zu berücksichtigen ist allerdings, dass bei allen Entscheidungen über die Unternehmensgeschichte hinweg persönliche Präferenzen von Geschäftsführung und Aufsichtsrat sowie latente Konflikte zwischen Einzelpersonen und Familienzweigen eine nicht zu unterschätzende Rolle gespielt haben.

Die geschaffene und bei allen Schwächen dennoch grundsätzlich stabile Basis für einen nachhaltigen Fortbestand als Familienunternehmen wurde mit der Beschlagnahme und Enteignung der Unternehmen 1945 zerstört. Zunächst entzog sie weiten Teilen der Eigentümer die Verfügungsgewalt über ihr Eigentum und damit die wirtschaftliche Grundlage. Überdies erfolgte durch die eingetretenen politischen Verhältnisse zugleich ein irreparabler Bruch mit dem Standort Ruhla und den weiteren vormaligen Thiel-Standorten. Die bis 1948 anhaltende weitestgehende Handlungsunfähigkeit maßgeblicher Teile der Unternehmensführung begünstigte das Auseinanderbrechen der Familienstrukturen. Viele der zuvor in den Thiel-Unternehmen arbeitenden oder von den Erträgen der Beteiligung lebenden Gesellschafter waren gezwungen, neue Erwerbszweige zu suchen, und verstreuten sich dazu, aber auch um politischen Repressalien zu entgehen, über weite Teile Deutschlands.

Dass es zu diesem Zeitpunkt nur ein vorübergehendes Ende war und Gebrüder Thiel ein erfolgreicher Neuanfang gelang, war der Verdienst weniger. Die vormaligen Strukturen waren durch verschiedene Erbfälle weiter aufgebrochen und zersplittert, sodass der überwiegende Teil der Eigentümer dem Kreis der nur Besitzenden zugerechnet werden musste. Insoweit setzte sich auch nach dem Neustart der dahingehende, seit den 1930er Jahren vermehrt beobachtbare, Trend fort. Ein persönlicher Bezug zum Unternehmen fehlte zunehmend, was in hohem Maße auf die lange Zeitspanne zwischen dem Zusammenbruch und der vollständigen Bündelung der Aufbauaktivitäten in der Gebrüder Thiel GmbH 1953 zurückgeführt werden kann. Es war möglicherweise gerade diese Distanz, die viele Gesellschafter davon abhielt, einen aktiven eigenen Beitrag im Zuge der ersten Kapitalmaßnahmen nach dem Krieg zu leisten. Eventuell war es aber auch eine partielle Kapitalschwäche, die dazu führte, dass die im Zuge von Kapitalerhöhungen gegebenen Chancen, den persönlichen Geschäftsanteil zu steigern, ungenutzt blieben. Im Ergebnis vollzog sich dadurch ein mit Blockbildung zu umschreibender Konzentrationsprozess. Der überwiegende Teil des Stammkapitals vereinte sich in wenigen Händen. Diese Entwicklung war der zweite entscheidende Faktor neben dem durch die Enteignung bewirkten Verlust von großen Teilen des vorherigen Humanvermögens, der das Ende des Unternehmens als Familiengesellschaft einleitete. Ohnehin zeigte die Struktur der Hauptgesellschafter in den Jahren unmittelbar vor dem Verkauf des Unternehmens nur noch eingeschränkt das Bild eines Familienunternehmens. In weiter Sichtweise, wie sie der Einteilung im Gesamtverzeichnis der Gesellschafter zugrunde gelegt wurde, bestand das Familienunternehmen noch. Wird der Kreis der Familienmitglieder jedoch auf reine Blutsverwandtschaft zurückgeführt, so entfiel zum Zeitpunkt des Verkaufs 1972 etwa ein Drittel des Kapitals auf familienfremde Gesellschafter. Da zu diesem Zeitpunkt der Hauptgesellschafter Reinhold Thiel, der allein mehr als 25 % des Stammkapitals auf sich vereinigte, das neunzigste Lebensjahr bereits vollendet hatte, waren in absehbarer Zukunft weitere Verschiebungen zu erwarten. Darüber hinaus standen ohne geregelte Nachfolge die geschäftsführenden Gesellschafter vor dem Übergang in den Ruhestand. Somit war es nur eine Frage der Zeit, wann eine Trennung zwischen Familie, hier im weiteren Sinne, und Unternehmen eintreten würde. Es war letztlich die Runde der vier maßgeblichen Herren aus den Reihen von Geschäftsführung, Aufsichtsrat und Gesellschaftern, die zusammen mit ihren Ehepartnern den Gestaltungsspielraum von mehr als 75 % Stammkapital nutzten, um die Zukunft des Familienunternehmens durch ihren Entschluss zum Verkauf zu besiegeln.

Familie und Unternehmen gingen damit getrennte Wege. Vereinzelt kreuzten sich ihre Wege, getragen vom gemeinsamen Interesse einer Wiedergutmachung für die durch die Enteignung 1945 erlittenen Verluste. Der überwiegende Teil der vormaligen natürlichen Gesellschafter hatte über den Lastenausgleich in der Bundesrepublik Deutschland ab den 1970er Jahren eine teilweise finanzielle Entschädigung erhalten. Ab 1990 eingeleitete Schritte mit dem Ziel der Rückübertragung früherer Unternehmenswerte und weiterer Entschädigung blieben erfolglos. Die immer kleiner werdende Zahl der noch lebenden Gesellschafter verteilt sich überwiegend über die Bundesrepublik und ist dank der deutschen Wiedervereinigung auch wieder in Ruhla zu finden.

Ganz im Sinne dieser Arbeit Familie und Unternehmen gemeinsam in den Fokus zu stellen, wird nach der Familie nun für „das“ Unternehmen eine Bilanz gezogen.

2. Die Unternehmen

Gebrüder Thiel war Name und zugleich Dachmarke für verschiedene Unternehmen (vgl. Abbildung 21, S. 326), deren Entwicklungsverläufe die vorliegende Arbeit aufgegriffen hat. In einer Hauptachse folgte auf das Gründungsunternehmen Gebrüder Thiel das durch Christian Thiel geführte Einzelunternehmen, bevor dieses in einer offenen Handelsgesellschaft, getragen von seinen Kindern und seinen zwei jüngeren Brüdern, mündete. Diese wiederum ging im Jahr 1901 in der gleichnamigen GmbH auf und hatte am Gründungsort Ruhla bis 1945 Bestand. Mit der Enteignung trennten sich Unternehmen und Gesellschaft. Jeder der bisherigen Unternehmensstandorte erfuhr unter den neuen Vorzeichen und Eigentümern, ungeachtet dessen, ob diese rechtmäßige waren oder nicht, eine eigenständige Entwicklung. Der Familiengesellschaft verblieb von der Firma nicht viel mehr als der Name, welcher als leere Hülle die ersten Nachkriegsjahre überdauerte. Erst in den 1950er Jahren, nach erfolgreicher Sitzverlegung in die Bundesrepublik Deutschland, erfuhr die Gebrüder Thiel GmbH eine echte Wiederbelebung. In dieser Zeit vereinte sie die drei verschiedenen, der Familie verbliebenen oder zwischenzeitlich neu entstandene Unternehmen in sich. Am Standort in Sand bei Kassel entwickelte sich aus diesen neuerlichen Anfängen in den folgenden Jahrzehnten abermals ein florierendes Unternehmen. Nach dem Eigentümerwechsel 1972 war die Gebrüder Thiel GmbH nicht weiter Bestandteil der Familiengeschichte. Im Rahmen dieser Arbeit ist es der Brückenschlag im nächsten Kapitel, welcher die Entwicklungen nach Gebrüder Thiel aus Ost und West zusammenführt und damit einen Kreis in jener Region schließt, wo vor über 150 Jahren alles seinen Anfang nahm.

An dieser Stelle zunächst zurück zu den Thiel-Gesellschaften, welche sich als Seitenachsen begreifen lassen. Der Gebrüder Thiel Seebach GmbH fehlte zum Zeitpunkt ihrer Gründung 1922 zunächst jede rechtliche Verwandtschaft zur Gebrüder Thiel GmbH. Die Arbeit zeigte, dass dies ein nur temporäres Phänomen war. Bereits mit den rasch auf die Gründung folgenden ersten Kapitalmaßnahmen wurde eine direkte Beteiligung hergestellt und damit eine erkennbare Mutter-Tochter-Beziehung auch rechtlich manifestiert. Die parallelen Strukturen beider Gesellschaften sowohl auf Gesellschafter- als auch auf Unternehmensebene erhielten sich über die gesamte gemeinsame Lebensdauer. Sie wurden gefestigt durch eine zunehmende Kapitalverflechtung.

Eine nächste Generation in der Unternehmensverwandtschaft stellte die Gerätebau GmbH dar, welche direkt mit der „Seebacher"-Tochter verknüpft war. Sie stand mehr noch als die Mutter für Gebrüder Thiel als Rüstungsgüterkonzern im Dritten Reich. Die Darstellung lässt besonders an dieser Stelle die Schattenseiten der Unternehmensgeschichte hervortreten. Genau die mit dieser Wahrnehmung verbundenen Fakten wie Zwangsarbeit und die millionenfache Herstellung von Munition für einen Vernichtungskrieg waren es auch, die dieser dritten Ruhlaer-Gesellschaft mit nur sieben Jahren ein kurzes Leben bescherten.

Die anschließende Auslöschung des Unternehmens bis auf seine Grundmauern unterstreicht diese Aussage sinnbildlich.

Weitere Verzweigungen in der Struktur bildeten verschiedene, vorrangig dem Vertrieb der Produkte dienende Auslandsgesellschaften. Unter diesen traten die beiden in London angesiedelten und in zeitlicher Abfolge existierenden Gesellschaften R. Thiel sowie Thiel Brothers Ltd. deutlich hervor. Ihre Stellung resultierte aus der hohen Bedeutsamkeit des englischen und englischsprachigen Marktes für den Absatz der Thiel'schen Erzeugnisse, insbesondere denen aus der Taschen- und später auch Armbanduhrenproduktion. Im Vergleich zu den Londoner Gesellschaften waren andere Standorte und Gesellschaften vordergründig als zeitlich befristete Instrumente zur Umgehung von Zollschranken sowie Handels- und Zahlungsverkehrsbeschränkungen anzusehen.

Der Blick über die Gesamtstrukturen zeigt eine Reihe von weiteren Unternehmensstandorten. Zumindest für die Einrichtung der größten von ihnen in Seebach, Waltershausen und Mühlhausen waren zuvor in Ruhla fehlende Raum- und Personalkapazitäten ursächlich. Der Standort Meiningen sowie die Montagefilialen in der Rhön gingen indes auf soziale und materielle Forderungen der Beschäftigten in Ruhla zurück. Einzig die Entstehung des späteren Sitzes der Gebrüder Thiel GmbH in Sand war Ergebnis der aufgezeigten politischen Ereignisse und nicht auf unternehmensinterne Wachstums- und Differenziationsprozesse zurückzuführen. Für die Unternehmensentwicklung in Thüringen führte die Diskrepanz zwischen Unternehmenswachstum sowie Produktionsausrichtung und regional verfügbarem Arbeitskräftepotenzial bereits ab dem 19. Jahrhundert wiederholt zur Notwendigkeit, auf auswärtige Arbeitskräfte zurückzugreifen. Aufrüstungs- und kriegsbedingte Wachstumsphasen verschärften diese Problematik und ließen Gebrüder Thiel spätestens in der Zeit des Nationalsozialismus zum Bestandteil einer humanitären Katastrophe werden. Die zunehmende personelle und materielle Verstrickung in das Netz kriegswichtiger Strukturen machte es dem Familienunternehmen nahezu unmöglich, sich dem Verlangen der politischen Machthaber zu entziehen, ohne dabei Gefahr zu laufen, erlangte Eigentumspositionen und daraus resultierendes Gewinnpotenzial zu verlieren. Erklärtes Ziel der Unternehmenspolitik war es, sich günstig zu entwickeln und den beteiligten Gesellschaftern eine angemessene Dividende zu erwirtschaften. Daher beschritten die Verantwortlichen auf Unternehmens- und Gesellschaftsebene bewusst und keinesfalls gezwungenermaßen den wirtschaftlich zwar risikoreichen, aber dennoch lukrativen Weg, sich an der Aufrüstung und der Fertigung von Kriegsmaterial zu beteiligen. Damit standen sie einerseits in der Verantwortung für die Beschäftigung und damit die Arbeitsplätze vieler Tausend Menschen in den Thiel-Betrieben. Andererseits aber auch für die Lebens- und Arbeitsbedingungen dieser Menschen, zu denen einheimische Arbeitskräfte ebenso zählten wie die in verschiedenen Barackenlagern und anderen Objekten untergebrachten Fremd- und Zwangsarbeiter. Unweit des Thiel-Tochterunternehmens in Mühlhausen waren über 700 Häftlinge des Konzentrationslagers Buchenwald zur Arbeit in der Gerätebau GmbH untergebracht. Auch wenn spätere Aussagen Betroffener über die Bedingungen ihres Einsatzes ein vergleichsweise gemäßigtes Bild zeichnen, so blieben sie dennoch Opfer. Der zu bilanzierende wirtschaftliche Erfolg der Thiel'schen Unternehmen stand, soweit er der Rüstungsgüterproduktion entsprang, einer nicht bezifferbaren Anzahl Menschen gegenüber, die dafür im Fertigungsprozess und im Krieg selbst unbeschreibliche Opfer bringen mussten. Der unternehmerische Erfolg der entsprechenden Zeitepochen sollte vor diesem Hintergrund relativiert werden.

Das Produktspektrum, wie es Gebrüder Thiel im Zeitverlauf am Markt anbot, umfasste aber weit mehr als Zeitzünder. Grundlage dafür, dass die Rüstungsgüterproduktion die Unternehmensentwicklung im Ersten Weltkrieg und danach ab Ende der 1920er Jahre bis zum Zusammenbruch 1945 überhaupt dominieren konnte, waren zivile Güter. Utensilien für die Herstellung von Tabakpfeifen und weitere Metallwaren bildeten den Grundstein. Der Unternehmensausbau unter Rückgriff auf die Produkte der eigenen Wertschöpfungskette dynamisierte die Vorgänge. Der Betrieb eines Messingwalzwerks stellte das Unternehmen dabei auf eine breitere Basis und reduzierte Abhängigkeiten. Die zielgerichtete Vergabe von Entwicklungsaufträgen und die systematische Weiterentwicklung am Markt eingeführter Erzeugnisse eröffneten die Chance, mehr und mehr von der Industrialisierung zu profitieren. Dieser Profit entsprang zweierlei Richtungen. Eine war die Schaffung und der Ausbau von Fabrikationsanlagen, die den Erfordernissen industrieller Massenfertigung in zunehmendem Maße genügen konnten. Darunter fielen strukturierte Arbeitsabläufe ebenso wie die eigene Entwicklung und darüber hinausgehende Anschaffung von Maschinen zur rationellen Fertigung. Der zweite Quell des Profits war die zunehmende Bedeutung von Zeit in industrialisierten Gesellschaften und der damit einhergehende Bedarf an entsprechenden Zeitmessern. Dabei kam Gebrüder Thiel weder der Verdienst zu, die Uhr erfunden, noch sie am Markt eingeführt zu haben. Das Unternehmen profitierte vom Bedürfnis breiter Gesellschaftsschichten nach einer hinreichend genau gehenden, aber preiswerten oder gar billigen Uhr. Gebrüder Thiel konnte beiden Aspekten genügen und besetzte damit erstmals erfolgreich dieses Segment der Uhrenfertigung in Deutschland. Diese Pionierrolle in der industriellen Herstellung preiswerter Taschenuhren sicherte dem Ruhlaer Unternehmen besonders auf dem englischen Markt nahezu zehn Jahre eine monopolähnliche Stellung. Darüber ebenso wie durch die aus der Kinderuhrenfertigung in ganz ähnlicher Konstellation fließenden Mittel, war die Finanzierung der für einen langfristigen Erfolg erforderlichen Produktverbesserungen und Weiterentwicklungen möglich. England, dem Mutterland der Industriellen Revolutionen und dem englischsprachigen Markt überhaupt, kam als Absatzmarkt der höchste Stellenwert beim Unternehmensfortgang zu.

Ebenso ist es auf den geschaffenen finanziellen Rückhalt des ausgehenden 19. Jahrhunderts zurückzuführen, dass strukturelle wie auch konjunkturelle

Schwächephasen im einsetzenden 20. Jahrhundert das Familienunternehmen nicht zu Fall brachten.

Die 1901 vorgenommene Umwandlung in eine GmbH und das konsequente Festhalten an dieser Rechtsform, ungeachtet verschiedener zwischenzeitlicher Rufe nach Veränderung, sicherte den lang anhaltenden Unternehmensfortbestand. Familieninterne Diskussionen darüber fanden vornehmlich in neuerlichen Krisenzeiten, wie um das Jahr 1910, und weiterhin in Phasen des gesellschaftlichen und politischen Umbruchs statt, so etwa zu Beginn und gegen Ende der Weimarer Republik. Dennoch wurde gerade in dieser Zeit, quasi als Bestätigung für den beschrittenen Weg, das GmbH-Modell mit seinen auf Gesellschaftsebene bewährten vertraglichen Ausgestaltungen auf die Tochtergesellschaft Gebrüder Thiel Seebach GmbH übertragen und auch dort beibehalten.

Die angelegten Strukturen fanden im 20. Jahrhundert ihre Fortschreibung. Unternehmensinterne Abläufe wurden weiter optimiert, wobei im Falle der vormals bei den einzelnen Betriebsteilen angesiedelten Schlossereien eine Zentralwerkstatt geformt wurde. Diese wurde in der Folgezeit zu einer der tragenden Säulen des Unternehmens. Die Zentralwerkstatt wandelte sich binnen weniger Jahre zur Maschinenfabrik und vertrieb erfolgreich verschiedene Typen von selbst entwickelten und gefertigten Werkzeugmaschinen auf den internationalen Märkten. Die damit über mehr als drei Jahrzehnte verbundene Ansammlung von Wissen und Erfahrung bildete eine der Grundlagen für den erfolgreichen Wiederaufbau in der Bundesrepublik Deutschland nach 1945. Die weiteren Eckpfeiler der Thiel'schen Produktion im 20. Jahrhundert waren die Uhrenfertigung, die Herstellung mechanischer Zeitzünder sowie der Betrieb eines Messingwalzwerkes. Nachdem das Walzwerk in der ersten Hälfte der 1920er Jahre rentabilitätsbedingt stillgelegt wurde und die Kinderuhrenfertigung ein Jahrzehnt später verkauft war, traten die Konturen der verbliebenen drei unternehmenstragenden Säulen klar hervor. In ihrer Stärke veränderten sich diese in Abhängigkeit von der vorherrschenden politischen Lage. Zu Friedenszeiten bildete die stetig weiter vorangetriebene und verbesserte Taschen- und Armbanduhrenproduktion das wirtschaftliche Rückgrat. Auf diesem Gebiet gehörte Gebrüder Thiel weiterhin zu den bedeutendsten Produzenten in Deutschland. Die Zünderfertigung erfuhr nach über zehnjähriger von Rückschlägen gekennzeichneter Entwicklung in den Kriegsjahren ab 1915 ihren ersten bedeutenden Durchbruch. Der verlorene Krieg bedeutete einen vorübergehenden Ausfall, allerdings keine grundsätzliche Abkehr von der Zünderfertigung. Sie konnte zur Keimzelle der Gebrüder Thiel Seebach GmbH und der darauf gründenden weiteren Strukturen werden. Die Umsätze und Ergebnisse dieser Gesellschaft prägten das Gesamtergebnis in immer stärkerem Maße, bis im Nationalsozialismus die Erträge aus der Fertigung von Rüstungsgütern dominierten.

Die erreichte Unternehmensgröße, das Produktionsspektrum und die Rolle der Unternehmen und verantwortlichen Personen in der Kriegswirtschaft des Dritten Reiches waren es dann auch, die schneller und bedingungsloser als bei anderen Thüringer Wirtschaftsunternehmen zur Beschlagnahmung und Enteignung durch die sowjetische Besatzungsmacht führten. Von diesem Schritt war zumindest auf Ebene der Unternehmensführung Gesellschafts- und Privatvermögen gleichermaßen betroffen. Ein derartiges Vorgehen, beginnend nach dem Rückzug der Amerikaner aus Thüringen, war von den Betroffenen nicht erwartet worden. Ein anderenfalls angezeigter umfangreicher Technologie- und Vermögenstransfer unterblieb dadurch. Dieser Umstand kann außerdem zu Teilen auf die Internierung und weitestgehende Handlungsunfähigkeit großer Teile der Geschäftsführung der Thiel-Gesellschaften zurückgeführt werden. Überdies verfügte Gebrüder Thiel nicht über Unternehmensstandorte bzw. kurzfristig zu aktivierende Anlaufpunkte in den weiteren Besatzungszonen. Dort ansässige und infrage kommende Personenkreise, beispielsweise aus den Reihen der Aufsichtsratsmitglieder, waren selbst von Einwirkungen des Krieges betroffen. Insoweit fehlte die Chance über die Aufnahme der Produktion von zivilen Wirtschaftsgütern einer Kernbelegschaft Beschäftigung im Familienunternehmen zu geben und damit diese für einen Neustart zu sichern. Schwerer als die rein materiellen Verluste wog somit der nahezu vollständige Ausfall des über Jahrzehnte erworbenen Humanvermögens. Somit schien das endgültige Aus für die Unternehmen Gebrüder Thiel besiegelt.

Die Entscheidung, trotz der erlittenen Verluste einen Neuanfang zu versuchen, hatte mehr persönliche als wirtschaftliche Motive. Es war im Grunde Reinhold Thiel, der, auch angesichts der Unterstützung durch seinen Sohn Edwin, den Entschluss fasste, das Lebenswerk nicht verloren zu geben. Aber auch der im Hinblick auf die herausgehobene Stellung im Nationalsozialismus günstige Ausgang der Entnazifizierungsverfahren war wegbereitend. Das Bewahren der umfangreichen in großen Teilen passiven Gesellschafterstrukturen, obwohl nur wenige Gesellschafter nach den Ereignissen von 1945 bereit waren, sich für die Rettung der vormaligen Familiengesellschaft Gebrüder Thiel zu engagieren, dürfte atypisch gewesen sein. Wenngleich es sicher viele Familienunternehmen gab, die diesen Schritt erfolgreich gegangen sind, waren die Dimensionen und die Grundvoraussetzungen bei Gebrüder Thiel besondere.

Die 1948 unter Einschaltung von Strohmännern gegründete Uhrenfabrik GmbH war der rechtlich selbstständige Anfang. Das Unternehmen fand in den Folgejahren durch Gebrüder Thiel Anerkennung als eigene Neubauzelle und erfuhr aus den geretteten Vermögenswerten der Alt-Gesellschaften ab 1949 eine darlehensweise Unterstützung. Die ersten Schritte waren gekennzeichnet durch die Montage von Weckern, deren Bestandteile durch Junghans geliefert wurden, sowie durch die Fertigung von Uhrschutzkapseln und Kinderspieluhren. Darüber hinaus galt es, Märkte wieder zu erschließen und alte Verbindungen zu aktivieren. Später erfolgte eine Zusammenführung der drei Gesellschaften durch Übertragung sämtlicher Vermögenswerte auf die Gebrüder Thiel GmbH und die anschließende Liquidation der zwischenzeitlich in Thiel-Uhrenfabrik GmbH umbenannten Neubauzelle sowie der Gebrüder Thiel Seebach GmbH. Damit wurde an die vormaligen Gesellschaftsstrukturen angeknüpft und der Unternehmensfortbestand gesichert. Das Produktionsspektrum hatte sich in den ersten Jahren des Neuanfangs gewandelt, die Weckerfertigung wurde eingestellt, von der Aufnahme einer eigenen Uhrenfertigung wurde nach entsprechender Prüfung Abstand genommen. Die Metallwarenfabrikation mit der dort angesiedelten Kinderuhrenfertigung wurde zugunsten einer Konzentration auf das Maschinengeschäft verkauft.

Anders als Gebrüder Thiel vor 1945, ruhte das Unternehmen ab den 1950er Jahren nur noch auf einer Säule, der Fertigung und dem Vertrieb von Werkzeugmaschinen. Diese Ausrichtung bot die Chance, die in begrenztem Maße verfügbaren Mittel zielgerichtet einzusetzen, jedoch auch das Risiko einer besonderen Anfälligkeit für konjunkturelle Schwankungen. Die zwischenzeitlich in Sand angesiedelte Gebrüder Thiel GmbH fertigte nur einen Teil der verkauften Maschinen selbst. Der überwiegende Teil wurde im Rahmen eines Werkvertrages in den Werkstätten der Firma Junghans in Schramberg gefertigt. Trotz des zunehmenden Ausbaues der Produktionsstätten am Unternehmenssitz und verschiedener Neuentwicklungen blieb das Handelsgeschäft über die weiteren Jahre der Hauptertragsbringer.

Der neuerliche Unternehmenserfolg kam in den ab 1953 getätigten Ausschüttungen an die Gesellschafter zum Ausdruck. Die anfängliche Phase des stetigen Aufschwungs stagnierte Anfang der 1960er Jahre. Mitte des Jahrzehnts machte ein erster starker Einbruch die erheblichen, auch künftig zu erwartenden Schwankungen im Geschäftsverlauf deutlich. Die weiteren Aussichten wurden nunmehr zurückhaltend beurteilt. Zwar brachten die nächsten Jahre rasche Erholung und ermöglichten weiterhin eine Dividendenzahlung, dennoch schwand in den Reihen der Gesellschafter zunehmend das Vertrauen in einen erfolgreichen Fortgang des Unternehmens. Nachdem im Geschäftsbericht für 1971 abermals eine negativ ausfallende Zukunftsprognose aufgestellt wurde, folgte rasch die Entscheidung zum Verkauf. Noch bevor sich der konjunkturelle Einbruch in den Bilanzen niederschlagen konnte, wurden die Geschäftsanteile durch die Gesellschafter zu einem Gegenwert von etwa sechs Mio. DM verkauft. Neuer Eigentümer war die Firma MAHO Werkzeugmaschinenbau Babel & Co mit Sitz in Pfronten. Diese Abläufe nach 110 Jahren Unternehmens- und Familiengeschichte verdeutlichen, dass die Entscheidungen, die zum Ende des Familienunternehmens führten, nicht allein auf fehlende personelle Perspektiven zurückgeführt werden können. Vielmehr sprechen sie dafür, dass für die Zeit nach dem Rückzug der bisherigen Geschäftsführung unternehmerische Visionen fehlten.

Gebrüder Thiel verschwand nicht nur als Familienunternehmen, sondern 1981 auch als Firma aus dem Handelsregister. Die Familie so wie die auf diese zurückgehenden Unternehmen haben Spuren hinterlassen. Wie weit diese reichen und inwieweit die Deutsche Wiedervereinigung dazu beigetragen hat, dass sie nochmals zusammenlaufen konnten, zeigt das abschließende Kapitel.

3. Die Pfade in die Gegenwart

Die Unternehmen Gebrüder Thiel erfuhren durch das Wirken verschiedener wirtschaftlicher und gesellschaftlicher Einflüsse wiederholt Strukturveränderungen. Eine identitätsprägende Grundstruktur, die Verbindung von Familie und Unternehmen, blieb dessen ungeachtet über Generationen erhalten und bestimmte maßgeblich den Entwicklungsverlauf. Nachdem im Jahr 1945 diese grundlegende Verbindung gewaltsam auseinander gerissen wurde, bleibt die Frage: Wohin steuerte Gebrüder Thiel nach der Enteignung? Da es der Kern dieser Untersuchung war, das Familienunternehmen zu analysieren, werden die späteren Unternehmensentwicklungen nach der Trennung von der Familie an dieser Stelle nur kurz und schematisch aufgezeigt. Bedingt durch die deutsche Teilung und das erfolgreiche Bemühen der Familie, gegen den Verlust anzukämpfen, sind zwei parallele Wege zu betrachten. Deren Startpunkte lagen im Jahr 1945 für die enteignete Gebrüder Thiel GmbH in Ruhla/Thüringen bzw. im Jahr 1972 für die verkaufte Gebrüder Thiel GmbH in Emstal/Hessen.[1353] Tabelle 59, S. 298, verdeutlicht entlang der zentralen Zeitachse die Stationen in Ost und West. Die Darstellung bezieht sich allein auf die Fortentwicklung nach dem jeweiligen Ende der Gebrüder Thiel GmbH, da diese als einzige der Thiel-Gesellschaften in beiden Teilen Deutschlands als aktives Unternehmen eine eigenständige nachhaltige Fortschreibung erfahren hat. Für die Gebrüder Thiel Seebach GmbH fand zwar eine Sitzverlegung in die Bundesrepublik statt, jedoch handelte es sich dabei um einen rein strategischen Akt zur Sicherung von Vermögenspositionen und Rückgabe- bzw. Entschädigungsansprüchen. In Thüringen wurde diese Gesellschaft wie auch deren Tochter, die Gerätebau GmbH, 1945 enteignet und anschließend demontiert. Während die Fabrikgebäude in Seebach nach umfangreicher Ausplünderung erhalten blieben, wurde das Werk in Mühlhausen gesprengt. Die Löschung der Gebrüder Thiel Seebach GmbH aus dem Handelsregister des Amtsgerichtes Thal/Thüringen erfolgte am 07.09.1948. Durch die spätere Eingliederung des Standortes Seebach in die Nachfolgestrukturen der Gebrüder Thiel GmbH in Ruhla fand Seebach Eingang in die Darstellung. Der Fokus der Betrachtung liegt allerdings weiterhin auf den Orten Ruhla und Sand.[1354]

1353 Eine umfangreiche Darstellung der Entwicklungen Ostdeutschland nach 1945 liefert Kamp. Vgl. Kamp, Geschichte der Technik. Der Verlauf im Westen nach 1972 wird bei Koop ersichtlich. Vgl. Koop, MAHO.

1354 AKH, Geschäftsbericht 05.11.1949, S. 1 ff u. AAK, Bescheid 28.02.1994, S. 1 ff.

Tabelle 59: Zwei Wege nach der Gebr. Thiel GmbH in Ost und West

Ost	Zeit	West
Enteignung der Gebrüder Thiel GmbH	←07/1945	
Gebrüder Thiel GmbH wird Treuhandbetrieb des Landes Thüringen	←07/1945–03/1946	
Übergabe der Uhren- und Maschinenfabrik Gebrüder Thiel an die SAG für Präzisionsmaschinen Totschmasch	←04/1946–12/1949	
Uhren- und Maschinenfabrik Gebrüder Thiel – SAG Awtowelo	←01/1950–04/1952	
VEB Uhren- und Maschinenfabrik Ruhla	←05/1952–1953	
Betriebsgelände der ehemaligen Gebrüder Thiel Seebach GmbH in Seebach wird dem VEB Uhren- und Maschinenfabrik Ruhla zugeordnet	←1952	
VEB Klement Gottwald Uhren- und Maschinenfabrik Ruhla	←1953–02/1967	
VEB Uhrenkombinat Ruhla	←03/1967–04/1971	
VEB Uhren- und Maschinenkombinat Ruhla	←05/1971–12/1977	
	05/1972–06/1972→	Verkauf der Gebrüder Thiel GmbH an die MAHO Werkzeugmaschinenbau Babel & Co (Kommanditgesellschaft)
VEB Uhren- und Maschinenkombinat Ruhla wird in das neu gebildete Kombinat Mikroelektronik Erfurt eingegliedert, VEB Uhrenwerke Ruhla wird Leitbetrieb der Uhrenindustrie	←01/1978–06/1990	
	06/1981→	Umbenennung der Gebrüder Thiel GmbH in MAHO Besitz- und Verwaltungs GmbH
	07/1986→	Werk Sand wird Teil der MAHO AG
Uhrenwerke Ruhla GmbH	←07/1990–06/1992	
Uhrenwerke Ruhla GmbH i. L.	←1992→	Schließung des Werkes in Sand

Quelle: eigene Darst., basierend auf Kamp, Geschichte der Technik, S. 17 ff; Koop, MAHO, S. 100 ff; AAK, Bescheid 28.02.1994, S. 6; AG Jena, HRB 400223; AG Kassel, HRB 1028; AET, Vertragsangebot L. Thiel, 10.05.1972; Vertragsangebot E. Thiel, 10.05.1972; Vertragsannahme L. Thiel-MAHO 16.05.1972, Vertragsannahme E. Thiel-MAHO 16.05.1972; AHB, Vertragsannahme P. Deußing u. a.–MAHO 29.06.1972; ThHStAW, Findkartei Gebr. Thiel u. Polizeiverfügung vom 10.07.1945 i. V. m. Gesetz über Enteignung vom 09.10.1945.

Für das Ruhlaer Unternehmen war eine mehrfache Neuverortung in den politisch motivierten Wirtschaftsstrukturen, begleitet durch verschiedene Namenskorrekturen erkennbar. Der westliche Teil blieb indes nach dem Verkauf in der aufnehmenden Struktur und teilte – bei ebenfalls geändertem Namen – deren weiteres Schicksal. Die Unternehmensbezeichnungen weisen auf eine grundsätzliche Unterscheidung hin. Das Unternehmen im Osten war in erster Linie ein Uhrenproduzent. Der Maschinenbau nahm hier eine nachrangige und stärkeren

Schwankungen unterworfene Bedeutung ein.[1355] Im Gegensatz dazu war der Werkzeugmaschinenbau in Sand der Hauptgeschäftszweig.[1356]

Waren die Entwicklungen, sofern sie in zwei verschiedenen Staaten verliefen, zunächst unabhängig voneinander, so führten sie nach dem Mauerfall 1989 schnell aufeinander zu. Inwieweit sie in Teilen bald auch tatsächlich zusammenfielen, zeigt die aus Tabelle 59, S. 298, herausgelöste Darstellung in Tabelle 60, S. 300. Diese stellt nunmehr nicht Ost und West einander gegenüber, sondern geht auf zwei Standorte der vormaligen Uhrenwerke ein. Der Tatsache geschuldet, dass aus den Uhrenwerken Ruhla ab 1990 über 40 neue Unternehmen und Einrichtungen hervorgegangen sind, wurde sich dabei auf je ein Beispiel beschränkt. Die Auswahl erfolgte produkt- und standortspezifisch. Für Ruhla wurde das im Verwaltungsgebäude der früheren Thiel-Gesellschaften neu entstandene Unternehmen gewählt. Die Wahl fiel somit auf das Herz des ehemaligen Familienunternehmens. Überdies stellen die heutigen Geschäftsfelder, Uhren und Feinmechanik, sowie das dort ebenfalls beheimatete Uhrenmuseum weitere verbindende Linien her. Für Seebach trifft die Wahl das Gelände des ehemaligen Stammwerkes der Gebrüder Thiel Seebach GmbH mit dem dort angesiedelten Maschinenbauer. Damit werden zugleich alle drei Geschäftsfelder[1357] von Gebrüder Thiel, welche vor 1945 bestanden, abgebildet. Die beiden ausgewählten Unternehmen sind überdies repräsentativ für das unterschiedliche Vorgehen bei der Privatisierung der Uhrenwerke. Die Gardé Uhren Ruhla GmbH steht für eine der über zwanzig Management-Buy-out-Gründungen, während die MAHO Seebach GmbH die noch etwas größere Zahl der Privatisierungen mit auswärtigen Investoren repräsentiert.[1358]

Während die Gardé Uhren Ruhla GmbH nach ihrer Gründung einen völlig eigenständigen Entwicklungsverlauf nahm, wurde über die Muttergesellschaft der MAHO Seebach GmbH eine schicksalhafte Verknüpfung vormaliger Thiel-Standorte in Ost und West geschaffen. Die 1990 erfolgte Übernahme der Maschinenfabrik Seebach durch MAHO zum Kaufpreis von 25 Mio. DM war mit einer Arbeitsplatzgarantie für zunächst 400 Beschäftigte verbunden. Als die MAHO AG wenig später in wirtschaftliche Schwierigkeiten geriet und 1992 gezwungen war, sich zur Unternehmensrettung von Standorten zu trennen, wurde nach betriebswirtschaftlicher Abwägung, u. a. zwischen den Standorten Sand und Seebach, der Betrieb in Sand, Gemeinde Emstal geschlossen. Der eigentlich beabsichtigte Verkauf konnte nicht erfolgen, da für „die Perle von MAHO“[1359] kurzfristig kein Investor gefunden werden konnte. „Von der Bündelung der Kapazität, aber auch vom Know-how der dortigen Mitarbeiter profi-

1355 Kamp, Geschichte der Technik, S. 18 ff.

1356 Koop, MAHO, S. 100.

1357 Eine gedankliche Unterscheidung der feinmechanischen Produkte aus Vergangenheit u. Gegenwart ist mit Blick auf die frühere Zünderfertigung zwingend geboten.

1358 Kamp, Geschichte der Technik, S. 30.

1359 Interview M. Geiger u. H. Mund v. 23.02.2006, zit. nach Koop, MAHO, S. 158.

tierte Seebach enorm und immerhin fand so eine Reihe von Mitarbeitern aus Emstal über kurz oder lang eine Arbeit in Thüringen. Für diese Entscheidung war ausschlaggebend, dass durch die vereinbarten Arbeitsplatzgarantien im Thüringer Werk die Rückzahlung von Fördergeldern in Millionenhöhe gedroht hätte.“[1360] Diese Entscheidung beendete zugleich den Entwicklungspfad nach Gebrüder Thiel auf dem Gebiet der früheren Bundesrepublik und führte ihn zurück nach Thüringen.[1361]

Tabelle 60: Zwei Wege des Neuanfangs in Ruhla und Seebach ab 1990

Standort Ruhla „Verwaltungssitz“ der ehemaligen Gebrüder Thiel GmbH	Zeit	Standort Seebach „Betriebsgelände“ der ehemaligen Gebrüder Thiel Seebach GmbH
	07/1990→	Gründung der: MAHO Seebach GmbH als Tochter der MAHO AG
	10/1990→	Kauf der Maschinenfabrik Seebach durch die MAHO Seebach GmbH
Gründung der Gardé Uhren Ruhla GmbH im Wege eines Management-Buy-out durch vier ehemalige Mitarbeiter der Uhrenwerke Ruhla GmbH, Kauf des ehemaligen Thiel-Verwaltungsgebäudes und des angrenzenden Gebäudes	←10/1991–06/1993	
	03/1993→	MAHO Seebach GmbH wird Tochter der aus der Fusion der DECKEL AG mit der MAHO AG hervorgegangenen DECKEL MAHO AG
Umbenennung in Gardé Uhren und Feinmechanik Ruhla GmbH	←07/1993	
	07/1994→	Konkurs der DECKEL MAHO AG
	08/1994→	Drei Standorte der DECKEL MAHO AG i. K. werden in die Gildemeister AG eingegliedert, darunter die DECKEL MAHO Seebach GmbH
	10/2013→	Umbenennung der Gildemeister AG in DMG MORI SEIKI AG mit der DECKEL MAHO Seebach GmbH als Tochtergesellschaft

Quelle: eigene Darst., basierend auf Kamp, Geschichte der Technik, S. 515 ff u. S. 545; Koop, MAHO, S. 147 ff u. Gildemeister, Pressemitteilung 30.09.2013.

Dass der Standort Seebach auch in späteren Jahren über Krisen der jeweiligen Muttergesellschaft hinweg erhalten wurde, resultierte abermals aus alten Treuhandverträgen und entsprechend drohenden Rückzahlungsverpflichtungen.[1362] Die so gegebene Chance einer kontinuierlichen Weiterentwicklung trägt zwei Jahrzehnte nach der Deutschen Wiedervereinigung sichtbare Früchte. Das Unternehmen hat sukzessiv modernste Betriebsanlagen in Seebach geschaffen und ist nunmehr Ostdeutschlands größter Werkzeugmaschinenbauer.[1363] Die

1360 Koop, MAHO, S. 158.
1361 Ebd., S. 146–158.
1362 Ebd., S. 175 ff u. 193.
1363 Schütz, Maschinenfabrik Seebach, S. 561.

DECKEL MAHO Seebach GmbH hat mittlerweile über 600 Beschäftigte[1364] und leistet über die bestehende Entwicklungsabteilung einen entscheidenden Beitrag für die Zukunftssicherung des Standortes Seebach. Der Beschäftigungsumfang liegt über den Werten der früheren Thiel'schen Maschinenfabrik in Ruhla. Dort waren in der Spitze im September 1939 knapp 500 Menschen beschäftigt.[1365]

Die Akteure der Gardé Uhren Ruhla GmbH übernahmen mit der Gründung und dem Erwerb der Gebäude und Anlagen ebenfalls eine Beschäftigungsgarantie gegenüber der Treuhandanstalt. Diese belief sich auf 70 Mitarbeiter für die Zeitdauer von fünf Jahren. Anders als in Seebach fehlten hier jedoch die finanziellen Möglichkeiten eines großen Mutterkonzerns. Der Kaufpreis i. H. v. einer Mio. DM wurde durch eine Beteiligungsgesellschaft in Form einer stillen Teilhaberschaft bereitgestellt. Die vier Gründer erbrachten die Stammeinlage und trugen fortan die Verantwortung für die Mitarbeiter und das weitere Geschäft. In der Folgezeit nicht ausbleibende Schwierigkeiten und Schwächephasen galt es in Eigenregie zu überwinden. Das Unternehmen und der Standort wurden dadurch aber auch nicht zum Spielball übergeordneter unternehmensstrategischer Entscheidungen. Die Gesellschafterstrukturen haben sich über die Jahre hin zu einer Familiengesellschaft nach einem der Gründer von 1991 gewandelt. Diese wird gegenwärtig durch vier Personen aus zwei Generationen repräsentiert. Darüber hinaus ist die stille Beteiligung auf mittlerweile 250.000 EUR abgeschmolzen worden und wird aus gegenwärtiger Sicht in den nächsten Jahren vollständig verschwinden. Heute erwirtschaften die etwa 70 Beschäftigten der Gardé Uhren und Feinmechanik Ruhla GmbH einen Jahresumsatz von über 5 Mio. EUR, welcher zu gleichen Teilen auf die Bereiche Feinmechanik und Uhren entfällt. Ein Vergleich der Beschäftigtenzahlen mit denjenigen von vor 1945 ist hier aus unterschiedlichsten Gründen nicht angezeigt. Allein die heutige Fertigungstiefe ist eine gänzlich andere als vor mehr als 70 Jahren, wo nahezu sämtliche Teile noch selbst gefertigt wurden. Das junge Unternehmen am historischen Standort trägt dennoch dazu bei, dass sich die Verbindung zwischen Ruhla und Uhren nicht nur im Museum, sondern im lebendigen alltäglichen Wirtschaftsgeschehen wiederfindet.[1366]

Die Beispiele stehen exemplarisch für eine Vielzahl in und um Ruhla nach 1990 aus den Uhrenwerken hervorgegangenen Unternehmen. Sie alle prägen heute das Bild des Wirtschaftsstandortes, der in erster Linie durch die vielen Menschen bestimmt wird, die dort leben und arbeiten. Es hat sich gezeigt, dass ausgehend von den durch Gebrüder Thiel geschaffenen Strukturen vielfältigste Linien bis in die Gegenwart nachweisbar sind. Bindeglied sind oftmals nicht die

---

1364 Angaben gemäß Telefonat DECKEL MAHO Seebach GmbH, B. Schütz, vom 13.02.2014.

1365 ThHStAW, Gebrüder Thiel GmbH Ruhla, Nr. 453, Bl. 568 r.

1366 Angaben gemäß Telefonat Gardé Uhren u. Feinmechanik Ruhla GmbH, Herr Kehr-Ritz, vom 13.02.2014 u. Kamp, Geschichte der Technik, S. 518 ff.

rein rechtlichen Verbindungen, sondern das praktische Wirken der Menschen vor Ort und deren Fähigkeiten und Fertigkeiten. Über diesen Weg hat sich in Generationen, ungeachtet der politischen Strukturen oder des Namens einer bestimmten Familie, ein gesellschaftlicher Schatz entwickelt, von dem die Region heute lebt. Gebrüder Thiel hat beginnend im 19. Jahrhundert in Ruhla einen Baum gepflanzt und über viele Jahrzehnte selbst ganz aktiv dafür Sorge und Verantwortung getragen, dass sich dieser gut entwickelt. Die Früchte, die dieser Baum hervorgebracht hat, haben die Familie, aber auch viele weitere Menschen gut, ja sogar sehr gut ernährt. Einige sind zu Boden gefallen und haben dafür gesorgt, dass neue Generationen von Bäumen heranwachsen konnten, deren Früchte im 21. Jahrhundert nicht mehr die Familie Thiel, aber dennoch weiterhin viele Menschen in Ruhla und Umgebung ernähren können.

VI. Anhang

1. Übergreifende Materialien

Gesamtverzeichnis der Gesellschafter der Gebrüder Thiel GmbH 1901–1972

Tabelle 61: Gesamtverzeichnis der Gesellschafter-Teil I: Familienangehörige

Lfd. Nr.:	Name und Lebensdaten (Stand Oktober 2016)	Weitere Angaben[1367]	Gesellschafter von…bis[1368]
	Stamm „Christian Emilius Thiel"[1369] (10.06.1832–16.02.1879)		
1	Deußing, Martha Johanne Henriette Helene 27.10.1863–09.11.1949	Tochter des Gründers Christian Emilius Thiel geb. Thiel verheiratet mit Franz Deußing[1370] (1854–1921)	1901–1945 & nach 1945
2	Deußing, Dr. Rudolf Moritz 09.08.1887–02.08.1949	Sohn zu (1) verheiratet mit Alice Deußing, geb. Stigler (1888–1976)	1918–1945 & nach 1945
3	Deußing, Alice Scholastika 23.12.1888–27.11.1976	Ehefrau zu (2) geb. Stigler	nach 1945
4	Deußing, Dr. Hans Friedrich Joachim 13.06.1915–20.04.1979	Sohn zu (2) & (3)	nach 1945
5	Sünnen,[1371] Gerda Maria 05.05.1917–07.08.2010	Tochter zu (2) & (3) geb. Deußing	nach 1945
6	Buchmeier, Anneliese 12.11.1918–19.11.1992	Tochter zu (2) & (3) geb. Deußing	nach 1945
7	Deußing, Peter Franz 25.03.1922–04.01.2012	Sohn zu (2) & (3)	nach 1945
8	Metzke, Susanne Luise Helene 06.06.1889–01.12.1971	Tochter zu (1) geb. Deußing verheiratet mit Arthur Metzke (1890–1972)	1918–1945 & nach 1945
9	Metzke, Arthur Martin 26.10.1890–26.10.1972	Ehemann zu (8)	nach 1945

1367 Verwandtschaftsbeziehungen, Geburtsnamen u. Ehepartner. Ehepartner angegeben, wenn diese Gesellschafter oder aus einer der Ehen Kinder hervorgingen, die später Gesellschafter wurden.

1368 Für 1901–1945 gilt: Die Eigenschaft als Gesellschafter für die Jahre angegeben, in denen diese am 31.12. bestand. Personen, die innerhalb eines Jahres verstorben sind, oder ihre Anteile veräußert haben, in diesem Rumpfjahr nicht erfasst, obwohl noch eine Beteiligung bestand. Dieses Vorgehen bei der Erfassung der Geschäftsanteile bis 1945 gewählt, um Dopplungen zu vermeiden u. hier analog angewendet. Für das Jahr 1945 ist der Stichtag der Tag der Enteignung (10.07.1945).

1369 Verheiratet mit Caroline Wilhelmine Thiel, geb. Schmidt (05.09.1832–13.07.1879).

1370 Franz Julius Deußing (01.04.1854–27.01.1921), abweichend Franz Justus Deußing.

1371 Gerda Sünnen in erster Ehe verheiratete Breyer.

Lfd. Nr.:	Fortsetzung Tabelle 61 Gesamtverzeichnis-Teil I: Familienangehörige		Gesellschafter von...bis...
	Name und Lebensdaten	Weitere Angaben	
10	Bornscheuer, Dorothea Charlotte Alice 03.12.1926–27.05.2009	Tochter zu (8) & (9) geb. Metzke	nach 1945
11	Gaudin, Hildegard Berta 25.06.1891–26.08.1936	Tochter zu (1) geb. Deußing verheiratet mit Richard Gaudin (1888–1964)	1918–1935
12	Gaudin, Richard 26.04.1888–17.05.1964	Ehemann zu (11)	1936–1945 & nach 1945
13	Gaudin,[1372] Heinz Richard Franz 26.06.1917–05.01.1981	Sohn zu (11) & (12)	1936–1945 & nach 1945
14	Gaudin, Klaus 05.05.1919–21.04.1979	Sohn zu (11) & (12)	1936–1945 & nach 1945
15	Zechlin, Susanne 29.05.1924–16.01.1976	Tochter zu (11) & (12) geb. Gaudin	1936–1945 & nach 1945
16	Hoppert, Laura Helene 03.07.1865–25.05.1931	Tochter des Gründers Christian Emilius Thiel geb. Thiel verheiratet mit Friedrich Hoppert[1373] (1859–1915)	1901–1930
17	Hoppert,[1374] Erich 04.10.1886–17.05.1945	Sohn zu (16) verheiratet mit Marie Schweiger, geb. Puth (1886–1983)	1918–1944
18	Hoppert, Marie 06.03.1886–13.11.1983	Ehefrau zu (17) geb. Puth verheiratet mit Friedrich Schweiger[1375] (1874–1918), 1. Ehe, Erich Hoppert (1886–1945), 2. Ehe	1945 & nach 1945
19	Kappler, Dorothee 29.02.1918–14.08.2006	Tochter zu (18) geb. Schweiger verheiratet mit Eduard Kappler (1913–2004)	nach 1945
20	Kappler, Eduard 13.10.1913–11.11.2004	Ehemann zu (19)	nach 1945
21	Hoppert, Heinz 29.02.1888–14.09.1946	Sohn zu (16) verheiratet mit Else Schlossmann, geb. Boß (1896–1962)	1918–1945 & nach 1945
22	Hoppert, Else Margarethe 31.05.1896–27.07.1962	Ehefrau zu (21) geb. Boß verheiratet mit Ernst Schlossmann[1376] (1879–1932), 1. Ehe, Heinz Hoppert (1888–1946), 2. Ehe	nach 1945
23	Mühlberg, Margarethe Charlotte 22.06.1894–09.10.1969	Schwester zu (22) geb. Boß	nach 1945
24	Thiel, Justus Heinrich 25.04.1867–30.06.1932	Sohn des Gründers Christian Emilius Thiel verheiratet mit Anna Margarete Wilhelmine Thiel, geb. Preußer(1867–1945)	1901–1931

1372 Verstorben durch Selbstmord.
1373 Carl Friedrich Hoppert (30.10.1859–18.10.1915), Ehe geschieden am 27.04.1894.
1374 Verstorben durch Selbstmord.
1375 Friedrich Schweiger (09.04.1874–15.07.1918), gefallen im Ersten Weltkrieg.
1376 Moritz Ernst Schlossmann (21.03.1879–22.05.1932), verstorben durch Selbstmord.

Lfd. Nr.:	Fortsetzung Tabelle 61 Gesamtverzeichnis-Teil I: Familienangehörige		Gesellschafter von…bis…
	Name und Lebensdaten	Weitere Angaben	
25	Thiel, Anna Margarete Wilhelmine 11.04.1867–21.01.1945	Ehefrau zu (24) geb. Preußer	1932–1938
26	Thiel, Christian Wilhelm Heinrich (jun.) 30.12.1892–30.09.1978	Sohn zu (24) & (25)	1922–1945 & nach 1945
27	Thiel, Victor Albrecht 16.08.1895–26.05.1944	Sohn zu (24) & (25) verheiratet mit Elli Thiel, geb. Weimann[1377] (1898–1964)	1922–1943
28	Tegtbauer,[1378] Anna Ursula 27.09.1922	Tochter zu (27) geb. Thiel	1943–1945 & nach 1945
29	Brederhoff, Marlis 17.10.1924–06.04.1975	Tochter zu (27) geb. Thiel	1944–1945 & nach 1945
30	Thiel,[1379] Peter 14.12.1935	Sohn zu (27)	1944–1945 & nach 1945
31	Thiel, Hans Joachim 27.06.1900–04.10.1970	Sohn zu (24) & (25) verheiratet mit Gretchen Thiel, geb. Lührsen[1380] (1904–1978), 1. Ehe, Ilse Thiel, geb. Mothes (1914–1997), 2. Ehe	1932–1945 & nach 1945
32	Thiel, Ilse 08.05.1914–23.11.1997	Ehefrau zu (31) geb. Mothes	nach 1945
33	Thiel, Anna Ottilie Frieda 12.05.1871–25.04.1929	Tochter des Gründers Christian Emilius Thiel	1901–1928
34	Brinkmann,[1381] Henriette Bertha 16.07.1876–07.07.1949	Tochter des Gründers Christian Emilius Thiel geb. Thiel verheiratet mit Hugo Brinkmann (1867–1948)	1901–1945 & nach 1945
35	Brinkmann, Dr. Hugo 11.08.1867–18.06.1948	Ehemann zu (34)[1382]	1901–1945 & nach 1945
36	Brinkmann, Hugo (jun.) 15.02.1901–04.07.1952	Sohn zu (34) & (35) verheiratet mit Sofie Brinkmann, geb. Zink (1909–1992)	1918–1945 & nach 1945
37	Brinkmann, Sofie Marie 29.03.1909–20.05.1992	Ehefrau zu (36) geb. Zink	nach 1945

1377 Anneliese Marie Elli Thiel, geb. Weimann (10.01.1898–31.03.1964) genannt Lotte.

1378 Ursula Tegtbauer lebt heute in 48356 Nordwalde.

1379 Peter Thiel lebt heute in 99842 Ruhla.

1380 Gretchen Spohn, geb. Lührsen (30.03.1904–19.01.1978), in erster Ehe verheiratete Thiel. Ehe am 22.12.1933 geschieden.

1381 Bertha ist die korrekte Schreibweise, in verschiedenen Dokumenten auch Berta.

1382 Ehe in westfälischer Gütergemeinschaft, Gesellschaftereigenschaft für beide Eheleute in analoger Weise erfasst. Vgl. ThHStAW, Gebr. Thiel GmbH Ruhla Nr. 111, Bl. 97 r. Geschäftsanteile unter dem Namen der Ehefrau geführt.

Lfd. Nr.:	Fortsetzung Tabelle 61 Gesamtverzeichnis-Teil I: Familienangehörige Name und Lebensdaten	 Weitere Angaben	Gesellschafter von...bis...
38	Brinkmann, Uwe 09.06.1934–11.01.2014	Sohn zu (36) & (37)	nach 1945
39	Brinkmann, Axel 18.05.1936–14.06.1997	Sohn zu (36) & (37)	nach 1945
40	Brinkmann, Charlotte 27.09.1903–19.09.1988	Tochter zu (34) & (35)	1918–1945 & nach 1945
41	Reiser, Dr. Ilse 02.04.1906–19.06.1996	Tochter zu (34) & (35) geb. Brinkmann	1918–1945 & nach 1945
	Stamm „Christian Reinhold Thiel" (16.01.1848–12.04.1906)		
42	Thiel, Christian Reinhold 16.02.1848–12.04.1906	Bruder des Gründers Christian Emilius Thiel verheiratet mit Albine Thiel, geb. Grünkorn (1851–1917)	1901–1905
43	Thiel, Anna Albine 24.10.1851–13.04.1917	Ehefrau zu (42) geb. Grünkorn	1906–1916
44	Thiel, Ernst Rudolf 04.06.1874–21.07.1942	Sohn zu (42) & (43) verheiratet mit Helene Thiel, geb. Haertel[1383] (1877–1934)	1906–1941
45	Thiel,[1384] Ernst Werner 09.12.1902–18.08.1943	Sohn zu (44)	1941–1942
46	Haertel, Dr. Alfred 05.12.1873–16.09.1954	Schwager zu (44)[1385] verheiratet mit Erna Haertel, geb. Billeter (1885–1973)	1943–1945 & nach 1945
47	Haertel, Erna 07.05.1885–13.07.1973	Ehefrau zu (46) geb. Billeter	nach 1945
48	Haertel, Sigrid 14.08.1913–29.02.2000	Tochter zu (46) & (47)	nach 1945
49	Haertel, Horst 14.08.1913–20.01.1997	Sohn zu (46) & (47)	nach 1945
50	Peters-Haertel,[1386] Dr. Wolf-Dietrich 22.12.1943	Enkel[1387] zu (46) & (47)	nach 1945
51	Haertel, Elsa 06.04.1875–15.04.1962	Schwester zu (46)	1943–1945 & nach 1945

1383 Helene Thiel, geb. Haertel (06.03.1877–12.06.1934).

1384 Verstorben durch Selbstmord.

1385 Bruder von Helene Thiel.

1386 Wolf-Dietrich Peters-Haertel lebt heute in der Bundesrepublik Deutschland.

1387 Sohn von Wolf-Dietrich Haertel (25.07.1909–22.11.1943), einem weiteren Kind von Alfred u. Erna Haertel.

Lfd.	Fortsetzung Tabelle 61 Gesamtverzeichnis-Teil I: Familienangehörige		Gesellschafter
Nr.:	Name und Lebensdaten	Weitere Angaben	von…bis…
52	Thiel,[1388] Johannes Friedrich 04.05.1881–23.04.1943	Sohn zu (42) & (43) verheiratet mit Gertrud Kloß[1389] (1883–1953)	1906–1925
53	Thiel, Herbert Martin 10.05.1907–04.03.1970	Sohn zu (52)	1943–1945 & nach 1945
54	Thiel, Karl Heinz Sylvester 31.12.1909–18.06.1970	Sohn zu (52)	1943–1945 & nach 1945
55	Thiel, Ursula 31.07.1918–16.05.1993	Tochter zu (52)	1943–1945 & nach 1945
56	Reinhardt, Rosa 05.06.1882–04.09.1941	Tochter zu (42) & (43) geb. Thiel verheiratet mit Max Reinhardt (1877–1943)	1906–1932
57	Reinhardt, Georg Max 29.10.1877–08.01.1943	Ehemann zu (56)	1922–1930
58	Fricke, Alice 12.03.1903–01.01.1979	Tochter zu (56) & (57) geb. Reinhardt verheiratet mit Richard Fricke[1390] (1897–1975)	1943–1945 & nach 1945
59	Reinhardt,[1391] Joachim Reinhold Gustav 25.11.1905–24.11.1959	Sohn zu (56) & (57) verheiratet mit Ilse Erika Klara Selma Reinhardt, geb. Heeder[1392] (1904–1934), 1. Ehe, Aurelia Reinhardt, geb. Hauke[1393] (1914–2007), 2. Ehe, Edda Reinhardt, geb. Wunder[1394] (1920–1989), 3. Ehe, Herta Elsbeth Hedwig Reinhardt, geb. Seelig[1395] (1921–2009), 4. Ehe, Felicitas Reinhardt, geb. Ernst (1923–2013), 5. Ehe	1943–1945 & nach 1945
60	Reinhardt, Felicitas 13.05.1923–26.09.2013	Ehefrau zu (59) geb. Ernst	nach 1945
61	Reinhardt, Hans-Joachim 31.12.1939–09.06.1999	Sohn zu (59) aus 2. Ehe	nach 1945
62	Reinhardt,[1396] Peter Wolfgang 30.03.1941	Sohn zu (59) aus 2. Ehe	nach 1945
63	Reinhardt,[1397] Christian 28.05.1946	Sohn zu (59) aus 3. Ehe	nach 1945

1388 Genannt Fritz Thiel. Vgl. AJG, Abtretungsvertrag vom 13.01.1911.
1389 Gertrud Thiel, geb. Kloß (24.08.1883–18.11.1953).
1390 Dr. Richard Fricke (10.02.1897–15.09.1975).
1391 Von den fünf Ehen wurden die zweite, dritte u. vierte durch Scheidung beendet.
1392 Ilse Erika Klara Selma Reinhardt, geb. Heeder (17.08.1904–22.03.1934).
1393 Aurelia Schmidt, geb. Hauke (07.02.1914–08.10.2007), in erster Ehe verheiratete Reinhardt.
1394 Edda Reinhardt, geb. Wunder (14.07.1920–02.11.1989).
1395 Herta Elsbeth Hedwig Reinhardt, geb. Seelig (04.05.1921–05.10.2009).
1396 Peter Reinhardt lebt heute in Madrid/Spanien.
1397 Christian Reinhardt lebt heute in 80993 München.

Lfd. Nr.:	Fortsetzung Tabelle 61 Gesamtverzeichnis-Teil I: Familienangehörige		Gesellschafter von…bis…
	Name und Lebensdaten	Weitere Angaben	
64	Reinhardt,[1398] Horst Ernst Günter 07.10.1908–11.02.1963	Sohn zu (56) & (57) verheiratet mit Celia Estrella del Carmen Arancibia Reinhardt, geb. Luco[1399] (1908–1939), 1. Ehe, Ilse Mercedes Reinhardt, geb. Knocke Schiffer (1913–k. A.), 2. Ehe	1943–1945 & nach 1945
65	Reinhardt-Aviles,[1400] Joaquin Maximiliano 30.11.1950	Sohn zu (64)[1401]	nach 1945
66	Reinhardt, Dr. Kurt 01.09.1915–07.02.1996	Sohn zu (56) & (57)	1943–1945 & nach 1945
67	Reinhardt, Rosemarie 21.01.1917–22.09.1958	Tochter zu (56) & (57)	1943–1945 & nach 1945
68	Thiel, Hermann Heinrich 14.04.1885–31.10.1957	Sohn zu (42) & (43)	1906–1909 & 1943–1945 & nach 1945
69	Daut, Johanna Margarete 29.07.1886–11.09.1940	Tochter zu (42) & (43) geb. Thiel verheiratet mit Karl Daut (1872–1950)	1906–1939
70	Daut, Karl 13.05.1872–15.10.1950	Ehemann zu (69)	1922–1928 & 1940–1945 & nach 1945
71	Daut, Albine Katharine Lore 24.04.1910–26.08.1969	Tochter zu (69) & (70)	1940–1945 & nach 1945
72	Daut, Johann Reinhold Wolfgang 03.01.1915–31.10.1942	Sohn zu (69) & (70) verheiratet mit Magdalene Martha Käthe Daut, geb. Rogall[1402] (1919)	1940–1941
73	Daut, Horst August 04.10.1940–05.12.2001	Sohn zu (72)	1942–1945 & nach 1945
Stamm „Ernst Eduard Thiel“ (04.12.1852–04.02.1902)			
74	Thiel, Ernst Eduard 04.12.1852–04.02.1902	Bruder des Gründers Christian Emilius Thiel verheiratet mit Amande Thiel, geb. Carnarius[1403] (1861–1884), 1. Ehe, Emilie Nothnagel[1404] (1853–1894), 2. Ehe	1901–1901
75	Ackenhausen, Else 07.10.1879–02.02.1951	Tochter zu (74) aus 1. Ehe geb. Thiel verheiratet mit Moritz Ackenhausen[1405] (1872–1960)	1902–1945 & nach 1945

1398 Nennt sich in Chile ab 1931 Ernesto H. Reinhardt, Vgl. AML, Horst Reinhardt.

1399 Celia Estrella del Carmen Arancibia Luco (02.08.1908–08.05.1939). Sohn, geb. 26.12.1939, wird kein Erbe.

1400 Joaquin Maximiliano Reinhardt-Aviles, lebt heute in Santiago de Chile.

1401 Außerehelicher, vom Vater anerkannter Sohn, wird Alleinerbe. Vgl. AML, Erbschein Horst Reinhardt.

1402 Magdalene Kraft, geb. Rogall in erster Ehe verheiratete Daut, lebt heute in 69469 Weinheim.

1403 Marie Amande Thiel, geb. Carnarius (11.03.1861–25.06.1884).

1404 Emilie Emma Thiel, geb. Nothnagel (12.06.1853–02.02.1894).

1405 Moritz Ackenhausen (24.07.1872–01.11.1960).

Lfd. Nr.:	Fortsetzung Tabelle 61 Gesamtverzeichnis-Teil I: Familienangehörige Name und Lebensdaten	 Weitere Angaben	Gesellschafter von…bis…
76	Ackenhausen, Rudolf (jun.) 28.01.1902–28.07.1987	Sohn zu (75) verheiratet mit Ilse Kirchner[1406] (1911–1970)	1922–1945 & nach 1945
77	Goedecke,[1407] Brigitte 21.08.1935	Tochter zu (76) geb. Ackenhausen	nach 1945
78	Pawert,[1408] Sybille 05.11.1939	Tochter zu (76) geb. Ackenhausen	nach 1945
79	Ackenhausen, Franz 12.04.1903–08.03.1988	Sohn zu (75)	1922–1945 & nach 1945
80	Vogel, Ruth 30.08.1909–08.03.1995	Tochter zu (75) geb. Ackenhausen verheiratet mit Werner Vogel (1898–1984)	nach 1945
81	Vogel, Ludwig August <u>Werner</u> 03.08.1898–24.10.1984	Ehemann zu (80)	1938–1945 & nach 1945
82	Ferch, Inge 24.09.1930–05.06.2013	Tochter zu (80) & (81) geb. Vogel	nach 1945
83	Vogel,[1409] Hans Hellmut 01.04.1937	Sohn zu (80) & (81)	nach 1945
84	Vogel,[1410] Werner (jun.) 19.08.1938	Sohn zu (80) & (81)	nach 1945
85	Favre,[1411] Christa 28.11.1941	Tochter zu (80) & (81) geb. Vogel	nach 1945
86	Vogel, Eduard <u>Hellmuth</u> 11.06.1906–20.09.1977	Bruder zu (81)	nach 1945
87	Ackenhausen, Wilfried 08.07.1919–09.07.1989	Sohn zu (75)	nach 1945
88	Thiel, Dr. h. c. Heinrich <u>Reinhold</u> Bruno Richard 23.02.1882–24.03.1979	Sohn zu (74) aus 1. Ehe verheiratet mit Martha Thiel, geb. Georg (1885–1932)	1902–1945 & nach 1945
89	Thiel,[1412] <u>Martha</u> Paula Charlotte 24.09.1885–24.06.1932	Ehefrau zu (88) geb. Georg	1922–1931

1406 Ilse Ackenhausen, geb. Kirchner (14.10.1911–27.01.1970).
1407 Brigitte Goedecke, in erster Ehe verheiratete Satinsky, lebt heute in 70771 Leinfelden-Echterdingen.
1408 Sybille Pawert lebt heute in 70771 Leinfelden-Echterdingen.
1409 Hans Hellmut Vogel lebt heute in 71111 Waldenbuch.
1410 Werner Vogel lebt heute in der Bundesrepublik Deutschland.
1411 Christa Favre lebt heute in 1213 Onex/Schweiz.
1412 Verstorben durch Selbstmord.

Lfd. Nr.:	Fortsetzung Tabelle 61 Gesamtverzeichnis-Teil I: Familienangehörige Name und Lebensdaten	Weitere Angaben	Gesellschafter von…bis…
90	Breidenbach, Sascha Ernestine Charlotte 02.02.1911–11.09.2007	Tochter zu (88) & (89) geb. Thiel	1933–1945 & nach 1945
91	Thiel,[1413] Edwin Emil Karl Paul 21.04.1913	Sohn zu (88) & (89) verheiratet mit Elfriede Thiel, geb. Liebergeld[1414] (1915–1947), 1. Ehe, Liselotte Thiel, geb. Brier (1920–1999), 2. Ehe	1932–1945 & nach 1945
92	Thiel, Liselotte 05.01.1920–07.12.1999	Ehefrau zu (91) geb. Brier	nach 1945
93	Liebergeld, Albert Paul 15.11.1880–22.12.1956	Schwiegervater zu (91) aus 1. Ehe verheiratet mit Therese Liebergeld, geb. Lind[1415] (1886–1948)	nach 1945
94	Abel, Helene Klara 23.04.1907–24.10.1991	Tochter zu (93) geb. Liebergeld	nach 1945
95	Liebergeld, Fritz Alfred Walter 24.03.1904–01.02.1973	Sohn zu (93)	nach 1945
96	Rößler, Hedda 28.10.1917–31.03.2002	Tochter zu (88) & (89) geb. Thiel verheiratet mit Constantin Rößler (1912–1983)	1938–1945 & nach 1945
97	Rößler, Dr. Ing. Constantin Ferdinand Wiprecht Assadur 05.09.1912–27.04.1983	Ehemann zu (96)	nach 1945
98	Thiel, Arnim 03.10.1919–10.08.1943	Sohn zu (88) & (89) verheiratet mit Helga Thiel; geb. Koch (1921)	1940–1942
99	Brennhausen,[1416] Helga Ottilie Else Elisabeth 19.09.1921	Ehefrau zu (98) geb. Koch verheiratet mit Arnim Thiel (1919–1943), 1. Ehe, Rüdiger Brennhausen[1417] (1909–1993), 2. Ehe	1943–1945 & nach 1945
100	Thiel,[1418] Klaus-Arnim 30.10.1943	Sohn zu (98) & (99)	1943–1945 & nach 1945
101	Langlotz, Doris Marta 28.02.1922–08.07.2015	Tochter zu (88) & (89) geb. Thiel verheiratet mit Heinz Robert Loos[1419] (1915–2004), 1. Ehe (geschieden), Claus Langlotz (1922–2014), 2. Ehe (geschieden)	1943–1945 & nach 1945
102	Langlotz, Claus Martin 13.03.1922–10.05.2014	Ehemann zu (101)	nach 1945

1413 Edwin Thiel lebt heute in 34246 Vellmar.
1414 Elfriede Anna Thiel, geb. Liebergeld (05.09.1915–21.03.1947).
1415 Karoline Therese Liebergeld, geb. Lind (28.06.1886–03.06.1948).
1416 Helga Brennhausen lebt heute in 64347 Griesheim.
1417 Dr. jur. Rüdiger Brennhausen (21.07.1909–11.06.1993).
1418 Klaus-Arnim Thiel lebt heute in 64347 Griesheim.
1419 Heinz Robert Loos (01.08.1915–06.06.2004).

Lfd. Nr.:	Fortsetzung Tabelle 61 Gesamtverzeichnis-Teil I: Familienangehörige Name und Lebensdaten	 Weitere Angaben	Gesellschafter von…bis…
103	Langlotz,[1420] Bernhard Ludwig 05.08.1947	Sohn zu (101) aus 1. Ehe geb. Loos	nach 1945
104	Thiel, Franz Wilhelm 18.06.1884–05.08.1925	Sohn zu (74) aus 1. Ehe	1902–1922
105	Ackenhausen, Martha 11.04.1886–23.05.1963	Tochter zu (74) aus 2. Ehe geb. Thiel verheiratet mit Rudolf Ackenhausen (1874–1958)	1902–1945 & nach 1945
106	Ackenhausen, Rudolf 13.09.1874–31.12.1958	Ehemann zu (105)	1920–1945 & nach 1945
107	Ackenhausen, Dr. med. Hans-Helmut 25.11.1909–09.05.1982	Sohn zu (105) & (106)	1922–1945 & nach 1945
108	Bardenheuer,[1421] Paula 24.06.1890–18.12.1924	Tochter zu (74) aus 2. Ehe geb. Thiel verheiratet mit Walter Bardenheuer (1880–1924)	1902–1923
109	Bardenheuer,[1422] Walter 02.09.1880–11.05.1924	Ehemann zu (108)	1922–1923

Quelle: eigene Darst., basierend auf im Verzeichnis benannten Quellen.

1420 Bernhard Langlotz lebt heute in 22529 Hamburg.

1421 Verstorben durch Selbstmord.

1422 Hälftig beerbt durch seine Frau Paula Bardenheuer, geb. Thiel u. seine Schwester Ella Ida Deußing, geb. Bardenheuer (04.09.1878–12.01.1948). Nach Erbauseinandersetzung übernahm seine Frau die Gebr. Thiel-Anteile. Frau Deußing findet sich in keiner Gesellschafterliste, daher wird sie hier nicht erfasst. Vgl. ThHStAW, Gebr. Thiel GmbH Ruhla, Nr. 41 u. 45.

Tabelle 62: Gesamtverzeichnis der Gesellschafter-Teil II: Familienfremde

Lfd. Nr.:	Name und Lebensdaten (Stand Oktober 2016)	Weitere Angaben	Gesellschafter von…bis…
110	Gunkel, Carl Christian 26.11.1874–05.12.1920	verheiratet mit Martha Gunkel, geb. Mecklenburg (1876–1930)	1911–1919
111	Gunkel, Martha 06.08.1876–06.11.1930	Ehefrau zu (110) geb. Mecklenburg	1920–1929
112	Gunkel, Hertha Wilhelmine 30.05.1903–18.12.1983	Tochter zu (110) & (111)	1920–1945 & nach 1945
113	Gunkel, Walter 24.05.1905–06.02.1954	Sohn zu (110) & (111) verheiratet mit Rita Gunkel, geb. Uiker (1913–1976)	1920–1945 & nach 1945
114	Gunkel, Dr. med. Rita 03.04.1913–09.07.1976	Ehefrau zu (113) geb. Uiker	nach 1945
115	Gunkel,[1423] Dr. med. Karl Dieter 04.09.1941	Sohn zu (113) & (114)	nach 1945
116	Schmidt von Knobelsdorf,[1424] Helga Renate Martha Maria 14.12.1944	Tochter zu (113) & (114) geb. Gunkel	nach 1945
117	Althaus,[1425] Ingrid Gisela Ruth 25.02.1947	Tochter zu (113) & (114) geb. Gunkel	nach 1945
118	Gunkel, Karl 28.08.1908–13.06.1986	Sohn zu (110) & (111)	1920–1945 & nach 1945
119	Hartmann,[1426] Luise Margarete 08.01.1915–25.04.2011	geb. Resch	nach 1945

Quelle: eigene Darst., basierend auf im Verzeichnis benannten Quellen.

Tabelle 63: Gesamtverzeichnis der Gesellschafter-Teil III: Institutionelle

Lfd. Nr.:	Bezeichnung	Gesellschafter von…bis…
120	Gebrüder Thiel GmbH	1940–1945 & nach 1945
121	Gebrüder Thiel Seebach GmbH	1931 & nach 1945
122	Thiel-Uhrenfabrik GmbH	nach 1945

Quelle: eigene Darst., basierend auf im Verzeichnis benannten Quellen.

1423 Dieter Gunkel lebt heute in den Vereinigten Staaten von Amerika.
1424 Helga Schmidt von Knobelsdorf lebt heute in 34132 Kassel.
1425 Gisela Althaus lebt heute in 34266 Niestetal.
1426 Luise Hartmann war die spätere Betreuerin/Lebensgefährtin von Hans Ackenhausen.

Kapitalbeteiligung an der Gebrüder Thiel GmbH 1901–1945[1427]

Tabelle 64: Kapitalbeteiligung Gebr. Thiel GmbH 1901–1910

Lfd.	Beteiligungskapital in TM nach Jahren									
Nr.:	[1428]1901	[1429]1902	1903	1904	[1430]1905	[1431]1906	[1432]1907	1908	1909	1910
1	200	200	200	200	200	200	200	200	200	200
16	200	200	200	200	200	200	200	200	200	200
24	200	200	200	200	200	200	200	200	200	350
33	200	200	200	200	200	200	200	200	200	200
34	200	200	200	200	200	200	200	200	200	200
42	1.000	1.000	1.000	1.000	1.000	0	0	0	0	0
43	0	0	0	0	0	250	250	250	250	250
44	0	0	0	0	0	150	150	150	150	150
52	0	0	0	0	0	150	150	150	150	150
56	0	0	0	0	0	150	150	150	150	150
68	0	0	0	0	0	150	150	150	150	[1433]0
69	0	0	0	0	0	150	150	150	150	150
74	1.000	0	0	0	0	0	0	0	0	0
75	0	200	200	200	200	200	200	200	200	200
88	0	200	200	200	200	200	200	200	200	200
104	0	200	200	200	200	200	200	200	200	200
105	0	200	200	200	200	200	200	200	200	200
108	0	200	200	200	200	200	200	200	200	200
Stamm-kapital	3.000	3.000	3.000	3.000	3.000	3.000	3.000	3.000	3.000	3.000

Quelle: eigene Darst., basierend auf im Verzeichnis benannten Quellen.

1427 Die angegebenen lfd. Nummern basieren auf dem Gesamtverzeichnis der Gesellschafter. Dargestellte Werte beziehen sich, soweit nicht anders angegeben, auf das Beteiligungsverhältnis am 31.12. des jeweiligen Jahres. Neben verschiedenen Gesellschafterlisten aus dem Bestand Gebr. Thiel GmbH Ruhla beim ThHStAW wurden dort vorhandene Korrespondenzen mit den Gesellschaftern auf Anteilsübertragungen u. Nachlassaufteilungen geprüft u. eingearbeitet. Analog wurde mit den verfügbaren privaten Materialien verfahren. Teile der Übersicht konnten durch Fortschreibungen der Werte aus vorangegangenen Jahren komplettiert werden, soweit diese durch Plausibilitätsprüfung anhand von Stützwerten aus den genannten Archivbeständen Bestätigung fanden. Auf eine Angabe der Einzelquelle bzw. Ermittlungsmethode zu den einzelnen Werten wurde zugunsten einer transparenten Gesamtdarstellung weitestgehend verzichtet.

1428 AHB, Gesellschaftsvertrag 1901, S. 1 ff.

1429 Fortschreibung für 1902–1904 durch Vergleich der Jahre 1901 u. 1905 u. Berücksichtigung der Erbfolge Ernst Eduard Thiel.

1430 AHB, Bilanz und GB 1905.

1431 ThHStAW, Gebr. Thiel GmbH Ruhla, Nr. 84, Bl. 5 r.

1432 Fortschreibung für 1907–10 durch Vergleich der Jahre 1906 u. 1911 u. Beachtung der Verkäufe Franz u. Hermann Thiel.

1433 ThHStAW, Gebr. Thiel GmbH Ruhla, Nr. 87, Bl. 2 v u. 3 r.

Tabelle 65: Kapitalbeteiligung Gebr. Thiel GmbH 1911–1919

Lfd.-Nr.:	Beteiligungskapital in TM nach Jahren								
	[1434]1911	[1435]1912	[1436]1913	[1437]1914	[1438]1915	[1439]1916	[1440]1917	[1441]1918	[1442]1919
1	200,0	200,0	200,0	200,0	200,0	200,0	200,0	50,0	50,0
2	0	0	0	0	0	0	0	50,0	50,0
8	0	0	0	0	0	0	0	50,0	50,0
11	0	0	0	0	0	0	0	50,0	50,0
16	200,0	200,0	200,0	200,0	200,0	200,0	200,0	80,0	80,0
17	0	0	0	0	0	0	0	60,0	60,0
21	0	0	0	0	0	0	0	60,0	60,0
24	350,0	350,0	350,0	350,0	350,0	350,0	350,0	350,0	350,0
33	200,0	200,0	200,0	200,0	200,0	200,0	200,0	200,0	200,0
34	200,0	200,0	200,0	210,0	210,0	210,0	210,0	120,0	120,0
36	0	0	0	0	0	0	0	30,0	30,0
40	0	0	0	0	0	0	0	30,0	30,0
41	0	0	0	0	0	0	0	30,0	30,0
43	250,0	250,0	250,0	250,0	250,0	250,0	0	0	0
44	150,0	150,0	160,0	160,0	160,0	170,0	220,0	220,0	220,0
52	150,0	150,0	140,0	130,0	130,0	130,0	180,0	180,0	180,0
56	150,0	150,0	150,0	150,0	150,0	150,0	250,0	250,0	250,0
69	150,0	150,0	150,0	150,0	150,0	150,0	200,0	200,0	200,0
75	200,0	151,5	151,5	151,5	151,5	151,5	151,5	151,5	151,5
88	200,0	207,5	212,5	212,5	212,5	224,5	224,5	224,5	224,5
104	150,0	170,0	165,0	165,0	165,0	155,0	155,0	155,0	155,0
105	200,0	222,0	222,0	222,0	222,0	222,0	222,0	222,0	222,0
108	200,0	219,0	219,0	219,0	219,0	207,0	207,0	207,0	207,0
110	[1443]50,0	30,0	30,0	30,0	30,0	30,0	30,0	30,0	30,0
Stamm-kapital	3.000	3.000	3.000	3.000	3.000	3.000	3.000	3.000	3.000

Quelle: eigene Darst., basierend auf im Verzeichnis benannten Quellen.

1434 ThHStAW, Gebr. Thiel GmbH Ruhla, Nr. 106, Bl. 71 r–76 r.
1435 Ebd., Nr. 106, Bl. 252 r–267 r.
1436 Ebd., Nr. 107, Bl. 315 r–327 r u. 331 r–333 r.
1437 Ebd., Nr. 107, Bl. 194 r–209 r.
1438 Ebd., Nr. 107, Bl. 45 r–60 r.
1439 Ebd., Nr. 108, Bl. 230 r–245 r.
1440 Ebd., Nr. 108, Bl. 144 r–158 r.
1441 Ebd., Nr. 108, Bl. 21 r–43 r.
1442 Fortschreibung, abgeleitet aus Div. 1918, S. v. 17.06.1919. Vgl. ThHStAW, Gebr. Thiel GmbH Ruhla Nr. 108, Bl. 21 r–43 r.
1443 AJG, S. v. 14.01.1911 Gunkel-Franz Thiel.

Tabelle 66: Kapitalbeteiligung Gebr. Thiel GmbH 1920–1924

Lfd.-Nr.:	Beteiligungskapital in TM nach Jahren								
	[1444]1920	[1445]1920	[1446]1921	[1447]1922	[1448]1922	[1449]1922	[1450]1923	[1451]1924	[1452]1924
1	50,0	75,0	75,0	75,0	100,0	200,0	200,0	200,0	60,0
2	50,0	75,0	75,0	75,0	100,0	200,0	200,0	200,0	60,0
8	50,0	75,0	75,0	75,0	100,0	200,0	200,0	200,0	60,0
11	50,0	75,0	75,0	75,0	100,0	200,0	200,0	200,0	60,0
16	80,0	120,0	120,0	120,0	160,0	320,0	320,0	320,0	96,0
17	60,0	90,0	90,0	90,0	120,0	240,0	240,0	240,0	72,0
21	60,0	90,0	90,0	90,0	120,0	240,0	240,0	240,0	72,0
24	350,0	525,0	525,0	525,0	700,0	1.000,0	1.000,0	1.000,0	300,0
26	0	0	0	0	0	200,0	200,0	200,0	60,0
27	0	0	0	0	0	200,0	200,0	200,0	60,0
33	200,0	300,0	300,0	300,0	400,0	800,0	800,0	800,0	240,0
34	120,0	180,0	180,0	180,0	240,0	480,0	480,0	480,0	144,0
36	30,0	45,0	45,0	45,0	60,0	120,0	120,0	120,0	36,0
40	30,0	45,0	45,0	45,0	60,0	120,0	120,0	120,0	36,0
41	30,0	45,0	45,0	45,0	60,0	120,0	120,0	120,0	36,0
44	220,0	330,0	330,0	330,0	440,0	880,0	880,0	880,0	264,0
52	180,0	270,0	270,0	270,0	360,0	720,0	720,0	620,0	186,0
56	250,0	375,0	375,0	375,0	375,0	625,0	625,0	800,0	240,0
57	0	0	0	0	125,0	375,0	375,0	200,0	60,0
69	200,0	300,0	300,0	300,0	370,0	770,0	790,0	733,33	220,0
70	0	0	0	0	30,0	30,0	10,0	66,67	20,0
75	151,5	227,5	227,5	227,5	227,5	455,0	455,0	455,0	136,5
76	0	0	0	0	37,9	75,8	75,8	75,8	22,74
79	0	0	0	0	37,8	75,7	75,7	75,7	22,71
88	224,5	336,5	336,5	336,5	346,5	793,0	1.293,0	[1453]1.393	[1454]611,2
89	0	0	0	0	112,3	224,5	224,5	224,5	67,35
104	155,0	232,5	232,5	232,5	300,0	500,0	[1455]0	0	0
105	222,0	222,0	222,0	222,0	222,0	666,0	666,0	666,0	[1456]254,9
106	0	111,0	111,0	111,0	111,0	111,0	111,0	111,0	33,3
107	0	0	0	0	111,0	111,0	111,0	111,0	33,3

1444 Werte vor Kapitalerhöhung 15.12.1920, ThHStAW, Gebr. Thiel GmbH Ruhla, Nr. 401, Bl. 16 r.

1445 Fortschreibung unter Beachtung der Kapitalmaßnahme 1920.

1446 ThHStAW, Gebr. Thiel GmbH Ruhla, Nr. 94, Bl. 6 r.

1447 Werte vor Kapitalerhöhung 16.07.1922, Fortschreibung unter Beachtung Kapitalmaßnahmen 1922.

1448 Werte vor Kapitalerhöhung 20.12.1922, ThHStAW, Gebr. Thiel GmbH Ruhla, Nr. 401, Bl. 16 r.

1449 Ebd., Nr. 401, Bl. 16 r.

1450 Ebd., Nr. 70, Bl. 90 r f.

1451 Ebd., Nr. 77, Bl. 47 r. Kapitalumstellung 14.12.1924 von 12 Mio. M auf 3,6 Mio. RM. Werte 1923 bis zur Umstellung fortgeschrieben, sofern der Folgewert Ende 1924 die Relation bestätigte, sonst Rückrechnung.

1452 Beteiligungskapital in TRM. AHB, Erläuterung zu Satzungsänderungen 1925, S. 1 f.

1453 Aus der vergleichenden Betrachtung ergibt sich, dass R. Thiel Geschäftsanteile für 100 TM von Friedrich Thiel übernahm.

1454 Zunahme der Beteiligung resultierte aus der Übernahme weiterer Anteile aus dem Nachlass von Paula Bardenheuer. Reinhold Thiel u. seine Geschwister Franz, Else u. Martha waren die Erben, vgl. ThHStAW, Gebr. Thiel GmbH Ruhla, Nr. 41, Bl. 93 r.

1455 ADB, Vereinbarung Franz u. Reinhold Thiel 1924.

1456 Zunahme der Beteiligung durch Übernahme von Anteilen aus dem Nachlass Bardenheuer.

Lfd.-Nr.:	Fortsetzung Tabelle 66 Kapitalbeteiligung Gebr. Thiel GmbH 1920–1924								
	1920	1920	1921	1922	1922	1922	1923	1924	1924
108	207,0	310,5	310,5	310,5	310,5	621,0	621,0	[1457]828,0	0
109	0	0	0	0	103,5	207,0	207,0	0	0
111[1458]	30,0 ECG	45,0 ECG	45,0 ECG	45,0 ECG	60,0 ECG	120,0 ECG	120,0 ECG	120,0 ECG	36,0 ECG
112	ECG	ECG	ECG	ECG	ECG	ECG	ECG	ECG	ECG
113	ECG	ECG	ECG	ECG	ECG	ECG	ECG	ECG	ECG
118	ECG	ECG	ECG	ECG	ECG	ECG	ECG	ECG	ECG
Stamm-kapital	3.000	4.500	4.500	4.500	6.000	12.000	12.000	12.000	3.600

Quelle: eigene Darst., basierend auf im Verzeichnis benannten Quellen.

Tabelle 67: Kapitalbeteiligung Gebr. Thiel GmbH 1925–1932

Lfd.-Nr.:	Beteiligungskapital in TRM nach Jahren								
	[1459]1925	[1460]1926	1927	[1461]1928	1929	1930	[1462]1931	[1463]1932	[1464]1932
1	60,00	62,00	62,00	62,00	122,00	122,00	122,00	68,40	68,40
2	60,00	64,70	64,70	64,70	64,70	64,70	64,70	59,50	59,50
8	60,00	60,00	60,00	60,00	60,00	60,00	60,00	55,70	55,70
11	60,00	62,00	62,00	62,00	62,00	62,00	62,00	57,30	57,30
16[1465]	96,00	96,00	96,00	96,00	156,00	156,00	0	0	0
17	72,00	72,00	72,00	72,00	72,00	72,00	132,00	108,90	108,90
21	72,00	69,00	65,00	65,00	65,00	65,00	116,00	84,70	84,70
24	300,00	326,40	330,40	330,40	390,40	390,40	390,40	0	0
25	0	0	0	0	0	0	0	105,50	105,50
26	60,00	40,00	40,00	40,00	40,00	40,00	40,00	110,90	110,90
27	60,00	80,00	80,00	80,00	80,00	80,00	80,00	132,80	132,80
31	0	0	0	0	0	0	0	35,20	35,20
33	240,00	240,00	240,00	240,00	0	0	0	0	0
34	144,00	168,00	168,00	168,00	228,00	228,00	273,00	188,60	188,60
36	36,00	37,20	37,20	37,20	37,20	37,20	37,20	37,20	37,20
40	36,00	37,20	37,20	37,20	37,20	37,20	37,20	37,20	37,20
41	36,00	37,20	37,20	37,20	37,20	37,20	37,20	37,20	37,20
44	264,00	272,80	272,80	272,80	272,80	272,80	200,80	150,00	150,00

1457 ThHStAW, Gebr. Thiel GmbH Ruhla, Nr. 41 u. Nr. 45.

1458 Nach Carl Gunkel wurde EG (ECG), bestehend aus Martha, Hertha, Walter u. Karl Gunkel Gesellschafter, vgl. AJG, S. v. 03.10.2011 Gunkel-Schreiber, i. V. m. ThHStAW, Gebr. Thiel GmbH Ruhla, Nr. 179, Bl. 4 r u. Nr. 401, Bl. 16 r u. a.

1459 AHB, Erläuterung zu Satzungsänderungen 1925.

1460 Für Jahre 1926, 1927, 1929 u. 1930 vgl. ThHStAW, Gebr. Thiel GmbH Ruhla, Nr. 401, Bl. 2 r.

1461 Vergleich 1927 u. 1929, Beachtung Erbaufteilung Frieda Thiel, ThHStAW, Gebr. Thiel GmbH Ruhla, Nr. 8, Bl. 1 v u. 2 r.

1462 AHB, Gesellschaftsvertrag Ruhla 1931, S. 2 f i. V. m. ThHStAW, Gebr. Thiel GmbH Ruhla, Nr. 70, Bl. 170 r.

1463 Werte vor der Kapitalherabsetzung am 03.12.1932. Eigene Berechnung unter Berücksichtigung von ThHStAW, Gebr. Thiel GmbH Ruhla, Nr. 67, Bl. 69 r, Nr. 70, Bl. 170 r, Nr. 482, Bl. 257 r u. 258 v u. Gebr. Thiel Seebach GmbH, Nr. 332, Bl. 3 r.

1464 AHB, Verzeichnis der Gesellschafter vom 03.12.1932.

1465 Helene Hoppert wurde zu je ½ von ihren Söhnen beerbt, ThHStAW, Gebr. Thiel GmbH Ruhla, Nr. 8, Bl. 1 v.

Lfd.-Nr.:	Fortsetzung Tabelle 67 Kapitalbeteiligung Gebr. Thiel GmbH 1925–1932								
	1925	1926	1927	1928	1929	1930	1931	1932	1932
52	186,00	0	0	0	0	0	0	0	0
56	240,00	268,30	268,30	268,30	268,30	268,30	58,30	33,50	33,50
57	60,00	60,00	60,00	60,00	60,00	60,00	0	0	0
69	220,00	243,70	243,70	243,70	243,70	263,70	128,30	100,20	100,20
70	20,00	20,00	20,00	20,00	[1466]20,00	0	0	0	0
75	136,50	136,50	116,50	116,50	116,50	116,50	116,50	71,30	71,30
76	22,74	23,44	23,44	23,44	23,44	23,44	23,44	20,00	20,00
79	22,71	22,71	22,71	22,71	22,71	22,71	22,71	20,00	20,00
88	611,20	664,10	684,10	684,10	684,10	684,10	684,10	582,30	587,10
89	67,35	67,35	67,35	67,35	67,35	67,35	67,35	0	0
91	0	0	0	0	0	0	0	20,00	20,00
105	254,90	265,60	265,60	265,60	265,60	265,60	265,60	207,30	207,30
106	33,30	33,30	33,30	33,30	33,30	33,30	33,30	21,30	21,30
107	33,30	33,30	33,30	33,30	33,30	33,30	33,30	26,00	26,00
111[1467]	36,00 ECG	37,20 ECG	37,20 ECG	37,20 ECG	37,20 ECG	0	0	0	0
112	ECG	ECG	ECG	ECG	ECG	37,20 EMG	37,20 EMG	29,00 EMG	24,20 EMG
113	ECG	ECG	ECG	ECG	ECG	EMG	EMG	EMG	EMG
118	ECG	ECG	ECG	ECG	ECG	EMG	EMG	EMG	EMG
120	0	0	0	0	0	0	0	[1468]674,60	0
121	0	0	0	0	0	0	[1469]477,40	525,40	0
Stamm-kapital	3.600	3.600	3.600	3.600	3.600	3.600	3.600	3.600	2.400

Quelle: eigene Darst., basierend auf im Verzeichnis benannten Quellen.

1466 Gesellschafterversammlung vom 11.05.1929 genehmigt Antrag auf Übertragung an Lore Daut. Vgl. ThHStAW, Gebr. Thiel GmbH Ruhla, Nr. 77, Bl. 21 r. Es gibt jedoch keine Hinweise, dass Lore Daut zu dieser Zeit tatsächlich Gesellschafterin wurde, vielmehr war spätestens 1930 ein Zuwachs – bei Margarete Daut – i. H. des Anteils von Karl Daut zu verzeichnen.

1467 Nach Martha Gunkel wird EG (EMG), bestehend aus Hertha, Walter u. Karl Gunkel, Gesellschafter.

1468 Übernahme von 674,6 TRM aus Abtr. der Gesellschafter an die Gebr. Thiel GmbH, gemäß Vertrag vom 09.07.1932, ThHStAW, Gebr. Thiel GmbH Ruhla, Nr. 482, Bl. 256 r–260 v.

1469 Bilanzeintrag über 238,7 TRM (entspricht Wertansatz von 50 %), ThHStAW, Gebr. Thiel GmbH Ruhla, Nr. 440, Bl. 222 v.

Tabelle 68: Kapitalbeteiligung Gebr. Thiel GmbH 1933–1940

Lfd.-Nr.:	Beteiligungskapital in TRM nach Jahren							
	1933	1934	1935	1936	[1470]1937	1938	1939	[1471]1940
1	68,4	62,2	62,2	62,2	62,2	62,2	62,2	62,2
2	59,5	63,7	63,7	63,7	63,7	63,7	63,7	64,7
8	61,0	65,2	65,2	65,2	65,2	65,2	65,2	63,5
11[1472]	52,0	49,8	49,8	0	0	0	0	0
12	0	0	0	49,8 EHG	49,8 EHG	49,8 EHG	49,8 EHG	48,8 EHG
13	0	0	0	EHG	EHG	EHG	EHG	EHG
14	0	0	0	EHG	EHG	EHG	EHG	EHG
15	0	0	0	EHG	EHG	EHG	EHG	EHG
17	108,9	108,9	108,9	108,9	108,9	108,9	108,9	104,5
21	80,7	73,3	73,3	73,3	73,3	73,3	73,3	70,3
25	105,5	105,5	66,2	66,2	66,2	66,2	0	0
26	108,9	73,5	73,5	73,5	73,5	73,5	93,6	90,1
27	130,2	130,6	123,3	123,3	123,3	123,3	147,4	144,4
31	35,2	32,0	78,6	78,6	78,6	78,6	100,6	100,6
34	192,6	200,0	200,0	200,0	200,0	200,0	200,0	207,4
36	37,2	37,2	37,2	37,2	37,2	37,2	37,2	37,2
40	37,2	37,2	37,2	37,2	37,2	37,2	37,2	37,2
41	37,2	37,2	37,2	37,2	37,2	37,2	37,2	37,2
44	150,0	150,0	150,0	150,0	150,0	130,0	130,0	120,0
69[1473]	100,2	100,2	100,2	100,2	100,2	100,2	100,2	0
70								100,2 EMD
71	0	0	0	0	0	0	0	EMD
72	0	0	0	0	0	0	0	EMD
75	72,5	72,5	72,5	72,5	72,5	72,5	72,5	72,5
76	20,0	20,0	20,0	20,0	20,0	20,0	20,0	20,0
79	20,0	20,0	20,0	20,0	20,0	20,0	20,0	20,0
81	0	0	0	0	0	20,0	20,0	20,0
88	597,5	635,7	635,7	635,7	635,7	615,7	615,7	595,7
90	20,0	20,0	20,0	20,0	20,0	20,0	20,0	20,0
91	20,0	20,0	20,0	20,0	20,0	20,0	20,0	20,0
96	0	0	0	0	0	20,0	20,0	20,0
98	0	0	0	0	0	0	0	20,0
105	207,3	207,3	207,3	207,3	207,3	207,3	207,3	207,3
106	22,0	22,0	22,0	22,0	22,0	22,0	22,0	22,0
107	31,8	31,8	31,8	31,8	31,8	31,8	31,8	31,8
112	24,2 EMG	24,2 EMG	24,2 EMG	24,2 EMG	24,2 EMG	24,2 EMG	24,2 EMG	24,2 EMG
113	EMG	EMG	EMG	EMG	EMG	EMG	EMG	EMG
118	EMG	EMG	EMG	EMG	EMG	EMG	EMG	EMG
120	0	0	0	0	0	0	0	18,2
Stamm-kapital	2.400	2.400	2.400	2.400	2.400	2.400	2.400	2.400

Quelle: eigene Darst., basierend auf im Verzeichnis benannten Quellen.

1470 AHB, Gesellschaftsvertrag Ruhla 1937, S. 4 ff.

1471 ThHStAW, Gebr. Thiel Seebach GmbH, Nr. 332, Bl. 3 v. Werte 1940 vor Kapitalberichtigung.

1472 Nach Hildegard Gaudin wurde EG (EHG), bestehend aus Richard, Heinz u. Klaus Gaudin sowie Susanne Zechlin, Gesellschafter. Vgl. ThHStAW, Gebr. Thiel GmbH Ruhla, Nr. 179, Bl. 3 v.

1473 Nach Margarete Daut wurde EG (EMD), bestehend aus Karl, Lore u. Wolfgang Daut, Gesellschafter. Vgl. AMK, S. v. 13.11.2012 Kraft-Schreiber.

Tabelle 69: Kapitalbeteiligung Gebr. Thiel GmbH 1941–1945

Lfd.-Nr.:	Beteiligungskapital in TRM nach Jahren					
	[1474]1940	[1475]1941	1942	1943	1944	[1476]1945
1	273,680	273,680	273,680	273,680	273,680	273,680
2	284,680	284,680	337,480	337,480	337,480	337,480
8	279,400	286,880	286,880	286,880	286,880	286,880
12	214,720 EHG	214,720 EHG	214,720 EHG	214,720 EHG	214,720 EHG	214,720 EHG
13	EHG	EHG	EHG	EHG	EHG	EHG
14	EHG	EHG	EHG	EHG	EHG	EHG
15	EHG	EHG	EHG	EHG	EHG	EHG
17	459,800	459,800	459,800	459,800	459,800	0
18	0	0	0	0	0	[1477]459,800
21	309,320	309,320	309,320	309,320	309,320	309,320
26	396,440	396,440	343,640	343,640	343,640	343,640
27	635,360	635,360	635,360	558,360	0	0
28	0	0	0	88,000	214,500	214,500
29	0	0	0	0	214,500	203,600
30	0	0	0	0	217,360	206,360
31	442,640	442,640	442,640	442,640	442,640	442,640
34	912,560	912,560	912,560	945,560	945,560	952,860
36	163,680	163,680	182,280	193,280	193,280	193,280
40	163,680	163,680	163,680	174,680	174,680	181,980
41	163,680	163,680	163,680	174,680	174,680	181,980
44[1478]	528,000	440,000	0	0	0	0
45	0	88,000	88,000	0	0	0
46	0	0	315,300 EET	315,300 EET	315,300 EET	315,300 EET
51	0	0	EET	EET	EET	EET
53	0	0	EET	EET	EET	EET
54	0	0	EET	EET	EET	EET
55	0	0	EET	EET	EET	EET
58	0	0	EET	EET	EET	EET
59	0	0	EET	EET	EET	EET
64	0	0	EET	EET	EET	EET
66	0	0	EET	EET	EET	EET
67	0	0	EET	EET	EET	EET
68	0	0	EET	EET	EET	EET
70	440,880 EMD	440,880 EMD	[1479]440,880 EWD	440,880 EWD	440,880 EWD	440,880 EWD u. EET

1474 ThHStAW, Gebr. Thiel Seebach GmbH, Nr. 332, Bl. 4 r. Werte 1940 nach Kapitalberichtigung, Beschluss vom 29.11.1941.

1475 Werte 1941–1944, ThHStAW, Gebr. Thiel Seebach GmbH, Nr. 332, Bl. 3 v.

1476 AAK, Stammkapital, 14.07.1945.

1477 Ausweis in AAK, Stammkapital, 14.07.1945, noch unter Erich Hoppert.

1478 Nach Ernst Thiel wurde EG (EET), bestehend aus Alfred Haertel, Elsa Haertel, Herbert Thiel, Heinz Thiel, Ursula Thiel, Alice Fricke, Joachim Reinhardt, Horst Reinhardt, Kurt Reinhardt, Rosemarie Reinhardt, Hermann Thiel, Karl Daut, Lore Daut u. Horst Daut, Gesellschafter. Vgl. ACR, Erbaufteilung 1953 u. ACR, S. v. 08.09.1952 Thiel-Reinhardt. Der Sohn von Ernst Thiel, Werner Thiel, verstarb ein Jahr nach seinem Vater 1943. Damit ist davon auszugehen, dass dieser ebenfalls Erbe nach seinem Vater u. damit Erbe bzw. Mitglied der EET geworden war. Da die Erben nach Werner Thiel zugleich auch jene nach Ernst Thiel waren, wird die EG nach Werner Thiel als Vertreterin der EET offensichtlich nicht genannt.

1479 Nach Wolfgang Daut wurde die EG (EMD) zur EG (EWD), bestehend aus Karl, Lore u. Horst Daut, Gesellschafter. Vgl. AMK, S. v. 13.11.2012 Kraft-Schreiber.

Lfd.-Nr.:	Fortsetzung Tabelle 69 Kapitalbeteiligung Gebr. Thiel GmbH 1941–1945					
	1940	1941	1942	1943	1944	1945
71	EMD	EMD	EWD	EWD	EWD	EWD u. EET
72	EMD	EMD	0	0	0	0
73	0	0	EWD	EWD	EWD	EWD u. EET
75	319,000	319,000	344,600	344,600	344,600	344,600
76	88,000	88,000	100,100	100,100	100,100	100,100
79	88,000	88,000	88,000	88,000	88,000	88,000
81	88,000	88,000	103,400	103,400	103,400	103,400
88	2.621,080	2.621,080	2.621,080	2.533,080	2.533,080	2.569,780
90	88,000	88,000	88,000	88,000	88,000	88,000
91	88,000	88,000	88,000	88,000	88,000	88,000
96	88,000	88,000	88,000	99,000	99,000	99,000
98[1480]	88,000	88,000	88,000	0	0	0
99	0	0	0	88,000 EAT	88,000 EAT	88,000 EAT
100	0	0	0	EAT	EAT	EAT
101	0	0	0	88,000	88,000	88,000
105	912,120	912,120	912,120	912,120	912,120	912,120
106	96,800	96,800	149,800	149,800	149,800	113,100
107	139,920	139,920	139,920	139,920	139,920	139,920
112	106,480 EMG	106,480 EMG	106,480 EMG	106,480 EMG	106,480 EMG	106,480 EMG
113	EMG	EMG	EMG	EMG	EMG	EMG
118	EMG	EMG	EMG	EMG	EMG	EMG
120	80,080	72,600	72,600	72,600	72,600	72,600
Stammkapital	10.560	10.560	10.560	10.560	10.560	10.560

Quelle: eigene Darst., basierend auf im Verzeichnis benannten Quellen.

1480 Nach Arnim Thiel wurde die EG (EAT), bestehend aus Helga u. Klaus-Arnim Thiel, Gesellschafter.

Kapitalbeteiligung an der Gebrüder Thiel GmbH nach 1945[1481]

Tabelle 70: Kapitalbeteiligung Gebr. Thiel GmbH 1948–1960

Lfd.-Nr.:	Beteiligungskapital in TDM nach Jahren					
	[1482]1948	[1483]1950	[1484]1951	[1485]1953	[1486]1956	[1487]1960
1	2,110	0	0	0	0	0
2	2,610	0	0	0	0	0
3	0	2,05 EMDE u. 2,55 ERDE	2,05 EMDE u. 2,55 ERDE	0,900	1,890	5,580
4	0	EMDE u. ERDE	EMDE u. ERDE	0,900	1,400	2,800
5	0	EMDE u. ERDE	EMDE u. ERDE	0,900	0,900	0
6	0	EMDE u. ERDE	EMDE u. ERDE	0,900	0,900	1,800
7	0	EMDE u. ERDE	EMDE u. ERDE	0,900	1,560	3,120
8	2,210	2,16 u. EMDE	2,16 u. EMDE	3,870	3,870	7,740
9	0	0	0	3,500	3,500	7,000
10	0	0	0	3,500	3,500	7,000
12	1,66 EHG	1,62 EHG u. EMDE	1,62 EHG u. EMDE	0	0	0
13	EHG	EHG	EHG	0,900	0,900	1,800
14	EHG	EHG	EHG	0,900	1,230	2,460
15	EHG	EHG	EHG	0,900	0,900	1,800
18	3,550	3,470	3,470	27,120	[1488]41,510	73,020
19	0	0	0	0	0	5,000
20	0	0	0	0	0	5,000
21	2,390	0	0	0	0	0
22	0	2,340	2,340	3,180	4,340	8,680
26	2,650	2,600	2,600	3,540	3,540	7,080
28	1,660	1,620	1,620	2,200	2,200	4,400

1481 Die Beteiligung nach 1945 wurde nur für ausgewählte Daten angegeben.

1482 AHB, Einladung 10.02.1950, S. 6 i. V. m. AHB, Gesellschafterliste Gebrüder Thiel GmbH Göttingen. Die Beteiligten wurden aus 1945 übernommen, insoweit sind zwischenzeitliche personelle Verschiebungen infolge von Todesfällen nicht berücksichtigt. Die ausgewiesene Beteiligung am DM-Stammkapital wurde auf Grundlage der DM-Eröffnungsbilanz errechnet.

1483 AUB, Gesellschaftsvertrag 1953, S. 4. Kapitalermäßigung auf 79,2 TDM durch Beschluss vom 18.11.1950. AET, Beweissicherung II, Verzeichnis der Gesellschafter 1950. Die Festsetzung des neuen verminderten Stammkapitals orientierte sich am Wert des geretteten Vermögens. Vgl. AET, Beweissicherung II, S. v. 11.11.1968 Thiel-Haertel.

1484 AUB, Gesellschaftsvertrag 1953, S. 4 ff.. Kapitalerhöhung auf 160,2 TDM durch Stammeinlagen der Gebr. Thiel Seebach GmbH in Göttingen i. H. v. 60 TDM u. der Thiel-Uhrenfabrik GmbH in Kassel i. H. v. 21 TDM. Die Einlagen wurden jeweils durch Übertragung der gesamten Aktiva u. Passiva an die Gebr. Thiel GmbH geleistet. Vgl. AKH, Bilanz Seebach 1952 u. AKH, Bilanz Uhrenfabrik 1952. Im Übrigen Übernahme der Beteiligungswerte aus 1950.

1485 AUB, Gesellschaftsvertrag 1953, S. 6 f.. Beteiligungsverhältnisse nach der Kapitalerhöhung auf 220 TDM, gemäß Beschluss der Gesellschafterversammlung vom 25.07.1953.

1486 Ermittlung, vergleichende Berechnung unter Berücksichtigung von AET, Kapitalerhöhung 1956.

1487 AUB, Gesellschafterversammlung 1960, S. 9 ff.

1488 AUB, Abtretung von Geschäftsanteilen 1956.

Lfd.-Nr.:	Fortsetzung Tabelle 70 Kapitalbeteiligung Gebr. Thiel GmbH 1948–1960					
	1948	1950	1951	1953	1956	1960
29	1,660	1,620	1,620	1,450	[1489] 1,300	[1490] 0
30	1,590	1,560	1,560	2,140	2,140	4,280
31	3,420	3,340	3,340	4,550	4,550	9,100
34	7,360	[1491] 0	0	0	0	0
36	1,490	3,860	3,860	0	0	0
37	0	0	0	1,280	1,280	2,560
38	0	0	0	1,930	1,930	3,860
39	0	0	0	1,930	1,930	3,860
40	1,400	3,760	3,760	5,040	6,870	13,740
41	1,400	3,760	3,760	5,040	7,030	14.060
46[1492]	2,430 EET	2,380 EET	2,380 EET	0,920	0	0
47	0	0	0	0	0,920 EAH	1,840 EAH
48	0	0	0	0	EAH	EAH
49	0	0	0	0	EAH	EAH
50	0	0	0	0	EAH	EAH
51	EET	EET	EET	0,920	0,920	1,840
53	EET	EET	EET	0	0	0
54	EET	EET	EET	0	0	1,800
55	EET	EET	EET	0	0	0
58	EET	EET	EET	[1493] 0,90 EGR	0,90 EGR	[1494] 1,80 EGR
59	EET	EET	EET	EGR	EGR	EGR
64	EET	EET	EET	EGR	EGR	EGR
66	EET	EET	EET	EGR	EGR	EGR
67	EET	EET	EET	EGR	EGR	EGR
68	EET	EET	EET	0,900	[1495] 0	0
70	3,40 EWD u. EET	3,33 EWD u. EET	3,33 EWD u. EET	0	0	0
71	EWD u. EET	EWD u. EET	EWD u. EET	[1496] 4,99 EKD	6,80 EKD	13,60 EKD

1489 AET, Anteilsverkauf Marlies Brederhoff.

1490 Ebd., 1958.

1491 Die Beteiligung Brinkmann i. H. v. 7,2 TDM wurde zu gleichen Teilen an die Kinder Hugo, Charlotte u. Ilse vererbt.

1492 Nach Alfred Haertel wurde die EG (EAH), bestehend aus Erna, Sigrid, Horst u. Wolf-Dietrich Haertel, Gesellschafter.

1493 Mit der Zusammenfassung der drei bestehenden Gesellschaften in der Gebr. Thiel GmbH 1953 wurde die EG nach EET aufgelöst. Die daran beteiligten Geschwister Alice Fricke, Joachim, Horst, Kurt u. Rosemarie Reinhardt blieben in der EG Geschwister Reinhardt (EGR) Gesellschafter. Vgl. ACR, S. v. 08.09.1952 Thiel-Reinhardt.

1494 Durch zwei Todesfälle hatten sich innerhalb der EGR zwei weitere EG gebildet. Die EG nach Rosemarie Reinhardt (ERR) setzte sich zunächst aus der Schwester Alice Fricke u. den drei Brüdern Joachim, Horst u. Kurt Reinhardt zusammen. Nach dem Tod von Joachim Reinhardt folgte als neue Beteiligte der EGR u. der ERR die EG nach Joachim Reinhardt (EJR). Beteiligte an der EJR waren die letzte Ehefrau Felicitas Reinhardt sowie die Söhne aus verschiedenen früheren Ehen Hans-Joachim, Peter u. Christian. Vgl. ACR, Auseinandersetzungsvereinbarung. Nach dem Tod von Horst Reinhardt wurde dieser von seinem Sohn Joaquin Maximiliano Reinhardt-Aviles als Alleinerbe beerbt u. als Beteiligter innerhalb der entsprechenden EG durch diesen ersetzt. Vgl. AML, Erbschein Horst Reinhardt.

1495 AET, Anteilsverkauf Hermann Thiel.

1496 Nach Karl Daut wurde die EG (EKD), bestehend aus Lore u. Horst Daut, Gesellschafter. Vgl. AMK, S. v. 13.11.2012 Kraft-Schreiber.

Lfd.-Nr.:	Fortsetzung Tabelle 70 Kapitalbeteiligung Gebr. Thiel GmbH 1948–1960					
	1948	1950	1951	1953	1956	1960
73	EWD u. EET	EWD u. EET	EWD u. EET	EKD	EKD	EKD
75	2,660	2,600	2,600	0	0	0
76	0,770	0,750	0,750	11,570	15,780	31,560
79	0,680	0,660	0,660	1,450	1,980	3,960
80	0	0	0	1,210	2,050	6,300
81	0,800	0,780	0,780	11,060	15,080	30,160
82	0	0	0	0	1,000	3,800
87	0	0	0	1,220	1,220	2,440
88	19,840	19,400	19,400	53,970	77,120	155,060
90	0,680	0,660	0,660	0,900	2,030	4,060
91	0,680	0,660	0,660	19,400	[1497]29,880	[1498]70,100
92	0	0	0	0	0	[1499]1,800
93	0	0	0	3,500	4,770	[1500]0
96	0,760	0,750	0,750	0,990	1,350	2,700
97	0	0	0	3,500	3,500	7,000
99	0,680 EAT	0,660 EAT	0,660 EAT	0,900 EAT	0,900 EAT	0
100	EAT	EAT	EAT	5,000 u. EAT	[1501]7,100 u. EAT	16,000
101	0,680	0,660	0,660	0,900	2,010	4,020
105	7,050	6,890	6,890	7,610	7,610	15,220
106	0,870	0,850	0,850	1,110	1,110	0
107	1,080	1,060	1,060	3,210	7,550	15,100
112	0,82 EMG	0,80 EMG	0,80 EMG	1,030	2,000	4,000
113	EMG	EMG	EMG	1,030	0	0
114	0	0	0	0	[1502]1,87 EWG	3,74 EWG
115	0	0	0	0	EWG	EWG
116	0	0	0	0	EWG	EWG
117	0	0	0	0	EWG	EWG
118	EMG	EMG	EMG	1,030	2,070	4,140
119	0	0	0	0	0	2,220
120	0,560	0	0	3,310	3,310	0
121	0	0	60,000	[1503]0	0	0
122	0	0	21,000	[1504]0	0	0
Stamm-kapital	81,600	79,200	160,200	220,000	300,000	600,000

Quelle: eigene Darst., basierend auf im Verzeichnis benannten Quellen.

1497 Vgl. AET, S. v. 18.04.1956 Gebr. Thiel-E. Thiel u. AET, S. v. 28.06.1956 Gebr. Thiel-E. Thiel.

1498 AET, Beteiligung Edwin Thiel.

1499 AET, Anteilsverkauf Edwin Thiel.

1500 AET, Anteilsverkauf Paul Liebergeld Erben.

1501 Ausgehend von der Beteiligung an der Kapitalerhöhung i. H. v. 2,1 TDM – unter Berücksichtigung des Bezugsverhältnisses (80:220) – durch den Beteiligten Klaus-Arnim Thiel ist bereits 1956 eine vollständige Übertragung der Anteile von EAT auf Klaus-Arnim Thiel anzunehmen. Über die Gesellschafterlisten lässt sich dies jedoch erst ab 1960 belegen.

1502 Nach Walter Gunkel wurde die EG (EWG), bestehend aus der Witwe Rita Gunkel u. den Kindern Dieter, Helga u. Gisela, Gesellschafter.

1503 AET, Liquidation Gebrüder Thiel Seebach GmbH, Schlussverteilung.

1504 AET, Liquidation Thiel-Uhrenfabrik GmbH, Schlussverteilung.

Tabelle 71: Kapitalbeteiligung Gebr. Thiel GmbH 1962–1972

Lfd.-Nr.:	Beteiligungskapital in TDM nach Jahren				
	[1505]1962	[1506]1967	[1507]1969	[1508]1970	[1509]1972
3	8,370	5,670	5,670	5,670	5,670
4	4,200	4,200	4,200	4,200	4,200
5	0	2,700	2,700	2,700	2,700
6	2,700	2,700	2,700	2,700	2,700
7	4,680	4,680	4,680	4,680	4,680
8	11,610	4,000	0	0	0
9	10,500	10,500	7,000	0	0
10	10,500	10,500	10,500	2,700	2,700
13	2,700	0	0	0	0
14	3,690	3,690	3,690	3,690	0
15	2,700	2,700	2,700	0	0
18	109,530	116,350	2,700	2,700	2,700
19	7,500	10,215	10,215	10,215	10,215
20	7,500	10,215	127,365	243,895	243,895
22	[1510]13,020	0	0	0	0
26	10,620	10,620	10,620	0	0
28	6,600	6,600	6,600	0	0
30	6,420	6,420	6,420	0	0
31	13,650	13,650	13,650	13,650	0
32	0	0	0	0	13,650
37	3,840	3,840	3,840	3,840	3,840
38	5,790	5,790	5,790	5,790	5,790
39	5,790	8,490	8,490	8,490	8,490
40	20,610	20,610	20,610	20,610	20,610
41	21,090	21,090	21,090	21,090	21,090
47	2,760 EAH	2,760 EAH	2,760 EAH	2,760 EAH	2,760 EAH
48	2,760 u. EAH	2,760 u. EAH	2,760 u. EAH	2,760 u. EAH	2,760 u. EAH
49	EAH	EAH	EAH	EAH	EAH
50	EAH	EAH	EAH	EAH	EAH
54	2,700	2,700	2,700	2,700	0
58	2,700 EGR	2,700 EGR	2,700 EGR	2,700 EGR	2,700 EGR

1505 AUB, Gesellschaftsvertrag 1962, S. 6 ff. Beteiligungsverhältnisse nach der Kapitalerhöhung aus Gesellschaftsmitteln auf 900 TDM, gemäß Beschluss vom 02.06.1962.

1506 AET, Gesellschafterliste 1967.

1507 Ebd., 1969.

1508 Ebd., 1970.

1509 Ebd., 1972.

1510 Else Hoppert wurde nach ihrem Tod 1962 durch ihre Schwester Charlotte Mühlberg beerbt. Diese verkaufte die Anteile 1963. Vgl. AET, Anteilsverkauf Charlotte Mühlberg.

Lfd.-Nr.:	Fortsetzung Tabelle 71 Kapitalbeteiligung Gebr. Thiel GmbH 1962–1972				
	1962	1967	1969	1970	1972
60	EGR	EGR	EGR	EGR	EGR
61	EGR	EGR	EGR	EGR	EGR
62	EGR	EGR	EGR	EGR	EGR
63	EGR	EGR	EGR	EGR	EGR
64	EGR	[1511]0	0	0	0
65	0	EGR	EGR	EGR	EGR
66	EGR	EGR	EGR	EGR	EGR
73	20,400	0	0	0	0
76	47,340	41,940	41,940	2,700	2,700
77	0	2,700	2,700	2,700	2,700
78	0	2,700	2,700	0	0
79	5,940	5,940	5,940	5,940	5,940
80	9,450	9,450	9,450	0	0
81	45,240	45,240	45,240	2,700	2,700
82	5,700	5,700	5,700	0	0
83	3,660	3,660	3,660	3,660	3,660
84	0	2,700	2,700	2,700	2,700
85	0	2,700	2,700	0	0
86	0	0	0	0	2,700
88	232,590	236,160	233,460	253,380	253,380
90	6,090	6,090	6,090	6,090	6,090
91	105,150	120,960	124,960	147,280	150,970
92	2,700	2,700	2,700	2,700	2,700
96	4,050	4,050	4,050	4,050	4,050
97	10,500	14,500	14,500	17,800	17,800
100	[1512]24,000	24,000	24,000	2,700	2,700
101	6,030	6,030	3,330	3,330	3,330
102	0	0	2,700	5,400	5,400
103	0	0	2,700	2,700	2,700
105	22,830	0	0	0	0
107	22,650	22,650	22,650	22,650	22,650
112	6,000	6,000	6,000	6,000	6,000
114	5,610 EWG	5,610 EWG	5,610 EWG	5,610 EWG	5,610 EWG
115	EWG	EWG	EWG	EWG	EWG
116	EWG	EWG	EWG	EWG	EWG
117	EWG	EWG	EWG	EWG	EWG
118	6,210	6,210	6,210	6,210	6,210
119	3,330	26,160	26,160	26,160	26,160
Stammkapital	900,000	900,000	900,000	900,000	900,000

Quelle: eigene Darst., basierend auf im Verzeichnis benannten Quellen.

1511 EG nach Horst Reinhardt (EHR), verm. bestehend aus Ernesto u. Joaquin Maximilian, wurde Beteiligte der EGR.

1512 Die Beteiligung entsprach der Summe der vormaligen Anteile von EAT u. Klaus-Arnim Thiel.

Entwicklung der Unternehmensstruktur Gebrüder Thiel 1862–1972

Abbildung 21: Strukturbaum Gebr. Thiel 1862–1972

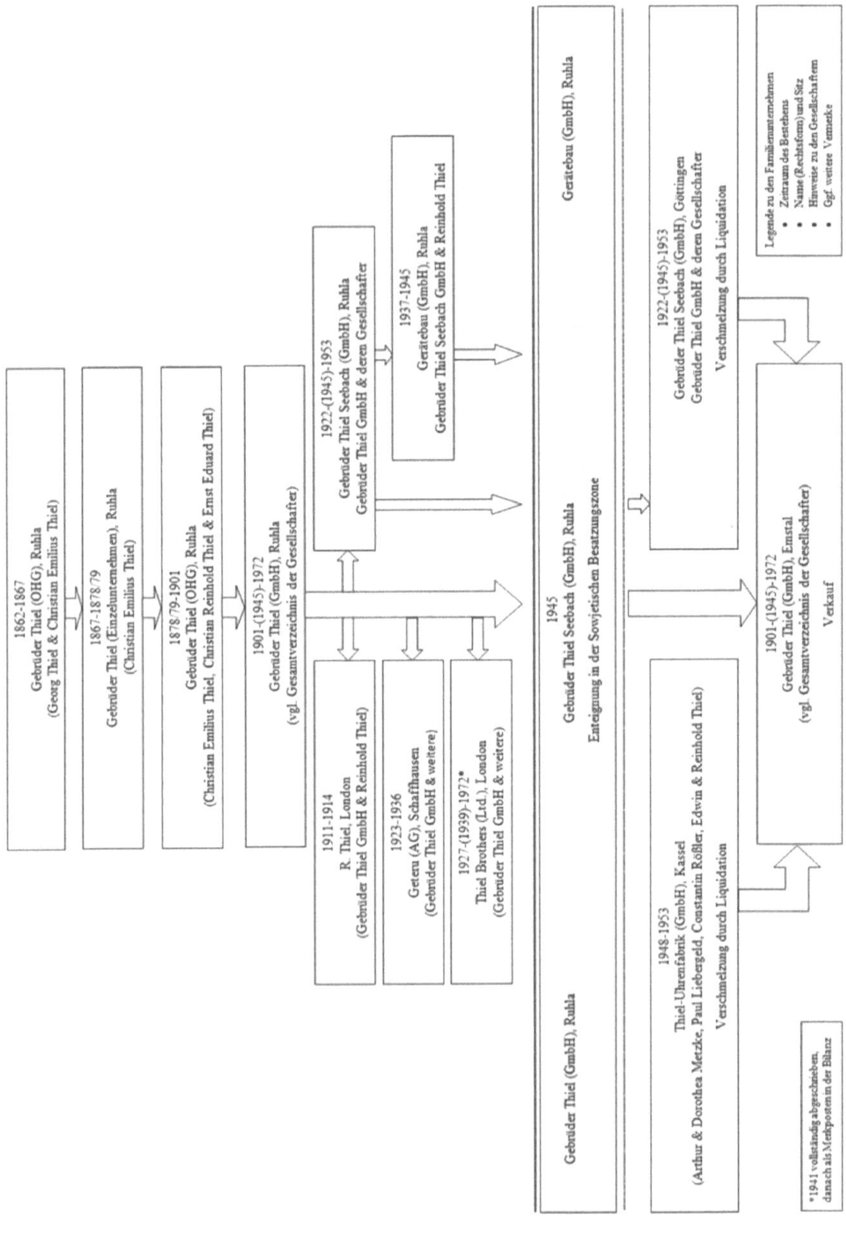

Quelle: eigene Darst., basierend auf im Verzeichnis benannten Quellen.

2. Gebrüder Thiel OHG

Tabelle 72: Umsatzentwicklung Gebr. Thiel OHG 1882–1901

Monat / Jahr	Gesamtumsatz in M				
	1882	1883	1884	1885	1886
1	k. A.	28.788,00	27.392,00	34.354,00	32.158,00
2	k. A.	31.923,00	32.275,00	44.775,00	46.738,00
3	k. A.	32.963,00	39.233,00	58.407,00	62.126,00
4	k. A.	33.546,00	35.447,00	45.335,00	57.324,00
5	k. A.	38.212,00	47.544,00	50.523,00	69.353,00
6	k. A.	43.882,00	41.409,00	37.093,00	59.584,00
7	38.754,00	42.022,00	44.934,00	50.932,00	75.397,00
8	31.737,00	40.523,00	39.212,00	53.802,00	59.914,00
9	37.205,00	41.221,00	45.467,00	59.704,00	66.011,00
10	43.856,00	43.499,00	45.436,00	70.908,00	84.250,00
11	39.599,00	37.465,00	40.380,00	61.519,00	70.379,00
12	23.763,00	24.857,00	23.230,00	35.594,00	56.657,00
Σ	*214.914,00	438.901,00	461.959,00	602.946,00	739.891,00
	1887	1888	1889	1890	1891
1	29.888,00	48.473,00	52.219,00	45.857,00	55.029,00
2	50.469,00	66.024,00	60.232,00	66.412,00	62.288,00
3	72.580,00	82.716,00	72.356,00	72.047,00	70.005,00
4	74.471,00	76.586,00	70.369,00	79.943,00	83.906,00
5	72.303,00	86.115,00	91.011,00	106.515,00	108.807,00
6	91.053,00	100.933,00	86.064,00	99.361,00	90.861,00
7	68.430,00	87.754,00	108.178,00	104.935,00	101.547,00
8	69.054,00	85.908,00	74.317,00	82.312,00	84.182,00
9	81.557,00	100.634,00	96.020,00	97.737,00	89.526,00
10	76.091,00	87.437,00	91.190,00	94.479,00	62.696,00
11	70.603,00	73.104,00	71.773,00	55.857,00	52.119,00
12	42.625,00	36.310,00	41.204,00	41.028,00	35.041,00
Σ	799.124,00	931.994,00	914.933,00	946.483,00	896.007,00
	1892	1893	1894	1895	1896
1	54.214,00	67.097,00	55.378,00	106.185,14	89.126,82
2	63.607,00	87.710,00	66.747,00	122.416,11	104.343,62
3	67.096,00	102.920,00	58.401,00	119.225,07	106.953,88
4	62.862,00	100.713,00	66.675,00	117.404,62	127.862,77
5	94.715,00	112.902,00	154.574,00	140.803,47	147.000,06
6	88.896,00	124.043,00	150.240,00	118.387,05	122.242,40
7	78.842,00	121.388,00	162.512,00	140.654,03	156.646,00
8	105.664,00	111.156,00	120.986,00	126.462,47	170.787,64
9	105.990,00	101.461,00	143.483,00	129.087,20	185.359,09
10	91.343,00	79.518,00	126.381,00	150.461,50	202.249,91
11	82.458,00	79.001,00	130.220,00	153.368,89	197.841,00
12	70.721,00	40.449,00	120.628,00	96.897,92	132.509,00
Σ	966.408,00	1.004.315,00	1.356.225,00	1.521.353,47	1.742.922,19

Fortsetzung Tabelle 72 Umsatzentwicklung Gebr. Thiel OHG 1882–1901					
Monat / Jahr	Gesamtumsatz in M				
	1897	1898	1899	1900	1901
1	124.046,00	139.810,00	142.681,00	175.072,00	218.311,00
2	155.750,00	178.457,00	175.115,00	193.776,00	217.271,00
3	195.923,00	182.080,00	200.096,00	211.070,00	k. A.
4	194.452,00	195.623,00	176.067,00	196.211,00	k. A.
5	191.700,00	173.647,00	185.990,00	204.307,00	k. A.
6	186.276,00	124.653,00	170.674,00	184.909,00	k. A.
7	194.371,00	176.374,00	212.283,00	228.448,00	k. A.
8	181.843,00	152.788,00	162.109,00	209.189,00	k. A.
9	193.056,00	186.754,00	210.504,00	265.980,00	k. A.
10	186.892,00	188.283,00	199.575,00	289.759,00	k. A.
11	194.058,00	182.422,00	239.122,00	321.453,00	k. A.
12	112.996,00	145.572,00	137.581,00	172.539,00	k. A.
∑	2.111.363,00	2.026.463,00	2.211.797,00	2.652.713,00	**435.582,00

* = ∑ 07/1882–12/1882; ** = ∑ 01/1901–02/1901

Quelle: eigene Darst., basierend auf AAK, Geheim-Memorial 2. Beilage u. auf Grundlage der Tantiemenzahlung an Edmund Flick (vgl. nachfolgende Tabellen) rekonstruierte Umsatzentwicklung.

Tabelle 73: Einkommensentwicklung Edmund und Karl Flick 1882–1895

Monat/ Jahr	Einkommen in M					
	1882		1883		1884	
	Edmund Flick	[1513]Karl Flick	Edmund Flick	Karl Flick	Edmund Flick	Karl Flick
1	244,44	0,00	287,88	112,50	273,92	125,00
2	283,46	0,00	319,23	112,50	322,75	125,00
3	285,70	0,00	329,63	112,50	392,33	125,00
4	303,00	0,00	335,46	112,50	354,47	125,00
5	322,32	0,00	382,12	112,50	475,44	125,00
6	374,05	0,00	438,82	112,50	414,09	125,00
7	[1514]387,54	0,00	420,22	112,50	449,34	125,00
8	317,37	0,00	405,23	112,50	392,12	125,00
9	372,05	[1515]25,00	412,21	112,50	454,67	125,00
10	438,56	100,00	434,99	112,50	454,36	125,00
11	395,99	100,00	374,65	112,50	403,80	125,00
12	237,63	100,00	248,57	112,50	232,30	125,00
∑	3.962,11	325,00	4.389,01	1.350,00	4.619,59	1.500,00

1513 Abweichende Schreibweise Carl Flick, unterzeichnet selbst mit Karl Flick, vgl. SAR, 402/108.

1514 Bezüge ab 07/1882 nur umsatzabhängige Tantiemen, im Juni noch Kombination Gehalt u. Tantiemen, zuvor Gehaltszahlungen. Ein Vergleich mit Tabelle 6, S. 40 zeigt, dass für den Zeitraum 1895 u. 1896 die Tantiemen 1,0 % des Gesamtumsatzes betrugen.

1515 Gehaltszahlung für 25.09.–30.09.1882, verm. zu dieser Zeit ins Unternehmen eingetreten.

Fortsetzung Tabelle 73 Einkommensentwicklung Edmund und Karl Flick 1882–1895						
Monat/	1885		1886		1887	
Jahr	Edmund Flick	Karl Flick	Edmund Flick	Karl Flick	Edmund Flick	Karl Flick
1	343,54	[1516]119,51	321,58	173,84	298,88	291,39
2	447,75	150,05	467,38	251,73	504,69	353,89
3	584,07	176,16	621,26	313,41	725,80	565,38
4	453,35	159,81	573,24	314,98	744,71	557,69
5	505,23	188,76	693,53	377,46	723,03	643,47
6	370,93	183,89	595,84	351,53	910,53	697,27
7	509,32	192,73	753,97	409,47	684,30	609,44
8	538,02	200,03	599,14	336,83	690,54	581,98
9	597,04	222,51	660,11	414,32	815,57	678,08
10	709,08	262,00	842,50	485,57	760,91	654,87
11	615,19	216,15	703,79	455,43	706,03	540,36
12	355,94	102,12	566,57	373,69	426,25	246,24
Σ	6.029,46	2.173,72	7.398,91	4.258,26	7.991,24	6.420,06
	1888		1889		1890	
1	484,73	346,31	522,19	378,27	458,57	458,57
2	660,24	508,00	602,32	438,16	664,12	664,12
3	827,16	597,43	723,56	570,93	720,47	720,47
4	765,86	600,98	703,69	610,54	799,43	799,43
5	861,15	728,98	910,11	753,25	1.065,15	1.065,15
6	1.009,33	724,17	860,64	731,56	993,61	993,61
7	877,54	786,80	1.081,78	934,58	1.049,35	1.049,35
8	859,08	620,60	743,17	634,54	823,12	823,12
9	1.006,34	800,87	960,20	796,94	977,37	977,37
10	874,37	722,67	911,90	754,43	944,79	944,79
11	731,04	508,79	717,73	593,19	558,57	558,57
12	363,10	207,93	412,04	296,54	410,28	410,28
Σ	9.319,94	7.153,53	9.149,33	6.858,39	9.464,83	9.464,83
	1891		1892		1893	
1	550,29	550,29	542,14	542,14	670,97	634,76
2	622,88	622,88	636,07	636,07	877,10	753,96
3	700,05	700,05	670,96	670,96	1.029,20	918,99
4	839,06	839,06	628,62	628,62	1.007,13	874,08
5	1.088,07	1.088,07	947,15	947,15	1.129,02	1.148,65
6	908,61	908,61	888,96	888,96	1.240,43	1.120,92
7	1.015,47	1.015,47	788,42	788,42	1.213,88	1.078,31
8	841,82	841,82	1.056,64	1.056,64	1.111,56	986,00
9	895,26	895,26	1.059,90	1.059,90	1.014,61	1.104,16
10	626,96	626,96	913,43	913,43	795,18	1.070,24
11	521,19	521,19	824,58	824,58	790,01	1.096,61
12	350,41	350,41	707,21	707,21	404,49	732,84
Σ	8.960,07	8.960,07	9.664,08	9.664,08	10.043,15	11.519,52

1516 Bezüge ab Januar 1885 umsatzabhängige Tantiemen, zuvor feste Gehaltszahlungen.

Fortsetzung Tabelle 73 Einkommensentwicklung Edmund und Karl Flick 1882–1895				
	1894		1895	
	Edmund Flick	Karl Flick	Edmund Flick	Karl Flick
1	553,78	786,04	1.061,85	960,38
2	667,47	1.027,52	1.224,16	1.092,70
3	584,01	1.057,69	1.192,25	1.030,89
4	666,75	1.137,92	1.174,04	1.054,03
5	1.545,74	1.329,70	1.408,03	1.312,54
6	1.502,40	1.393,95	1.183,87	954,20
7	1.625,12	1.426,37	1.406,54	1.287,40
8	1.209,86	1.151,10	1.264,62	[1517]1.150,26
9	1.434,83	1.318,90	1.290,87	[1518]0,00
10	1.263,81	1.144,70	1.504,61	0,00
11	1.302,20	1.137,57	1.533,68	0,00
12	1.206,28	1.078,99	968,97	0,00
∑	13.562,25	13.990,45	15.213,49	8.842,40

Quelle: eigene Darst., basierend auf ThHStAW, Gebr. Thiel GmbH Ruhla, Nr. 660 u. AAK, Geheim-Memorial 2.

Tabelle 74: Einkommensentwicklung Edmund und Max Flick 1896–1901

Monat/ Jahr	Einkommen in M					
	1896		1897		1898	
	Edmund Flick	Max Flick	Edmund Flick	Max Flick	Edmund Flick	Max Flick
1	891,26	[1519]341,77	1.240,46	[1520]403,23	1.398,10	434,01
2	1.043,43	365,44	1.557,50	481,64	1.784,57	481,47
3	1.069,53	343,84	1.959,23	474,58	1.820,80	477,01
4	1.278,62	394,49	1.944,52	548,74	1.956,23	515,29
5	1.470,00	421,77	1.917,00	558,49	1.736,47	491,83
6	1.222,42	388,74	1.862,76	521,27	1.246,53	528,05
7	1.566,46	423,33	1.943,71	525,91	1.763,74	528,02
8	1.707,87	410,94	1.818,43	363,31	1.527,88	490,21
9	1.853,59	400,71	1.930,56	522,56	1.867,54	536,42
10	2.022,49	400,26	1.868,92	460,78	1.882,83	505,87
11	1.978,41	357,50	1.940,58	397,22	1.824,22	455,36
12	1.325,09	287,17	1.129,96	339,78	1.455,72	344,71
∑	17.429,17	4.535,96	21.113,63	5.597,51	20.264,63	5.788,25

1517 ∑ Tantiemen bis 15.08.1895 i. H. v. 312,00 M u. Extratantiemen i. H. v. 838,26 M (1,5 % von 55.884,16 M).

1518 Im August 1895 aus dem Unternehmen ausgetreten.

1519 Setzt sich ab 11/1895 aus Fixbetrag von 250 M u. vom Umsatz der Kinderuhrenabteilung abhängigen Tantiemen von 0,25 % zusammen. In 11/1895 beträgt das Gesamteinkommen 366,33 M u. in 12/1895 299,18 M. Tantiemen ab 01/1899 auf 1,0 % angehoben, der Fixbetrag blieb 250 M.

1520 Die Tantiemen ab 01/1897 auf 0,5 % angehoben, der Fixbetrag blieb bei 250 M.

Fortsetzung Tabelle 74 Einkommensentwicklung Edmund Flick und Max Flick 1896–1901						
Monat/	1899		1900		1901	
Jahr	Edmund Flick	Max Flick	Edmund Flick	Max Flick	Edmund Flick	Max Flick
1	1.426,81	645,36	1.750,72	693,06	2.183,11	808,56
2	1.751,15	722,03	1.937,76	782,25	2.172,71	825,66
3	2.000,96	779,07	2.110,70	851,82	k. A.	k. A.
4	1.760,67	781,91	1.962,11	820,64	k. A.	k. A.
5	1.859,90	799,34	2.043,07	840,48	k. A.	k. A.
6	1.706,74	861,62	1.849,09	880,21	k. A.	k. A.
7	2.122,83	927,93	2.284,48	1.019,70	k. A.	k. A.
8	1.621,09	761,07	2.091,89	918,57	k. A.	k. A.
9	2.105,04	909,28	2.659,80	951,64	k. A.	k. A.
10	1.995,75	850,03	2.897,59	1.007,36	k. A.	k. A.
11	2.391,22	684,44	3.214,53	1.057,77	k. A.	k. A.
12	1.375,81	715,66	1.725,39	829,11	k. A.	k. A.
∑	22.117,97	9.437,61	26.527,13	10.652,61	*4.355,82	**1.634,22

* = ∑ 01/1901–02/1901; ** = ∑ 01/1901–02/1901

Quelle: eigene Darst., basierend auf ThHStAW, Gebr. Thiel GmbH Ruhla, Nr. 639 u. AAK, Geheim-Memorial 2.

Tabelle 75: Entwicklung Geschäftsguthaben der Gesellschafter 1881–1900

Werte je Stichtag in M	Martha Deußing	Helene Hoppert	Heinrich Thiel	Frieda Thiel	Bertha Brinkmann	Christian Reinhold Thiel	Ernst Eduard Thiel
	Christian Emilius Thiels Erben						
01.01.1881	EG gesamt: 212.280,21					46.034,73	54.517,18
01.01.1883	EG gesamt: 271.251,11					104.735,66	113.888,70
01.01.1885	EG gesamt: 340.002,69					183.627,24	183.060,91
01.01.1887	44.458,97	45.024,96	52.123,58	52.123,57	52.123,57	227.294,19	227.373,19
01.01.1889	39.832,72	46.799,37	50.427,06	53.426,69	54.142,77	207.396,90	271.520,88
01.01.1890	46.958,36	54.273,34	58.408,74	56.098,02	56.849,91	217.766,75	285.096,92
01.01.1891	31.895,03	4.838,85	48.499,66	55.131,10	56.073,11	188.825,76	270.745,55
01.01.1892	33.489,78	5.052,20	50.880,24	57.887,65	58.876,76	201.949,66	284.282,82
01.01.1893	41.204,26	7.539,46	38.254,28	60.952,80	61.999,50	201.349,46	284.459,22
01.01.1894	43.264,47	7.926,93	40.166,99	64.000,44	65.099,47	211.416,93	298.682,18
01.01.1895	36.924,12	11.547,23	31.189,43	71.541,75	68.953,45	215.898,45	248.998,23
01.01.1896	38.770,32	14.615,04	32.748,90	75.118,83	72.401,12	227.893,37	262.698,37
01.01.1897	173.305,37	148.488,09	159.793,64	215.228,68	209.341,00	890.810,98	858.959,31
01.01.1898	191.157,48	173.103,90	177.120,41	243.254,03	231.839,63	1.017.870,90	967.339,74
01.01.1899	193.465,05	168.137,57	160.704,56	248.321,32	242.214,16	981.952,68	970.084,61
01.01.1900	219.048,84	197.480,94	187.485,21	290.132,24	284.837,86	1.142.728,92	1.048.636,68
31.12.1900[1521]	236.770,26	185.859,08	220.298,72	317.030,41	313.690,96	1.241.617,79	1.111.702,50

Quelle: eigene Darst., basierend auf ThHStAW, Gebr. Thiel GmbH Ruhla, Nr. 639, Nr. 660, AAK, Geheim-Memorial 2. u. AHB, Gesellschaftsvertrag Ruhla 1901.

1521 Inventurbeträge abweichend. Werte aus Originalgesellschaftsvertrag. Spätere Versionen geben an, dass die Beträge abgeändert wurden u. stellen die jeweiligen Beträge gegenüber. Die Summe verändert sich von 3.626.969,72 M auf 3.618.639,35 M. Vgl. AHB, Gesellschaftsvertrag Ruhla 1920. ThHStAW, Gebr. Thiel, Nr. 714, Teil 2, Bl. 198 r weicht beim selben Stichtag nochmals ab u. kommt in ∑ auf 3.577.419,65 M.

Tabelle 76: Gewinnanteile nach Inventuren Gebr. Thiel OHG

Inventuren	Martha Deußing	Helene Hoppert	Heinrich Thiel	Frieda Thiel	Bertha Brinkmann	Christian Reinhold Thiel	Ernst Eduard Thiel
	Christian Emilius Thiels Erben[1522]						
	Gutschrift von Gewinnanteilen in M						
01.01.1883					59.926,51	59.926,51	59.926,50
01.01.1885					78.118,90	78.118,91	78.118,91
01.01.1887	10.000,00	10.000,00			30.000,00	50.000,00	50.000,00
01.01.1889	9.465,55	9.465,55	9.465,55	9.465,55	9.465,55	47.327,74	47.327,74
01.01.1891	3.000,00	3.000,00	3.000,00	3.000,00	3.000,00	15.000,00	15.000,00
01.01.1893	7.000,00	7.000,00	7.000,00	7.000,00	7.000,00	35.000,00	35.000,00
01.01.1895	8.051,22	8.051,22	8.051,22	8.051,21	8.051,21	40.256,09	40.256,09
01.01.1897	141.115,28	141.115,28	141.115,28	141.115,28	141.115,28	705.576,38	705.576,38
31.12.1898	15.064,68	15.064,67	15.064,67	15.064,67	15.064,67	75.323,37	75.323,37
31.12.1899	18.062,56	18.062,55	18.062,55	18.062,55	18.062,55	90.312,75	90.312,75
31.12.1900	13.897,72	13.897,72	13.897,72	13.897,72	13.897,72	69.488,59	69.488,59

Quelle: eigene Darst., basierend auf ThHStAW, Gebr. Thiel GmbH Ruhla, Nr. 639 u. 660 u. AAK, Geheim-Memorial 2.

1522 Soweit keine Separierung der einzelnen Erbanteile erfolgt ist, Angabe des Gesamtbetrages.

3. Gebrüder Thiel 1901 bis 1945

Tabelle 77: Entwicklung Geschäftsguthaben der Gesellschafter 1901–1919

Stichtag	Betrag in M	Stichtag	Betrag in M
31.12.1901[1523]	588.639,35	31.12.1911	459.084,05
31.12.1902	467.111,21	31.12.1912	508.168,72
31.12.1903	387.975,91	31.12.1913	455.547,94
31.12.1904	296.022,57	31.12.1914	447.959,60
31.12.1905[1524]	395.746,31	31.12.1915	224.986,95
31.12.1906	381.440,79	31.12.1916	204.091,60
31.12.1907	369.466,91	31.12.1917	366.190,61
31.12.1908	382.150,98	31.12.1918	483.260,21
31.12.1909	405.298,15	31.12.1919	319.186,09
31.12.1910	470.196,92	Verzinsung der Beträge mit 5 % p. a.	

Quelle: eigene Darst., basierend auf den Jahresabschlussunterlagen der genannten Jahre. Die Einzelwerte sind aus den Beständen ThHStAW, Gebr. Thiel GmbH Ruhla, Nr. 80; 82; 84; 86; 88; 90 u. 395 u. AHB, Bilanz und GB 1904; 1905; 1907 bis 1911 u. 1913 bis 1919 entnommen.

1523 Bei den Beträgen der Jahre 1901–1904 handelte es sich um bei der Umwandlung der Gesellschaft 1901 entstandene Darlehen. Der dahingehende Ursprungsbetrag von 641.110,64 M resultierte aus der Differenz zwischen dem neuen Stammkapital u. dem vormaligen, diesen Betrag übersteigenden, Geschäftsguthaben der Gesellschafter. Kündigungsfrist drei Monate, wobei jeder Gesellschafter pro Jahr bis zu 20 % seines Darlehensbetrages kündigen durfte. Vgl. AHB, Gesellschaftsvertrag Ruhla 1901. Zu den Darlehensbeträgen kamen weitere Privatguthaben der Gesellschafter, diese beliefen sich 1901 auf 162.620,51 M. Daten der drei Folgejahre nicht ermittelbar.

1524 Ab diesem Stichtag Unterscheidung aufgehoben u. Angabe der Werte bei den Privatkonten der Gesellschafter.

Tabelle 78: Verteilung Gesamtumsätze nach Abteilungen 1900–1919

Jahr	Taschenuhren	Kinderuhren	Gehäuse	Metallwaren	Apparate / Zünder	Central-werkstatt	Walzwerk	Gesamt-umsatz
1900	1.163.492,83	765.267,04	205.531,47	—	—	—	518.426,34	2.652.717,68
1901	986.295,55	710.020,73	182.440,32	—	—	—	735.051,70	2.613.808,39
1902	894.858,66	712.262,00	167.636,40	—	—	—	780.160,54	2.554.917,60
1903	772.827,96	879.488,95	183.561,70	—	—	—	970.318,63	2.806.197,24
1904	858.777,70	690.686,58	157.694,21	—	—	—	1.103.329,07	2.810.487,56
1905	1.004.145,42	723.484,28	201.862,87	—	—	—	1.759.327,27	3.688.819,84
1906	1.208.460,70	812.339,07	231.180,34	—	—	—	2.630.522,19	4.882.502,30
1907	1.420.623,17	845.822,51	197.201,99	—	—	—	2.479.553,71	4.943.201,38
1908	(1.285.665)	(676.660)	k. A.	—	—	—	(1.240.000)	3.312.033,26
1909	(1.145.665)	Erläuterung	k. A.	—	—	—	Erläuterung	3.245.327,25
1910	Erläuterung	Erläuterung	k. A.	—	—	—	Erläuterung	(4.780.000)
1911	1.356.405,06	754.698,62	k. A.	—	484.454,93	67.175,00	2.129.329,33	4.792.062,94
1912	1.431.266,55	826.802,56	Erläuterung	23.529,09	18.327,63	181.335,85	2.561.325,56	5.042.587,24
1913	1.818.662,16	865.604,32	—	78.667,03	43.247,24	223.174,81	2.517.713,09	5.547.068,65
1914	1.620.831,67	691.309,35	—	80.530,46	9.766,14	242.809,63	2.475.669,61	5.120.916,86
1915	3.148.585,56	1.228.095,97	—	2.000.682,03	31.472,09	379.817,82	4.833.360,91	11.622.014,38
1916	2.872.280,23	2.483.724,05	—	—	542.989,57	337.545,26	4.328.998,10	10.565.537,21
1917	1.845.262,63	897.007,29	—	—	6.705.257,76	217.133,32	6.904.536,36	16.569.197,36
1918	315.527,97	640.507,51	—	—	11.570.925,21	340.837,94	4.536.803,05	17.404.601,68
1919	2.938.601,18	1.797.735,32	—	—	6.305.040,60	603.962,44	3.704.831,63	15.350.171,17

Quelle: eigene Darst., folgende Erläuterungen beachten.

Tabelle 79: Verteilung Betriebsüberschüsse nach Abteilungen 1900–1919

Jahr	Taschenuhren	Kinderuhren	Gehäuse	Metallwaren	Apparate / Zünder	Central-werkstatt	Walzwerk	Gesamt
1900	(406.000)	(96.000)	(49.000)	—	—	—	k. A.	k. A.
1901	392.537,38	137.070,48	38.397,40	—	—	—	–96.166,17	471.839,09
1902	195.027,51	107.369,13	21.735,14	—	—	—	67.011,07	391.142,85
1903	152.504,11	144.458,43	29.818,85	—	—	—	115.257,30	442.038,69
1904	185.988,51	144.779,44	25.957,44	—	—	—	126.399,92	483.125,31
1905	300.309,22	147.356,23	Erläuterung	—	—	—	144.471,77	592.137,22
1906	334.521,85	159.519,67	—	—	—	—	177.863,27	672.104,79
1907	333.785,11	190.717,39	—	—	—	—	120.927,84	645.430,34
1908	363.988,55	204.223,88	—	—	—	—	72.125,81	640.338,24
1909	234.068,03	197.551,91	—	—	—	—	106.636,54	538.256,48
1910	k. A.	k. A.	—	—	—	—	k. A.	559.431,90
1911	120.080,74	219.123,80	—	—	283.109,28	20.662,42	80.081,32	723.057,56
1912	215.755,04	218.255,65	—	–6.597,54	–22.077,22	57.094,69	102.996,25	565.426,87
1913	419.083,73	256.797,22	—	–9.850,91	14.975,56	85.832,34	91.354,97	858.092,91
1914	333.243,70	168.207,62	—	–8.184,16	–6.960,39	93.779,16	129.164,13	709.250,06
1915	1.249.312,48	417.859,53	—	400.576,05	–21.302,88	173.575,17	460.628,06	2.680.648,41
1916	839.440,08	565.400,36	—	Erläuterung	1.706,74	116.547,08	540.251,43	2.063.345,69
1917	363.919,43	177.694,24	—	—	423.610,30	39.230,25	1.568.821,56	2.573.275,78
1918	77.507,23	338.236,20	—	—	–128.749,79	189.250,78	1.380.375,42	1.856.619,84
1919	k. A.	k. A.	—	—	k. A.	k. A.	k. A.	1.159.626,44

Quelle: eigene Darst., folgende Erläuterungen beachten.

Tabelle 80: Reingewinne nach Abteilungen 1904–1919

Jahr	Taschenuhren	Kinderuhren	Gehäuse	Metallwaren	Apparate / Zünder	Central-werkstatt	Walzwerk	Gesamt
1904	79.947,66	42.535,92	5.944,38	—	—	—	79.408,37	201.588,89
1905	150.977,34	47.195,32	Erläuterung	—	—	—	100.044,00	306.526,02
1906	159.286,70	51.138,17	—	—	—	—	113.950,83	335.107,07
1907	167.457,71	81.277,00	—	—	—	—	40.312,36	289.047,07
1908	Erläuterung	Erläuterung	—	—	—	—	Erläuterung	(330.000)
1909	Erläuterung	Erläuterung	—	—	—	—	Erläuterung	k. A.
1910	k. A.	k. A.	—	—	—	—	k. A.	k. A.
1911	–8.601,68	124.396,38	—	—	200.150,01	7.591,44	12.059,76	335.595,91
1912	58.474,14	123.523,62	—	–28.313,08	–23.028,50	25.012,13	39.230,03	194.898,34
1913	256.651,49	144.870,35	—	–16.871,01	5.373,13	50.817,25	18.940,80	459.782,01
1914	220.287,69	101.040,50	—	–11.670,64	–8.014,28	65.145,79	91.116,96	457.906,02
1915	1.072293,78	359.645,00	—	379.700,58	–23.041,73	142.247,29	412.302,37	2.343.147,29
1916	632.535,13	452.611,30	—	Erläuterung	–4.642,03	81.543,18	479.465,54	1.641.513,12
1917	260.689,15	105.160,91	—	—	183.366,35	–13.483,89	1.449.977,17	1.985.709,69
1918	–7.003,89	331.907,83	—	—	–981.400,19	185.975,20	815.049,50	344.428,45
1919	k. A.	k. A.	—	—	k. A.	k. A.	k. A.	645.329,39

Quelle: eigene Darst., folgende Erläuterungen beachten.

Erläuterungen zu Tabelle 78; Tabelle 79 und Tabelle 80:

Die Angaben in M sind den Geschäftsberichten und Abschlussunterlagen des jeweiligen Jahres bzw. Folgejahres entnommen. Diese sind in den Beständen ThHStAW, Gebr. Thiel GmbH Ruhla, Nr. 80; 82; 84; 86; 88; 90; 114 u. 395 sowie AHB, Bilanz und GB 1904; 1905; 1907 bis 1911 u. 1913 bis 1919 zu finden. Im Betrachtungszeitraum haben sich die Abteilungsstrukturen und damit die Zuordnung der jeweiligen Kennzahlen mehrfach verändert.

Abteilung Gehäuse:
Ab der Bilanz für das Jahr 1904 sind in den Umsatzzahlen jene der neu aufgebauten Knopffabrik mit enthalten. Bereits im Folgejahr war die dortige Beurteilung der weiteren Aussichten wenig positiv und ab 1907 wurde eine dahingehende Fabrikation nicht mehr gesondert erfasst. Separate Umsatzdaten für die gesamte Abteilung waren bis zum Geschäftsjahr 1907 verfügbar.

Ab dem Jahr 1912 wurde die Abteilung Gehäuse neu zugeordnet. Entsprechend der Abschlussunterlagen des Jahres wurden Metallwaren und Gehäuse erstmals getrennt von der Taschenuhrenabteilung als selbstständige Abteilung (Umsatz: 149.064,31 M) erfasst. Weitere Quellen erfassen ab 1912 Gehäuseumsätze im Rahmen der Kinderuhrenabteilung (Umsatz: mit Gehäuse 826.802,56 M, ohne Gehäuse 754.698,62 M) und nur Metallwaren (Umsatz: 23.529,09 M) als Abteilung gesondert. Es ist zu beachten, dass die Betriebsüberschüsse entgegen der vorgenannten Zuordnung ab 1905 zunächst in den Werten der Abteilung Taschenuhren enthalten waren.

Der negative Betriebsüberschuss der Knopffabrik lag bei 5.194,44 M im Jahr 1904 und wurde gesondert ausgewiesen. Im Folgejahr war der Wert mit 3.092,72 M positiv und war zusammen mit den 27.875,17 M aus der sonstigen Gehäuseabteilung in der Summe 30.967,89 M in den Werten der Taschenuhrenabteilung enthalten. Der resultierende Reingewinn der Knopffabrik veränderte sich von -6.247,44 M in 1904 auf 707,51 M in 1905. Der ergänzende Wert aus dem Bereich Gehäuse bei 6.894,34 M. Zusammen steuerten beide damit 7.601,85 M zum Reingewinn der Taschenuhrenabteilung bei.

Abteilung Metallwaren:
Diese erschien erstmalig im Geschäftsbericht für das Jahr 1912 und wurde bis 1915 als eigene Abteilung erfasst. Die Einrichtung folgte offenkundig zunächst mit der Absicht, die Fertigung elektrischer Artikel aufzubauen. Das dahingehende Bestreben wurde mit der kriegsbedingten Beschlagnahme der benötigten Metalle und dem Mangel an Arbeitskräften 1915 eingestellt. Stattdessen wurden Brennzünder für Handgranaten und Minenwerfer gefertigt. Ab dem Geschäftsbericht für 1916 wurde die Abteilung mit der für Kinderuhren zusammengeführt. Der Metallwarenumsatz im Jahr 1916 betrug 1.564.423,64 M, daraus resultierte ein Betriebsüberschuss von 334.795,65 M und ein Reingewinn von 298.508,03 M.

Abteilung Kinderuhren:
In dieser sind im die Abteilungen Gehäuse und später Metallwaren aufgegangen. Die dahingehende Sammelfunktion bei gleichzeitigem Rückgang der Ursprungsproduktion zeigte sich bei einer Aufschlüsselung des Umsatzes im Kriegsjahr 1915, insoweit noch vor Eingliederung der Metallwaren im Folgejahr. Vom ausgewiesenen Gesamtumsatz i. H. v. 1.228.095,97 M entfielen 732.088,80 M auf Heereslieferungen, das waren zu dieser Zeit etwa Zündhütchen für Artilleriegeschosse. Der Umsatz in Gehäusen betrug 230.804,77 M und der in Artikeln aus dem Bereich Kinderuhren 265.202,40 M.

Abteilung Apparate/Zünder:
Die Existenz dieser Abteilung war im Wesentlichen auf die Entwicklung der mechanischen Zeitzünder zurückzuführen. Im Geschäftsbericht für 1909 wurde bezüglich der Zünder von einer neuen Abteilung gesprochen. Gesonderte Kennzahlen wurden in den unmittelbaren Folgejahren nicht angegeben. Nach dem in der Zünderfertigung eingetretenen Rückschlag, fand sich im Geschäftsbericht für das Jahr 1913 die Abteilung Apparate. Umsatzwerte aus dem Vergleich der Jahre 1911 und 1912 verdeutlichen den zwischenzeitlichen Rückschlag. „Die Zünderabteilung (Apparatebau), welche bis jetzt noch als Versuchsabteilung anzusehen war, hat nochmals mit einem Verlust abgeschnitten, doch ist anzunehmen, (...) dass auch für diese Abteilung jetzt der Wendepunkt gekommen ist."[1525]

Abteilung Centralwerkstatt:
Ab dem Jahr 1905 als Zentralschlosserei eingerichtet. Mit ihr wurden die in den einzelnen Betrieben zuvor bestehenden fünf Schlossereien zusammengefasst. Erste Umsatzzahlen fanden sich für das Jahr 1911, insofern für eine Zeit, zu der sich die Abteilung bereits stark gewandelt und verstärkt Produkte aus eigener Fertigung auch für externe Nachfrager angeboten hatte.

Abteilung Taschenuhren:
Eine Extraabschreibung über 100.000,00 M wurde im Geschäftsbericht 1912 vorgeschlagen, dies könnte die um jeweils 100.000,00 M niedrigeren Werte bei Taschenuhren im Vergleich der verschiedenen Quellen erklären. Aus den Abschlussunterlagen 1913[1526] geht ein Betriebsüberschuss von 215.755,04 M hervor, während dieser Wert in der Gewinn- und Verlustrechnung für 1912[1527] noch mit 315.755,04 M beziffert wurde. Diese Differenz findet sich analog bei den nachstehenden Gesamtwerten. In der Übersicht (vgl. Tabelle 79, S. 335) wird jeweils der geringere Wert verwendet.

Betriebsüberschüsse Gesamt 1912: 565.426,87 M bzw. Gesamt 1912: 665.426,87 M.

Weitere Erläuterungen:
Die Reingewinne beziehen sich nur auf die Fabrikationsbereiche. Durch Hinzurechnung weiterer Werte z. B. aus der Beteiligung bei Schenk & Kürschner (vgl. Tabelle 84, S. 347) kommt es zu Veränderungen. Die für die Jahre ab 1914 zu zahlende Kriegssteuer, auch Kriegsgewinnsteuer, wurde in den Zahlen dieser Darstellung zunächst nicht berücksichtigt. Vgl. hierzu u. a. die Ausführungen zum Jahr 1917. Für die Jahre 1908 bis 1910 liegen in weiten Bereichen keine exakten Daten vor. Teilweise fehlen die Daten vollständig bzw. es wird anhand entsprechender Ausführungen im Geschäftsbericht nur eine näherungsweise Angabe möglich. Derartige Werte in Klammern. Im Übrigen werden auszugsweise Erläuterungen zu bzw. aus Geschäftsberichten wiedergegeben, welche die Entwicklung des Geschäfts verdeutlichen:

1901 Geschäftsbericht wurde hinsichtlich der Taschenuhren- und Walzwerksumsätze nachträglich korrigiert. Taschenuhren von 1.171.750,18 M auf 986.295,55 M. Walzwerk von 726.882,56 M auf 735.051,70 M. Hauptgrund für diese Maßnahme war, dass Retourware bei Taschenuhren nicht von den Umsatzzahlen abgesetzt wurde.

1902 „Statt des in England, unserem Hauptabsatzgebiet, von der Beendigung des Buren-Krieges erwarteten Aufschwunges des geschäftlichen Lebens trat eine weitere Verflauung ein (...) deren Wirkung die im Herbst erfolgte mässige Belebung des Uhren-Geschäftes bei weitem nicht mehr auszugleichen vermochte. Blieb doch unser Uhren-Absatz nach England

1525 AHB, Bilanz und GB 1915, S. 2.
1526 ThHStAW, Gebr. Thiel GmbH Ruhla, Nr. 90, Bl. 13 r.
1527 AHB, Bilanzentwurf 1912.

gegenüber dem Vorjahr um rund M. 250,000.--, nach Russland um M. 38,000 zurück und dieser Ausfall war natürlich nicht auszugleichen, wenn auch unser sonstiger Export und auch der Inlandsverkauf sich etwas gehoben hat. (...) Auch neuerdings sind unsere Chancen in England noch immer wenig günstig, alle Erwartungen in Bezug auf eine anhaltende Besserung werden getäuscht, und so können wir uns eine Belebung unserer Uhren-Fabrikation erst dann versprechen, wenn sich die Aufnahme von Cylinder-Uhren in Bezug auf Qualität und billige Herstellung als geglückt erweist. Die Kinderuhren-Abteilung konnte ihren Verkauf (...) erhalten, aber der durch die Konkurrenz gebotene Kampf erforderte natürlich Opfer, die in einem geringeren Erträgnis zum Ausdruck kommen. Auch im Gehäuse- und Oesen-Geschäft machte sich der Wettbewerb stark geltend, indem die Preise in geradezu frivoler Weise geworfen wurden. (...) Für das Walzwerk war es noch nicht möglich gewesen, den für einen rationellen Betrieb genügend grossen Absatz zu finden. Die früheren Schwierigkeiten betr. der Qualität der Fabrikate waren zwar überwunden, aber der deutsche Konsum war noch so schwach, dass um jedes einzelne Geschäft hart gekämpft werden musste und der Sieg zumeist mit baarem Verlust gleichbedeutend war."[1528]

1904 „Eine gewisse Besserung hat sich im deutschen Geschäft (...) bemerkbar gemacht, sodass unser Walzwerk sehr gut beschäftigt war und auch unserer Taschenuhrenabteilung hieraus Vorteil gezogen hat. Allerdings ist dagegen das englische Geschäft nicht besser geworden, sondern noch etwas gegen 1903 im Umsatz und in den Preisen zurückgegangen. In Kinderuhren war der Umsatz bedeutend kleiner (...), infolge der besseren Preise (...) das Ergebnis trotzdem besser. Von der Gehäuse-Abteilung können wir dasselbe sagen."[1529]

1908 „Trotzdem der Umsatz des Jahres 1908 sich (...) ermässigt hat, so ist der Reingewinn doch ein höherer und stellt sich nach Abschreibung und Dotierung für den Reservefonds auf ca. 10 %. Die Umsatzminderung der Taschenuhrenabteilung betrug ca. 9 1/2 %, der Kinderuhrenabteilung ca. 20 % und der Walzwerkabteilung ca. 50 % betragsmässig und 38 % gewichtsmäßig. (...) Kinderuhren und Taschenuhren hatten wesentlich höhere Reingewinne und der Verdienst des Walzwerks war nicht erheblich niedriger als 1907 trotz der großen Umsatzminderung."[1530]

1909 „Der Umsatz ist um Mark 66706,01 auf Mark 3245327,25 zurückgegangen. Kinderuhren und Walzwerk hatten einen Mehrumsatz zu verzeichnen, dagegen Taschenuhren einen Minderumsatz von ca. Mark 140000,--. Der Reingewinn der Kinderuhrenabteilung ist fast gleich dem von 1908, der des Walzwerkes ist höher, ein grosser Gewinnausfall ist dagegen bei Taschenuhren zu verzeichnen."[1531]

1910 „die Umsätze haben sich in einzelnen Abteilungen erheblich vergrößert; der Gesamtumsatz ist (...) auf Mark 4,780,000,-- im Jahr 1910 gestiegen."[1532]

1912 „Die für die Zünderfabrikation sr. Zt. erstellten Anlagen haben für uns heute zweifelsohne nicht mehr den Wert, mit dem sie zu Buche stehen; es wird im Gegenteil unser Unternehmen durch deren Mitdurchschleppen stark belastet. Da uns ausserdem der scharfe Concurrenzkampf, den wir in fast allen unseren Abteilungen fortgesetzt zu kämpfen haben, dringend gebietet auf die Erhöhung unserer Leistungsfähigkeit bedacht zu sein, so halten wir eine Konsolidierung (...) für durchaus unerlässlich.[1533]

1914 „Dieses Ergebnis kann uns (...) sehr befriedigen, und wir wären nicht dahin gekommen, wenn es uns nicht gelungen wäre, durch Uebernahme grosser Lieferungen für Hee-

1528 ThHStAW, Gebr. Thiel GmbH Ruhla, Nr. 395, Bl. 34 r f.
1529 AHB, Bilanz und GB 1904.
1530 Ebd., 1908.
1531 Ebd., 1909.
1532 Ebd., 1910.
1533 ThHStAW, Gebr. Thiel GmbH Ruhla, Nr. 89, Bl. 3 r.

reszwecke den durch den Krieg verursachten Ausfall im regulären Geschäft zum grossen Teil wieder beizuholen. (...) [H]auptsächlich für die Taschenuhrenabteilung grosse Aufträge auf Zünderteile (...), ausserdem im Walzwerk und in der Centralwerkstatt (...) auch für Heereslieferungen ausserordentlich stark beschäftigt (...). In Taschenuhren bis zum Ausbruch des Krieges (...) einen Mehrumsatz (...) zu verzeichnen und gerade diese Abteilung, welcher durch die Aufnahme des amerikanischen Marktes ein neues bedeutendes Absatzgebiet entstanden war, versprach (...) das sehr glänzende Resultat von 1913 noch zu übertreffen, doch brachte der Krieg (...) Ausfall, sowohl im Umsatz, als auch im Verdienst. Allerdings ist der erzielte Reingewinn (...) noch ein sehr guter zu nennen, und dass (...) verdanken wir hauptsächlich dem Umstand, dass es uns gelang, infolge unserer langjährigen guten Beziehungen zur Firma Krupp grosse Aufträge auf Zünderteile zu bekommen, wodurch der Ausfall im Taschenuhrengeschäft zu einem grossen Teil ausgeglichen wurde. Später traten wir noch mit der Rheinischen Metallwaren & Maschinenfabrik, Sömmerda und dem Feuerwerkslaboratorium Spandau in Verbindung und erhielten von dieser Seite ebenfalls Bestellungen auf Zünderteile."[1534]

1915 „Der günstige Jahresabschluss ist in der Hauptsache dem Umstand zu verdanken, dass es (...) gelungen war, uns von Anfang des Jahres an bis zu Ende Heeresaufträge in bedeutendem Umfange zu sichern. Sämtliche Abteilungen waren bis an die Grenze ihrer Leistungsfähigkeit beschäftigt und die Verdienste (...) waren durchweg besser, als zu sonstigen Zeiten. Für Taschenuhren, Kinderuhren und die Fabrikate der Centralwerkstatt gelang es uns, ansehnliche Preiserhöhungen durchzusetzen. Infolge der Beschlagnahme der Metalle und der fortwährenden Einberufungen der Leute mussten die Friedensartikel wie Taschenuhren, Kinderuhren (...) immer mehr zurücktreten".[1535]

1916 „Im dritten Kriegsgeschäftsjahr war die Beschäftigung in den verschiedenen Fabrikationsabteilungen vorübergehend geringer als 1915, infolgedessen blieb auch das Gewinnergebnis, welches an und für sich als ein recht günstiges betrachtet werden kann, gegen den Gewinn des vorhergehenden Jahres etwas zurück."[1536]

1917 „Infolge unserer reichlichen Lagerbestände war es uns möglich, auch im Jahr 1917 noch einen ansehnlichen Umsatz in Kinderuhren zu erzielen. (...) Für 1918 werden wir mit einem weiteren Rückgang des Umsatzes zu rechnen haben, da mit der Aufarbeitung der Lagerbestände und der Inanspruchnahme der Maschinen und Arbeitskräfte durch die Zünderfabrikation die Lieferung von Kinderuhren, sowie der übrigen Artikel immer mehr erschwert und zum Teil unmöglich gemacht wird. (...) Aufträge in Taschenuhren werden schon seit längerer Zeit nur noch in beschränktem Masse angenommen, um die Fühlung mit der Kundschaft nicht ganz zu verlieren. Regelmäßig beschäftigt sind mit der Aufarbeitung der noch vorrätigen Uhrenteile (...) zusammen 24 Leute. Die Aufträge auf Heeresartikel wurden bis 31.12.17. ausgeliefert. Neue Aufträge konnten mit Rücksicht auf die Zünderfertigung nicht angenommen werden. (...) Diese Abteilung [CW, Anm. Verf.] hat fast ausschliesslich Maschinen hergestellt, welche wir im eigenen Betrieb für die Zünderfabrikation brauchen. Diese Maschinen sind der Abteilung nur mit den ausgelegten Löhnen und Materialien gutgeschrieben worden."[1537]

„Dagegen mindert sich der Reingewinn um den Betrag der im Geschäftsjahr 1917 bezahlten Kriegssteuer für die Jahre 1914, 15 u. 16. [Mark] 1.612.440,--"[1538]

1534 ThHStAW, Gebr. Thiel GmbH Ruhla, Nr. 79, Bl. 1 r f u. 6 r.
1535 Ebd., Nr. 80, Bl. 1 r.
1536 Ebd., Nr. 91, Bl. 1 r.
1537 Ebd., Nr. 92, Bl. 17 r–19 r.
1538 Ebd., Nr. 92, Bl. 9 r.

„Nachtrag zum Jahresbericht 1917. (…) Der dem Reichstag kürzlich zugegangene Entwurf zum Gesetz über die Kriegssteuer der Gesellschaften für das vierte Kriegsjahr enthält die Bestimmung, dass die Kriegssteuer von dem Geschäftsgewinn auch dann nicht abgesetzt werden darf, wenn sie ohne Inanspruchnahme der Steuerrücklage aus laufenden Mitteln gezahlt worden ist. Es ist anzunehmen, dass der Entwurf mit dieser Bestimmung angenommen wird. Ist dies der Fall, so müssen wir unsere Bilanz umstossen und es greifen folgende Aenderungen (…): Die im Jahre 1917 bezahlte Kriegssteuer wird aus der Sonderrücklage entnommen: (…) Der Bilanzgewinn 1917 vermehrt sich um den Betrag der bezahlten Kriegsgewinnsteuer (…) Für diesen Gewinn schlagen wir folgende Verteilung vor: (…) Tantiemen Aufsichtsrat M. 26.622,40, Vorstand (…) [M.] 145.334,37 (…), 10 % Dividende [M.] 300.000,-- (…),10 % Bonus [M.] 300.000,--“[1539] Aus dem Wirksamwerden dieser Regelung ergab sich die zweigeteilte Tantiemenzahlung für das Jahr 1917 für Geschäftsführung und Aufsichtsrat (vgl. Tabelle 30, S. 190 u. Tabelle 85, S. 348). Eine unmittelbare Auswirkung auf die Ausschüttung der Gebrüder Thiel GmbH für 1917 hatte dies nicht, da bereits in der Ursprungsplanung jeweils 10 % Dividende u. Bonus vorgesehen waren (vgl. Tabelle 82, S. 344). Die Bonuszahlung zunächst allerdings als Entnahme aus der Sonderrücklage geplant war.[1540]

1918 „Bis zum Ausbruch der Revolution war unser gesamter Betrieb bis an die Grenze der Leistungsfähigkeit mit der Herstellung mechanischer Zeitzünder beschäftigt. Noch im Oktober verlangte die Heeresverwaltung eine weitere Steigerung der Leistungen und nötigte uns zum Erwerb einer Fabrikanlage in Apolda. Sofort nach Ausbruch der Revolution erfolgten andererseits gesetzgeberische Massnahmen, welche die Munitionserzeugung vollkommen einschränkten. (…) Für uns galt es nun, die Zünderfertigung sofort abzubauen und den Wiederaufbau unserer Friedensfabrikation schnellstens in die Wege zu leiten.“[1541]

1919 „Von den manigfaltigen, in Friedenszeiten unbekannten Schwierigkeiten, die es täglich zu überwinden galt, seien nur hervorgehoben: Kohlennot, Rohstoffmangel und Teuerung, Lohnkämpfe, Verweigerung der Akkordarbeit. (…) Es handelte sich bei der Durchführung unserer Aufgabe nicht lediglich darum, räumlich und technisch wieder den früheren Zustand herzustellen, vielmehr mussten in grossen Umfange Arbeitskolonnen neu aufgestellt und geschult werden. Erforderlich war ferner, besonders in der Taschenuhrenfabrikation, die Neuauffüllung der im Kriege ausverkauften, zur Erzielung einer grösseren Tagesproduktion erforderlichen Vorräte an Halbfabrikaten. Die Verlegung der Fabrikation der „kleinen Drehteile“ nach Apolda brachte ebenfalls grosse Schwierigkeiten mit sich, indem die dortigen, für diese Arbeiten vollkommen ungeschulten Arbeitskräfte angelernt bezw. eingearbeitet werden mussten. Die Wirkungen der schweren Störungen, welche der restlose Abbruch und der somit notwendig gewordene vollkommene Neu-Aufbau unserer Friedensindustrie mit sich brachten, gelangen deutlich in den gesunkenen Produktionsleistungen zum Ausdruck.“[1542]

1539 ThHStAW, Gebr. Thiel GmbH Ruhla, Nr. 92, Bl. 21 r u. 23 r.
1540 Ebd., Nr. 92, Bl. 13 r.
1541 Ebd., Nr. 92, Bl. 3 v.
1542 Ebd., Nr. 82, Bl. 2 r.

Abbildung 22: Schreiben Gebr. Thiel GmbH an Fried. Krupp AG

Abschrift

D.T./W. d. 16. November 1908

Firma
Friedr. Krupp, Act.–Ges.,
Essen/Ruhr

A.E.No.5549

Wir empfingen Ihr wertes Schreiben vom 29. vorigen Monats und teilen Ihnen ergebenst mit, dass wir uns allerdings gewundert haben, dass wir den zwischen uns abgesprochenen Vertrag inzwischen nicht von Ihnen erhielten, und der Inhalt Ihres Schreibens überrascht uns umso mehr, als wir der Annahme sind, dass sowohl die Frage der Liquidation des alten Vertrages als auch die Anzahl der auf neuen Vertrag zu liefernden Zünder, deren Preis und die Dauer des Vertrages bei unserer mündlichen Besprechung in Essen auf Grund unserer Ihnen gemachten eingehenden Ausführungen definitiv festgelegt worden sind, sodass es sich schliesslich nur noch um Vollziehung des Vertrages handelte. Wenn Sie jetzt ein weiteres Entgegenkommen von unserer Seite erwarten, so übersehen Sie vielleicht, dass wir Ihnen unser Entgegenkommen schon bei unserer Besprechung in verschiedenen sehr wesentlichen Punkten bewiesen haben, indem wir Ihnen zusicherten, dass das Einsetzen der Zünder in die von uns konstruierten Messing-Gehäuse, deren Lieferung durch uns zum Preis von M 3.-- per Stück erfolgen soll, ohne Berechnung vornehmen wollen. Wir erhalten von Ihnen dafür jetzt 50 Pf. pro Stück und dieser Preis deckt gerade unsere tatsächlichen Auslagen. Ferner haben wir Ihnen zugestanden, dass wir die Auslösung in der Kappe ohne Berechnung herstellen und anbringen werden. Die Zusage, diese beiden Arbeitsleistungen ohne Berechnung vorzunehmen, bedeutet ein weit größeres Entgegenkommen, als Sie jetzt von uns verlangen. Weiter sind wir noch bereit die Abnahmefrist auf 2 Jahre vom Datum des Vertrages zu verlängern, mehr zu tun sind wir aber zu unserem Bedauern nicht in der Lage.

Nichtsdestoweniger gehen wir auf die einzelnen Punkte Ihres Briefes näher ein, um Ihnen unseren Standpunkt in der Zünder-Angelegenheit ausführlich zu entwickeln.

Wir haben uns seiner Zeit für den mechanischen Zeitzünder interessiert, weil wir denselben als geeignet für unsere Fabrikation erkannten und weil wir uns von demselben ein belangreiches, dauerndes und lohnendes Geschäft mit Ihnen versprachen, wenn es uns gelingen würde, Ihnen durch tadellose Lieferungen den Beweis unserer Leistungsfähigkeit zu erbringen. Wir dürfen wohl annehmen, dass uns das inzwischen gelungen ist.– Naturgemäss konnten Sie uns seinerzeit Zusagen wegen späterer Lieferung noch nicht machen und wir bahnten vorerst, wie sich Ihr Herr Direktor Budde uns gegenüber selbst ausdrückte, eine Verbindung bonafide an; denn die Zukunft musste erst beiden Teilen zeigen, wie die Angelegenheit sich entwickeln würde. Fabriziert hatten wir den Artikel noch nicht und wir wussten naturgemäss auch nicht, welch` peinliche Arbeit er erforderte; dies haben wir erst in der Folge gesehen. Nach unseren bisherigen Erfahrungen in der Herstellung billiger Taschenuhren, die wir als größte Spezialfirma Deutschlands betreiben, machten wir uns eine Kalkulation und legten dieselbe dem im Mai 1905 mit Ihnen abgeschlossenen Vertrag zugrunde. Sehr bald jedoch fanden wir heraus, dass wir bei jedem Stück einen erheblichen Betrag einbüssten, trotzdem wir gleich eine bedeutend grössere Anzahl von Werken in die Fabrikation nahmen, als sie in der Folge von Ihnen abgenommen werden konnte. Die fortwährend sich nötig machenden Aenderungen in der Konstruktion liessen schliesslich nur eine reine Handarbeit zu und Sie bewilligten uns für die auf diese Weise hergestellten Werke den Preis von M 25.– per Stück; dieser Betrag entspricht den reinen Löhnen die wir gezahlt haben.

Die von uns hergestellte Werkzeug-Einrichtung im Werte von ca. 10000 Mark, sowie die vorgearbeiteten Werke alten Systems wurden völlig wertlos und von uns zum Abfall geworfen. Die Entschädigung von 50 Pf. pro Stück für die von Ihnen nicht abgenommenen Zünder, stellen also nur einen kleinen Teil unseres tatsächlichen Verlustes dar. Dazu kommt noch die Zeit und Arbeit, die wir während der letzten 3 Jahre gehabt haben, um immer wieder Verbesserungen an dem anfänglich durchaus unvollkommenen Werke vorzunehmen. Wir haben unsere anderen Abteilungen zeitweise sogar darunter leiden lassen müssen, da wir unsere besten Kräfte für diese Arbeiten heranzogen. Sie haben uns selbst wiederholt Ihre Anerkennung dafür ausgesprochen, da wir nicht unwesentlich mit zur Vervollkommnung des Zünderwerkes beigetragen haben und wir haben es gern getan, schon mit der Rücksicht auf spätere grosse Geschäfte.

Was nun die Forderung von 24000 Stück für den neuen Vertrag anbetrifft, so hatten wir diese Zahl, eigentlich 30000 Stück, erbeten, um Ihnen den Preis von M 6.-- per Stück nennen zu können, Ihrem Wunsche gemäss sind wir dann um 6000 Stück zurückgegangen. Wir müssen zur Herstellung derselben wieder eine vollständig neue Werkzeug-Einrichtung im Werte von schätzungsweise 30000 M beschaffen, welche wir, trotzdem Sie sich früher bereit erklärt hatten, dieselbe auf Ihre Kosten herstellen zu lassen, auf unsere Rechnung nehmen. Es handelt sich hierbei, nachdem die Konstruktion des Werkes nun als definitiv abgeschlossen zu betrachten ist, um Werkzeuge und Fabrikations-Einrichtungen feinster und kompliziertester Art zu möglichst rationeller Fabrikation, die häufigen und kostspieligen Reparaturen unterworfen sind. Ausserdem ist es nicht zu vermeiden, dass sich fertiggestellte Werkzeuge und Einrichtungen bei solch feiner Fabrikation ausserordentlich schnell abnutzen, zu Bruche gehen und ersetzt werden müssen.

Wir können Ihnen die Versicherung geben, dass wir uns reiflich überlegt haben, was wir tun können, ehe wir Ihnen den Preis von M 6.-- angaben, aber in Anbetracht des verhältnismässig geringen Quantums und vorallen Dingen der doch nur theoretischen Kalkulation auf Grund einer noch gar nicht oder nur zum Teil fertiggestellten Einrichtung, bedauern wir es sehr, Ihnen einen billigeren Preis nicht nennen zu können.

Da uns aus Ihren eigenen Aeusserungen bekannt war, dass es vor allen Dingen das Aluminium-Gehäuse war, welches den kompletten Zeitzünder sehr verteuerte, haben wir weder Zeit noch Mühe gescheut, uns mit der Herstellung eines billigen und zweckentsprechenden Messinggehäuses zu beschäftigen. Es ist uns auch gelungen, Ihnen etwas Brauchbares zu, wie Sie selbst zugeben, recht acceptablem Preis zu schaffen und dieses Gehäuse, einzig und allein aus unserer eigenen Initiative entsprungen, sich bei den letzten Schiessversuchen auch durchaus bewährte. Die nötige Preis-Ermässigung wird (...) auch nicht bei dem Zünder selbst so doch nun durch das Messinggehäuse erreicht werden und zwar in höherem Maasstabe als sie je beim Zünder selbst zu erreichen gewesen wäre. Dabei ist zu berücksichtigen, dass bei späteren wirklich grossen Mengen, eine Ermässigung sowohl des Preises für den Zünder, als auch für das Gehäuse nicht ausgeschlossen erscheint. Diesbezügliche bestimmte Zusagen zu machen sind wir indes jetzt, wo wir eben erst anfangen sollen, regulär zu fabrizieren und zu montieren, nicht in der Lage.

Wir rechnen, trotzdem Sie uns wiederholt erklärt haben, dass Sie sich später von uns frei machen müssen, und trotzdem Sie im Vertrag vorgesehen haben, den kompletten Zünder später selbst zu fabrizieren, mit späteren grösseren Lieferungen, denn erst diese können uns in die Lage versetzen, den Lohn für unsere Mühe und Arbeit zu ernten, und wir können von Ihnen nicht annehmen, dass Sie uns beiseite schieben wollen, nachdem wir unser Bestes daran gesetzt haben, die Sache zu einem guten Ende zu bringen. Wir möchten Sie deshalb bitten, uns schon jetzt in dieser Beziehung Zusage machen zu wollen, damit wir wissen, woran wir sind und ebenso bitten wir Sie, uns zuzusichern, dass Sie das Messinggehäuse als unser geistiges Eigentum ansehen, welches mit dem Zünderwerk und seinen Verbesserungen an sich nichts zu tun hat.

Es war uns ein Bedürfnis, uns in vorstehenden Zeilen offen auszusprechen und Ihnen unsere Hoffnungen und Erwartungen, die wir an die bisherige Verbindung mit Ihnen knüpften, zu unterbreiten. Wenn Sie sich an unserer Stelle versetzen wollen und das berücksichtigen, was wir zur Ausgestaltung der anfänglich recht unvollkommenen Erfindung beigetragen haben, so werden Sie unseren Standpunkt sicherlich zu würdigen wissen und uns Gelegenheit geben auch fernerhin für Sie tätig zu sein und die Erfahrungen, die wir durch dreijähriges Experimentieren uns zu eigen gemacht haben, weiter für Sie zu verwerten.

Wir empfehlen uns Ihnen und zeichnen

hochachtungsvoll!

Gebrüder Thiel

Gesellschaft mit beschränkter Haftung

[unterzeichnet mit Buschfeld und Heinrich Thiel]

Quelle: BvS, 620-S. v. 16.11.1908 Thiel-Krupp.

Tabelle 81: Konsortium Verwertung Eigentums an Uhrwerkszündern 1920

Beteiligte (lfd. Nr. Gesamtverzeichnis)	Konsortialbeteiligung in %	Beteiligte (lfd. Nr. Gesamtverzeichnis)	Konsortialbeteiligung in %
Martha Deußing (1)	1,67	Ilse Brinkmann (41)	1,00
Rudolf Deußing (2)	1,67	Ernst Thiel (44)	7,33
Susanne Deußing (8)	1,67	Friedrich Thiel (52)	6,0
Hildegard Gaudin (11)	1,67	Rosa Reinhardt (56)	8,33
Helene Hoppert (16)	2,67	Margarete Daut (69)	6,66
Erich Hoppert (17)	2,00	Else Ackenhausen (75)	5,05
Heinz Hoppert (21)	2,00	Reinhold Thiel (88)	7,48
Heinrich Thiel (24)	11,67	Franz Thiel (104)	5,16
Frieda Thiel (33)	6,67	Martha Ackenhausen (105)	4,93
Bertha und Hugo Brinkmann (34) und (35)	4,00	Rudolf Ackenhausen (106)	2,47
Hugo Brinkmann (jun.) (36)	1,00	Paula Bardenheuer (108)	6,90
Charlotte Brinkmann (40)	1,00	Carl Gunkel (110)	1,00

Quelle: eigene Darst., basierend auf ThHStAW, Gebr. Thiel GmbH Ruhla, Nr. 109, Bl. 5 r.

Tabelle 82: Gewinne und Ausschüttung Gebr. Thiel GmbH 1901–1945

Jahr	Gewinn-vortrag aus dem Vorjahr	Reingewinn des laufenden Jahres	Bilanzgewinn	Aus-schüttung	Quellennachweis (ThHStAW, Gebr. Thiel GmbH Ruhla, soweit nicht abweichend angegeben)
	Werte in M				
1901	0,00	309.393,60	309.393,60	150.000	Nr. 395, Bl. 74 r u. 77 v.
1902	247,34	219.231,94	219.479,28	75.000	Nr. 395, Bl. 51 r u. 54 v.
1903	942,38	278.428,91	279.371,29	90.000	Nr. 395, Bl. 28 r u. 31 v.
1904	129,60	333.060,82	333.190,42	120.000	Nr. 395, Bl. 11 r u. 14 v.
1905	545,40	291.394,16	291.939,56	120.000	Nr. 395, Bl. 91 r u. 92 v.
1906	439,43	344.336,22	344.775,65	120.000	Nr. 84, Bl. 5 r f.
1907	6.397,00	304.047,07	310.444,07	120.000	Nr. 83, Bl. 2 r u. 7 r.
1908	1.636,65	367.840,80	369.477,45	120.000	Nr. 85, Bl. 6 r f.
1909	45.935,12	281.159,25	327.094,37	150.000	Nr. 86, Bl. 4 r f.
1910	12.667,58	261.875,35	274.542,93	150.000	Nr. 87, Bl. 5 r f u. AHB, Bilanz und GB 1909.
1911	11.266,54	255.398,68	266.665,22	150.000	Nr. 88, Bl. 2 r f u. AHB, Bilanz und GB 1910.
1912	24.300,14	325.123,34	349.423,48	150.000	Nr. 89, Bl. 4 r f u. AHB, Bilanz und GB 1911.
1913	10.055,09	495.868,91	505.924,00	180.000	Nr. 90, Bl. 3 r u. 5 v.
1914	45.613,68	290.575,27	336.188,95	150.000	Nr. 79, Bl. 3 r u. 18 r.
1915	29.646,82	2.182.180,40	2.211.827,22	300.000	Nr. 80, Bl. 3 r u. 13 r.
1916	172.784,57	881.413,04	1.054.197,61	600.000	Nr. 91, Bl. 1 r u. 5 r.
1917	11.630,93	[1543]491.679,75	[1544]503.310,68	600.000	Nr. 92, Bl. 23 r u. AHB, Bilanz und GB 1917.
1918	144.835,51	[1545]374.851,38	519.686,89	300.000	Nr. 92, Bl. 4 r u. 6 r.

1543 Der Reingewinn wurde zunächst um den Betrag der im Geschäftsjahr 1917 gezahlten Kriegssteuer für die Jahre 1914 bis 1916 i. H. v. 1.612.440,00 M gemindert u. betrug zuvor 2.104.119,75 M. Später wieder geändert.

1544 Ohne Abzug der im Geschäftsjahr 1917 gezahlten Kriegssteuer lag der Betrag bei 2.115.750,68 M.

1545 Reingewinn 634.851,38 M ohne Sonderrücklage (Kriegsgewinnsteuer) i. H. v. 260.000,00 M.

Fortsetzung Tabelle 82 Gewinne und Ausschüttungen Gebr. Thiel GmbH 1901–1945					
Jahr	Gewinn-vortrag aus dem Vorjahr	Reingewinn des laufenden Jahres	Bilanzgewinn	Aus-schüttung	Quellennachweis (ThHStAW, Gebr. Thiel GmbH Ruhla, soweit nicht abweichend angegeben)
	Werte bis 1923 in M u. ab 1924 in RM				
1919	125.966,27	519.363,12	645.329,39	300.000	Nr. 82, Bl. 6 r u. AHB, Bilanz und GB 1919.
1920	160.780,35	651.926,56	812.706,91	600.000	Nr. 93, Bl. 2 r u. 4 r.
1921	212.706,91	1.565.059,54	1.777.766,45	1.575.000	Nr. 94, Bl. 3 r u. 5 r.
1922	227.766,45	103.474.144,71	103.701.911,16	78.225.000	Nr. 95, Bl. 2 v, 3 r u. 4 r.
1923	* siehe Fn. 1546	* siehe vorstehende Fn.	* siehe vorstehende Fn.	0,00	Nr. 77, Bl. 44 r u. Nr. 96, Bl. 7 r u. AHB, Bilanz und GB 1922.
1924	0,00	274.606,74	274.606,74	216.000	Nr. 97, Bl. 4 r u. 6 r.
1925	50.606,74	258.807,60	309.414,34	252.000	Nr. 98, Bl. 3 v u. 6 r.
1926	57.414,34	313.759,48	371.173,82	324.000	Nr. 99, Bl. 3 r u. 6 r.
1927	47.173,82	353.340,18	400.514,00	360.000	Nr. 100, Bl. 3 v u. 5 r.
1928	40.514,00	432.725,98	473.239,98	432.000	Nr. 101, Bl. 2 v u. 4 r.
1929	41.239,98	445.991,49	487.231,47	432.000	Nr. 102, Bl. 2 r u. 3 r.
1930	55.231,47	224.026,67	279.258,14	252.000	Nr. 103, Bl. 3 v u. 5 r.
1931	27.258,14	35.902,05	63.160,19	144.000	Nr. 104, Bl. 3 v u. 5 r.
1932	19.160,19	163.490,83	182.651,02	144.000	Nr. 105, Bl. 3 v u. 5 r.
1933	38.651,02	272.337,90	310.988,92	240.000	Nr. 157, Bl. 3 r u. 4 r u. Nr. 332, Bl. 8 r.
1934	10.988,92	722.738,15	733.727,07	300.000	Nr. 155, Bl. 3 r u. 4 r.
1935	33.727,07	298.666,52	332.393,59	300.000	Nr. 156, Bl. 3 r u. 4 r.
1936	32.393,59	725.805,24	758.198,83	300.000	Nr. 159, Bl. 4 r u. 7 r.
1937	458.198,83	673.431,94	1.131.630,77	660.000	Nr. 158, Bl. 4 r u. Nr. 332, Bl. 8 r u. AHB, Bilanz und GB 1937.
1938	1.630,77	704.323,14	705.953,91	660.000	Nr. 168, Bl. 4 r u. 11 r.
1939	45.953,91	382.348,73	428.302,64	360.000	Nr. 332, Bl. 8 r u. Nr. 482, Bl. 42 r.
1940	58.302,64	819.153,24	877.455,88	360.000	Nr. 332, Bl. 8 r u. Nr. 482, Bl. 64 r.
1941	1.455,88	495.399,28	496.855,16	369.600	Nr. 562, Bl. 48 r u. 54 r.
1942	127.255,16	363.794,13	491.049,29	369.600	Nr. 162, Bl. 4 r u. 9 r.
1943	121.449,29	325.690,30	447.139,59	369.600	Nr. 562, Bl. 9 r u. 14 r.
1944	77.539,59	161.280,80	238.820,39	211.200	Nr. 562, Bl. 17 r u. 19 r.
1945	27.620,39	k. A.	k. A.	0,00	Nr. 562, Bl. 17 r.

Quelle: eigene Darstellung.

1546 9.901.911,16 M; Reingewinn: 14.334.271.361.426.785,93 M u. Bilanzgewinn: 14.334.271.371.328.697,09 M.

Tabelle 83: Gewinne und Ausschüttung „Seebach GmbH" 1922–1944

Jahr	Gewinnvortrag aus dem Vorjahr	Reingewinn des laufenden Jahres	Bilanzgewinn	Ausschüttung	Quellennachweis (ThHStAW, Gebr. Thiel GmbH Ruhla, soweit nicht abweichend angegeben)
	Werte bis 1923 in M u. ab 1924 in RM				
1922	0,00	0,00	0,00	0,00	Nr. 434, Bl. 147 r.
1923	0,00	0,00	0,00	0,00	Nr. 434, Bl. 147 r.
1924	0,00	2.227,66	2.227,66	0,00	Nr. 434, Bl. 81 v.
1925	0,00	70.286,28	70.286,28	18.000	Nr. 434, Bl. 32 r u. 34 r.
1926	513,94	106.265,18	106.779,12	90.000	Nr. 435, Bl. 222 r u. Bl. 224 r.
1927	4.779,12	106.160,66	110.939,78	90.000	Nr. 435, Bl. 168 r u. Bl. 169 r.
1928	8.939,78	118.915,62	127.855,40	108.000	Nr. 435, Bl. 120 r u. v u. Bl. 122 r.
1929	7.855,40	239.041,48	246.896,88	180.000	Nr. 435, Bl. 11 r u. v u. Bl. 13 r.
1930	30.896,88	361.199,66	392.096,54	300.000	Nr. 440, Bl. 342 r u. v u. Bl. 344 r.
1931	7.096,54	306.575,73	313.672,27	[1547]660.000	Nr. 440, Bl. 221 r u. v u. Bl. 223 r.
1932	13.672,27	460.968,88	474.641,15	300.000	Nr. 440, Bl. 202 r u. v u. Bl. 204 r.
1933	54.641,15	203.203,60	257.844,75	240.000	Nr. 440, Bl. 137 r u. v u. Bl. 139 r.
1934	17.844,75	542.387,91	560.232,66	300.000	Nr. 440, Bl. 63 r u. v u. Bl. 65 r.
1935	20.232,66	853.641,97	873.874,63	300.000	AHB, GB und Bilanz 1935
1936	73.874,63	598.752,83	672.627,46	300.000	AHB, GB und Bilanz 1936
1937	372.627,46	781.890,47	1.154.517,93	300.000	Nr. 332, Bl. 10 r u. AHB, GB und Bilanz 1937
1938	34.517,93	980.528,92	1.015.046,85	400.000	AHB, GB und Bilanz 1938
1939	15.046,85	407.277,98	422.324,83	400.000	AHB, GB und Bilanz 1939
1940	12.324,83	431.727,00	444.051,83	400.000	AHB, GB und Bilanz 1940
1941	34.051,83	434.638,02	468.689,85	400.000	AHB, GB und Bilanz 1941
1942	68.689,85	395.092,35	463.782,20	400.000	AHB, GB und Bilanz 1942
1943	63.782,20	553.098,01	616.880,21	400.000	AHB, GB und Bilanz 1943
1944	216.880,21	85.554,59	302.434,80	k. A.	APD, Thiel, Rückblick 1956, S. 42.

Quelle: eigene Darstellung.

1547 ∑ aus 300 TRM Div. u. 360 TRM Sonderdiv. Beschluss vom 24.10.1931. Sonderdiv. in Raten 24.10.1931 (10 % = 120 TRM) u. 24.01.1932 (20 % = 240 TRM). Vgl. AHB, S. v. 27.10.1931 Seebach-Deußing u. S. v. 26.01.1932 Seebach-Deußing.

Tabelle 84: Erträge aus Beteiligung Schenk & Kürschner 1901–1919

Jahr	Ertrag aus Beteiligung in M	Quellennachweis
1903	[1548] 9.978,92	ThHStAW, Gebr. Thiel GmbH Ruhla, Nr. 395, Bl. 24 r.
1904	5.327,14	ThHStAW, Gebr. Thiel GmbH Ruhla, Nr. 395, Bl. 14 r.
1905	9.985,40	ThHStAW, Gebr. Thiel GmbH Ruhla, Nr. 395, Bl. 93 r.
1906	9.000,00	ThHStAW, Gebr. Thiel GmbH Ruhla, Nr. 84, Bl. 6 r.
1907	15.000,00	ThHStAW, Gebr. Thiel GmbH Ruhla, Nr. 83, Bl. 8 r.
1908	10.000,00	ThHStAW, Gebr. Thiel GmbH Ruhla, Nr. 85, Bl. 7 r.
1909	14.000,00	ThHStAW, Gebr. Thiel GmbH Ruhla, Nr. 86, Bl. 5 r.
1910	5.000,00	ThHStAW, Gebr. Thiel GmbH Ruhla, Nr. 87, Bl. 7 r.
1911	13.000,00	AHB, Bilanz und GB 1911.
1912	21.000,00	ThHStAW, Gebr. Thiel GmbH Ruhla, Nr. 114, Bl. 20 r.
1913	27.000,00	ThHStAW, Gebr. Thiel GmbH Ruhla, Nr. 90, Bl. 11 v.
1914	13.000,00	ThHStAW, Gebr. Thiel GmbH Ruhla, Nr. 79, Bl. 17 r.
1915	45.000,00	ThHStAW, Gebr. Thiel GmbH Ruhla, Nr. 80, Bl. 8 v.
1916	50.000,00	ThHStAW, Gebr. Thiel GmbH Ruhla, Nr. 91, Bl. 3 v.
1917[1549]	100.000,00	ThHStAW, Gebr. Thiel GmbH Ruhla, Nr. 92, Bl. 25 r.
1918	[1550] 233.333,33	AHB, Bilanz und GB 1918.
1919	102.900,00	ThHStAW, Gebr. Thiel GmbH Ruhla, Nr. 82, Bl. 5 v.

Quelle: eigene Darstellung.

1548 ∑ 1901 bis 1903. Nach Gerichtsverfahren 1903 frei geworden u. bei Gebr. Thiel erfasst.

1549 S & K hat Reservefonds für Kosten einer Überleitung auf die Friedenswirtschaft gebildet. Wegen der Möglichkeit, dass das Gesellschaftsverhältnis in Kürze gekündigt werden könnte, hatte sich Gebr. Thiel seine Rechte am Reservefonds gesichert. Vgl. ThHStAW, Gebr. Thiel GmbH Ruhla, Nr. 92, Bl. 11 r.

1550 Enthält den auf Gebr. Thiel entfallenden Anteil des gebildeten Reservefonds.

Tabelle 85: Vergütung Aufsichtsgremien der Thiel-Gesellschaften

Jahr	Gesellschaft			Quellennachweis
	Gebrüder Thiel GmbH	Gebrüder Thiel Seebach GmbH	Gerätebau GmbH	
	Werte in M			
1901	3.704,35	—	—	ThHStAW, Gebr. Thiel GmbH Ruhla, Nr. 395, Bl. 77 v.
1902	2.243,06	—	—	ThHStAW, Gebr. Thiel GmbH Ruhla, Nr. 395, Bl. 54 v.
1903	3.026,99	—	—	ThHStAW, Gebr. Thiel GmbH Ruhla, Nr. 395, Bl. 31 v.
1904	4.185,12	—	—	AHB, Bilanz und GB 1904, GuV.
1905	6.373,19	—	—	AHB, Bilanz und GB 1905, GuV.
1906	6.895,51	—	—	ThHStAW, Gebr. Thiel GmbH Ruhla, Nr. 84, Bl. 5 v.
1907	6.208,88	—	—	AHB, Bilanz und GB 1907, GuV.
1908	7.269,87	—	—	AHB, Bilanz und GB 1908, GuV.
1909	5.623,19	—	—	AHB, Bilanz und GB 1909, GuV.
1910	5.237,51	—	—	AHB, Bilanz und GB 1910, GuV.
1911	[1551]6.148,74	—	—	ThHStAW, Gebr. Thiel GmbH Ruhla, Nr. 88, Bl. 3 v.
1912	[1552]6.502,47	—	—	ThHStAW, Gebr. Thiel GmbH Ruhla, Nr. 89, Bl. 4 v.
1913	[1553]11.411,20	—	—	ThHStAW, Gebr. Thiel GmbH Ruhla, Nr. 107, Bl. 308 r–314 r.
1914	5.811,50	—	—	ThHStAW, Gebr. Thiel GmbH Ruhla, Nr. 107, Bl. 210 r–216 r.
1915	[1554]31.203,61	—	—	ThHStAW, Gebr. Thiel GmbH Ruhla, Nr. 107, Bl. 61 r–67 r.
1916	[1555]17.628,26	—	—	ThHStAW, Gebr. Thiel GmbH Ruhla, Nr. 108, Bl. 246 r–253 r.
1917	[1556]22.462,40	—	—	ThHStAW, Gebr. Thiel GmbH Ruhla, Nr. 108, Bl. 134 r–140 r i. V. m. Nr. 111, Bl. 10 r.
1918	[1557]29.788,08	—	—	ThHStAW, Gebr. Thiel GmbH Ruhla, Nr. 108, Bl. 10 r–16 r u. 44 r–50 r.

1551 Jeweils 1.229,75 M bzw. 1.229,74 M. Vgl. ThHStAW, Gebr. Thiel GmbH Ruhla, Nr. 106, Bl. 77 r–81 r.

1552 R. Thiel u. Daut je 375,21 M sonst je 1.150,41 M u.. Vgl. ThHStAW, Gebr. Thiel GmbH Ruhla, Nr. 106, Bl. 215 r–221 r.

1553 F. Deußing 1.630,18 M sonst je 1.630,17 M. Vgl. ThHStAW, Gebr. Thiel GmbH Ruhla, Nr. 107, Bl. 308 r–314 r.

1554 Zuschlag Mehrarbeit 1 TM für F. Deußing. Vgl. ThHStAW, Gebr. Thiel GmbH Ruhla, Nr. 107, Bl. 61 r–67 r u. 145 r.

1555 Zuschlag für Brinkmann als neuen Vorsitzenden des AR. Vgl. ThHStAW, Gebr. Thiel GmbH Ruhla, Nr. 108, Bl. 246 r.

1556 $\sum$ v. 8.553,60 M u. 13.908,80 M. Vgl. ThHStAW, Gebr. Thiel GmbH Ruhla, Nr. 108, Bl. 134 r–140 r u. Nr. 111, Bl. 10 r–16 r.

1557 Nachvergütung i. H. v. 11,8 TM. Reinhardt/Daut/M. Ackenhausen/R. Ackenhausen je 3.934,22 M; F. Deußing/Dreiss je 3.934,23 M u. Brinkmann 6.182,74 M. Vgl. ThHStAW, Gebr. Thiel GmbH Ruhla, Nr. 108, Bl. 10 r–16 r u. 44 r–50 r.

Fortsetzung Tabelle 85 Vergütung Aufsichtsgremien der Thiel-Gesellschaften				
Jahr	Gesellschaft			Quellennachweis
	Gebrüder Thiel GmbH	Gebrüder Thiel Seebach GmbH	Gerätebau GmbH	
	Werte bis 1923 in M u. ab 1924 in RM			
1919	[1558]29.549,04	—	—	ThHStAW, Gebr. Thiel GmbH Ruhla, Nr. 109, Bl. 220 r–226 r.
1920	[1559]19.500,00	—	—	ThHStAW, Gebr. Thiel GmbH Ruhla, Nr. 109, Bl. 140 r–145 r.
1922	[1560]298.602,00	—	—	ThHStAW, Gebr. Thiel GmbH Ruhla, Nr. 70, Bl. 157 r u. 158 r.
...	k. A.	—	—	
1924	[1561]9.000,00	0,00	—	ThHStAW, Gebr. Thiel GmbH Ruhla, Nr. 77, Bl. 123 v.
...	s. o.	0,00	—	
1927	s. o.	[1562]5.000,00	—	ThHStAW, Gebr. Thiel GmbH Ruhla, Nr. 77, Bl. 90 r ff.
...	s. o.	s. o.	—	
1937	[1563]7.500,00	[1564]7.500,00	0,00	AHB, Gesellschaftsvertrag Ruhla 1937 u. Seebach 1941.
1938	s. o.	s. o.	[1565]12.000	
...	s. o.	s. o.	s. o.	
1945	k. A.	k. A.	k. A.	Weiterhin vgl. Tabelle 32, S. 195.

Quelle: eigene Darstellung.

1558 Brinkmann 7.387,26 M, sonst je 3.693,63 M. Vgl. ThHStAW, Gebr. Thiel GmbH Ruhla, Nr. 109, Bl. 220 r–226 r.

1559 Reinhardt/Daut/M. Ackenhausen/F. Deußing erhielten je 3 TM; W. Bardenheuer 1,5 TM u. Brinkmann 6 TM. Vgl. ThHStAW, Gebr. Thiel GmbH Ruhla, Nr. 109, 140 r–145 r.

1560 Gutschrift 31.12.1922 nach Abzug 10 % Steuer. Brinkmann 112.770 M. M. Ackenhausen 16.677 M bis einschließlich III. Quartal. Bardenheuer, Daut u. Reinhardt je 56.385 M. Vgl. ThHStAW, Gebr. Thiel GmbH Ruhla, Nr. 70, Bl. 157 r–161 r.

1561 Vergütung 1,5 TGM bzw. 3 TGM p. a. Es ist anzunehmen, dass entsprechende RM-Beträge in den weiteren Jahren gezahlt u. 1937 mit der Wiedereinführung des AR auch im Gesellschaftsvertrag verankert wurden. Für die fünf Mitglieder ergab sich zunächst ein Betrag von 9 TGM. Vgl. ThHStAW, Gebr. Thiel GmbH Ruhla, Nr. 77, Bl. 123 v.

1562 Neu eingeführte Vergütung der Bevollmächtigten betrug 1 TRM p. a. der Vorsitzende der Gesellschafterversammlung erhielt 2 TRM. Vgl. ThHStAW, Gebr. Thiel GmbH Ruhla, Nr. 77, Bl. 90 r ff.

1563 Gemäß Gesellschaftsvertrag Vergütung ab 1937 1,5 TRM bzw. 3 TRM p.a. Vgl. AHB, Gesellschaftsvertrag Ruhla 1937, § 11.

1564 Vgl. AHB, Gesellschaftsvertrag Seebach 1941, § 11 i. V. m. S. v. 16.06.1937 Seebach-Gesellschafter.

1565 Der Vorsitzende erhielt 3 TRM p. a. die weiteren Mitglieder 1,5 TRM. Werte verm. unverändert, sie entsprachen denen der weiteren Thiel-Gesellschaften. Der im Prüfbericht für das Geschäftsjahr 1943/44 angegebene Wert von 15 TRM dürfte nicht zutreffen. Eventuell dort die Zahlung für die Übernahme der Geschäftsführung durch die Muttergesellschaft über 15 TRM falsch als AR-Vergütung deklariert. 4,5 TRM p.a. entfielen entsprechend der Zusammensetzung des AR nicht auf der Familie Thiel zugehörige Mitglieder. Vgl. ThHStAW, Gerätebau GmbH, Nr. 449, Bd. 1, Bl. 426 r; Nr. 450, Bd. 1, Bl. 493 r–499 r i. V. m. Nr. 458, Bd. 2, Bl. 202 r u. 205 r u. BArch, R8135/5863.

Tabelle 86: Angestelltenzahlen Gebr. Thiel GmbH 1920–1945

[1566]Jahr/ Monat	1920	1921	1922	1923	1924	1925	1926	1927	1928	1929	1930	1931	1932
1	181	177	198	214	229	230	224	217	218	227	241	239	231
2	180	180	199	219	229	230	221	216	217	230	242	239	231
3	181	180	202	220	222	229	219	215	219	231	241	239	230
4	181	185	210	227	228	233	220	219	225	237	244	239	228
5	181	185	214	225	229	235	219	221	226	243	245	239	228
6	181	185	214	228	226	235	218	220	226	243	245	239	228
7	181	185	212	227	227	235	218	219	224	241	245	236	226
8	182	186	215	226	228	234	215	220	225	239	245	236	226
9	180	187	220	228	225	232	214	219	224	240	244	236	224
10	176	195	214	228	226	227	217	219	226	236	241	234	223
11	175	196	216	230	229	227	215	219	227	237	241	234	223
12[1567]	173	197	217	227	228	224	216	219	228	241	241	234	222
Ø p. M.	179	186	210	224	227	230	218	218	223	237	242	237	226
	1933	1934	1935	1936	1937	1938	1939	1940	1941	1942	1943	1944	1945
1	220	216	239	271	314	371	413	463	476	493	k. A.	k. A.	k. A.
2	220	216	242	275	318	371	415	478	472	492	k. A.	k. A.	k. A.
3	217	217	244	274	320	372	418	479	471	486	460	424	k. A.
4	217	219	259	292	335	393	423	508	493	492	k. A.	k. A.	k. A.
5	217	219	262	294	340	397	426	508	492	489	k. A.	k. A.	k. A.
6	217	219	260	299	348	399	425	506	500	490	461	437	k. A.
7	217	221	259	300	355	401	431	500	498	494	k. A.	k. A.	k. A.
8	217	222	262	300	358	398	431	496	498	491	k. A.	k. A.	k. A.
9	217	226	264	303	362	404	436	493	499	k. A.	456	k. A.	k. A.
10	215	232	264	309	358	412	439	484	493	k. A.	k. A.	k. A.	k. A.
11	213	234	264	311	364	409	440	484	486	k. A.	k. A.	k. A.	k. A.
12	212	235	264	315	366	409	453	488	490	454	434	k. A.	k. A.
Ø p. M.	216	223	256	295	344	394	429	490	489	486	452	430	k. A.

Quelle: eigene Darst., basierend auf im Verzeichnis benannten Quellen.

1566 Für die Tabellen zu Mitarbeiterzahlen der Thiel-Gesellschaften gelten folgende Hinweise: Es existieren verschiedene Quellen, deren Daten nicht in jedem Fall übereinstimmen. Die Aussagekraft errechneter Mittel- bzw. Durchschnittswerte ist bei Jahren mit unvollständigen Basiswerten begrenzt. In den Quellen wurde für Einzelwerte aus dem Zeitraum 1939 bis 1945 nicht in jedem Fall angegeben, ob diese mit bzw. ohne zum Wehrdienst Einberufene zu verstehen sind. Soweit keine klare Unterscheidung angegeben wurde, fanden hier Werte incl. Einberufener Verwendung. In Zeiträumen ohne erkennbare Unterscheidung wurden die angegebenen Werte genutzt.

1567 An dieser Stelle zeigt sich nur eine der zwischen den verschiedenen Quellen zu findenden Abweichungen. In weiterer Angabe für Dezember 1923: 263 statt 227 Angestellter. Als Begründung der größeren Zahl könnte der erfasste erweiterte Personenkreis dienen. Dort sind u. a. auch 20 kaufm. Lehrlinge u. 32 Hilfskräfte zu finden.

Tabelle 87: Gesamtbeschäftigte Gebr. Thiel GmbH 1932–1945

Jahr/ Monat	1932	1933	1934	1935	1936	1937	1938	1939	1940	1941	1942	1943	1944	1945
1	k. A.	1.241	1.406	1.903	2.173	2.332	2.497	2.579	2.765	2.306	k. A.	k. A.	k. A.	k. A.
2	k. A.	1.226	1.430	1.922	2.188	2.358	2.491	2.557	3.005	2.343	k. A.	k. A.	k. A.	2.655
3	k. A.	1.217	1.432	1.957	2.169	2.369	2.495	2.553	2.940	2.342	k. A.	2.925	2.859	k. A.
4	k. A.	1.229	1.514	2.045	2.249	2.467	2.568	2.612	3.106	2.517	k. A.	k. A.	k. A.	k. A.
5	k. A.	1.227	1.575	2.093	2.241	2.479	2.572	2.601	2.872	2.517	k. A.	k. A.	k. A.	k. A.
6	1.219	1.240	1.651	2.105	2.265	2.479	2.510	2.584	2.816	2.573	k. A.	2.875	2.830	k. A.
7	1.214	1.265	1.692	2.106	2.289	2.488	2.504	2.578	2.680	2.580	k. A.	k. A.	k. A.	k. A.
8	1.214	1.339	1.762	2.104	2.306	2.503	2.546	2.564	2.473	2.567	k. A.	k. A.	k. A.	k. A.
9	1.210	1.398	1.830	2.109	2.320	2.512	2.545	2.478	2.348	2.523	3.037	2.817	2.858	k. A.
10	1.236	1.441	1.864	2.105	2.333	2.514	2.545	2.590	2.216	2.511	k. A.	k. A.	k. A.	k. A.
11	1.247	1.420	1.916	2.150	2.339	2.535	2.537	2.725	2.207	2.536	k. A.	k. A.	k. A.	k. A.
12	1.247	1.370	1.932	2.150	2.340	2.512	2.522	2.762	2.241	2.474	2.958	2.922	2.794	k. A.
Ø p. M.	1.226	1.301	1.667	2.062	2.267	2.462	2.527	2.598	2.639	2.482	2.997	2.885	2.835	2.655

Quelle: eigene Darst., basierend auf im Verzeichnis benannten Quellen.

Tabelle 88: Angestelltenzahlen Gebr. Thiel Seebach GmbH 1930–1945

Jahr/ Monat	1930	1931	1932	1933	1934	1935	1936	1937	1938	1939	1940	1941	1942[1568]	1943	1944	1945
1	k. A.	31	31	31	40	58	86	103	80	91	129	109	125	111	131	127
2	k. A.	32	31	31	39	59	87	106	80	93	128	109	127	112	132	125
3	k. A.	32	31	31	40	60	87	107	78	92	130	110	127	113	134	k. A.
4	25	32	31	31	40	62	91	110	80	96	134	119	125	121	136	k. A.
5	26	30	30	31	43	66	91	110	82	100	137	122	130	124	137	k. A.
6	28	30	30	32	45	67	91	117	82	102	134	122	131	124	136	k. A.
7	29	31	30	31	45	69	95	126	82	104	133	124	133	131	138	k. A.
8	30	31	30	33	45	73	96	134	82	103	113	124	133	128	140	k. A.
9	30	30	31	35	45	78	96	133	84	115	107	124	132	128	133	k. A.
10	31	30	31	37	47	79	98	138	84	113	107	124	109	133	131	k. A.
11	31	31	31	37	53	86	98	137	91	117	105	125	108	132	129	k. A.
12	31	31	31	38	55	86	98	136	91	122	107	124	111	134	130	k. A.
Ø p. M.	29	30	30	33	44	70	92	121	83	104	122	119	124	124	133	126

Quelle: eigene Darst., basierend auf im Verzeichnis benannten Quellen.

1568 Hinsichtlich der fehlenden Eindeutigkeit einzelner Zahlen, ist für 10/1942 bis 03/1943 anzunehmen, dass es sich um die Zahl der Angestellten ohne Einberufenen handelt. Die Brüche für den Übergang 1937 auf 1938 sowie die Werte 08/1940 bis 03/1941 lassen sich mit der Ausgliederung der Gerätebau GmbH zum 01.01.1938 u. der „Umsteuerung der Rüstung" begründen.

Tabelle 89: Gesamtbeschäftigte Gebr. Thiel Seebach GmbH 1924–1945

Jahr/ Monat	[1569]1924	1925	1926	1927	1928	1929	1930	1931	1932	1933	1934
1	k. A.	28	k. A.	k. A.	k. A.	k. A.	k. A.	721	728	605	1.332
2	k. A.	k. A.	k. A.	k. A.	k. A.	k. A.	k. A.	719	726	605	1.377
3	k. A.	k. A.	k. A.	k. A.	k. A.	k. A.	657	719	695	601	1.367
4	k. A.	k. A.	k. A.	k. A.	k. A.	k. A.	k. A.	726	619	601	1.509
5	k. A.	k. A.	k. A.	k. A.	k. A.	k. A.	k. A.	722	616	626	1.756
6	k. A.	k. A.	k. A.	k. A.	k. A.	k. A.	637	760	614	938	2.304
7	k. A.	k. A.	k. A.	k. A.	k. A.	k. A.	k. A.	758	611	1.094	2.462
8	k. A.	k. A.	k. A.	k. A.	k. A.	k. A.	k. A.	738	613	1.137	2.501
9	k. A.	k. A.	k. A.	k. A.	k. A.	k. A.	666	732	614	1.154	2.794
10	k. A.	k. A.	k. A.	k. A.	k. A.	k. A.	k. A.	730	612	1.225	3.112
11	k. A.	k. A.	k. A.	k. A.	k. A.	k. A.	k. A.	728	607	1.261	3.356
12	k. A.	83	111	132	299	650	743	728	605	1.279	3.410
Ø p. M.	k. A.	55	111	132	299	650	675	700	607	894	2.228
	1935	1936	1937	1938	1939	1940	1941	[1570]1942	1943	1944	1945
1	3.799	5.023	5.062	4.442	4.702	6.824	4.762	4.681	4.005	3.795	3.401
2	4.325	5.025	5.250	4.403	4.698	6.835	4.994	4.482	3.965	3.780	3.329
3	4.686	4.528	5.587	4.365	4.642	6.687	4.982	4.236	3.938	3.719	k. A.
4	5.381	4.490	5.867	4.386	4.661	5.738	5.411	4.238	3.946	3.694	k. A.
5	5.592	4.426	5.865	4.441	4.654	5.690	5.605	4.385	3.836	3.571	k. A.
6	5.543	4.396	5.957	4.557	4.629	5.483	5.584	4.495	3.780	3.484	k. A.
7	5.536	4.459	6.213	4.519	4.607	5.550	5.564	4.410	3.723	3.515	k. A.
8	5.541	4.528	6.562	4.509	4.582	4.166	5.555	4.185	3.660	3.530	k. A.
9	4.795	4.613	6.499	4.498	5.361	4.037	5.512	4.115	3.635	3.507	k. A.
10	4.764	4.742	6.660	4.538	5.955	3.990	5.724	4.187	3.791	3.459	k. A.
11	4.994	4.951	6.753	4.631	6.350	4.060	5.646	4.195	3.826	3.439	k. A.
12	4.980	5.031	6.913	4.638	6.703	4.391	5.578	4.092	3.844	3.431	k. A.
Ø p. M.	4.924	4.684	6.099	4.493	5.128	5.287	5.409	4.308	3.829	3.577	3.365

Quelle: eigene Darst., basierend auf im Verzeichnis benannten Quellen.

1569 Erstes Jahr mit Geschäftsbetrieb. Vgl. ThHStAW, Gebr. Thiel Ruhla GmbH, Nr. 434, Bl. 81 r u. 147 r.

1570 Für den Zeitraum Januar 1942 bis Februar 1945 sind in den Gesamtwerten die Beschäftigten der Gebr. Thiel Seebach GmbH am Standort Ruhla (Betrieb Bruno Kehr) nicht enthalten. Kehr war ab 1929 Betriebsleiter in Ruhla. Vgl. APM, Betriebszeitung Nr. 3/4, 1939, S. 18 (Bruno Kehr). Sein Name wurde in statistischen Erfassungen als Synonym für diesen Betriebsteil verwendet. Die Gesamtbeschäftigtenzahl dort lag im Dezember 1941 bei 636. Für das erste Halbjahr 1942 lässt sich eine Angestelltenzahl (Ø 11) auf bisherigem Niveau nachweisen. Im zweiten Halbjahr sank diese. Vom Fortbestand der Betriebsstätte ist auszugehen. Die Beschäftigtenzahlen müssten der angegebenen Gesamtbeschäftigungszahl noch hinzugefügt werden.

Tabelle 90: Gesamtbeschäftigte Maschinenfabrik Gebr. Thiel 1926–1945

Jahr/ Monat	1926	1927	1928	1929	1930	1931	1932	1933	1934	1935
1	208	160	176	201	227	172	k. A.	166	192	328
2	208	159	175	207	224	171	k. A.	166	206	326
3	194	159	175	207	224	170	k. A.	161	212	327
4	190	160	179	219	222	171	k. A.	166	227	337
5	185	165	183	223	227	173	k. A.	166	234	343
6	185	165	184	223	225	172	169	166	241	343
7	181	165	183	221	225	171	169	167	269	345
8	169	165	188	221	216	174	167	167	289	349
9	163	165	196	226	201	172	167	165	308	353
10	163	167	197	228	181	172	167	162	311	346
11	159	168	199	228	180	174	167	170	313	356
12	160	174	203	228	178	174	167	176	319	361
Ø p. M.	180	164	186	219	210	172	167	166	260	342
Jahr/ Monat	1936	1937	1938	1939	1940	1941	1942	1943	1944	1945
1	364	k. A.	k. A.	k. A.	k. A.	k. A.	k. A.	k. A.	k. A.	225
2	362	k. A.	k. A.	k. A.	k. A.	k. A.	k. A.	k. A.	k. A.	212
3	350	411	410	434	451	378	374	345	310	k. A.
4	366	k. A.	k. A.	k. A.	k. A.	k. A.	k. A.	k. A.	k. A.	k. A.
5	367	k. A.	k. A.	k. A.	k. A.	k. A.	k. A.	k. A.	k. A.	k. A.
6	367	419	423	448	k. A.	389	373	348	303	k. A.
7	373	k. A.	k. A.	k. A.	435	k. A.	k. A.	k. A.	k. A.	k. A.
8	374	k. A.	k. A.	k. A.	k. A.	k. A.	k. A.	k. A.	k. A.	k. A.
9	383	419	430	493	397	398	341	335	k. A.	k. A.
10	381	k. A.	k. A.	k. A.	k. A.	k. A.	k. A.	k. A.	k. A.	k. A.
11	386	k. A.	k. A.	k. A.	k. A.	k. A.	k. A.	k. A.	272	k. A.
12	388	421	434	459	392	425	360	324	231	k. A.
Ø p. M.	371	417	424	458	413	397	362	338	279	218

Quelle: eigene Darst., basierend auf im Verzeichnis benannten Quellen.

Tabelle 91: Beschäftigte Gebr. Thiel Seebach nach Standorten 1933–1944

		Gesamtbeschäftigte am Standort der Gebrüder Thiel Seebach GmbH					
Jahr	Monat	Seebach	[1571]Ruhla	[1572]Waltershausen	[1573]Mühlhausen	[1574]Eisenach	[1575]Kassel
1933	03	425	176	0	0	0	0
	06	687	251	0	0	0	0
	09	864	290	0	0	0	0
	12	944	335	0	0	0	0
1934	03	1.014	353	0	0	0	0
	06	1.650	654	0	0	0	0
	09	1.979	815	0	0	0	0
	12	2.371	889	9	141	0	0
1935	03	2.879	1.125	507	235	0	0
	06	3.439	1.198	631	275	0	0
	09	2.882	976	597	340	0	0
	12	3.059	989	515	416	0	0
1936	03	2.641	851	498	538	0	0
	06	2.673	832	343	548	0	0
	09	2.788	837	381	607	0	0
	12	2.959	889	483	700	0	0
1937	03	3.082	899	506	1.100	0	0
	06	2.874	883	647	1.553	0	0
	09	2.774	845	696	2.184	0	0
	12	2.837	885	743	2.448	0	0
1938	03	2.745	852	768	0	0	0
	06	2.776	909	872	0	0	0
	09	2.692	868	938	0	0	0
	12	2.746	853	1.037	0	0	k. A.
1939	03	2.707	778	1.155	0	0	k. A.
	06	2.692	721	1.212	0	0	k. A.
	09	3.140	725	1.492	0	0	k. A.
	12	3.621	1.046	1.966	0	61	72
1940	03	2.648	943	2.065	0	869	126
	06	2.494	757	1.960	0	945	k. A.
	09	2.335	558	1.690	0	0	k. A.
	12	1.968	589	1.750	0	0	0
1941	03	2.081	663	2.238	0	0	0
	06	2.270	704	2.610	0	0	0
	09	2.275	677	2.560	0	0	0
	12	2.212	636	2.730	0	0	0
1942	03	1.848	k. A.	2.388	0	0	0
	06	2.084	k. A.	2.411	0	0	0
	09	1.860	k. A.	2.255	0	0	0
	12	1.865	k. A.	2.227	0	0	0

1571 Als Zweigwerk in den Beschäftigtenzahlen nachgewiesen ab 10/1928.
1572 Als Zweigwerk in den Beschäftigtenzahlen nachgewiesen ab 12/1934.
1573 Als Zweigwerk in den Beschäftigtenzahlen nachgewiesen ab 11/1934. Ab 01/1938 bei der Gerätebau GmbH.
1574 Als Zweigwerk in den Beschäftigtenzahlen nachgewiesen 12/1939 bis 08/1940.
1575 Als Zweigwerk in den Beschäftigtenzahlen nachgewiesen 12/1938 bis 09/1940.

Fortsetzung Tabelle 91 Beschäftigte Gebr. Thiel Seebach nach Standorten 1933–1944							
Jahr	Monat	Seebach	Ruhla	Waltershausen	Mühlhausen	Eisenach	Kassel
1943	03	1.719	k. A.	2.219	0	0	0
	06	1.731	k. A.	2.249	0	0	0
	09	1.655	k. A.	1.980	0	0	0
	12	1.764	k. A.	2.080	0	0	0
1944	03	1.686	k. A.	2.033	0	0	0
	06	1.580	k. A.	1.904	0	0	0
	09	1.615	k. A.	1.892	0	0	0
	12	1.497	k. A.	1.934	0	0	0

Quelle: eigene Darst., basierend auf im Verzeichnis benannten Quellen.

Tabelle 92: Beschäftigtenzahlen Gerätebau GmbH 1938–1945

Monat	Beschäftigte 1938			Beschäftigte 1939 (mit/ohne Einberufene)		
	Gesamt	Arbeiter	Angestellte	Gesamt	Arbeiter	Angestellte
01	2.452	2.389	63	4.571	4.485	86
02	2.452	2.389	63	4.784	4.695	89
03	2.458	2.395	63	4.731	4.642	89
04	2.540	2.469	71	4.778	4.678	100
05	2.949	2.878	71	4.773	4.670	103
06	3.404	3.333	71	4.769	4.668	101
07	3.678	3.603	75	4.766	4.662	104
08	3.896	3.820	76	4.813/4.514	4.705/4.415	108/99
09	3.969	3.893	76	5.214/4.838	5.106/4.739	108/99
10	4.050	3.970	80	5.314/4.916	5.199/4.810	115/106
11	4.144	4.061	83	5.600/5.236	5.482/5.126	118/110
12	4.239	4.156	83	5.771/5.442	5.649/5.326	122/116
Ø p. M.	3.352	3.279	72	4.990/4.843	4.886/4.743	103/100
Monat	Beschäftigte 1940			Beschäftigte 1941		
	Gesamt	Arbeiter	Angestellte	Gesamt	Arbeiter	Angestellte
01	5.928/5.613	5.800/5.491	128/122	4.361/4.077	4.199/3.929	162/148
02	5.872/5.548	5.734/5.414	138/134	4.496/4.196	4.332/4.047	164/149
03	5.775/5.430	5.635/5.297	140/133	4.430/4.133	4.266/3.984	164/149
04	5.698/5.293	5.551/5.154	147/139	5.068/4.768	4.883/4.598	185/171
05	5.655/5.234	5.505/5.096	150/138	5.204/4.902	5.021/4.734	183/168
06	5.099/4.647	4.946/4.505	153/142	5.663/5.370	5.480/5.202	183/168
07	3.823/3.373	3.660/3.221	163/152	5.794/5.500	5.614/5.336	180/164
08	3.289/2.842	3.143/2.708	146/134	5.639/5.329	5.460/5.167	179/162
09	3.211/2.755	3.064/2.622	147/133	5.666/5.356	5.486/5.193	180/163
10	3.275/2.843	3.125/2.708	150/135	5.614/5.303	5.423/5.128	191/175
11	3.461/3.151	3.316/3.020	150/136	5.602/5.292	5.415/5.123	187/169
12	3.715/3.442	3.557/3.298	158/144	5.552/5.246	5.364/5.076	188/170
Ø p. M.	4.566/4.180	4.419/3.842	147/136	5.257/4.956	5.078/4.793	178/163

Fortsetzung Tabelle 92 Beschäftigtenzahlen Gerätebau GmbH 1938–1945						
Monat	Beschäftigte 1942			Beschäftigte 1943		
	Gesamt	Arbeiter	Angestellte	Gesamt	Arbeiter	Angestellte
01	5.464/4.950	5.273/4.782	191/168	4.547/3.581	4.334/3.411	213/170
02	5.381/4.824	5.195/4.663	186/161	4.502/3.514	4.289/3.345	213/169
03	5.384/4.764	5.189/4.595	195/169	4.474/3.482	4.260/3.312	214/170
04	5.305/4.591	5.111/4.424	194/167	4.457/3.485	4.242/3.313	215/172
05	5.770/5.017	5.570/4.849	200/168	4.342/3.379	4.125/3.204	217/175
06	5.805/4.933	5.599/4.758	206/175	4.279/3.301	4.065/3.129	214/172
07	5.846/4.945	5.642/4.774	204/171	4.242/3.255	4.030/3.086	212/169
08	5.761/4.853	5.555/4.681	206/172	4.233/3.235	4.019/3.064	214/171
09	5.645/4.717	5.439/4.548	206/169	4.460/3.472	4.249/3.304	211/168
10	5.542/4.610	5.329/4.435	213/175	4.423/3.438	4.211/3.269	212/169
11	4.908/3.963	4.697/3.793	211/170	4.376/3.395	4.159/3.222	217/173
12	4.692/3.740	4.484/3.574	208/166	4.557/3.567	4.340/3.396	217/171
Ø p. M.	5.458/4.658	5.256/4.489	201/169	4.407/3.425	4.193/3.254	214/170
Monat	Beschäftigte 1944			Beschäftigte 1945		
	Gesamt	Arbeiter	Angestellte	Gesamt	Arbeiter	Angestellte
01	4.546/3.540	4.331/3.371	215/169	4.460/3.344	4.249/3.185	211/159
02	4.500/3.488	4.290/3.323	210/165	3.767/2.635	3.553/2.475	214/160
03	4.287/3.283	4.075/3.116	212/167	k. A.	k. A.	k. A.
04	4.254/3.247	4.042/3.080	212/167	k. A.	k. A.	k. A.
05	4.153/3.154	3.943/2.988	210/166	k. A.	k. A.	k. A.
06	4.071/3.062	3.864/2.902	207/160	0	0	0
07	4.055/3.005	3.845/2.844	210/161	0	0	0
08	4.117/3.053	3.903/2.887	214/166	0	0	0
09	4.608/3.513	4.398/3.355	210/158	0	0	0
10	4.534/3.411	4.325/3.255	209/156	0	0	0
11	4.575/3.460	4.364/3.299	211/161	0	0	0
12	4.527/3.415	4.316/3.255	211/160	0	0	0
Ø p. M.	4.352/3.302	4.141/3.139	210/163	4.113/2.989	3.901/2.830	212/159

Quelle: eigene Darst., basierend auf im Verzeichnis benannten Quellen

4. Gebrüder Thiel 1945 bis 1972

Tabelle 93: Thiel-Bilanzen zum 31.12.1950

Aktiva Zusammengefasste Bilanz der drei Thiel-Gesellschaften zum 31.12.1950 (Werte in DM)				
Position	Thiel-Uhrenfabrik GmbH	Gebrüder Thiel GmbH	Gebrüder Thiel Seebach GmbH	Summe Aktiva
Anlagevermögen				
Maschinen	22.417,00	0,00	0,00	22.417,00
Werkzeuge und Vorrichtungen	8.327,00	0,00	0,00	8.327,00
Inventar	1,00	0,00	0,00	1,00
Büromaschinen	438,00	0,00	0,00	438,00
Beteiligungen	500,00	1,00	0,00	501,00
Anlagewertpapiere	0,00	4.300,00	5.100,00	9.400,00
Baudarlehen	3.000,00	0,00	0,00	3.000,00
Ostzonenvermögen	0,00	1,00	1,00	2,00
Nicht greifbare Wertpapiere	0,00	1,00	0,00	1,00
Beteiligung Gebrüder Thiel Seebach GmbH (wird zu eigenen Anteilen)	0,00	31.398,00	0,00	31.398,00
Warenvorräte	12.058,46	3.755,00	0,00	15.813,46
Forderungen aus Warenverkehr	31.886,45	3.809,16	0,00	35.695,61
Forderungen aus Auslandswaren-verkehr	8.346,00	0,00	0,00	8.346,00
Forderungen aus sonstigen Verkehr	262,70	0,00	0,00	262,70
Schecks	5.193,26	0,00	0,00	5.193,26
Kassenbestand und Postscheckgutha-ben	55.113,05	4.196,00	743,00	60.052,05
Bankguthaben	736,72	0,00	0,00	736,72
Aktive Rechnungsabgrenzung	115,60	171,30	0,00	286,90
Kapitalentwertungskonto	1.447,34	0,00	0,00	1.447,34
Posten welche in der Zusammengefassten Bilanz saldiert wurden				
Siehe Folgeseite	1.407,28	40.415,00	54.712,16	
Bilanzsumme	151.249,86	88.047,46	60.556,16	203.319,04

Passiva Zusammengefasste Bilanz der drei Thiel-Gesellschaften zum 31.12.1950 (Werte in DM)				
Position	Thiel-Uhrenfabrik GmbH	Gebrüder Thiel GmbH	Gebrüder Thiel Seebach GmbH	Summe Passiva
Stammkapital	21.000,00	79.200,00	60.000,00	160.200,00
Sonderrücklage	0,00	2.506,86	432,32	2.939,18
Wertberichtigung auf Baudarlehen	3.000,00	0,00	0,00	3.000,00
Rückstellungen	17.458,00	3.760,00	0,00	21.218,00
Verbindlichkeiten aus Warenverkehr	10.129,58	0,00	0,00	10.129,58
Verbindlichkeiten aus sonstigen Ver-kehr	5.832,28	0,00	0,00	5.832,28
Posten welche in der Zusammengefassten Bilanz saldiert wurden				
Siehe Folgeseite	93.830,00	2.580,60	123,84	
Bilanzsumme	151.249,86	88.047,46	60.556,16	203.319,04

Quelle: eigene Darst., basierend auf AKH, Zusammengefasste Bilanz 1950.

Auszug Tabelle 93, Posten, welche in der zusammengefassten Bilanz saldiert wurden			
	Thiel-Uhrenfabrik GmbH, Sand	Gebrüder Thiel GmbH, Göttingen	Gebrüder Thiel Seebach GmbH, Göttingen
Aktiva	Werte in DM		
1. Darlehen an Thiel-Uhrenfabrik, Sand		40.000,00	53.000,00
2. Verrechnungsverkehr zwischen Gebrüder Thiel und Gebrüder Thiel Seebach			1.297,16
3. Verrechnungsverkehr zwischen Gebrüder Thiel und Thiel-Uhrenfabrik, Sand	1.283,44		
4. Verrechnungsverkehr zwischen Gebrüder Thiel Seebach und Thiel-Uhrenfabrik, Sand	123,84		
5. Zinsabgrenzung		415,00	415,00
Summe Aktiva	1.407,28	40.415,00	54.712,16
Passiva			
1. Darlehen an Thiel-Uhrenfabrik, Sand	93.000,00		
2. Verrechnungsverkehr zwischen Gebrüder Thiel und Gebruder Thiel Seebach		1.297,16	
3. Verrechnungsverkehr zwischen Gebrüder Thiel und Thiel-Uhrenfabrik, Sand		1.283,44	
4. Verrechnungsverkehr zwischen Gebrüder Thiel Seebach und Thiel-Uhrenfabrik, Sand			123,84
5. Passive Abgrenzung Zinsen	830,00		
Summe Passiva	93.830,00	2.580,60	123,84

Quelle: eigene Darst., basierend auf AKH, Zusammengefasste Bilanz 1950.

Tabelle 94: Gewinne und Ausschüttung Gebr. Thiel GmbH 1951–1971

Jahr	Gewinnvortrag aus dem Vorjahr	Reingewinn des laufenden Jahres	Bilanzgewinn	Ausschüttung	Ausschüttung in % des Stammkapitals	Quellennachweis
	Werte in DM					
1951	k. A.	k. A.	k. A.	0,00	0,0	AET Erinnerungen Thiel 1967, S. 152
1952	–3.695,32	111,73	–3.583,59	0,00	0,0	AKH, GB 1952, S. 2
1953	–3.583,59	20.253,50	16.669,91	11.000	5,0	AUB, GB 1953, S. 2
1954	[1576] 5.835,41	7.797,05	13.632,46	13.200	6,0	AUB, GB 1954, S. 2
1955	432,46	18.975,62	19.408,08	17.600	8,0	AUB, GB 1955, S. 2
1956	1.808,08	27.853,04	29.661,12	27.000	9,0	AUB, GB 1956, S. 3
1957	2.661,12	27.977,96	30.639,08	30.000	10,0	AUB, GB 1957, S. 3
1958	639,08	36.809,08	37.448,16	36.000	12,0	AUB, GB 1958, S. 3
1959	1.448,16	50.771,57	52.219,73	48.000	8,0	AUB, GB 1959, S. 4
1960	4.219,73	56.552,95	60.772,68	60.000	10,0	AUB, GB 1960, S. 7
1961	772,68	89.677,91	90.450,59	[1577] 90.000	10,0	AUB, GB 1961, S. 9
1962	450,59	65.451,47	65.902,06	63.000	7,0	AUB, GB 1962, S. 9
1963	2.902,06	61.842,29	64.744,35	63.000	7,0	AUB, GB 1963, S. 5
1964	1.744,35	64.124,04	65.868,39	63.000	7,0	AUB, GB 1964, o. S.
1965	2.868,39	61.008,76	63.877,15	63.000	7,0	AUB, GB 1965, o. S.
1966	877,15	45.116,00	45.993,15	45.000	5,0	AUB, GB 1966, S. 12
1967	993,15	62.696,39	63.689,54	63.000	7,0	AUB, GB 1967, S. 9
1968	689,54	92.365,03	93.054,57	90.000	10,0	AUB, GB 1968, S. 10
1969	3.054,57	88.875,68	91.930,25	90.000	10,0	AUB, GB 1969, S. 9
1970	1.930,25	108.216,02	110.146,27	[1578] 108.000	12,0	AUB, GB 1970, S. 12
1971	2.146,27	96.500,29	[1579] 98.646,56	90.000	10,0	AUB, GB 1971, S. 12

Quelle: eigene Darstellung.

1576 Ergibt sich aus 5.669,91 DM Gewinnvortrag aus dem Vorjahr zzgl. der nicht erfolgten Ausschüttung (165,50 DM) auf gehaltene eigene Anteile (3.310,00 DM).

1577 63 TDM Dividende zzgl. eines Bonus von 27 TDM anlässlich 100 Jahre Gebr. Thiel.

1578 90 TDM Dividende zzgl. Bonus 18 TDM.

1579 Der Betrag von 8.646,56 DM wurde auf neue Rechnung (1972 Jahr des Unternehmensverkaufes) vorgetragen.

Quellen- und Literaturverzeichnis

Private Archive

Archiv; Bornscheuer, Henning (37130 Gleichen Reinhausen), (Zit.: AHB).

Berichtigte Bilanz der Gebr. Thiel GmbH, Ruhla 1940 auf Grundlage der Verordnung zur Begrenzung von Gewinnausschüttungen, Dividendenabgabenverordnung vom 12.06.1941, (Zit.: Berichtigte Bilanz 1940).

Berichtigte Bilanz der Gebr. Thiel Seebach GmbH 1940 auf Grundlage der Verordnung zur Begrenzung von Gewinnausschüttungen, Dividendenabgabenverordnung vom 12.06.1941, (Zit.: Berichtigte Bilanz Seebach 1940).

Bericht der Geschäftsführung der Gebr. Thiel GmbH an den Aufsichtsrat vom 05.09.1951 für die Sitzung am 22.09.1951 über die geschäftliche Lage, (Zit.: Bericht 05.09.1951).

Bericht des Geschäftsführers sowie GuV und Bilanz per 31.12.1952 der Gebr. Thiel Seebach GmbH i. L. vom 01.07.1953, (Zit.: Bericht 01.07.1953).

Bericht des Geschäftsführers sowie GuV und Bilanz per 31.12.1952 der Thiel-Uhrenfabrik GmbH i. L. vom 30.06.1953, (Zit.: Bericht 30.06.1953).

Bilanz der Gebr. Thiel GmbH, Ruhla 1901, (Zit.: Bilanz 1901).

Bilanz u. Geschäftsbericht der Gebr. Thiel GmbH, Ruhla 1904, (Zit.: Bilanz und GB 1904).

Bilanz u. Geschäftsbericht der Gebr. Thiel GmbH, Ruhla 1905, (Zit.: Bilanz und GB 1905).

Bilanz u. Geschäftsbericht der Gebr. Thiel GmbH, Ruhla 1907, (Zit.: Bilanz und GB 1907).

Bilanz u. Geschäftsbericht der Gebr. Thiel GmbH, Ruhla 1908, (Zit.: Bilanz und GB 1908).

Bilanz u. Geschäftsbericht der Gebr. Thiel GmbH, Ruhla 1909, (Zit.: Bilanz und GB 1909).

Bilanz u. Geschäftsbericht der Gebr. Thiel GmbH, Ruhla 1910, (Zit.: Bilanz und GB 1910).

Bilanz u. Geschäftsbericht der Gebr. Thiel GmbH, Ruhla 1911, (Zit.: Bilanz und GB 1911).

Bilanz u. Geschäftsbericht der Gebr. Thiel GmbH, Ruhla 1913, (Zit.: Bilanz und GB 1913).

Bilanz u. Geschäftsbericht der Gebr. Thiel GmbH, Ruhla 1914, (Zit.: Bilanz und GB 1914).

Bilanz u. Geschäftsbericht der Gebr. Thiel GmbH, Ruhla 1915, (Zit.: Bilanz und GB 1915).

Bilanz u. Geschäftsbericht der Gebr. Thiel GmbH, Ruhla 1916, (Zit.: Bilanz und GB 1916).

Bilanz u. Geschäftsbericht der Gebr. Thiel GmbH, Ruhla 1917, (Zit.: Bilanz und GB 1917).

Bilanz u. Geschäftsbericht der Gebr. Thiel GmbH, Ruhla 1918, (Zit.: Bilanz und GB 1918).

Bilanz u. Geschäftsbericht der Gebr. Thiel GmbH, Ruhla 1919, (Zit.: Bilanz und GB 1919).

Bilanz u. Geschäftsbericht der Gebr. Thiel GmbH, Ruhla 1920, (Zit.: Bilanz und GB 1920).

Bilanz u. Geschäftsbericht der Gebr. Thiel GmbH, Ruhla 1921, (Zit.: Bilanz und GB 1921).

Bilanz u. Geschäftsbericht der Gebr. Thiel GmbH, Ruhla 1922, (Zit.: Bilanz und GB 1922).

Bilanz u. Geschäftsbericht der Gebr. Thiel GmbH, Ruhla 1923, (Zit.: Bilanz und GB 1923).

Bilanz u. Geschäftsbericht der Gebr. Thiel GmbH, Ruhla 1924, (Zit.: Bilanz und GB 1924).

Bilanz u. Geschäftsbericht der Gebr. Thiel GmbH, Ruhla 1925, (Zit.: Bilanz und GB 1925).

Bilanz u. Geschäftsbericht der Gebr. Thiel GmbH, Ruhla 1926, (Zit.: Bilanz und GB 1926).

Bilanz u. Geschäftsbericht der Gebr. Thiel GmbH, Ruhla 1927, (Zit.: Bilanz und GB 1927).

Bilanz u. Geschäftsbericht der Gebr. Thiel GmbH, Ruhla 1928, (Zit.: Bilanz und GB 1928).

Bilanz u. Geschäftsbericht der Gebr. Thiel GmbH, Ruhla 1929, (Zit.: Bilanz und GB 1929).

Bilanz u. Geschäftsbericht der Gebr. Thiel GmbH, Ruhla 1930, (Zit.: Bilanz und GB 1930).

Bilanz u. Geschäftsbericht der Gebr. Thiel GmbH, Ruhla 1931, (Zit.: Bilanz und GB 1931).

Bilanz u. Geschäftsbericht der Gebr. Thiel GmbH, Ruhla 1932, (Zit.: Bilanz und GB 1932).

Bilanz u. Geschäftsbericht der Gebr. Thiel GmbH, Ruhla 1934, (Zit.: Bilanz und GB 1934).

Bilanz u. Geschäftsbericht der Gebr. Thiel GmbH, Ruhla 1937, (Zit.: Bilanz und GB 1937).

Bilanz u. Geschäftsbericht der Gebr. Thiel GmbH, Ruhla 1938, (Zit.: Bilanz und GB 1938).

Bilanz u. Geschäftsbericht der Gebr. Thiel GmbH, Ruhla 1939, (Zit.: Bilanz und GB 1939).

Bilanz u. Geschäftsbericht der Gebr. Thiel GmbH, Ruhla 1940, (Zit.: Bilanz und GB 1940).

Bilanz u. Geschäftsbericht der Gebr. Thiel GmbH, Ruhla 1941, (Zit.: Bilanz und GB 1941).

Bilanz u. Geschäftsbericht der Gebr. Thiel GmbH, Ruhla 1942, (Zit.: Bilanz und GB 1942).

Bilanz u. Geschäftsbericht der Gebr. Thiel GmbH, Sand 1952, (Zit.: Bilanz und GB 1952).

Bilanzentwurf der Gebr. Thiel GmbH, Ruhla 1912, (Zit.: Bilanzentwurf 1912).

Einladung zur ordentlichen Gesellschafterversammlung der Gebr. Thiel GmbH am 25.02.1950 vom 10.02.1950. Beinhaltet ausführlichem Bericht der Geschäftsführung der Gebr. Thiel GmbH u. der Gebr. Thiel Seebach GmbH über die Entwicklung der beiden Thiel-Gesellschaften seit den letzten ordentlichen Gesellschafterversammlungen 1944, (Zit.: Einladung 10.02.1950).

Erlaubnisurkunde des Regierungspräsidiums Kassel für die Firma Thiel-Uhrenfabrik in Kassel-Niederzwehren vom 21.10.1948, (Zit.: Erlaubnisurkunde 1948).

Erläuterung zum Tagesordnungspunkt Satzungsänderungen, Schreiben an die Gesellschafter vom 23.04.1925, (Zit.: Erläuterung zu Satzungsänderungen 1925).

Geschäftsbericht u. Bilanz der Gebr. Thiel Seebach GmbH, Ruhla 1935, (Zit.: GB und Bilanz 1935).

Geschäftsbericht u. Bilanz der Gebr. Thiel Seebach GmbH, Ruhla 1936, (Zit.: GB und Bilanz 1936).

Geschäftsbericht u. Bilanz der Gebr. Thiel Seebach GmbH, Ruhla 1937, (Zit.: GB und Bilanz 1937).

Geschäftsbericht u. Bilanz der Gebr. Thiel Seebach GmbH, Ruhla 1938, (Zit.: GB und Bilanz 1938).

Geschäftsbericht u. Bilanz der Gebr. Thiel Seebach GmbH, Ruhla 1939, (Zit.: GB und Bilanz 1939).

Geschäftsbericht u. Bilanz der Gebr. Thiel Seebach GmbH, Ruhla 1940, (Zit.: GB und Bilanz 1940).

Geschäftsbericht u. Bilanz der Gebr. Thiel Seebach GmbH, Ruhla 1941, (Zit.: GB und Bilanz 1941).

Geschäftsbericht u. Bilanz der Gebr. Thiel Seebach GmbH, Ruhla 1942, (Zit.: GB und Bilanz 1942).

Geschäftsbericht u. Bilanz der Gebr. Thiel Seebach GmbH, Ruhla 1943, (Zit.: GB und Bilanz 1943).

Geschäftsbericht u. Bilanz der Gerätebau GmbH, Ruhla 1937/1938, (Zit.: GB Gerätebau 1938).

Geschäftsbericht u. Bilanz der Gerätebau GmbH, Ruhla 1938/1939, (Zit.: GB Gerätebau 1939).

Geschäftsbericht u. Bilanz der Gerätebau GmbH, Ruhla 1939/1940, (Zit.: GB Gerätebau 1940).

Geschäftsbericht u. Bilanz der Gerätebau GmbH, Ruhla 1941/1942, (Zit.: GB Gerätebau 1942).

Geschäftsbericht u. Bilanz der Gerätebau GmbH, Ruhla 1942/1943, (Zit.: GB Gerätebau 1943).

Gesellschafterliste der Gebr. Thiel GmbH, Göttingen, (Zit.: Gesellschafterliste Gebrüder Thiel GmbH Göttingen).

Gesellschafterversammlung der Uhrenfabrik GmbH vom 20.11.1948, notarielle Beurkundung der Beschlüsse, (Zit.: Gesellschafterversammlung 20.11.1948).

Gesellschaftsvertrag der Gebr. Thiel GmbH, Ruhla vom 01.04.1901, (Zit.: Gesellschaftsvertrag Ruhla 1901).

Gesellschaftsvertrag der Gebr. Thiel GmbH, Ruhla vor den Änderungen vom 15.12.1920, (Zit.: Gesellschaftsvertrag Ruhla vor Dez. 1920).

Gesellschaftsvertrag der Gebr. Thiel GmbH, Ruhla vom 01.04.1901 unter Berücksichtigung der Änderungen vom 15.06.1919, 08.02.1920, 28.07.1920 u. 15.12.1920, (Zit.: Gesellschaftsvertrag Ruhla 1920).

Gesellschaftsvertrag der Gebr. Thiel GmbH, Ruhla vom 01.09.1931, (Zit.: Gesellschaftsvertrag Ruhla 1931).

Gesellschaftsvertrag der Gebr. Thiel GmbH, Ruhla vom 08.05.1937, (Zit.: Gesellschaftsvertrag Ruhla 1937).

Gesellschaftsvertrag der Gebr. Thiel Seebach GmbH, Ruhla 1922, (Zit.: Gesellschaftsvertrag Seebach 1922).

Gesellschaftsvertrag der Gebr. Thiel Seebach GmbH, Ruhla vom 01.09.1931, (Zit.: Gesellschaftsvertrag Seebach 1931).

Gesellschaftsvertrag der Gebr. Thiel Seebach GmbH, Ruhla vom 29.11.1941, (Zit.: Gesellschaftsvertrag Seebach 1941).

Gesellschaftsvertrag der Uhrenfabrik GmbH, Niederkaufungen bei Kassel vom 09.06.1948, (Zit.: Gesellschaftsvertrag Uhrenfabrik 1948).

Mitteilung an die Gesellschafter der Gebr. Thiel Seebach GmbH vom 24.04.1925 wegen Satzungsänderung aufgrund der Kapitalumstellung vom 14.12.1924, (Zit.: Mitteilung, 24.04.1925).

Mitteilung der Gebr. Thiel Seebach GmbH vom Juli 1939 über die Veränderungen in der Geschäftsführung und Angabe der künftigen Zeichnungsbefugnisse, (Zit.: Mitteilung Seebach v. Juli 1939).

Positionspapier von Arthur Metzke für die weiteren Thiel-Gesellschafter im Zusammenhang mit den Fusionsplänen der drei Thiel-Gesellschaften um das Jahr 1951. Über die dortige Entscheidungsfrage hinaus, greift es die mit dem Zusammenbruch 1945 erlittenen Vermögensverluste auf und stellt die Frage nach der Verantwortlichkeit von Geschäftsführung und Aufsichtsrat der damaligen Zeit, (Zit.: Positionspapier Metzke).

Rechnungslegung von Reinhold Thiel als Liquidator der Gebr. Thiel Seebach GmbH i. L., Göttingen vom 25.07.1953, (Zit.: Rechnungslegung Seebach 25.07.1953).

Schreiben Arthur Metzke an Reinhold Thiel vom 30.08.1949 wegen künftiger Unternehmensentwicklung, (Zit.: S. v. 30.08.1949 Metzke-Thiel).

Schreiben Gebr. Thiel GmbH an die Gesellschafter vom 23.04.1925. Erläuterung der Satzungsänderungen aufgrund der Kapitalumstellung vom 14.12.1924, (Zit.: S. v. 23.04.1925 Ruhla-Gesellschafter).

Schreiben Gebr. Thiel GmbH an die Gesellschafter vom 03.05.1930. Einladung zur Fabrikbesichtigung mit anschließender Einweihungsfeier des neu errichteten Verwaltungsgebäudes am 17.05.1930, (Zit.: S. v. 03.05.1930 Ruhla-Gesellschafter).

Schreiben Gebr. Thiel GmbH an die Gesellschafter vom 27.10.1934. Erläuterung zur vorgesehenen Ausschüttung einer Extradividende bezüglich der bei der Gebr. Thiel Seebach GmbH geplanten Kapitalerhöhung, (Zit.: S. v. 27.10.1934 Ruhla-Gesellschafter).

Schreiben Gebr. Thiel GmbH an Martha Deußing vom 10.05.1939. Mitteilung über die Zahlung der Dividende und Sonderdividende für 1938 und Bestätigung der Überweisung an die Gebr. Thiel Seebach GmbH, Ruhla als Einzahlung auf den in der Gesellschafterversammlung vom 03.12.1938 übernommenen Geschäftsanteil, (Zit.: S. v. 10.05.1939 Ruhla-Deußing).

Schreiben Gebr. Thiel GmbH an Susanne Metzke vom 03.05.1930. Einladung mit Tagesordnung zur Gesellschafterversammlung am 17.05.1930, (Zit.: S. v. 03.05.1930 Ruhla-Metzke).

Schreiben Gebr. Thiel GmbH an Susanne Metzke vom 25.04.1931. Einladung mit Tagesordnung zur Gesellschafterversammlung am 09.05.1931, (Zit.: S. v. 25.04.1931 Ruhla-Metzke).

Schreiben Gebr. Thiel GmbH an Susanne Metzke vom 24.06.1932. Erläuterung zur geplanten Kapitalherabsetzung von 3,6 Mio. RM auf 2,4 Mio. RM, (Zit.: S. v. 24.06.1932 Ruhla-Metzke).

Schreiben Gebr. Thiel GmbH an Susanne Metzke vom 07.04.1934. Einladung mit Tagesordnung zur Gesellschafterversammlung am 22.04.1934, (Zit.: S. v. 07.04.1934 Ruhla-Metzke).

Schreiben Gebr. Thiel GmbH an Susanne Metzke vom 05.11.1934. Mittelung über die Vorlage eines Antrags zur Tagesordnung der außerordentlichen Gesellschafterversammlung am 10.11.1934. Antrag auf Erhöhung der Extradividende von 10 % auf 14 %, (Zit.: S. v. 05.11.1934 Ruhla-Metzke).

Schreiben Gebr. Thiel GmbH an Susanne Metzke vom 14.11.1934. Mitteilung über die Auszahlung der in der außerordentlichen Gesellschafterversammlung am 10.11.1934 beschlossenen Dividende von 14 % und zugleich Mitteilung über die Einzahlung auf den bei der Kapitalerhöhung der Gebr. Thiel Seebach GmbH am 10.11.1934 übernommenen Geschäftsanteil, (Zit.: S. v. 14.11.1934 Ruhla-Metzke).

Schreiben Gebr. Thiel Seebach GmbH an die Gesellschafter vom 24.04.1925. Mitteilung über Änderungen des Gesellschaftsvertrages nach der Kapitalumstellung vom 14.12.1924, (Zit.: S. v. 24.04.1925 Seebach-Gesellschafter).

Schreiben Gebr. Thiel Seebach GmbH an die Gesellschafter vom 01.08.1927. Zusendung Vordruck der Einverständniserklärung für die Erteilung der Prokura an den Betriebsleiter Paul Liebergeld, (Zit.: S. v. 01.08.1927 Seebach-Gesellschafter).

Schreiben Gebr. Thiel Seebach GmbH an die Gesellschafter vom 21.10.1927. Erläuterung zur geplanten Kapitalerhöhung auf 720.000 RM, (Zit.: S. v. 21.10.1927 Seebach-Gesellschafter).

Schreiben Gebr. Thiel Seebach GmbH an die Gesellschafter vom 08.10.1930. Erläuterung der geplanten Kapitalerhöhung um 480.000 RM auf 1.200.000 RM, (Zit.: S. v. 08.10.1930 Seebach-Gesellschafter).

Schreiben Gebr. Thiel Seebach GmbH an die Gesellschafter vom 03.11.1930. Mitteilung über die Änderung von § 5 des Gesellschaftsvertrages nach der Kapitalerhöhung vom 25.10.1930, (Zit.: S. v. 03.11.1930 Seebach-Gesellschafter).

Schreiben Gebr. Thiel Seebach GmbH an die Gesellschafter vom 07.10.1931. Erläuterung der erforderlichen Veränderungen bei der zunächst geplanten Umsetzung der Kapitalerhöhung vom 25.10.1930, (Zit.: S. v. 07.10.1931 Seebach-Gesellschafter).

Schreiben Gebr. Thiel Seebach GmbH an die Gesellschafter vom 09.04.1932. Erläuterung der in der Gesellschafterversammlung am 23.04.1932 vorzunehmenden Satzungsänderungen, (Zit.: S. v. 09.04.1932 Seebach-Gesellschafter).

Schreiben Gebr. Thiel Seebach GmbH an die Gesellschafter vom 06.05.1932. Mitteilung über erfolgte Satzungsänderungen gemäß Beschluss der Gesellschafterversammlung vom 23.04.1932, (Zit.: S. v. 06.05.1932 Seebach-Gesellschafter).

Schreiben Gebr. Thiel Seebach GmbH an die Gesellschafter vom 20.05.1932. Mitteilung über den beabsichtigten erstmaligen Erwerb von Geschäftsanteilen durch Heinrich (jun.) und Albrecht Thiel von ihrem Vater Heinrich Thiel, (Zit.: S. v. 20.05.1932 Seebach-Gesellschafter).

Schreiben Gebr. Thiel Seebach GmbH an die Gesellschafter vom 16.06.1937. Zusendung eines Neudruckes des Gesellschaftsvertrages nach verschiedenen Änderungen vom 08.05.1937 und zuvor, (Zit.: S. v. 16.06.1937 Seebach-Gesellschafter).

Schreiben Gebr. Thiel Seebach GmbH an Martha Deußing vom 26.11.1924. Einladung mit Tagesordnung zur außerordentlichen Gesellschafterversammlung am 14.12.1924, (Zit.: S. v. 26.11.1924 Seebach-Deußing).

Schreiben Gebr. Thiel Seebach GmbH an Martha Deußing vom 18.12.1925. Bestätigung über den Eingang der durch die Gebr. Thiel GmbH, Ruhla überwiesenen 500 RM als Einzahlung auf den in der Gesellschafterversammlung vom 13.12.1925 übernommenen Geschäftsanteil, (Zit.: S. v. 18.12.1925 Seebach-Deußing).

Schreiben Gebr. Thiel Seebach GmbH an Martha Deußing vom 03.05.1930. Einladung mit Tagesordnung zur Gesellschafterversammlung am 17.05.1930, (Zit.: S. v. 03.05.1930 Seebach-Deußing).

Schreiben Gebr. Thiel Seebach GmbH an Martha Deußing vom 27.10.1931. Mitteilung über die Auszahlung der in der außerordentlichen Gesellschafterversammlung am 24.10.1931 beschlossenen Sonderdividende von 10 % und deren Verwendung zur Teileinzahlung auf die Kapitalerhöhung vom 25.10.1930, (Zit.: S. v. 27.10.1931 Seebach-Deußing).

Schreiben Gebr. Thiel Seebach GmbH an Martha Deußing vom 26.01.1932. Mitteilung über die Auszahlung der in der außerordentlichen Gesellschafterversammlung am 24.10.1931 beschlossenen Sonderdividende von 20 % und deren Verwendung zur Volleinzahlung auf die Kapitalerhöhung vom 25.10.1930, (Zit.: S. v. 26.01.1932 Seebach-Deußing).

Schreiben Gebr. Thiel Seebach GmbH an Martha Deußing vom 02.10.1933. Einladung zur außerordentlichen Gesellschafterversammlung am 28.10.1933, (Zit.: S. v. 02.10.1933 Seebach-Deußing).

Schreiben Gebr. Thiel Seebach GmbH an Martha Deußing vom 02.10.1933 als Anlage zur Einladung zur außerordentlichen Gesellschafterversammlung am 28.10.1933. Anpassung der Stammkapitalanteile auf durch 100 RM teilbare Beträge, (Zit.: S. v. 02.10.1933 Seebach-Deußing, Anlage 1).

Schreiben Gebr. Thiel Seebach GmbH an Martha Deußing vom 02.10.1933 als Anlage zur Einladung zur außerordentlichen Gesellschafterversammlung am 28.10.1933. Erhöhung der „Seebacher"-Beteiligung der privaten Gesellschafter auf einheitlich 25 % ihrer jeweiligen „Ruhlaer"-Beteiligung am Stammkapital, (Zit.: S. v. 02.10.1933 Seebach-Deußing, Anlage 2).

Schreiben Gebr. Thiel Seebach GmbH an Martha Deußing vom 25.04.1934. Mitteilung über die Dividendenauszahlung für 1933 sowie die Einzahlung der zweiten Rate auf die bei der Kapitalerhöhung am 28.10.1933 übernommenen Stammanteile, (Zit.: S. v. 25.04.1934 Seebach-Deußing).

Schreiben Gebr. Thiel Seebach GmbH an Martha Deußing vom 27.10.1934. Erläuterung zur geplanten Kapitalerhöhung auf 3,6 Mio. RM, (Zit.: S. v. 27.10.1934 Seebach-Deußing).

Schreiben Gebr. Thiel Seebach GmbH an Martha Deußing vom 23.04.1937. Einladung zur Gesellschafterversammlung am 08.05.1937 u. a. mit dem Tagesordnungspunkt Wahl eines Aufsichtsrates, (Zit.: S. v. 23.04.1937 Seebach-Deußing).

Schreiben Gebr. Thiel Seebach GmbH an Martha Deußing vom 17.11.1938. Erläuterung zur geplanten Kapitalerhöhung auf 4,0 Mio. RM, (Zit.: S. v. 17.11.1938 Seebach-Deußing).

Schreiben Gebr. Thiel Seebach GmbH an Martha Deußing vom 09.12.1938. Mitteilung über die Einzahlung der ersten Rate auf die bei der Kapitalerhöhung am 03.12.1938 übernommenen Stammanteile, (Zit.: S. v. 09.12.1938 Seebach-Deußing).

Schreiben Gebr. Thiel Seebach GmbH an Martha Deußing vom 10.05.1939. Mitteilung über die Zahlung der Bardividende von 10 % für 1938 und Bestätigung über den Eingang der durch die Gebr. Thiel GmbH, Ruhla überwiesenen 3.975 RM als Einzahlung auf den in der Gesellschafterversammlung vom 03.12.1938 übernommenen Geschäftsanteil, (Zit.: S. v. 10.05.1939 Seebach-Deußing).

Schreiben Gebr. Thiel Seebach GmbH an Susanne Metzke vom 25.11.1926. Einladung zur Gesellschafterversammlung am 11.12.1926 mit Erläuterung zur geplanten Kapitalerhöhung auf 360.000 RM, (Zit.: S. v. 25.11.1926 Seebach-Metzke).

Schreiben Reinhold Thiel an Arthur Metzke vom 20.12.1948 wegen Unternehmenseinstieg nach erfolgter Entnazifizierung, (Zit.: S. v. 20.12.1948 Thiel-Metzke).

Schreiben Reinhold Thiel an Arthur Metzke vom 01.09.1949. Antwortschreiben auf Schreiben vom 30.08.1949, Klarstellung, Schritte zur künftigen Unternehmensentwicklung, (Zit.: S. v. 01.09.1949 Thiel-Metzke).

Tagesordnung zur außerordentlichen Gesellschafterversammlung der Uhrenfabrik GmbH vom 09.10.1948, gemäß Schreiben vom 23.09.1948, (Zit.: Tagesordnung zur Gesellschafterversammlung 09.10.1948).

Tagesordnung zur Gesellschafterversammlung der Uhrenfabrik GmbH vom 20.11.1948, gemäß Schreiben vom 13.11.1948, (Zit.: Tagesordnung zur Gesellschafterversammlung 20.11.1948).

Vertragsannahme Werner Babel vom 29.06.1972 für die MAHO Werkzeugmaschinenbau Babel & Co, Pfronten-Steinach, bezüglich des durch Peter Deußing und 25 weitere Gesellschafter gemachten Vertragsangebotes vom 19.06.1972, über die Abtretung von Geschäftsanteilen an der Gebr. Thiel GmbH, Emstal, (Zit.: Vertragsannahme P. Deußing-MAHO 29.06.1972).

Verzeichnis der Gesellschafter, Auszug aus dem durch Beschluss der Gesellschafterversammlung über die Kapitalherabsetzung vom 03.12.1932 veränderten Gesellschaftsvertrag, (Zit.: Verzeichnis der Gesellschafter vom 03.12.1932).

Archiv; Breidenbach, Wolf Diethart (34131 Kassel), (Zit.: ADB).

Thiel, Reinhold: Lebenserinnerungen, Kassel 1963, (Zit.: Thiel, Lebenserinnerungen 1963).

Vereinbarung zwischen Franz Thiel und Reinhold Thiel vom 31.12.1924, bezüglich der Abtretung von Geschäftsanteilen der Gebr. Thiel GmbH gemäß notariellem Vertrag vom 03.09.1923. In: Thiel, Lebenserinnerungen 1963, (Zit.: Vereinbarung Franz u. Reinhold Thiel 1924).

Archiv; Brinkmann, Uwe † (76228 Karlsruhe), (Zit.: AUB).

Abtretung von Geschäftsanteilen Marie Hoppert an Eduard Kappler. Rundschreiben der Gebr. Thiel GmbH vom 11.10.1956 an die Gesellschafter, mit der Bitte um Zustimmung zur Abtretung, (Zit.: Abtretung von Geschäftsanteilen 1956).

Geschäftsbericht der Gebr. Thiel GmbH, Sand 1953, (Zit.: GB 1953).

Geschäftsbericht der Gebr. Thiel GmbH, Sand 1954, (Zit.: GB 1954).

Geschäftsbericht der Gebr. Thiel GmbH, Sand 1955, (Zit.: GB 1955).

Geschäftsbericht der Gebr. Thiel GmbH, Sand 1956, (Zit.: GB 1956).

Geschäftsbericht der Gebr. Thiel GmbH, Sand 1957, (Zit.: GB 1957).

Geschäftsbericht der Gebr. Thiel GmbH, Sand 1958, (Zit.: GB 1958).

Geschäftsbericht der Gebr. Thiel GmbH, Sand 1959, (Zit.: GB 1959).

Geschäftsbericht der Gebr. Thiel GmbH, Sand 1960, (Zit.: GB 1960).

Geschäftsbericht der Gebr. Thiel GmbH, Sand 1961, (Zit.: GB 1961).

Geschäftsbericht der Gebr. Thiel GmbH, Sand 1962, (Zit.: GB 1962).

Geschäftsbericht der Gebr. Thiel GmbH, Sand 1963, (Zit.: GB 1963).

Geschäftsbericht der Gebr. Thiel GmbH, Sand 1964, (Zit.: GB 1964).

Geschäftsbericht der Gebr. Thiel GmbH, Sand 1965, (Zit.: GB 1965).

Geschäftsbericht der Gebr. Thiel GmbH, Sand 1966, (Zit.: GB 1966).

Geschäftsbericht der Gebr. Thiel GmbH, Sand 1967, (Zit.: GB 1967).

Geschäftsbericht der Gebr. Thiel GmbH, Sand 1968, (Zit.: GB 1968).

Geschäftsbericht der Gebr. Thiel GmbH, Sand 1969, (Zit.: GB 1969).

Geschäftsbericht der Gebr. Thiel GmbH, Sand 1970, (Zit.: GB 1970).

Geschäftsbericht der Gebr. Thiel GmbH, Sand 1971, (Zit.: GB 1971).

Gesellschafterversammlung der Gebr. Thiel GmbH vom 11.06.1960, notarielles Protokoll, (Zit.: Gesellschafterversammlung 1960).

Gesellschaftsvertrag der Gebr. Thiel GmbH, Sand, Kreis Wolfhagen vom 25.07.1953, (Zit.: Gesellschaftsvertrag 1953).

Gesellschaftsvertrag der Gebr. Thiel GmbH, Sand, Kreis Wolfhagen vom 02.06.1962, (Zit.: Gesellschaftsvertrag 1962).

Jahresabschlussunterlagen Gebr. Thiel GmbH 1958, (Zit.: Jahresabschluss 1958).

Jahresabschlussunterlagen Gebr. Thiel GmbH 1971, (Zit.: Jahresabschluss 1971).

Mitteilung der Gebr. Thiel GmbH an ihre Gesellschafter vom Mai 1972 zum beabsichtigten Unternehmensverkauf an die Firma MAHO Werkzeugmaschinenbau Babel & Co, Pfronten, (Zit.: Mitteilung Unternehmensverkauf 1972).

Protokoll der Gesellschafterversammlung der Gebr. Thiel GmbH vom 06.06.1964, (Zit.: Protokoll 1964).

Schreiben Gebr. Thiel GmbH an Uwe Brinkmann vom 18.04.1956. Mitteilung zur beabsichtigten Kapitalerhöhung um 80.000 DM auf 300.000 DM unter Gewährung von Bezugsrechten, (Zit.: S. v. 18.04.1956 Thiel-Brinkmann).

Schreiben Gebr. Thiel GmbH an die Gesellschafter vom 11.10.1956. Aufforderung an die Gesellschafter die Zustimmung zur Abtretung von Geschäftsanteilen von Marie Hoppert an ihren Schwiegersohn Eduard Kappler zu erteilen, (Zit.: S. v. 11.10.1956 Thiel-Gesellschafter).

Schreiben Gebr. Thiel GmbH an die Gesellschafter vom 11.05.1966. Erläuterung zur beabsichtigten Zuwahl von Eduard Kappler in den Aufsichtsrat der Gebr. Thiel GmbH, (Zit.: S. v. 11.05.1966 Thiel-Gesellschafter).

Schreiben Gebr. Thiel GmbH an die Gesellschafter vom 01.12.1966. Mitteilung, dass aus den Kreisen der Gesellschafter Anteile zum Verkauf angeboten werden, (Zit.: S. v. 01.12.1966 Thiel-Gesellschafter).

Stammbaum Christian Emilius Thiel, (Zit.: Stammbaum Christian Thiel).

Stammbaum Christian Reinhold Thiel, (Zit.: Stammbaum Christian Reinhold Thiel).

Stammbaum Ernst Eduard Thiel, (Zit.: Stammbaum Ernst Eduard Thiel).

Archiv; Deußing Peter † (72762 Reutlingen), (Zit.: APD).

Deußing, Rudolf: Das Bild meines Vaters. Auszug, Großensee bei Hamburg 31.07.1941, (Zit.: Deußing, Das Bild meines Vaters).

Schreiben 1934 von Martha Deußing an ihre Enkeltochter Gerda. Antwortschreiben Martha Deußing auf die Rückantwort Gerdas auf das Schreiben vom 11.10.1934, (Zit.: Schreiben 1934).

Schreiben vom 11.10.1934 von Martha Deußing an ihre Enkeltochter Gerda, (Zit.: Schreiben vom 11.10.1934).

Thiel, Reinhold: Rückblick auf die Geschichte unserer Firma, Sand 1956, (Zit.: Thiel, Rückblick 1956).

Archiv; Gunkel, Jochen (79822 Titisee-Neustadt), (Zit.: AJG).

Abtretungsvertrag über Geschäftsanteile i. H. v. 20.000 M zwischen Carl Gunkel und Franz Thiel, vertreten durch Friedrich Thiel vom 05.09.1912/10.09.1912, (Zit.: Abtretungsvertrag 05.09.1912/10.09.1912).

Abtretungsvertrag über Geschäftsanteile i. H. v. 50.000 M zwischen Franz Thiel, vertreten durch Friedrich Thiel, und Carl Gunkel vom 13.01.1911, (Zit.: Abtretungsvertrag vom 13.01.1911).

Mitteilung der Gebr. Thiel GmbH vom 15.04.1910 über die erfolgte Bestellung von Carl Gunkel zum kaufmännischen Geschäftsführer und das Ausscheiden von Wilhelm Buschfeld im Verlauf des folgenden Monats. Angabe der künftigen Zeichnungsbefugnisse, (Zit.: Mitteilung der Gebrüder Thiel GmbH vom 15.04.1910).

Mitteilung der Gebr. Thiel GmbH vom 14.10.1912 über die erfolgte Änderung in der Geschäftsführung nach dem Ausscheiden von Carl Gunkel am 30.09.1912 und Angabe der künftigen Zeichnungsbefugnisse, (Zit.: Mitteilung der Gebrüder Thiel GmbH vom 14.10.1912).

Mitteilung der Gebr. Thiel GmbH vom Januar 1913 über die erfolgte Bestellung von Reinhold Thiel zum kaufmännischen Geschäftsführer und Angabe der künftigen Zeichnungsbefugnisse, (Zit.: Mitteilung der Gebrüder Thiel GmbH vom Januar 1913).

Protokoll der Aufsichtssitzung der Gebr. Thiel GmbH vom 14.04.1912, (Zit.: Protokoll v. 14.04.1912).

Schreiben Carl Gunkel, als Geschäftsführer der Gebr. Thiel GmbH, an Franz Thiel als Rückantwort mit Ausführungen zur von Thiel gewünschten Abtretung von Geschäftsanteilen vom 05.11.1910, (Zit.: S. v. 05.11.1910 Gunkel-Franz Thiel).

Schreiben Carl Gunkel an Franz Thiel vom 09.01.1911. Rückantwort auf dessen Schreiben vom 05.01.1911 wegen Kaufvertrag über Geschäftsanteile der Gebr. Thiel GmbH i. H. v. 50.000 M, (Zit.: S. v. 09.01.1911 Gunkel-Franz Thiel).

Schreiben Carl Gunkel an Franz Thiel vom 11.01.1911. Mitteilung darüber, dass die fertigen Verträge vorliegen und nach Eingang der Vollmacht die gerichtliche Umschreibung erfolgen kann. Der dann fällige Betrag liegt bereits bei der Firma Gebr. Thiel, (Zit.: S. v. 11.01.1911 Gunkel-Franz Thiel).

Schreiben Carl Gunkel an Franz Thiel vom 14.01.1911. Mitteilung über die erfolgte Übereignung des abgetretenen Geschäftsanteils i. H. v. 50.000 M, (Zit.: S. v. 14.01.1911 Gunkel-Franz Thiel).

Schreiben Carl Gunkel an Franz Thiel vom 09.08.1911. Schilderung der Entwicklungen im Zuge der Abtretung und zugleich Bitte um Rückabwicklung des Vertrages, (Zit.: S. v. 09.08.1911 Gunkel-Franz Thiel).

Schreiben Carl Gunkel an Franz Thiel vom 17.04.1912. Schilderung der aktuellen Entwicklungen im Zuge des Anteilkaufes aus 1911. Nochmalige eindringliche Bitte um Rückkauf aller, oder zumindest der bislang nicht bezahlten, Anteile, (Zit.: S. v. 17.04.1912 Gunkel-Franz Thiel).

Schreiben Carl Gunkel an Hugo Brinkmann vom 23.05.1911. Ausführung zur Ausgestaltung der Verpflichtungserklärung im Falle des Ausscheidens aus der Geschäftsführung. Einschätzungen zum Verhalten der Gesellschafter im Rahmen des Anteilerwerbs, (Zit.: S. v. 23.05.1911 Gunkel-Brinkmann).

Schreiben Carl Gunkel an Hugo Brinkmann vom 07.06.1911. Anschreiben und Entwurf einer Verpflichtungserklärung im Falle des Ausscheidens aus der Geschäftsführung, (Zit.: S. v. 07.06.1911 Gunkel-Brinkmann).

Schreiben Carl Gunkel an Wilhelm Buschfeld vom 29.12.1909. Wegen Bewerbung bei Gebr. Thiel, (Zit.: S. v. 29.12.1909 Gunkel-Buschfeld).

Schreiben Carl Gunkel und Heinrich Thiel an Reinhold Thiel in London vom 15.05.1911. Erwiderung auf ein Schreiben Reinhold Thiels vom 13.05.1911 wegen Ausgestaltung der Verpflichtungserklärung und Zustimmung der Gesellschafter, (Zit.: S. v. 15.05.1911 Gunkel und Thiel-Reinhold Thiel).

Schreiben Ernst Thiel an Carl Gunkel vom 19.10.1913. Erwiderung das Schreiben Gunkels vom 28.09.1913. Beinhaltet Schilderung der aktuellen geschäftlichen Lage der Gebr. Thiel GmbH und ein Angebot zum Erwerb der Unternehmensanteile von Gunkel durch Reinhold und Ernst Thiel, (Zit.: S. v. 19.10.1913 Ernst Thiel-Gunkel).

Schreiben Ernst Thiel an Carl Gunkel vom 03.10.1917. Erwiderung auf eine Karte Gunkels. Beinhaltet eine Schilderung zur geschäftlichen Lage der Gebr. Thiel GmbH, (Zit.: S. v. 03.10.1917 Ernst Thiel-Gunkel).

Schreiben Jochen Gunkel an Jürgen Schreiber vom 03.10.2011. Mitteilungen und Unterlagen über Carl Gunkel und die Familie Gunkel in Bezug auf Gebr. Thiel, (Zit.: S. v. 03.10.2011 Gunkel-Schreiber).

Verpflichtungserklärung Carl Gunkels vom 14.03.1912 gegenüber Hugo Brinkmann als Vorsitzender des Aufsichtsrats der Gebr. Thiel GmbH. Notarielle Beurkundung, (Zit.: Verpflichtungserklärung 1912).

Archiv; Harisch, Karin † (34308 Bad Emstal), (Zit.: AKH).

Aktennotiz von Paul Liebergeld vom 09.06.1948 zur Überweisung eines Betrages von 10.000,00 RM auf das Konto von Arthur Metzke bei der Kreissparkasse in Kassel zur Verwendung als Einlage für die Uhrenfabrik GmbH, (Zit.: Aktennotiz).

Anteilsverkauf, die Uhrenfabrik GmbH in Niederkaufungen betreffend, über 5.000,00 RM von Paul Liebergeld an Edwin Thiel gemäß notarieller Urkunde vom 20.11.1948, (Zit.: Anteilsverkauf Paul Liebergeld).

Bericht Walter Liebergeld vom 20.09.1945 über die Evakuierung seiner Familie und die folgenden Stationen seines Vaters, (Zit.: Bericht v. 20.09.1945).

Bestätigung des Air Ministry in London über den Aufenthalt von Paul Liebergeld in England in der Zeit vom 10.09.1945–21.11.1945, (Zit.: Bestätigung Air Ministry).

Bilanz der Gebr. Thiel GmbH, Sand 1952, (Zit.: Bilanz Sand 1952).

Bilanz der Gebr. Thiel Seebach GmbH i. L., Göttingen 1952, (Zit.: Bilanz Seebach 1952).

Bilanz der Thiel-Uhrenfabrik GmbH i. L., Kassel 1952, (Zit.: Bilanz Uhrenfabrik 1952).

Dienstvertrag zwischen Paul Liebergeld und der Gebr. Thiel Seebach GmbH vom 09.07.1931, (Zit.: Dienstvertrag 1931).

Dienstvertrag zwischen Paul Liebergeld und der Gebr. Thiel Seebach GmbH vom 09.07.1931, erster Nachtrag vom 29.11.1935, (Zit.: Dienstvertrag, 1. Nachtrag).

Dienstvertrag zwischen Paul Liebergeld und der Gebr. Thiel Seebach GmbH vom 09.07.1931, zweiter Nachtrag vom 12./24.05.1939, (Zit.: Dienstvertrag, 2. Nachtrag).

DM-Eröffnungsbilanz der Uhrenfabrik GmbH, Niederkaufungen vom 21.06.1948, (Zit.: DM-Eröffnungsbilanz 1948).

Einladung vom 23.09.1948 zu einer außerordentlichen Gesellschafterversammlung der Uhrenfabrik GmbH am 09.10.1948. Tagesordnung enthält als Punkte die Aufnahme zweier neuer Gesellschafter, Edwin und Reinhold Thiel, Satzungsänderungen, Name und Sitz und die Bestellung eines zweiten Geschäftsführers, Edwin Thiel, (Zit.: Einladung 23.09.1948).

Einladung vom 22.03.1951 zur Gesellschafterversammlung der Thiel-Uhrenfabrik GmbH am 07.04.1951. Tagesordnung enthält u. a. Punkte zur Übertragung des gesamten Vermögens an die Gebr. Thiel GmbH und anschließende Liquidation der Gesellschaft, (Zit.: Einladung 22.03.1951).

Entwurf des Gesellschaftsvertrages der Thiel-Uhrenfabrik GmbH, Kassel mit sieben genannten Gesellschaftern, ohne Datum, (Zit.: Entwurf Gesellschaftsvertrag).

Erläuterung über die Notwendigkeit einer Fusion der Gebr. Thiel GmbH mit der Gebr. Thiel Seebach GmbH und der Thiel-Uhrenfabrik GmbH. Durch Reinhold Thiel erstelltes Exposé für die Gesellschafter der drei Unternehmen vom März 1951, (Zit.: Erläuterung zur Fusion).

Fragebogen des Military Government of Germany zur Person Paul Liebergeld aus dem Jahr 1946, (Zit.: Fragebogen Military Government of Germany).

Geschäftsbericht der Gebr. Thiel GmbH, Sand 1952, (Zit.: GB 1952).

Geschäftsbericht der Thiel-Uhrenfabrik GmbH für das Geschäftsjahr 1950 vom 31.03.1951, (Zit.: GB 1950).

Geschäftsbericht der Thiel-Uhrenfabrik GmbH für das Restgeschäftsjahr 1948 und das Geschäftsjahr 1949 vom 19.01.1950, (Zit.: GB 1949).

Geschäftsbericht für die Aufsichtsratssitzung der Gebr. Thiel GmbH und der Gebr. Thiel Seebach GmbH am 05. u. 06.11.1949, (Zit.: Geschäftsbericht 05.11.1949).

Gesellschafterversammlung der Thiel-Uhrenfabrik GmbH vom 04.03.1950. Wiederholung zum notariellem Protokoll am 04.07.1950, (Zit.: Gesellschafterversammlung 04.03.1950).

Gesellschafterversammlung der Thiel-Uhrenfabrik GmbH vom 07.04.1951, Niederschrift, (Zit.: Gesellschafterversammlung 07.04.1951).

Gesellschafterversammlung der Thiel-Uhrenfabrik GmbH vom 25.04.1951, notarielles Protokoll, (Zit.: Gesellschafterversammlung 25.04.1951).

Klageschrift gegen Paul Liebergeld vom 11.06.1947 aufgrund des Gesetzes zur Befreiung von Nationalismus und Militarismus, (Zit.: Klageschrift v. 11.06.1947).

Lebenslauf Paul Liebergeld vom 27.07.1942, (Zit.: Lebenslauf 1942).

Lehrzeugnis Paul Liebergeld über die Ausbildung in der Metallwarenfabrik Ferdinand Erk in Ruhla vom 21.05.1898, (Zit.: Lehrzeugnis 1898).

Mitteilung des Amtsgericht Thal vom 15.08.1927 über Eintragungen zu der im dortigen Handelsregister unter Nr. 18 geführten Firma Gebr. Thiel Seebach GmbH, Ruhla. Mitteilung betrifft die Erteilung der Gesamtprokura für Paul Liebergeld, (Zit.: Mitteilung zu AG Thal HRB 18 v. 15.08.1927).

Mitteilung des Amtsgericht Thal vom 23.11.1934 über Eintragungen zu der im dortigen Handelsregister unter Nr. 18 geführten Firma Gebr. Thiel Seebach GmbH, Ruhla. Mitteilung betrifft die Bestellung von Paul Liebergeld zum stellvertretenden Geschäftsführer, (Zit.: Mitteilung zu AG Thal HRB 18 v. 23.11.1934).

Mitteilung des Amtsgericht Thal vom 06.06.1939 über Eintragungen zu der im dortigen Handelsregister unter Nr. 33 geführten Firma Gebr. Thiel Seebach GmbH, Ruhla. Mitteilung betrifft die Bestellung der bisherigen stellvertretenden Geschäftsführer Otto Eichel und Paul Liebergeld zu ordentlichen Geschäftsführern, (Zit.: Mitteilung zu AG Thal HRB 33 v. 06.06.1939).

Preisliste zum Verkaufsprospekt der Thiel-Uhrenfabrik GmbH, Sand vom 01.08.1950, (Zit.: Preisliste).

Rechnungslegung von Reinhold Thiel als Liquidator der Thiel-Uhrenfabrik GmbH i. L. in Kassel vom 25.07.1953, (Zit.: Rechnungslegung Uhrenfabrik 25.07.1953).

RM-Schlussbilanz der Uhrenfabrik GmbH, Niederkaufungen vom 20.06.1948, (Zit.: RM-Schlussbilanz 1948).

Schreiben Arthur Metzke als Geschäftsführer der Thiel-Uhrenfabrik GmbH an die Gesellschafter vom 15.07.1949. Mitteilung über die Niederlegung der Geschäftsführung zum 31.07.1949 und Aufforderung schriftlich über die Bestellung von Reinhold Thiel zum Geschäftsführer abzustimmen, (Zit.: S. v. 15.07.1949 Metzke/Uhrenfabrik-Gesellschafter).

Schreiben Arthur Metzke an Paul Liebergeld vom 23.11.1947. Versuch der Kontaktanbahnung, nachdem dieser seit 1945 abgebrochen war, (Zit.: S. v. 23.11.1947 Metzke-Liebergeld).

Schreiben Arthur Metzke an Paul Liebergeld vom 03.02.1948. Erläuterungen zu den Überlegungen und bisherigen Versuchen Metzkes zur zumindest teilweisen Rettung von Gebr. Thiel, (Zit.: S. v. 03.02.1948 Metzke-Liebergeld).

Schreiben Arthur Metzke an Paul Liebergeld vom 14.02.1948. Weitere Erläuterungen zu den Überlegungen eines Unternehmensaufbaus und eventuelle Hilfsangebote für Liebergeld, verstanden als Dank für die in früheren Jahre in umgekehrter Richtung gewährte Hilfe, (Zit.: S. v. 14.02.1948 Metzke-Liebergeld).

Schreiben Arthur Metzke an Paul Liebergeld vom 09.04.1948. Organisatorisches zum geplanten Unternehmensaufbau und Mitteilung, dass Kontakt mit Reinhold Thiel besteht, (Zit.: S. v. 09.04.1948 Metzke-Liebergeld).

Schreiben Arthur Metzke an Paul Liebergeld vom 01.05.1948. Mitteilung über die Besprechung mit Reinhold Thiel und Hugo Brinkmann (jun.), (Zit.: S. v. 01.05.1948 Metzke-Liebergeld).

Schreiben Arthur Metzke an Paul Liebergeld vom 17.06.1948. Mitteilung über die Verwendung des an die Uhrenfabrik GmbH überwiesenen Betrages zum Warenerwerb, (Zit.: S. v. 17.06.1948 Metzke-Liebergeld).

Schreiben Arthur Metzke an Paul Liebergeld vom 10.06.1948. Kondolenzschreiben zum Tod von Therese Liebergeld, (Zit.: S. v. 10.06.1948 Metzke-Liebergeld).

Schreiben Arthur Metzke an Reinhold Thiel vom 08.05.1948 mit Durchschrift für Paul Liebergeld. Organisatorisches zum geplanten Unternehmensaufbau, (Zit.: S. v. 08.05.1948 Metzke-Thiel).

Schreiben Constantin Rößler an Edwin Thiel vom 26.09.1948, Abschrift für Paul Liebergeld. Bezugnahme auf die Einladung vom 23.09.1948 zu einer außerordentlichen Gesellschafterversammlung der Uhrenfabrik GmbH am 09.10.1948. Ausführung zu verschiedenen Aspekten hinsichtlich der weiteren Unternehmensentwicklung. Anregung einer Verschiebung der Versammlung auf Anfang November 1948, (Zit.: S. v. 26.09.1948 Rößler-Thiel).

Schreiben der Gebr. Thiel GmbH, Sand an die Gesellschafter vom 17.04.1953. Vorankündigung der ordentlichen Gesellschafterversammlung am 25.07.1953 mit Erläuterungen zum Stand der Liquidationsverfahren und zur Notwendigkeit von Investitionsmaßnahmen. Anfrage ob die Gesellschafter grundsätzlich mit einer Kapitalerhöhung einverstanden sind und ob bzw. in welcher Höhe sie bereit sind sich daran zu beteiligen, (Zit.: S. v. 17.04.1953 Thiel-Gesellschafter).

Schreiben Edwin Thiel an Arthur Metzke als Geschäftsführer der Thiel-Uhrenfabrik GmbH vom 25.07.1949. Mitteilung, dass in der schriftlichen Abstimmung über die Bestellung von Reinhold Thiel zum Geschäftsführer durch das Fehlen der Stimmen der Familie Metzke nicht die erforderliche Einstimmigkeit erzielt wurde. Aufforderung zur Einberufung einer Gesellschafterversammlung, (Zit.: S. v. 25.07.1949 Thiel-Metzke).

Schreiben Edwin Thiel an Paul Liebergeld vom 26.06.1938. „Antrag um die Hand von Elfriede Liebergeld“, (Zit.: S. v. 26.06.1938 Thiel-Liebergeld).

Schreiben Gebr. Thiel Seebach GmbH an Paul Liebergeld vom 17.05.1929. Mitteilung zur Ermittlung der Tantiemenzahlung und Gewährung einer Sonderzahlung für das Jahr 1928, (Zit.: S. v. 17.05.1929 Seebach-Liebergeld).

Schreiben Gebr. Thiel Seebach GmbH an Paul Liebergeld vom 05.03.1934. Mitteilung zur veränderten Ermittlung der Tantiemenzahlung ab dem Jahr 1933, (Zit.: S. v. 05.03.1934 Seebach-Liebergeld).

Schreiben Hauptquartier Dillkreis Military Government an Paul Liebergeld vom 18.06.1946. Angebot einer Beschäftigung für die Vereinigten Staaten in Deutschland und Terminvorschlag für eine diesbezügliche Besprechung, (Zit.: S. v. 18.06.1946 Dillkreis Military Government-Liebergeld).

Schreiben Hessisches Staatsministerium an Paul Liebergeld vom 30.07.1948. Mitteilung über die erlangte Rechtskraft des Spruchs der Spruchkammer vom 29.04.1948, (Zit.: S. v. 30.07.1948 Staatsministerium-Liebergeld).

Schreiben Offiziersausschuss des Hauptquartiers der Vereinigten Staaten in Europa an Paul Liebergeld vom 07.05.1948. Zuspruch einer Entschädigung i. H. v. 178.000 RM für die mit der Umsiedlung verbundenen Schäden, (Zit.: S. v. 07.05.1948 Offiziersausschuss-Liebergeld).

Schreiben Paul Liebergeld an Arthur Metzke v. 09.02.1948. Antwortschreiben auf das Schreiben vom 03.02.1948. Zuversichtliche Äußerung, dass es für einen Wiederaufbau von Gebr. Thiel noch nicht zu spät sei, (Zit.: S. v. 09.02.1948 Liebergeld-Metzke).

Schreiben Paul Liebergeld an Edwin Thiel vom 22.08.1950. Rückzahlungsbestätigung bezüglich eines im Juni 1948 an Edwin Thiel für den Ankauf eines Anteils an der Uhrenfabrik GmbH, Niederkaufungen gewährten Darlehens über 5.000 RM, (Zit.: S. v. 22.08.1950 Liebergeld-Thiel).

Schreiben Paul Liebergeld und Edwin Thiel an Arthur Metzke als Geschäftsführer der Thiel-Uhrenfabrik GmbH vom 11.07.1949. Aufforderung zur Einberufung einer Gesellschafterversammlung mit dem Tagesordnungspunkt Reinhold Thiel zum Geschäftsführer zu bestellen, (Zit.: S. v. 11.07.1949 Liebergeld/Thiel-Metzke).

Schreiben Thiel-Uhrenfabrik GmbH an Paul Liebergeld vom 25.05.1949. Mitteilung, dass die Hinderungsgründe zur Bestellung Reinhold Thiels zum Geschäftsführer entfallen sind. Aufforderung über die Bestellung schriftlich abzustimmen, (Zit.: S. v. 25.05.1949 Thiel-Uhrenfabrik-Liebergeld)

Spruchkammerverfahren gegen Paul Liebergeld vom 29.04.1948. Spruch zur, aufgrund des Gesetzes zur Befreiung von Nationalismus und Militarismus, erhobenen Klage, (Zit.: Spruchkammerverfahren v. 29.04.1948).

Verkaufsprospekt 1950 der Thiel-Uhrenfabrik GmbH, Sand, (Zit.: Verkaufsprospekt).

Vorkalkulation für die geplante Fertigung für Wecker bei einer monatlichen Fertigung von 300 Stück und 500 Stück, (Zit.: Vorkalkulation).

Zusammengefasste Bilanzen der Thiel-Uhrenfabrik GmbH, Sand, der Gebr. Thiel Seebach GmbH, Göttingen und der Gebr. Thiel GmbH, Göttingen auf den 31.12.1950, (Zit.: Zusammengefasste Bilanz 1950).

Archiv; Kamp, Artur (99848 Wutha-Farnroda), (Zit.: AAK).

Bescheid des Thüringer Landesamtes zur Regelung offener Vermögensfragen vom 28.02.1994 an alle Beteiligten. Durchführung des Gesetzes zur Regelung offener Vermögensfragen das ehemalige Unternehmen Gebr. Thiel Seebach GmbH betreffend, (Zit.: Bescheid 28.02.1994).

Geheim-Memorial 2.. Beilagen zur Umsatzentwicklung 01/1895 bis 10/1896 nach Abteilungen, (Zit.: Geheim-Memorial 2. Beilage).

Geheim-Memorial 2. Zahlungen an Gesellschafter, Angestellte 06/1889 bis 10/1896, (Zit.: Geheim-Memorial 2.).

Lohnbuch der Uhrenmontage aus dem Jahr 1901, (Zit.: Lohnbuch 1901).

Protokoll der Besprechung mit den Herren der Firma Gebr. Thiel GmbH vom 13.07.1945 (Kopie), (Zit.: Protokoll, 13.07.1945).

Verteilung des Stammkapitals der Firmen, Gebr. Thiel GmbH und Gebr. Thiel Seebach GmbH per 14.07.1945 (Kopie), (Zit.: Stammkapital, 14.07.1945).

Archiv; Köllner, Lotar (99842 Ruhla), (Zit.: ALK).

Beiträge zu einer Betriebschronik des VEB Uhren- und Maschinenkombinat, Ruhla von Lotar Köllner, (Zit.: Beiträge Betriebschronik).

Archiv; Kraft, Magdalene (69469 Weinheim), (Zit.: AMK).

Bericht von Karl Daut über das eigene Erleben des Fliegerangriffes auf Mannheim in der Nacht vom 16. auf den 17. April 1943, (Zit.: Bericht 22.04.1943).

Bericht von Karl Daut über das eigene Erleben des Fliegerangriffes auf Mannheim in der Nacht vom 05. auf den 06. September 1943, (Zit.: Bericht 07.09.1943).

Katalog mit Stücken der Modekollektion der Karl Daut GmbH, Schönau zum 100-jährigen Bestehen der Firma 1965, (Zit.: Katalog 1965).

Schreiben aus Schönau bei Heidelberg vom 26.09.1943. Karl Daut an Freunde und Verwandte, als Reaktion auf die vielfältige Anteilnahme auf seinen Bericht über den Terrorangriff auf Mannheim in der Nacht vom 05. auf den 06. September 1943, (Zit.: S. v. 26.09.1943 Daut).

Schreiben vom 13.11.2012. Fragen zur Erbfolge in der Familie Daut, (Zit.: S. v. 13.11.2012 Kraft-Schreiber).

Archiv; Meyer und Levy (10781 Berlin), (Zit.: AML).

Erbschein nach Horst Ernst Günter Reinhardt vom Amtsgericht Potsdam. (Zit.: Erbschein Horst Reinhardt).

Horst Reinhardt, Aufstellung über die Verwandtschaft im Zuge der Erbenermittlung, (Zit.: Horst Reinhardt).

Archiv; Moog, Peter (99846 Seebach), (Zit.: APM).

Betriebszeitung. Der Thiel Anker. Blätter für die Betriebsgemeinschaften Gebr. Thiel GmbH. Gebr. Thiel Seebach GmbH. 1. Jahrgang, Nr. 6, 09. November 1935. (Zit.: Betriebszeitung Nr. 6, 1935).

Betriebszeitung. Der Thiel Anker. Blätter für die Betriebsgemeinschaften Gebr. Thiel GmbH. Gebr. Thiel Seebach GmbH. 3. Jahrgang, Nr. 4, 17. April 1937. (Zit.: Betriebszeitung Nr. 4, 1937).

Betriebszeitung. Der Thiel Anker. Blätter für die Betriebsgemeinschaften Gebr. Thiel GmbH. Gebr. Thiel Seebach GmbH. 3. Jahrgang, Nr. 6, 19. Juni 1937. (Zit.: Betriebszeitung Nr. 6, 1937).

Betriebszeitung. Der Thiel Anker. Blätter für die Betriebsgemeinschaften Gebr. Thiel GmbH. Gebr. Thiel Seebach GmbH. 3. Jahrgang, Nr. 10, Sonderausgabe, Oktober 1937. (Zit.: Betriebszeitung Nr. 10, 1937).

Betriebszeitung. Der Thiel Anker. Blätter für die Betriebsgemeinschaften Gebr. Thiel GmbH. Gebr. Thiel Seebach GmbH. 4. Jahrgang, Nr. 5, 18. Juni 1938. (Zit.: Betriebszeitung Nr. 5, 1938).

Betriebszeitung. Der Thiel Anker. Blätter für die Betriebsgemeinschaften Gebr. Thiel GmbH. Gebr. Thiel Seebach GmbH. Gerätebau GmbH. 5. Jahrgang, Nr. 2, 15. März 1939. (Zit.: Betriebszeitung Nr. 2, 1939).

Betriebszeitung. Der Thiel Anker. Blätter für die Betriebsgemeinschaften Gebr. Thiel GmbH. Gebr. Thiel Seebach GmbH. Gerätebau GmbH. 5. Jahrgang, Nr. 3/4, 27. Mai 1939. (Zit.: Betriebszeitung Nr. 3/4, 1939).

Betriebszeitung. Der Thiel Anker. Blätter für die Betriebsgemeinschaften Gebr. Thiel GmbH. Gebr. Thiel Seebach GmbH. Gerätebau GmbH. 5. Jahrgang, Nr. 8, 18. November 1939. (Zit.: Betriebszeitung Nr. 8, 1939).

Betriebszeitung. Der Thiel Anker. Blätter für die Betriebsgemeinschaften Gebr. Thiel GmbH. Gebr. Thiel Seebach GmbH. Gerätebau GmbH. 6. Jahrgang, Nr. 3, April/Mai 1940. (Zit.: Betriebszeitung Nr. 3, 1940).

Archiv; Reinhardt, Christian (80993 München), (Zit.: ACR).

Auseinandersetzungsvereinbarung über ein vormals Rosa Reinhardt gehörendes Grundstück in Stahnsdorf vom 04.08.1997. Darin Angaben zu den Erben nach Rosemarie Reinhardt, gemäß ES des AG Hamburg u. den Erben nach Joachim Reinhardt, gemäß ES des AG Walsrode, (Zit.: Auseinandersetzungsvereinbarung).

Bescheid des Thüringer Landesamt zur Regelung offener Vermögensfragen vom 13.08.2004 über die Durchführung des Ausgleichsleistungsgesetzes betreffend der Gesellschaftsanteile an der Gebr. Thiel GmbH, Ruhla, (Zit.: Bescheid 13.08.2004).

Erbaufteilung der Erbengemeinschaften Ernst Thiel und Werner Thiel bezüglich der Beteiligungen an den Unternehmen Gebr. Thiel GmbH und Gebr. Thiel Seebach GmbH, gemäß Urkunde des Notars Weiß in Kassel, Urkundenrolle Nummer 199 vom 18.07.1953, (Zit.: Erbaufteilung 1953).

Nichtzulassungsbeschwerde beim Bundesverwaltungsgericht. Schriftwechsel im Verfahren Brederhoff u. a. gegen den Freistaat Thüringen vom 13.04.2006 bzw. 25.05.2007, (Zit.: Nichtzulassungsbeschwerde 2007).

Schreiben vom 08.09.1952 von Reinhold Thiel an Kurt Reinhardt wegen Auflösung der Erbengemeinschaften Ernst Thiel und Werner Thiel bezüglich der Beteiligungen an den Unternehmen Gebr. Thiel GmbH und Gebr. Thiel Seebach GmbH, (Zit.: S. v. 08.09.1952 Thiel-Reinhardt).

Schreiben vom 05.02.1982 vom Ausgleichsamt des Landkreises Göttingen an Christian Reinhardt wegen Bescheid nach Beweissicherungs- und Feststellungsgesetz, (Zit.: S. v. 05.02.1982 Ausgleichsamt-Reinhardt).

Archiv; Thiel, Edwin (34246 Vellmar), (Zit.: AET).

Annahme der Vermögensverteilung durch die Gesellschafter der Thiel-Uhrenfabrik GmbH i. L.. Notarielle Urkunde vom 25.07.1953, (Zit.: Annahme Vermögensverteilung 25.07.1953).

Anteilsverkauf von Charlotte Mühlberg i. H. v. 12.380,00 DM an Edwin Thiel gemäß notarieller Urkunde vom 22.01.1963, (Zit.: Anteilsverkauf Charlotte Mühlberg).

Anteilsverkauf von Dorothea Bornscheuer i. H. v. 7.800,00 DM an Edwin Thiel und Eduard Kappler gemäß notarieller Urkunde vom 15.09.1969, (Zit.: Anteilsverkauf Dorothea Bornscheuer).

Anteilsverkauf von Edwin Thiel i. H. v. 900,00 DM an Liselotte Thiel gemäß notarieller Urkunde vom 20.06.1959, (Zit.: Anteilsverkauf Edwin Thiel).

Anteilsverkauf von der Gebr. Thiel GmbH i. H. v. 9.000,00 DM an Edwin Thiel bezüglich eines Geschäftsanteils an der Gebr. Thiel Seebach GmbH gemäß notarieller Urkunde vom 27.10.1951, (Zit.: Anteilsverkauf Seebach 1951).

Anteilsverkauf von Hermann Thiel i. H. v. 900,00 DM an Edwin Thiel gemäß notarieller Urkunde der Annahme vom 16.03.1954, (Zit.: Anteilsverkauf Hermann Thiel).

Anteilsverkauf von Klaus-Arnim Thiel i. H. v. 21.300,00 DM an Edwin Thiel und Reinhold Thiel gemäß notarieller Urkunde vom 25.08.1969, (Zit.: Anteilsverkauf Klaus-Arnim Thiel).

Anteilsverkauf von Klaus Gaudin i. H. v. 3.690,00 DM an Edwin Thiel gemäß notarieller Urkunde vom 04.08.1970, (Zit.: Anteilsverkauf Klaus Gaudin).

Anteilsverkauf von Marlies Brederhoff i. H. v. 150,00 DM an Edwin Thiel gemäß notarieller Urkunde vom 12.12.1953, (Zit.: Anteilsverkauf Marlies Brederhoff).

Anteilsverkauf von Marlies Brederhoff i. H. v. 1.300,00 DM an Edwin Thiel gemäß notarieller Urkunde vom 17.04.1958, (Zit.: Anteilsverkauf Marlies Brederhoff 1958).

Anteilsverkauf von Peter Thiel i. H. v. 6.420,00 DM an Edwin Thiel gemäß notarieller Urkunde vom 04.04.1970, (Zit.: Anteilsverkauf Peter Thiel).

Anteilsverkauf von Walter Liebergeld und Helene Abel, geb. Liebergeld als Kinder und Erben von Paul Liebergeld i. H. v. 4.770,00 DM an Edwin Thiel gemäß notarieller Urkunde vom 21.12.1957, (Zit.: Anteilsverkauf Paul Liebergeld Erben).

Beteiligung des Gesellschafters Edwin Thiel an der Gebr. Thiel GmbH. Aufstellung der Anteile und ihrer Veränderung, (Zit.: Beteiligung Edwin Thiel).

Beweissicherung 1970. Bescheid vom 25.10.1974 Landeshauptstadt Hannover, Ausgleichsamt über die einheitliche Feststellung von Schäden an Anteilsrechten an Kapitalgesellschaften nach dem Feststellungsgesetz, dem Reparationsschädengesetz und dem Beweissicherungs- und Feststellungsgesetz für die Anteilsrechte an der Gebr. Thiel GmbH, Ruhla, mit Begründung, (Zit.: Beweissicherung 1970, Bescheid Ausgleichsamt 25.10.1974, Ruhla).

Beweissicherung 1970. Bescheid vom 25.10.1974 Landeshauptstadt Hannover, Ausgleichsamt über die einheitliche Feststellung von Schäden an Anteilsrechten an Kapitalgesellschaften nach dem Feststellungsgesetz, dem Reparationsschädengesetz und dem Beweissicherungs- und Feststellungsgesetz für die Anteilsrechte an der Gebr. Thiel Seebach GmbH, Ruhla, mit Begründung, (Zit.: Beweissicherung 1970, Bescheid Ausgleichsamt 25.10.1974, Seebach).

Beweissicherung 1970. Auszahlungsbescheid. Schreiben vom 18.08.1975 Kreisausschuß Landkreis Kassel, Ausgleichsamt an Edwin Thiel in Emstal. Mitteilung über die Erfüllung des Anspruchs auf Hauptentschädigung durch Auszahlung, (Zit.: Beweissicherung 1970, Auszahlungsbescheid 18.08.1975).

Beweissicherung 1970. Feststellungsbescheid. Schreiben vom 25.06.1975 Kreisausschuß Landkreis Kassel, Ausgleichsamt an Edwin Thiel in Emstal. Bescheid über die Feststellung von Vermögensschäden nach dem Beweissicherungs- und Feststellungsgesetz, (Zit.: Beweissicherung 1970, Feststellungsbescheid 25.06.1975).

Beweissicherung 1970. Schreiben vom 26.06.1948 Bankhaus Burkhardt & Co, Essen an Reinhold Thiel in Essen. Mitteilung über die Anmeldung der Reichsmarkguthaben zur Währungsreform für die Gebr. Thiel GmbH u. die Gebr. Thiel Seebach GmbH, (Zit.: Beweissicherung 1970, S. v. 26.06.1948 Burkhardt-Thiel).

Beweissicherung 1970. Schreiben vom 26.06.1948 Berliner Handels-Gesellschaft, Erlangen an Reinhold Thiel in Essen. Eingangsbestätigung der Anmeldevordrucke zur Währungsreform für die Reichsmarkkonten der beiden Thiel-Gesellschaften. Mitteilung, dass die Berliner Handels-Gesellschaft selbst ruhendes Institut ist und damit nicht Abwicklungsbank sein kann. Versuch die Anmeldung über die Bayerische Staatsbank in Erlangen vorzunehmen. Von dort werden Bedenken geäußert. Weiterhin Hinweis auf veränderten Anmeldebetrag wegen Gutschrift einer Überweisung, (Zit.: Beweissicherung 1970, S. v. 26.06.1948 Berliner Handelsgesellschaft-Thiel).

Beweissicherung 1970. Schreiben vom 05.07.1948 Berliner Handels-Gesellschaft, Erlangen an Reinhold Thiel in Essen. Nachfrage ob die Reichsmarkanmeldung der Konten der beiden Gesellschaften über das Bankhaus Burkhardt & Co als fristgemäß eingereicht anerkannt wurde, um bei entsprechender Bestätigung die selbst vorgenommene vorsorgliche Anmeldung bei der Bayerischen Staatsbank in Erlangen zurückzuziehen, (Zit.: Beweissicherung 1970, S. v. 05.07.1948 Berliner Handelsgesellschaft-Thiel).

Beweissicherung 1970. Schreiben vom 09.07.1948 Reinhold Thiel in Essen an Berliner Handels-Gesellschaft, Erlangen. Bezugnahme auf das Schreiben vom 05.07.1948. Mitteilung das Reichsmarkanmeldung der Konten über das Bankhaus Burkhardt & Co als fristgemäß eingereicht anerkannt wurde und Bitte die durch die Berliner Handelsgesellschaft bei der Bayerischen Staatsbank in Erlangen vorgenommene Anmeldung zurückzuziehen, (Zit.: Beweissicherung 1970, S. v. 09.07.1948 Thiel-Berliner Handelsgesellschaft).

Beweissicherung 1970. Schreiben vom 17.09.1948 Berliner Handels-Gesellschaft, Erlangen an die Gebr. Thiel GmbH, Göttingen z. Hd. Reinhold Thiel in Essen. Mitteilung über Handelsregistereintragung der Berliner Handels-Gesellschaft in Frankfurt am Main Aktiengesellschaft, Schalteröffnung am 23.09.1948 und Übertragung der Konten und Depots auf die neue Bank, (Zit.: Beweissicherung 1970, S. v. 17.09.1948 Berliner Handelsgesellschaft-Thiel).

Beweissicherung 1970. Schreiben vom 21.09.1948 Reinhold Thiel für die Gebr. Thiel GmbH und die Gebr. Thiel Seebach GmbH an die Berliner Handels-Gesellschaft, Frankfurt am Main. Bezugnahme auf die aus der Währungsreform erwachsenen und gutgeschriebenen Guthaben der beiden Gesellschaften und Auftrag zur Überweisung der sich aus den Unbedenklichkeitsbescheinigungen ergebenden Steuerbeträge an das Finanzamt Göttingen, (Zit.: Beweissicherung 1970, S. v. 21.09.1948 Thiel-Berliner Handelsgesellschaft).

Beweissicherung 1970. Schreiben vom 29.12.1954 Gebr. Thiel GmbH, Sand an Rechtsanwalt und Notar Dr. Sause in Fulda, bezüglich der Verrechnung von Ostverlusten, (Zit.: Beweissicherung 1970, S. v. 29.12.1954 Thiel-Sause).

Beweissicherung 1970. Schreiben vom 06.09.1968 Gebr. Thiel GmbH, Emstal an die Gesellschafter. Informationen zum Beweissicherungs- und Feststellungsgesetz, Übergabe von Unterlagen zur jeweiligen Schädigung und Empfehlung den Antrag beim für den Wohnsitz zuständigen Ausgleichsamt zeitnah zu stellen, (Zit.: Beweissicherung 1970, S. v. 06.09.1968 Thiel-Gesellschafter).

Beweissicherung 1970. Schreiben vom 24.10.1968 Reinhold Thiel in Kassel an Edwin Thiel. Bezugnahme auf das Informationsschreiben an die Gesellschafter vom 06.09.1968 mit Erläuterungen bezüglich einiger Ergänzungen und Korrekturen, (Zit.: Beweissicherung 1970, S. v. 24.10.1968 Thiel-Thiel).

Beweissicherung 1970. Schreiben vom 18.12.1973 Landeshauptstadt Hannover, Ausgleichsamt an Edwin Thiel in Emstal. Offene Fragen und Inhalte eines Gesprächs beim Ausgleichsamt am 14.12.1973 im Zusammenhang mit der Bewertung der Anteilsrechte der Gebr. Thiel GmbH u. der Gebr. Thiel Seebach GmbH, (Zit.: Beweissicherung 1970, S. v. 18.12.1973 Ausgleichsamt-Thiel).

Beweissicherung 1970. Schreiben vom 14.01.1974 Edwin Thiel an Landeshauptstadt Hannover, Ausgleichsamt als Antwort auf das Schreiben vom 18.12.1973, (Zit.: Beweissicherung 1970, S. v. 14.01.1974 Thiel-Ausgleichsamt).

Beweissicherung 1970. Unbedenklichkeitsbescheinigung vom 06.09.1948 des Finanzamtes Göttingen ausgestellt für die Gebr. Thiel GmbH z. Hd. Hans Ullrich in Göttingen bezüglich des zur Währungsreform angemeldeten Altgeldguthabens, (Zit.: Beweissicherung 1970, Unbedenklichkeitsbescheinigung Gebrüder Thiel GmbH).

Beweissicherung 1970. Unbedenklichkeitsbescheinigung vom 06.09.1948 des Finanzamtes Göttingen ausgestellt für die Gebr. Thiel Seebach GmbH z. Hd. Hans Ullrich in Göttingen bezüglich des zur Währungsreform angemeldeten Altgeldguthabens, (Zit.: Beweissicherung 1970, Unbedenklichkeitsbescheinigung Gebrüder Thiel Seebach GmbH).

Beweissicherung 1970. Zuerkennungsbescheid. Schreiben vom 18.08.1975 Kreisausschuß Landkreis Kassel, Ausgleichsamt an Edwin Thiel in Emstal. Bescheid über die Zuerkennung von Hauptentschädigung nach dem Lastenausgleichsgesetz, (Zit.: Beweissicherung 1970, Zuerkennungsbescheid 18.08.1975).

Beweissicherung Bilanzen. Schreiben Franz Ackenhausen an Edwin Thiel vom 10.09.1973. Antwortschreiben auf einen Brief Thiels. Gibt Informationen zum Unternehmen Gebr. Thiel aus der Zeit vor der Enteignung zur Verwendung für das angestrebte Entschädigungsverfahren, (Zit.: Beweissicherung Bilanzen, S. v. 10.09.1973 Ackenhausen-Thiel).

Beweissicherung I. Schreiben vom 13.09.1965 Gebr. Thiel GmbH an Wirtschaftsprüfer und Steuerberater Dr. Kuno Fenner in Kassel. Anmeldung Beratungsbedarf bezüglich Beweissicherungs- und Feststellungsgesetz sowie Bitte um Prüfung des beigefügten Entwurfes eines Rundschreibens an die Gesellschafter, (Zit.: Beweissicherung I, S. v. 13.09.1965 Thiel-Fenner).

Beweissicherung I. Schreiben vom 01.10.1965 Dresdner Bank AG, Frankfurt a. M. an Otto Eichel in Kassel. Informationsschreiben mit Merkblatt zum Beweissicherungs- und Feststellungsgesetz, (Zit.: Beweissicherung I, S. v. 01.10.1965 Dresdner Bank-Eichel).

Beweissicherung I. Schreiben vom 15.10.1965 Kuno Fenner an Gebr. Thiel GmbH. Antwort auf das Schreiben vom 13.09.1965 mit Erläuterungen, (Zit.: Beweissicherung I, S. v. 15.10.1965 Fenner-Thiel).

Beweissicherung I. Schreiben vom 12.03.1968 Karl Gunkel in Kassel an Gebr. Thiel GmbH, Emstal. Beweissicherungs- und Feststellungsgesetz, Anfrage Unterstützungsleistungen der Gesellschaft für die Gesellschafter in Bezug auf die Antragstellung und deren Einheitlichkeit, (Zit.: Beweissicherung I, S. v. 12.03.1968 Gunkel-Thiel).

Beweissicherung I. Abschrift des Befehls des Chefs der Verwaltung der Sowjet-Militär-Administration des Landes Thüringen Nummer 311 vom 19.07.1946, (Zit.: Beweissicherung I, SMA-Befehl Nr. 311).

Beweissicherung I. Abschrift einer Abschrift der Erläuterungen zur Liquidationseröffnungsbilanz der Gebr. Thiel GmbH, Ruhla zum 29.07.1946, (Zit.: Beweissicherung I, Liquidationseröffnungsbilanz 29.07.1946).

Beweissicherung I. RM-Schlussbilanz der Gebr. Thiel GmbH, Göttingen, vormals Ruhla, auf den 20.06.1948, (Zit.: Beweissicherung I, RM-Schlussbilanz Ruhla).

Beweissicherung I. RM-Schlussbilanz der Gebr. Thiel Seebach GmbH, Göttingen, vormals Ruhla, auf den 20.06.1948, (Zit.: Beweissicherung I, RM-Schlussbilanz Seebach).

Beweissicherung II. Schreiben vom 11.11.1968 Gebr. Thiel GmbH an Sigrid Haertel bezüglich Errechnung der DM-Beteiligung, (Zit.: Beweissicherung II, S. v. 11.11.1968 Thiel-Haertel).

Beweissicherung II. Unterlagen zum Beweissicherungs- und Feststellungsgesetz vom 22.05.1965. Verzeichnis der Gesellschafter der Gebr. Thiel GmbH, Ruhla u. deren DM-Kapitalbeteiligung nach Durchführung der Kapitalherabsetzung vom 18.11.1950, (Zit.: Beweissicherung II, Verzeichnis der Gesellschafter 1950).

Erinnerungen aus 70 Jahren der Verbundenheit mit Gebr. Thiel 1967, (Zit.: Erinnerungen Thiel 1967).

Geburts- und Taufregister 1697. Auszug aus dem Geburts- und Taufregister der evangelischen Pfarrkirche in Christianstadt am Bober, (Zit.: Geburts- u. Taufregister 1697).

Gesellschafterliste der Gebr. Thiel GmbH vom 26.06.1967, (Zit.: Gesellschafterliste 1967).

Gesellschafterliste der Gebr. Thiel GmbH vom 31.05.1969, (Zit.: Gesellschafterliste 1969).

Gesellschafterliste der Gebr. Thiel GmbH vom 13.06.1970, (Zit.: Gesellschafterliste 1970).

Gesellschafterliste der Gebr. Thiel GmbH vom Juni 1972, (Zit.: Gesellschafterliste 1972).

Heiratsurkunde vom 04.04.1910 über die Eheschließung zwischen Heinrich Reinhold Bruno Richard Thiel und Martha Paula Charlotte Georg, (Zit.: Heiratsurkunde 1910).

Investitionen und Abschreibungen der Gebr. Thiel GmbH in den Jahren 1954 bis 1971, (Zit.: Investitionen u. Abschreibungen).

Kapitalerhöhung mit Gewährung von Bezugsrechten. Verzeichnis der Gesellschafter, welche in der Versammlung vom 23.06.1956 Anteile übernommen haben, (Zit.: Kapitalerhöhung 1956).

Lebenserinnerungen Reinhold Thiel, 1963, (Zit.: Lebenserinnerungen Thiel 1963).

Liquidation Gebr. Thiel Seebach GmbH, Göttingen, Schlussverteilung. Notarielle Urkunde vom 25.07.1953 über das Angebot des Liquidators zur Verteilung des Geschäftsanteils i. H. v. 60.000,00 DM an der Gebr. Thiel GmbH an die Gesellschafter der Gebr. Thiel Seebach GmbH entsprechend ihrer dortigen Beteiligung, (Zit.: Liquidation Gebrüder Thiel Seebach GmbH, Schlussverteilung).

Liquidation Thiel-Uhrenfabrik GmbH, Kassel, Schlussverteilung. Notarielle Urkunde vom 25.07.1953 über das Angebot des Liquidators zur Verteilung des Geschäftsanteils i. H. v. 21.000,00 DM an der Gebr. Thiel GmbH an die Gesellschafter der Thiel-Uhrenfabrik GmbH entsprechend ihrer dortigen Beteiligung, (Zit.: Liquidation Thiel-Uhrenfabrik GmbH, Schlussverteilung).

Nachforschungen über die Herkunft der Familie Thiel, (Zit.: Nachforschungen Thiel).

Schreiben vom 18.04.1956 der Gebr. Thiel GmbH an Edwin Thiel bezüglich geplanter Kapitalerhöhung um 80.000 DM, (Zit.: S. v. 18.04.1956 Gebr. Thiel-E. Thiel).

Schreiben vom 28.06.1956 der Gebr. Thiel GmbH an Edwin Thiel bezüglich Abrechnung der durchgeführten Kapitalerhöhung um 80.000 DM, (Zit.: S. v. 28.06.1956 Gebr. Thiel-E. Thiel).

Statistiken zur Gebr. Thiel GmbH 1951 bis 1971. Verteilung Betriebsergebnis zwischen Handels- und Fabrikationsgeschäft 1956 bis 1971, (Zit.: Statistik Gebrüder Thiel GmbH, Betriebsergebnis).

Statistiken zur Gebr. Thiel GmbH 1951 bis 1971. Gewinnentwicklung 1951 bis 1971, (Zit.: Statistik Gebrüder Thiel GmbH, Gewinne).

Statistiken zur Gebr. Thiel GmbH 1951 bis 1971. Investitionen und Abschreibungen der Jahre 1954 bis 1971 im Vergleich, (Zit.: Statistik Gebrüder Thiel GmbH, Investitionen und Abschreibungen).

Stammbaum der Familie Georg, (Zit.: Stammbaum Georg).

Stammbaum Johann Friedrich Siegmund Thiel und Christiane Wilhelmine Herr, (Zit.: Stammbaum J. F. Siegmund Thiel).

Stammbaum Siegmund Thiel und Anna Rebekka Henning, drei Teile mit Unterscheidung der Stämme Christian Emilius Thiel, Christian Reinhold Thiel und Ernst Eduard Thiel, 15.12.1932, (Zit.: Stammbaum Siegmund Thiel).

Sterberegister 1758. Auszug aus dem Sterberegister der ev. Pfarrkirche in Weichau, (Zit.: Sterberegister 1758).

Sterberegister 1805. Auszug aus dem Sterberegister der ev. Pfarrkirche in Beuthen/Oder, (Zit.: Sterberegister 1805).

Sterberegister 1809. Auszug aus dem Sterberegister der ev. St. Trinitatis Kirche Ruhla G. A., (Zit.: Sterberegister 1809).

Sterberegister 1818. Auszug aus dem Sterberegister der ev. St. Trinitatis Kirche Ruhla G. A., (Zit.: Sterberegister 1818).

Sterberegister 1821. Auszug aus dem Sterberegister der ev. Pfarrkirche in Weichau, (Zit.: Sterberegister 1821).

Sterberegister 1841. Auszug aus dem Sterberegister der ev. St. Trinitatis Kirche Ruhla G. A., (Zit.: Sterberegister 1841).

Sterberegister 1866. Auszug aus dem Sterberegister der ev. St. Trinitatis Kirche Ruhla G. A., (Zit.: Sterberegister 1866).

Sterberegister 1871. Auszug aus dem Sterberegister der ev. St. Trinitatis Kirche Ruhla G. A., (Zit.: Sterberegister 1871).

Taufbescheinigung 1767. Auszug aus dem Taufregister der Kirche zu Ruhla G. A., (Zit.: Taufbescheinigung 1767).

Taufbescheinigung 1806. Auszug aus dem Taufregister der Kirche zu Ruhla G. A., (Zit.: Taufbescheinigung 1806).

Taufregister 1746. Auszug aus dem Taufregister der ev. Pfarrkirche in Weichau, (Zit.: Taufregister 1746).

Taufregister 1765. Auszug aus dem Taufregister der ev. Pfarrkirche in Weichau, (Zit.: Taufregister 1765).

Taufregister 1770. Auszug aus dem Taufregister der ev. Kirchgemeinde Wenigenlupnitz, (Zit.: Taufregister 1770).

Taufregister 1774. Auszug aus dem Taufregister der ev. Pfarrkirche in Illeben, (Zit.: Taufregister 1774).

Taufregister 1800. Auszug aus dem Taufregister der ev. Pfarrkirche in Beuthen/Oder, (Zit.: Taufregister 1800).

Trauregister 1676. Auszug aus dem Trauregister der ev. Pfarrkirche in Christianstadt am Bober, (Zit.: Trauregister 1676).

Trauregister 1764. Auszug aus dem Trauregister der ev. Pfarrkirche in Weichau, (Zit.: Trauregister 1764).

Trauregister 1795. Auszug aus dem Trauregister der ev. Standortgemeinde in Lüben, (Zit.: Trauregister 1795).

Trauschein 1789. Auszug aus dem Trauregister der Kirche zu Ruhla G. A., (Zit.: Trauschein 1789).

Trauschein 1826. Auszug aus dem Trauregister der Kirche zu Ruhla G. A., (Zit.: Trauschein 1826).

Vermögensverteilung an die Gesellschafter der Gebr. Thiel Seebach GmbH i. L. durch den Liquidator. Notarielles Angebot vom 25.07.1953, (Zit.: Vermögensverteilung Gebrüder Thiel Seebach GmbH i. L.).

Vermögensverteilung an die Gesellschafter der Thiel-Uhrenfabrik GmbH i. L. durch den Liquidator. Notarielles Angebot vom 25.07.1953, (Zit.: Vermögensverteilung Thiel-Uhrenfabrik GmbH i. L.).

Vertragsangebot Edwin Thiel an die MAHO Werkzeugmaschinenbau Babel & Co, Pfronten-Steinach über die Abtretung von Geschäftsanteilen an der Gebr. Thiel GmbH, Emstal vom 10.05.1972, (Zit.: Vertragsangebot E. Thiel 10.05.1972).

Vertragsangebot Liselotte Thiel an die MAHO Werkzeugmaschinenbau Babel & Co, Pfronten-Steinach über die Abtretung von Geschäftsanteilen an der Gebr. Thiel GmbH, Emstal vom 10.05.1972, (Zit.: Vertragsangebot L. Thiel 10.05.1972).

Vertragsannahme Werner Babel vom 16.05.1972 für die MAHO Werkzeugmaschinenbau Babel & Co, Pfronten-Steinach, bezüglich des durch Edwin Thiel gemachten Vertragsangebotes vom 10.05.1972, über die Abtretung von Geschäftsanteilen an der Gebr. Thiel GmbH, Emstal, (Zit.: Vertragsannahme E. Thiel-MAHO 16.05.1972).

Vertragsannahme Werner Babel vom 16.05.1972 für die MAHO Werkzeugmaschinenbau Babel & Co, Pfronten-Steinach, bezüglich des durch Liselotte Thiel gemachten Vertragsangebotes vom 10.05.1972, über die Abtretung von Geschäftsanteilen an der Gebr. Thiel GmbH, Emstal, (Zit.: Vertragsannahme L. Thiel-MAHO 16.05.1972).

Archiv; Thiel, Peter (99842 Ruhla), (Zit.: APT).

Betriebszeitung. Der Thiel Anker. Blätter für die Betriebsgemeinschaften Gebr. Thiel GmbH. Gebr. Thiel Seebach GmbH. Gerätebau GmbH. 9. Jahrgang, Nr. 2, Mai/August 1943, (Zit.: Betriebszeitung Nr. 2, 1943).

Eintrag Kirchenbuch 1795 (Kopie), (Zit.: Kirchenbuch).

Schreiben Hans und Franzi Thiel an Peter Thiel, Dezember 2011, (Zit.: Schreiben, Dez. 2011).

Historisches Archiv Krupp (45133 Essen), (Zit.: HAK).

Schreiben vom 23.10.2012. Historisches Archiv Krupp wegen Wirtschaftsbeziehungen Fried. Krupp AG zur Gebr. Thiel GmbH, (Zit.: S. v. 23.10.2012).

Öffentliche Archive

Amtsgericht Jena, Registergericht (07745 Jena). (Zit.: AG Jena).

HRA 1. Handelsregistereintrag der Kommanditgesellschaft Schenk & Kürschner, Thal beim Amtsgericht Thal, (Zit.: HRA 1).

HRA 42. Handelsregistereintrag der Offenen Handelsgesellschaft Gebr. Thiel, Ruhla beim Großherzoglich Sächsischen Amtsgericht Eisenach, (Zit.: HRA 42).

HRA 46. Handelsregistereintrag der Firma Georg Thiel beim Amtsgericht Thal, (Zit.: HRA 46).

HRB 15. Handelsregistereintrag der Gebr. Thiel GmbH, Ruhla beim Amtsgericht Eisenach. Abgeschlossen und übertragen in das Handelsregister des Amtsgerichtes Thal am 30.09.1923, (Zit.: HRB 15).

HRB 400223. Umwandlungserklärung des VEB Uhrenwerke Ruhla vom 11.12.1990 mit Gesellschaftsvertrag der Uhrenwerke Ruhla GmbH und Anmeldung zur Eintragung ins Handelsregister, (Zit.: HRB, 400223).

Amtsgericht Kassel, Registergericht (34117 Kassel). (Zit.: AG Kassel).

HRB 1. Handelsregistereintrag der Gebr. Thiel GmbH, Göttingen später Sand bei Kassel. Handelsregister vormals geführt beim Amtsgericht Wolfhagen. Umgeschrieben nach HRB 1028 am 02.02.1973, (Zit.: HRB 1).

HRB 1028. Handelsregisterauszug der Gebr. Thiel GmbH, Emstal (Bezirk Kassel). Handelsregister vormals geführt beim Amtsgericht Wolfhagen, (Zit.: HRB 1028).

HRB 1115. Handelsregisterauszug der Thiel-Uhrenfabrik GmbH, (Zit.: HRB 1115).

Amtsgericht Mühlhausen (99974 Mühlhausen). (Zit.: AG Mühlhausen).

HRB 11. Handelsregistereintrag der Gebr. Thiel GmbH Ruhla beim Amtsgericht Thal, (Zit.: HRB 11).

HRB 27. Handelsregistereintrag der Gebr. Thiel GmbH Ruhla beim Amtsgericht Thal. Umgeschrieben von HRB 11 am 22.06.1938, (Zit.: HRB 27).

Archiv der Bundesanstalt für vereinigungsbedingte Sonderaufgaben bei der Rhenus Office Systems GmbH (14979 Großbeeren), (Zit.: BvS).

Hinweis:
Der in Klammern angegebene und zweigeteilte Zahlencode dient der Zuordnung des Bestandes nach der 2014 erfolgten Übergabe an das Thüringische Hauptstaatsarchiv in Weimar.

608-Protokoll vom 08.01.1919 über die Besprechung der Geschäftsführung der Gebr. Thiel GmbH mit den Vorstandsmitgliedern des Arbeiterausschusses, (111570-10136608), (Zit.: 608-Protokoll v. 08.01.1919).

608-Protokoll vom 11.09.1919 über die Sitzung der Geschäftsführung der Gebr. Thiel GmbH mit dem Arbeiterausschuss, (111570-10136608), (Zit.: 608-Protokoll v. 11.09.1919).

608-Streik 1903. Bericht der Gebr. Thiel GmbH an den Bürgermeister Ruhla G. A. sowie weitere Zeitungsbeiträge, (111570-10136608), (Zit.: 608-Streik 1903).

613-Privat-Copie-Buch von Ernst Eduard Thiel. Begonnen am 26.04.1889, (111570-10136613), (Zit.: 613-Privat-Copie-Buch).

619-Thiel Brothers Ltd.. Notizen Reinhold Thiel zum Besuch der Gesellschaft vom 02.10. –07.10.1932, (111570-10136619), (Zit.: 619-Thiel Brothers Ltd. 1932).

620-Bilanz und Geschäftsbericht der Gebr. Thiel GmbH, Ruhla 1944, (111570-10136620), (Zit.: 620-Bilanz und GB 1944).

620-Handelsbericht 1904. Antwortschreiben der Gebr. Thiel GmbH vom 19.02.1904 zur Anfrage der Handelskammer des Großherzogtums Sachsen in Weimar vom 05.02.1904, (111570-10136620), (Zit.: 620- Handelsbericht 1904).

620-Handelsbericht 1919. Antwortschreiben der Gebr. Thiel GmbH vom 15.10.1919 zur Anfrage der Reichsbankstelle Eisenach vom 29.09.1919, (111570-10136620), (Zit.: 620-Handelsbericht 1919).

620-Handelsbericht 1920. Antwortschreiben der Gebr. Thiel GmbH vom 04.10.1920 zur Anfrage der Reichsbankstelle Eisenach vom 04.09.1920, (111570-10136620), (Zit.: 620-Handelsbericht 1920).

620-Handelsbericht 1921. Antwortschreiben der Gebr. Thiel GmbH vom 16.09.1921 zur Anfrage der Reichsbankstelle Eisenach vom 30.08.1921, (111570-10136620), (Zit.: 620-Handelsbericht 1921).

620-Handelsbericht 1931. Antwortschreiben der Gebr. Thiel GmbH vom 08.01.1931 zur Anfrage der Mittelthüringischen IHK, Weimar vom 15.12.1930 für den Bereich Werkzeugmaschinen, (111570-10136620), (Zit.: 620-Handelsbericht 1931 M).

620-Handelsbericht 1932. Antwortschreiben der Gebr. Thiel GmbH vom 28.09.1932 zur Anfrage der Reichsbankstelle Eisenach vom 16.09.1932, (111570-10136620), (Zit.: 620-Handelsbericht 1932).

620-Handelsbericht 1932. Antwortschreiben der Gebr. Thiel GmbH vom 08.01.1932 zur Anfrage der Mittelthüringischen IHK, Weimar vom 15.12.1931 für den Bereich Uhren, (111570-10136620), (Zit.: 620-Handelsbericht 1932).

620-Handelsbericht 1932. Antwortschreiben der Gebr. Thiel GmbH vom 08.01.1932 zur Anfrage der Mittelthüringischen IHK, Weimar vom 15.12.1931 für den Bereich Werkzeugmaschinen, (111570-10136620), (Zit.: 620-Handelsbericht 1932 M).

620-Handelsbericht 1933. Antwortschreiben der Gebr. Thiel GmbH vom 05.01.1933 zur Anfrage der Mittelthüringischen IHK, Weimar vom 16.12.1932 für den Bereich Werkzeugmaschinen, (111570-10136620), (Zit.: 620-Handelsbericht 1933 M).

620-Notizen zum Handelsbericht. Handschriftliche Notizen zum Vergleich der Jahre 1932 u. 1933 hinsichtlich Auftragsbestand, Beschäftigung u. Umsatz der Taschenuhrenabteilung, (111570-10136620), (Zit.: 620-Notizen zum Handelsbericht).

620-Schreiben vom 29.05.1906 F. L. Löbner an Gebr. Thiel GmbH (Paul Liebergeld). Wegen Weiterleitung eines von Bäker gefertigten, u. an Gebr. Thiel gesendeten Uhrwerkes, an die Fried. Krupp AG in Essen, (111570-10136620), (Zit.: 620-S. v. 29.05.1906 Löbner-Thiel).

620-Schreiben vom 16.11.1908 Gebr. Thiel GmbH an Fried. Krupp AG. Verhandlungen über den Abschluss eines Vertrages über die Lieferung von 24.000 Zünderwerken. Erwiderung auf das Schreiben vom 29.10.1908, (111570-10136620), (Zit.: 620-S. v. 16.11.1908 Thiel-Krupp).

620-Schreiben vom 20.11.1908 Fried. Krupp AG an Gebr. Thiel GmbH. Verhandlungen über den Abschluss eines Vertrages über die Lieferung von 24.000 Zünderwerken, (111570-10136620), (Zit.: 620-S. v. 20.11.1908 Krupp-Thiel).

620-Schreiben vom 27.11.1908 Gebr. Thiel GmbH an Fried. Krupp AG. Verhandlungen über den Abschluss eines Vertrages über die Lieferung von 24.000 Zünderwerken. Erwiderung auf das Schreiben vom 20.11.1908, (111570-10136620), (Zit.: 620-S. v. 27.11.1908 Thiel-Krupp).

620-Schreiben vom 29.12.1908 Fried. Krupp AG an Gebr. Thiel GmbH. Bestätigung des Entwurfes zum Abschluss eines Vertrages über die Lieferung von 24.000 Zünderwerken, (111570-10136620), (Zit.: 620-S. v. 29.12.1908 Krupp-Thiel).

620-Schreiben vom 22.01.1909 Gebr. Thiel GmbH an Fried. Krupp AG. Rücksendung des unterzeichneten Vertrages auf Lieferung von Zünderwerken, (111570-10136620), (Zit.: 620-S. v. 22.01.1909 Thiel-Krupp).

620-Schreiben vom 02.11.1911 Fried. Krupp AG an Gebr. Thiel GmbH. Niederschrift zur Verhandlung vom 31.10.1911 über die Abrechnung und den Abschluss des bisherigen gemeinsamen Zündergeschäftes, (111570-10136620), (Zit.: 620-S. v. 02.11.1911 Krupp-Thiel).

620-Schreiben vom 04.11.1911 Gebr. Thiel GmbH an Fried. Krupp AG. Bestätigung des Schreibens vom 02.11.1911 und Anerkennung dessen Inhaltes, (111570-10136620), (Zit.: 620-S. v. 04.11.1911 Thiel-Krupp).

620-Schreiben vom 06.07.1945 Gebr. Thiel GmbH an Helga Thiel. Mitteilung über die erfolgte Dividendenausschüttung für das Jahr 1944. Zugleich Information darüber, dass ein entsprechender Beschluss für die Tochtergesellschaft Gebr. Thiel Seebach GmbH noch nicht herbeigeführt werden konnte, (111570-10136620), (Zit.: 620-S. v. 06.07.1945 Ruhla-Thiel).

620-Statistik Auslandsumsatz 1939. Aufstellung zum Exportgeschäft der Uhren- u. Maschinenfabrik für das Jahr 1939 vom 18.09.1943, (111570-10136620), (Zit.: 620-Statistik Auslandsumsatz 1939).

620-Statistik Auslandsumsatz 1940. Aufstellung zum Exportgeschäft der Uhren- u. Maschinenfabrik für das Jahr 1940 vom 23.07.1941 sowie Aufstellung zu den daraus resultierenden Gewinne, (111570-10136620), (Zit.: 620-Statistik Auslandsumsatz 1940).

620-Statistik Uhrenfertigung 1934–1939. Ermittlung der Mehraufwendungen in der Uhrenfertigung für die Jahre 1934 bis 1939, (111570-10136620), (Zit.: 620-Statistik Uhrenfertigung 1934–1939).

620-Wirtschaftsbericht 1902. Antwortbogen der Gebr. Thiel GmbH vom 26.02.1902 zur Anfrage der Handelskammer für das Herzogtum Gotha vom 23.01.1902, (111570-10136620), (Zit.: 620-Wirtschaftsbericht 1902).

620-Wirtschaftsbericht 1910. Antwort der Gebr. Thiel GmbH vom 20.09.1910 zur Anfrage der Reichsbankstelle Eisenach vom 15.09.1910, (111570-10136620), (Zit.: 620-Wirtschaftsbericht 1910).

620-Wirtschaftsbericht 1941. Antwort der Gebr. Thiel GmbH vom 05.03.1941 zur Anfrage der Reichsbankstelle Eisenach vom 12.02.1941, incl. weiterer Zuarbeiten, (111570-10136620), (Zit.: 620-Wirtschaftsbericht 1941).

620-Wirtschaftsbericht 1942. Antwort der Gebr. Thiel GmbH vom 03.03.1942 zur Anfrage der Reichsbankstelle Eisenach vom 12.02.1942, incl. weiterer Zuarbeiten, (111570-10136620), (Zit.: 620-Wirtschaftsbericht 1942).

620-Wirtschaftsbericht 1943. Antwort der Gebr. Thiel GmbH vom 09.03.1943 zur Anfrage der Reichsbankstelle Eisenach vom Feb. 1943, incl. weiterer Zuarbeiten, (111570-10136620), (Zit.: 620-Wirtschaftsbericht 1943).

620-Wirtschaftsbericht 1944. Antwort der Gebr. Thiel GmbH vom 16.02.1944 zur Anfrage der Reichsbankstelle Eisenach vom Feb. 1944, incl. weiterer Zuarbeiten, (111570-10136620), (Zit.: 620-Wirtschaftsbericht 1944).

621-Betriebsabrechnungsbogen. Enthält u. a. Lohn- u. Kostenaufstellungen zu den verschiedenen Standorten der Zünderfertigung im Zeitraum 1943–1945, (111570-10136621), (Zit.: 621-Betriebsabrechnungsbogen).

624-Bilder. Enthält zwei Fotoalben und eine weitere Mappe mit Fotos zur Unternehmensentwicklung mit in Teilen vorhandenen Bildbeschreibungen. Dokumentiert werden u. a. Fabrikansichten, Brandereignisse u. Baumaßnahmen, (111570-10136624), (Zit.: 624-Bilder).

Archiv; Heimatstube Seebach (99846 Seebach), (Zit.: AHS).

Kirchenchronik Seebach ab 1933. Auszug aus den Aufzeichnungen des Pfarrers Stöckigt, (Zit.: Kirchenchronik Seebach).

Ortschronik Seebach 1945 bis 1960 zusammengestellt von Ursula Dorn, (Zit.: Ortschronik Seebach).

Bundesarchiv Berlin (12205 Berlin), (Zit.: BArch).

R8135/5863 Prüfbericht der Deutsche Revision- und Treuhand AG an den Reichsminister für Rüstung und Kriegsproduktion für das Geschäftsjahr 1943/44 der Gerätebau GmbH vom November 1944, (Zit.: R8135/5863).

vorl. VBS/1120032974. Aufnahme Reinhold Thiel in die NSDAP, (Zit.: vorl. VBS/1120032974).

Evangelische Kirche von Westfalen, Landeskirchenamt (33602 Bielefeld), (Zit.: EvKW).

Eintrag zur Eheschließung zwischen Christian Emilius Thiel und Caroline Wilhelmine Schmidt vom 25.06.1861 in Borgholzhausen, (Zit.: Eintrag zur Eheschließung 1861).

Eintrag zur Eheschließung zwischen Justus Wilhelm Schmidt und Henriette Philippine Ebeling vom 27.08.1819 in Borgholzhausen, (Zit.: Eintrag zur Eheschließung 1819).

Sterberegister 1855. Auszug aus dem Sterberegister der Evangelischen Kirchgemeinde Borgholzhausen, (Zit.: Sterberegister 1855).

Evangelisch-Lutherische Kirchgemeinde Ruhla (99842 Ruhla), (Zit.: EKR).

Schreiben vom 05.11.2013. Nachforschung zu den Familien Eichel, Dreiss und Deußing, (Zit.: EKR, S. v. 05.11.2013).

Landesarchiv Nordrhein-Westfalen, (Zit.: LaNRW).

Landesarchiv Nordrhein-Westfalen, Abteilung Rheinland (40476 Düsseldorf), (Zit.: ARl).

NW 1000 EÜ/6997. Unterlagen zur Entnazifizierung Reinhold Thiel, (Zit.: NW 1000 EÜ/6997).

NW 1000-G25/4395. Unterlagen zur Entnazifizierung Edwin Thiel, (Zit.: NW 1000-G25/4395).

Landesarchiv Nordrhein-Westfalen, Abteilung Ostwestfalen-Lippe (32756 Detmold), (Zit.: AOwL).

P 1 B Nr. 64. Kirchenbuchduplikat der evangelischen Gemeinde Borgholzhausen, (Zit.: P 1 B Nr. 64).

Landeskirchenarchiv Eisenach (99817 Eisenach), (Zit.: LKAE).

Familienregister Ruhla G. A.. August Eichel, (Zit.: Familienregister G. A. August Eichel).

Familienregister Ruhla G. A.. Johann Adam Eichel, (Zit.: Familienregister G. A. Johann Adam Eichel).

Familienregister Ruhla G. A.. Michael Postel, (Zit.: Familienregister G. A. Postel).

Familienregister Ruhla G. A.. Oskar Schellhas, (Zit.: Familienregister G. A. Schellhas).

Familienregister Ruhla W. A.. Christian Bardenheuer, (Zit.: Familienregister W. A. Bardenheuer).

Familienregister Ruhla W. A.. Johannes Flick, (Zit.: Familienregister W. A. Flick).

Niedersächsisches Landesarchiv, (Zit.: NLA).

Niedersächsisches Landesarchiv – Hauptstaatsarchiv Hannover – (30169 Hannover), (Zit.: HStAH).

Nds. 725 Göttingen Acc. 156/95 Nr. 34, S. 498–501 u. 504–507. Amtsgericht Göttingen, HRB 352 Gebr. Thiel Seebach GmbH und HRB 353 Gebr. Thiel GmbH, (Zit.: Nds. 725 Göttingen).

Niedersächsisches Landesarchiv – Staatsarchiv Osnabrück – (49074 Osnabrück), (Zit.: StAO).

Dep 3 b IV Nr. 2438. Kirchenbuch Sankt Catharinen Osnabrück, (Zit.: Dep 3 b IV Nr. 2438).

Staatsarchiv Kanton Schaffhausen (CH-8200 Schaffhausen), (Zit.: STASH).

Handelsregisteramt Hauptbuch C, (Zit.: HR C).

Stadtarchiv Dresden (01099 Dresden), (Zit.: SAD).

Gewerbeamt, Nr.: H.1438. Gewerbeakte für Eduard Hammer, (Zit.: Gewerbeamt, H.1438).

Gewerbeamt, Nr.: H.1467. Gewerbeakte für Richard Samuel Hammer, (Zit.: Gewerbeamt, H.1467).

Schreiben vom 06.08.2013 Christine Stade Stadtarchiv Dresden an Jürgen Schreiber. Recherche zur Person Eduard Hammer, Georgplatz 15 Dresden, (Zit.: S. v. 06.08.2013 Stade-Schreiber).

Stadtarchiv Ruhla (99842 Ruhla), (Zit.: SAR).

Nummer: (Zit.: Nr. ...).

107/14; 107/15; 108/15; 120/5; 120/6; 126/22; 126/27; 230/84; 230/100; 321/148; 402/93; 402/108; 404/31; 408/1; 408/25 u. 408/39.

Thüringisches Hauptstaatsarchiv Weimar (99423 Weimar), (Zit.: ThHStAW).

Hinweis:
Alle angegebenen Signaturen entsprechen dem Stand vor der Umsignierung im Thüringischen Hauptstaatsarchiv Weimar im Jahr 2013. Die entsprechende Konkordanz zum Gesamtbestand Uhrenwerke Ruhla, welcher die nachstehenden Bestände umfasst, ist im Archiv verfügbar.

Bestand:
Gebr. Thiel GmbH, Ruhla (Metallwaren-Fabrik Gebr. Thiel Ruhla), (Zit.: Gebr. Thiel).

Nummer: (Zit.: Nr. ...).

714, Teil 1 u. 714, Teil 2.

Bestand:
Gebr. Thiel GmbH, Ruhla (Uhren- und Maschinenfabrik), (Zit.: Gebr. Thiel GmbH Ruhla).

Nummer: (Zit.: Nr. ...).

2; 3; 5; 6; 8; 18; 40; 41; 45; 49; 51; 52; 60; 67; 68; 70; 73; 74; 75; 77; 78; 79; 80; 82; 83; 84; 85; 86; 87; 88; 89; 90; 91; 92; 93; 94; 95; 96; 97; 98; 99; 100; 101; 102; 103; 104; 105; 106; 107; 108; 109; 110; 111; 112; 113; 114; 115; 155; 156; 157; 158; 159; 162; 168; 179; 186; 234, Bd. 1; 234, Bd. 2; 303; 305; 306; 308; 310; 338; 339; 340; 395; 400; 401; 434; 435; 440; 454, Bd. 1; 454, Bd. 2; 461; 482; 562; 639; 659; 660; 694; 709; 1002 u. 1125.

Bestand:
Gebr. Thiel GmbH, Ruhla (Thiel Brothers Ltd. London), (Zit.: Gebr. Thiel London).

Nummer: (Zit.: Nr. ...).

344, Bd. 1; 344, Bd. 2; 348 u. 349.

Bestand:
Gebr. Thiel GmbH, Ruhla (Gebr. Thiel Seebach GmbH), (Zit.: Gebr. Thiel Seebach GmbH).

Nummer: (Zit.: Nr. ...).

311; 331; 332; 361; 388; 389; 390; 480 u. 1122.

Bestand:
Gebr. Thiel GmbH, Ruhla (Gerätebau GmbH Mühlhausen), (Zit.: Gerätebau GmbH).

Nummer: (Zit.: Nr. ...).

163; 194; 197; 449, Bd. 1; 449, Bd. 2; 450, Bd. 1; 452; 453; 455; 462 u. 463.

Bestand:
Gebr. Thiel GmbH, Ruhla (Treuhandbetrieb Land Thüringen), (Zit.: Gebr. Thiel Treuhandbetrieb).

Nummer: (Zit.: Nr. …).

754 u. 780.

Universitätsarchiv Jena (07743 Jena), (Zit.: UAJ).

Bestand N, Nr. 64. Schriftwechsel zur Verleihung der Ehrendoktorwürde durch die Universität Jena an Reinhold Thiel, (Zit.: Bestand N, Nr. 64).

Sonstige Quellen

Privat:

Ackenhausen, Dieter (Reutlingen)
Althaus, Gisela (Niestetal)
Buchmeier, Jürgen (Hamburg)
Buchmeier, Michael (Hamburg)
Buchmeier, Peter (Hamburg)
Deußing, Hannelore (Reutlingen)
Ganzert, Giesela (Berlin)
Gaudin, Heinz-Peter (Brüggen)
Goedecke, Brigitte (Leinfelden-Echterdingen)
Geck, Peter (Ruhla)
Haertel, Peter (Kassel)
Harisch, Walther (Sand)
Hoske, Christian (Eisenach)
Kappler, Dietrich (Hersbruck)
Kehr-Ritz, Fredy (Ruhla)
Koch, Rainer (Münster/Westfalen)
Langlotz, Bernhard (Hamburg)
Langlotz, Doris (Hockenheim)
Langlotz, Dorothea (Hofheim am Taunus)
Latzel, Robert (Arnstadt)
Le Monnier, Heide (Berlin)
Möller, Dagmar (Ruhla)
Mühlberg, Edith (Halle/Saale)
Nagel, Rolf (Kassel)
Paulsen, Astrid (Fockbek)
Pawert, Sybille (Leinfelden-Echterdingen)
Peters-Haertel, Wolf-Dietrich (Bremen)
Reinhardt, Felicitas (Offenbach am Main)
Satinsky, Peter (Bad Sooden am Taunus)
Schiessel, Ingrid (Heidenheim)
Schmidt von Knobelsdorf, Helga (Kassel)
Sünnen, Karl Heinz (Hamburg)
Tegtbauer, Ursula (Nordwalde)
Thiel, Hans Joachim (Ruhla)
Thiel, Klaus-Arnim (Darmstadt/Griesheim)
Vogel, Hans Hellmut (Waldenbuch)
Windel, Alice (Hamburg)
Zechlin, Klaus (Hamburg)

Öffentlich:

Amtsgericht Schöneberg (Berlin)
Bürgeramt (Bonn)
DECKEL MAHO Seebach GmbH (Seebach)
Deutsches Uhrenmuseum (Furtwangen)
Einwohnermeldeamt (Bad Hersfeld)
Einwohnermeldeamt (München)
Friedhofsamt (Schönau/Odenwald)
Friedhofsverwaltung (Bad Sooden-Allendorf)
Friedhofsverwaltung (Eisenach)
Friedhofsverwaltung (Erfurt)
Friedhofsverwaltung (Gotha)
Friedhofsverwaltung (Hohenwestedt)
Friedhofsverwaltung (München)
Friedhofsverwaltung (Offenbach am Main)
Friedhofsverwaltung (Ruhla)
Friedhofsverwaltung (Villingen-Schwenningen)
Gewerbeamt (Bad Emstal)
Kirchgemeinde (Ruhla)
Kirchgemeinde (Wolfskehlen)
Publicitas AG (Zürich)
Stadtarchiv (Brühl)
Stadtarchiv (Eisenach)
Stadtarchiv (Gera)
Stadtarchiv (Göttingen)
Stadtarchiv (Halle/Saale)
Stadtarchiv (Heidelberg)
Stadtarchiv (Kassel)
Stadtarchiv (Mannheim)
Stadtarchiv (Sondershausen)
Stadtverwaltung (Geesthacht)
Stadtverwaltung (Preußisch Oldendorf)
Stadtverwaltung (Weinheim)
Standesamt (Arneburg-Goldbeck)
Standesamt (Berlin/I)
Standesamt (Bargtheide)
Standesamt (Essen)
Standesamt (Frankfurt am Main/Mitte)
Standesamt (Hamburg/Mitte)
Standesamt (Offenbach am Main)
Standesamt (Ruhla)
Standesamt (Verwaltungsgemeinschaft Neubukow-Salzhaff)
Standesamt (Waltershausen)
Standesamt (Wolfsburg)
Stiftung Gedenkstätten Buchenwald und Mittelbau–Dora (Weimar)

Literatur

ADRESSBUCH der Stadt Osnabrück 1855.

ADRESSBUCH der Stadt Osnabrück 1862.

ADRESSBUCH der Stadt Ruhla 1909, Reproduktion, Bad Langensalza 2001.

AUGUST, Oskar/Schlüter, Otto (Hrsg.): Atlas des Saale- und mittleren Elbegebietes. 3. Teil. 2. völlig neubearbeitete Auflage (1. Auflage unter dem Titel: Mitteldeutscher Heimatatlas), Leipzig 1961.

AUSSCHUSS zur Untersuchung der Erzeugungs- und Absatzbedingungen der deutschen Wirtschaft (Hrsg.): Die Deutsche Uhrenindustrie. Verhandlungen und Berichte des Unterausschusses für allgemeine Wirtschaftsstruktur. (I. Unterausschuß). 5. Arbeitsgruppe (Außenhandel), 17. Band, Berlin 1930.

BARANOWSKI, Frank: Die verdrängte Vergangenheit. Rüstungsproduktion und Zwangsarbeit in Nordthüringen. Duderstadt 2000.

BARANOWSKI, Frank: Rüstungsproduktion in der Mitte Deutschlands 1929–1945. Bad Langensalza 2013.

BAUER, Friedrich: Taschen- und Armbanduhren-Erzeugung und Sondermaschinen für den Werkzeugbau der Gebrüder Thiel GmbH. Ruhla (Deutsche Großbetriebe Bd. 38), Leipzig 1938.

BAUMHAUER, Hermann: namens Thiel, Heidelberg 1962.

CRAMER, Karl-Heinz: Rüstungswerk. Gerätebau GmbH Mühlhausen/Thür. 1936–1945. Bad Langensalza 2012.

DEUTSCHE Uhrmacher-Zeitung, Jahrgang 53, Nummer 27 vom 29.06.1929.

DEUTSCHE Uhrmacher-Zeitung, Jahrgang 62, Nummer 21 vom 21.05.1938.

DIE UHRMACHERKUNST, Jahrgang 52, Nummer 44 vom 28.10.1927.

DIE UHRMACHERKUNST, Jahrgang 57, Nummer 8 vom 19.02.1932.

DIENSTAG, Paul: Die deutsche Uhrenindustrie. Eine Darstellung der technischen Entwicklung und ihrer volkswirtschaftlichen Bedeutung. Leipzig 1910.

ERHARDT, Paul G.: 1862–1937, 75 Jahre Gebrüder Thiel, Frankfurt am Main 1937.

FLEISCHHAUER, Markus: Der NS-Gau Thüringen 1939–1945. Eine Struktur- und Funktionsgeschichte, Köln 2010.

GESETZ betreffend die Übergabe von sequestrierten und konfiszierten Vermögen durch die Sowjet-Militär-Administration an das Land Thüringen vom 24. Juli 1946. In: Präsidialkanzlei des Regierungspräsidenten für Thüringen (Hrsg.): Regierungsblatt für die Provinz Thüringen, Teil I: Gesetzsammlung, Nr. 19 vom 15. August 1946.

GESETZ über die Beweissicherung und Feststellung von Vermögensschäden in der sowjetischen Besatzungszone Deutschlands und im Sowjetsektor von Berlin vom 22. Mai 1965. In: Bundesgesetzblatt Teil I, Nr. 22 vom 29.05.1965, S. 425–434.

GESETZ über die Sicherstellung und Enteignung von Nazivermögen vom 09. Oktober 1945. In: Präsidialkanzlei des Regierungspräsidenten für Thüringen (Hrsg.): Regierungsblatt für die Provinz Thüringen, Teil I: Gesetzsammlung, Nr. 9 vom 15. Oktober 1945.

GESETZ vom 04.12.1945 betreffend Aufhebung des Gesetzes vom 9. Oktober 1945 über die Sicherstellung und Enteignung von Nazivermögen. In: Präsidialkanzlei des Regierungspräsidenten für Thüringen (Hrsg.): Regierungsblatt für die Provinz Thüringen, Teil I: Gesetzsammlung, Nr. 15 vom 19. Dezember 1945.

GÖRNER, Gunter/KAISER, Beate (Hrsg.): Chronik der Stadt Mühlhausen in Thüringen. 1891–1945. Bd. 5, Bad Langensalza 2004.

GRÄFE, Marlis/POST, Bernhard/SCHNEIDER, Andreas (Hrsg.): Quellen zur Geschichte Thüringens. Die Geheime Staatspolizei im NS-Gau Thüringen 1933–1945. II. Halbband. Erfurt [5]2009.

HANSEN, Ernst Willi: Reichswehr und Industrie. Rüstungswirtschaftliche Zusammenarbeit und wirtschaftliche Mobilmachungsvorbereitungen. 1923–1932 (Wehrwissenschaftliche Forschungen. Abteilung Militärgeschichtliche Studien, 24), Boppard am Rhein 1978.

HARTUNG, Joachim: Die Ehrenmitglieder, Ehrenbürger, Ehrensenatoren und der Prorektor – eine Bildergalerie. In: DICKE, Klaus (Hrsg.): Ehrenmitglieder, Ehrenbürger und Ehrensenatoren der Friedrich-Schiller-Universität Jena, S. 33–104. Jena 2008.

HARTUNG, Joachim/WIPF, Andreas (Hrsg.): Die Ehrendoktoren der Friedrich-Schiller-Universität in den Bereichen Naturwissenschaften und Medizin. Jena 2004.

HAWICH, Tamara: Manufakturen. Maschinen. Manager. Unternehmer und Unternehmen zwischen Gotha und Eisenach. Geschichte und Geschichten. Erfurt 2002.

HOPMANN, Barbara: Von der Montan zur Industrieverwaltungsgesellschaft (IVG). 1916–1951. Stuttgart 1996.

HUSCHKE, Wolfgang: Forschungen über die Herkunft der thüringischen Unternehmerschicht des 19. Jahrhunderts. In: Tradition, Zeitschrift für Firmengeschichte und Unternehmerbiographie, zweites Beiheft (1962).

IHK Weimar (Hrsg.): Jahresbericht der Mittelthüringischen Industrie- und Handelskammer in Weimar für 1933.

KAHL, Gisela: Die Rolle des „NS-Musterbetriebes Thüringische Zellwolle AG, Schwarza" bei der Vorbereitung und Durchführung des zweiten Weltkrieges. Zur Rolle der Staatsbetriebe bzw. halbstaatlichen Unternehmungen im Imperialismus. Diss., Jena 1963, (Maschinenschrift), (Zit.: Kahl, Zellwolle AG).

KAMP, Artur/PAUST, Rainer/MLEINEK, Klaus: Die Geschichte der Technik der Ruhlaer Uhren und Maschinen. 150 Jahre Gebrüder Thiel-Uhrenwerke Ruhla-GARDÉ, DECKEL MAHO Seebach. Ruhla 2012.

KOOP, Andreas: MAHO. Eine Firmenchronik. 1920–1995, München 2010.

KÖLLNER, Lotar: Aus der Geschichte der Stadt Ruhla. In: ROCKSTUHL, Harald (Hrsg.): Die Geschichte der Ruhlaer Eisenbahn. „Rühler Bimmel". 1880–1967, S. 9–18. Bad Langensalza 1997.

KÖLLNER, Lotar: Bedeutende Ruhlaer aus vier Jahrhunderten, Ruhla 2005.

KÖLLNER, Lotar: Mi Ruhl, mi Heimet. Ruhlaer Heimatbuch und Chronik, Bd. 1, Ruhla 2008.

KÖLLNER, Lotar: Mi Ruhl, mi Heimet. Ruhlaer Heimatbuch und Chronik, Bd. 2, Ruhla 2010.

KÖLLNER, Lotar: Vor 60 Jahren. Das Ende des Zweiten Weltkrieges in und um Ruhla und die nachfolgenden Wochen, Ruhla 2005.

LATZEL, Robert W.: Die Entwicklung der Taschenuhr für jedermann in Deutschland, Norderstedt 2009.

LEONHARDT, Ute: 150 Jahre Porzellan. Kahla: Die Geschichte eines Unternehmens. Kahla 1994.

LÖFFLER, Sigmar: Geschichte der Stadt Waltershausen. Bd. II. Vom Ausgang des 19. Jahrhunderts bis zum Ende des Zweiten Weltkrieges. (Lorenz Löffler, Hrsg.) Erfurt und Waltershausen 2000.

LUBINSKI, Christina: Familienunternehmen in Westdeutschland. Corporate Governance und Gesellschafterkultur seit den 1960er Jahren (Schriftenreihe zur Zeitschrift für Unternehmensgeschichte. Bd. 21), München 2010.

MAY, Wilhelm: Persönlichkeiten in Sondershausen. Kurt Lindner (1877–1966). Sondershausen 1998.

MEIS, Reinhard: A. Lange & Söhne. Eine Uhrmacher-Dynastie aus Dresden. München [3]2001.

MÜHLFRIEDEL, Wolfgang: Die Industrialisierung in Thüringen. Grundzüge der gewerblichen Entwicklung in Thüringen von 1800 bis 1945. Erfurt 2001.

MÜLLER, Johannes: Die Thüringische Industrie. Eine wirtschaftskundliche Darstellung. Jena 1930.

NAUJOCK, Anja: Die Familie Thorbecke in der Johannisstraße 102–105. In: Profile Neustadt Osnabrück. Stadtalltag um St. Johann. Zur Geschichte der Vereinigung der Alt- und Neustadt 1307. (Beiträge zur Ausstellung vom 16.12.2007 bis 30.03.2008) Kulturgeschichtliches Museum Osnabrück.

PIERENKEMPER, Toni: Von Krise zu Krise. Die Fried. Krupp AG von der Währungsstabilisierung bis zum Ende der Weimarer Republik. 1924 bis 1933. In: Gall, Lothar (Hrsg.): Krupp im 20.Jahrhundert. Die Geschichte des Unternehmens vom Ersten Weltkrieg bis zur Gründung der Stiftung. Berlin 2002.

POLIZEIVERORDNUNG über die Beschlagnahme des Vermögens ehemaliger Mitglieder der Nationalsozialistischen Deutschen Arbeiterpartei vom 06. Juli 1945. In: Präsidialkanzlei des Regierungspräsidenten für Thüringen (Hrsg.): Regierungsblatt für die Provinz Thüringen, Teil I: Gesetzsammlung, Nr. 2 vom 16. Juli 1945.

POLIZEIVERFÜGUNG über die Beschlagnahme des Vermögens ehemaliger Mitglieder der NSDAP vom 10. Juli 1945. In: Präsidialkanzlei des Regierungspräsidenten für Thüringen (Hrsg.): Regierungsblatt für die Provinz Thüringen, Teil I: Gesetzsammlung, Nr. 2 vom 16. Juli 1945.

PREUSS, Johannes: Zahlencode-System des Heeres von 1925 bis 1940: Kennziffern für die Hersteller neu gefertigter Waffen, Munition und Gerät. Schwäbisch Hall 2002.

RAßLOFF, Steffen: Fritz Sauckel. Hitlers „Muster-Gauleiter“ und „Sklavenhalter“. Erfurt [3]2008.

REDLICH, Fritz: Anfänge und Entwicklung der Firmengeschichte und Unternehmerbiographie. Das deutsche Geschäftsleben in der Geschichtsschreibung. In: Tradition, Zeitschrift für Firmengeschichte und Unternehmerbiographie, erstes Beiheft (1959).

ROCKSTUHL, Harald (Hrsg.): Die Geschichte der Ruhlaer Eisenbahn. „Rühler Bimmel“. 1880–1967. Bad Langensalza 1997.

SCHÄFER, Michael: Familienunternehmen und Unternehmerfamilien. Zur Sozial- und Wirtschaftsgeschichte der sächsischen Unternehmer. 1850–1940 ((Schriftenreihe zur Zeitschrift für Unternehmensgeschichte. Bd. 18), München 2007.

SCHÄFER, Peter: Ehrenmitglieder, Ehrenbürger, Ehrensenatoren – Akademische Ehrungen der Friedrich-Schiller-Universität Jena im Wandel der Zeiten. In: DICKE, Klaus (Hrsg.): Ehrenmitglieder, Ehrenbürger und Ehrensenatoren der Friedrich-Schiller-Universität Jena, S. 9–30. Jena 2008.

SCHMID, Hans-Heinrich: Lexikon der Deutschen Uhrenindustrie 1850–1980. (2 Bände). 2. erweiterte Auflage, Berlin 2012.

SCHÜLE, Annegret: BWS Sömmerda. Die wechselvolle Geschichte eines Industriestandortes in Thüringen 1816–1995. Dreyse & Collenbusch, Rheinmetall, Büromaschinenwerk. Erfurt 1995.

SCHÜTZ, Beatrice/REUM, Mandy: Entwicklung der Maschinenfabrik Seebach ab der politischen Wende im Herbst 1989 bis heute. In: KAMP, Artur/PAUST, Rainer/MLEINEK, Klaus: Die Geschichte der Technik der Ruhlaer Uhren und Maschinen. 150 Jahre Gebrüder Thiel-Uhrenwerke Ruhla-GARDÉ, DECKEL MAHO Seebach, S. 543–561, Ruhla 2012.

SIMON, Kerstin: 150 Augenblicke aus 150 Jahren Junghans. Schramberg 2011.

STILLICH, Oskar: Nationalökonomische Forschungen auf dem Gebiet der grossindustriellen Unternehmung. Band 1. Eisen- und Stahlindustrie. Berlin 1904.

TENFELDE, Klaus: Krupp in Krieg und Krisen. Unternehmensgeschichte der Fried. Krupp AG 1914 bis 1924/25. In: Gall, Lothar (Hrsg.): Krupp im 20.Jahrhundert. Die Geschichte des Unternehmens vom Ersten Weltkrieg bis zur Gründung der Stiftung. Berlin 2002.

TEUTEBERG, Hans-Jürgen: Wilhelm Treue als Nestor der Unternehmensgeschichte. In : Zeitschrift für Unternehmensgeschichte 2 (2002), S. 123–157.

WALTER, Rolf: Wirtschaftsgeschichte. Vom Merkantilismus bis zur Gegenwart (UTB 3387), Köln/Weimar/Wien 5. aktualisierte Auflage 2011.

WINDOFFER, Brunhilde: 1862–1987, 125 Jahre Uhrenwerke Ruhla, 35 Jahre Volkseigener Betrieb, Erfurt 1987.

WÖHRLE, Walter: Die Deutsche Uhrenindustrie. Frankfurt a. M. 1940.

ZIEGLER, Alexander: Das Thüringerwalddorf Ruhla und seine Umgebung. Eine culturgeschichtliche Ortskunde und ein treuer Geleitsmann für Badegäste, Touristen und Einheimische, Dresden [4]1876.

ZIEGLER, Alexander: Die Geschichte des Meerschaums mit besonderer Berücksichtigung der Meerschaumgruben bei Eski Schehr in Kleinasien und der betreffenden Industrie zu Ruhla in Thüringen, Dresden 1878.

60 JAHRE Gebrüder Thiel, 1862–1922, Ruhla 1922.

Internet

GILDEMEISTER AG, Pressemitteilung vom 30.09.2013, http://www.dmgmoriseiki.com/de/posts/533-gildemeister-aendert-seinen-namen-in Abrufdatum: 31.01.2014, (Zit.: Gildemeister, Pressemitteilung 30.09.2013).

LINDNER Unternehmenschronik, http://www.wagenfeldleuchten.de/lindner.htm Abrufdatum: 20.11.2013, (Zit.: Lindner, Unternehmenschronik).

PUBLICITAS AG, Chronik zur Unternehmensgeschichte, https://www.facebook.com/PublicitasCH Abrufdatum: 08.10.2013, (Zit.: Publicitas, Chronik).

www.wer-zu-wem.de/firma/publicitas.html (25.09.2013), (Zit.: Publicitas).

Abbildungsverzeichnis

Tabellenverzeichnis

Abkürzungsverzeichnis

A & V	Ackenhausen & Vogel
AAK	Archiv Artur Kamp
Abtr.	Abtretung
ABvS	Archiv Bundesanstalt für vereinigungsbedingte Sonderaufgaben
ACR	Archiv Christian Reinhardt
ADB	Archiv Diethart Breidenbach
AET	Archiv Edwin Thiel
AHB	Archiv Henning Bornscheuer
AHS	Archiv Heimatstube Seebach
AJG	Archiv Jochen Gunkel
AKH	Archiv Karin Harisch
ALK	Archiv Lotar Köllner
AMK	Archiv Magdalene Kraft
AML	Archiv Meyer und Levy
AOwL	Abteilung Ostwestfalen-Lippe
APD	Archiv Peter Deußing
APM	Archiv Peter Moog
APT	Archiv Peter Thiel
AR	Aufsichtsrat
ARl	Abteilung Rheinland
AUB	Archiv Uwe Brinkmann
BArch	Bundesarchiv
BvS	Bundesanstalt für vereinigungsbedingte Sonderaufgaben
CW	Centralwerkstatt
Darst.	Darstellung
Div.	Dividende
EAH	EG Alfred Haertel
EAT	EG Arnim Thiel
ebd.	ebenda
ECG	EG Carl Gunkel
EET	EG Ernst Thiel
EG	Erbengemeinschaft
EGR	EG Geschwister Reinhardt
EHG	EG Hildegard Gaudin
EHR	EG Horst Reinhardt
EJR	EG Joachim Reinhardt
EKD	EG nach Karl, Margarte und Wolfgang Daut
EKR	Evangelisch-Lutherische Kirchgemeide Ruhla
EMD	EG Margarete Daut
EMDE	EG Martha Deußing
EMG	EG Carl und Martha Gunkel
ERDE	EG Rudolf Deußing
ERR	EG Rosemarie Reinhardt
ES	Erbschein
EvKW	Evangelische Kirche von Westfalen
EWD	EG Margarete und Wolfgang Daut
EWG	EG Walter Gunkel
Fn.	Fußnote
G. A.	Gothaer Anteil
Gebr.	Gebrüder
HAK	Historisches Archiv Krupp
HStAH	Hauptstaatsarchiv Hannover
IMKK	Interalliierte Militärkontrollkommission
k. A.	keine Angabe
KfW	Kreditanstalt für Wiederaufbau
LaNRW	Landesarchiv Nordrhein-Westfalen
LKAE	Landeskirchenarchiv Eisenach
Montan	Verwertungsgesellschaft für Montanindustrie GmbH
NLA	Niedersächsisches Landesarchiv
OKH	Oberkommando des Heeres
o. S.	ohne Seitenangabe
Pf.	Pfennig
RM	Reichsmark
„Ruhla“	auch „Ruhlaer“ kurz für Gebrüder Thiel GmbH
RwM	Reichswehrministerium
S & K	Schenk & Kürschner
SAD	Stadtarchiv Dresden
SAG	Sowjetische Aktiengesellschaft
SAR	Stadtarchiv Ruhla
SBZ	Sowjetische Besatzungszone
„Seebach“	auch „Seebacher“, kurz für Gebrüder Thiel Seebach GmbH
sfrs.	Schweizer Franken
SMA	Sowjetische-Militär-Administration
s. o.	siehe oben
StAO	Staatsarchiv Osnabrück
STASH	Staatsarchiv Kanton Schaffhausen
S. v.	Schreiben vom
TDM	Tausend Deutsche Mark
TGM	Tausend Goldmark
ThHStAW	Thüringisches Hauptstaatsarchiv Weimar
TM	Tausend Mark
TRM	Tausend Reichsmark
UAJ	Universitätsarchiv Jena
Verf.	Verfasser
W. A.	Weimarer Anteil

Personenregister